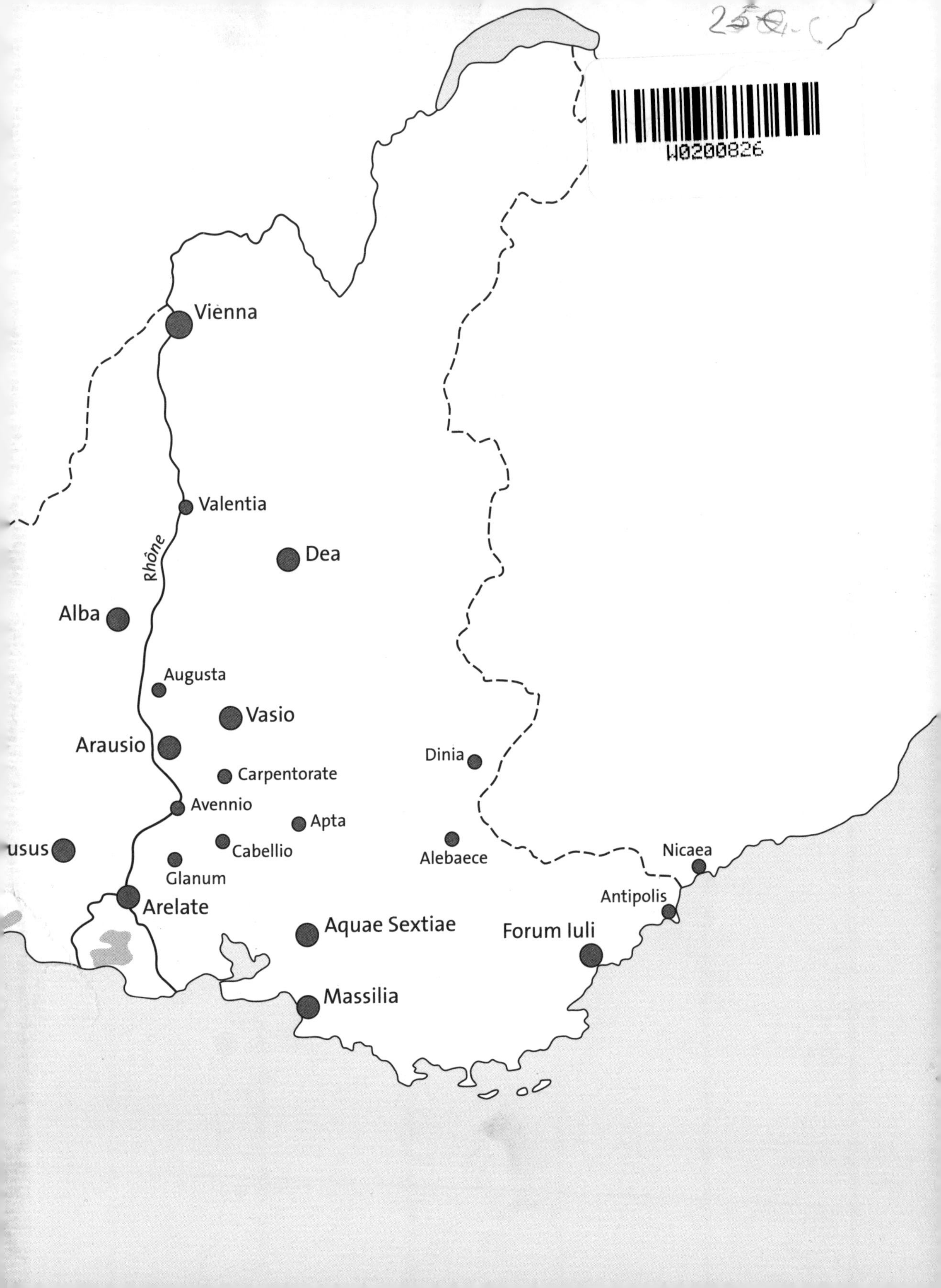
Vienna
Valentia
Rhône
Dea
Alba
Augusta
Vasio
Arausio
Carpentorate
Dinia
Avennio
Apta
usus
Cabellio
Alebaece
Nicaea
Glanum
Arelate
Antipolis
Aquae Sextiae
Forum Iuli
Massilia

Helga Botermann

# WIE AUS GALLIERN RÖMER WURDEN

## Leben im Römischen Reich

Klett-Cotta

*Für Anna und Franziska*

*Mit 105 Abbildungen und 24 Karten und Planskizzen im Text*


Printed in Germany
Schutzumschlag: Klett-Cotta-Design
Karten: Rudolf Hungreder, Leinfelden-Echterdingen
Gesetzt aus der Bembo BQ von Kösel, Krugzell
Auf säure- und holzfreiem Werkdruckpapier gedruckt und gebunden
von Kösel, Krugzell
ISBN 3-608-94048-0

Bibliographische Information Der Deutschen Bibliothek
Die Deutsche Bibliothek verzeichnet diese Publikation in der
Deutschen Nationalbibliographie; detaillierte bibliographische Daten
sind im Internet über <http://dnb.ddb.de> abrufbar.

# Inhaltsverzeichnis

Oswald schaute von der Höhe des Kapitols auf die Überreste des antiken Rom herab und konnte sich nicht sattsehen. Das Lesen von Geschichtswerken und die dadurch wachgerufenen Betrachtungen erregen unsere Seele weit weniger als dieses Gewirr von Steinen, als diese mit jüngeren Bauten vermählten Ruinen. Nichts hat größere Macht über unsere Seele als das Auge: Hat man die römischen Ruinen gesehen, glaubt man an die alten Römer, als habe man mitten unter ihnen gelebt. Erinnerungen, die unser Verstand aufbewahrt, haben wir durch Lernen erworben. Erinnerungen, über die unsere Vorstellungskraft verfügt, verdanken wir einem Eindruck, der viel inniger ist und der bewirkt, daß Gedachtes zum Leben erwacht und wir gleichsam zu Zeugen dessen werden, was wir gelernt haben.

*Madame de Staël, Corinne ou l'Italie, Paris 1985, 111. Übersetzung D. Steland*

# Vorwort

Der »Tempel des Augustus und der Livia« in Vienne mit der Bar du Temple

Im Juni 1966 habe ich in Vienne in der *Bar du Temple* vor meinem ersten antiken Tempel gesessen. Gerade promoviert, verbrachte ich damals als Stipendiatin des DAAD ein Studienjahr in Grenoble. Ich war um 5 Uhr aufgebrochen, um schließlich nach einer nicht enden wollenden Busfahrt in die Hauptstadt der Allobroger zu gelangen. Noch größere Begeisterung erweckte das *Café des Allobroges*. Es gab sie also wirklich! Das *bellum Gallicum* wurde lebendig. Als Althistorikerin lenkte ich natürlich meine Schritte in das *Musée lapidaire* und verifizierte zu Hause meine Notizen am Corpus der lateinischen Inschriften. Seitdem hat mich das Interesse für die Gallier und besonders die *Provincia Narbonensis* nicht mehr losgelassen.

Von 1968 bis heute habe ich mit Gruppen von Studierenden und Bildungsreisenden Exkursionen in die Provence unternommen. Mein Ziel war, die Betrachter der Monumente zum Staunen zu führen: Wie war dieser städtische Luxus möglich? Nicht ein Fürst, sondern die Bürger selber zum Nutzen ihrer Mitbürger erbauten und unterhielten Theater, Wasserleitungen und Thermen samt Toiletten. Wie war es möglich, daß sich die Gallier als Römer betrachteten und an der römischen Kultur festhielten, sogar als die römische Herrschaft schon vergangen war? Die Antwort liegt in der einzigartigen Leistung der Römer: Zweihundert Jahre erhielten sie in ihrem Reich den äußeren und inneren Frieden aufrecht. Ihre Herrschaftsorganisation erlaubte den Unterworfenen die Teilhabe an allem, was römisch war. Diese antworteten mit der Selbstromanisierung in allen Lebensbereichen.

Die Teilnehmer an diesen Reisen haben mich immer wieder zum Durchdenken und Präzisieren meiner Auffassungen angehalten, weshalb dieses Buch ihnen und ihrem Andenken in Dankbarkeit gewidmet ist.

Im Lauf der Jahre habe ich von vielen Seiten Hilfe erhalten. Es würde zu weit führen, alle aufzuzählen, die sich als kritische Leser Teilen des immer umfangreicher werdenden Manuskripts widmeten. Stellvertretend sei Anne Uhl für den Hinweis auf das Motto gedankt, Helmut Mittmann für weiterführende Kritik und Manfred Eyßell dafür, daß ich das Manuskript überhaupt an den Verlag senden konnte.

Rolf Heine hat mit seiner philologischen Akribie bei den Inschriften geholfen und sich besonders in der letzten dornigen Phase als ein wahrer Wohltäter (euergétes) erwiesen. Während Claudia Kleinwächter die Spuren der Romanisierung in Nordafrika bearbeitete, haben wir uns zum gegenseitigen Nutzen über die Koinzidenzen gefreut. Jetzt hat sie ihren archäologischen Sachverstand zur Verfügung gestellt. Anna Manon Meyer hat mir die Hand gehalten, als am 2. Ostertag 1999 in St. Blaise unser Auto aufgebrochen und die handschriftliche Ausbeute von drei Jahrzehnten entwendet worden war. Von Renate Frohne habe ich überhaupt das Reisen und Schauen gelernt. Mit nie erlahmender Neugierde hat sie jedes Oppidum und jeden Grabstein im Gelände mit mir gesucht.

Schließlich habe ich dem Lektorat und der Herstellung des Verlages Klett-Cotta zu danken. Ohne die Entscheidungsfreude von Christoph Selzer wäre das Buch vielleicht überhaupt nicht erschienen, jedenfalls nicht in der vorliegenden Form. Die Zusammenarbeit mit ihm und Frau Christel Beck war, so anstrengend sie für alle Beteiligten war, ein reines Vergnügen.

*Januar 2005* *Helga Botermann*

# Einleitung

KAPITEL I

## *Roma aeterna* – das ewige Rom

Höre mich an, herrlichste Königin der Welt, die dein eigen ist, in den gestirnten Himmel aufgenommene Roma; höre mich an, Stammutter der Menschen und Stammutter der Götter... Denn du verteilst deine Spenden gleich den Sonnenstrahlen, bis dahin, wo der Okeanos um die Erde wogt... Soweit die lebenspendende Natur sich von Pol zu Pol erstreckt, soweit ist die Erde deiner Tapferkeit zugänglich. Unterschiedlichen Völkern hast du ein einziges Vaterland geschaffen; Segen hat es den Ungerechten gebracht, von dir erobert und beherrscht zu werden. Und indem du dein eigenes Recht mit den Besiegten teilst, hast du zu einer einzigen Stadt gemacht, was vordem der Erdkreis war.

*Rutilius Namatianus, De reditu suo 1, 47–66. Übersetzung E. Doblhofer*

Der Dichter läßt die Segnungen des römischen Friedens an seinem Auge vorbeiziehen: Olivenkulturen, Wein- und Ackerbau, Recht und Gesetz, das die römischen Triumphe gebracht haben. »Dich, Göttin Roma, feiert man in jedem Erdenwinkel – jeder ist römisch – und trägt unter deinem friedebringenden Joch frei sein Haupt.« (79 f.)

Mit diesem Gebet an die Göttin Roma verabschiedet sich Rutilius Namatianus aus der gepriesenen Stadt, die ihn, den geborenen Gallier, wie einen Einheimischen in ihren Senat aufgenommen hat. Sieben Jahre sind seit ihrer Einnahme durch Alarich vergangen, und er selbst begibt sich auf die Reise nach Aquitanien, wo die Goten seine Heimat verwüstet haben (417 n. Chr.). Trotzdem möchte er nicht daran zweifeln, daß Rom wie nach früheren Schicksalsschlägen – er nennt Gallier, Samniten, Pyrrhos und Hannibal – zu noch größerer Macht wieder aufsteigen wird.

Erhebe dein lorbeergekröntes Haupt und färbe das Altersgrau deines geheiligten Scheitels zu Jugendlocken um!... Lösche aus deinen traurigen Sturz, indem du das Unrecht tilgst... Auf kommende Jahrhunderte, die im Zeichen Roms stehen werden, dehne deine Gesetze aus... Deiner Zukunft ist keine Grenze gesetzt, solange die Erde steht, das Himmelsgewölbe die Sterne trägt: Dich stellt wieder her, was die übrigen Reiche zugrundgerichtet hat; das Gesetz deiner Wiedergeburt ist die Kraft, am Leide zu wachsen.

*Rutilius Namatianus, De reditu suo 115ff. und 133ff.*

Rutilius Namatianus war Anhänger des alten Glaubens. Eher noch größere Bedeutung hatte das Römische Reich für die Christen. Für sie besaß es Heilscharakter, denn unter der Herrschaft des Augustus war Jesus geboren, unter dem Schutz der *Pax Romana* hatte sich das Evangelium über die ganze Welt ausgebreitet. Als auch die Christen durch die politischen Ereignisse veranlaßt wurden, am ewigen Bestand des Reiches zu zweifeln, gelangten viele zu der Gewißheit, die Schrecken der Gegenwart kündigten die Ankunft des Antichrist an, der das Ende der Geschichte, die *consummatio saeculi,* heraufführen würde.

Ungefähr im selben Jahr, als Rutilius Namatianus seine Reise von Rom nach Gallien beschrieb, verfaßte dort Sulpicius Severus, ein vornehmer Mann, in dessen Leben sich die Bekehrung zu einem asketischen Christentum vollzogen hatte, eine Chronik. Darin berechnete er die Zeit der Geschichte auf 6000 Jahre und konstatierte, die gesetzte Frist sei fast abgelaufen, denn im Ansturm der Germanen kündige sich das nahe Weltende an.

Zum Ausgangspunkt nahm Sulpicius Severus den Traum des Nebukadnezar und seine Deutung durch den Propheten Daniel auf vier Weltreiche. »Der Koloß auf tönernen Füßen« hatte ein Haupt aus Gold (das Reich der Chaldäer), seine Brust und seine Arme waren aus Silber (das Perserreich), sein Bauch war aus Kupfer (das Alexanderreich). »Seine Schenkel waren von Eisen, seine Füße waren teils von Eisen und teils von Ton. Das ist das vierte Reich, das der Römer: Und das vierte wird hart sein wie Eisen... Daß Du aber die Füße und Zehen teils von Ton und teils von Eisen gesehen hast, bedeutet: das wird ein zerteiltes Königreich sein...« (Daniel 2,31 ff.).

Nach der Interpretation des Sulpicius Severus hat sich diese Prophezeiung schon erfüllt. Mehrere Kaiser bekriegen sich gegenseitig. Die Vermischung von Ton und Eisen, Stoffen, die sich niemals verbinden, kündigt das Weltende an.

Ist es doch offenkundig, daß der römische Boden, von ausländischen Stämmen entweder, nachdem sie zum Kriege sich erhoben, besetzt oder, nachdem sie sich in einem Scheinfrieden unterworfen haben, ihnen überwiesen worden ist, und sehen wir doch, wie barbarische Völker... in unseren Heeren, Städten und Provinzen mit uns vermischt leben, ohne daß sie darum unsere Kultur annähmen. Und diese Zeiten künden die Propheten als die letzten an.

*Sulpicius Severus, Chronik 2,3,6*[1]

Die Zitate zeigen: Für einen Gallier des beginnenden 5. Jhs. gab es keine *gallische* Identität. Er war Römer, und das Römische Reich bildete den Bezugsrahmen seines politischen Denkens. Dazu gab es keine Alternative – es sei denn das Ende der Geschichte.

## Das *Imperium Romanum* und die *Pax Romana*

Das *Imperium Romanum* umfaßte die Länder und Völker rings ums Mittelmeer. Seit Augustus hatte es natürliche Grenzen: im Westen den Atlantik, im Norden Rhein und Donau, im Osten den oberen Euphrat und jenseits von Syrien die Wüste, im Süden ebenfalls die Wüste. Man sprach auch vom *orbis terrarum* oder *orbis Romanus,* dem römischen Erdkreis, oder, griechisch, von der *Oikouméne*: der bewohnten Erde, im Sinne der von zivilisierten Menschen bewohnten Erde. In diesem Begriff spiegelt sich das Bewußtsein wider, daß der gesamte griechisch-römische Kulturkreis von diesem Weltreich umschlossen war. Jenseits seiner Grenzen war als einziger von den vorher vorhandenen Staaten das Partherreich übrig geblieben. Sonst konnten alle, die nicht dazu gehörten, als Barbaren betrachtet werden, die nicht zur zivilisierten Welt gerechnet wurden.

Man kann das Römische Reich mit zwei Gegensatzpaaren charakterisieren: Es war ein autokratisch regierter Staat, vertreten durch den Kaiser, senatorische und ritterliche Beamte und die Legionen. Aber dies war nur der Überbau über etwa 2000 lokalen Selbstverwaltungseinheiten, die wir Städte, *póleis* oder *civitates* nennen. In Städten zu leben machte den zivilisierten Menschen aus.

Das andere Gegensatzpaar ist das von Einheit und Vielfalt. Mit den beiden Sprachen Griechisch und Latein konnte man sich überall verständigen. Die Städte des Römischen Reiches glichen sich in hohem Maße. Sie verfügten über die grundlegenden kommunalen Einrichtungen: Straßen, Brunnen,

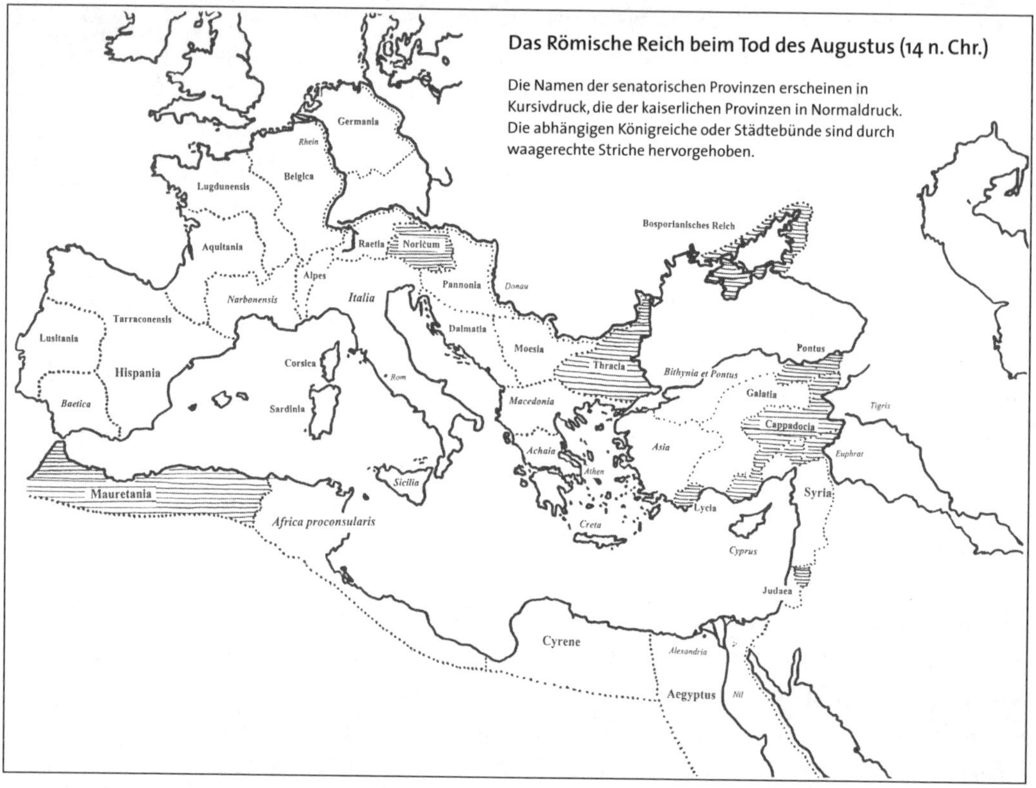


*Das Imperium Romanum beim Tod des Augustus (14 n. Chr.)*

Märkte, Theater, Tempel und Stätten für die Freizeitgestaltung, und hatten eine vergleichbare politische Organisation: Volksversammlung, Rat und Beamte. Die politische Gemeinschaft war zugleich Kultgemeinschaft. So wie die Götter einander ähnlich waren, war auch das durch Erziehung und Bildung geformte Ideal vom Menschen gleich. Denn die römische Aristokratie hatte sich seit dem 2. Jh. v. Chr. der griechischen Kultur geöffnet, so daß in allen westlichen Provinzen die *römische* Herrschaft der *griechisch-römischen* Symbiose den Weg bahnte.[2]

Aber es gab auch fundamentale Unterschiede. In der östlichen Reichshälfte war der römischen Herrschaft die griechische Geschichte vorangegangen. Zunächst die der freien Polisstaaten mit ihrer stolzen Geschichte. Alexander der Große (336–323) hatte dann der griechischen Kultur den gesamten vorderen Orient unterworfen, und in den hellenistischen Staaten waren auch die rechtlichen und praktischen Formen für das Verhältnis des Herrschers zu den freien und autonomen Städten schon entwickelt worden, die von den Römern übernommen werden konnten.

In der westlichen Reichshälfte hatten die Römer zunächst Italien unterworfen, dann das karthagische Afrika, Spanien und schließlich Gallien in ihren Herrschaftsbereich eingegliedert. Wenn man sie dauerhaft beherrschen wollte, mußten die militärisch unterworfenen Gebiete politisch strukturiert werden. Dazu wurden steuerpflichtige Herrschaftsbezirke *(provinciae)* eingerichtet, in denen ein römischer Oberbeamter das militärische Kommando und die höhere Rechtsprechung ausübte und private Unternehmer *(publicani)* die Tribute einzogen. Alles andere überließ man den Untertanen. Sie konnten oder sollten sich selbst verwalten. In Spanien und Gallien waren die lokalen Einheiten zunächst Stämme, aber sobald der Entwicklungsstand der einheimischen Gesellschaften es zuließ, veranlaßten die Römer nach mediterranem Vorbild die Gründung von Städten, Tarragona oder Merida, Nîmes oder Vienne, zuletzt Köln oder Xanten.

Voraussetzung war, daß die ehemaligen Feinde sich die griechisch-römische Kultur aneigneten und sich willig zu Mitträgern der römischen Herrschaft machten. Das Experiment gelang. Das ist das Geheimnis der Erfolgsgeschichte des *Imperium Romanum.* Jahrhundertelang konnte es im Innern ohne nennenswerte militärische Präsenz den Frieden aufrechterhalten, und selbst als ab der Mitte des 3. Jhs. die Grenzen unsicher wurden, war der innere Zusammenhalt nicht gefährdet.

### *Die Romrede des Aelius Aristides*

Das Bewußtsein von der Einheit der Ökumene bestimmt auch das Denken des griechischen Redners Aelius Aristides (Mitte des 2. Jhs.). Seine Lobrede auf Rom mag den Verdacht des ideologiekritischen modernen Menschen erregen, benennt aber trotz ihres panegyrischen Überschwangs zutreffend die römischen Herrschaftsmittel.

Der Redner preist die Ausdehnung und die vollendete Ordnung des Reiches. Ein Wink des Kaisers genüge, um die Statthalter zu rechtlichem Tun anzuhalten. Im Gegensatz zu den älteren Großreichen verstünden allein die Römer die Kunst, über Menschen zu herrschen, die frei seien (36). Bewundernswert sei ihre Bürgerrechtspolitik: Überall hätten sie die Gebildeten, Edlen und Mächtigen zu römischen Bürgern gemacht (59). Deshalb seien keine Garnisonen nötig, um die Herrschaft aufrechtzuerhalten (64–67). Daran, daß es einmal Kriege gegeben habe, könnten sich die Menschen kaum erinnern. Komme es einmal an den Grenzen zu Gefechten, verschwänden sie so schnell wie die alten Mythen aus dem Gedächtnis (70). Das ganze Reich sei ein Garten *(paradeisos)* von blühenden Städten (99). Wie eine Flöte lasse die ganze *Oikouméne* nur einen einzigen Ton erschallen, nämlich das Gebet, daß das Reich ewig bestehen möge (29).[3]

### Hellenisierung und Romanisierung

Besonders der Begriff »Romanisierung« ist vielschichtig und vieldeutig, bietet Anlaß zu Mißverständnissen und ist namentlich durch wissenschaftliche Debatten im Zuge der Entkolonialisierung in Frage gestellt worden.[4] Um deutlich zu machen, daß die griechisch-römische Kultur, solange sie lebensfähig war, immer expandierte und Menschen in ihren Bann schlug, die vorher Fremde oder Feinde gewesen waren, mache ich einen Umweg in die griechisch-orientalische Welt.

## Drei Assimilationsmodelle

### Freiwillige Akkulturation: Das lykische Beispiel

Die Griechen, die seit dem frühen 1. Jahrtausend in Kleinasien siedelten, hatten Lyder, Karer und Lyker zu Nachbarn. Seit 546 und ab 404, unterbrochen durch das Intermezzo der attischen Seeherrschaft, unterstand ganz Kleinasien dem Perserkönig. Trotzdem begannen um 500 v. Chr. lykische Dynasten griechische Lebensweise nachzuahmen. Ein Fürst in Xanthos schmückte sein Grab (den Inschriftenpfeiler) mit Reliefs seiner Taten, zwei langen Inschriften in lykischer Sprache und einem griechischen Gedicht, das in der 1. Zeile einen Vers des Dichters Simonides zitiert und den Verstorbenen als Heros stilisiert, der als Ringkämpfer und Burgenzerstörer großartige Kriegstaten vollbracht hatte. Im nahegelegenen Heiligtum der Leto wurden 1962 und 1973 zwei lykisch-griechische Grabinschriften aus dem frühen 4. Jh. gefunden, welche die kriegerischen Taten und frommen Werke des Dynasten Arbinnas preisen. Das eine der Gedichte verfaßte ein *paidotríbes*. Die Anwesenheit eines Paidotriben (Trainers) hat man wohl so zu deuten, daß in Xanthos ein Gymnasium existierte, die wichtigste Einrichtung in einer griechischen Stadt. Der Besuch des Gymnasiums unterschied in der Zeit des Hellenismus Griechen von Nichtgriechen (Barbaren).

Ein eher ziviler Nachahmer der Griechen ist ein Grabherr im südanatolischen Olympos mit dem griechischen Namen *Apollonios, Sohn des Hellaphilos* (Griechenfreund). Die Grabfassade aus dem frühen 4. Jh. weist Stilelemente der dorischen und ionischen Architektur auf, ihr Reliefschmuck behandelt typisch griechische Themen. In einem zweizeiligen Gedicht bekundet der Verstorbene, er habe gerecht geherrscht und immerwährend gut gelebt: essend, trinkend und spielend (wobei man an hübsche Mädchen oder Knaben zu denken hat). Das heißt, dieser »Barbar«, wie ein Grieche gesagt hätte, ist auf dem laufenden über eine aktuelle griechische Diskussion, ob es besser ist, gemäß der Tugend, das heißt für einen König: der Gerechtigkeit zu leben oder sich dem Genuß *(tryphé, hedoné)* hinzugeben.[5]

Wir haben es hier mit einer Akkulturation zu tun, die völlig frei von politischer Herrschaft ist, die einfach dem Bestreben folgt, sich eine als überlegen anerkannte Kultur, oder wenigstens Teile derselben, zu eigen zu machen. In der Zeit nach Alexander dem Großen entwickelte sich in Lykien ein Städtewesen nach griechischer Art, und als die Römer 43 n. Chr. Lykien zur Provinz machten, hatten sie nicht mehr zu tun, als den Angehörigen der städtischen Eliten das römische Bürgerrecht zu verleihen, um ihre Integration in das Imperium zu vollenden.

### Hellenisierung und Romanisierung in der Provinz Galatia

Etwas anders, genauer: verzögert, verlief der Akkulturationsprozeß der kleinasiatischen Kelten, der Galater. Sie wurden römische Untertanen, als Augustus nach dem Tod ihres letzten Königs Amyntas die Provinz Galatia einrichtete (25 v. Chr.). Bis zu diesem Zeitpunkt waren die Galater kaum von der griechischen Kultur beeinflußt. Erst die Römer veranlaßten die Gründung der drei Städte Ankara, Tavium und Pessinus. In Ankara wurde in der Regierungszeit des Tiberius ein Tempel der Göttin Roma und des Augustus errichtet – berühmt, weil in seine Wände der Tatenbericht des Augustus, das *Monumentum Ancyranum,* eingemeißelt wurde. Ein am Eingang des Heiligtums angebrachtes Verzeichnis der Kaiserpriester demonstriert die Adaption der alten Elite an die neuen politischen und sozialen Gegebenheiten. Die Herren haben teils griechische, teils keltische Namen: Pylaimenes, der Sohn des Königs Amyntas, Amyntas, Sohn des Gaizatodiastos, Albiorix, der Sohn des Ateporix. Sie waren unermeßlich reich und ergriffen bereitwillig die Chance, sich in der Ausgestaltung des Kaiserkults zu profilieren. Einer stiftete das Gelände für das *Augusteum* und die Abhaltung der Festversammlung nebst Rennbahn, ein anderer die Statuen des Kaisers und seiner Mutter Iulia Augusta, alle suchten sich durch die Veranstaltung von Volksspeisungen und Schauspielen jeglicher Art zu übertreffen. Das heißt: Sie präsentierten sich nach dem Vorbild der Eliten griechischer Städte als Wohltäter. Zu den Wohltaten gehörte auch Salböl, und bei den Festen wurden gymnische Agone durchgeführt, was beweist, daß es in der frühen Kaiserzeit auch in Ankara ein Gymnasium gab.

Bei den Galatern haben wir also ein Konglomerat von drei Mentalitätsschichten. Die römische Administration schuf den Rahmen, in dem sich die integrationswillige Oberschicht für ihre Selbstdarstellung genuin griechischer Formen bediente. Sie bewirkte bei den Galatern eine Hellenisierung und rechnete damit, daß die unteren gesellschaftlichen Gruppen dem Vorbild der Eliten folgen würden. Andererseits betonten die Oberpriester bis ins 2. Jh. n. Chr. ihre Abstammung von den galatischen Königen und Tetrarchen. Im Vollzug des Kaiserkults fanden sie ein neues, den politischen Verhältnissen entsprechendes Mittel, sich als die »Ersten von Galatien« zu erweisen. Ihr Einsatz konnte mit dem römischen Bürgerrecht belohnt werden, wie im Fall der Oberpriester Tiberius Claudius Brokchos, Sohn des Tiberius Claudius Alexandros oder Iulius Severus, der römischer Konsul und Statthalter von Niedergermanien wurde.[6]

### *Die gescheiterte Assimilierung der Juden Palästinas*

Blickt man von diesem Befund aus auf die Juden, so kann man nur feststellen, daß ihnen gegenüber die den Römern geläufigen politischen Mittel zur Integration versagten. Bei ihnen gab es keinen kooperationsbereiten Adel, der die anderen gesellschaftlichen Schichten dazu erziehen konnte, in Poleis zu wohnen. Denn der Versuch einer Hellenisierung – im politischen Raum – war schon in der 1. Hälfte des 2. Jhs. v. Chr. gescheitert.

Damals waren Kreise der jüdischen Oligarchie der Anziehungskraft der griechischen Kultur erlegen. Im Einvernehmen mit dem Seleukidenkönig Antiochos IV. ging der Hohepriester Jesus, der es vorzog, sich gräzisierend Jason zu nennen, daran, Jerusalem in eine hellenistische Polis umzuwandeln. Voll Eifer gerierten sich seine Anhänger als Griechen, indem sie sich im Gymnasium nackt den athletischen Übungen widmeten. Erst die Entweihung des Tempels und das Verbot des jüdischen Kultus durch Antiochos IV. im Dezember 167 entfachte den Widerstand der »Frommen«, und Judas Makkabäus behielt in einem blutigen Krieg die Oberhand. Im Dezember 164 konnte der Tempel neu geweiht werden. Danach bestimmten Gruppen, welche die strikte Einhaltung der jüdischen Gesetze zu ihrer Lebensgrundlage machten, das gesellschaftliche Klima.

Unter Augustus und Herodes war das Einvernehmen zwischen der römischen und der jüdischen Regierung so gut, wie man es sich nur denken konnte. Nur war Herodes bei seinen Landsleuten wegen der wirtschaftlichen Ausbeutung verhaßt und galt den Strenggläubigen nicht einmal als Jude. Die Priesteraristokratie war noch am ehesten auf einen Ausgleich mit der herrschenden Macht aus, aber sie war eine Minderheit, die politisch nicht stilbildend wirkte. Kooperation mit den Römern wurde in der öffentlichen Meinung mit Renegatentum gleichgesetzt. Hinzu kamen Mißwirtschaft und menschliches Versagen der eingesetzten Statthalter. So blieb schließlich die brutale Vernichtung als letzte Auskunft.

## Die Romanisierung der Gallier

### *Die besondere Bedeutung der Provincia Narbonensis*

Die Narbonensis war um Jahrhunderte länger ein Teil der antiken Welt als das übrige Gallien. Sie verkörpert deshalb die griechisch-römische Symbiose in einzigartiger Weise. Denn obwohl in der westlichen Reichshälfte gelegen, ist sie zunächst durch die Griechen von Marseille »hellenisiert« und erst dann, als sie schon auf dem Wege zur Urbanisierung war, »romanisiert« worden. Der durch die Nähe zu Marseille bedingte Zivilisationsvorsprung ist bis zum Ende des Altertums von den anderen gallischen Provinzen nicht aufgeholt worden. Die spätere europäische Geschichte ist ohne die tiefgreifende Romanisierung Südgalliens gar nicht vorstellbar. Als im 5. Jh. in Mittel- und Nordgallien die antike Kultur zum Erliegen kam, bildeten im Süden die eingewanderten Goten und Burgunder, unterstützt von der christlich gewordenen einheimischen Aristokratie, ihre Staatlichkeit aus, die das fränkische Merowingerreich übernehmen konnte.

### *Römische Herrschaft und Romanisierung*

Die römische Herrschaft begann in Südgallien mit den Siegen mehrerer Feldherren über die Stämme der Salluvier, Vokontier, Allobroger und Arverner (125–121 v. Chr.). Seitdem stand es außer Frage, daß die Gallier zu unbedingtem Gehorsam verpflichtet waren. Eine eigenständige Politik konnte es nicht mehr geben. Das Gebiet östlich der Rhône wurde der Oberhoheit des römischen Verbündeten Massilia unterstellt. Westlich der Rhône war die römische Präsenz stärker ausgeprägt: durch den Bau der *Via Domitia,* einer Landverbindung zwischen den Pyrenäen und der Rhône, die Anlage der Bürgerkolonie *Narbo Martius* und die Anwesenheit römischer Heere unter dem Kommando des Gaius Marius, der nach der katastrophalen Niederlage bei Orange (105 v. Chr.) die Kimbern und Teutonen in Schach halten sollte. Wahrscheinlich in den ersten Jahren des 1. Jhs. v. Chr. wurde die Provinz *Gallia Transalpina* eingerichtet, deren Statthalter im Jahre 58 v. Chr. Gaius Iulius Caesar wurde. Seit der Zeit des Augustus wurde sie *Provincia Narbonensis* genannt.

Nach Caesars Beschreibung waren die gallischen Stämme vor der römischen Eroberung von Aristokraten beherrscht, den *principes* oder *equites*. Ihr Ziel war, in ihrem Stamm und darüber hinaus durch Reichtum und kriegerischen Ruhm Einfluß auszuüben. Nach Caesars Worten gab es keine Familie, keinen Stamm, keine Allianz mehrerer Stämme, die nicht von ständigen Kriegen um die Vorherrschaft zerrissen wurde.[7] Man kann dieses Bild, das für Zentralgallien in der Mitte des 1. Jhs. v. Chr. gilt, wohl cum grano salis in das 2. Jh. v. Chr. übertragen, als die Römer Südgallien unterwarfen. Römische Herrschaft hieß aber, daß Kriege im Innern ihres Herrschaftsgebietes unterbunden wurden. Ein Schrecken für einen gallischen Aristokraten! Sein Reichtum blieb ihm erhalten, wenn er sich mit der herrschenden Macht arrangierte, aber das wichtigste Mittel zur Machtentfaltung war ihm untersagt. So gesehen, wäre die *Pax Augusta* das Schlimmste, was ihm passieren konnte. Doch in der Regierungszeit des Augustus (27 v. Chr. – 14 n. Chr.) war die Integration der Gallier in den griechisch-römischen Kulturkreis bereits eine feststehende Tatsache.

### *Militärdienst in römischen Einheiten*

Für die Feldzüge des Marius und des Pompeius, der in den siebziger Jahren in Spanien den Dissidenten Sertorius bekämpfte, mußten die gallischen Stämme Kontingente als Hilfstruppen stellen. Auch Caesar hat in seiner Provinz ständig Truppen für den Einsatz im Gallischen Krieg und später im Bürgerkrieg ausgehoben. Man ist nach modernen Vorurteilen vielleicht versucht, diese Zwangsverpflichteten zu bemitleiden. Natürlich war ihr Einsatz nicht freiwillig. Aber Krieg war das einzige Metier, das diese Männer beherrschten, und sie wurden, wenn sie überlebten, reich belohnt.

Wie die Verbreitung römischer Gentilnamen (Marius, Pompeius, Iulius) zeigt, kehrten sie als römische Bürger, manchmal sogar als römische Ritter, in die Heimat zurück. Sie hatten Latein gelernt und in der mediterranen Welt gesehen, wie man in komfortablen Häusern lebte, wie man sich in Thermen und Theatern unterhielt, wie man durch Weihungen an die Götter Ruhm unter den Menschen erwarb. Sie fühlten sich als Römer und wurden die Motoren der Romanisierung. Beispielhaft ist in augusteischer Zeit der Historiker Pompeius Trogus, nach seiner Abstammung ein Vokontier, dessen Großvater, Onkel und Vater unter Pompeius und Caesar gedient hatten. Nachdem er in seinen *Historiae Philippicae* die Geschichte der östlichen Welt dargestellt hat, wendet Trogus sich dem römischen Westen zu, wie einer, der nach einer langen Wanderung in der Fremde nach Hause zurückkehrt. Er meint, wie ein undankbarer Bürger *(civis)* würde er handeln, wenn er allein die Geschichte des Vaterlandes *(patria)* mit Schweigen überginge. Römisches Vaterland und Bürgerrecht begründen sein Selbstwertgefühl, nicht die gallischen Ahnen.[8]

## *Urbanisierung*

Nur drei Generationen nach der militärischen Unterwerfung war die Anpassung der Gallier an römische Normen so weit fortgeschritten, daß die Römer ihr bevorzugtes Rezept anwenden konnten, um kriegsbereite »Barbaren« zu willigen Trägern ihrer Herrschaft zu machen. Das Rezept hieß: Eine befriedete, städtische Infrastruktur schaffen und die einheimischen Aristokraten einladen, die Selbstverwaltung zu übernehmen. Aus den Stämmen wurden *civitates* latinischen Rechts. Sie erhielten Verfassungen nach Vorbild der römischen, es galt fortan römisches Zivil- und Zivilprozeßrecht, und die Amtssprache war selbstverständlich Latein. Die Rechnung ging auf, weil es für die einheimischen Aristokraten nur die Alternative: Widerstand und Untergang oder Anpassung und Aufstieg gab. Das latinische Recht belohnte die Amtsinhaber mit dem römischen Bürgerrecht, und dieses erlaubte bei einer entsprechenden materiellen Grundlage den Aufstieg in die Ränge der Reichsaristokratie, Senatoren- und Ritterstand. 35 n. Chr. amtierte der erste römische Konsul, der aus einer gallischen Stadt, aus Vienne, stammte, in den fünfziger Jahren befand sich Untergermanien, das wichtigste Militärkommando im Westen des Reiches, mehrere Jahre hintereinander in den Händen von Galliern aus Arles und Vaison. Die Verbreitung der antiken Bildung unter den gallischen Notabeln läßt sich daran ablesen, daß die berühmtesten römischen Redner des 1. Jhs. n. Chr. aus Gallien stammten. Sie hatten dieselbe Bildung genossen wie ihre stadtrömischen oder griechischen Kollegen.

▶ *siehe S. 125 ff.*

▶ *siehe S. 328 ff.*

▶ *siehe S. 337 ff.*

*Das Theater von Aizanoi in Nordwestkleinasien. Während die cavea an vielen Orten wegen der typischen Hanglange noch zu erkennen ist, ist die Bühnenwand in fast allen Theatern eingestürzt, häufig, wie hier, durch Erdbeben.*

*Das Theater von Aspendos in Südkleinasien (2. Jh. n. Chr.). In Orange und Aspendos blieb die Bühnenwand erhalten, weil in beiden Orten die Gebäude in nachantiker Zeit als Festung genutzt wurden.*

◀

*Das Theater von Orange. Die in allen Städten schon in der Zeit des Augustus gebauten Theater sind das Symbol für den Eintritt der Gallier in den griechisch-römischen Kulturkreis. Wer hätte Gefallen an einem Pantomimus gehabt, der das Urteil des Paris darstellte, wenn er den Mythos nicht kannte? Den lernte man in der Schule.*

*Die Theater bestanden während der Kaiserzeit immer aus drei Elementen: dem nach Möglichkeit an einen Hang angelehnten Zuschauerraum (cavea), der halbrunden Orchestra, Erbe der griechischen Tradition, in der die kreisrunde Orchestra die Spielstätte gewesen war, und der Bühne, deren Rückwand so hoch war wie der oberste Rang der cavea und somit den Bau nach außen völlig abschloß. Die Haupteingänge lagen rechts und links zwischen Bühne und cavea.*

*Grabstein eines Quattuorvirn (Bürgermeister) im Musée lapidaire in Avignon. Voll Stolz auf die errungene Stellung hat er die römischen Amtsinsignien: Amtssessel (sella curulis) und Rutenbündel (fasces) abbilden lassen (CIL XII 1029)*

### *Selbstromanisierung*

In Erwiderung des römischen Angebots reagierten die einheimischen Gesellschaften mit der Selbstromanisierung in allen Lebensbereichen. Der Prozeß begann im 1. Jh. v. Chr. und beschleunigte sich in den Jahrzehnten um die Zeitenwende. Die Gallier nahmen römische Namen an und begannen, die Toga, das Gewand des römischen Bürgers, zu tragen. Ihre Wohnhäuser veränderten sich in Grundriß, Baumaterial und Ausstattung. Die Grabbeigaben dokumentieren das Aufkommen von Möbeln, Lampen, neuartigem Eßgeschirr – und damit anderen Eßgewohnheiten. Wer über Investitionskapital verfügte, wandte sich der marktorientierten Produktion von Wein und Öl zu. In der Zeit des Augustus wurden die Städte nach italischem Vorbild monumentalisiert. Überall gab es Tempel, Rathäuser, Theater und Aquädukte.

Statt gallo-griechischer Inschriften wurden ab 50 v. Chr. lateinische gesetzt. Die lateinische Epigraphik erlebte in Italien gerade in der Zeit des Augustus einen enormen Aufschwung, und die Gallier übernahmen jeweils das modernste Formular. In Grab- und Ehreninschriften wurden die gesamte Laufbahn einer Persönlichkeit und die Leistungen vermerkt, die sie für die städtische Gemeinschaft erbracht hatte. Denn die Aristokraten folgten auch der Sitte, außer den Ämtern, die sie gratis verwalteten, Feste und Spiele zu organisieren. Ruhm und Ehre, die sie dafür bei den Mitbürgern genossen, sollten die Inschriften für alle Zeit bewahren – und leisten diesen Dienst bis heute.

Die Vorgaben: Militärische Unterwerfung, Einrichtung einer Provinz, Bildung von Stadtterritorien waren also von oben diktiert. Auch die Anfänge eines lateinsprachlichen Unterrichts waren wahrscheinlich oktroyiert. Es ist anzunehmen, daß für die als Geiseln übergebenen Kinder der einheimischen

*Der Pont du Gard. Wasser über eine lange und teure Leitung in die Stadt zu führen war keine Frage von wirtschaftlichen Nützlichkeitserwägungen, sondern von Luxus und Prestige. Es kam den Bürgern darauf an zu demonstrieren, daß sie sich einen Aquädukt leisten wollten und konnten. Nicht »die Römer bauten den Pont du Gard«, wie man häufig liest. Besser als die Asterix-Autoren kann man es nicht formulieren: Augenblix erklärt einem seiner Dorfbewohner, der sich übrigens weigert, die Toga zu tragen, weil er dann friert: »So! Und jetzt bauen wir einen Aquädukt! – Einen Aquädukt? Augenblix, mein Chef, wir brauchen keinen Aquädukt. Der Fluß durchquert doch unser Dorf und unsere Felder! – Dann werden wir ihn eben umleiten, den Fluß! Ein Aquädukt, das wirkt römisch!« (Der Kampf der Häuptlinge, 1969, 7)*

Fürsten Schulen eingerichtet wurden. Aber den Wandel in der privaten Lebensführung hätten die Römer durch noch so starken Druck nicht erzwingen können. Welches Interesse sollten sie auch daran gehabt haben, die Gallier dahin zu bringen, ihren Braten mit aus Spanien importierter Fischsauce *(garum)* zu würzen oder im Totenkult eine Weihung *Dis Manibus* vorzunehmen? Die Veränderungen entsprangen dem Willen der Gallier, ein Teil der zivilisierten Welt zu werden. Er war nicht auf die Aristokratie und nicht auf die städtischen Zentren beschränkt, sondern ergriff weite gesellschaftliche Kreise, auch die Dörfer und das flache Land.

*WC in Vaison-la-Romaine. Die Aquädukte speisten die Thermen und die mit diesen verbundenen öffentlichen Toiletten.*

## »gallo-römisch«

Der Begriff *gallo-römisch (gallo-romain)* ist eine französische Prägung aus dem 19. Jh. Er ist praktisch, wenn man ihn als chronologischen Hilfsbegriff einführt, der die »gallische« oder »keltische«, also die vorrömische Periode, von der römischen, also der »gallo-römischen«, unterscheidet. Aber man darf ihn nicht im Sinne eines ethnischen Verschmelzungsprozesses von Galliern und Römern verstehen.[9] Unbestreitbar sind Italiker nach Südgallien eingewandert, zuerst die Kolonisten von Narbonne, dann Unternehmer, die in dem Land ihr Glück zu machen hofften, und schließlich wurden fünf Militärkolonien angelegt, zwei von Caesar, Arles und Narbonne, und drei von Octavian/ Augustus; Orange, Béziers und Fréjus. Ihre Gründung entsprang ausschließlich der innenpolitischen Notwendigkeit, ausgediente Soldaten mit Land zu versorgen. Für die Romanisierung waren sie eher hinderlich, da eine Koloniegründung die Konfiszierung von Land implizierte. Außerdem waren sie numerisch eine *quantité négligeable* in dem großen, gut besiedelten Land, und sie sind nicht älter als die einheimischen Städte wie Nîmes oder Vienne, so daß diese gar keine Zeit gehabt hätten, das Muster, das die Kolonien angeblich boten, zu kopieren. Vor allem waren nicht die Nachkommen der Kolonisten, sondern einheimische Grundbesitzer und Aristokraten die Exponenten des Integrationsprozesses.

▶ *siehe S. 95, 134, 137*

Ich verstehe unter der »gallo-römischen« Kultur also alles, was die Gallier unter der römischen Herrschaft im Zuge der Selbstromanisierung hervorbrachten: die römische Kultur in Gallien, getragen von Galliern. Gefährlich ist es, das Wort ideologisch aufzuladen, wie es in Frankreich in den Jahrzehnten nach dem verlorenen Krieg von 1870/71 gängig war. Auch der Begriff *gallo-roman* kam damals auf, zur Bezeichnung des Latein, das angeblich von den Gallo-Römern gesprochen wurde. Aber in Gallien starb das Keltische aus. Es ist kein Wunder, daß sich im Französischen nicht mehr als 150–200 keltische Wörter erhalten haben. Während in der Spätantike in Syrien und Ägypten – nach einer jahrhundertelangen hellenistischen Latenzphase – die Volkssprachen für christliche Predigten und Texte benutzt wurden, war in Gallien Caesarius von Arles (502–542) der bedeutendste »Volksprediger, den das *lateinisch*-christliche Altertum hervorgebracht hat«.[10] Ein Gallier, der römischer Senator wurde, mag sich unter den Töchtern seiner Landsleute nach einer Frau umgesehen haben, er mag die Karrieren von Männern, die er von zu Hause kannte, besonders gefördert haben, aber daraus folgt nicht, daß die romanisierten Gallier ein spezifisches Selbstbewußtsein besaßen, durch das sie sich von den Bewohnern anderer romanisierter westlicher Provinzen unterschieden. Das ist ebensowenig nachweisbar, wie umgekehrt Widerstände gegen die Übernahme römischer Gewohnheiten auszuschließen sind. Doch wie hätten diese sich artikulieren können? Eine gallische Familie, die zusätzlich zu einem römischen Gentilnamen ihren Kindern keltische Beinamen gab, kann dies im Zuge einer Familientradition getan haben, aus stillschweigendem Protest gegen die neuen Moden oder auch ohne eine bestimmte Überlegung – so wie ein frommer Jude Apollonios heißen konnte. Ich verzichte auf die Ausdeutung von Ketchup-Flaschen und Baseball-Mützen.

Das gleiche Bild ergibt sich bei den Weihinschriften. Die Götterwelt veränderte sich. Die zahlreichen gallischen Gottheiten wurden weiter verehrt, häufig wurden sie jedoch, wie ihre Namen zeigen, zu gallorömischen: zum Beispiel *Mars Albiorix, Vintius Pollux, Vintius Augustus, Nymphae Griselicae*. Neu waren römische Götter wie *Iupiter Capitolinus* und schließlich der Kaiser. Es herrschte die denkbar größte Freiheit, denn der antike Polytheismus erlaubte dem Menschen, jede Gottheit anzurufen, die Hilfe versprach. Den Wettergott konnte man in seiner gallischen Form als Donnergott oder in seiner römischen als Blitzgott verehren. Nationaler Widerstand spielte nach meinem Urteil bei der Wahl ebensowenig eine Rolle wie eine Steuerung des Verschmelzungsprozesses durch die Römer. Neu waren indessen die Formen des Kultes: In Städten und Dörfern wurden feste, aus Stein errichtete Heiligtümer errichtet und Weihinschriften mit einem römischen Formular gesetzt.

▶ *siehe S. 185 ff.*

In der Spätantike war durch den Rückzug der Zentralregierung und ihrer Heere aus Gallien der Aktionsradius eines vornehmen »Gallo-Römers« tatsächlich auf seine Heimat, die er gegen die Germanen zu schützen versuchte, beschränkt. Eine darüber hinausgehende »gallische« Identität besaß er jedoch nicht. Was Sidonius Apollinaris, der Bischof von Clermont, von dem berühmten Auvergnaten Vercingetorix wußte, verdankte er der lateinischen Literatur, namentlich Caesars *Bellum Gallicum.*

## Zur Anlage des Buches

### *Der geographische Umfang*

Das Buch widmet sich vornehmlich den Galliern in der römische Provinz *Gallia Transalpina* oder, wie sie seit augusteischer Zeit hieß, *Gallia Narbonensis,* die von den Pyrenäen bis an den Fluß Var, vom Mittelmeer bis an den Genfer See reichte. Nach modernen Begriffen sind das die Landschaften Savoie, Dauphiné, Provence und Languedoc. »Ganz Gallien« ist mit Caesars gallischem Krieg und der Kolonie Lyon vertreten.

▶ *siehe Vorsatzkarte*

Um die für Gallien vorgestellten Phänomene ins Relief zu setzen, habe ich, wo es sich anbot, auf Parallelen im gesamten *Imperium Romanum* aufmerksam gemacht. Denn die römischen Herrschaftsmittel, ihre Voraussetzungen und ihre Auswirkungen auf die ehemals gewaltsam Unterworfenen waren in der westlichen Reichshälfte ähnlich, in der östlichen wenigstens partiell vergleichbar.

### *Zeitlicher Umfang und Gliederung*

Das Buch umfaßt einen Zeitraum von über 1000 Jahren und ist teils chronologisch, teils systematisch aufgebaut. Kapitel II beginnt mit der Gründung der griechischen Kolonie Massalia ungefähr 600 v. Chr. Ein besonders dorniges Problem für die Verfasserin, die ja keine Archäologin ist, war die Keltisierung Südgalliens. Bis vor etwa 30 Jahren ging die Forschung übereinstimmend davon aus, daß im 4. oder 3. Jh. v. Chr. eine massive Einwanderung von Stämmen aus dem Norden stattgefunden haben müßte. Die zahlreichen Ausgrabungen haben davon aber keine Spuren nachweisen können, so daß man zu einem anderen Erklärungsmodell greifen muß, um die Eigenart der südgallischen Kelten zu erklären: der »Hellenisierung« durch die Kontakte

▶ *siehe S. 57 ff.*

zu Marseille. Der Austausch von Handelsgütern – namentlich der begehrte griechische Wein ist hier zu nennen – führte zu einer stärkeren Strukturierung der einheimischen Gesellschaften und der Anlage von geplanten und befestigten Siedlungen *(oppida)*. Die »Hellenisierung« zeigt sich besonders deutlich in der Entwicklung einer gallo-griechischen Schrift.

▶ *siehe S. 71ff.*

Kapitel III hat die Einbeziehung Galliens in den römischen Herrschaftsbereich zum Thema und die römischen Herrschaftsmittel in den ersten Jahrzehnten nach der Eroberung. Es war mein Anliegen, über die bloßen Fakten hinaus die Antriebskräfte des römischen Imperialismus, seine Verknüpfung mit der Sozialstruktur und der jeweiligen innenpolitischen Situation darzulegen. Die Kenntnis dieser Verhältnisse ist unerläßlich, wenn man das Ausgreifen der römischen Politik nach Südgallien und besonders die Eroberung ganz Galliens durch Caesar verstehen will.

Die Kapitel IV–VIII bilden das Kernstück und behandeln die Narbonensis als integrierten Bestandteil des *Orbis Romanus.* Kapitel IV erläutert die rechtlichen Vorgaben: Provinz, Bürgerkolonien, Einrichtung der Civitates und latinisches Recht. In diesem Rahmen habe ich dem Kataster von Orange einen längeren Exkurs gewidmet.

Kapitel V–VIII bilden eine Einheit und bedingen sich gegenseitig: Kapitel V: Inschriften, Familie und Recht, Götter und Kult. In Kapitel VI: Die Gegenwart des Kaisers, habe ich sowohl die Verfassung des Prinzipats als auch die verschiedenen Formen der Kaiserverehrung behandelt. Es kam mir darauf an, Pauschalurteile zu differenzieren, die ein ubiquitär verwandter Begriff »Kaiserkult« notwendigerweise erzeugt. Kapitel VII zeigt am Beispiel von Nîmes in einem diachronischen Durchgang die Gesamtentwicklung von den protourbanen Anfängen bis in die Spätantike. Kapitel VIII versucht schließlich ein Gesamtbild der gesellschaftlichen Verhältnisse zu geben. Der Leser wird wie die Verfasserin den fragmentarischen Charakter dieses »Gesamtbildes« bedauern. Die Quellen versagen, wenn man von modernen Fragestellungen ausgeht, regelmäßig ihren Beistand. Ich habe mich daher bei der Behandlung der Landwirtschaft auf den Weinbau konzentriert, das heißt, den agrarischen Produktionszweig, der am stärksten von der Romanisierung zeugt und am besten archäologisch nachweisbar ist. Von den gesellschaftlichen Gruppen habe ich diejenigen behandelt, über die Aussagen möglich sind: die Aristokraten, die zugleich als Grundeigentümer auf dem Lande und als Angehörige der Stadträte und der Reichsaristokratie faßbar sind, und die Freigelassenen, die eine wichtige und gut dokumentierte Rolle im städtischen Leben spielten.

Auf Grund der Struktur der Überlieferung bleibt die Mehrheit der sogenannten kleinen Leute, in Sonderheit die Masse der ländlichen Bevölkerung praktisch stumm für uns. Es ist unmöglich festzustellen, ob sich ihre Lage in der gallorömischen Zeit eher verbesserte oder verschlechterte. Es sei noch einmal betont, daß die Römer ihre Herrschaft auf die Eliten stützten. Daß diesen im Gegenzug freie Hand in der Ausgestaltung ihrer wirtschaftlichen Position gelassen wurde, kann man nur vermuten. Man weiß nicht einmal, wie die von Caesar als Klienten oder quasi-Sklaven charakterisierten abhängigen Bauern der vorrömischen Zeit in die städtischen Strukturen integriert wurden.

Kapitel IX geht mit Lyon, der Hauptstadt der *Tres Galliae,* über den bis dahin behandelten geographischen Raum hinaus und trägt mit dem Provinzialkult am Altar der *Roma* und des Augustus samt den dort abgehaltenen Gladiatorenkämpfen einen wichtigen Aspekt der politischen und sozialen Integration nach. Die Christenverfolgung von 177 n. Chr. leitet zur christlichen Spätantike über. Die aktuelle Forschung hat zwar das Modell einer allgemeinen »Reichskrise des 3. Jhs.« weitgehend aufgegeben, aber für Gallien bedeuteten fraglos die Einfälle der Germanen das Ende der *Pax Romana.*

In diesem Kapitel habe ich wenigstens angedeutet, daß in den *Tres Galliae* die gleichen Anzeichen einer Romanisierung festzustellen sind wie in der Narbonensis. Die Zeugnisse sind allerdings unterschiedlich verteilt und großenteils so spärlich, daß es unmöglich ist, den Wandel in seinem aktuellen Verlauf zu erfassen. In der Civitas der Arverner (Auvergne) zum Beispiel wäre es illusorisch, anhand von Inschriften allgemeine Aussagen machen zu wollen, die über die Mitteilung, daß auf dem Puy-de-Dôme Merkur verehrt wurde, wesentlich hinausgingen. Es ist kein Beamter namentlich bekannt, man weiß nichts über die politischen Institutionen, nichts über Vereine und die wirtschaftliche Situation.[11] Meinen Ansatz, die Narbonensis in den Mittelpunkt zu stellen, sehe ich gerade durch das hervorragende Buch von G. Woolf gerechtfertigt, der Ähnliches anstrebt wie ich. Denn so gut er auch die Indizien der Romanisierung in Stadt und Land herauspräpariert – die Sonderstellung der Narbonensis, den griechischen Vorlauf, übergeht er weitestgehend – trotz des Untertitels: *The Origins of Provincial Civilization in Gaul.*[12] Man kann anscheinend nicht beidem in einem Atem gerecht werden, der Narbonensis und den *Tres Galliae.*

Im Schlußkapitel habe ich versucht, die Bedeutung der Narbonensis für die weitere europäische Geschichte zu skizzieren. Im Rhônetal blieb die antike Kultur bis über das Ende des Römischen Reiches hinaus erhalten, getragen von der christianisierten Oberschicht und der Kirche. Im Tolosanischen Reich der Westgoten und im Burgunderreich zwischen Genf, Vienne und Lyon vollzog sich die Adaption der Germanen an die Schriftkultur und das römische Recht. Dies kam der fränkischen Staatsbildung zugute.

## *Zu Methode und Zielsetzung*

Es war meine Absicht, ein lesbares Buch zu schreiben. Auf die Verwendung eines Fachjargons habe ich, soweit möglich, verzichtet, desgleichen auf die Diskussion von Kontroversen und Polemik. Die nötigen Hinweise für eine vertiefte Betrachtung finden sich in den Anmerkungen. Zeittafel, Glossar, Autorenverzeichnis und Register sollen Hilfestellung bei der Lektüre, Querverweise die Möglichkeit zum Schmökern auf eigenen Pfaden liefern.

Ich habe durchgängig die modernen Ortsnamen verwendet, die sich in den meisten Fällen mit den antiken decken. Eine Ausnahme habe ich nur mit Marseille gemacht, um der Tatsache Rechnung zu tragen, daß es nicht eine im Grunde beliebige Landstadt im *Imperium Romanum* war, sondern eine souveräne Polis und Großmacht. In Kapitel II habe ich griechisch *Massalia* geschrieben, in Kapitel III, in dem die Perspektive römisch ist, lateinisch *Massilia.*

Mein Ziel war, von den Quellen auszugehen und nachvollziehbar zu machen, wie der Historiker zu seinen Urteilen kommt. Deshalb habe ich längere Auszüge aus den Werken antiker Autoren, Inschriften und die Abbildung oder Beschreibung archäologischer Überreste aufgenommen und versucht, durch die Interpretation jeweils die Verbindung des Speziellen mit dem Allgemeinen und Grundsätzlichen herzustellen. Ergänzende Beispiele und methodische Überlegungen sind im Text grau unterlegt.

Tempel und Aquädukte beeindrucken den Betrachter und regen seine Phantasie an. Aber man darf sich nicht täuschen. Die Monumente bilden nie eine antike Realität vollständig ab. Insofern unterscheiden sich die archäologischen Reste nicht von den schriftlichen Quellen. Mit dem, was erhalten ist, fängt die Arbeit des Historikers erst an. Immer besteht die Aufgabe des erkennenden Subjekts darin, sich, ausgehend von seinen eigenen Fragen, mit den vorgefundenen Fragmenten sein Bild zu schaffen. Das ist Geschichte; sie besteht nur in unserer Vorstellung. Die Tätigkeit des Historikers unterscheidet sich nur graduell von dem, was jeder einzelne tut, der dasselbe anstrebt wie er: Eine vergangene Welt in seiner Phantasie neu zu schaffen. Für einen Leser, der bei der Betrachtung der Quellen zu anderen Resultaten gelangt als die Verfasserin, sollte das Buch wenigstens das Verdienst haben, ihm das Material an die Hand gegeben zu haben.

Mein Ehrgeiz war nicht, jedes interessante Dokument zu erwähnen, sondern einen repäsentativen Eindruck von der Romanisierung zu vermitteln. Deshalb sind die Städte in Zusammenhang mit dem Phänomen vorgestellt, das bei ihnen besonders gut zu fassen ist, zum Beispiel Arles mit den Kollegien und Orange mit dem einzigen aus dem Römischen Reich erhaltenen Kataster. Grundsätzlich sind die Orte überrepräsentiert, die viele inschriftliche Quellen hervorgebracht haben, namentlich Vienne und Nîmes.

## *Inschriften*

Die antike Geschichtsschreibung folgte seit Thukydides dem Grundsatz, ausschließlich Politik im engeren Sinne zu ihrem Thema zu machen. Tacitus bietet die Geschehnisse im Kaiserhaus, Senatsdebatten und Feldzüge. Sozialgeschichtliche Tatbestände wie die Zusammensetzung des Senats, der Werdegang der ritterlichen Beamten oder die Herkunft der Soldaten waren keine Gegenstände, die der Behandlung wert waren. Seine Leser kannten sie so gut wie er selbst. Die neuzeitliche Geschichtsschreibung verfuhr ähnlich wie die antike und lieferte »Kaisergeschichten«, bis am Ende des 19. Jhs. der komplexe soziale Kosmos des *Imperium Romanum* in den Blick trat. Der Neueinsatz erfolgte mit Theodor Mommsen und Michael Rostovtzeff, zwei Forschern von unschätzbarem Verdienst.[13]

Es hat also kein römisches Handbuch zur Zusammensetzung der führenden Kader der Reichsverwaltung, keine antike Darstellung mit dem Titel: »Die Sozialstruktur des *Imperium Romanum*« gegeben. Für die genannten Fragen ist die Forschung auf die Zusammenstellung und Interpretation Hunderter von Inschriften angewiesen. Dasselbe gilt, wenn man sich dem Familienleben, dem Verhältnis von Herren und Sklaven, der Religionsausübung oder der Mentalität der städtischen Eliten zuwendet. Deshalb ist das gesamte Kapitel V den Inschriften und den methodischen Fragen ihrer Interpretation gewidmet.

Ich habe eine vielleicht etwas schulmeisterliche Einführung in die Epigraphik auch deshalb für nützlich gehalten, weil sie über die hier behandelte Region hinaus generell den Zugang zu den in vielen Museen unkommentiert ausgestellten Inschriften erleichtert. Abgesehen von der lateinischen

Sprache und den verwendeten, oft abgekürzten Formeln besteht die Schwierigkeit darin, daß zwar die Inschriften die authentischen Worte eines antiken Menschen enthalten, ihre Adressaten aber Zeitgenossen aus demselben kulturellen Milieu waren. Wir können sie nicht ohne weiteres verstehen.

Ein Problem für den Leser mag sich daraus ergeben, daß es nicht immer möglich war, die Zeugnisse mit der Interpretation so zu verbinden, daß beides direkt nebeneinandersteht. So werden die Inschriften von Sklaven und Freigelassenen zusammen mit den anderen Grabinschriften in Kapitel V geboten, die grundsätzlichen Erläuterungen aber in Kapitel VIII. Die Zeugnisse für die Inhaber der städtischen Ämter finden sich in Kapitel VII, wo am Beispiel von Nîmes, stellvertretend für die anderen Civitates, die Stadtverwaltung behandelt ist. Die sozialgeschichtliche Auswertung folgt in Kapitel VIII. Anders zu verfahren hätte impliziert, zusammengehörige Sachverhalte auseinanderzureißen oder doppelt zu bringen. Ich hoffe, mit Querverweisen und dem Register genügend Hilfestellung zum Aufspüren der Zusammenhänge gegeben zu haben.

Aus der Absicht, die Inschriften heranzuziehen, ergibt sich, daß das zeitliche Schwergebiet für die Kapitel V–IX die ersten zweieinhalb Jahrhunderte der Kaiserzeit bildet. Ab der Mitte des 3. Jhs. gibt es kaum noch Inschriften. Das mag in Gallien mit den Einfällen der Germanen zusammenhängen, ist aber darüber hinaus wohl Reflex eines Mentalitätswandels, der andere Formen der Repräsentation bevorzugte.[14] Für die christliche Spätantike ist die Ausbeute an Grabinschriften überraschend groß. Ebenso überraschend ist, daß sie in Darstellungen der Transformation von der Antike zum Frühmittelalter wenig oder keine Beachtung finden, obwohl sie teilweise von romanisierten Germanen stammen.

▶ *siehe S. 405 ff.*

## Die Verteilung der Inschriften

Bei der Interpretation von Inschriften muß man sich immer fragen, ob das Material repräsentativ, ob es verallgemeinerbar ist. Grundsätzlich ist die Situation für die Narbonensis, verglichen mit anderen westlichen Provinzen, hervorragend. Die Neigung, sich auf Inschriften zu verewigen, war hier besonders früh und besonders stark ausgeprägt. Dies ist ein Indikator für die Integration der Region in die mediterrane Welt, die schon in vorrömischer Zeit unter dem Einfluß der Griechen begonnen hatte. In der Narbonensis wiederum sind die Städte unterschiedlich stark vertreten. ▶

Nîmes rangiert mit fast 2000 Inschriften an erster Stelle, Narbonne (etwa 1150) und Vienne (etwas über 900) folgen mit einigem Abstand. Erst zur dritten Gruppe mit gut 500 Inschriften gehört die reiche Handelsstadt und Bürgerkolonie Arles. Die Kolonie Orange bietet erstaunlich wenig epigraphische Zeugnisse (59 Nummern im CIL). Allerdings ist seit 1949 mit dem Kataster von Orange ein Dokument von einmaliger Bedeutung hinzugekommen. Daß außer Reichtum und Romanisierungsgrad einer Stadt auch die Zufälle der Überlieferung in nachantiker Zeit eine große Bedeutung für den Bestand des epigraphischen Materials besitzen, zeigt sich am Beispiel von Die, der nördlichen Hauptstadt der Vokontier, die man wegen ihrer abgelegenen geographischen Position nicht gerade für ein Zentrum städtischen Lebens halten würde. Hier sind mit über 300 überdurchschnittlich viele Inschriften erhalten, die in der im späten 3. Jh. errichteten Stadtmauer zutage kamen. Auch in Narbonne stammen fast alle Inschriften aus der Stadtmauer, für deren Bau das Material der außerhalb der Stadt liegenden Nekropolen benutzt wurde.

Ein weiteres Problem für die sozialgeschichtliche Auswertung ist die ungleiche Verteilung des Materials. Denn die Masse der Inschriften stammt in vielen Fällen aus dem Zentralort: in Lyon und Narbonne zu etwa 97%. Anders ist es in den Civitates Nîmes und Vienne, wo ein Drittel der Inschriften nicht im Zentralort, sondern in den kleineren Ortschaften gefunden wurde.

Das Hauptproblem ist jedoch die schon angesprochene ungenügende Repräsentanz der Unterschichten. Eine Inschrift konnte nur setzen, wer wenigstens über einen geringen materiellen Wohlstand verfügte.

*Die Stadtmauer von Die (Dea Augusta). Hier wie überall in Gallien wurde angesichts der Einfälle der Germanen aus Quadern und Säulen älterer Bauten, Grabsteinen und Statuensockeln eine Stadtbefestigung errichtet.*

## *Die Archäologie*

Die Städte des *Midi* darf man sich nicht als »archäologischen Park« vorstellen, denn mit wenigen Ausnahmen waren sie kontinuierlich von der Antike bis heute besiedelt, so daß die antiken Schichten unter den mittelalterlichen und neuzeitlichen liegen. Oberirdisch erhalten sind Großbauten, die nach dem Ende der Antike weiter genutzt wurden. Tempel dienten als Kirchen und in späteren gottlosen Zeiten als Pferdestall oder Arsenal. In ein Amphitheater zogen Menschen ein und bedienten sich seiner als Festung. Der Stadtbogen von Orange und die berühmte Bühnenwand des Theaters sind erhalten, weil sie im Mittelalter und in der frühen Neuzeit in die Stadtbefestigung einbezogen wurden. Die Brücken wurden ebenfalls weiter genutzt. Privathäuser hingegen fielen nach ein oder zwei Generationen der Benutzung einer natürlichen Zerstörung anheim. War das Stadtviertel noch bewohnt, wurden die Reste eingerissen, planiert und überbaut. Das meiste, was einmal vorhanden war, gleichgültig ob Bauten, Grabsteine, Statuen und ihre Sockel, ist ein für allemal verloren, weil es zerschlagen oder zu Kalk gebrannt wurde, um als Baumaterial genutzt werden zu können.

*Die Maison Carrée in Nîmes, ein um die Zeitenwende nach stadtrömischem Vorbild errichteter Podiumtempel. Blick von Nordosten, im Hintergrund das Carré d'Art.*

Nicht überbaut ist Glanum. Die Stadt wurde um 270 n. Chr. aufgegeben und schnell durch die Erdmassen, die der Winterregen von den Alpillen herabschwemmte, zugedeckt und auf diese Weise konserviert. Henri Rolland führte in den Jahrzehnten vor und nach dem Zweiten Weltkrieg die Ausgrabung des Quellheiligtums, des Stadtzentrums und eines hellenistischen Wohngebiets durch.

*Der Stadtbogen in Glanum (etwa 10 v. Chr.). Er ist mit nur einem Durchgang und Dimensionen von 12,5 × 5,5 × 8,6 m (geschätzt) entschieden bescheidener und, obwohl im oberen Teil zerstört, harmonischer als sein Pendant in Orange (s. die Abbildung S. 142). An den Hauptseiten sind in den Bogenzwickeln geflügelte Viktorien und auf den Pylonen an ein Tropaion (Siegesmal) gefesselte Barbarenpaare dargestellt. Die Stirnbögen zieren üppige Girlanden aus Blättern und Früchten.*
*Kunsthistoriker und Reiseführer dürfen von »Triumphbogen« sprechen, Althistoriker müssen darauf bestehen, daß ein Triumph ausschließlich in Rom gefeiert werden konnte. Das neutralere »Stadtbogen« drückt gut die Funktion aus: Der Bogen war weithin sichtbar, markierte den Anfang des Stadtgebiets und signalierte den Stolz der Einwohner auf ihre Vaterstadt. Insofern sind diese Monumente ein besonders sprechendes Zeugnis der Selbstromanisierung. Eigentlich hätten die Einwohner von Glanum oder Carpentras, wo die gefesselten Barbaren am besten erhalten sind, überlegen können, ob sie nicht selbst zu den Besiegten gehörten. Ich glaube nicht, daß sie das taten. Ihre als positiv empfundene Zugehörigkeit zum Imperium Romanum ist die raison d'être der Bögen.* ▶

*Les Antiques in Glanum. Die aus dem Grabmal der Iulier (s. S. 291) und dem Stadtbogen bestehende Gruppe war schon im 16. Jh. bekannt und wird zum Beispiel von Scaliger und Nostradamus erwähnt.*

*Glanum. Blick über das Stadtzentrum, wie er sich vor 30 Jahren bot. Die Ausgrabungen von 1980–90 haben sich den vorrömischen Schichten gewidmet (s. S. 92 f.) – und dadurch die alte versunkene Schönheit des Ruinengeländes sehr beeinträchtigt.* ▶

In St-Romain-en-Gal sind Privathäuser, Straßen und Gebäude für Gewerbe und Handel erhalten, weil das gegenüber von Vienne, westlich der Rhône, gelegene Quartier um 270 n. Chr. aufgegeben und anschließend nicht wieder besiedelt wurde. Besonders schön ist hier die Einheit von *in situ*-Befund und Museum: Der Blick geht zwischen den Wandmalereien und der Ausgrabung hin und her.

Das ausgedehnteste begehbare Ruinengelände bietet Vaison-la-Romaine. Von 1907 bis zu seinem Tod im Jahr 1955 legte Abbé Joseph Sautel in Jahr für Jahr durchgeführten Kampagnen zwei Wohnquartiere und das Theater frei. Seine Methoden waren nach heutigen Maßstäben unzulänglich, nahmen keine Rücksicht auf die jüngeren Schichten und die Dokumentierung der Stratigraphie und hinterließen fragwürdige Rekonstruktionen, aber daß überhaupt so viel erhalten ist, hat man zweifellos ihm zu danken. Mit seinem Enthusiasmus konnte er sogar den Zigarrenfabrikanten Maurice Burrus als Mäzen gewinnen, weil dieser zufällig den gleichen Namen trug wie ein berühmter Bürger des antiken Vasio. Seit 1928 darf die Stadt »*La-Romaine*« in ihrem Namen führen.[15]

*Blick über das Quartier de la Villasse mit dem »Haus des Delphins« und dem »Haus der Silberbüste« in Vaison-la-Romaine.*

### *Die neuere siedlungsarchäologische Forschung*

In den letzten Jahrzehnten haben sich auch in den kontinuierlich besiedelten Städten die Kenntnisse stark vermehrt. Das hängt zum einen mit einer neuen Orientierung der archäologischen Forschung zusammen, deren Ziel nicht mehr spektakuläre Einzelfunde sind, sondern die Erhellung der langfristigen urbanistischen Entwicklung und der städtischen Topographie ist. Zum anderen ist es die rasante städtebauliche Entwicklung in der Zeit nach dem Zweiten Weltkrieg, die mit der Verlegung von Kanalisationsleitungen, dem Bau von Tiefgaragen oder größeren Neubauprojekten gewissermaßen Fenster in die Vergangenheit öffnete.

Um übertriebenen Erwartungen entgegenzutreten: In Nîmes konnten von den 220 ha, die von der augusteischen Mauer eingeschlossen waren, 3–4% untersucht werden, im antiken wie modernen Stadtzentrum im Innern der großen Boulevards sogar noch entschieden weniger, etwa 1,4%. Ein weiteres Problem ist die Erstellung einer Stratigraphie, denn oft liegen die antiken Schichten nicht einmal einen Meter unter den modernen, bisweilen hat man in späterer Zeit direkt auf die römischen, sogar vorrömischen Schichten gebaut, von denen dann natürlich so gut wie nichts erhalten ist. Hinzu kommt, daß antike Steine bis weit ins 19. Jh. hinein als Baumaterial verwendet wurden.

▶ *siehe den Stadtplan von Nîmes S. 237*

Sieht man von den Großbauten ab, so lag bis zum Beginn der eben geschilderten Entwicklung das gesamte antike Erbe unbekannt unter dem Pflaster. Heute ist fast alles, was entdeckt, kartographiert und untersucht wurde, ein für allemal zerstört. In den letzten 50 Jahren ist mehr vernichtet worden als in den 1500 Jahren davor.

### *Archäologie und Denkmalschutz*

Daß überhaupt bei Bauprojekten zuerst der antike Befund aufgenommen wird, ist eine glückliche Entwicklung der letzten Jahre. In Vienne wurde 1853 beim Bau des Bahnhofs die frühchristliche Nekropole von St-Gervais, deren zahlreiche Gräber über 1000 Jahre unangetastet unter der Erde gelegen hatten, in wenigen Tagen zerstört, ohne daß genügend Zeit blieb, wenig-

*Der Schutz des nationalen Erbes in Belley. Ein Unterpräfekt von Belley sammelte im 18. Jh. die zahlreichen, großenteils seit dem 16. Jh. bekannten Inschriften der Region und stellte sie im Hof seiner Residenz auf. Heute ist das meiste verloren, die kläglichen Reste sind im Garten des bischöflichen Palais untergebracht*

stens alle Inschriften zu retten. Hundert Jahre später hatten sich die Chancen, das antike Erbe zu erhalten, nicht wesentlich verbessert: In Narbonne wurden die Wohnblocks des sozialen Wohnungsbaus über das Amphitheater gesetzt, obwohl dessen Lage annähernd bekannt war. 1977 ließ der Bürgermeister von Avignon das im Stadtzentrum entdeckte antike Rathaus mit dem Bagger planieren.[16] 1997 erregte sich die französische Öffentlichkeit über die Rücksichtslosigkeit, mit der die Stadtverwaltung von Rodez ihr neues Rathaus über dem antiken Stadtzentrum errichtete, wozu sie durch eine Sondergenehmigung des Premierministers ausdrücklich autorisiert wurde.

Es war allerdings nicht immer die Ignoranz von Stadtverwaltungen und privaten Bauherren, es fehlte zunächst auch an einer organisatorischen Infrastruktur für archäologische Forschungen. Zwar hatte Napoleon III. mit seinem ausgeprägten politischen Interesse für Caesar seit 1860 Ausgrabungen in Alesia und Bibracte *(Mont Beuvray)* veranlaßt, doch wurden diese Bemühungen in der Dritten Republik nicht fortgesetzt. Im Wettlauf mit den anderen europäischen Nationen begründete sie Institute in Kairo (1901) und Afghanistan (1922), während für das Mutterland erst die Vichy-Regierung 1941 die gesetzliche Grundlage zur Organisation der Forschung vorbereitete, die nach 1945 umgesetzt wurde. Es dauerte dann immer noch Jahrzehnte, bis die Zuständigkeiten abgegrenzt und die Finanzmittel für Grabungen und die anschließende Publikation bereitgestellt waren. Bis 1980 konnte nur ein kleiner Bruchteil der Baustellen im Wettlauf mit den Baggern untersucht werden. Auch mangelte es an ausgebildeten Fachleuten. Gerühmt wird Oscar Rapaz, ein einfacher Bediensteter der französischen Staatsbahn, der sich als Autodidakt zum Kenner ausgebildet hatte. Ihn konsultierte man, wenn in Nîmes Zufallsfunde gemacht wurden. Zum Glück verfügte er noch als alter Mann über ein so vorzügliches Gedächtnis, daß er den Autoren der *Carte archéologique* über die Entdeckungen der Jahre 1937 bis 1980 Auskunft erteilen konnte.[17]

Heute hat sich die Lage grundlegend gewandelt. Seit 1980 setzte sich zunehmend das Bewußtsein durch, daß das antike Erbe ein schützenswertes Gut ist. Nicht mehr nur in Notgrabungen, sondern nach kohärenten Konzepten können heute größere Areale untersucht werden. In Nîmes wurde zum Beispiel beim Bau eines großen Einkaufszentrums, der *Coupole des Halles,* die Entwicklung des Stadtviertels von der vorrömischen Zeit bis ins Mittelalter aufgedeckt und dokumentiert (1990). Auch in Arles wurde für den geplanten Neubau des Antikenmuseums, in der unmittelbaren Nähe des Zirkus, zunächst eine Sichtung und Sicherung des antiken Bestandes vorgenommen. Dabei ist eine um 500 nach Chr. angelegte neue Siedlung bekannt geworden, die der gängigen Meinung, die Städte hätten sich in dieser Zeit entvölkert und verkleinert, geradezu widerspricht. In die Bögen, auf denen die Sitzstufen auflagen, wurden Häuser eingebaut. Erst im 6. Jh. wurden sowohl der Zirkus als auch diese Häuser aufgegeben.[18]

## *Extra-urbane Forschungen*

Auf dem flachen Land ist der Prozeß ähnlich wie in den Städten verlaufen. Durch Straßenbau, Flurbereinigung und Tiefpflügen wird sozusagen Tag für Tag in die antiken Strukturen eingegriffen. 1968 verschwanden beim Bau der *Autoroute du Soleil* ganze Serien von gallo-griechischen Grabsteinen spurlos in den Substruktionen. Seit Januar 2001 schreibt ein Gesetz zwingend vor, bei Großprojekten wie Eisenbahnlinien und Autobahnen das ganze betroffene Areal so rechtzeitig großflächig abzustecken und zu sondieren, daß gegebenenfalls noch Grabungen durchgeführt werden können. Auch private Bauherren müssen genügend Zeit für archäologische Untersuchungen sowie deren Finanzierung einkalkulieren.

## *Der TGV méditerrané*

Für die Trasse des am 10.6.2001 inaugurierten *TGV méditerrané* ist bereits nach diesem Modell verfahren worden. Im mittleren Rhônetal konnten dadurch von der jüngeren Vorgeschichte bis heute die Entwicklung der Landschaft und ihre Besiedlung durch den Menschen, die natürlich grosso modo bekannt waren, punktuell präzise erforscht werden. Interessant sind im Zusammenhang dieses Buches namentlich eine Siedlung aus der Halstattzeit im Tal der Drôme, zahlreiche Wege und Gräben entlang der bislang nur hypothetisch postulierten *limites* des Katasters B von Orange, Pflanzlöcher der Weinstöcke in der Ebene von Pierrelatte und eine gallorömische Nekropole mit 60 Gräbern bei Vernègues, die Aufschluß über die Riten bei der Verbrennung und anschließenden Bestattung gibt.

▶ *siehe S. 61*

Zwischen Valence und Nîmes, auf einer Strecke von 250 km, wurde ein 60 m breiter Streifen abgesteckt und durchschnittlich alle 50 m eine Sondage vorgenommen. An etwa 50 geeigneten Stellen fanden dann Grabungen statt. Die abgesteckten Felder waren immer klein, 10–40 $m^2$, und alles, was neben der Trasse lag, wurde für spätere Forschungen zurückgestellt. Denn die Untersuchungen mußten in größter Eile vor sich gehen. Von Oktober 1994 bis April 1997 waren täglich durchschnittlich 300 Personen im Einsatz. Mustergültig kann man auch die Publikation nennen. Von Dezember 2001 bis 5. Mai 2002 wurden die Ergebnisse in einer Ausstellung in Valence der Öffentlichkeit vorgestellt.[19]

## *Die Carte archéologique (CAG)*

Ein beeindruckendes Produkt des französischen Wissenschaftsbetriebs, wie er sich heute darstellt, ist die *Carte archéologique*. Sie hat zum Ziel, sämtliche auf dem Boden des jeweiligen Départements gemachten Funde von 700 v. Chr. bis 800 n. Chr. zu inventarisieren. Je nach Sachstand werden dafür mittelalterliche Kapitulare und die Manuskripte von Gelehrten seit der Renaissance durchforstet oder die Ergebnisse der z.T. laienhaft durchgeführten und schlecht oder gar nicht publizierten Ausgrabungen des 18. und 19. Jhs. eruiert. Selbstverständlich werden die bekannten Monumente angemessen präsentiert, noch wertvoller sind aber die zusammenfassenden Berichte über die vielen Not- und Präventivgrabungen sowie die aktuelle mikroregionale Forschung. Die vorzüglichen Einleitungen der neueren Bände lassen erkennen, in welchem Ausmaß sich die Kenntnisse in den letzten 30 Jahren vermehrt haben. Ich führe die CAG auch deshalb an, weil sie mit ihrer vollständigen Bibliographie dort, wo keine große Bibliothek vorhanden ist, einen Zugriff auf das disparate Material ermöglicht. Besonders nützlich sind die drei Bände für das Département Gard, weil es sich bis auf den südwestlichen Zipfel um Montpellier, der heute zum Département Herault gehört, mit der Civitas Nemausus deckt.

*Die Carte archéologique eignet sich nicht als Reiseführer. Überirdisch sind von dem auf gut 60 Seiten beschriebenen vicus Boutae (Annecy) nicht mehr als einige Planzeichnungen im Museum und ein Trompe-l'oeil auf einem Parkplatz übrig geblieben. Der vicus war auf 23–30 ha dicht besiedelt, besaß ein regelmäßiges Straßennetz, Hafenanlagen, Forum, Basilika, Thermen und ein Heiligtum für Mars und Merkur (CAG 74, S. 105–169. Allobroges, 110–115).*

## *Geschichte und Archäologie*

Beide Wissenschaften widmen sich der Antike, die eine studiert Texte, die andere die materielle Hinterlassenschaft. So natürlich es ist, daß man die Ergebnisse der Nachbardisziplin heranzieht, so groß können im Einzelfall die Schwierigkeiten sein. Methodisch ist an beide Disziplinen die Forderung zu richten, daß sie zunächst versuchen sollten, mit ihren Mitteln ihre Befunde zu deuten. Sonst besteht die Gefahr, daß nicht bewiesene Hypothesen aus der einen Wissenschaft als Fakten in die andere übertragen werden. Auf diesem Felde wird viel gesündigt, namentlich wenn es um die Datierung oder Zweckbestimmung von Grabungsschichten und Bauten geht. Ich bin in Kapitel III (Glanum) und VII (*Jardin de la fontaine* in Nîmes) auf diese Probleme eingegangen.

▶ *siehe S. 93, 248 ff.*

In Kapitel II lassen sich die durch die beiden Quellengattungen überlieferten Bilder nicht zur Deckung bringen. Die antiken Autoren schildern die Oppida-Zivilisation als eine aristokratische Gesellschaft, die einen Griechen an die Helden Homers erinnern mochte. Die archäologische Hinterlassenschaft hingegen ruft den Eindruck einer egalitären Gesellschaft hervor, die in gleich großen, besser gleich kleinen Ein-Raum-Häusern wohnte. Wo die Aristokraten ihre Festgelage abgehalten haben können, bleibt unklar. Auch das Verhältnis der ergrabenen Siedlungen *(oppida)* zu Stämmen und Stammesverbänden, von denen die Schriftquellen wissen, ist ungeklärt.

### Das Grab von Verna und die Villa von St-Romain-de-Jalionas

Im Gebiet der Allobroger, etwa 40 km östlich von Lyon, wurde 1818 unter einem Tumulus ein Brandgrab mit reichen Beigaben entdeckt. In der Nähe liegen das Oppidum von Larina und ein wichtiger Übergang über die Rhône auf dem Weg von Ostgallien nach Italien. Das Grab wird in die Jahre von 100–80 v. Chr. datiert und dürfte einem mächtigen Allobroger gehört haben, der zu seinen Lebzeiten mit den in Südgallien operierenden römischen Feldherren zu tun gehabt haben muß. Er wurde mit allem traditionellen Pomp für das Jenseits ausgestattet: mit Waffen (Helm, Schild, Lanzen und Schwerter) und nach Quantität und Qualität bemerkenswertem Bronzegeschirr für den Weinkonsum. In der Mehrzahl handelt es sich um Importe aus Italien; ein Becher aus dem 4. Jh. v. Chr. stammt aus Etrurien, hat sich also über 200 Jahre im Besitz der Familie befunden. Das Auffälligste ist ein vierrädriger, von zwei Pferden gezogener Paradewagen, in der Hallstatt-Kultur ein geläufiges Symbol zur Demonstration von Macht und Status, in dieser späten Zeit aber höchst selten. Die restaurierten Funde sind im *Musée Maison du Patrimoine* in Hières-sur-Amby ausgestellt.

Obwohl keine inschriftliche Evidenz vorliegt, ist m.E. die Annahme berechtigt, daß den Nachkommen dieses Mannes die nahegelegene Villa von St-Romain-de-Jalionas gehörte. Gegen 40 v. Chr. wurde dort ein seit dem 2. Jh. v. Chr. bestehender kleinerer Agrarbetrieb nach mediterranem Vorbild in eine *villa* umgewandelt. Gegen 15 n. Chr. wurden die Gebäude vollständig abgerissen und durch eine neue, 6 ha große Anlage ersetzt. Im Zentrum prunkte auf 1,5 ha ein Wohntrakt, *un veritable palais rural,* mit Portiken und Gärten, Mosaiken, Statuen, Wandmalereien und reicher Marmorausstattung. Im 2. Jh. traten Thermen mit der üblichen Abfolge von Kalt-, Warm- und Heißbad und den notwendigen hydraulischen Installationen hinzu. Ein unter freiem Himmel liegendes 6 × 20 × 1,50 m großes Becken war von Säulenhallen umgeben, deren Böden mit polychromem Marmor belegt waren. Der landwirtschaftliche Betrieb wird auf mindestens 250 ha geschätzt, auf denen sich die Produktion ständig diversifizierte. Zu Weizenanbau, Rinder- und Schweinezucht und Metallverarbeitung kamen Weinbau, Baumkulturen, Wollverarbeitung und Textilherstellung sowie die Produktion von Keramik hinzu. Die Villa prosperierte bis ins 5. Jh.[20]

Unverzichtbar ist die Kooperation der beiden Disziplinen, wenn man sich eine Vorstellung von den wirtschaftlichen Grundlagen der Romanisierung machen will. Aus dem Namensmaterial gewinnt man den Eindruck, daß die alten Eliten ihren Reichtum und Status in die römische Zeit hinüberretten konnten. Wenigstens punktuell ist die archäologische Feldforschung in der Lage, dieses Bild zu bestätigen. Ein Aristokrat, der mit der römischen Administration gut zurecht kam, könnte in dem Grab von *Verna* bestattet sein. Daß seinen Nachkommen die große Villa von *St-Romain-de-Jalionas* gehörte, ist zumindest eine berechtigte Annahme.

*zu den Domitii von Rognes siehe S. 291 f.*

## *Museen*

Das in den letzten Jahrzehnten ständig gewachsene Interesse an der antiken Hinterlassenschaft hat zum Bau außerordentlich schöner und klug disponierter Museen geführt. Die drei großen in Lyon, Arles und St-Romain »lohnen die Reise«, um im Stil des Guide Michelin zu sprechen.

*Das Museum in St-Romain-en-Gal (am rechten Rhône-Ufer, gegenüber von Vienne). Es ist lichtdurchflutet und bietet den Blick auf die Rhône, der den Viennensern durch die Uferstraße verbaut ist. Die Franzosen haben ein großes Geschick in der Veranschaulichung ihrer Forschungen für ein Laienpublikum. Modelle, in denen kleine Männchen eifrig die Schiffe entladen und Säcke in die Markthalle tragen, ein nachgebauter Töpferofen, die Bodenmosaike und Wandmalereien aus den am Ort ausgegrabenen Villen und last but not least ein Computerspiel, an dem man seine Grundkenntnisse überprüfen kann – kurz, es ist an alles gedacht.*

Aber wer genügend Zeit hat, sollte sich auch kleinere Museen nicht entgehen lassen. Lattes bei Montpellier (Hinweisschild auf der *Autoroute La Languedocienne*) oder Aoste (Savoie) bestechen durch ihre Architektur und die Präsentation ihrer Funde. In Vienne ist für den Freund der Epigraphik das *Musée archéologique St-Pierre* (früher *Musée lapidaire*) eine unerschöpfliche Fundgrube, aber auch das *Musée des Beaux-Arts* birgt mit seinem Silberschatz und einer bronzenen Toga-Statue zwei Kostbarkeiten. Millau in den Gorges du Tarn gelangte Ende 2004 durch die Einweihung der Autobahnbrücke in die Schlagzeilen, sein Museum ist mit seiner einmaligen Terra Sigillata-Kollektion aus La Graufesenque eins der schönsten in Südfrankreich. Auf der A 6 sollte man südlich von Beaune eine Pause einlegen und im Archéodrome die Guckkästen, die das Leben der »Vorfahren« veranschaulichen, und die Rekonstruktion des Fanum und der Schanzanlagen von Alesia anschauen.

Bis vor kurzem hätte ich am meisten das *Musée lapidaire* in Avignon empfohlen, weil man auf einem Rundgang durch die ehemaligen Jesuitenkirche das gesamte Spektrum des antiken politischen und religiösen Lebens erfassen konnte. Im Herbst 2003 jedoch war zugunsten einer Sonderausstellung die Hälfte der interessanten Steine ohne Rücksicht auf Zusammenhänge beiseite geräumt. In kleineren Orten, wo die Museen an die *Mairie* angeschlossen sind, kann man Glück haben und wird – wie in Laudun (Gard) – von freundlichen Damen mit ihrem Wissen und ihren Schätzen vertraut gemacht. Wenn man Pech hat, endet die Suche beim Anrufbeantworter des Bürgermeisters von Briord (Ain). Überhaupt empfiehlt sich eine gewisse Frustrationstoleranz. Eine Reise durch Südfrankreich exakt zu planen ist praktisch unmöglich, denn nicht immer werden die bekanntgemachten Öffnungszeiten eingehalten. Die reiche Kollektion von Die (Drôme) habe ich vernachlässigt, weil es mir in drei Anläufen nicht gelungen ist, Einlaß in das Museum zu finden.

Die schönsten Momente sind die, die überhaupt nicht einzuplanen sind: z.B. vor Tau und Tag in Yenne (Savoie) den Priester zu treffen, der gerade die Messe gelesen hat und nun bereit ist, in der Sakristei den Vorhang vor dem Grabstein unserer »Landsmännin« Gundefrida beiseite zu ziehen (siehe S. 411).

# Griechen und Kelten – Die Geschichte Südgalliens von der Gründung Massalias bis zur römischen Eroberung

KAPITEL II

Das südliche Gallien, der Landstrich von den Pyrenäen bis zu den Seealpen, bildet nach Klima und Bodenbeschaffenheit einen Teil der mediterranen Welt. Bewohnt wurde es – nach den Berichten der antiken Autoren – im 1. Jahrtausend v. Chr. im Westen von iberischen, im Osten von ligurischen Stämmen. Es müßte sich aber im Lauf der zweiten Hälfte des 1. Jahrtausends eine grundlegend Änderung vollzogen haben, denn als die Region römische Provinz wurde, nannten die Römer sie *Gallia*, nach den Galliern, die sich für einen Außenstehenden offenbar deutlich von den Iberern in Spanien und den Ligurern in Norditalien unterschieden. Die andere grundlegende Änderung: Zwei Autoren, die zu Beginn der Kaiserzeit schreiben, vergleichen diese Provinz nach dem zivilisatorischen Niveau ihrer Bewohner mit Griechenland und Italien. Das ist das höchste Lob, das ein Angehöriger der antiken Kulturwelt »Barbaren« erteilen kann. Sie sind keine Barbaren mehr, sondern Teil der griechisch-römischen Ökumene, der »zivilisierten Welt«. Wir haben also zu fragen, wie die Gallier in die *Provincia Gallia* gekommen sind und wie sie ihre »barbarische Wildheit« abgelegt haben und zu Kulturmenschen geworden sind. Diesen Wandel bewirkte nach dem einhelligen Urteil antiker und moderner Beobachter der langjährige Kontakt der einheimischen Gesellschaften mit der griechischen Kolonie Massalía (gr.; bei den lateinischen Autoren Massilia; heute Marseille).

▶ *siehe S. 71, 121, 127*

## Die Gründung Massalias

Die historische Überlieferung beginnt um 600 v. Chr. mit der Gründung von Massalia durch Siedler aus Phokaia an der Westküste Kleinasiens. Dieser Vorgang gehört in die griechische Geschichte, in die Phase der sogenannten

Großen Kolonisation (750–550 v. Chr.), in deren Verlauf Griechen an allen Küsten des Mittelmeeres und des Schwarzen Meeres, die nicht schon in den Händen von Großmächten wie Ägypten oder Karthago waren, Städte gründeten. Sie säßen wie Frösche um einen Teich, sagte Platon später.

### *Die massaliotische Gründungslegende: die maritimen Expeditionen der Phokaier*

Über die Gründung Massalias ist uns ein lokalgeschichtlicher Bericht überliefert. Er wurde von dem aus Südgallien stammenden Historiker Pompeius Trogus aufgeschrieben, der zur Zeit des Augustus eine Universalgeschichte verfaßte. Erhalten ist sein Werk nur in einer Kurzfassung, die im 2. oder 3. Jh. n. Chr. von Iustin erstellt wurde. Bei diesem großen zeitlichen Abstand des Berichts vom behandelten Ereignis wird man natürlich fragen, ob sich darin echte Erinnerung erhalten haben kann. Gründungsgeschichten, oft eher Gründungslegenden, sind generell ein schwieriges Problem der historischen Kritik. Denn griechische Kolonien waren bestrebt, die Anfänge ihrer Geschichte auszuschmücken und mit ruhmreichen Personen und Ereignissen, z.B. den Helden des Troianischen Krieges, zu verbinden. Im Gegensatz zu solchen Fiktionen enthält die massaliotische Geschichte jedoch Elemente, die ein besonderes Lokalkolorit aufweisen, und sie fügt sich in den Rahmen der bekannten griechischen Geschichte.

Zu Zeiten des Königs Tarquinius (traditionell 616–579) fuhren junge Krieger der Phokaier, aus Kleinasien kommend, in die Tibermündung ein und schlossen Freundschaft mit den Römern. Von dort fuhren sie weiter in die entferntesten Buchten Galliens und gründeten Massalia bei den Ligurern und den wilden Stämmen der Gallier... Denn die Phokaier waren durch die außerordentliche Unfruchtbarkeit ihres Territoriums gezwungen, intensiver als das Land das Meer zu nutzen: Mit Fischfang, Seehandel, sehr oft auch mit Piraterie, die damals durchaus in Ehren stand, fristeten sie ihr Leben. Deshalb wagten sie, bis zur äußersten Küste des Ozeans vorzudringen, und gelangten auf dem Weg dorthin auch zum gallischen Meerbusen *(Golfe du Lion)* an der Mündung der Rhône. Sie waren von der Schönheit der Gegend sehr beeindruckt und berichteten nach ihrer Rückkehr in die Heimat, was sie gesehen hatten. So ermutigten sie noch mehr Leute zu einer Fahrt.

*Iustin 43,3,4–7*

Die Phokaier waren also als kühne Seefahrer und Piraten bekannt. Fernhandel entspringt in frühen Zeiten nicht dem Wunsch, die eigenen Überschußprodukte abzusetzen, sondern dem Bedürfnis, sich die notwendigen Rohstoffe (z.B. Getreide, Metalle, Schiffbauholz) zu beschaffen, d.h. die Hand auf die Erzeugergebiete zu legen und lästige Konkurrenten auszuschalten. Daher die Nähe von Fernhandel und Piraterie. Bezeichnenderweise unternahmen die Phokaier ihre Handelsfahrten mit Kriegsschiffen. Sogar zum König von Tartessos jenseits der »Säulen des Herakles« (Straße von Gibraltar) in der Gegend des heutigen Cadiz knüpften sie freundschaftliche Beziehungen. Was sie im äußersten Westen lockte, war vor allem das Zinn in Iberien und in Cornwall, das man zum Legieren von Bronze brauchte.

Als Kleinasien 546/5 unter die Herrschaft der Perser fiel und sich die anderen griechischen Städte unterwarfen, begaben sich die Phokaier mit Frauen und Kindern und ihrer gesamten Habe, Götterbildern und Weihgeschenken, auf ihre Kriegsschiffe und fuhren nach Westen in die zwanzig Jahre zuvor gegründete Kolonie Alalia auf Korsika. Wenige Jahre später, wohl 540 v. Chr., kam es zu einer Seeschlacht zwischen den Griechen und den verbündeten Karthagern und Etruskern, welche die Kolonie nicht in ihrem Interessengebiet dulden wollten. Die Phokaier behielten zwar die Oberhand, sahen sich wegen ihrer hohen Verluste aber veranlaßt, Alalia aufzugeben und in Elea in Unteritalien eine neue Heimat zu suchen (Herodot 1,164–167).

Der Kontakt, den die Phokaier bei der Gründung Massalias zu den Römern aufnahmen, gilt vielen Interpreten als tendenziöser Zusatz des Trogus, der das freundschaftliche Verhältnis zwischen Rom und Massalia möglichst weit zurückdatieren wollte. Man könnte aber überlegen, ob seiner Angabe nicht doch ein historisches Faktum zugrunde liegt. Denn im 6. Jh. v. Chr. ist Rom noch das etruskische Rom, und, wie die archäologischen Zeugnisse zeigen, hatten Etrusker schon am *Golfe du Lion* Fuß gefaßt, bevor die Griechen kamen. In verschiedenen Ausgrabungen, sogar in Massalia selbst, machen etruskische Amphoren die Hauptmasse des aus dem 7. Jh. und aus der ersten Hälfte des 6. Jhs. gefundenen Materials aus. Amphoren waren im Altertum das wichtigste Behältnis, um Öl und Wein zu transportieren. Für die griechischen Neuankömmlinge war es angezeigt, sich tunlichst mit den Etruskern ins Benehmen zu setzen. Freilich brauchten sie dazu nicht nach Rom zu fahren; sie trafen sie, wie gesagt, allenthalben an der Küste des *Golfe du Lion*.

▶ *siehe S. 83 ff.*

Völlig einleuchtend ist, daß die Phokaier, schon bevor sie sich zur Gründung eines festen Stützpunktes entschlossen, auf ihren Handelsfahrten an die südgallische Küste gelangten. Dabei werden sie das Terrain rekognosziert und für ideal befunden haben. Denn die tief eingezogene Bucht, die sie schließlich auswählten, war der beste Naturhafen zwischen Italien und Spanien. Die nur 40 km entfernte Mündung der Rhône eröffnete zudem die Möglichkeit, auf dem Wasserweg tief in das Landesinnere und bis Mittel- und Westeuropa vorzustoßen. Außerdem werden die Phokaier Kontakte zu den Einheimischen geknüpft haben. Sonst wäre das Gründungsunternehmen ein unkalkulierbares Risiko gewesen.

### *Die Gründung der Kolonie*

Trogus/Iustinus berichten weiter:

Führer der Flotte waren *Simos* und *Protis*. Sie suchten den König der *Segobrigier* auf, *Nannus* mit Namen, in dessen Gebiet sie die Kolonie gründen wollten, und baten um seine Freundschaft.
Zufällig war der König gerade an dem Tag mit den Vorbereitungen für die Hochzeit seiner Tochter Gyptis beschäftigt. Nach der Sitte seines Volkes wollte er sie auf der Stelle einem Schwiegersohn, der bei einem Gastmahl ausgewählt werden sollte, zur Heirat übergeben. Als nun die Freier alle zur Hochzeit geladen waren, wurden auch die griechischen Gastfreunde zum Bankett gebeten. Die Jungfrau wurde hereingeführt, und als sie von ihrem Vater aufgefordert wurde, dem, den sie zum Gatten wähle, das Wasser zu überreichen, überging sie alle anderen, wandte sich allein zu den Griechen und reichte Protis das Wasser. Der wurde so vom Gastfreund zum Schwiegersohn und erhielt von seinem Schwiegervater den Grund und Boden, auf dem er die Stadt gründen konnte. Also wurde Massilia nahe bei der Mündung der Rhône, in einer tiefliegenden Bucht, wie in einem Winkel des Meeres gegründet.

*Iustin 43,4,8–12*

Interessant sind in unserem Zusammenhang die Namen, die historisch sein könnten: Der Name des Stammes und des Königs, der den Griechen hilft, sind keltisch. Protis, einer der Anführer der Kolonisten, könnte der Stammvater des Geschlechts der Protiaden sein, das es noch in späterer Zeit in Massalia gab. Vielerorts genoß der Koloniegründer, der Oikist, heroische Ehren. Die Geschichte mag anekdotisch ausgeschmückt und pointiert zugespitzt sein, aber sie könnte die Erinnerung daran bewahren, daß in einer besonderen politischen Konstellation ein Zusammengehen von Griechen und Kelten gegen die ansässigen Ligurer die Ansiedlung der Kolonisten ermöglichte. Ähnlich berichtet es nämlich auch die unten zu besprechende Überlieferung, die den Vorgang aus gallischer Perspektive darstellt. Obendrein paßt der Hintergrund, Gastmahl und Gastfreundschaft, zu dem, was immer wieder über die Kelten berichtet wird. Daß die Ansiedlung der Phokaier in friedlicher Übereinstimmung mit den Ansässigen erfolgte, entspricht dem, was man erwarten kann. Die Griechen wären zu schwach gewesen, um sich mit bloßer Gewalt zu behaupten. Ehebündnisse waren schließlich das beste Mittel zur Herstellung freundschaftlicher Beziehungen. Und woher hätten die Einwanderer ihre Frauen auch nehmen sollen, wenn nicht von den Einheimischen?

Ich habe für die Gründung Massalias das Datum 600 v. Chr. beibehalten, weil es in der Fach- und Reiseliteratur allgemein akzeptiert ist. Wahrscheinlich muß man sich den Prozeß so vorstellen, daß zunächst die Phokaier Erkundungsfahrten unternahmen, dann einen Handelsstützpunkt *(empórion)* einrichteten, aus dem, nachdem Mitte des 5. Jhs. Phokaia unter die Herrschaft der Perser gefallen war, eine selbständige Polis wurde.

## *Die Stadt Massalia*

Vom griechischen Massalia ist oberirdisch heute so gut wie nichts mehr zu sehen. Die Stadt wurde schon in der römischen Kaiserzeit gründlich umgebaut, und 1943 wurde die Altstadt nach zweitausend Jahren kontinuierlicher Besiedlung von den Deutschen zerstört. In der Wiederaufbauphase der Nachkriegszeit hatte niemand Muße, unter den Trümmern nach archäologischen Zeugnissen zu suchen. Erst in den letzten 35 Jahren hat man im Zuge größerer Bauvorhaben an verschiedenen Stellen Sondierungen und Ausgrabungen vorgenommen. Sie bestätigten die antiken Berichte: Kern der Siedlung war der Hafen *Lakydon* (heute *Vieux Port*). Durch die 100 m breite Einfahrt gelangten die Schiffe in das 890 m lange und 320 m breite Hafenbecken, das durch die umliegenden Hügel vor dem Mistral geschützt war. Die Südseite des Hafens war nicht besiedelt und diente als Nekropole. Im Norden des Hafens breitete sich die Stadt wie ein Theater stufenförmig auf den Hügeln *St-Laurent, des Moulins* und *des Carmes* aus, die dicht besiedelt waren. Die Agora vermutet man an der Stelle der *Place de Lenche,* die Tempel des Apollon Delphinios und der ephesischen Artemis, deren Kulte die Siedler aus der kleinasiatischen Heimat mitgebracht hatten, sind nicht lokalisiert. Das Hafenbecken, das sich in der Antike weiter als heute ins Land erstreckte und mit einem nach Nordosten gerichteten Bogen *(corne du port)* abschloß, wurde in der Kaiserzeit mit einer Kaimauer befestigt.

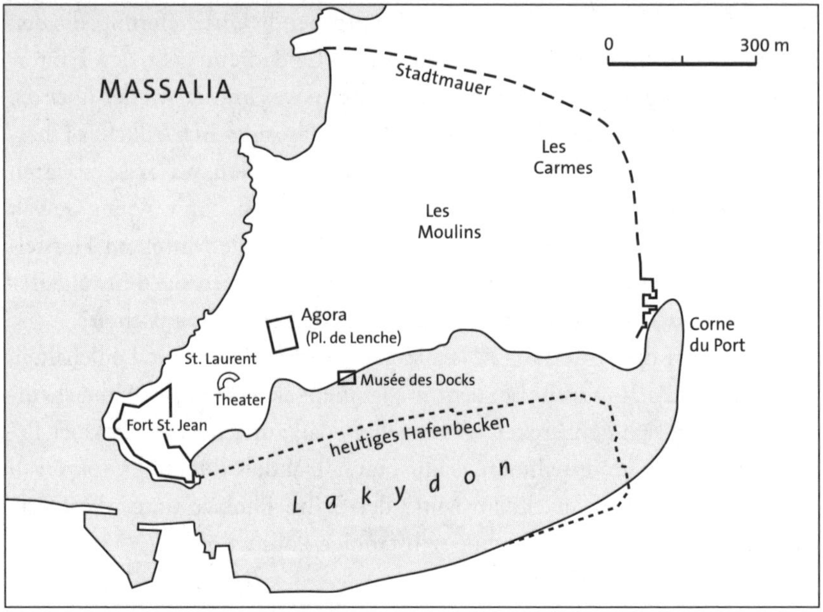


*Planskizze des antiken Massalia*

Die Küstenlinie muß sich seit dem Altertum stark verändert haben, denn nach den Worten Caesars (civ. 2,1,3) war die Stadt zu drei Vierteln vom Meer umspült; an der vierten, der zum Land gelegenen Seite war sie in älterer Zeit durch ein Sumpfgebiet, seit dem 2. Jh. v. Chr. durch eine starke, turmbewehrte Mauer geschützt. Davon kann sich der heutige Besucher gut ein Bild machen, denn als 1967 im *Quartier de la Bourse* ein großes Einkaufszentrum mit Tiefgarage gebaut werden sollte, stieß man auf bedeutende Überreste aus hellenistischer und römischer Zeit. Sie wurden, so gut es ging, konserviert und in das Einkaufszentrum integriert. Von den Fenstern des *Musée d'Histoire de Marseille* aus blickt man auf den *Jardin des Vestiges*: die Stadtmauer, die auf 16 Metern in sechs Lagen erhalten ist, das Stadttor, die Zufahrtsstraße mit ihrem Pflaster aus römischer Zeit und eine Rasenfläche an der Stelle des ehemaligen Hafenbeckens.[1]

### *Die Verfassung Massalias*

Nicht nur die Götter, sondern auch die Gesetze, die öffentlich aufgestellt waren, stammten aus Ionien. Das wichtigste gesetzgebende und richterliche Organ war ein Rat, dessen 600 Mitglieder, die *Timouchen*, auf Lebenszeit bestimmt wurden. Zu den *Timouchen* konnte nur gehören, wessen Familie seit drei Generationen ansässig war und wer selbst Kinder hatte. Die laufenden Geschäfte führte ein Ausschuß von 15 Männern, denen ein Dreierkollegium vorsaß. Von einer Volksversammlung ist nichts überliefert; sie kann, sollte es sie gegeben haben, keine bedeutende Rolle gespielt haben.

Die Verfassung war und blieb also strikt oligarchisch, was Massalia das Lob der antiken Staatstheoretiker eingebracht hat. Cicero räumt in *De re publica* immerhin ein, daß bei dem an sich höchst gerechten Regiment der *principes* das an der Herrschaft nicht beteiligte Volk eine ähnliche Stellung wie Sklaven habe. Als nächste Parallele fallen ihm die verhaßten 30 Tyrannen in Athen ein. In der Rede *Pro Flacco* hingegen, wo es darum geht die demokratischen Zeugen der Anklage verdächtig zu machen, preist er die Verhältnisse in Massalia uneingeschränkt: Sie seien leichter zu loben als nachzuahmen.[2]

## Die Kelten oder Gallier[3]

### *Die frühesten Notizen bei den griechischen Schriftstellern*

Kelten werden in der antiken Literatur seit dem 5. Jh. v. Chr. erwähnt. Das früheste Zeugnis geht auf den Geographen und Ethnographen Hekataios von Milet (um 500 v. Chr.) zurück. Von seiner Erdbeschreibung, in der er die Ergebnisse seiner Reisen darlegte, sind aber nur spätantike Auszüge erhalten, darunter die Angabe: »Massalia, eine Stadt Liguriens in der Gegend des Keltenlandes *(Keltiké)*.« In zwei anderen Fragmenten werden Narbo eine »keltische Handelsstadt *(empórion)*« und ein nicht lokalisiertes Nyrax eine »keltische Polis« genannt. Der Geschichtsschreiber Herodot, dessen *Historien* in der zweiten Hälfte des 5. Jhs. entstanden, hat in Erfahrung gebracht, daß die Donau bei den Kelten entspringt.[4] Das entspricht den Ansätzen der heutigen Forschung, die die Träger der »nordwestalpinen Hallstatt-Kultur« in Ostfrankreich, Süddeutschland und im Schweizer Alpenvorland als Kelten ansieht.

### *Das »Rätsel der Kelten«*

Warum sind diese dürftigen und eher vagen Bemerkungen antiker Historiker überhaupt wichtig? Nicht zufällig stellt sich, wenn in Büchern oder Ausstellungen von den Kelten die Rede ist, das Wort »Rätsel« ein. Die Archäologie kann an verschiedenen Orten gemachte Bodenfunde mit signifikanten Merkmalen, sogenannten Leitfossilien, zu kohärenten Gruppen zusammenfassen. In diesem Sinne spricht man nach den wichtigsten Fundorten von »Hallstatt-Kultur« (750–500 v. Chr.) und »La-Tène-Kultur« (5.–1. Jh. v. Chr.). Aber man könnte den archäologischen Befund nicht für »keltisch« erklären, wenn nicht Griechen und Römer von Kelten oder Galliern berichtet hätten. Man wüßte gar nicht, daß es überhaupt Kelten gegeben hat. Denn sie selbst haben keine Schriftzeugnisse hinterlassen und keine Staaten gebildet. Ob es ein spezifisch keltisches Selbstbewußtsein und Zusammengehörigkeitsgefühl gab, wenn ja, worauf es basierte – wir wissen es nicht.[5]

Ein gutes Beispiel zur Illustrierung der Überlieferungslage ist die Sorge der Kelten, der Himmel könne ihnen auf den Kopf fallen. Dieses geflügelte Wort, das jeder Asterix-Leser kennt, geht auf eine Keltendelegation zurück, die 335 v. Chr. Alexander den Großen aufsuchte. Auf die Frage, was sie am meisten fürchteten, antworteten sie nicht wie erwartet: Dich, großer König!, sondern, daß der Himmel einstürzen könnte. So überliefert es der Historiker Arrian, der im 2. Jh. n. Chr. über die Feldzüge Alexanders schrieb (Arrian, Anabasis 1,4,6–8).

### *Die keltische Expansion*

Wußte man in der Mitte des 5. Jhs. v. Chr. anscheinend noch sehr wenig von den Kelten, sollte sich dies mit ihrem Eindringen in die mediterrane Welt schnell ändern. Wenn wir das Wort *Gallia* hören, denken wir an das heutige Frankreich und Belgien. Den Begriff »Keltenland« (gr. *Keltikê*) hat man aber viel weiter zu fassen. Auf dem Höhepunkt der keltischen Expansion, zu Beginn des 3. Jhs. v. Chr., siedelten Kelten von Irland und Portugal im Westen bis in die ungarische Tiefebene und Anatolien.

### *Die Kelten in Oberitalien*

Ab dem späten 5. Jh. brachen Verbände gallischer Krieger in die Poebene ein und eroberten der Reihe nach die etruskischen Städte. 387/6 v. Chr. schlugen sie die Römer an der Allia, einem Nebenfluß des Tiber, und eroberten Rom. Zwar zogen sie schließlich gegen ein Lösegeld von 100 römischen Pfund (gleich 30 Kilo) Gold wieder ab, aber den Horden von Plünderern folgten Siedler, die weite Teile Oberitaliens dauerhaft in Beschlag nahmen und für das aufstrebende Rom eine ständige Gefahr waren. Der Rückschlag, aus römischer Perspektive die Unterwerfung der Kelten, begann 295 v. Chr. mit der Schlacht von Sentinum und endete – am Vorabend des Hannibalkrieges – mit den römischen Siegen bei Telamon und Clastidium (225 und 222 v. Chr.).

Zusammenfassend charakterisiert Polybios die Keltenkriege in Oberitalien:

So fand der Krieg gegen die Kelten sein Ende, ein Krieg, der an verzweifelter Tapferkeit der Kämpfenden, an Zahl der gelieferten Schlachten und an Menge der Gefallenen wie der Kampfteilnehmer überhaupt keinem anderen, von dem die Geschichte berichtet, nachsteht, der jedoch wegen des Mangels an Planung im ganzen und der Unüberlegtheit aller einzelnen Maßnahmen als völlig unbedeutend gelten muß, weil die Gallier nicht etwa nur die meisten Dinge, sondern geradezu alles überhaupt, was geschah, mehr von Leidenschaft als von kluger Berechnung regiert sein ließen.

*Polybios 2,35,2f. Übersetzung H. Drexler*

*Der sterbende Gallier; nach einer römischen Marmorkopie in den Kapitolinischen Museen Rom; Abguß in der Sammlung des Archäologischen Instituts der Universität Göttingen. Die Statue gehörte zu einem Siegesmal, das König Attalos I. im Heiligtum der Athena auf dem Burgberg von Pergamon errichten ließ. Der Dargestellte ist durch den Halsring (torques) und die struppigen Haare als Kelte zu erkennen.*

### *Die Kelten auf dem Balkan und in Anatolien*

Etwa gleichzeitig mit dem Zug nach Oberitalien erreichten keltische Verbände den Balkanraum. 280/79 v. Chr. fielen sie in Makedonien und Griechenland ein, wo gerade die Kriege um die Nachfolge Alexanders des Großen tobten. Im letzten Moment konnte Delphi vor ihrem Zugriff gerettet werden. Nach dem Zeugnis der antiken Gewährsleute verteilten sich die Gallier, statt gleich anzugreifen, auf die umliegenden Gehöfte und betranken sich sinnlos. Als dann der Gott persönlich erschien und zum Schutz seines Heiligtums und seiner Schätze die Erde erbeben ließ, ergriffen sie entsetzt die Flucht.[6] Andere Stammesgruppen überschritten 278/77 v. Chr. die Meerengen und nahmen Zentralanatolien in Besitz. Die Galater waren der Horror der Kulturwelt, die sie mit den Ungeheuern aus der Mythologie, den Giganten und Titanen, verglich. Unsterblich wurden sie durch die großartigen Denkmäler, welche die Siege der pergamenischen Könige verherrlichen.[7]

### *Das antike Keltenklischee*

Angesichts der Schrecken, welche die Kelten verbreiteten, wird man sich nicht wundern, wenn die antiken Autoren wenig Positives über sie zu berichten wissen. Sie waren der Prototyp des Barbaren: groß, wild und rothaarig; großsprecherisch und arrogant; prunksüchtig und in schöne Gewänder, Waffen und namentlich Gold verliebt; einerseits durchaus gutherzig, aber jähzornig und grausam; immer zum Kämpfen bereit, tapfer und todesmutig – aber ohne Verstand und Planung.

Das sind selbstverständlich Klischees. Differenzierter wurde das Bild, wenn man die Gallier kennenlernte. Der ältere Cato, der im 2. Jh. v. Chr. in Oberitalien mit ihnen zu tun hatte, bemerkte z.B. ihre Lust an scharfsinnigen Wortgefechten.[8] Auffällig ist, daß kein Zeitgenosse die außerordentliche Kunstfertigkeit der keltischen Metallhandwerker registriert hat. Statt dessen ist immer wieder die Rede von ihrem unmäßigen Alkoholkonsum und von dem abstoßenden Brauch der Kopftrophäen. Nach dem Sieg bei Clusium (225 v. Chr.) banden die siegreichen Senonen die abgeschlagenen Köpfe der Römer ihren Pferden um den Hals oder steckten sie auf Lanzen (Livius 10,26,11). 216 v. Chr., als die oberitalischen Kelten mit Hannibal verbündet waren, fiel der römische Prätor Postumius im Kampf mit den Boiern. Die Sieger überführten die Rüstung und den Kopf des Erschlagenen in ihren heiligsten Tempel.

Dort reinigten sie den Kopf und, wie es bei ihnen Sitte ist, verzierten die Hirnschale mit Blattgold; er diente ihnen als heiliges Gefäß, aus dem sie bei Festen Trankopfer gossen. Er sollte auch von dem Priester und den Tempelvorstehern als Becher verwendet werden. *Livius 23,24,11*[9]

## Die Kelten in Südgallien

Ich mache eine Anleihe bei M. Py und beginne mit einer Anekdote: In der Zwergschule von Nages unterrichtet eine Lehrerin aus Nordfrankreich, wie man sich das Leben der gallischen Vorfahren vorzustellen habe: Sie lebten in Dörfern, in runden, strohgedeckten Holzhütten, geschützt von hölzernen Palisaden …, bis ein Junge sich meldet und fragt: Aber warum sind bei uns, in unserem Oppidum, die Häuser rechteckig und aus Stein? Er hätte hinzufügen können: Warum gibt es monumentale, turmbewehrte Befestigungsanlagen aus Stein und im Innern ein regelmäßiges Straßensystem? Die *Gaulois du Midi* sind also anders als die Bewohner des unbezwingbaren gallischen Comic-Dorfes, das allein den Römern widersteht.[10]

### *Die Einwanderung der Kelten*

Wann und wie vollzog sich die Einwanderung der Kelten? Auf diese so einfach klingende Frage eine klare Antwort zu geben ist schwierig, wenn nicht unmöglich. Wir stoßen hier auf ein Problem, das uns in diesem Buch mehrfach wieder beschäftigen wird: den Mangel an verwertbaren Quellen und das Verhältnis von Archäologie und Geschichte. Eindeutig wird das Bild erst in dem Moment, als sich die Menschen selbst zu Wort melden. Wie die Fundkarte der gallo-griechischen Inschriften zeigt, sprach man beiderseits der unteren Rhône spätestens ab dem 3. Jh. v. Chr. keltisch, und die Menschen hatten vornehmlich keltische Namen. Dem entspricht der Bericht des Livius über den Zug Hannibals: Von den Pyrenäen bis zu den Alpen trifft er überall nur auf Gallier (z.B. Liv. 21,24. 21,26,6).

▶ *siehe S. 75*

### *Der archäologische Befund*

In der französischen Forschung hielt sich bis vor etwa 30 Jahren die von dem Klassiker Camille Jullian entwickelte Vorstellung einer massiven keltischen Einwanderung zwischen 350 und 250 v. Chr.[11]. Die intensive Grabungstätigkeit in den eisenzeitlichen Oppida hat dafür jedoch keinen Nachweis erbringen können. Eindeutige Zeugnisse für gewalttätige Neuankömmlinge wären Zerstörungshorizonte in mehreren Siedlungen, ideal wären durch Münzen oder Keramik datierte Brandschichten, über denen Schichten von unzweifelhafter Keltizität lägen. Die gibt es aber nicht. Was die Archäologen zutage fördern, sind Einzelfunde nördlicher Herkunft wie Waffen, halbmondförmige Rasiermesser und Gewandfibeln. Solche Stücke können anzeigen, daß eine Siedlung in der Hand von Kelten war, sie könnten aber auch durch Handel oder einzelne Personen, etwa keltische Söldner, ins Land gekommen sein.

Gegenwärtig wird von den französischen Archäologen das Modell einer kontinuierlichen Entwicklung vertreten. Die typische Variante der keltischen Kultur, die wir in Südgallien antreffen, hätte sich demnach dort in der Region allmählich und bruchlos entwickelt. Der zweifellos feststellbare Wandel wird nicht mehr mit tiefgreifenden ethnischen Verschiebungen, sondern mit den gesellschaftlichen Auswirkungen der intensiven Handelsbeziehungen zwischen den einheimischen Siedlungen und dem griechischen Massalia erklärt. Ausweislich der archäologischen Zeugnisse war es der keltische Durst, *la soif celtique,* der die Gallier auf den Weg des Fortschritts und der »Hellenisierung« brachte.[12]

Die Bezeichnung »Keltoligurer« für die östlich der Rhône und südlich der Durance wohnenden Salluvier sollte man aufgeben. Sie geht auf Strabon zurück, der schreibt, ältere Autoren hätten die Salluvier Ligurer genannt, jüngere bezeichneten sie als Keltoligurer (Strabon, 4,6,3). Die Bemerkung reflektiert die Schwierigkeiten antiker Gewährsleute, wenn sie die Namen barbarischer Stämme eruieren wollten. Sie waren wahrscheinlich auf Auskünfte von Kaufleuten angewiesen. Zunächst hatte man offenbar zwischen den ligurischen Bewohnern der Seealpen und den weiter westlichen Stämmen nicht unterscheiden können; als man dann feststellte, daß diese keltisch sprachen, nannte man sie kurzerhand Keltoligurer. Problematisch ist der Begriff, weil sich mit ihm leicht die Vorstellung verbindet, die spezifische Kultur der südgallischen Kelten erkläre sich aus dem einheimischen ligurischen Substrat, das von Einwanderern aus dem Norden überlagert worden sei. Das täuscht ein Wissen vor, das wir nicht haben, denn die Ligurer sind archäologisch wie sprachwissenschaftlich eine unbekannte Größe. Außerdem ist die Kultur rechts und links der Rhône so einheitlich, daß man nicht für eine Region spezifische ethnische Voraussetzungen machen muß.

## *Frühe Beziehungen zwischen Mitteleuropa und Südgallien*

Schon in der späten Bronzezeit (900 bis 750 v. Chr.) sind weitgespannte Beziehungen zwischen Mitteleuropa und dem Süden faßbar: Bronzeräder von vierrädrigen Wagen sind sowohl an verschiedenen Orten in Frankreich (Fa bei Couiza, heute im Musée St-Raymond in Toulouse, Coulon, Nîmes, La Côte-St-André und Langres) als auch in Hassloch in der Pfalz und sogar in Stade ans Licht gekommen.[13]

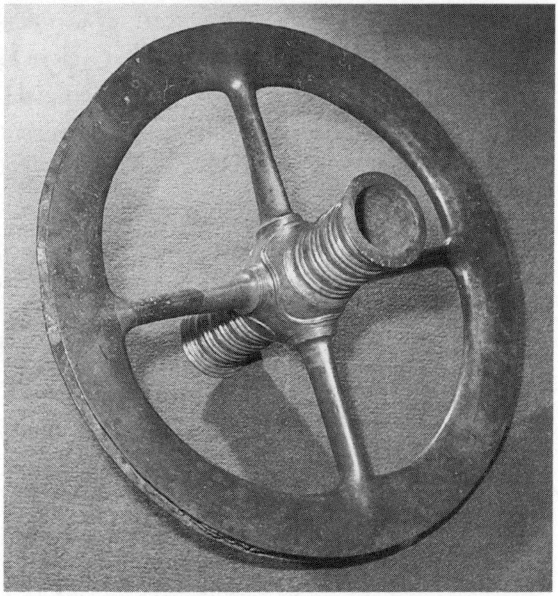

*Der »Stader Wagen« im Schwedenspeichermuseum in Stade. Die Räder werden nach der Radiokarbon-Methode in das 9. Jh. v. Chr. datiert. Bei solchen Wagen spricht man von Prunkwagen oder Paradewagen, denn wegen ihrer starren Achse hatten sie keine praktische Funktion.*

## *Der Bericht des Livius*

Während die meisten antiken Autoren die keltische Völkerwanderung, die Rom erschütterte, ins 5. und 4. Jh. v. Chr. setzen, hat Livius in Erfahrung gebracht:

Zur Zeit des Königs Tarquinius Priscus (traditionell 616 – 579) sandte der König der Biturigen (heute Bourges), Ambicatus, seine beiden Schwestersöhne aus, um neue Wohnsitze für ihr Volk zu suchen. Der eine, Segovesus, zog nach Osten, den anderen, Bellovesus, wiesen die Götter nach Italien. Er nahm den Weg durch das Rhônetal und gelangte ins Gebiet der Trikastiner (heute die Gegend um Saint-Paul-Trois-Châteaux). Während die Gallier dort vor der unüberwindbar scheinenden Kette der Alpen standen, hörten sie, daß gerade griechische Seefahrer an der Küste angelangt seien und von den Salluviern bedrängt würden. Sie hielten das für einen göttlichen Wink und halfen den Massalioten bei der Gründung ihrer Kolonie. Dann zogen sie über die Alpen nach Italien weiter.

*Livius 5,34; teilweise in Übersetzung, teilweise in verkürzender Paraphrase*

Wieder stehen wir – wie bei der Gründungsgeschichte von Massalia – vor der Frage, was wir von diesem Bericht zu halten haben. Auch Livius, Zeitgenosse des Augustus, ist von den berichteten Ereignissen 600 Jahre entfernt. Seine Bemerkung, die Kelten hätten damals den dritten Teil Galliens ausgemacht, wird jedem, der einmal Latein gelernt hat, sofort den berühmten Einleitungssatz aus Caesars *Bellum Gallicum* in Erinnerung rufen: *Gallia est omnis divisa in partes tres* (Gallien, als Ganzes betrachtet, besteht aus drei Teilen). Wenn man die livianische Darstellung nicht von vornherein als wertlos verwerfen will, was vielfach geschehen ist, muß man postulieren, daß wenigstens Teile, die Livius dann unsachgemäß überarbeitet hätte, auf echte Überlieferung zurückgehen.

Auffällig ist, daß Livius ein Keltenbild bietet, das sich deutlich von den üblichen negativen Klischees der saufenden und plündernden Barbaren unterscheidet. Die Gallier werden vielmehr außerordentlich positiv geschildert: Ihr König ist tüchtig und glücklich, sein Königsheil beweist sich in der überschießenden Fruchtbarkeit der Felder und Menschen, und mehrfach wird die Ehrfurcht vor den Göttern hervorgehoben. Für authentisch halten könnte man die Namen aller Personen, die keltisch sind, weiter die über die weibliche Linie vermittelte Verwandtschaft, die keltischem Brauch entspricht.

Aus römischen Quellen kann Livius nicht schöpfen, denn die gab es in der Königszeit noch nicht. Man könnte sich vorstellen, daß bei den Galliern Erinnerungen an die heroische Frühzeit gepflegt wurden. Deren schriftliche Aufzeichnung war zwar von den Druiden untersagt, aber es traten bei ihnen Sänger (die Barden) auf, die in epischer Form historische Überlieferungen festhielten. Eine solche Erzählung könnte nach Meinung mancher Forscher durch Kontakte mit in Oberitalien siedelnden Galliern einem Vorgänger des Livius bekannt geworden sein. Für wahrscheinlicher halte ich, daß das Material des Livius aus einer griechischen Quelle stammt, die mit der Gründung Massalias zusammenhängt. Wie wir gesehen haben, datiert auch die Gründungslegende des Trogus nach Tarquinius (Priscus), und seine Erzählung basiert überhaupt auf der Voraussetzung, daß es, als die Griechen ankamen, schon Kelten im unteren Rhônetal gab: die Segobrigier unter ihrem König Nannus. Auch wenn man das Datum 600 v. Chr. für nicht für belastbar hält und – wie für die Gründung Massalias – lieber etwas weiter heruntergeht, kommt man doch mit beiden Berichten, dem des Trogus und dem des Livius, in die Hallstatt-Zeit, nicht in die La-Tène-Zeit, in welche die anderen antiken Quellen die Keltenwanderung ansetzen.

Livius benutzt die Wandergeschichte, um den Einfall der Kelten nach Oberitalien zu begründen, man ist aber nicht gezwungen, ihm in dieser Verknüpfung zu folgen. Wenn man überhaupt einen Kern der Erzählung für authentisch halten will, darf man sich nicht einen Zug aus Zehntausenden von Kriegern vorstellen, sondern muß an ein kleineres Unternehmen denken, das nur *eine* von zahlreichen Wanderungen gleicher Art war. Denn die Vorstellungen, die sich die Forschung von »Völkerwanderungen« macht, haben sich stark gewandelt. Man denkt nicht mehr an Invasionslawinen ganzer Völker, sondern an ein sich über längere Zeitspannen erstreckendes Hin- und Herfluten kleinerer Stammesgruppen, die Phasen einer temporären Seßhaftigkeit einschoben, bevor sie weiterzogen. Dazu paßt der Duktus der Erzählung, denn eigentlich treibt es die Gallier nach Italien, und sie machen vornehmlich deshalb einen Umweg über das untere Rhônetal, weil sie einen bequemen Übergang über die Alpen suchen.

### Die Hallstatt-Siedlung *Bourbon 1* im Tal der Drôme

Durch die Untersuchung der projektierten TGV-Trasse wurde 1995/96 bei Crest eine wohl kleine Siedlung nachgewiesen. Dort kreuzten sich eine vorgeschichtliche Nordsüdverbindung mit einer von der Vorgeschichte bis heute nach Italien führenden Straße. Die Siedlung wurde im 2. Viertel des 5. Jhs. angelegt und nach etwa einer Generation offensichtlich geplant aufgegeben. Es gibt keinen Zerstörungshorizont. Alles, was für den Weitermarsch brauchbar war, vornehmlich die Waffen, wurde mitgenommen. Zurück blieben 188 kleine Metallobjekte des persönlichen Bedarfs wie Fibeln, Armbänder, Ringe und Gürtelschnallen (307,8 gr aus Eisen, 166,9 gr aus Bronze), die eine völlige Übereinstimmung mit Funden im Jura und in Burgund aufweisen. Auch 95,5% der ausgewerteten 24000 Scherben von handgeformten Keramikgefäßen weisen nach Norden und haben keine Ähnlichkeit mit den gleichzeitigen Funden der Region. Der Anteil von Importkeramik ist entsprechend gering, vielleicht zwei Becher aus Attika und eine Amphore aus Marseille, die aber eine präzise Datierung in die Mitte des 5. Jhs. erlauben.

Während also alle Funde zum keltischen Siedlungsgebiet weiter im Norden weisen, steht das nur 40 km südlich gelegene Le Pègue ganz im mediterranen Kontext. Der Befund von *Bourbon 1* verdient auch deshalb besondere Beachtung, weil normalerweise Hallstattfunde aus Gräbern stammen, hier aber in einer Siedlung gemacht wurden.[15]

Das entspricht dem archäologischen Befund. Wenig weiter nördlich, im Alpenvorland und in den Hochtälern des Départements Savoie, belegen die Bodenfunde die Anwesenheit von Angehörigen der Hallstatt-Kultur seit dem 6. Jh. v. Chr. und einen kontinuierlichen Verkehr zwischen den Regionen nördlich der Alpen und Italien.[14]

Der bislang südlichste Ort, an dem die Funde ausschließlich zur Hallstatt-Kultur gehören, liegt etwa 20 km südöstlich von Valence bei Crest im Tal der Drôme. Dort scheint eine wandernde Stammesgruppe für eine Generation Station gemacht zu haben, um dann weiterzuziehen, wahrscheinlich nach Italien. Damit ist man schon fast »bei den Trikastinern«.

## *Die Beziehungen zwischen der mediterranen Welt und den Zentren der Hallstatt-Kultur in Zentraleuropa*

Der Gedanke, von einem Zug nach Italien, erst recht von einer Siedlung im mittleren Rhônetal, einen Abstecher nach Massalia zu unternehmen, dürfte für einen Trupp keltischer Krieger mehr als naheliegend gewesen sein. Die griechische Stadt muß in ihrer Vorstellung ein Ort von märchenhaftem Reichtum gewesen sein, wo der Wein in Strömen floß. Kelten und Griechen kannten einander.

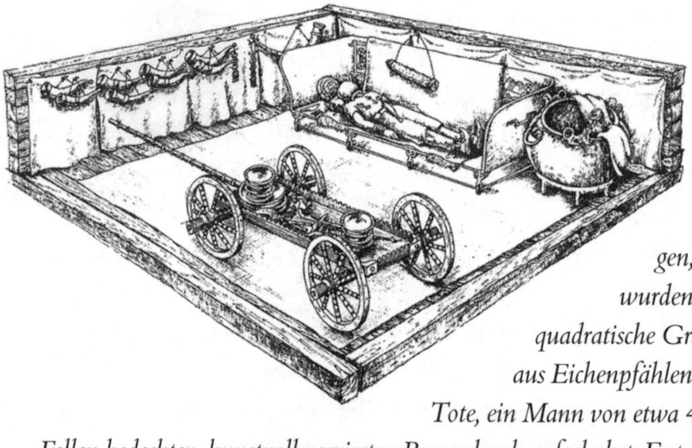

*Die Grabkammer des »Fürsten» von Hochdorf (Rekonstruktion im Landesmuseum, Stuttgart). Das Grab lag unter einem großen Erdhügel (Tumulus) von 60 m Durchmesser. Es gehört zu den wenigen, die nicht schon im Altertum ausgeraubt wurden, und wurde 1978/79 ausgegraben. Die quadratische Grabkammer von 5 m Seitenlänge bestand aus Eichenpfählen und war mit Tüchern ausgekleidet. Der Tote, ein Mann von etwa 40 Jahren, war auf einer mit Stoffen und Fellen bedeckten, kunstvoll verzierten Bronzebank aufgebahrt. Er trug einen Halsring aus Gold, spitze goldverzierte Schuhe und einen Dolch. Über der Kline war ein Köcher mit 14 Pfeilen aufgehängt. Zu den Beigaben gehörten außer verschiedenen Schmuckstücken und Gewandfibeln ein großer Bronzekessel aus Unteritalien, an dessen Boden Reste von Met festgestellt wurden, neun Trinkhörner, drei Becken und elf Teller aus Bronze, die auf dem Kasten eines vierrädrigen Wagens deponiert waren.*

Die Erforschung der sog. Fürstensitze und Fürstengräber des Westhallstattkreises hat das Bild eines intensiven Handelsverkehrs zwischen Massalia und dem Keltengebiet in Ostfrankreich und Südwestdeutschland ergeben. In staunenswertem Ausmaß müssen Waren durch den Rhône-Saône-Graben nach Norden geliefert worden sein, namentlich Wein-Amphoren und kostbare Trinkgefäße aus Silber und Bronze oder attischer Keramik. Die Waren kamen natürlich nicht allein, sondern müssen von griechischen oder etruskischen Kaufleuten und Handwerkern begleitet gewesen sein. Der Krater von Vix stammt wahrscheinlich aus einer süditalischen Werkstatt und wurde an Ort und Stelle von griechischen Fachleuten zusammengesetzt. Ein anderes Beispiel bietet die Befestigungsanlage der Heuneburg (an der oberen Donau) aus dem frühen 6. Jh. v. Chr. Sie ist über einem Natursteinsockel aus luftgetrockneten Lehmziegeln errichtet und mit rechteckigen Türmen verstärkt – ein Unikum nördlich der Alpen und daher notwendigerweise entweder von einem griechischen oder etruskischen Architekten oder von einem keltischen Baumeister, der im Süden sein Handwerk gelernt hatte, erbaut. Es müssen also über Jahrzehnte hinweg Kontakte zwischen Griechen und Kelten bestanden haben.[16]

*Der »Krater von Vix« im Museum von Châtillon-sur-Seine. Der 164 cm hohe Kessel mit einem Gewicht von 208,6 kg, 116 kg ohne die Henkel, war wohl von vornherein für ein Festmahl in Jenseits bestimmt, denn seine nur 1 bis 1,3 mm dicken Wände hätten dem Druck von 1100 l Wein nicht standgehalten.*
*Das Grab mit dem »Trésor de Vix« wurde 1953 auf dem Mont Lassois entdeckt. Es enthält die größte Menge von Importen aus dem Mittelmeerraum, wahrscheinlich »diplomatischen Geschenken«, denn der Mont Lassois dominierte das obere Seinetal und damit den Zugang zum Atlantik und nach Britannien. Der oder die Tote lag ausgestreckt auf dem Kasten eines Wagens, dessen vier Räder entlang der Wand aufgestellt waren, und trug Arm- und Fußreifen aus Schiefer und Bernsteinperlen. Neben dem Kopf lag ein 480 gr. schwerer Halsring (torques) aus 24karätigem Gold. Zu den Beigaben gehörten außer dem Krater eine flache silberne Opferschale, ein bronzener Weinkrug aus Etrurien, und Trinkgefäße aus Bronze und attischer Keramik. Das Grab ist um 500 v. Chr. zu datieren.*

## *Der Fürst vom Glauberg*

Noch weiter nach Mitteleuropa kommt man mit den seit 1994 am hessischen Glauberg (etwa 30 km nordöstlich von Frankfurt am Main) durchgeführten Grabungen. Die Funde, die zu Recht als sensationell eingestuft wurden, gehören ins frühe 5. Jh. v. Chr.

Die große Statue des »Glaubergfürsten« zeigt einen Kompositpanzer, wie er in der mediterranen Welt im 5. Jh. üblich war. Auch Statuen in Roquepertuse und Glanum sind mit diesem Panzer samt Rückenschutz dargestellt. Der sogenannte Hermes aus Roquepertuse, ein Januskopf, dessen Gesichts-

Im Bereich einer seit langem bekannten Ringwallanlage, führte die 350 m lange, 10,20 m breite sogenannte Prozessionsstraße auf einen monumentalen, die Landschaft beherrschenden Grabhügel zu, dessen unterer Durchmesser 48 m betrug. In zwei Gräbern waren Krieger bestattet, denen außer ihren Waffen (Eisenschwert, Lanzenspitzen) und Schmuckstücken in Bronze und Gold jeweils eine wertvolle Bronzekanne beigegeben war. Grab 1 ist eine Körperbestattung, Grab 2 eine Brandbestattung.
Am Rande des Grabhügels lag in einer viereckigen Grube eine Kriegerstatue aus lokalem Sandstein, die sorgfältig und planmäßig deponiert worden war; in der Nähe lagen die Fragmenten von drei weiteren Statuen, die vor ihrer Niederlegung zerschlagen wurden.

*Der Fürst vom Glauberg.*
*Der Krieger ist 1,86 m, bis zum Scheitel 1,74 m groß. Er trägt einen sogenannten Kompositpanzer aus Stoff oder Leder, dessen waagerechte Lagen übereinandergreifen. An der rechten Körperseite hängt sein Schwert (von vorn nicht zu sehen), in der linken Hand hält er einen ovalen Schild. Außer verschiedenen Arm- und Fingerringen trägt er einen Halsring mit drei knospenförmigen Zierstücken, zu dem in Grab 1 ein goldenes Pendant gefunden wurde. Die »Blattkrone« symbolisiert vielleicht Macht und Herrschaft. Die Ausgräber interpretieren den Fundort als einen »heiligen Bezirk« und vermuten für die Statuen eine Funktion im Ahnenkult.*

züge an die archaische griechische Kunst erinnern, weist ebenfalls enge Beziehungen zum keltischen Norden auf, denn er trägt dieselbe »Blattkrone« wie der »Fürst vom Glauberg«. Wurden die Statuen in Glanum und Roquepertuse bislang in das 3. Jh. v. Chr. datiert, so sieht sich die Forschung jetzt veranlaßt, sehr viel weiter hinaufzugehen, bis ins 6. oder 5. Jh. v. Chr.[17]

1824 und 1860 wurden in Roquepertuse bei Velaux zwei Statuen entdeckt, die ab 1926 im *Musée Borély* in Marseille ausgestellt wurden. Den architektonischen Rahmen bildete eine aus 200 Architekturfragmenten rekonstruierte Portikus, in deren Pfeiler Nischen zur Aufnahme von Schädeltrophäen eingearbeitet waren. 1987 veranlaßte die Überführung der Funde in das neue *Centre de la Vieille Charité* eine Überprüfung der Fragmente und schließlich die Wiederaufnahme der Grabungen. Dabei entdeckte B. Lescure nicht nur die Fragmente von acht weiteren Statuen und zahlreichen Architekturteilen, sondern wies vor allem nach, daß Roquepertuse entgegen früheren Annahmen nicht ein »isoliertes salluvisches Heiligtum«, sondern ein Oppidum von etwa einem halben Hektar Ausdehnung war.[18]

*Ein Krieger aus Roquepertuse. So wie er ist am Glauberg eine kleine Figur auf einer Schnabelkanne aus Bronze im Schneidersitz abgebildet.*

### Fazit

Unabhängig davon, ob man der Erzählung des Livius einen Wert als Quelle zumessen will oder nicht, hat die archäologische Forschung der letzten Jahre gezeigt, daß man für das 6. und 5. Jh. v. Chr. mit kontinuierlichen Kontakten zwischen Mitteleuropa und der mediterranen Welt zu rechnen hat. Massive Einbrüche von Kelten im Stile dessen, was man sich früher unter einer Völkerwanderung vorstellte, kann man ausschließen, aber ein Einsickern kleinerer Gruppen, die sich zeitweilig oder auf Dauer in Südgallien seßhaft machten, ist dadurch nicht ausgeschlossen. Nur ist es archäologisch meist nicht nachweisbar.

## *Die ethnographischen Studien des Poseidonios*

Über die Gallier im heutigen Südfrankreich besitzen wir eine herausragende ethnographische Studie, die wir dem Historiker und Philosophen Poseidonios (ca. 135–50 v. Chr.) verdanken. Er fügte sie in seine Darstellung der römischen Eroberung Galliens in den Jahren nach 125 v. Chr. ein, von der im nächsten Kapitel zu sprechen sein wird. Das Besondere ist, daß Poseidonios sich nicht mit Klischees und ethnographischen Topoi begnügte, sondern sich mit eigenen Beobachtungen selbst ein Bild zu machen suchte. Er hielt sich in den neunziger Jahren des 1. Jh. längere Zeit in Massalia auf und ließ sich offenbar bei gallischen Bekannten seiner Gastfreunde einführen. Seine *Historien* sind zwar nicht erhalten, lassen sich aber durch längere Auszüge, die spätere Autoren in ihre Werke eingefügt haben, rekonstruieren.[19]

Der moderne Provence-Reisende kommt bei Poseidonios' Schilderung des Mistrals im »Steinfeld« *(La Crau)* ebenso auf seine Kosten wie der Liebhaber von Asterix und Obelix. Man erfährt nämlich, woher die Kunde von den typischen gestreiften Hosen und bunt-karierten Mänteln stammt. Und selbstverständlich zierte schon den »alten« Gallier ein respektabler Schnurrbart. Auch die Barden, die zur Leier Lob- oder Schmähgesänge vortrugen, kommen zur Geltung. Frappiert zeigt sich der Berichterstatter von dem reichen Goldschmuck, den auch die Männer trugen; besonders die goldenen Halsringe *(torques)* stachen ins Auge. Als Getränk nahm man einen *zythos* genannten Gerstensaft oder Weizenbier *(korma)* zu sich, notfalls reichte auch Wasser, mit dem man die Honigwaben ausgespült hatte. Wer es sich hingegen leisten konnte, trank Wein, unvermischt und bis zur Bewußtlosigkeit. Händler konnten Unsummen verdienen, indem sie das begehrte Getränk lieferten.

Poseidonios führt uns in eine aristokratische Gesellschaft, die sich bei Banketten und Gastmählern versammelte. Zum Erstaunen der Griechen, die ja im Liegen aßen, hockten die Kelten im Schneidersitz um Fleischkessel und Bratspieße und rissen mit den bloßen Händen das Fleisch von den Knochen. Man lud auch Fremde zum Mahl ein, und erst wenn diese gegessen hatten, fragte man sie, wer sie seien und welches Anliegen sie hätten. Die besten Fleischstücke standen den Tapfersten zu, und nicht selten entlud sich der Streit um die Ehrengabe in erbitterten Zweikämpfen, die bis zum Tode ausgefochten wurden. Auch in der Schlacht suchten die Gallier den Zweikampf, den sie mit Prahlereien und Beschimpfungen des Gegners einleiteten. Viele Züge dieser Schilderung mochten einen griechischen Leser an die homerischen Helden erinnern.[20]

Besonderes Augenmerk widmet Poseidonios den religiösen Riten. Von den Druiden spricht er mit Respekt und bezeichnet sie als Philosophen. Ohne ihre Mitwirkung konnte kein Opfer dargebracht werden; auch in Politik und Rechtsprechung besaßen sie großen Einfluß. Ihre Lehre von der Unsterblichkeit der Seele und der Seelenwanderung sieht er als Ursache für die Todesverachtung der Gallier an. Auch den Vorzeichendeutern kam eine große Bedeutung zu. Das war im Grundsätzlichen dem antiken Beobachter und seinen Lesern vertraut, schockierend war aber die Menschenverachtung, mit der die Gallier dabei vorgingen. Denn sie praktizierten nicht nur die Vogelschau und das Sezieren von Opfertieren, sondern in wichtigen Fällen weihten sie einen Menschen, stießen ihm ein Schwert in den Rücken, und aus der Art und Weise, wie er zu Boden sank, und aus den Zuckungen seiner Glieder weissagten sie die Zukunft.

Als ähnlich abstoßend empfand der griechische Philosoph die Menschenopfer. Verbrecher und Kriegsgefangene wurden zusammen mit ausgewählten Opfergaben auf riesigen Scheiterhaufen verbrannt.[21] Und schließlich das »typisch Keltische«:

Den gefallenen Feinden schlagen sie die Köpfe ab und hängen diese ihren Pferden um den Hals; die erbeuteten, noch blutverschmiertem Waffen übergeben sie ihren Dienern und ziehen mit den Trophäen unter Hymnen und Siegesgesängen umher. Diese Kriegsbeute nageln sie dann an die Eingänge ihrer Häuser, als ob sie auf der Jagd Wild erlegt hätten. Die Köpfe der vornehmsten Feinde balsamieren sie ein und bewahren sie sorgfältig in einer Truhe auf. *Diodor 5,29,4f.*

*Ein Krieger mit sechs Schädeltrophäen aus Entremont (Rekonstruktion nach den im Musée Granet in Aix-en-Provence ausgestellten Funden). In Entremont wurden mindestens 10 têtes coupées gefunden. Am interessantesten ist eine Gruppe von fünf zusammenhängenden Exemplaren, denen ein 6. Kopf zugesellt werden konnte, auf dem noch die Reste einer linken Hand zu sehen sind. Man hat sich vorzustellen, daß ein aufrecht im Schneidersitz dargestellter Krieger die Köpfe auf den übereinandergeschlagenen Beinen hielt.*[22]

Strabon (4,4,5) schildert den Schädelkult ähnlich und fügt ausdrücklich hinzu, Poseidonios behaupte, diesen Anblick vielerorts erlebt zu haben. Zwar habe er ihn anfangs unerträglich gefunden, sich aber schließlich daran gewöhnt und ihn mit Fassung ertragen. Man pflegte die Köpfe hervorzuholen und Gästen zu zeigen und sich dabei zu brüsten: Nicht einmal wenn sie in Gold aufgewogen würden, sei man bereit, sich von ihnen zu trennen. In zahlreichen Siedlungen in Frankreich sind die steinernen Zeugnisse dieser Sitte, die sog. *têtes coupées,* ans Licht gefördert worden.

## Massalia, das Handelszentrum (Emporion) Galliens

Die wichtigste zusammenhängende Darstellung des antiken Gallien findet sich im vierten Buch von Strabons *geographía.* Der Autor, Zeitgenosse von Augustus und Tiberius, stammte aus Kleinasien und verfaßte eine Beschreibung der gesamten damals bekannten Welt in 17 Büchern, die fast vollständig erhalten sind. Für den Westen griff er auf ältere Autoren zurück, namentlich auf Poseidonios.[23]

Massalia ist eine Gründung der Phokaier... Hafen wie Stadt sind gut befestigt, die Stadt hat eine beträchtliche Größe... Sie besitzen ein Landgebiet, das mit Ölbäumen bepflanzt ist und Weinstöcke trägt, aber infolge seines felsigen Bodens sich nicht für den Getreideanbau eignet. So vertrauen sie mehr dem Meer als dem Land... Es gibt dort Schiffswerften und ein Waffenarsenal; auf Grund ihres früheren Überflusses an Schiffen und Waffen und dem für Seefahrt und Belagerung erforderlichen Gerät konnten sie sich gegen die Barbaren halten und machten sich die Römer zu Freunden. *Strabon 4,1,4f.*

▶ *siehe S. 49*

Die Massalioten machten aus ihrer Stadt eine der beherrschenden Seemächte des Altertums. Ihre Konkurrenten waren die Karthager, die nach der Seeschlacht von Alalia den südlichen Bereich des westlichen Mittelmeers und vor allem die Straße von Gibraltar für griechische Schiffe sperrten. Die Etrusker schieden zu Anfang des 5. Jhs. aus dem Kreis der maritimen Großmächte aus. Damit wurde Massalia am *Golfe du Lion* konkurrenzlos. Es wurde der wichtigste Umschlaghafen (gr. *empórion*) für jeglichen Warenverkehr von Griechenland und Unteritalien in den Westen und in der Gegenrichtung. Zusätzliche Bedeutung erlangte es dadurch, daß der »gallische Isthmus« (zwischen Aude und Gironde) und der Rhône-Saône-Graben mit seiner

Verbindung über die Seine zum Atlantik die einzigen Wege waren, auf denen die Griechen an das wichtige britannische Zinn gelangen konnten.

Die Massalioten fuhren also an der Küste entlang oder die Rhône hinauf, boten ihren Wein an und erhandelten im Gegenzug die begehrten Rohstoffe: Getreide und Bodenschätze. In den südgallischen Ausgrabungen ist der Befund eindeutig: Während noch bis etwa 550 etruskische Importkeramik überwiegt, bezeugen die Amphoren, daß die Massalioten von diesem Zeitpunkt an begannen, ihren eigenen Wein zu verbreiten. Nach 525 erlangten sie in der Provence und im östlichem Languedoc ein wahres Monopol.

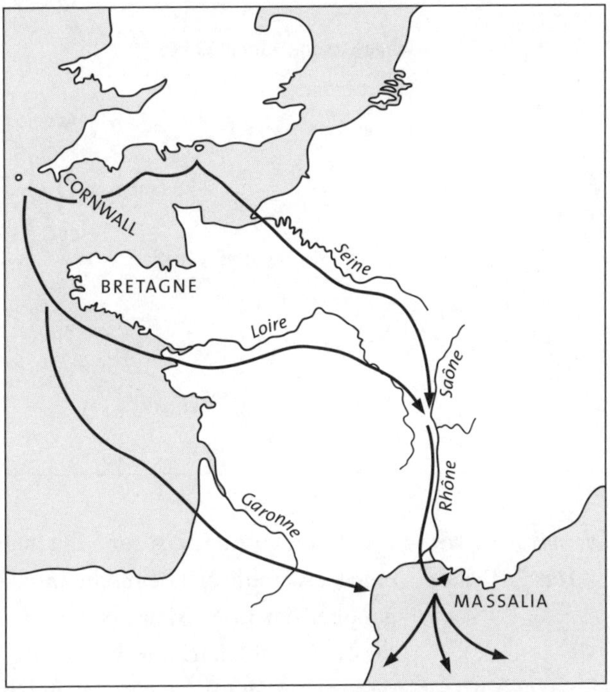

*Die sogenannten Zinnstraßen durch Gallien.*

## *Die massaliotischen Handelskontore*

Zur Sicherung der Handelswege gründeten die Massalioten mehrere Stützpunkte. Der westlichste trägt noch heute seine Funktion als *empórion* im Namen: Ampurias in Spanien. Es folgten von West nach Ost Agatha (Agde), Tauroention (Le Brusc), Olbia, Antipolis (Antibes) und Nikaia (Nizza). Nur eine Quelle nennt Arles, das Theliné geheißen habe, als die Griechen es bewohnten. Unsicher ist die Lokalisierung von Rhodanousia. Wahrscheinlich lag es bei Espeyran (bei St-Gilles am Beginn des Rhônedeltas), wo die aufgefundene Keramik zu fast 100% griechischen Ursprungs ist).[24]

## *Olbia (Gemeinde Hyères)*

Diese Stützpunkte wurden im 4. und 3. Jh. v. Chr. stark befestigt, was wohl von einer wachsenden Gefährdung durch die Einheimischen zeugt. Als Beispiel habe ich Olbia (von gr. *ólbios* = reich, glücklich) ausgewählt, da es gut er-

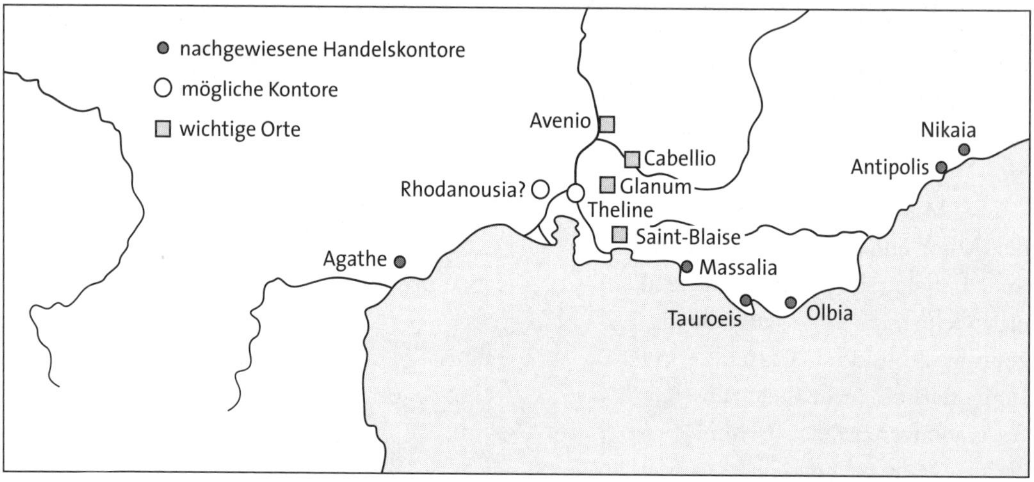


*Die massaliotischen Handelskontore*

forscht und wenigstens zum Teil heute noch sichtbar ist. Der Name ist durch eine kaiserzeitliche lateinische Inschrift gesichert. Olbia lag in der Antike gegenüber der Insel Giens, heute an der Stelle, wo der westliche Damm, der die Halbinsel Giens mit dem Festland verbindet, dieses erreicht. Es war gut plaziert, um die Wasserstraße zwischen dem Festland und den Iles d' Hyères zu überwachen, die Küste vor Piraten zu schützen und zugleich als Kontor für Kontakte mit den Stämmen im Landesinneren zu dienen.

Olbia ist mit seinem geometrischen, völlig regelmäßigen Grundriß typisch für das sogenannte hippodamische System, nach dem die Griechen seit dem mittleren 5. Jh. v. Chr. geplante Städte anlegten.

Die Siedlung war durch eine starke Mauer geschützt, die im Norden, Osten und Westen teilweise 2 m hoch erhalten ist. Die Mauer aus dem 4. Jh. bestand aus großen unbehauenen Steinen (sog. Kyklopenmauer); im 2. oder 1. Jh. v. Chr. ersetzte man diese durch rechteckige, regelmäßig verlegte Blöcke. Einige Türme boten zusätzlichen Schutz. Durch ein Tor in der Ostmauer gelangte man in die Stadt.

Die Mauern umschließen ein Viereck von 165 m Seitenlänge, das durch rechtwinklig sich kreuzende Straßen in 40 gleichmäßige Rechtecke *(insulae)* von 11 m × 34,5 m geteilt wird. Diese wiederum sind mit völlig gleichen Häusern bebaut, die aus nur einem Raum bestehen. Ihre Grundfläche von 4,80 m × 5,20 m entspricht etwa dem Zwölftel einer *insula*. Im 2. Jh. wurde die Aufteilung der *insulae* dahingehend verändert, daß die Wohneinheiten vergrößert wurden und mehrere Räume umfaßten, die durch Innentüren verbunden waren. Die Sockelsteine waren aus lokalem Sandstein, darüber wurden ungebrannte Ziegel verwandt. Einrichtungen für Handwerker oder Händler wurden in Olbia nicht gefunden; es scheint eine reine Militärsiedlung gewesen zu sein.

Auf der nahegelegenen (Halb)Insel Giens lag ein Felsheiligtum, in dem Hunderte von Votivgaben gefunden wurden. Sie waren der Nymphe Kyrene und dem Heilgott Aristaios, einem Sohn des Apollon, geweiht, der zugleich ein Beschützer der Landwirtschaft, der Bienen, Herden und Oliven war. Auf den Weihegaben sind die Namen von etwa 250 Olbiern und etwa 20 hellenisierten Kelten bezeugt.[25]

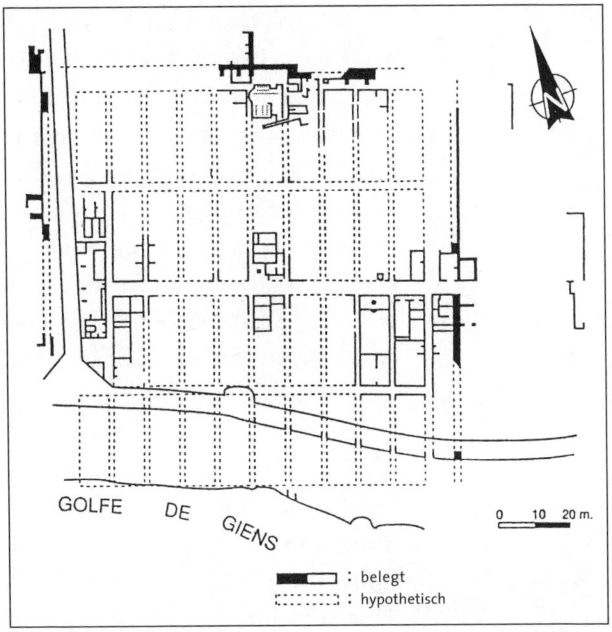


*Planskizze von Olbia*

## Die »Hellenisierung« Südgalliens

Die Gallier wurden zivilisiert und vergaßen mit der Zeit ihre barbarische Roheit. Von den Massalioten lernten sie die angenehmen Seiten eines kultivierten Lebens, namentlich den Ackerbau, die Befestigung der Städte mit Mauern; außerdem übernahmen sie die Sitte, nach Gesetzen und nicht einfach mit Gewalt zu leben, die Reben zu beschneiden und den Ölbaum zu pflanzen. Die Menschen und ihre Umwelt blühten derartig auf, daß man gedacht hätte: Nicht Griechenland sei nach Gallien ausgewandert, sondern Gallien sei nach Griechenland verlegt worden. *Iustin 43,4,1*

### *Warentausch und Wandel der Wirtschafts- und Sozialstruktur*

Die Griechen wurden also zu Lehrmeistern der Gallier. Von der Liebe der Kelten zum Wein war schon die Rede, und die Rückwirkungen des »keltischen Durstes« auf die einheimischen Gesellschaften kann man unschwer erschließen. Wer Wein erhandeln will, muß über ein Äquivalent verfügen. Das konnten Metalle und Metallprodukte sein sowie Menschen, die als Sklaven verkauft wurden. Vornehmlich aber war es Getreide, an dem die Massalioten interessiert waren, weil sie es auf ihrem steinigen Territorium nicht in genügendem Maße anbauen konnten. Eindrücklich werden die Zusammenhänge dadurch demonstriert, daß in den Grabungen zeitgleich Amphoren für den Weintransport sowie Schalen und Kannen für den Weinkonsum und andererseits Einrichtungen zur Vorratshaltung von Zerealien auftreten: entweder große Tonbehältnisse (Dolia) oder in den Boden eingelassene Silos.

Mit Vorsicht kann man die längerfristigen Auswirkungen dieses Warentausches auf die Sozialstruktur erschließen. Daran konnte sich nur beteiligen, wer so wohlhabend war, daß er einen Überschuß produzierte. Kleinbauern, die gerade das für den Lebensunterhalt Notwendige erzeugten, kamen dafür nicht in Betracht. Wir haben von Poseidonios gehört, daß die Gallier noch zu Beginn des 1. Jhs. v. Chr. in Verhältnissen lebten, die an die Zeit des homerischen Epos erinnern. Für die Helden von Ilias und Odyssee gibt es nur zwei gesellschaftlich akzeptierte Formen von »Handel«: Piraterie und den Austausch von Geschenken. Odysseus ist tödlich beleidigt, als ihm ein Phäake vorhält, er gleiche einem Händler, der auf seinen Profit aus ist. Legt man diese Verhältnisse zugrunde, kann man sich vorstellen, daß auch der Handel zwischen den Massalioten und den einheimischen Aristokraten ähnlichen Regeln folgte: Die einen »schenkten« den Wein, die anderen revanchierten sich mit großzügigen Gegengaben. In solchen gesellschaftlichen Verhältnissen zählt nicht, wer die meisten Einkünfte hat, sondern wer sich Großzügigkeit leisten kann. Danach bemißt sich der gesellschaftliche Status. Das Bestreben, den massaliotischen Händlern Gegenwerte für den Wein zu bieten, hat möglicherweise zu einer stärkeren Ausprägung der Hierarchie in den einheimischen Gesellschaften geführt. Vereinfacht kann man es sich so vorstellen: Vermutlich mußte der lokale Häuptling den Druck auf die von ihm Abhängigen erhöhen und sie zwingen, ihm ihre Überschüsse abzuliefern und für ihn Fronarbeit zu leisten, dafür erhandelte er den begehrten Wein, mit dem er dann alle fürstlich bewirten (belohnen) konnte. So steigerte er seine Macht nach Innen.[26]

Poseidonios bringt ein eindrucksvolles Beispiel für solches »Wohltätertum«: Der Arvernerkönig Luernios fuhr mit einem Wagen durchs Land und streute Gold und Silber unter die Leute. Einmal stellte er in einem eingezäunten Geviert von 12 Stadien Umfang Essen und Getränke bereit und lud jedermann zum Mahl ein. Ein Barde traf indes zu spät ein, aber Luernios war von dem auf ihn gesungenen Preislied so angetan, daß er dem Barden einen Beutel mit Goldstücken zuwarf, was dieser mit einem weiteren Loblied beantwortete (Frg. 18 Jacoby. Malitz 178).

Vergleichbar ist der reiche und machthungrige Dumnorix, der zu Beginn von Caesars gallischem Krieg die politischen Verhältnisse bei den Häduern in Unordnung brachte, indem er mit seiner Freigebigkeit das Volk gegen die romfreundliche Regierung seines Bruders Diviciacus aufbrachte. Caesar, der selbst in Rom nicht anders handelte, spricht von solchen demagogischen Methoden in Gallien mit größter Indignation (Caes. Gall. 1,18,3). Die späten Nachfahren dieser gallischen Großzügigkeit werden wir unter der römischen Herrschaft wiedertreffen: Da Kriege nicht mehr erlaubt waren, mußte, wer sich Ansehen unter seinen Landsleuten verschaffen wollte, freiwillig und verschwenderisch für die Belange der neuen Städte aufkommen.

*Eine Münze des Häduers DUBNOREIX (Dumnorix). Ein mit einem Panzer angetaner Krieger hält in der rechten Hand ein Feldzeichen mit Wildschwein und eine Trompete, in der linken eine Schädeltrophäe.*

## *Die Oppida*

Den Beweis für den gesellschaftlichen Wandel liefert die moderne Archäologie mit der Erforschung von Hunderten von *oppida*. Diesen Ausdruck benutzt Caesar im *Bellum Gallicum* für die befestigten Siedlungen der Gallier (z.B. Vesontio und Bibracte). Der Begriff bezeichnet heute in der Fachliteratur generell Siedlungen im eisenzeitlichen Europa. In Südgallien liegen sie in der Regel auf Hügeln oder schroff abfallenden Felsspornen und sind befestigt. Im einzelnen gab es große Unterschiede. Manche Oppida boten vielleicht 300 Menschen bescheidenste Unterkunft und waren wohl nur vorübergehend, vielleicht auch als Fluchtburgen genutzt. Andere weisen eine sich über Jahrhunderte erstreckende Besiedlung und eine stadtähnliche (proto-urbane) Struktur auf.[27]

Auch wenn man annimmt, in dieser Entwicklung spiegele sich mittelbar der Einfluß des massaliotischen Handels, darf man sich die Einwirkung nicht mechanisch vorstellen, als hätten die Gallier gebannt auf das griechische Vorbild gestarrt, um es nachzuahmen. Vielmehr veranlaßte sie der Wandel in ihrer eigenen Gesellschaft, neue Siedlungsformen zu entwickeln. Die wirtschaftliche Differenzierung ließ die Gemeinschaften größer und reicher werden. Um den wachsenden Reichtum zu schützen, baute man feste Häuser und befestigte Siedlungen. Das kann nicht dem einzelnen überlassen worden sein, sondern erforderte strikte Planung und Durchführung. Somit spiegelt sich in den Verteidigungsanlagen, geplanten Wegenetzen, regelmäßig aneinandergereihten Häusern sowie den Vorkehrungen zur Beseitigung von Abfall und Regenwasser eine zunehmende Strukturierung der Gemeinschaften. Man hat also von einem dialektischen Ineinanderwirken von griechischen Anschüben und eigenständiger gallischer Entwicklung auszugehen.

### *Die gallo-griechischen Inschriften*

Besonders gut werden solche Prozesse in der Entwicklung einer gallo-griechischen Schrift sichtbar. Strabon bemerkt, die Gallier hätten ihre Verträge auf Griechisch abgefaßt, und Caesar teilt mit, im öffentlichen und privaten Leben sei der Gebrauch des griechischen Alphabets geläufig. Als er 58 v. Chr. die Helvetier geschlagen hatte, fand er in ihrem Lager Tafeln *(tabulae)*, die in griechischer Schrift Verzeichnisse aller ausgewanderten Stammesangehörigen enthielten.[28]

Die Übernahme der Schrift setzt zum einen Mehrsprachigkeit voraus. Über einen längeren Zeitraum hinweg müssen Griechen und Gallier in Kontakt gestanden haben, z.B. als Händler, als militärische Verbündete oder durch Heiraten. Zum anderen muß ein entsprechendes Bedürfnis vorliegen. Dies entsteht nicht automatisch dadurch, daß die Nachbarn schreiben, sondern muß den eigenen gesellschaftlichen Verhältnissen entspringen. So wurde im stark iberisch geprägten Westen, wo der Handel mit Spanien eine große Rolle spielte, schon im 4. Jh. v. Chr. das iberische Alphabet für Verträge und Briefe benutzt.[29]

Seit dem 3. Jh. v. Chr. wurde das griechische Alphabet an die keltische Sprache adaptiert. Wie die Karte der gallo-griechischen Inschriften zeigt, war das Zentrum ihrer Verbreitung das untere Rhônetal. M. Lejeune, der 1985 die damals bekannten 281 Texte edierte, hebt den erstaunlichen Verbreitungsgrad von Schriftkenntnis und Schriftgebrauch hervor, und zwar nicht nur bei der politischen Elite, sondern allgemein im proto-urbanen Milieu. Zwei in der Hafensiedlung Lattara (heute Lattes bei Montpellier) gefundene Keramikscherben, in die jemand zu Übungszwecken ein griechisches Alphabet eingeritzt hat, lassen den Schluß zu, daß die Ausbreitung der Schrift wenigstens zum Teil durch systematischen Schulbetrieb erfolgte.

*Gallo-griechisches Graffito auf einer Keramikscherbe:* KATOUL

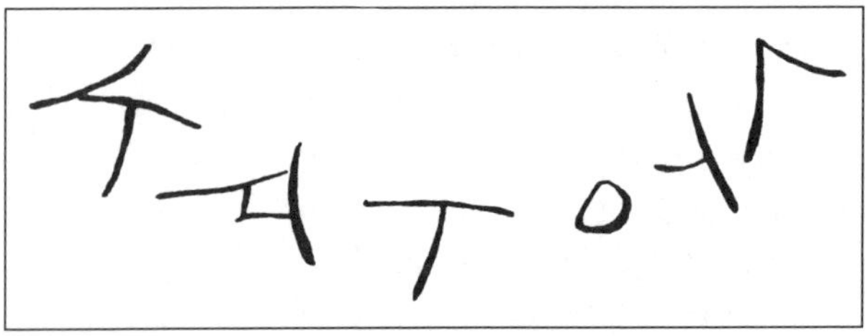

195 der 281 Inschriften sind Eigentumsmarken, die in schon gebrannte Keramikgefäße eingeritzt wurden. Die 73 Steininschriften dokumentieren das Interesse von Aristokraten, ihre Grabstelle oder eine Weihung, die sie vorgenommen hat-

ten, zu verewigen. Die etwa 40 Grabinschriften sind sämtlich sehr kurz; sie nennen nur den Namen des oder der Verstorbenen und fügen den Vatersnamen in adjektivischer Form hinzu. Die andere Gattung bilden etwa 20 Weihinschriften, die auf Becken, Stelen, Pfeilern, Altären oder Kapitellen angebracht wurden. Die vorkommenden Namen sind keltisch. Interessanterweise treten sie in lateinischen Inschriften, die sich Angehörige der Munizipalaristokratie später setzten, wieder auf.

*Verbreitung der gallo-griechischen Inschriften*

Nach der Mitte des 1. Jhs. v. Chr. hören die gallo-griechischen Inschriften auf, und es setzt die lateinische Epigraphik ein. In einer kurzen Übergangsphase jedoch sprach man offenbar noch keltisch, verwandte aber nicht mehr das griechische, sondern das lateinische Alphabet.

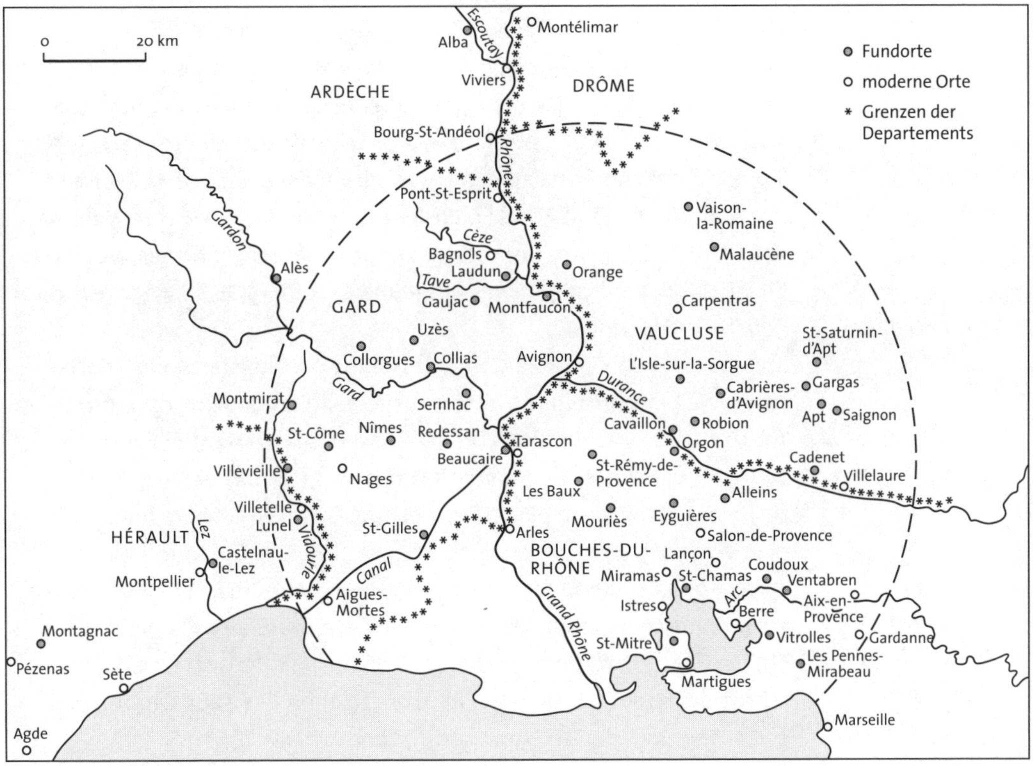

Im Bereich der Gemeinden Ventabren und Coudoux, etwa 15 km westlich von Aix-en-Provence, wurden sechs Grabstelen gefunden, die zu den Nekropolen der nahegelegenen Oppida gehören dürften. Da die Oppida Mitte des 1. Jhs. v. Chr. aufgegeben wurden und damit auch die Bestattungen aufhörten, sind die Inschriften ziemlich genau zu datieren. Sie fallen in die Übergangsphase zwischen der Verwendung der griechischen und der lateinischen Schrift. Vier Texte sind mit griechischen, zwei mit lateinischen Buchstaben geschrieben. Zwei Steine wurden zusammen gefunden und gehören wahrscheinlich zu einem Paar: Die Inschrift für OUENITOOUTA (Venitouta), die anscheinend vor ihrem Mann gestorben war, verwendet das griechische, die des VECTIT[...] das lateinische Alphabet (Lejeune G-106 und L-1).
In der Mairie von Ventabren ist ein kleines Museum eingerichtet. Dort ist der durch eine senkrechte Linie geteilte Grabstein eines Ehepaares ausgestellt: EKKAIOS ESKIN[G]OMARIOS OUIM[I]LLA ADIATOUSSIA (Lejeune G-107). Ähnlich lapidar lautet die wenig jüngere lateinische Inschrift der BOUDILATIS LEMISUNIA (Lejeune L-2). Der Name ihres Vaters, LEMISO, kehrt im 1. Jh. n. Chr. im römischen Nîmes wieder: CIL XII 3809; ähnlich *Adgennos* (Lejeune G-208) in CIL XII 3175: Sextus *Adgennius* Macrinus.

▶ siehe S. 322

Im Museum von Vaison-la-Romaine ist eine der längsten gallo-griechischen Weihinschriften (8 Wörter) ausgestellt: SEGOMAROS OUILLONEOS TOOUTIOUS NAMAUSATIS EIOROU BELESAMI SOSIN NEMETON: Segomaros, Sohn des Villo (oder Villonos), aus Namausos (Nîmes), weihte der Göttin Belesama diesen heiligen Ort (Lejeune G-153). In Glanum haben wir eine Weihinschrift für den Gott Belenos (Lejeune G-63) und eine für MATREBO GLANEIKABO (den »glanikanischen Müttern«, Lejeune G-64), die in römischer Zeit durch Weihungen *Glanicabus* (den Glaniken) verehrt wurden. Im *Musée lapidaire* in Avignon befindet sich eine Weihinschrift des VEBROUMAROS für *Taranos* (Lejeune G-27, aus Orgon), den gallischen Gott, der bei Lucan (1,446) *Taranis* heißt.

▶ siehe S. 192

▶ siehe S. 188

## Das Oppidum von Entremont

Ein gutes Beispiel für ein proto-urbanes Oppidum des 2. Jhs. v. Chr. bietet Entremont bei Aix-en-Provence, die Vorgängersiedlung des römischen Aquae Sextiae; der antike Name ist nicht bekannt. Nach ersten Funden, die schon im 19. Jahrhundert zutage kamen, begann die eigentliche Entdeckungsgeschichte, nachdem 1943 Einheiten der deutschen Okkupationstruppen bei der Einrichtung eines Beobachtungspostens auf Reste von Statuen und Kopftrophäen gestoßen waren. Bis heute ist ein Areal von etwa 5000 m², d. h. ungefähr ein Siebtel des Oppidums zur Zeit seiner größten Ausdehnung, freigelegt worden.

Das Oppidum von Entremont liegt auf dem dreieckigen Ausläufer eines Plateaus, das nach Westen und Süden steil abfällt, also durch die Natur geschützt war. Nur die sanfter geneigte Nordseite wurde mit einer 380 m langen Mauer aus Kalksteinquadern befestigt. Die erste zwischen 190 und 170 v. Chr. angelegte Siedlung hat einen Umfang von 9000 m² und ist nach einem geschlossenen urbanistischen Konzept organisiert, das den Vergleich mit Olbia herausfordert. Parallele Straßenzüge grenzen drei Reihen von je sechs *insulae* ab. Jedes dieser 11 m × 24 m großen Rechtecke ist in 14 Ein-Raum-Häuser geteilt, die nur 13 – 15 m² groß sind. Diese Räume, in denen sich keine Spuren einer handwerklichen Tätigkeit finden, entsprechen den bescheidenen Bedürfnissen einer noch wenig differenzierten Gesellschaft von Bauern und Hirten. Der ausschließliche Zweck der Siedlung dürfte gewesen sein, für eine möglichst große Zahl von Familien Wohnraum zu schaffen, in dem sie den Winter verbringen konnten.

*Plan von Entremont*

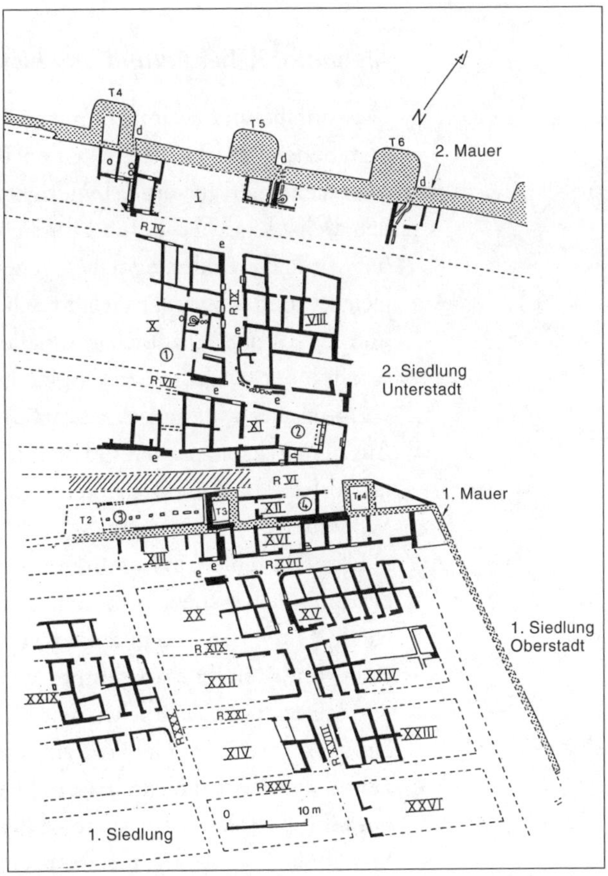

Aber schon um die Mitte des 2. Jhs. v. Chr. wurde die Stadt gründlich um- und ausgebaut. Die alte Mauer wurde niedergelegt und die Stadt auf 3,5 ha erweitert. Im Norden wurde sie durch eine neue große, mit runden Türmen bewehrte Mauer aus behauenen Blöcken geschützt. Die Oberstadt blieb im wesentlichen, wie sie war, aber in der neuen Unterstadt baute man großzügiger und differenzierter. Die Häuser haben mehrere miteinander verbundene Räume, die teils als Vorratskammern, teils als Werkstätten von Schmieden und Töpfern gedeutet werden. Die eigentlichen Wohnräume vermuten die Ausgräber in einem zweiten Stockwerk. Repräsentierte die erste Anlage eine egalitäre Gesellschaft von agrarischen Selbstversorgern, so scheint die zweite auf die Anforderungen einer sich differenzierenden Wirtschaft zu antworten.[30] Es fehlt, soweit ich sehe, allerdings an einer plausiblen Begründung für diesen Wandel, denn Handwerk und Handel können sich kaum explosionsartig in einer Generation entwickelt haben.

### *Archäologischer Befund und historische Interpretation*

Was auffällt, und zwar nicht nur in Entremont, sondern in allen Oppida: Die ergrabenen Häuser bieten keinen Beleg für die Präsenz von Aristokraten. Man sieht hier gut die Schwierigkeiten, die entstehen würden, wenn man den archäologischen Befund für sich allein interpretieren müßte. Denn dieser würde die Erklärung nahelegen, daß alle Einwohner mehr oder weniger gleich waren, entweder gleich reich oder gleich arm, gleich frei oder gleich unfrei. Aus den schriftlichen Quellen hingegen wissen wir, daß die Gesellschaften der südgallischen Oppida hierarchisch gegliedert waren und daß in vorrömischer wie römischer Zeit Aristokraten das soziale Klima bestimmten. Aus den archäologischen Quellen ist also zu schließen, daß sich die zweifellos vorhandene gesellschaftliche Schichtung nicht in irgendeiner Form von Wohnluxus widerspiegelte.[31]

Ebenfalls fehlen, in Entremont wie in allen untersuchten Oppida, Anlagen des öffentlichen Lebens, beispielsweise Versammlungsplätze oder Amtsgebäude. Unter diesen Umständen versteht man nicht, wieso Entremont in der Fach- und Reiseliteratur immer wieder als »Hauptstadt der Konföderation der Salluvier« angesprochen wird. Diese angebliche »Konföderation«, d.h. ein quasi staatliches Gebilde, zu dem sich mehrere salluvische Stämme zusammengeschlossen hätten, ist ein Konstrukt, das Barruol vor 40 Jahren entwickelte. Er folgte dem Sprachgebrauch Strabons, der sich anscheinend die Verhältnisse bei den Salluviern nach dem Vorbild der griechischen Bundesstaaten vorstellte: Die zehn »Teile« der Salluvier hätten bedeutende Heere von Fußsoldaten und Reitern aufbieten können. Weder ist klar, was Strabon genau meinte, noch ob er die zu seiner Zeit mehr als 100 Jahre zurückliegenden Verhältnisse korrekt wiedergab. Mehr noch: Daß verschiedene Stämme der Salluvier sich zu einem Kriegszug zusammenfanden, muß keineswegs eine staatsähnliche Struktur implizieren. Es kann sich genauso gut oder eher um ad hoc geschlossene Kriegsbündnisse gehandelt haben.[32]

Wir müssen uns unser Nichtwissen eingestehen: Es gibt die Oppida, und man kann sich vorstellen, daß sie ihre unmittelbare Umgebung beherrschten, also ein Territorium von vielleicht 30 km$^2$, aus dem die Bewohner ihren Lebensunterhalt bestritten. Das erinnert an die griechischen Poleis, die ebenfalls überwiegend klein waren. Es fehlt aber an literarischen oder archäologischen Quellen, die erhellen könnten, wie man vom jeweiligen Oppidum, also einer strikt *lokalen* Größe, zu größeren *politischen* Gebilden, d.h. Stämmen, wie die historiographischen Quellen sie voraussetzen, gelangen kann. Noch weniger ist einzusehen, weshalb man die Hauptstadt einer »Konföderation« fordern muß, denn wie bei der Neuorganisation der *Provincia* zu zeigen sein wird, haben erst die Römer die überkommene polyzentrische Struktur von mehreren gleichrangigen Oppida durch das Modell des Stadtstaates ersetzt, dem das gesamte Stammesterritorium unterstellt wurde. Wie sich der Prozeß der Willensbildung für einen gemeinsamen Kriegszug gegen Massalia oder die Römer vollzog, ist unbekannt.

▶ *siehe S. 127f.*

## *Kriegerstatuen und Kopftrophäen*

An der Nahtstelle zwischen der alten und der neuen Siedlung wurde in Entremont die erste Mauer niedergelegt und, an ihre Reste angelehnt, ein größerer Saal oder eine 20–21 m × 5–5,5 m große Säulenhalle angelegt. Für die Sockelmauer verwandte man Material einer älteren Portikus, darunter einen Pfeiler und einen Architravbalken mit eingeritzten *têtes coupées.* In diesem Bereich, besonders auf der an der Halle vorbeiführenden Straße, wurden acht Kriegerstatuen und die oben schon angesprochenen steinernen Schädeltrophäen gefunden (s. S. 67).

Die Funktion des Saals oder der Portikus ist unklar. Die Annahme, die Statuen seien in der Nähe ihres ursprünglichen Aufstellungsortes gefunden worden, hat zu der, allerdings spekulativen, Hypothese geführt, in dieser Säulenhalle sei – umgeben von Kriegerstatuen und Kopftrophäen – die lokale Kriegerelite zu Beratungen und Banketten zusammengekommen. Die nächste Frage, wen die Statuen darstellten, ist noch weniger zu beantworten. Manche Forscher meinen, daß sich hier die salluvischen Aristokraten gewissermaßen ein Selbstportrait hatten erstellen lassen, andere denken an Bilder heroisierter Ahnen, die man sich zusammen mit den Köpfen der besiegten Feinde vergegenwärtigte. Wieder andere halten die Statuen für Götterbilder.[33]

Besser als mit diesen Statuen und den Schädeltrophäen kann man Südgallien im Übergang von der »Barbarei« zur »Hellenisierung« nicht darstellen: Die Gallier bauten Oppida, die in ihrem regelmäßigen Stadtplan an zeitgenössische griechische Städte erinnern; dazu müssen sie über eine relativ straffe politische Organisation verfügt haben; sogar die griechische Schrift hatten sie sich angeeignet. Aber das kriegerische Ethos einer aristokratischen Gesellschaft hatte den Verlockungen der Akkulturation widerstanden, wie die genuin keltischen Kriegerstatuen und Schädeltrophäen *(têtes coupées)* dokumentieren, deren ungebrochene Kontinuität von mindestens 300 Jahren die jüngsten Forschungen ans Licht gebracht haben. Sie illustrieren die antiken Texte und bilden sozusagen das Keltenklischee ab: aristokratische Krieger, wie sie im Schneidersitz beim Gastmahl hocken, umgeben von ihren blutigen Trophäen. Das zeigt die Grenzen der »Hellenisierung«.

*Das von einem Turm geschützte Stadttor von St-Blaise. Für die aus großen regelmäßigen Quadern gebaute und mit Zinnen bewehrte Mauer gibt es keine Parallelen in Gallien.*

Es gibt viele Oppida, die es wert wären, hier ausführlicher besprochen zu werden. Das Problem ist nicht nur ihre große Zahl. Für den Laien sind prähistorische Ausgrabungen eigentlich nur aufschlußreich, wenn sie ihm ein Fachmann erklärt. Zumindest braucht er Pläne und Erläuterungen, die aber meist nicht zur Hand sind. Auch findet man viele Oppida, die in der Fachliteratur einen hohen Rang haben, überhaupt nicht, wenn man in der Landschaft oder im Gewirr der Autobahnen danach sucht. Ich bin also bei meiner Auswahl eher naiv von ästhetischen Gesichtspunkten ausgegangen und beschränke mich hier auf die Umgebung des Etang-de-Berre, wo die frühesten Oppida angelegt wurden (zu den Oppida in der Umgebung von Nîmes (s. S. 228 ff.).

▶

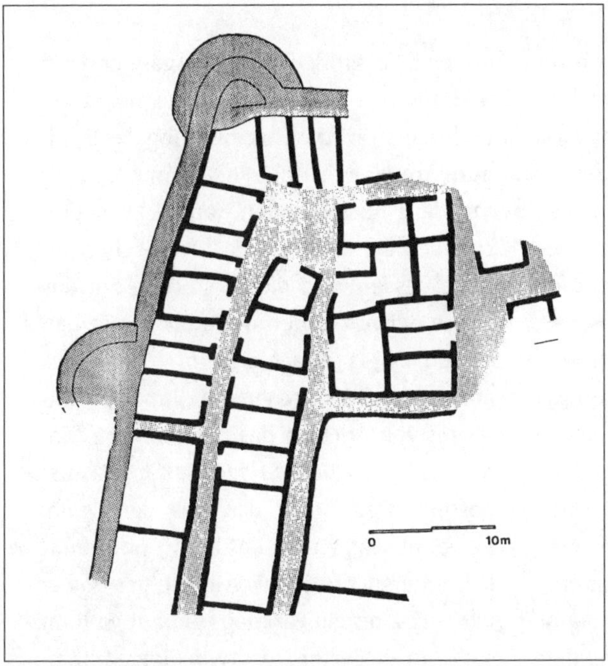


*Planskizze des Oppidums auf der Ile de Martigues: Man sieht sehr gut, wie die Ein-Raum-Häuser zwischen Stadtmauer und Straße aneinandergereiht sind. Ein öffentlicher Raum im eigentlichen Sinne war nicht vorgesehen.*

Sehr schön ist St-Blaise (westlich des Etang-de-Berre), wirklich ein Stück Griechenland in der Provence! Es liegt in einem lichten Pinienhain auf einem dreieckigen Felssporn etwa 40–60 m über den Etangs de Lavalduc und de Citis, die leider durch die nahen Industrieanlagen schwer belastet sind. *St-Blaise III* (625–475) weist die ersten proto-urbanen Strukturen auf und ist durch eine intensive Handelstätigkeit charakterisiert; auf die etruskische Importkeramik folgt ab der Mitte des 6. Jh. die griechische. Aus *St-Blaise IV* (475–200) sind keine Zeugnisse erhalten, denn für die Neuanlage im 2. Jh. wurde die gesamte frühere Bebauung eingerissen, das Terrain nivelliert und mit einer steinharten gelben Lehmschicht überzogen. *St-Blaise V* (200–ca. 120) bedeckte eine Fläche von 5,5 ha und war nach einem durchdachten urbanistischen Konzept organisiert. Stadttor und Mauer sind noch gut sichtbar, während die Straßen und *insulae* allmählich von der Natur zurückerobert werden, so daß im Gelände die Struktur der regelmäßigen Anlage immer weniger nachvollziehbar wird. Die Siedlung wurde nach einer Belagerung, von der noch zahlreiche vor der Mauer und in den Häusern gefundene Geschoßkugeln zeugen, zerstört. Die Ausgräber lassen neuerdings offen, ob die Stadt den Massalioten gehörte und von ▶

den Salluviern zerstört wurde oder ob sie eine Stadt der Salluvier war und im Zuge der römischen Eroberung Südgalliens zwischen 125 und 123 v. Chr. zerstört wurde.
Seit der Spätantike wurde das Plateau wieder besiedelt. 828 ist der Name Uginum belegt, während der antike Name der Stadt nicht bekannt ist. Nach den literarischen Quellen könnte er Mastramela oder Herakleia gelautet haben (Plinius, nat. hist. 3,34. Avienus, *Ora maritima* 701).
Sehenswert sind die *vitrines archéologiques* im Zentrum von Martigues. Hier ist im Modell sehr anschaulich dokumentiert, was bei einem großen städtischen Neubauprojekt in den achtziger Jahren ans Licht kam: die Ruinen von drei übereinanderliegenden Siedlungen aus dem 5.–3. Jh. Das Oppidum (kaum größer als ein Fußballfeld) war befestigt und dicht an dicht mit völlig gleichen Ein-Raum-Häusern besetzt. Der Befund ist einmalig, weil alle drei Siedlungen abrupt durch Brand zerstört und durch die Nachfolgesiedlung konserviert wurden, weshalb sogar organische Stoffe (Holz und Flechtwerk) und Gegenstände aus (ursprünglich) gebranntem Ton erhalten sind. Nur in diesem Oppidum ist schon im 5. Jh. der Anbau von Wein und Oliven bezeugt. Eine vierte Siedlung an der gleichen Stelle war etwa doppelt so groß wie die Vorgängerinnen und wurde im letzten Drittel des 2. Jh. v. Chr. zerstört. Die Vergrößerung des Oppidums muß man m.E. in Zusammenhang mit dem im folgenden Kapitel zu beprechenden Erstarken der Salluvier sehen, infolge dessen wird die Zerstörung auf das Konto der römischen Militäraktion in den Jahren 125–123 zu setzen sein.
In der protohistorischen Abteilung des Museums von Arles ist das anschauliche Modell des *Quartier du jardin d'hiver* ausgestellt. Das Areal, das seit dem 5. Jh. bewohnt war, wurde entdeckt und gründlich untersucht, als 1975 südlich des *Boulevard des Lices* ein Parkhaus gebaut werden sollte. In ein System rechtwinkliger Straßen waren Höfe mit umliegenden Wohnräumen und Werkstätten eingefügt. Der mediterrane Einschlag ist hier also viel größer als andernorts. Das Viertel wurde mehrfach umgestaltet und um 175 zerstört. Es ist nicht klar, ob man es hier mit einer einheimischen Siedlung oder einem Kontor von Massalia zu tun hat. Für die Vorgeschichte von Arles sind noch viele Entdeckungen zu erwarten, denn unter der Kryptoportikus (s. S. 208 f.) liegen 2,50 m dicke, noch nicht untersuchte protohistorische Schichten.[34]

# Römischer Imperialismus[1] in Gallien

KAPITEL III

## Rom und Massilia von den Anfängen bis zum Ende des Hannibalkrieges (201 v. Chr.)

Als Seemacht im westlichen Mittelmeer hatte Massilia mit der Konkurrenz der Karthager zu rechnen. Ein anderes Gefahrenpotential bildeten von Anfang an und in zunehmendem Maße die ligurischen und keltischen Stämme im Hinterland. Wenn es richtig ist, daß politische Bündnisse in Reaktion auf gemeinsame Feinde geschlossen werden, mußten beide Gegensätze die Massalioten auf die Seite der Römer führen. Die Anfänge verlieren sich im Dunkel. Die früheste verläßliche Angabe stammt aus dem Jahr 396 v. Chr.: Als die Römer zum Dank für die Eroberung ihrer etruskischen Nachbarstadt Veji eine Weihung für den Apoll von Delphi beschlossen, stellten sie den goldenen Mischkrug im Schatzhaus der Massalioten auf, was auf ein bereits bestehendes freundschaftliches Verhältnis schließen läßt. Wir wissen nicht, wann aus informellen Beziehungen ein formelles Kriegsbündnis wurde; Massilia gilt als der älteste außeritalische Verbündete der Römer.

▶ *siehe S. 49, 68*

An diesem guten Verhältnis änderte sich nichts, als Rom im Ersten Punischen Krieg (264–241 v. Chr.) eine Flotte aufbaute. Die Massalioten haben die Römer offenbar nicht als Konkurrenten angesehen. Argwöhnisch beobachteten sie hingegen die Karthager und namentlich die Eroberungen des Hamilkar Barkas und seines Schwiegersohns Hasdrubal auf der iberischen Halbinsel. Man kann davon ausgehen, daß sie die Römer nachdrücklich auf die Gefahren hinwiesen, die mit einem Vorrücken der Karthager nach Norden heraufzogen. Rom entsandte daraufhin eine Delegation nach Spanien und schloß 226 v. Chr. mit Hasdrubal den Ebrovertrag, in dem dieser sich verpflichtete, den Ebro nicht in kriegerischer Absicht zu überschreiten (Polybios 2,13,7).

Sein Nachfolger Hannibal, der Sohn Hamilkars, fühlte sich nicht an diesen Vertrag gebunden und begann im Jahre 218 mit der Eroberung Nordspaniens, was massaliotische Gesandte nach Rom meldeten (Livius 21,25,1). Die Römer erklärten daraufhin Karthago den Krieg. Ihre Strategie basierte wesentlich auf der zu erwartenden Unterstützung durch die Massalioten: Da die rückwärtigen Verbindungen durch das Bündnis mit Massilia gesichert waren, beabsichtigten sie, den Krieg in Spanien zu führen, und setzten den Konsul Publius Cornelius Scipio mit zwei Legionen dorthin in Marsch. Aber sie hatten die Rechnung ohne Hannibal gemacht. Dieser wollte der römischen Offensive zuvorkommen und unbedingt vor Einbruch des Winters die Poebene erreichen, weil er dort auf die Unterstützung der Kelten rechnen konnte. Um nicht unterwegs durch Kämpfe mit den Massalioten oder den Römern aufgehalten zu werden, entschloß er sich zum Marsch über die Alpen: ein Wagnis, das den Verlust der Hälfte seines Heeres und der berühmten Elefanten zur Folge hatte. Der Konsul Scipio erfuhr bei einer Zwischenstation in Massilia, Hannibal habe die Pyrenäen überschritten und stehe bereits an der Rhône. Obwohl der römische General die karthagischen Truppen nicht daran hindern konnte, bei Avignon über die Rhône zu setzen und ins Gebiet der Allobroger vorzurücken, kehrte er selbst zwar nach Italien zurück, behielt aber den ursprünglichen Kriegsplan bei und schickte den größeren Teil seiner Truppen unter der Führung seines Bruders nach Spanien. Er nahm an, Hannibal werde beim Alpenübergang scheitern. Die Folge war, daß beim Eintreffen Hannibals in der Poebene so gut wie keine römischen Truppen standen. Erst im Lauf des Krieges bewährte sich die römische Strategie, denn sie schnitt Hannibal von seinen in Spanien zurückgelassenen Elitesoldaten ab, was wesentlich zu seiner Niederlage beitrug. Voraussetzung war die Unterstützung durch die Massalioten. Polybios attestiert ihnen ausdrücklich:

Sie waren dem römischen General Scipio Führer und Vorkämpfer und stellten sich ihm entschlossen zu jedem Dienst zur Verfügung. Sie haben sich den Römern wie nur jemand sonst als tapfere und einsatzbereite Bundesgenossen erwiesen, auch später oft, am meisten aber im Hannibalischen Krieg.

*Polybios 3,95,6f. Übersetzung H. Drexler*

## Eine Inschrift aus Lampsakos

Wie groß das Ansehen Massilias nach dem Krieg war, zeigt eine Inschrift aus dem kleinasiatischen Lampsakos (in der Landschaft Troas) aus dem Jahr 196 oder 195 v. Chr.[2] Es ist eine Ehreninschrift für Hegesias, den Leiter einer Gesandtschaft, die sich im Jahr zuvor unter Hinweis auf die freundschaftlichen und verwandtschaftlichen Beziehungen – die Römer galten ja als Abkömmlinge des Troianers Aeneas – an den römischen Senat gewandt hatte. Lampsakos sah sich nämlich von dem Seleukidenkönig Antiochos III. bedroht und fürchtete um den Bestand seiner Autonomie und Demokratie. Die Stadt war wie Massilia eine Kolonie der Phokaier. Um ihrer Bitte Nachdruck zu verleihen, machte Hegesias deshalb auf seiner Fahrt nach Rom einen Umweg über Massilia, wo er sich der Unterstützung durch die Massalioten, die »Freunde und Verbündeten des römischen Volkes«, versicherte. Der Rat der Sechshundert versah ihn mit einem Empfehlungsschreiben und bestimmte seinerseits eine Gesandtschaft, die zusammen mit den Lampsakenern vor dem römischen Senat auftrat. Sie erreichten die Zusicherung, daß die Römer für die Freiheit der Stadt das ihnen Mögliche tun würden.

Die Lampsakener bauten also mit Erfolg auf den Einfluß der Massalioten in Rom. Daher muß man fragen, wie es dazu kam, daß die Römer sich in Südgallien festsetzten. Entwickelten sie eigene Interessen, bei deren Verfolgung ihnen der alte Verbündete Massilia lästig wurde?

## Der römische Imperialismus

Die Eroberung der Mittelmeerwelt durch die Römer stellt sich leicht als ein durchgängig geplantes Unternehmen dar. Polybios (ca. 200–120 v. Chr.), der bedeutendste Historiker des römischen Imperialismus, verleiht mehrfach der Auffassung Ausdruck, daß die Römer nach dem siegreich beendeten Hannibalkrieg ganz bewußt die Weltherrschaft anstrebten (Polybios 1,3,6.). Doch Skepsis ist angebracht. Denn ein Eroberungs*wille*, wie er Alexander den Großen beseelte, ist bei den Römern in keinem Moment der republikanischen Geschichte zu fassen. Sie selbst sprechen vornehmlich von ihren Sicherheitsinteressen und ihrem nachhaltigen Einsatz für ihre Bundesgenossen.

Das Bewußtsein, bedroht zu sein, und die Bereitschaft, entsprechend zu reagieren, mögen in einer Zeit entstanden sein, für die uns keine authentische Überlieferung vorliegt. Die ersten zwei Jahrhunderte der Republik waren eine Kette von Rückschlägen, der Tiefpunkt die Eroberung Roms durch die Gallier. Auch die Kriege mit den Latinern (340–338), den expandierenden Samniten, die zeitweilig mit Etruskern und Galliern verbündet waren (326–290), und schließlich mit König Pyrrhos, der die römischen Heere völlig aufrieb, waren alles andere als Eroberungskriege. Es ging um Behauptung – aber als diese erreicht war, waren die Römer die Herren Italiens (272 v. Chr.).

▶ *siehe S. 55*

Auch in der Phase der Welteroberung (ab 264) blieb der vorherrschende Zug ihrer Politik die Reaktion auf Veränderungen im Umfeld ihres jeweiligen Einflußbereiches, der mit der Zeit immer größer wurde. Aufmerksam beobachteten sie alle Gebiete und Völker, von denen in der Zukunft Gefahren ausgehen könnten. Darauf wurde rechtzeitig, wenn nicht vorzeitig reagiert. Immer lagen gerade im richtigen Moment Hilferufe von Verbündeten vor, z.B. 264 v. Chr. von den Mamertinern in Sizilien, 200 v. Chr. von den Pergamenern und Rhodiern. Auch die gerade besprochene Aufnahme der Lampsakener unter die römischen Schutzbefohlenen ist ein gutes Beispiel, denn umgehend wurde Antiochos III. mit der Forderung konfrontiert, die Freiheit der griechischen Städte Kleinasiens zu respektieren (Polybios 18,47,1).

Aber Bündnisse und militärische Hilfeleistungen resultieren nicht aus altruistischen Motiven. Als typisch römisch muß man deshalb die immer vorhandene Bereitschaft zum militärischen Eingreifen bezeichnen. Diese Haltung erwuchs nicht zuletzt aus der gesellschaftlichen Ordnung, die auf Krieg basierte. Ein Aristokrat lebte ausschließlich für die Politik; sein Renommee, *laus* und *gloria*, gewann er durch Siege und Triumphe. Außerdem brachten Kriege Gewinn, nicht nur für die adligen Feldherrn, sondern für die gesamte Bevölkerung: Beute, Sklaven und vor allem Land für neue Siedler. Die Expansionspolitik war erfolgreich und wurde von allen getragen. Es gibt kein Anzeichen dafür, daß in republikanischer Zeit in Rom Frieden für grundsätzlich erstrebenswerter als Krieg gehalten wurde.

Bei der Suche nach den Ursachen der römischen Erfolge muß man schließlich den unerschütterlichen Willen zum Durchhalten hervorheben. Auch nach katastrophalen Niederlagen gaben die Römer nie auf. Hierin unterscheiden sie sich von allen antiken Staaten. Wenn es ums Überleben ging, wurden regelmäßig innere Konflikte beigelegt. Man kann an die Ständekämpfe denken oder an die Reaktion auf die Niederlage bei Cannae, die 45000 Römer und Verbündete das Leben gekostet hatte (216 v. Chr.). Der Senat unternahm alles, um das in Panik geratene Volk bei der Stange zu halten. Geschlossen zog die Bürgerschaft dem Konsul, der die Niederlage verschuldet hatte, entgegen und dankte ihm, daß er an der Rettung des Vaterlandes nicht verzweifelt und am Leben geblieben war. In Karthago oder Athen hätte man ihn mit Sicherheit zum Tode verurteilt (Livius 22, 61,14 f.).

Erfolgreiche Expansionspolitik setzt nicht nur militärische Siege voraus, sondern auch und wesentlich die Fähigkeit, in einer tragfähigen politischen Organisation die Besiegten auf Dauer an sich zu binden. Auf diesem Feld liegt ganz zweifellos die besondere Stärke der Römer. Wir werden bei der Organisation der *Provincia Narbonensis* davon zu sprechen haben. In Italien wurde eine Minderheit von Staaten, vornehmlich die Latiner, annektiert. Ihre Angehörigen erhielten das römische Bürgerrecht. Die Hauptmasse der ehemaligen Gegner blieb selbständig, behielt die eigene Staatlichkeit, mußte keine Tribute entrichten und wurde durch unkündbare Bündnisverträge *(foedera)* an Rom gebunden. In allen römischen Kriegen trugen die Bundesgenossen *(socii)* einen Großteil der militärischen Lasten. Man ließ den Italikern also möglichst viel Freiheit, nutzte aber ihr militärisches Potential für die eigene Politik. Am Ende der Entwicklung steht die »Einheit« Italiens: Nach dem Bundesgenossenkrieg wurden alle Italiker römische Bürger (88 v. Chr.).[3] Die überseeischen Eroberungen wurden in einigen Fällen durch ständige Militärkommandos (Provinzen) gesichert, in den meisten Fällen begnügte man sich damit, durch Bündnisse mit den einheimischen Stämmen oder Königen die römischen Interessen zu wahren.

▶ *siehe S. 91, 93 f.*

Zusammenfassend kann man konstatieren, daß *Imperium Romanum* in der Zeit der Republik nicht ein »Reich« mit festen Grenzen bedeutet, sondern »römische Herrschaft«, die sich überall dort realisiert, wo ein römischer Befehl befolgt wird, gleichgültig ob von Provinzialen, Verbündeten oder – der Form nach – freien Völkern und Königen.

In der Eroberung Südgalliens sind sämtliche Spielarten des aufgezeigten Instrumentariums geradezu idealtypisch repräsentiert: die Wahrung der römischen Interessen, der Schutz der Bundesgenossen und die Bereitschaft, durch energischen militärischen Einsatz das römische Einflußgebiet auszuweiten.

## *Der Kampf gegen Ligurer und Piraten*

Als der Hannibalkrieg beendet war, hätte man sich erst einmal Ruhe gönnen können. Statt dessen nahm der Senat schon 201 v. Chr. die außenpolitische Weichenstellung für die nächsten Jahre vor und bestimmte als Amtsbereiche *(provinciae)* der Konsuln Makedonien und Ligurien. Makedonien ist zweifellos der spektakulärere Schauplatz. Denn die Ostpolitik, die im Jahre 200 einsetzte, führte in zwölf Jahren dazu, daß der gesamte hellenistische Osten unter die römische Vorherrschaft geriet. Uns interessiert aber der Westen.

▶ *siehe S. 55*

Seit Rom Etrurien und die Gallier in der Poebene unterworfen hatte, war es mit den Ligurern konfrontiert. Diese siedelten von der Mündung des Arno und dem Golf von Genua bis in die heutige Provence. Im kargen Gebirgsland des Apennin und der Seealpen lebten sie vornehmlich als Hirten von der Transhumanz (Wanderweidewirtschaft) und von Raubüberfällen auf die reichen Städte im Flachland, z.B. Pisa, Luna und Genua. Namentlich betätigten sie sich als Piraten, wozu die gebirgigen Küsten förmlich einluden. Um den Schutz der Küsten und der Schiffahrt zu gewährleisten, hatten die Römer seit den dreißiger Jahren des 3. Jhs. mehrfach versucht, die ligurischen Überfälle zu unterbinden. Diese Politik nahmen sie nach dem Ende des Hannibalkrieges wieder auf.

Ein weiteres Problem lenkte ihre Aufmerksamkeit verstärkt nach Westen. In Spanien, wo Rom während des Hannibalkrieges die Nachfolge der Karthager angetreten hatte, mußte jahrzehntelang Krieg gegen die einheimischen Stämme geführt werden, die sich nicht unterwerfen wollten. Damit lag es im vitalen römischen Interesse, daß in Südgallien berechenbare, stabile Verhältnisse herrschten. Denn um nach Spanien zu kommen, fuhr man zu Schiff an der südgallischen Küste entlang, oder man zog durch das Gebiet des verbündeten Massilia, jedenfalls bis zur Rhône. Von dort bis zu den Pyrenäen hatte man es mit den *transalpinen* Kelten zu tun. Wie Polybios seine griechischen Leser belehrte, waren sie Kelten wie die in Italien, nur wohnten sie eben »jenseits der Alpen« (Polybios 2,15,9), in *Gallia Transalpina*. Durch ihr Gebiet zog sich eine uralte Landverbindung, die »Straße des Herakles«, welche die Römer schon im 2. Jh. v. Chr. vermaßen und befestigten (Polybios 3,39,8.). Daraus wird geschlossen, daß das Gebiet zwischen den Pyrenäen und der Aude schon damals unter römischem Einfluß stand und von der Provinz *Hispania Citerior* aus kontrolliert wurde.

Beide Stränge, der Schutz der Straße nach Spanien und der Kampf gegen die ligurische Piraterie, wiesen die Römer also nach Westen, und geradezu zwangsläufig wurden sie so in das Gebiet jenseits der Seealpen geführt, denn Piraten orientieren ihre Aktionen nicht an territorialen Grenzen. Obendrein verschoben sich im Lauf des 2. Jhs. die Kräfteverhältnisse: Die Massalioten wurden der erstarkenden Salluvier, die das Hinterland bis zur Durance bewohnten, immer weniger Herr. Die Anlage von Entremont, die Neubesiedlung und Befestigung des Oppidums von St-Blaise sowie die Erweiterung des Oppidums von Martigue in ihrer unmittelbaren Nachbarschaft, von denen im vorigen Kapitel die Rede war, gehören wohl in diesen Kontext.

Im Jahr 189 v. Chr. wurde ein nach Spanien fahrender römischer Prätor von ligurischen Piraten tödlich verwundet (Livius 37,57,1 f.). Acht Jahre später erfolgte eine begrenzte Militäraktion. 154 v. Chr. erreichte die Römer ein Hilfeersuchen der Massalioten gegen zwei ligurische Stämme, die Oxybier und Dekiaten, die Antipolis und Nikaia bedrohten. Man begegnet in der Fachliteratur immer wieder Versuchen, die Klischeevorstellungen, die sich antike Autoren von »Barbaren« machten, zu relativieren, und ist daher geradezu erstaunt, wie sehr die Ligurer dem Muster entsprechend handelten: Sie überfielen die zur Sondierung angereiste Senatsgesandtschaft. Die römische Reaktion gegen diesen Bruch elementaren Völkerrechts fiel wie zu erwarten aus: Ein konsularisches Heer unter Quintus Opimius schlug die »Barbaren« durch sein diszipliniertes Vorgehen, das nachdrücklich von Polybios hervorgehoben wird. Tollkühn, rasend, jede Besonnenheit vermissen lassend, stürzten sich die Ligurer auf die Römer, wurden geschlagen und mußten sich auf Gnade und Ungnade ergeben. Da die Römer an der Errichtung eigener Stützpunkte nicht interessiert waren, überließen sie das eroberte Gebiet den Massalioten (Polybios 33,7 und 10 f.).[4]

## Die Eroberung Südgalliens

Eine andere Qualität nahm das römische Engagement eine Generation später an. Anlaß war wiederum ein Hilferuf aus Massilia, das nun selbst von den Salluviern angegriffen wurde. Die Konsuln Marcus Fulvius Flaccus, Gaius Sextius Calvinus, Gnaeus Domitius Ahenobarbus und Quintus Fabius Maximus führten von 125 bis 121 nacheinander oder gleichzeitig Krieg in Gallien und triumphierten über Ligurer, Salluvier, Vokontier, Allobroger und Arverner. Diese Stammesnamen zeigen, daß jetzt weite Teile Galliens in die römischen Maßnahmen einbezogen wurden. Es war, als ob eine Reihe von Dominosteinen in Bewegung geriet. Dadurch, daß die von Sextius Calvinus geschlagenen Führer der Salluvier bei den nördlich der Isère wohnenden Allobrogern Zuflucht fanden und diese die Auslieferung verweigerten, wurden auch nördlicher gelegene Stämme zu Feinden oder Freunden der Römer. Denn die Salluvier und Allobroger gehörten zu den Klienten der Arverner,

▶ *siehe die Karte S. 98*

siehe S. 72

die unter ihren Königen Luernios und Bituitos ihren Einfluß über viele andere Stämme von den Pyrenäen und vom Ozean bis an den Rhein, bis Narbo und an den Herrschaftsbereich Massilias ausgedehnt hatten (Strabon 4,2,3).

Sehr anschaulich ist der wohl auf Poseidonios zurückgehende Bericht über das Auftreten eines arvernischen Gesandten vor Domitius Ahenobarbus. Begleitet von prächtig gekleideten Leibwächtern, einer Hundemeute und einem Barden, der Preislieder auf König Bituitos sowie auf den Adel und die Tapferkeit seines Gesandten sang, bat der Gallier um Gnade für die salluvischen Häuptlinge. Sein Vermittlungsversuch war allerdings vergeblich, und beide Stämme, die Allobroger und die Arverner, wurden in zwei Schlachten geschlagen (122 und 121). Die antiken Autoren berichten von ungeheuren Verlustzahlen auf seiten der Gallier.[5]

Damit standen die Römer schon fast in Zentralgallien. Welche Kreise ihre Intervention gezogen hatte, sieht man daran, daß unvermittelt die Häduer (in Burgund) als römische Verbündete bezeichnet werden. Auch dies ist wiederum typisch für den römischen Imperialismus: Überall fanden sie in ihrem eigenen Machtgebiet wie auch in dessen Vorfeld Partner, die mit ihnen zusammenarbeiten wollten, sei es gegen ihre innenpolitischen, sei es, wie im Fall der Häduer, gegen ihre außenpolitischen Rivalen. Der Krieg gegen die Allobroger und Arverner wurde damit zu einer Hilfsaktion zugunsten eines befreundeten Stammes. Da Bündnisse in Rom als unauflöslich angesehen wurden, waren aus römischer Perspektive alle Veränderungen der einmal etablierten Machtverhältnisse ein Verstoß gegen die römischen Interessen. Unter diesem Blickpunkt führt das Bündnis mit den Häduern zu der rechtlichen Begründung, die Caesar zwei Generationen später für seinen gallischen Krieg fand.[6]

## Die Friedensregelung

Über die Friedensregelung nach den Feldzügen von 125 bis 121 v. Chr. ist kaum etwas bekannt. Fast alle bislang erwähnten Werke antiker Autoren sind nicht oder nur teilweise erhalten, wie sicher mehr als 90 Prozent der Literatur, die einmal vorhanden war. Ein unersetzlicher Verlust ist die ausführliche Darstellung der römischen Geschichte des Titus Livius (57 v. Chr. – 17 n. Chr.). Von seinen 142 Büchern *ab urbe condita* besitzen wir für die Zeit nach dem Jahr 167 lediglich eine dürre Inhaltsangabe (Periochae) und Exzerpte späterer Autoren, die nur noch ahnen lassen, welch reiche Überlieferung einmal vorgelegen hat. Auch ist es nicht möglich, aus späteren Zuständen die ursprünglichen Regelungen zu rekonstruieren, da sich durch die Einfälle der Kimbern und Teutonen und verschiedene Aufstände mehrfach die Verhältnisse grundlegend änderten. Man ist also auf verstreute Notizen angewiesen, deren Auswertung weitgehend hypothetischen Charakter hat.

Für die ältere Forschung stand fest, daß gleich nach den römischen Siegen die Provinz *Gallia Transalpina* als ein klar definierter Herrschaftsbezirk eingerichtet wurde. Diese Vorstellung ist heute in der Wissenschaft – weniger in den Reiseführern – weitgehend aufgegeben zugunsten der Annahme von abgestuften Formen einer zunächst eher indirekten Einflußnahme, die das in den Schlachten Erreichte sichern und vor allem das nach wie vor gegebene Hauptinteresse, die Landverbindung zu den spanischen Provinzen, garantieren sollte.[7]

## *Die römischen Regelungen östlich der Rhône*

Ein fester Posten war das verbündete Massilia, dessen Gebiet mehrfach vergrößert wurde; es erhielt den Küstenbereich, aus dem Gaius Sextius Calvinus auf einer Breite von 8–12 Stadien (1480–2220 m) die Salluvier vertrieben hatte und auf dem sich die Römer nur das Recht zum freien Durchzug für offiziell reisendes Personal garantieren ließen (Strabon 4,1,5. 4,6,3). Wenn eine spätantike Angabe, die Avignon und Cavaillon als massaliotische Städte bezeichnet,[8] sich auf diesen Zeitraum bezieht, reichte der Einfluß Massilias bis über die Durance hinaus ins Gebiet der Kavaren.

In der unmittelbaren Nachbarschaft von Entremont stationierte Gaius Sextius Calvinus eine Garnison in *Aquae Sextiae* (Aix-en-Provence, benannt nach dem Gründer und den warmen Quellen). Diese Maßnahmen wurden anscheinend zunächst als ausreichend zur Kontrolle der Salluvier angesehen. Was mit den Vokontiern und Allobrogern geschah, ob sie mit Bündnisverträgen an Rom gebunden wurden, ist nicht überliefert.

Entgegen den Annahmen der früheren Forschung steht heute fest, daß die Salluvier nicht generell gezwungen wurden, ihre Höhensiedlungen aufzugeben. Einige Oppida waren zwar im Zuge der Kampfhandlungen zerstört worden, darunter wohl die von St-Blaise und Martigue, aber die Mehrzahl blieb erhalten, und das Leben der Einheimischen lief in ihnen anscheinend zunächst unverändert weiter. Auch Entremont, das, wie die gefundenen Geschoßkugeln zeigen, belagert worden war, blieb bis in die ersten Jahre des 1. Jhs. v. Chr. bewohnt. Es wurden sogar befestigte Höhensiedlungen ausge-

▶ *siehe auch S. 81 f.*

baut oder neu angelegt, zum Beispiel Constantine bei Lançon und Roquefavour bei Ventabren. Von einer weitgehenden Selbständigkeit und einem guten Einvernehmen mit der neuen Großmacht zeugen Münzprägungen mit den Namen einheimischer Aristokraten und eine gallo-griechische Inschrift aus Vitrolles, in der einer der beiden Dedikanten den Titel *praitor* führt.[9]

Einen Sonderfall stellt Glanum dar, weil es schon seit Beginn des 2. Jhs. v. Chr. in einer Weise ausgebaut wurde, die von den bislang besprochenen Oppida in krasser Form absticht. Kern der Siedlung war ein heiliger Bezirk, der eine Quelle und ein ihr gegenüber gelegenes, auf mehreren Terrassen erbautes Bergheiligtum umfaßte. Die Funde gehen bis ins 6. Jh. v. Chr. zurück. Im 2. Jh. v. Chr. wurde die Quelle monumental gefaßt. Nach einer gallogriechischen Inschrift wurde MATREBO GLANEIKABO, den *»glanikischen Müttern«*, eine Weihung dargebracht (Lejeune G–64). Sie wirkten wohl als Heilgöttinnen, denn in ihrer unmittelbaren Nachbarschaft weihte später Marcus Agrippa einen Tempel für Valetudo, die römische Göttin der Gesundheit (AE 1955, 111).

▶ *siehe Abbildung S. 191*

Im frühen 2. Jh. v. Chr. sind in Glanum grundlegende Veränderungen festzustellen. Außer einem Wohnviertel mit Peristyl-Häusern errichteten die Bewohner nördlich des Quellbezirks ein monumentales Stadtzentrum. In mehreren Schichten liegen die Anlagen, Tempel, monumentale Brunnen, Altäre und Säulenhallen, übereinander, bis schließlich in der frühen Kaiser-

▶ *siehe Abbildung S. 37*

*Ein Wohnhaus in Glanum, dessen Räume sich nach mediterranem Vorbild um einen Innenhof gruppieren.*

zeit ein großes Forum mit Basilika die früheren Bauten überdeckte. In augusteischer Zeit wurden außerdem zwei kleine Tempel errichtet, von denen einer teilweise rekonstruiert ist. Ob sie wirklich den Enkeln des Augustus geweiht waren, wie meist angenommen wird, scheint fraglich. Die Indizien, Portraits von weiblichen Verwandten des Augustus, die in der Nähe gefunden wurden, sind äußerst schwach (CAG 13/2 Nr. 100,63*).

▶ *Zu den Augustusenkeln siehe S. 253 ff.*

Die Interpretation ist schwierig, da die Ausgräberin A. Roth Congès augenscheinlich vorschnell zu Hypothesen gegriffen hat, welche die Erkenntnis eher hindern als fördern. Sie datiert die Bauphasen nicht nach archäologischen Kriterien, sondern nach politischen Ereignissen, die sie der literarischen Überlieferung entnimmt. Wenn überhaupt die Zerstörungshorizonte auf das römische Eingreifen 125 v. Chr. und einen salluvischen Aufstand 90 v. Chr. zurückgeführt werden können, fragt es sich, wer dafür verantwortlich ist. Zerstörten die Römer eine salluvische Siedlung oder die Salluvier eine von griechischen oder italischen Kaufleute erbaute? Roth Congès übergeht die starken mediterranen Einflüsse und deutet die Wohnhäuser als Residenzen salluvischer Aristokraten. Geradezu fahrlässig ist, daß sie unkritisch Begriffe aus der Architektur der demokratischen griechischen Poleis übernimmt. Wieso sollte die salluvische Aristokratie für die Verwaltung ihrer angeblichen Konföderation ein Buleuterion oder gar ein Prytaneion benötigt haben? Die Frage, warum gerade Glanum und nur Glanum von den bekannten Oppida in Südgallien abweicht, kommt auf diese Weise gar nicht in den Blick.[10]

▶ *siehe S. 73, 78 f.*

## *Die Regelungen westlich der Rhône*

Der König der Arverner, Bituitos, wurde von Gnaeus Domitius Ahenobarbus gefangengenommen und erregte in Rom großes Aufsehen, als er in seinen vielfarbigen Waffen und auf seinem silberbeschlagenen Streitwagen im Triumph mitgeführt wurde (Florus, Epitoma 3,2,5). Anscheinend wurden den Avernern keine weiteren Auflagen gemacht, denn der Senat erklärte sie für frei. Freiheitserklärungen waren ein politisches Instrumentarium, das die Römer in Anlehnung an die Praxis der hellenistischen Könige vornehmlich im Osten anwandten. Es verpflichtete sie zu nichts, erlegte aber dem so Beschenkten die Pflicht zu dauerndem Wohlverhalten auf. Vorbei war es selbstverständlich mit der Vorherrschaft der Arverner über ihre Nachbarn. Ihre Klienten, die *Volcae Tectosages,* wurden römische Klienten und Verbündete, und zusätzlich wurde in Tolosa eine Garnison stationiert (Cassius Dio 27, Frg. 90).

Domitius Ahenobarbus begann offenbar sofort mit dem weiteren Ausbau der alten Heerstraße, von deren Vermessung schon in der Mitte des 2. Jhs. berichtet ist und die jetzt nach ihm benannt wurde: *Via Domitia.* Sie führte vom Col du Perthus über Narbonne und Nîmes im Gebiet der *Volcae Arecomici* bis zur Rhône bei Ugernum (Beaucaire). In augusteischer Zeit wurde sie über Cavaillon im Tal der Durance, Sisteron, Briançon, Susa bis nach Italien verlängert (Strabon 4,1,3 und 4,1,12). Eine andere Landverbindung zwischen Italien und Südgallien ließ Augustus mit der *Via Iulia Augusta* oder *Via Aurelia* erbauen, an der Glanum, Aix-en-Provence und Fréjus lagen. In Ernaginum kreuzten sich diese Straßen mit der sogenannten *Via Agrippa,* der auf dem linken Rhôneufer verlaufenden Verbindung zwischen Arles und Lyon.

Die Anlage der großen Militärstraßen, die heute allgemein Bewunderung hervorrufen, war im Altertum für die Anlieger keine Freude. Vor ihrem Bau stand die Konfiskation des benötigten Bodens, und die Bau- und Unterhaltskosten wurden in der Regel auf die Anrainer abgewälzt. War die Straße erst einmal fertig, mußten die Anlieger auch für den Transport reisenden römischen Personals, das in öffentlicher Funktion reiste, aufkommen. Beschwerden der Provinzialen und Maßnahmen der Kaiser gegen übersteigerte und unberechtigte Anfor-

*Die Via Domitia bei Ambrussum.*
*Von der Via Domitia stammt die älteste lateinische Inschrift in Südgallien: ein Meilenstein, der 1949 bei Treilles (Aude) gefunden wurde (König Nr. 256).*
*CN DOMITIUS CN F AHENOBARBUS IMPERATOR XX*
*Gnaeus Domitius, Sohn des Gnaeus, Ahenobarbus, Imperator, 20 (Meilen ab Narbo)*

derungen waren in der Kaiserzeit ein ständiges Problem.[11]

Zum Schutz der *Via Domitia* wurde die Bürgerkolonie *Narbo Martius* angelegt (wahrscheinlich 118 v. Chr.).[12] Die Wahl dieses Standorts zeugt von einer guten Kenntnis der südgallischen Verhältnisse. Denn das keltisch-iberische Oppidum Narbo (bei Montlaurès), in der Nähe der Mündung der Aude, war schon seit Jahrhunderten Stützpunkt des iberischen Handels und, wie das archäologische Fundmaterial zeigt, das ganze 2. Jahrhundert hindurch ein zentraler Umschlagplatz für italische Kaufleute. Seine volle Bedeutung aber erkennt man, wenn man Narbo und Tolosa im Zusammenhang sieht.

*Die Reste der Brücke, über die die Via Domitia den Fluß Vidourle überquerte.*

## *Tolosa, das Oppidum der Volcae Tectosages*

Tolosa, ein hoch über der Garonne gelegenes Oppidum, 150 km von der Küste entfernt, nahm in mehrfacher Hinsicht eine geographische und damit strategische Schlüsselposition ein. Alle Wege von Narbo und den Pyrenäen in die Südcevennen führten hier vorbei und ebenso der Weg von Narbo zum Atlantik. Nur eine kurze Wegstrecke mußten Waren über Land transportiert werden, sonst stand mit Aude und Garonne der ungleich billigere Wasserweg zur Verfügung. Reiche Funde aus vorrömischer wie römischer Zeit beweisen, daß Tolosa der zentrale Umschlagplatz für den Handel mit Wein und anderen Gütern war, der schon vor der Eroberung in die Hände von Italikern gelangt war.[13]

▶ *siehe die Karte S. 69*

Tolosa war auch der Vorposten zur Kontrolle von Stämmen, die – noch – außerhalb des römischen Einflußbereichs standen. Die Römer blieben eben bei der Sicherung des Erreichten nicht stehen; römische Herrschaft ist vor der Kaiserzeit niemals statisch. Eher beiläufig hört man, daß auch zu Stämmen im benachbarten Aquitanien völkerrechtliche Beziehungen angeknüpft wurden, indem der Senat ihre führenden Männer zu »Freunden des römischen Volkes« ernannte (Caes. Gall. 4,12,4. 7,31,5.). Auch dorthin führte der Weg über Tolosa.

### *Der Einfall der Kimbern und Teutonen*

Wahrscheinlich sahen die Römer diese Maßnahmen zunächst als ausreichend an, um ihre Interessen im westlichen Südgallien zu schützen, das weiterhin dem Statthalter von *Hispania Citerior* unterstanden haben dürfte. Mehr ist jedenfalls nicht bekannt, weil die Überlieferung selbst nach Maßstäben der Alten Geschichte sehr schlecht ist. Wenige Jahre nach der römischen Eroberung warf der Einfall der Kimbern und Teutonen alle geordneten Verhältnisse über den Haufen. Sie waren auf der Suche nach neuen Siedlungsgebieten und bestätigten den militärischen Ruf, den die Nordvölker seit der Schlacht an der Allia hatten. 113 v. Chr. schlugen sie ein römisches Heer bei Noreia in Kärnten, dann wandten sie sich nach Westen und errangen 109 im Gebiet der Allobroger einen weiteren vollständigen Sieg. Während sie noch marodierend in Gallien umherzogen, machten sich auch die seit langem seßhaften Helvetier auf, um Siedlungsplätze in Aquitanien zu suchen, und errangen im Jahre 107 an der Garonne einen vollständigen Sieg über ein römisches Heer. Die Tolosaner nutzen diese Wirren zum Abfall und belagerten die römische Garnison.

▶ *siehe S. 55*

Als die Kimbern und Teutonen sich dann wieder den römischen Linien näherten, stießen sie an der Rhône auf zwei konsularische Heere, deren Feldherrn unfähig waren und ein moralisches Trauerspiel boten. Der patrizische Prokonsul Quintus Servilius Caepio lehnte es ab, sich mit dem ihm übergeordneten, aber nicht so vornehmen Konsul Gnaeus Mallius Maximus auf ein gemeinsames Vorgehen zu einigen. Das Resultat war – nach den Worten Theodor Mommsens – »eine Katastrophe, die materiell und moralisch den Tag von Cannae weit überbot«. Der Tag der Niederlage von Arausio (Orange), der 6. Oktober des Jahres 105 v. Chr., wurde als Trauertag *(dies ater)* in den römischen Kalender eingetragen. In den Augen des in Panik geratenen Volkes konnte nur ein Mann helfen, nämlich Gaius Marius. Mehrfach hintereinander zum Konsul gewählt, gelang es ihm, die Disziplin des Heeres wiederherzustellen und schließlich die Teutonen bei Aquae Sextiae, die Kimbern bei Vercellae *(Gallia Cisalpina)* zu besiegen (102 und 101).

Zwischenzeitlich wurde in Rom mit Quintus Servilius Caepio abgerechnet. »Um seinetwillen ward der alte ehrwürdige Grundsatz: auch im schlechtesten Gefäß die Heiligkeit des Amtes zu ehren, gebrochen und, während gegen den Urheber des cannensischen Unglückstages der Tadel in die stille Brust verschlossen worden war, der Urheber der Niederlage von Arausio durch Volksbeschluß des Proconsulats entsetzt und … sein Vermögen von der Staatskasse eingezogen«[14]. Wohl im Jahre 103 wurde Caepio vor einem Sondergerichtshof angeklagt und verurteilt. Er hatte noch Glück, daß er sich ins Exil retten konnte. Über dem Verfahren schwebte, wenn auch nicht als offizieller Anklagepunkt, der Vorwurf des Sakrilegs: Caepio habe sich an heiligem Gut vergriffen und so die Rache der Götter an sich selbst und dem römischen Volk heraufbeschworen. Ihn ereilte der Fluch des »Tolosanischen Goldes«.

## Das *aurum Tolosanum*

Tolosa war reich, und das Land strotzte von Gold (Strabon 4,1,13). In den Ausgrabungen sind entsprechende Funde gemacht worden; beispielsweise fand man in einer einzigen Brandbestattung Halsschmuck aus massivem Gold von zusammen mehr als einem Kilo Gewicht. Aber vor allem: Die Tolosaner waren fromme Leute. Über Jahrzehnte, wenn nicht Jahrhunderte, hatten sie den Göttern Gold und Silber geweiht und es in heiligen Bezirken und Teichen deponiert, wo niemand es anzurühren wagte. Nachdem sich Caepio mit Hilfe der romfreundlichen Partei der Stadt bemächtigt hatte, gab er den Befehl, die Kostbarkeiten im Heiligtum des Apollo zu bergen und abzutransportieren. Nach den niedrigsten Angaben handelte es sich um 15 000 Talente ungemünztes Silber und Gold. Eine Karawane von 400 bis 500 Maultieren muß sich in Richtung Massilia in Marsch gesetzt haben. Sie kam aber nie an. Das *aurum Tolosanum* blieb verschwunden und trug Caepio den Verdacht der Unterschlagung und den Vorwurf des Sakrilegs ein. *Aurum Tolosanum* wurde zur sprichwörtlichen Redewendung für alles, was man besser nicht anfaßte, wollte man dem Unglück entgehen.[15]

## Die *Provincia Gallia Transalpina*

Während der Kämpfe gegen Kimbern und Teutonen dürften sich die römischen Organisationsstrukturen verfestigt haben. Mehrfach taucht ab 95 der Begriff *provincia Gallia* in den Quellen auf, und es sind auch die Namen von Statthaltern überliefert, z.B. der des Gaius Coelius Caldus, der in den neunziger Jahren einen Aufstand der Salluvier niederwarf (Livius, per. 93). *Provincia Gallia* könnte einen Kommandobereich bezeichnet haben, der beide gallischen Provinzen, *Cisalpina* in Norditalien und *Transalpina* in Südgallien (vielleicht nur bis zur Rhône) umfaßte. Eine separate *provincia Gallia Trans-*

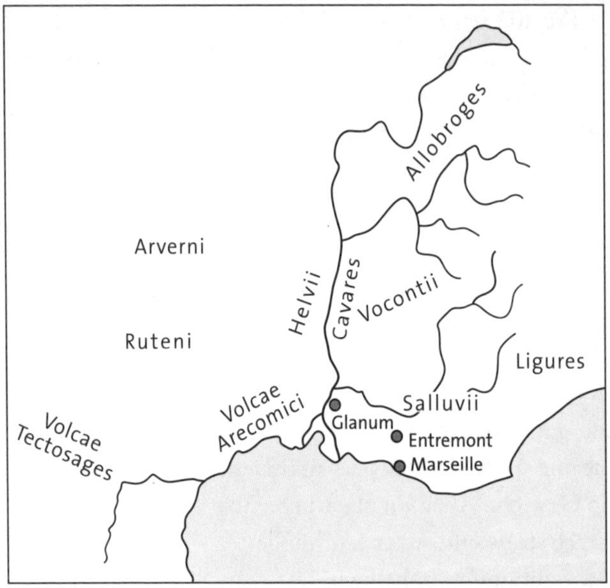


*Die Stämme der Provinz Gallia Transalpina.*

*alpina* ist ausdrücklich zum ersten Mal belegt, als Caesar im Jahre 59 zu ihrem Statthalter bestimmt wurde. Die Provinz umfaßte westlich der Rhône die Gebiete der Tektosagen, Rutener, Arekomiker und Helvier, östlich der Rhône die der Allobroger, Kavaren und Vokontier. Das große Gebiet des verbündeten Massilia war immer noch selbständig. Sogar der von Marius angelegte Kanal, der Arles mit dem Meer verband, die berühmte *fossa Mariana,* wurde den Massalioten überlassen, die aus dem Kanalzoll großen Gewinn zogen (Strabon 4,1,8).

## Ciceros Rede *Pro Fonteio*

Die fragmentarisch erhaltene Rede *Pro Fonteio* gehört nicht zu Ciceros großen Reden, aber für uns ist sie interessant, weil sie aus dem 1. Jh. v. Chr. die einzige zusammenhängende Quelle über die Provinz Gallia ist. Sie läßt erkennen, wie römische Herrschaft in Gallien ausgeübt wurde und wie man vor einem stadtrömischen Publikum sprechen mußte, um einen Prozeß zu gewinnen. Marcus Fonteius war drei Jahre lang Prätor der *provincia Gallia,* wohl 76–74. Danach wurde er von den Provinzialen wegen ungerechtfertigter Ausbeutung *(de repetundis)* angeklagt und von Cicero verteidigt, wohl im Jahre 69. Dieser sprach vor einem Gerichtshof aus 75 (römischen) Geschworenen, der darüber zu entscheiden hatte, ob der Angeklagte seine Macht mißbräuchlich zum Schaden der Untertanen genutzt hatte.

Fonteius war der Verbindungsmann des Pompeius in Südgallien, als dieser in den siebziger Jahren mit einem Sonderkommando den römischen Dissidenten Sertorius in Spanien bekämpfte. Auch *Gallia* gehörte zu seinem Kommandobereich und mußte zum Schutz der rückwärtigen Linien und als Nachschubbasis gesichert werden. Nach dem Sieg errichtete Pompeius in den Pyrenäen Siegesdenkmäler *(Tropaia),* in deren Inschriften er verkündete, er habe 876 Oppida von den Alpen bis *Hispania Ulterior* erobert.[16]. Damals wurden anscheinend die Pyrenäen zur administrativen Grenze zwischen Spanien und Gallien.

Die Vorwürfe gegen Fonteius lauteten, Gallien ersticke unter der Last seiner Schulden. Er habe, um sich zu bereichern, unrechtmäßige Sonderabgaben für den spanischen Krieg und den Straßenbau verlangt, Durchgangszölle auf den Weinhandel erhoben und sich im Krieg gegen die Vokontier und bei der Verteilung der Winterlager Unregelmäßigkeiten zuschulden kommen lassen. Cicero hielt sich mit der Widerlegung nicht auf, sondern verfolgte die Strategie, mit Ironie und Demagogie die Zeugen der Anklage zu diskreditieren, namentlich den Allobroger Indutiomarus.

Vehement und wiederholt beklagt er sich darüber, daß die Anklage keine römischen oder romfreundlichen Zeugen aufbieten kann: Es gebe doch so viele römische Bürger, sogar Ritter, die als Kaufleute, Siedler, Steuerpächter, Landwirte und Viehzüchter in Gallien tätig seien. Kein Geschäft werde in Gallien ohne die Mitwirkung von Römern abgeschlossen. In dieser Provinz lägen Narbo, das Bollwerk gegen die barbarischen Völker, und Massilia, die Heimstatt der tapfersten und treuesten Bundesgenossen. Sie alle stellten Fonteius ein hervorragendes Zeugnis aus, niemand halte ihn für etwas anderes als einen ehrenwerten Mann.

Fonteius sei schließlich in einer Provinz gewesen, die von Feinden bewohnt werde. Noch in der Gegenwart führten sie Krieg mit dem römischen Volk, seien in Schlachten bezwungen, durch Triumphe und Siegesdenkmäler gedemütigt und durch die Einziehung von Ackerland bestraft worden. Natürlich seien sie haßerfüllt und rachsüchtig, weil sie mehrfach und gegen ihren Willen Reiter stellen, Getreide, Geld und Land hergeben mußten (26).

Dann greift Cicero auf die historisch gewachsenen Ressentiments zurück: Abartig sind die Gallier – und ohne Religion. Sie unterscheiden sich von allen Völkern. Sogar gegen die unsterblichen Götter haben sie Krieg geführt. Kann man ihr Zeugnis ernst nehmen? Wissen sie überhaupt, was ein Eid ist?

Dies sind die Völkerschaften, die einst von ihren Wohnsitzen fortzogen, weit weg bis nach Delphi, um den pythischen Apoll und die Orakelstätte des Erdkreises heimzusuchen und auszuplündern. Von denselben ehrwürdigen und bei ihren Zeugnissen so gewissenhaften Völkerschaften wurde das Kapitol und eben der Iupiter belagert, durch dessen Namen unsere Vorfahren die Verläßlichkeit der Zeugenaussagen gebunden wissen wollten. Können schließlich die etwas für heilig und ehrfurchtgebietend halten, die, auch wenn sie einmal aus irgendeinem Skrupel auf die Beschwichtigung der Götter bedacht sind, deren Altäre und Tempel mit Menschenopfern besudeln? Sie können also nicht einmal ihren Götterkult ausüben, ohne ihn zuvor durch ein Verbrechen zu entweihen! Denn wem ist unbekannt, daß sie bis zum heutigen Tage an dem scheußlichen und barbarischen Brauch der Schlachtung von Menschen festhalten?

*Cicero, Pro Fonteio 30f. Übersetzung M. Fuhrmann*

Cicero meint also: Selbst wenn die Beweislage anders wäre, dürfe man nicht dulden, daß diese »Kerle« über Fonteius triumphierten. Schlimm genug, daß diese »Rock- und Hosenleute« (Fuhrmann für: 33 *sagatos bracchatosque*) sich erhobenen Hauptes auf dem Forum tummelten und barbarisch-unverschämte Reden führten. Eine Verurteilung des Fonteius hätte ein neues *bellum Gallicum* zur Folge. Marius und die anderen glorreichen Feldherren werde man vom Tod erwecken müssen, um der Gefahr Herr zu werden.

Niemand glaube, diese Ausführungen lieferten ein zuverlässiges Bild der zeitgenössischen Gallier! Aber so mußte man noch Anfang der sechziger Jahre in Rom reden, wenn man die Richter gewinnen wollte.[17] Dabei gab es damals schon gallische Aristokraten, die für ihren Dienst in den römischen Hilfstruppen das Bürgerrecht erhalten hatten. Nur sechs Jahre nach dem Prozeß müßte Cicero sich seiner Ausführungen geschämt haben, wenn ein Advokat nicht davon ausginge, daß er im Plädoyer ungeniert sagen kann, was der Sache nützt. In seinem Konsulat, 63 v. Chr., als es darum ging, Catilina als Staatsfeind zu überführen, waren ihm nämlich die gallischen Zeugen keineswegs suspekt. Einer Gesandtschaft der Allobroger verdankte er handfeste, schriftliche Beweise, die er der römischen Öffentlichkeit vorlegen konnte, welche bis dahin geneigt war, die angebliche Verschwörung für eine fixe Idee Ciceros zu halten. Man wüßte auch gern, ob er die Abartigkeit der gallischen Rituale zur Sprache brachte, als er sich Ende der sechziger Jahre mit dem Abgesandten der Häduer und Druiden Diviciacus über Mantik austauschte.[18]

Wie Cicero in *Pro Fonteio* ausführt, waren den Legionen Kaufleute und Siedler gefolgt, nicht nur die eher bescheidenen Wehrbauern von Narbonne, sondern auch Unternehmer, die agrarische Großbetriebe aufzogen. Dazu passen die im Boden erhaltenen Spuren von Landvermessungen, die den römischen Zugriff auf den Boden einheimischer Oppida in der Gegend von Béziers (Ensérune), Valence und Orange dokumentieren, und zwar schon in der 1. Hälfte des 1. Jhs. v. Chr., also bevor dort von Octavian römische Kolonien angelegt wurden. Außerdem läßt sich durch große Mengen von Am-

▶ *siehe S. 137*

phoren mittel- und süditalischer Provenienz die ausgedehnte Tätigkeit italischer Kaufleute nachweisen. Einen besonderen Beitrag hat hier die Unterwasserarchäologie geleistet. Von allen untersuchten Schiffen, die zwischen dem 6. Jh. v. Chr. und dem 19. Jh. vor der südfranzösischen Küste gestrandet sind, gehört über ein Viertel in die Zeit von etwa 130 v. Chr. bis zur Zeitenwende. Es waren Großschiffe von 50 m Länge unterwegs, die 10000 Amphoren mit 2500 hl Wein transportieren konnten.

Das deutet aber auch darauf hin, daß Gallien unter römischer Herrschaft nicht generell verarmte, denn für die Waren müssen ja Gegenwerte vorhanden gewesen sein. Es wurden neue Quellen des Wohlstands erschlossen, sowohl durch den Erzabbau in der Montagne Noire als durch eine Modernisierung der landwirtschaftlichen Produktion nach italischem Vorbild. Mehrere Oppida, die seit dem 5. oder 4. Jh. verlassen waren, wurden im 2. und 1. Jh. wieder besiedelt. Im Umkreis der traditionellen Höhensiedlungen wurden jetzt auch in den Ebenen Gehöfte angelegt. Davon haben nicht nur römische Zuwanderer profitiert, deren Zahl, bezogen auf die Größe des Landes, nicht zu hoch veranschlagt werden darf, sondern vornehmlich einheimische Aristokraten, die mit den Römern kooperierten. Alle die *Domitii*, *Marii*, *Pompei* und *Iulii*, die wir in den folgenden Kapiteln als Grundbesitzer und Häupter der Stadtaristokratien wieder treffen werden, erlangten zwischen 123 und 50 das Bürgerrecht und sind ganz bestimmt nicht enteignet worden. Man kann also nicht von einer generellen Verelendung der Gallier ausgehen.[19]

Diese allgemeinen Überlegungen werden wenigstens punktuell durch die archäologische Forschung unterstützt. Um 200 v. Chr. begann man in Nîmes, die Ebene südlich und östlich des protohistorischen Oppidums intensiv und mit neuen agrarischen Techniken zu nutzen. Auf einem Grundstück westlich der Avenue Georges Pompidou konnten durch eine Präventivgrabung auf 800 m² drei übereinanderliegende Schichten mit Pflanzgruben zur Aufnahme von Weinstöcken dokumentiert werden. Obwohl es vorher nichts Vergleichbares im einheimischen Milieu gibt, ist der Ausgräberin zuzustimmen, wenn sie die Innovationen nicht auf das Konto von Einwanderern aus Italien, sondern auf das gutsituierter einheimischer Grundbesitzer setzt, die sich für ihre Investitionen italischer Spezialisten bedient haben mögen. Sie betont, daß es in Nîmes weder in spätrepublikanischer Zeit noch später Anzeichen für eine massenhafte Präsenz von Italikern gibt.[20] ▶

Weiter westlich, im agrarischen Hinterland der Kolonie Narbonne, sind mit der zunehmenden Besiedlung des ebenen Landes die gleichen Indizien für einen demographischen und ökonomischen Aufschwung zu verzeichnen, aber dort scheint der Zugriff von Unternehmern aus Italien, von denen ja auch Cicero mehrfach spricht, stärker gewesen zu sein. Das Gebiet nördlich des heutigen Béziers wurde um die Wende vom 2. zum 1. Jh. v. Chr. auf römische Weise vermessen. In der Umgebung des Oppidums Montfo/Magalas sind zahlreiche Gehöfte nachgewiesen worden. Von den älteren, die auf die vorrömische Zeit zurückgehen, kann man die jüngeren eindeutig unterscheiden, da sie sich auf das Raster des römischen Katasters beziehen (zu den technischen Details s. S. 138 ff.). Freilich sagt das noch nichts über die Inhaber aus, allenfalls, daß sie mit der römischen Administration in gutem Einvernehmen gestanden haben müssen.[21]

*Meilensteine bei Beaucaire (Les Colonnes de César). Entlang der öffentlichen Straßen veranlaßte der römische Staat die Aufstellung von Meilensteinen, auf denen die Entfernung von einem als Ausgangspunkt gewählten größeren Ort (caput viae) angegeben war. 13 Meilen von Nîmes entfernt stehen am westlichen Ortsrand von Beaucaire noch vier Steine, die auf Instandsetzungsarbeiten unter Augustus, Tiberius, Claudius und Antoninus Pius zurückgehen. Bei einem Durchmesser von etwa 0,60 m waren sie ursprünglich 2,38 – 2,60 m hoch. Die Inschriften nannten regelmäßig den Namen und sämtliche Titel des Kaisers, unter dem die Reparatur stattgefunden hatte; ein entsprechendes Verb und der Name des beaufsichtigenden Beamten konnten hinzugesetzt werden (CAG 30/2 Nr. 032, 48*, S. 221 f.).*

Besonders stark ist der italische Einschlag im Oppidum von Ermitage bei Alès an der Kontaktstelle zwischen der mediterranen Zone und den Cevennen. In einer kurzen Zeitspanne, von 70 bis 30/20 v. Chr., fand hier ein reger Austausch zwischen gallischen und italischen Kaufleuten mit den weiter im Landesinneren wohnenden Galliern statt. In den nach italischem Vorbild erbauten Häusern kamen so viele gallo-griechische Graffiti zutage wie sonst nur in den Ausgrabungen des Rhônetals, mehr römische und zentralgallische Münzen als in irgendeinem anderen Oppidum und vor allem: massenhaft Knochen von jung geschlachteten, männlichen Schweinen. Daraus wird geschlossen, daß diese Schweine nicht für den Eigenbedarf geschlach- ▶

tet wurden, sondern daß als Gegenwert für den begehrten italischen Wein die in den Eichenwäldern der Cevennen gemästeten Schweine herangetrieben, in Ermitage geschlachtet und als gepökelte Schweineschinken nach Italien vermarktet wurden (CAG 30/2 Nr. 007,1*).

Am meisten hat anscheinend Ugernum (Beaucaire) von seiner neuen Position am Rhôneübergang und am Beginn der *Via Domitia* profitiert. Gräber mit reichen Beigaben, die in den letzten 30 Jahren untersucht wurden, künden vom Reichtum der einheimischen Grundbesitzer und ihrem Bedürfnis, ihr Prestige über den Tod hinaus zur Schau zu stellen. Nach keltischer Sitte wurde dem Toten alles mitgegeben, was er für eine festliche Tafel im Jenseits benötigte: Ensembles mit 20 bis 40 Gegenständen, vom großen Kochgeschirr über ganze Stapel von Eßtellern und Bechern bis zu halben Schweinsköpfen. Waffendepots fanden sich nur in den älteren Gräbern, die ins 2. Jh. v. Chr. zurückgehen, während die jüngeren aus dem 1. Jh. v. Chr. zusätzlich zu den Keramikbehältnissen einige erlesene Beigaben wie bronzene Eimer, Schöpflöffel und Kandelaber sowie gläserne Salbfläschchen und Toilettengegenstände enthalten: »Zeichen einer neuen Mentalität, die mit der Urbanisierung und Romanisierung verbunden sind« (CAG 30/2 Nr. 032 4*–6*, das Zitat S. 198).

Wirklich verhängnisvoll hingegen war das römische Verfahren für die Einziehung der Tribute, deren Höhe wir im übrigen nicht kennen. Das gehört nicht nur in Gallien zu den dunkelsten Seiten des römischen Imperialismus. Da der Staat, wie andere antike Staaten, keinen administrativen Apparat unterhielt, bediente er sich für dieses Geschäft der sogenannten Publicani, privater Unternehmer, die die Steuern pachteten und dafür der öffentlichen Hand im voraus entsprechende Summen zahlten. Den Steuerpächtern stand als Entgelt für ihre Tätigkeit ein bestimmter Anteil an den Einnahmen zu, mit dem sie sich aber nicht immer zufriedengaben. Nicht die Höhe der Tribute verursachte in erster Linie die Verarmung der Provinzialen, sondern das Zusammenwirken verschiedener Faktoren bei der Einziehung. Wer seine Abgaben nicht sofort leisten konnte, mußte Geld bei römischen Großhändlern und Bankiers *(negotiatores)* aufnehmen, die mit den Steuerpächtern identisch sein konnten. Bei den hohen antiken Zinsraten (12% waren normal, aber in einem überlieferten Fall wurden 48% gefordert) führte das binnen kurzem zur völligen Überschuldung der Stämme. In solchen Fällen wandten sich die römischen Unternehmer naturgemäß an ihren Landsmann, den

Statthalter, in der nicht unberechtigten Erwartung, daß er ihnen, möglicherweise gegen eine Beteiligung, zu ihrem Geld verhelfen würde. Das ist der Hintergrund für die Prozesse *de repetundis*. Am bekanntesten ist die Ausplünderung Siziliens durch Gaius Verres, gegen den Cicero nur ein Jahr vor der Rede *Pro Fonteio* mit Erfolg die Anklage vertreten hatte.

Eben solche Nöte veranlaßten die Allobroger im Jahre 63, eine Gesandtschaft an den Senat zu schicken. Trotz der ihnen für ihre Kooperationsbereitschaft bei der Aufdeckung der Catilinarischen Verschwörung in Aussicht gestellten Belohnung scheinen sie für ihre Belange nichts erreicht zu haben, was im folgenden Jahr zu einem Aufstand der Allobroger führte.[22]

## *Caesars Statthalterschaft in der Gallia Transalpina*

Im Jahre 59 erhielt der Konsul Gaius Iulius Caesar *Gallia Transalpina* als Provinz und begann im darauf folgenden Frühjahr seinen gallischen Krieg. Aus den zehn Jahren seiner Statthalterschaft hören wir wenig Spektakuläres aus der Provinz. Das Land blieb ruhig und unterstützte ihn nach Kräften. Das wird nicht freiwillig geschehen sein, aber wer eingezogen und in eine Auxiliareinheit eingegliedert wurde, hatte keine Wahl. Andererseits: Wer sich im Dienst bewährte, konnte mit dem Bürgerrecht rechnen, wie die Soldaten der *Legio V. Alaudae*. Besonders die Angehörigen der Elite zog Caesar in seine Nähe, sowohl aus Sicherheitsgründen als auch, um ihnen damit Ehre zu erweisen. Mit Respekt gedenkt er gallischer Aristokraten, Söhnen und Enkeln von Römerfreunden der ersten Stunde, die tapfer ihr Leben für ihn einsetzten. Wer überlebte, konnte mit weiterem militärischen und sozialen Aufstieg rechnen.[23] Nach Beendigung des gallischen Krieges hielt Caesar sich noch einige Tage in der *Provincia* auf, regelte auf Gerichtstagen öffentliche Streitfragen und belohnte diejenigen, die sich um ihn verdient gemacht hatten.

Er hatte nämlich reichlich Gelegenheit festzustellen, welche Gesinnung ein jeder während des Abfalls Galliens gezeigt hatte, den er dank der Treue und Unterstützung dieser Provinz überstanden hatte *(fidelitate atque auxiliis provinciae illius)*.
*Caes. (Hirtius) Gall. 8,46,5f.*

Die große Einigungsbewegung der gallischen Stämme unter Vercingetorix fand im Süden keinerlei Echo. Das scheint nicht nur ein Hinweis darauf zu sein, daß die Verhältnisse unter der römischen Herrschaft als erträglich angesehen wurden, daß die Gallier zumindest bereit waren, sich in ihnen einzu-

*Der Krieger von Vachères im Musée lapidaire in Avignon. Die Statue wurde gegen 1860 auf einem Plateau entdeckt, das einen weiten Blick auf die Berge des Luberon und der Lure erlaubt. In der Umgebung wurden zwar antike Mauerreste gefunden, aber weder ein Oppidum noch ein Grab. Die Statue war mit geschätzten 2,00 m über lebensgroß, erhalten sind 1,53 m. Sie ist aus lokalem Muschelkalk gearbeitet, am Gürtel sind die Reste roter Bemalung zu erkennen.*
*Dargestellt ist ein Krieger in Paradeuniform. Der Halsring (torques) weist ihn unzweifelhaft als Gallier aus, auch die Bewaffnung (Kettenpanzer und ovaler Schild) und der Mantel entsprechen dem Bild, das Strabon von den gallischen Kriegern zeichnet (4,6,2). Aber die Körper- und Kopfhaltung, die Frisur, der fehlende Bart, die fehlende Hose demonstrieren, wie weit dieser Gallier von den barbarischen Vorfahren in Roquepertuse oder Entremont (s. o. S. 65, 67) entfernt ist. Nach Barruol könnte er der Führer einer römischen Auxiliareinheit in den letzten Jahren des 1. Jhs. v. Chr. gewesen sein (CAG 04 Nr. 227,6*).*

richten, es unterstreicht vor allem die besondere Stellung, die die *Provincia* im Vergleich zum übrigen Gallien einnahm: Ihre Bewohner empfanden keine Solidarität mit dem Freiheitskampf der nördlichen Stämme.

## Die Eroberung Galliens durch Caesar

### *Die Krise der römischen Republik*

Seit 133 v. Chr. das Tribunat des Tiberius Sempronius Gracchus nach einer Reihe von Verfassungsbrüchen mit Mord und Totschlag auf dem Forum geendet hatte, kam die römische Innenpolitik nicht mehr zur Ruhe. Die Krise manifestierte sich im Auseinanderbrechen der Nobilität, des regierenden Adels der Republik. Nach Jahrhunderten ihres unbestrittenen Regiments war es schlagartig vorbei mit ihrem Willen und Vermögen, im Interesse des Ganzen solidarisch zu handeln. Es gab fortan zwei Richtungen: Nach der Überzeugung der sogenannten Optimaten sollten politische Entscheidungen weiterhin im Senat getroffen und erst dann der Volksversammlung unterbreitet werden. Die »populare« Methode bestand demgegenüber darin, die Mittel der Verfassung zu nutzen und – unter Übergehung des Senats – durch die Volkstribunen politische Projekte direkt vor die Volksversammlung zu bringen. Der oben angesprochene politische Untergang des Servilius Caepio erklärt sich nur vor diesem Hintergrund, denn der Sturz dieser Galionsfigur der Senatsoligarchie ist den popularen Anhängern des Marius zuzuschreiben. Seit den sechziger Jahren geriet die Außen- und Reichspolitik zunehmend in den Sog der innenpolitischen Auseinandersetzungen. Wichtigster Schauplatz wurde Gallien, und am Ende stand der Untergang der Republik.

## *Caesars Konsulat*

Die Jahre 60/59 v. Chr. galten antiken und gelten modernen Beobachtern als eine Wendemarke im Überlebenskampf der Republik. Gnaeus Pompeius hatte mit außerordentlichen, von der Verfassung nicht vorgesehenen Vollmachten zunächst die Seeräuber, dann Mithridates besiegt und den gesamten Orient neu organisiert. Aber als er ruhmbeladen nach Rom zurückkehrte, versagte ihm die Senatsoligarchie die Anerkennung seiner billigsten Forderungen. Einen Verbündeten fand er in Gaius Iulius Caesar, einem aufstrebenden Politiker popularer Couleur, dessen nächstes Ziel das Konsulat war. Nachdem auch noch der vornehme und reiche Marcus Licinius Crassus für ein Bündnis gewonnen war, verabredeten die drei, daß künftig in der Politik nichts geschehen solle, was einem von ihnen nicht ins Konzept paßte (sogenanntes 1. Triumvirat).[24]

Caesar wurde im Jahr 59 Konsul, und sein Konsulat wurde ein bis dahin nicht vorstellbarer Höhepunkt popularer Agitation; alle Gesetze gingen *per vim* (mit Gewalt) durch. Caesar veranlaßte die Bestätigung der Maßnahmen des Pompeius im Osten, brachte ein Agrargesetz zugunsten von dessen Veteranen durch und sorgte schließlich für sich selbst, indem er sich durch Volksgesetz auf fünf Jahre die Provinzen *Gallia Cisalpina* und *Illyricum* übertragen ließ. Vorbild waren die *imperia extraordinaria* des Pompeius, wobei der Unterschied nur war, daß diese durch militärische Notlagen geradezu erzwungen worden waren, während Caesars Kommando der Befriedigung seines Ehrgeizes diente. Vermutlich beabsichtigte er, auf dem Balkan Krieg zu führen, bis durch den Tod des schon bestellten Statthalters völlig unvorhergesehen die Provinz *Gallia Transalpina* frei wurde und vom Senat den beiden anderen hinzugefügt wurde.

## *Die Lage in Gallien*

Aus Gallien drangen schon seit einiger Zeit beunruhigende Nachrichten. Suebische Stämme hatten unter ihrem Fürsten Ariovist den Rhein überschritten und zusammen mit den Sequanern die Häduer geschlagen. Statt alarmiert zu sein, wenn im Vorfeld der *Provincia* eine Völkerverschiebung die seit Jahrzehnten funktionierenden Strukturen zerschlug – beide gallische Stämme waren römische *socii* –, behandelte der Senat die Angelegenheit dilatorisch, ließ Diviciacus, den Princeps der Häduer, den sein romfeindlicher Bruder Dumnorix von der Macht verdrängt hatte, vergeblich in Rom antichambrieren und beauftragte nur die Statthalter der Provinz, nötigenfalls nach dem Rechten zu sehen. Im Jahr 59 hoffte man sogar, Ariovist neutralisieren zu können, indem man ihn in das Verzeichnis der Könige und Freunde des römischen Volkes aufnahm.[25] Plötzlich spitzte sich die Lage aber zu, denn die Helvetier trafen Anstalten, ihr Land zu verlassen und sich am Atlantik bei den Santonen anzusiedeln – für Caesar der willkommene Anlaß, einen Krieg zu beginnen und so zu Macht und Ruhm zu kommen.

## *Die ersten Kriegsjahre*

In den berühmten Eilmärschen hetzte Caesar in acht Tagen nach Genava (Genf), hielt die Helvetier zunächst hin und erteilte dann ihrer Bitte, die römische Provinz durchqueren zu dürfen, eine Absage. Nach seinen eigenen Worten sah er klar voraus, daß das Auszugsunternehmen für die *Provincia* eine große Gefahr bedeutete, und er erinnerte sich an die schreckliche Niederlage von 107, die dieses Volk den Römern beigebracht hatte. Als die Helvetier dann doch losmarschierten, baten die Häduer, bei denen die Anwesenheit von vier Legionen offenbar genügt hatte, um die Romfreunde wieder ans Ruder zu bringen, um Beistand.:

> Sie hätten sich zu allen Zeiten um das römische Volk verdient gemacht, so daß Caesar nicht zulassen dürfe, daß beinahe vor den Augen des römischen Heeres ihre Felder verwüstet, ihre Kinder in die Sklaverei geschleppt und ihre Oppida erobert würden. *Caes. Gall. 1,11,3*

Caesars Darstellung ist außerordentlich suggestiv: Bestimmte Termini, wie *regnum* (Königsherrschaft), *largitio* (Korruption) und *coniuratio* (Verschwörung), die im Rahmen der römischen Sozialordnung eindeutig negativ besetzt sind, leiten die Gedanken des von ihm anvisierten römischen Lesers in eine bestimmte Richtung: Das Vorhaben der Helvetier ist gefährlich für die von Rom gewünschte Ordnung. Nicht nur sind diese wegen ihrer außerordentlichen Tapferkeit der gefährlichste gallische Stamm, sondern hinter dem Auszugsplan steht die Absicht, die Machtverhältnisse zugunsten einzelner ehrgeiziger Aristokraten zu verändern. Die Interessen des römischen Volkes sind somit gefährdet. Es geht von Anfang an um *ganz Gallien.*

Nach dem Ende des Helvetierkrieges erschienen bei Caesar die *Principes* gallischer Stämme als Abgesandte von fast ganz Gallien *(totius fere Galliae),* um ihm zu seinem Sieg zu gratulieren. Ein auf Bitten der Fürsten einberufenes *concilium totius Galliae* ersuchte Caesar dringend, ganz Gallien *(omnem Galliam)* gegen die Übergriffe Ariovists zu verteidigen (Caes. Gall. 1,30f.). Am Ende des 2. Kriegsjahres (57 v. Chr.), nachdem die belgischen und einige aquitanische Stämme besiegt waren, berichtete Caesar dem Senat, *ganz Gallien* sei unterworfen, und wurde dafür mit einem fünzehntägigen Dankfest *(supplicatio)* geehrt, einer Ehrung, die bislang niemandem zuteil geworden war, wie er nicht ohne Stolz berichtet (Gall. 2,35,4 ... *quod accidit nulli*).

## *Caesars Commentarii de Bello Gallico und die historische Kritik*

Soweit die Darstellung Caesars. Er wählte für sein Buch den Titel *Commentarii,* der u.a. die Berichte bezeichnete, die ein Feldherr an den Senat sandte. Wie Cicero ihm aber bescheinigte, lieferte er in Wirklichkeit viel mehr: Künftige Geschichtsschreiber würden nichts mehr finden, was sie an diesen *Commentarii* verbessern könnten (Cicero, Brutus 262). Das ist völlig zutreffend. Caesar beherrscht die Überlieferung in einem Maße, das der historischen Kritik nichts anderes übrig läßt, als ihm entweder zu folgen oder ihn zu verwerfen.

Der Hauptstrom der Forschung hat sich für das letztere entschieden und liest das *Bellum Gallicum* als Rechtfertigungsschrift: Caesar habe sich vor dem römischen Publikum dafür rechtfertigen müssen, den Krieg begonnen und Gallien unterworfen zu haben. Nun wird niemand vermuten, ein Politiker greife zur Feder, um wertneutral und objektiv die reinen Tatsachen zur Darstellung zu bringen. Natürlich schildert er sie so, wie sie gesehen werden sollen. Es ist aber ein Unterschied, ob man jeweils im Einzelfall seiner Tendenz auf die Spur zu kommen sucht oder ob man Fälschung und Verdrehung der Wahrheit geradezu als das Ziel seiner Darstellung ansieht.[26] Das hatte Caesar angesichts seiner Leistung gar nicht nötig. Auch wenn man, m.E. zutreffend, vermutet, daß der Krieg in Gallien für ihn Mittel zum Zweck war, daß es ihm um die Vergrößerung seiner persönlichen Macht *(dignitas)* ging, kann es gar keine Frage sein, daß er sich mit seiner entschlossenen Initiative durchaus in den traditionellen Bahnen römischer Außenpolitik bewegte. Auch die Vorfahren pflegten zu den Waffen zu greifen, um zu herrschen (Cicero, *Philippica* 8,12).

Die herkömmliche Auffassung wird durch die unpassenden Begriffe *Gallia libera,* das *freie Gallien* oder *la Gaule indépendente* hervorgerufen, die man allenthalben in Büchern und Landkarten findet und die aus einer mißverstandenen Formulierung Caesars herauspräpariert sind. Den Ausführungen des Ariovist, er sei früher als die Römer in Gallien eingefallen und könne daher nach Kriegsrecht die Herrschaft beanspruchen, stellt Caesar die römische Auffassung gegenüber. Er argumentiert historisch: Aufgrund des Sieges des Fabius Maximus über die Arverner und die Rutener im Jahre 121 sei die Herrschaft des römischen Volkes in Gallien in höchstem Maße gerechtfertigt *(populi Romani iustissimum esse in Gallia imperium).* Allerdings solle Gallien frei sein und nach eigenen Gesetzen leben können (*liberam debere esse Galliam, quam bello victam suis legibus uti voluisset, sc. senatus,* Gall. 1,45,2 f.). Man muß hier genau hinsehen, denn Herrschaft und Freiheit stehen direkt nebeneinander, weil sie, wie oben dargelegt, nach römischer Auffassung keine Gegensätze sind, sondern sich durchaus miteinander vereinbaren lassen. Mit der Niederlage von 121 war die *Souveränität* der Arverner, auch wenn sie nicht in die Provinz eingegliedert wurden, ein für allemal dahin; es konnte nur noch eine *gewährte* Freiheit geben, eben das Recht, nach eigenen Gesetzen zu leben *(suis legibus uti, gr. autonomía).* »Freiheit« der Gallier ist also nicht mehr als eine spezifische, privilegierte Form von Abhängigkeit. Deshalb widerspricht es auch der »gallischen Freiheit« in keiner Weise, wenn die Römer zwischen 121 und 59 im »freien Gallien« Bündnisse geschlossen und zuverlässige Leute an die Macht gebracht hatten. Selbstverständlich waren auch diese Partner nur noch bedingt frei und mußten tun, was von ihnen erwartet wurde.[27]

▶ *siehe S. 87, 93 f.*

Es ist leicht zu sehen, daß »Gallien solle frei sein« etwas anderes bedeutet als *Gallia libera.* Der moderne Begriff würde einen römischen Willensakt voraussetzen, der Gallien ausdrücklich als Gebiet konstituierte, das der römischen Herrschaft ein für allemal entzogen sein sollte. In diesem Fall wäre Caesars Krieg in der Tat eine ungerechtfertigte Aggression. Aber dergleichen entspricht nicht römischem Denken: Aus der gesamten Expansionsphase in der Zeit der Republik ließe sich dafür keine Parallele beibringen. *Gallia libera* ist denn auch eine neuzeitliche Wortbildung, nicht anders als *Germania libera.* Erst Augustus, der selbst der größte Eroberer in der römischen Geschichte war, hinterließ seinem Nachfolger den Rat, von weiterer Expansion abzusehen und das Reich innerhalb seiner damaligen Grenzen zu belassen (Tacitus, *Annales* 1,11,4.).[28]

## *Die Reaktion in Rom*

In Rom war man von der Siegesnachricht, ganz Gallien sei unterworfen, überwältigt. Wie es seit altersher Gewohnheit war, dankte man mit einer *supplicatio* den ewigen Göttern und ehrte zugleich den Feldherrn, der den Sieg erfochten hatte. Pompeius waren nach seinen Siegen im Osten fünf Tage, Cicero für die Rettung des Staates zehn Tage bewilligt worden; für Caesar wurden jetzt 15 Tage angesetzt. Das ist ein eindeutiges Zeugnis: Der Senat hielt die Siegesbotschaft *Gallia pacata* für noch bedeutsamer als die Siege über die Piraten und Mithridates, man hielt den gallischen Krieg für so gut wie gewonnen – und vor allem: Man hatte dagegen keine Einwände. Erst seit 56 erhob sich Kritik an Caesar. Der jüngere Cato ging sogar so weit, wegen Kriegsverbrechen seine Auslieferung an die Germanen zu fordern; aber eine Grundsatzdebatte darüber, ob Caesar den Krieg beginnen durfte, hat es in Rom nie gegeben.

## *Ciceros Rede De provinciis consularibus*

Darüber, wie die Eroberung Galliens sich darstellte, als sie im Gange war, besitzen wir in Ciceros Rede *De provinciis consularibus* (Juni 56) ein authentisches Zeugnis. Es ist eine einzige Lobeshymne auf Caesars Großtat:[29]

Den östlichen Teil der Welt hat schon Pompeius bezwungen. Das unermeßliche Meer, vom Ozean bis zum entferntesten Pontus, ist wie ein sicherer und geschlossener Hafen. Es gibt kein Volk, das nicht so unterworfen ist, daß es kaum noch existiert, oder so bezwungen, daß es Ruhe hält, oder so befriedet, daß es sich am römischen Sieg und an der römischen Herrschaft freut.
Unter den früheren Feldherren, auch dem berühmten Gaius Marius, hat Kriegführung in Gallien darin bestanden, die gegen Rom andringenden Feinde zurückzuwerfen. Caesar ist ganz anders vorgegangen. Er hat es für richtig ge-

halten, *ganz Gallien* in römische Gewalt zu bringen. Seit Anbeginn der römischen Geschichte war immer klar, daß von Gallien her die größte Gefahr drohte, aber niemals ist mit allen Völkern zugleich gekämpft worden. Vor Caesar besaß man nur einen Saumpfad *(semita)*, jetzt ist es endlich erreicht, daß die Grenzen Galliens zugleich die des Reiches sind. Die Alpen, die bislang durch göttliche Fügung Italien geschützt haben, können zusammenbrechen. Man braucht sie nicht mehr, denn von den Alpen bis zum Ozean gibt es nichts mehr, was man fürchten muß. Ein oder zwei Sommer braucht Caesar noch, um mit Hoffnung oder Terror, mit Gesetz oder Gewalt die Gallier zu befrieden, um Gallien mit ewigen Fesseln an Rom zu binden.

*Cicero, De provinciis consularibus 31–34; teilweise in wörtlicher Übersetzung, teilweise in verkürzender Paraphrase*

### *Die Unterwerfung »ganz Galliens«*

Die Behauptung, »ganz Gallien« sei unterworfen, stellte am Ende des zweiten Kriegsjahres eine maßlose Übertreibung dar. Aber auch bei den großen zentralgallischen Stämmen, mit denen es keine Kampfhandlungen gegeben hatte, beanspruchte Caesar von Anfang an unbedingten Gehorsam. Die Gallier mußten die Lasten des Krieges tragen, das Heer mit Getreide und Pferdefutter versorgen, die Winterlager aufnehmen und bei den Feldzügen Hilfstruppen stellen. Wo es ihm angezeigt schien, brachte Caesar in den Stämmen Personen seines Vertrauens an die Macht.[30]

### *Die Einigung der gallischen Stämme unter Vercingetorix*

Die Gallier ließen sich das zunächst gefallen. Aber am Ende des fünften Kriegsjahres (54 v. Chr.) begannen die Rückschläge, bis es dann im Jahre 52 zur Entscheidung kam. Was es bislang nie gegeben hatte, brachte Vercingetorix, der junge Fürst der Arverner, zustande: ein Bündnis aller gallischen Stämme. Man sieht, welch erstaunliche Entwicklung dieses Volk durch den Krieg mit den Römern genommen hatte. Gallien war ein reiches Land, aber seine Kräfte wurden durch ständige Konflikte der Adligen in den Stämmen und der Stämme untereinander paralysiert. Ein gemeinsames Interesse gab es nicht. Im Jahre 57 hatten die Belger beim Anrücken Caesars zwar zunächst ein Heer versammelt, dieses dann aber aufgelöst – mit der naiven Begründung, wenn es um die Verteidigung des eigenen Stammesterritoriums gehe, könne jeder am besten kämpfen. Jetzt, nur fünf Jahre später, als sie eigentlich schon verloren war, war den Galliern ihre Freiheit wichtiger als der Stammespartikularismus.

### *Alesia*

Den römischen Legionen in einer offenen Feldschlacht gegenüberzutreten hielt man allerdings für aussichtslos. Statt dessen verschanzte sich Vercingetorix in Alesia, dem *oppidum* der Mandubier. Er wollte Caesar zwingen, ihn dort zu belagern und ihn so zwischen seinen eigenen Truppen und den herbeieilenden Entsatzheeren zerreiben. Die Sache stand auf Messers Schneide. Caesar hatte keine Wahl. Sein Kommando lief ab, und er konnte, nachdem er schon im Jahr 57 den Sieg über *ganz Gallien* verkündet hatte, nicht nach Rom zurückkehren und das Land im Aufstand zurücklassen. Taktisches Geschick, römische Disziplin, die unglaubliche Arbeitsleistung der Legionäre und schließlich Glück entschieden den Kampf zu Caesars Gunsten.

Bei den 1861–65 auf Befehl Napoleons III. erfolgten Ausgrabungen in Alesia konnte die Gesamtheit der Belagerungstopographie identifiziert werden. Auch zahlreiche Münzen und Waffen kamen zutage. Die 1991 wiederaufgenommenen Grabungen haben u.a. das 7 ha große Lager des Labienus auf der *Montagne de Bussy*, ein weiteres auf der *Montagne des Flavigny* und in der Ebene von *Les Laumes* das komplexe System von Erdwällen, Türmen, Gräben und zusätzlichen Schikanen (Wolfslöcher und Lilien nach Caesars Beschreibung) nachweisen können. Eine Vorstellung von den Anlagen verschafft das *Archéodrome* an der A 6 bei Beaune mit seiner Rekonstruktion der Schanzwerke.[31]

Es lohnt sich, dies im 7. Buch des *bellum Gallicum* nachzulesen oder in Alesia dem Gedanken nachzuhängen, was geworden wäre, wenn die Gallier gesiegt hätten. Man spricht leicht von »historischen Schlachten«, aber diese ist wirklich eine. Man kann sich den Verlauf der europäischen Geschichte ohne Caesars Sieg bei Alesia gar nicht vorstellen. Gallien wäre vielleicht auch ohne ihn irgendwann in den römischen Machtbereich einbezogen worden. Das mag man zur Not konzedieren. Aber wie das Gegenbeispiel Germanien zeigt, gibt es für alles einen historischen Augenblick, den man ergreifen muß. Nach der Varusschlacht war es eben nicht mehr möglich, Germanien zu unterwerfen.

Eindeutig liegen jedoch die Verhältnisse in der Innenpolitik. Entgegen der weit verbreiteten Auffassung, das aristokratische Regiment sei zum Untergang verurteilt gewesen, bin ich überzeugt, daß es ohne Caesar auf unabsehbare Zeit hätte weiterexistieren können. Weder gab es unbesiegbare Feinde im Äußeren noch im Inneren eine Alternative. Caesar hat die Republik zerstört. Ohne den Sieg von Alesia wäre er dazu nicht imstande gewesen, denn eine Niederlage hätte er politisch nicht überlebt, wahrscheinlich nicht einmal physisch. Ohne den Bürgerkrieg hätte es auch keinen Augustus gegeben, der die persönlichen und politischen Verhältnisse nach Caesars Tod dazu benutzen konnte, die Alleinherrschaft an sich zu reißen. Wie gesagt, man kann sich den weiteren Verlauf der europäischen Geschichte ohne Caesars Sieg bei Alesia gar nicht vorstellen.

*Das Standbild des Vercingetorix auf dem Mont Auxois bei Alesia.*
*Die Anfertigung und Aufstellung der Statue erfolgte auf Anordnung Napoleons III. Ihr Kopf ist ein leicht verändertes Portrait des Kaisers. Die am Sockel angebrachte Inschrift: La Gaule unie, formant une seule nation, animée d'un même esprit, peut défier l'Univers, ist eine Anspielung auf die Worte des Vercingetorix in Caes. Gall. 7,29,6, die Napoleon auch in seiner Histoire de Jules César zitierte.*

So groß das Interesse Napoleons an den Ausgrabungen von Alesia war – sein Held war nicht Vercingetorix, sondern Caesar. Nicht nur glaubte er, ihm das Modell für seine Staatsform des Cäsarismus zu verdanken, was Mommsen dazu veranlaßte, sich in der 2. Auflage seiner Römischen Geschichte von solcher Inanspruchnahme seines Caesarbildes zu distanzieren. Die Affinität ging tiefer: Man könne die glühende und reine Liebe des Gallierhäuptlings für die Unabhängigkeit seines Landes bewundern, seine Niederlage jedoch dürfe man nicht beklagen. Denn die französische Kultur – Institutionen, Sitten, Sprache – sei dem Triumph der römischen Armee zu verdanken. »Deshalb sind wir viel mehr die Abkömmlinge der Sieger als die der Besiegten. Sie waren lange Jahre hindurch unsere Meister für alles, was die Seele erhebt und unser Leben verschönt.« Die barbarischen Horden konnten nur das Land verwüsten, »ohne daß sie die Prinzipien des Rechts, der Gerechtigkeit und der Freiheit zerstören konnten, die, tief eingewurzelt, durch ihre eigene Vitalität überlebten. Auf dem durch die römische Kultur vorbereiteten Terrain konnte die christliche Idee sich leichter einpflanzen und die Welt erneuern.«[32]
Napoléon stand in diesen Jahren einer intellektuellen Strömung nahe, die den französischen Nationalcharakter durch den *esprit latin* oder die *race latine* begründet sah. Statt dessen von einer *race gallo-romaine* zu sprechen, wäre das letzte, was Napoleon eingefallen wäre.

## Die Belagerung und Eroberung Massilias im Jahre 49 v. Chr.

Am 10. Januar 49 begann Caesar den Bürgerkrieg. Pompeius setzte sich mit der Mehrheit des Senats nach Osten ab und überließ dem Gegner Italien. Um aber den Westen vollständig in seine Hand zu bringen, mußte Caesar als erstes sieben Veteranenlegionen des Pompeius ausschalten, die in Spanien stationiert waren. Den Weg dorthin blockierte Massilia, das sich auf die Seite des Pompeius, d.h. der legitimen Regierung stellte. Während er selbst nach Spanien eilte, vertraute Caesar das Kommando über seine Land- und Seestreitkräfte zwei jüngeren Offizieren an, die später beide zu seinen Mördern gehörten: Decimus Iunius Brutus und Gaius Trebonius. Von der Belagerung und Kapitulation Massilias gibt er in seinem Werk über den Bürgerkrieg einen anschaulichen Bericht (Caes. civ. 1,34–36. 56–59. 2,1–16. 22).

Nachdem beide Seiten eilends gerüstet hatten, kam es, zunächst bei den vorgelagerten Inseln, dann bei Le Brusc zu zwei Seegefechten. Caesar hebt, wie er das auch sonst tut, mehrfach die außerordentliche Tapferkeit der

Kombattanten auf beiden Seiten hervor. Die Massalioten vertrauten auf die Überzahl und Schnelligkeit ihrer Schiffe und die alterprobten Fähigkeiten ihrer Kapitäne. Die caesarischen Schiffe konnten nur mit Legionären bemannt werden, die es nicht einmal bis zum Erlernen der nautischen Grundbegriffe gebracht hatten. Aber gelassen *(aequo animo)* fuhren sie mit ihren langsamen Kähnen auf die gegnerischen Kriegschiffe los, gebrauchten ihre Enterhaken und konnten den Sieg erringen.

Bei der zweiten Seeschlacht ist die Stimmung in Massilia dramatisch. Nach der langen ruhmreichen Geschichte steht die nackte Existenz auf dem Spiel:

Vom Lager des Trebonius (wohl auf der *Butte St-Charles*) und von allen Höhen konnte man gut in die Stadt hineinsehen. Auf den öffentlichen Plätzen, bei den Wachtposten oder auf der Mauer streckten alle jungen Leute, die in der Stadt zurückgeblieben waren, und alle Älteren zusammen mit den Kindern und Frauen die Hände zum Himmel, oder sie traten zu den Tempeln der unsterblichen Götter, warfen sich vor den Götterbildern nieder und erflehten den Sieg. Alle waren zutiefst davon überzeugt, daß vom Verlauf dieses Tages die Entscheidung über ihr gesamtes eigenes Schicksal abhing. Denn auch die vornehmen jungen Leute und die Angesehensten jeden Alters waren, namentlich aufgeboten und unter Beschwörungen, an Bord der Schiffe gegangen. Ihnen sollte klar sein, daß sie, falls ein Unglück eintrete, nicht einmal die Möglichkeit hätten, die eigene Rettung zu versuchen. Im Falle des Sieges aber sollten sie auf die Rettung der Stadt vertrauen, sei es, daß sie es alleine schafften, sei es, daß Hilfe von außen komme. *Caes. civ. 2,5,3–5*

Schließlich gelang es der Belagerungsarmee, einen der Stadttürme fast zum Einsturz zu bringen. Das war nach römischem Kriegsbrauch der allerletzte Moment für eine Kapitulation:[33]

Da rannten die Feinde aus Furcht vor einer Plünderung der Stadt ohne Waffen und mit den Kopfbinden der Schutzflehenden aus dem Tor ins Freie und streckten demütig bittend zu den Legaten und Soldaten hin die Arme aus.

*Caes. civ. 2,11,4*

Obwohl die Parteien vereinbarten, die Kampfhandlungen bis zu Caesars Ankunft einzustellen, nutzten die Massalioten die Sorglosigkeit der Caesarianer, um die Schanzwerke in Brand zu stecken. Die neuen Belagerungstürme mußten teilweise in Ziegelmauerwerk aufgeführt werden, weil es in Massilia kaum noch Holz gab, nachdem das ganze Umland abgeholzt war.

Im Sommer 49 kapitulierten die pompeianischen Legionen in Spanien, und im Oktober erschien Caesar persönlich vor Massilia. Dort herrschten inzwischen Hunger und Seuchen, und die Massalioten beschlossen, sich nunmehr ohne wenn und aber zu ergeben. Sie lieferten ihre Waffen, Schiffe und das Geld aus der Staatskasse aus. Mit Rücksicht auf ihren alten Ruhm wurde die Stadt nicht geplündert und nicht zerstört; sie behielt sogar ihre privilegierte Stellung als römischer Bundesgenosse, verlor aber den größten Teil ihres Territoriums, auf dem später die Kolonien Arles und Fréjus angelegt wurden.

## *Das Bild Massilias in Caesars Triumphzug*

Die schlimmste Strafe: Caesar ließ ein Bild Massilias in seinem Triumphzug mitführen. Das wurde nicht nur in der griechischen Stadt selbst, sondern auch in der römischen Öffentlichkeit als ungeheuerlicher Bruch mit der Tradition empfunden, wie man in dem Buch »Über die Pflichten« *(De officiis)* nachlesen kann, das Cicero im Herbst des Jahres 44 verfaßte, zeitgleich mit der *2. Philippica*, die den Kampf gegen Marcus Antonius vorbereitete. Der Kontext ist eine Erörterung, wie ein Politiker Macht gewinnen und erhalten kann, konkret die Frage, ob Furcht und Schrecken, die man erzeugt, geeignete Mittel sind. Cicero entwirft ein Idealbild von der römischen Herrschaft in der Zeit der funktionierenden Republik:

> Solange die Herrschaft des römischen Volkes durch Wohltaten, nicht durch Unrecht aufrecht erhalten wurde und Kriege entweder für die Bundesgenossen oder um die Herrschaft geführt wurden, waren ihre Ergebnisse entweder milde oder notwendig, war der Senat Hafen und Zuflucht von Königen, Völkern und Stämmen, suchten unsere Beamten und Feldherren allein damit größten Ruhm zu erringen, daß sie die Provinzen und Bundesgenossen mit Gerechtigkeit und Treue geschützt hatten. Deshalb konnte man besser von einem Patronat über den Erdkreis *(patrocinium orbis terrae)* als von Herrschaft *(imperium)* sprechen. *Cicero, De officiis 2,26f.*

Cicero fährt fort, diese Praxis sei allmählich abhanden gekommen, völlig aufgegeben worden sei sie, als Sulla sich nach seinem Sieg im Bürgerkrieg zum allmächtigen Diktator gemacht hatte (82 v. Chr.). Damals habe man aufgehört, irgendeine Handlung gegen Bundesgenossen für ungerecht zu halten, wenn gegen Bürger solche Grausamkeiten an der Tagesordnung waren. Sullas Sache sei gerecht gewesen, nicht hingegen die Form, in der er seinen Sieg ausnutzte: Als er das Vermögen der proskribierten Bürger versteigerte, wagte er zu sagen, er versteigere seine Beute.

Es folgte der, der in einer ruchlosen Sache *(in causa impia),* in einem noch scheußlicheren Sieg, nicht die Güter einzelner Bürger einzog, sondern alle Provinzen und Regionen mit ein und demselben Recht des Unglücks erfaßte. Als die auswärtigen Völker vernichtet und zugrunde gerichtet waren, mußten wir mitansehen, wie als Symbol der verlorenen Herrschaft das Bild Massilias im Triumph mitgeführt wurde und wie über die Stadt triumphiert wurde, ohne die niemals unsere Feldherren nach Kriegen jenseits der Alpen triumphiert hatten. Viele andere Übeltaten gegen die Bundesgenossen würde ich noch anführen, wenn die Sonne irgendetwas gesehen hätte, was noch würdeloser gewesen wäre, als dies eine.[34] *Cicero, De officiis 2,27f.*

Über diese Stelle kann man sich nur wundern. Cicero hatte die Zeit von Caesars Alleinherrschaft in tiefster Depression durchlebt. In Briefen an seine Freunde beklagte er den Untergang des Staates, den man nicht hätte überleben dürfen, und gab schließlich die Hoffnung auf, Caesar werde wieder verfassungsmäßige Verhältnisse zulassen. Im November 45, in der Rede *Pro rege Deiotaro,* bezeichnete er den Diktator kaum verhüllt als Tyrannen, was nach antiken Maßstäben einer Aufforderung, ihn zu töten, gleichkam. Nur ein Vierteljahr später war der *Dictator perpetuus* tot. Wie man heute weiß, ist das gesamte philosophische Spätwerk Ciceros eine einzige Anklage gegen den Tyrannen Caesar, der allerdings, solange er lebte, in keiner der Schriften namentlich genannt wurde.[35] Erst als er tot war, konnte in *De officiis* die Abrechnung erfolgen. Was Cicero jedoch dem Tyrannen hier vorwirft, ist erstaunlicherweise nicht der Bruch der republikanischen Verfassung, über deren Verlust er so viel getrauert hat, sondern das Schicksal des Verbündeten Massilia. Das ist ihm Symbol für alle anderen Werte, die mit der Gewaltherrschaft verlorengegangen sind. Bedürfte es eines stärkeren Beweises für den einzigartigen Ruhm dieser Stadt?

## *Massilia nach der Niederlage*

Seine Machtstellung hatte Massilia eingebüßt, aber im kaiserzeitlichen Gallien blieb es ein Hort griechischer Bildung.

Da aber infolge der römischen Herrschaft die nördlich von ihnen wohnenden Barbaren immer mehr befriedet werden und sich nunmehr statt dem Kriegführen der städtischen Lebensweise und dem Ackerbau zugewandt haben, dürften auch die Massalioten sich nicht mehr mit solchem Eifer den oben genannten Zielen (d. h. Seeherrschaft und Großmachtpolitik) widmen. Das wird durch ihre heutige Lebensform deutlich: Alle Angehörigen der gehobenen Kreise treiben Rhetorik und Philosophie, so daß die Stadt bis vor kurzem Erziehungsstätte für die Barbaren war und die Kelten zu Freunden der hellenischen Kultur machte – verfaßten sie doch ihre Verträge in griechischer Schrift –, heute jedoch auch die vornehmsten Römer dazu gebracht hat, wenn sie studieren wollen, dorthin zu gehen, statt die weite Reise nach Athen zu machen. Dies beobachten die Gallier, die ja inzwischen in Frieden leben, und orientieren sich an diesem Beispiel, nicht bloß einzelne, nein, ganze Gemeinden. *Strabon 4,1,5*

## Der Untergang der römischen Republik

Am 15. März 44 wurde Caesar von seinen aristokratischen Gegnern ermordet. Nicht einmal ein Jahr später war ein neuer Bürgerkrieg im Gange. Im November 43 trafen sich Marcus Antonius, Marcus Aemilius Lepidus und Gaius Iulius Caesar (von der Wissenschaft zur Abgrenzung von seinem Adoptivvater und von seiner späteren Zeit als Augustus »Octavian« genannt) auf einer Flußinsel bei Bologna und beschlossen ein politisches Bündnis. Durch Gesetz wurden sie kurz darauf mit dem Titel *Triumviri rei publicae constituendae* als oberstes Regierungsorgan des römischen Staates eingesetzt. Nach dem Sieg über die Caesarmörder bei Philippi teilten sie im Vertrag von Brundisium (40 v. Chr.) das Römische Reich in Einflußsphären. Marcus Antonius erhielt den Osten, Lepidus das römische Afrika, Octavian die übrigen westlichen Provinzen, also auch Gallien. Nach dem unfreiwilligen Ausscheiden des Lepidus und einer beispiellosen Hetzkampagne gegen Antonius und die ägyptische Königin Kleopatra, die »orientalische Hexe«, die ihn angeblich in ihre Gewalt gebracht hatte, besiegte Octavian seinen Gegner 31 v. Chr. in der Schlacht von Actium. Bei der Ankunft des Siegers in Alexandria nahmen sich Antonius und Kleopatra das Leben. Damit war Octavian Alleinherrscher. Sowohl die Geschichte der römischen Republik als auch die griechische Geschichte waren zu Ende und gingen in der des Römischen Reiches auf.

# Die Verwaltungsstruktur der *Provincia Narbonensis*

KAPITEL IV

Es gibt wohl niemanden, den nicht die Größe des *Imperium Romanum* beeindruckte, und mehr noch die lange Dauer, die ihm beschieden war. Über 200 Jahre vermochte es nach außen den Frieden zu erhalten und, was noch mehr verwundert, im Innern Revolutionen und Aufstände zu vermeiden.[1] Der äußere Friede verdankte sich in erster Linie der militärischen Überlegenheit der Legionen, aber der innere Friede kann nur damit erklärt werden, daß die Römer Herrschaftsformen entwickelten, die möglichst wenig Druck und Gegendruck, keinen unnötigen Haß gegen die römische Herrschaft erzeugten, vielmehr einen rechtlich klar definierten Rahmen schufen, in dem die Unterworfenen diese Herrschaft ertragen und mittragen konnten. Das war kein Automatismus, und es war nicht selbstverständlich, sondern das Resultat kluger Politik. Sie entsprang allerdings nicht einem einheitlichen Konzept, sondern entwickelte sich Schritt für Schritt nach Maßgabe der jeweiligen Gegebenheiten.

## Die Provinzbeschreibung des älteren Plinius

### Der ältere Plinius

Der Autor lebte im 1. Jh. n. Chr., war kaiserlicher Flottenkommandant in Misenum (am Golf von Neapel) und kam im Jahre 79 beim Ausbruch des Vesuvs zu Tode. Davon hat sein Neffe, der jüngere Plinius, für den mit ihm befreundeten Historiker Tacitus einen beeindruckenden Bericht verfaßt (epist. 6,16.). Auf die Meldung, am Golf von Neapel steige eine riesige Wolke auf, hatte sein Onkel einige Großschiffe seeklar ▶

machen lassen, um bedrängten Menschen, die keinen anderen Ausweg als das Meer hatten, zu Hilfe zu kommen. Weil der Weg nach Herculaneum wegen der herabfallenden Asche und Steine bereits unpassierbar war, fuhr er nach Stabiae, suchte dort durch seinen Gleichmut die Verängstigten zu beruhigen, erlag aber am Morgen des 24. August den Anstrengungen und den ausgetretenen Gasen.

Auf der Fahrt hatte er alle Phasen der Katastrophe genau aufzeichnen lassen, denn er war nicht nur Offizier, sondern auch Gelehrter *(eruditissimus vir)*, zeit seines Lebens von einem unstillbaren Wissensdrang beseelt. Seine »Naturkunde« ist die längste erhaltene Prosaschrift der lateinischen Antike. In 37 Büchern hat Plinius darin die Themen Kosmologie, Geographie, Anthropologie, Zoologie, Botanik, Pharmakologie und Mineralogie behandelt. Seine Kenntnisse beruhten nur zum geringsten Teil auf eigener Anschauung. Er hat vielmehr in jeder denkbaren Lebenslage alles, was er an Büchern in die Hände bekam, sich vorlesen lassen und die Exzerpte diktiert. Am Ende seines Lebens hinterließ er 160 beidseitig beschriebene Papyrusrollen. In seiner an Kaiser Titus, mit dem er seit der Belagerung Jerusalems vertrauten Umgang hatte, gerichteten Widmung der *Naturalis historia* schreibt er selbst, 20 000 der Behandlung werte Gegenstände habe er aus etwa 2000 Büchern zusammengetragen (*praefatio* 17).[2]

Um einen Überblick über die *Provincia Narbonensis* und die Einrichtungen, welche die Römer zu ihrer Verwaltung schufen, zu geben, greife ich auf die Beschreibung im 3. Buch der *Naturalis historia* des älteren Plinius zurück.

## *Antike Küstenbeschreibungen (períplus)*

Für das Verständnis des ersten Teils (*in ora* = an der Küste) sollte sich der Leser in die Lage eines Schiffers versetzen, der von Westen nach Osten die Küste entlangfährt. Dieser könnte ein Buch zur Hand gehabt haben, das die Flußmündungen und Vorgebirge sowie die Städte und Wohngebiete der Stämme aufführte. Derartige Bücher gab es tatsächlich; sie hatten zunächst eine rein praktische Zweckbestimmung für die Nautik, wurden später aber auch eine literarische Gattung. Nach der Form der Schiffahrt, die in der Antike nach Möglichkeit der Küste entlang betrieben wurde, hießen sie *períplus* (Umschiffung). Wie man sehen wird, gab es auch eine Technik, die Bewohner des Binnenlandes zu erfassen: Sie wohnten »hinter« oder »über« den Anrainern der Küste. Auch ließ sich, was sonst noch über Land und Leute bekannt war, in das Gerüst des Periplus einfügen.

Auch für die südgallische Küste ist eine solche Beschreibung erhalten: das Lehrgedicht des Rufus Festus Avienus mit dem Titel *Ora maritima.* Der Autor schrieb zwar im 4. Jh. n. Chr., benutzte aber als Vorlage einen etwa tausend Jahre älteren Periplus, in dem ein anonymer Autor aus Massilia die Küste von Tartessos bis Massilia dargestellt hatte.

## *Die Quellen des Plinius*

Dieser literarischen Tradition folgt Plinius im 1. Teil seiner Provinzbeschreibung. Welche Quellen er dabei benutzt hat, ist nicht auszumachen.[3] Für den 2. Teil (*in mediterraneo* = im Binnenland) beruft er sich auf die Reichsstatistik *(formula)* des Augustus. Die Angabe für die Ausmaße der Provinz entnahm er der Beschreibung des Imperium Romanum, die Augustus nach den Entwürfen Agrippas in der *porticus Vipsania* in Rom für jedermann sichtbar öffentlich aufgestellt hatte (Plin. nat. hist. 3,17).

Einen anderen Ton als die nüchterne Berichterstattung in den beiden Hauptteilen hat die Einleitung. Hier folgt Plinius nicht nur seinen Quellen, sondern formuliert aus eigener Anschauung sein außerordentlich positives Gesamturteil über den Entwicklungsstand der Provinz. Er kannte Land und Leute, seit er 70 n. Chr. als Prokurator das kaiserliche Vermögen in der Narbonensis verwaltet hatte.[4]

## *Die Beschreibung der Narbonensis*

Zur besseren Vorstellung gebe ich Flußnamen und andere geographische Begriffe in ihrer heutigen Form wieder. Fünf Orte, deren Rechtsstellung Plinius schon im geographischen Durchgang mitteilt, hebe ich graphisch hervor.

Provinz Narbonensis heißt der Teil Galliens, der vom Mittelmeer bespült wird, früher *Braccata* (»Hosengallien«) genannt. Von Italien trennen sie der Fluß Var und die für das Römische Reich höchst segensreichen Ketten der Alpen, vom übrigen Gallien aber im Norden die Gebirge Cevennen und Jura. Was die Entwicklung der Landwirtschaft, das kulturelle und soziale Niveau ihrer Bewohner und die Fülle des Reichtums anbelangt, kann diese Provinz es mit jeder anderen aufnehmen, kurz gesagt: Die Narbonensis ist eher ein Stück Italien als eine Provinz.

An der Küste liegen das Gebiet der Sordonen, landeinwärts das der Konsuaraner, die Flüsse Tech und Verdouble, die Städte Illiberis (Elne), der bescheidene

Überrest einer einst großen Stadt, und *Ruscino* (Château-Rousillon), das latinisches Recht hat, der Fluß Aude, der aus den Pyrenäen kommt und den Etang de Sigean durchfließt, die *Kolonie Narbo Martius der X. Legion* (Narbonne), 12 Meilen vom Meer entfernt, und die Flüsse Hérault und Lez (oder Livron). Im weiteren Verlauf der Küste gibt es wegen der vorgelagerten Lagunen kaum Städte, aber Agatha (Agde), das früher zu Massilia (Marseille) gehörte. Dann kommt das Gebiet der tektosagischen Völker und die Stelle, wo früher Rhoda der Rhodier lag, nach dem der bei weitem wasserreichste Fluß Galliens seinen Namen hat, die Rhône.[5] Sie stürzt aus den Alpen herab und durchfließt reißend den Genfer See, führt dann die träge Saône mit sich fort sowie die Isère und Durance, die genauso reißend sind wie sie selbst. Von den beiden kleineren Mündungen der Rhône, den »Libischen«, heißt die eine die Spanische (Petit Rhône), die andere die Metapinische (heute verlandet); die dritte und größte heißt die Massaliotische (Grand Rhône). Es gibt Autoren, nach denen auch eine Stadt Heraclea an der Mündung der Rhône gelegen haben soll. Jenseits liegen der aus der Rhône abgeleitete Kanal *(fossae,* Fos*)*, der durch die Leistung und den Namen des Gaius Marius berümt ist, sowie der Etang de Berre, die Stadt Maritima der Avatiker (? Martigues) und darüber die steinernen Felder (der Crau), eine Erinnerung an die Kämpfe des Herkules. Dann kommt das Gebiet der Anatilier, im Binnenland das der Dexivaten und Kavaren; weiter östlich an der Küste das der Trikorier und im Binnenland das der Tritoller, Vokontier und Segovellauner und dann das der Allobroger. An der Küste aber liegen das *verbündete Massilia* (Marseille), eine Gründung der griechischen Phokaeer, das Cap Croisette, der Hafen Citharista (La Ciotat), das Gebiet der Kamaktuliker; dann kommen die Suelterer und darüber die Verukiner. An der Küste aber folgen Athenopolis (St-Tropez), das zu Massilia gehört, die *Kolonie Forum Iulii der VIII. Legion,* mit den Beinamen *Pacensis* und *Classica* (Fréjus), der Fluß Argens, das Gebiet der Oxubier und Ligauner und über diesen die Suetrer, Quariaten und Adunikaten; dann wieder an der Küste die *latinische Stadt Antipolis* (Antibes), das Gebiet der Dekiaten, der Fluß Var, der aus den Alpen vom Mont Pelat herabströmt. *Plinius, Naturalis historia 3,31 ff.*

Im zweiten Hauptteil gliedert Plinius nach juristischen Kategorien: Römische Kolonien, Latinische Städte und verbündete Städte. Innerhalb der Rubrik Latinische Städte verfährt er alphabetisch.

Im Binnenland liegen die Kolonien Arelate der VI. Legion (Arles), Baeterrae der VII. Legion (Béziers), Arausio der II. Legion (Orange), im Gebiet der Kavaren Va-

lentia (Valence), schließlich Vienna der Allobroger (Vienne). Latinische Städte *(oppida Latina)* sind Aquae Sextiae der Salluvier (Aix-en-Provence), Avennio der Kavaren (Avignon), Apta Iulia der Vulgienten (Apt), Alebaece der apollinarischen Reier (Riez), Alba der Helvier (Alba), Augusta der Trikastiner (St-Paul-Trois-Châteaux oder Nyons?), Anatilia, Aërea, die Bormaner, die Comaner, Cabellio (Cavaillon), Carcasum der tektosagischen Volker (Carcassonne), Cessero (St-Thibéry), Carbantorate der Meminer (Carpentras), die Caenicensen, die Cambolectrer, die den Beinamen Atlantiker haben, Forum Voconii, Glanum (Saint-Rémy), die Libier, die Lutevaner, die auch *Foroneronenses* heißen (Lodève), Nemausum der Arekomiker (Nîmes), Piscinae (Pézenas), die Rutener (Rodez), die Samnagensen, die Tolosaner der Tektosagen, die Aquitanien benachbart sind (Toulouse), die Tascoduner, die Tarusconenser (Tarascon), die Umbraniker und bei den verbündeten Vokontiern die beiden Hauptorte Vasio (Vaison-la-Romaine) und Lucus Augusti (Luc-en-Diois), sowie 19 nicht weiter nennenswerte Orte, desgleichen 24 Orte, die Nemausum zugewiesen sind.
Dem Verzeichnis (der *formula* des Augustus) hat Kaiser Galba von den Alpenbewohnern die Avantiker und Bodiontiker, deren Hauptort Dinia (Digne) ist, hinzugefügt.
Die Länge der Provinz Narbonensis gibt Agrippa mit 370 Meilen, die Breite mit 248 Meilen an. *Plinius, Naturalis historia 3,36f.*

## Die Einrichtung einer römischen Provinz

Der Text des Plinius ist so trocken wie ein Verwaltungshandbuch. Erst wenn man anfängt, seine Bedeutung zu entschlüsseln, wird er interessant.

### *Die Behandlung der Gallier in den ersten Jahren nach der Eroberung*

Aus Ciceros Rede *Pro Fonteio* und Caesars *Bellum Gallicum* haben wir erfahren, wie die Römer in der ausgehenden Republik in Gallien herrschten. Mit militärischer Gewalt wurden die Stämme unterworfen, wenn nötig, mehrfach; Siegeszeichen und Triumphe dienten dazu, die Überlegenheit der Römer und die Demütigung der Besiegten symbolisch ins Bild zu setzen. Diese mußten Land für den Straßenbau und die Anlage von römischen Stützpunkten abgeben, Steuern entrichten, Getreide liefern und Kriegsdienst in den Auxiliartruppen leisten. Das war in den Gebieten, in denen die Römer eher informell die Vorherrschaft ausübten, wie in der *Transalpina* in den ersten

▶ *siehe S. 98f., 111*

Jahrzehnten nach 125 v. Chr. und in Zentralgallien während Caesars Feldzug, im Prinzip nicht anders als in ihren organisierten Herrschaftgebieten, den Provinzen.

## *Der Begriff* provincia

Das Wort *provincia* bezeichnet ursprünglich den Amtsbereich, den der Senat Jahr für Jahr den Konsuln und Prätoren zuwies. Beispielsweise konnte er einen Konsul beauftragen, in Etrurien Krieg zu führen *(provincia Etruria),* oder einen Prätor mit der Rechtsprechung über die Bürger betrauen *(provincia urbana, praetor urbanus).* Seit 227 v. Chr. bekam der Begriff zusätzlich eine territoriale Bedeutung und bezeichnete auch die außeritalischen steuerpflichtigen Herrschaftsbereiche, angefangen mit Sizilien, Sardinien und Korsika; im 2. Jh. v. Chr. kamen *Hispania Ulterior* und *Citerior, Macedonia, Africa* und *Asia,* im 1. Jh. v. Chr. *Gallia Transalpina* hinzu.

Rom war in einer Provinz durch einen Oberbeamten vertreten *(magistratus cum imperio),* der nach außen für den militärischen Schutz, nach innen für Ruhe und Ordnung zu sorgen hatte. Seit Sulla lautete sein Titel Prokonsul oder Proprätor; in der Kaiserzeit wurde die Narbonensis im Auftrag des Senats von jährlich wechselnden Prokonsuln verwaltet. Dem Statthalter waren ein Quästor und einige wenige subalterne Gehilfen beigegeben. Für die Steuereintreibung waren zunächst nicht staatliche Stellen zuständig, sondern private Unternehmer, mit denen der Staat Verträge abschloß *(publicani).* Erst ab Augustus wurden entsprechende staatliche Verwaltungseinrichtungen aufgebaut. Die nach heutigen Maßstäben unglaublich niedrige Zahl an römischem Personal läßt schon vermuten, daß die eigentliche Verwaltungsarbeit auf lokaler Ebene zu leisten war. Das schuf den Freiraum für eine Selbstverwaltung. Eine andere Möglichkeit hätte gar nicht bestanden, denn die Römer verfügten über keinen bürokratischen Apparat, um anders verfahren zu können.

## *Die antike Stadt* (pólis *oder* civitas)

Für die Erfüllung der lokalen Aufgaben gab es nach antiker Vorstellung nur ein Modell: die Stadt. Sie ist die grundlegende soziale Einheit der antiken Welt. Der Begriff birgt allerdings die Gefahr von Mißverständnissen, da man die antike Stadt nicht mit der mittelalterlichen oder der modernen gleichsetzen darf. Die Probleme bleiben aber dieselben, wenn wir den Begriff »Stadt«

durch Stadtstaat, *polis* oder *civitas* ersetzen. Unter Stadt oder Stadtstaat versteht man eine politische Einheit, die aus der städtischen Siedlung im engeren Sinne (mit Mauern, Straßen, Häusern, Plätzen, Heiligtümern, Theatern usw.) und dem umliegenden Land bestand, aus dem sie sich ernährte und über das sie gebot, wie Athen über Attika. Es gab keine rechtliche Trennung zwischen Stadt und Umland. Alle Bewohner von Attika, soweit sie nicht Fremde oder Sklaven waren, waren Athener, d.h. Bürger von Athen. Die Größe spielte keine Rolle, die meisten griechischen Poleis waren eher »Dorfstaaten«.

Aber auch die kleinsten Poleis waren in alter Zeit souveräne Staaten. Seit Alexander dem Großen (336–323 v. Chr.) waren sie zwar von den viel mächtigeren Großreichen abhängig, aber sie waren nicht deren Untertanen. Im Gegenteil, immer wieder wurde von den hellenistischen Königen ihre Freiheit proklamiert. Diesen Typ der schon an Herrschaft gewöhnten Stadt übernahmen die Römer als wichtigstes Erbe aus dem hellenistischen Osten und fügten ihn ihrem sich erst entwickelnden Herrschaftssystem ein. Auch ihre westlichen Provinzen, in denen es (mit Ausnahme Siziliens) keine oder nur wenige Städte gab, organisierten sie nach diesem Modell.

Wenn wir von Urbanisierung sprechen, heißt das also nicht »Verstädterung« im modernen Sinne, sondern daß das ganze Römische Reich in städtische Bezirke gegliedert, sozusagen ein Flickenteppich von Poleis oder *civitates* war. Es ist deshalb kein Gegensatz, wenn man einerseits den hohen Urbanisierungsgrad und die große Zahl von Städten betont, andererseits hervorhebt, daß auch in der Kaiserzeit die weitaus meisten Menschen auf dem Lande und von der Landwirtschaft lebten.

## *Urbanisierung und Zivilisierung*

Da über die Hintergründe und Überlegungen, welche die Römer bei ihren Anordnungen für die Narbonensis leiteten, nichts bekannt ist, muß man als Parallele einen klassischen Text heranziehen. Er betrifft die Maßnahmen, die der Feldherr Agricola im 1. Jh. n. Chr. in Britannien traf. Tacitus, sein Schwiegersohn, berichtet davon:

Den (folgenden) Winter verbrachte Agricola mit überaus nützlichen Maßnahmen. Denn damit die verstreut siedelnden, ungebildeten und deshalb leicht zum Krieg bereiten Menschen sich durch ein angenehmes Leben *(voluptates)* an Ruhe und Muße gewöhnten, ermunterte er sie persönlich, unterstützte sie öffentlich, Tempel, Märkte und Häuser zu bauen. Er lobte diejenigen, die es bereitwillig taten, und tadelte diejenigen, die zögerten. So trat die Rivalität um die Ehre *(honor et aemulatio)* an die Stelle des Zwanges. Weiterhin ließ er die Söhne der Fürsten in den freien Künsten ausbilden und gab der Begabung der Britannier vor dem Fleiß der Gallier den Vorzug. Menschen, die gerade noch die lateinische Sprache abgelehnt hatten, wollten jetzt Rhetorik studieren. So kam auch römische Kleidung zu Ehren, und die Toga wurde üblich. Allmählich ging man zu Annehmlichkeiten und Ausschweifungen über, zu Säulenhallen, Bädern und erlesenen Gelagen. Und das hieß bei den Unerfahrenen Kultur *(humanitas)*, während es doch ein Teil der Knechtschaft war.

*Tacitus, Agricola 21*

In diesem Text ist beschrieben, wie man aus kriegslüsternen Barbaren zivilisierte Menschen macht. Im Grunde ist das nicht schwierig: Man muß ihnen nur zeigen, wie angenehm es sich – im Vergleich zu Dörfern und Hütten – in Städten lebt. Außer den Bequemlichkeiten winken den Adligen die *honores*, ein doppeldeutiger Begriff, der zugleich die Ämter und die damit verbundene Ehrenstellung bezeichnet.

Pompeius Trogus, der im 2. Kapitel zu Wort kam, schrieb schon den Massalioten das Verdienst zu, aus den barbarischen Galliern Menschen gemacht zu haben, die Ackerbau betrieben, Weinberge und Olivenhaine anlegten und nach Recht und Gesetz lebten. Man sollte solche Äußerungen nicht wörtlich nehmen. Agricola kann ja unmöglich in einem Winter in den Britanniern die Liebe zur Rhetorik geweckt haben. Man faßt hier ein typisches Bewertungsschema, das sich durch die gesamte antike Geschichte zieht. Schon in der Odyssee sind die Kyklopen, die Prototypen barbarischer Wildheit, als »gesetzlose Riesen« charakterisiert,

▶ *siehe S. 71*

die ... weder Gewächse pflanzen mit den Händen, noch pflügen ... Sie haben weder ratspflegende Versammlungen noch auch Gesetze, sondern bewohnen die Häupter der hohen Berge in gewölbten Höhlen, und ein jeder setzt die Satzungen fest für seine Kinder und seine Weiber, und sie kümmern sich nicht umeinander.

*Homer, Odyssee 9,108 und 112–5. Übersetzung W. Schadewaldt*

Der zivilisierte Mensch hingegen bestellt als Bauer das Land und wohnt in Städten, wo die Gemeinschaft der Bürger auf das Recht gegründet ist. Auch Plinius meint im ersten Absatz seiner Beschreibung der Narbonensis genau dieses, wenn er sagt: *agrorum cultu, virorum morumque dignatione, amplitudine opum,* d.h. durch die Entwicklung der Landwirtschaft, das kulturelle und soziale Niveau ihrer Bewohner und die Fülle des Reichtums steche diese Provinz vor allen anderen hervor (Plin. nat. hist. 3,31).

Zivilisierung bedeutete also Urbanisierung. Die Liste des Plinius zeigt uns die verschiedenen rechtlichen Formen, derer sich die Römer bedienten, um die Narbonensis regierbar zu machen. Mit ihnen schufen sie einen Rahmen, in dem die Unterworfenen sich auf Dauer einrichten konnten, der Rechtssicherheit und im Konfliktfall ein gewaltfreies Verfahren garantierte.

## *Die oppida Latina*[6]

Die 35 latinischen Städte *(oppida Latina),* die Plinius anführt, sind der vollkommenste Ausdruck für das Geschick der Römer, nicht nur Städte zu gründen, sondern auch die Einheimischen dahin zu bringen, in ihnen zu leben. Vorgefunden hatten sie Stämme und Oppida. In welchem Verhältnis zueinander diese beiden Organisationsformen standen, ist unklar. Für größere Stämme, in denen es mehrere Oppida gab, muß man wohl annehmen, daß diese auf gleicher Stufe standen und daß nicht geregelt war, wo die politische Zentrale des Stammes, sollte es sie gegeben haben, residierte. Diese polyzentrische Organisation ersetzten die Römer durch eine zentralistische. Sie privilegierten *ein* Oppidum vor den anderen, erhoben es zum politischen Subjekt und unterstellten ihm das gesamte Stammesgebiet. Gab es vorher die Allobroger mit dem Oppidum Vienna (und verschiedenen anderen), so gab es jetzt eine Stadt Vienna, die über die Allobroger gebot, so wie Athen über Attika. Man könnte auch sagen: Die Römer erhoben das Oppidum zur Polis.

▶ *siehe S. 78 f., 230*

Gut erfaßt hat diesen Sachverhalt, einschließlich des pazifizierenden Effekts auf die vorher wilden und kriegerischen Gallier, der Geograph Strabon, wenn er schreibt:

> Die Allobroger zogen (vor der Unterwerfung durch die Römer) mit Zehntausenden von Leuten in den Krieg; nun bestellen sie die Ebenen und die in den Alpen gelegenen Täler. Größtenteils wohnen sie in Dörfern, die Vornehmen dagegen in Vienna, einst ein Dorf, wenn auch als Hauptort *(metropolis)* des Stammes betrachtet. Jetzt haben sie daraus eine Stadt *(polis)* gemacht. Sie ist an der Rhône erbaut.
> *Strabon 4,1,11*

### *Vienna (Vienne), die Civitas der Allobroger*

▶ *siehe die Karte der Civitas Vienna S. 413*

Das Stammesgebiet der Allobroger reichte von der Isère bis in die Nähe von Lyon, von der Rhône bis zum Genfer See und zu den Hochalpen. Damit war das Territorium der *Civitas Vienna* mit 13 000 $km^2$ nach antiken Maßstäben außerordentlich groß, mehr als viereinhalb mal so groß wie Attika, nach Sparta das größte Polisterritorium der griechischen Welt, oder, um ein modernes Beispiel zu bieten, fast fünfmal so groß wie das Saarland (2567 $km^2$). Man kann sich daher gut vorstellen, daß außer der in Vienne residierenden Verwaltung für die gesamte Civitas auch auf lokaler Ebene Verwaltungsorgane nötig waren. Die römische Administration schuf mit den *pagi* (Gauen) fiskalische Einheiten für die Erfassung des Grundbesitzes und die Verteilung der auf die Eigentümer entfallenden Lasten (Instandhaltung der Straßen, Spanndienste). In der Civitas Vienne sind mehrere *pagi* bezeugt: zum Beispiel der *pagus Ati*(-) bei Grenoble, der *pagus Dia(niensis ?)*, dessen Präfekte in Hauteville und Seyssel Weihungen für den Gott Vintius vornahmen. Außerdem gab es *vici* (Dörfer), von denen einige an wichtigen Straßenkreuzungen oder Flußübergängen lagen, wie Aoste *(vicus Augustus)* oder Annecy *(Boutae)*, andere zu den alten, nicht beförderten Oppida des Stammes gehörten wie Genf *(Genava)* und Grenoble *(Cularo)*.[7]

▶ *CIL XII 2558, zitiert S. 223*

### *Nemausus (Nîmes), die Civitas der Arekomiker*

Die Arekomiker wurden Nemausus[8] unterstellt. Auch ihr Stammesgebiet war sehr groß, auch dort gab es eine Vielzahl von Oppida, z.B. Beaucaire (Ugernum), Uzès (Ucetia) und Ambrussum. Diese wurden im Unterschied zu der Regelung bei den Allobrogern nicht zu *vici* degradiert, sondern blieben als *oppida Latina* bestehen und wurden Nîmes »zugewiesen« (attribuiert).[9] Sie besaßen ein eigenes Territorium, eigene Beamte und eine eigene Kasse, in manchen Fällen sogar Stadtmauern und öffentliche Gebäude. Der Unterschied zwischen der Behandlung der Allobroger und der Arekomiker erklärt sich wohl dadurch, daß im Süden schon in vorrömischer Zeit die Urbanisierung weit fortgeschritten war und die proto-urbanen Oppida eine eigene Identität entwickelt hatten. Der Vorteil der *attributio* für den Hauptort lag darin, daß die mit der Amtsführung verbundenen Privilegien nur bekam, wer in Nîmes ein Amt ausgeübt hatte, so daß das wirtschaftliche Potential aus dem gesamten Umland dem Zentralort zugute kam.

▶ *siehe auch S. 234 f., 290*

Die römische Administration griff also ganz behutsam und nur soweit nötig in die gewachsenen Strukturen ein. Sie begnügte sich damit, auf der Ebene des Hauptortes Ansprechpartner zu haben, auf der darunter befindlichen Ebene ließ sie den Einheimischen ihre Traditionen und so viel Freiraum wie möglich. Für die meisten Menschen, die ja auf dem Lande und weit entfernt vom Zentrum der Civitas lebten, änderte sich also nichts Wesentliches. Von den Honoratioren hingegen hören wir, daß sie in ihren Dörfern und Oppida als Stifter hervortraten und darüber hinaus auch in der Verwaltung des Hauptorts präsent waren.

▶ *Beispiele siehe S. 316 und 320*

## *Die Vorteile des Latinischen Rechts*

Allerdings konnte man nicht mit einem Federstrich das Oppidum zur Stadt erheben. Man brauchte Menschen, die sich für ihre Verwaltung zur Verfügung stellten. Dabei zählten die Römer auf die Angehörigen der Stammesaristokratien. Der Anreiz bestand im Latinischen Recht: Wer ein Amt in seiner Civitas bekleidet hatte, erhielt automatisch das römische Bürgerrecht. Damit gehörte er, samt seiner Familie, zu den Privilegierten im Römischen Reich. Vielleicht konnte, entsprechender Ehrgeiz vorausgesetzt, sein Sohn im Dienste des Kaisers aufsteigen und ein hohes Staatsamt bekleiden.

▶ *Beispiele siehe S. 319ff., 328f.*

Die Römer zeichneten sich vor allen anderen antiken Staaten durch die Großzügigkeit aus, mit der sie ihr Bürgerrecht an andere vergaben. Das ist wahrscheinlich das Geheimnis, das hinter ihrer so erfolgreichen Politik stand. Wer militärisch unterworfen war, konnte mit der Aufnahme in den römischen Bürgerverband rechnen – selbstverständlich unter der Voraussetzung eines entsprechenden Akkulturationsprozesses. Für diesen ist das Latinische Recht nun einerseits ein wichtiger Motor, andererseits ist es ein Indiz dafür, wie weit die Anpassung der Beteiligten an römische Normen schon vor seiner Einführung gediehen sein mußte. Es wurde nämlich nicht nur das römische Bürgerrecht in Aussicht gestellt, sondern es wurde im privaten Recht, das ja die Lebensführung jedes einzelnen regulierte, das römische Zivil- und Zivilprozeßrecht als Norm gesetzt. Man denke nur an das römische Familienrecht mit seiner *patria potestas,* der absoluten Gewalt des Familienoberhauptes *(pater familias)* über seine Kinder und Enkel, zu der es in keinem anderen antiken Recht eine Parallele gab.

▶ *siehe S. 173f.*

## *Die spanischen Stadtrechte*

Die Einzelheiten kennen wir aus der spanischen Provinz Baetica, wo die Stadtrechte von Malaca, Salpensa und Irni erhalten sind. Diese stammen zwar aus dem letzten Drittel des 1. Jhs. n. Chr., ihre Anordnungen folgen aber einem seit der späten Republik gebräuchlichen Schema, so daß Schlüsse auf die Verhältnisse in Südgallien erlaubt sind.

Die *lex Irnitana* (das Gesetz von Irni) wurde erst 1981 auf sechs (von ursprünglich zehn) Bronzetafeln entdeckt. Der gesamte Gesetzestext dürfte eine Länge von über neun Metern gehabt haben. Wie das Gesetz selbst anordnete, mußte die Publikation in der Weise erfolgen, daß man den Text vom Boden aus lesen konnte. Die *lex Irnitana* stellte die Verfassung der Stadt Irni dar und regelte die gesamte städtische Verwaltung und Gerichtsbarkeit; inbesondere traf sie Anordnungen für die Wahl der Beamten und die Tätigkeit des Stadtrats. Sie setzte fest, welche Rechtssachen vor den städtischen Gerichten anhängig gemacht werden konnten und welche vor das Gericht des Statthalters gehörten.

Vom Kaiser ist nur in zwei Abschnitten die Rede: Der Amtseid war auf die früheren divinisierten Kaiser und den *genius* des regierenden Kaisers abzulegen. Weiter war die Möglichkeit vorgesehen, daß der Imperator selbst ehrenhalber das oberste städtische Amt übernahm und sich durch einen Präfekten vertreten ließ. Auch wird mehrfach betont, daß die Tätigkeit der lokalen Amtsträger nicht gegen die vom Senat oder Kaiser gegebenen Gesetze verstoßen darf. Aber das ist eine Selbstverständlichkeit, im Prinzip so, wie heute Bundesrecht Landesrecht bricht. Man würde angesichts dieser Stadtrechte nicht glauben, daß die Römer über Untertanen herrschten und daß das Imperium Romanum von einem Monarchen regiert wurde, wenn man es nicht besser wüßte. So weit ging die städtische Autonomie.[10]

Auch die Städte der Narbonensis müssen vergleichbare Satzungen gehabt haben. Von diesen ist zwar keine erhalten, doch lassen die Inschriften erkennen, daß die Stadtverfassungen nach römischem Vorbild gestaltet waren. Überall gab es einen Stadtrat *(ordo decurionum)* und Beamte: Quästoren, Ädile und – an der Spitze des *cursus honorum* – ein Kollegium von Quattuorvirn *(IV-Viri)*. Auch die Priester führten die üblichen römischen Titel: *Pontifices*, *Augures* und *Flamines*.[11]

▶ *Beispiele siehe S. 259*

## *Caesar oder Augustus?*

Es muß nun noch die Frage wenigstens gestellt werden, auf wen die Ordnung, die Plinius beschreibt, zurückgeht. Eine klare Anwort scheitert einmal mehr an den fehlenden Quellen. Erste sichere Angaben sind in der Triumviratszeit geprägte Münzen, deren Legende lautet: *CIV (Colonia Iulia Viennensium).* Da sowohl Caesar als auch Octavian/Augustus den Gentilnamen *Iulius* führten, könnte eine *colonia Iulia* grundsätzlich von jedem der beiden gegründet sein. Weiter hat man zu bedenken, daß Caesars Verfügungen *(acta),* auch wenn sie sich noch im Entwurfsstadium befanden, nach seinem Tode weitergalten. Diese könnten demnach den Rahmen abgegeben haben, in dem Octavian weiterdachte. Festzuhalten ist aber, daß es in den Quellen keinen einzigen direkten Hinweis darauf gibt, daß Caesar – mit Ausnahme der Kolonien Arles und Narbonne – sich über die Organisation der Narbonensis Gedanken gemacht hätte. Auch dafür, daß er für treue Verdienste im gallischen Krieg an einzelne Stämme das latinische Recht vergeben hätte, gibt es keinen Anhalt. Ich neige deshalb zu der Auffassung, daß die dargestellte Ordnung nicht sukzessive entstanden, sondern in einem Guß konzipiert ist, und meine, daß man sie eher Octavian zuweisen muß, in dessen Machtbereich sich die Narbonensis ab 40 v. Chr. befand. Zu beweisen ist das jedoch nicht.

## *Spätere Veränderungen*

An der ursprünglichen Ordnung sind offenbar verschiedentlich Änderungen vorgenommen worden. Beim Vergleich der von Plinius mitgeteilten Liste mit der Karte zeigt sich, daß über die Hälfte der *oppida Latina* im Lauf der Hohen Kaiserzeit verschwunden ist. Wahrscheinlich wurden sie anderen Civitates zugeschlagen und führten ihre Existenz als *agglomérations secondaires* fort. Einige, wie die *Samnagenses* und *Caenicenses,* prägten zeitweilig Münzen, sind aber nicht sicher lokalisiert, andere, wie die *Bormani* und *Cambolectri,* sind nur bei Pinius erwähnt, folglich nicht lokalisiert. In der zweiten Hälfte des 3. Jhs. verschwand auch Glanum aus der Reihe der selbständigen Civitates und wurde wohl Avignon zugeordnet,[12] während Cularo (Grenoble) und Genava (Genf) im 4. Jh. aus der Civitas Vienna und Ucetia (Uzès) aus der Civitas Nemausus herausgelöst und zu eigenständigen Civitates erhoben wurden.

▶ *siehe Vorsatzkarte*

Auch eine »Beförderung« war möglich. Wie durch Münzen und Inschriften bezeugt ist, errangen mindestens zwölf der von Plinius aufgeführten *oppi-*

*da Latina* den Ehrentitel *colonia.* Aus dem Zusatz *Iulia* ist zu schließen, daß die *Coloniae Iuliae Apta, Carpentorate* und *Aquae Sextiae* auf die Triumviratszeit zurückgehen, während die Statuserhöhungen der *Colonia Iulia Augusta Apollinaris Reiorum* (Riez) und der *Colonia Iulia Augusta Glanum* nach dem Jahr 27 v. Chr., als Octavian den Ehrennamen Augustus erhielt, erfolgt sein müssen. *Avennio* hieß zunächst *Colonia Iulia Augusta,* im 2. Jh. n. Chr. wurde es zur Bürgerkolonie erhoben und erhielt einen weiteren stolzen Titel: *Hadriana.* Für *Vienna Allobrogum,* das unter den Bürgerkolonien angeführt ist, hat schon Plinius sein Verzeichnis stillschweigend auf den aktuellen Stand gebracht. Es war zunächst ein *oppidum Latinum,* ausweislich der Münzprägung erhielt es in den dreißiger Jahren des 1. Jhs. v. Chr. den Titel *Colonia Iulia.* In der Regierungszeit von Caligula oder Claudius wurde Vienne römische Bürgerkolonie.[13]

## *Die coloniae civium Romanorum*

Einen ganz anderen Fall von Urbanisierung stellen die Bürgerkolonien *(coloniae civium Romanorum)* dar. Die von Plinius angeführten Beinamen sind aus Legions-Nummern abgeleitet und geben an, daß hier die ausgedienten Soldaten der jeweiligen Legion angesiedelt wurden, z.B. in *Arelate Sextanorum* die Veteranen der VI. Legion. Zusätzlich führten Arelate und Narbo den Beinamen *Paterna* (von *pater* = Vater) im Titel, was sie als caesarische Gründungen von den jüngeren Kolonien Arausio, Baeterrae und Forum Iulii abhob. Hier ging es nicht darum, Gallier an die römische Ordnung zu gewöhnen, sondern um die Lösung eines brennenden innenpolitischen Problems der späten römischen Republik: Ausgediente Soldaten forderten dringend eine Zivilversorgung in Grund und Boden.

## *Die römische Wehrverfassung*

Nach der Ordnung der frühen und mittleren Republik galt die allgemeine Wehrpflicht, und die Bürger wurden nach Maßgabe ihres Vermögens in den Einheiten des Heeres eingesetzt. Der Grund war, daß ursprünglich der Soldat selbst für seine Ausrüstung aufzukommen hatte. Wer über großen Grundbesitz verfügte, diente als Reiter, die Landlosen als Leichtbewaffnete oder Musikanten; den Kern des Heeres *(classis)* aber bildeten die Bauern. Die Konsuln führten jährlich für die vom Senat bewilligten Legionen die Musterung durch, die Feldzüge waren kurz, und danach kehrte der Soldat auf seinen Hof zurück. Die Verhältnisse änderten sich jedoch im Verlauf des 3. und

2. Jhs. v. Chr.: Auf die Punischen Kriege folgten die Eroberung des hellenistischen Ostens und langwierige und besonders blutige Kriege zur Niederwerfung der aufständischen spanischen Stämme (153 – 133 v. Chr.). Nach langen Dienstjahren auf außeritalischen Kriegsschauplätzen fanden die Heimkehrer nicht selten ihren Hof in Ruinen vor. Den Preis für den Aufstieg zur Weltmacht hatte somit letztlich das italische Bauerntum zu zahlen. Zum Politikum wurde diese Entwicklung, weil die Zensuslisten nicht mehr genug Bauern aufwiesen, die für den Dienst in den Legionen in Frage kamen.

### Die Krise der Republik und die Agrarfrage

Vor diesem Hintergrund hat man die Agrarreform zu sehen, die die Volkstribune Tiberius und Gaius Sempronius Gracchus (133 resp. 123 – 122 v. Chr.) in die Wege zu leiten suchten. Staatsland *(ager publicus)* sollte parzelliert werden, um Bauern, die ihren Hof verloren hatten, eine neue Existenz zu schaffen. Bei Gelingen der Reform wäre auf diese Weise ein Reservoir entstanden, aus dem man wiederum Rekruten nach der alten Ordnung hätte ausheben können.[14]

Die Gracchen scheiterten jedoch. Auch wenn dies in erster Linie der Engstirnigkeit ihrer aristokratischen Gegner anzulasten ist, muß doch eingeräumt werden, daß ihre Reformpläne ein erhebliches soziales Konfliktpotential enthielten und daher deren Durchführung mit großen sachlichen Schwierigkeiten verbunden war. Das Staatsland lag nicht brach, sondern war Personen, die dazu ökonomisch in der Lage waren, zur Bewirtschaftung überlassen worden. Diese wollten verständlicherweise für ihre Investitionen entschädigt werden. Teilweise waren auch die Eigentumsverhältnisse im Lauf der Jahre in Vergessenheit geraten, so daß in vielen Fällen umständliche juristische Prüfungen erfolgen mußten, ehe man an die Vergabe gehen konnte. All diesen Problemen hätte man entgehen können, indem man Kolonien am Rande des römischen Herrschaftsgebietes anlegte, wie es die Römer seit den Anfängen ihrer Geschichte getan hatten. Da ihnen sozusagen die ganze Welt gehörte, konnte es nicht schwierig sein, erobertes und bislang nicht parzelliertes Staatsland für diesen Zweck auszuweisen.

Deshalb machte Gaius Gracchus den sinnvollen Vorschlag, auf dem Boden des 146 v. Chr. vernichteten Karthago eine römische Kolonie anzulegen. Aber auch mit diesem Vorhaben scheiterte er. Während er sich in Africa aufhielt, um seine Kolonie Iunonia zu gründen, diffamierten seine Gegner ihn und sein Unternehmen: Es sei eine Zumutung, römische Bürger nach Nordafrika zu schicken, wo es doch genug Land in Italien gebe. Da solle wohl ein Gegen-Rom gegründet werden. Mit dieser Agitation entfremdeten sie Gaius seine Anhänger, was seinen Untergang herbeiführte. Noch verheerender waren die längerfristigen Folgen: Der erfolgversprechende Weg, die Agrarfrage zu lösen, indem man auf Provinzialboden zurückgriff, war für Jahrzehnte blockiert.[15]

## *Die Colonia Narbo Martius*

Die einzige Ausnahme stellt die Gründung der Kolonie *Narbo Martius* dar, die durchgeführt wurde, obwohl die Opposition die gleichen demagogischen Töne anschlug wie im Fall Iunonias.

Unter den Gesetzen des (Gaius) Gracchus möchte ich als das verhängnisvollste anführen, daß er außerhalb Italiens Kolonien anlegte. Das hatten unsere Vorfahren klug vermieden, weil sie sahen, wieviel mächtiger Karthago als Tyrus, Massalia als Phokaea, Syrakus als Korinth, Kyzikus und Byzanz als Milet, ihre jeweilige Mutterstadt, waren ... Als erste Kolonie außerhalb Italiens wurde Karthago gegründet. Dann wurde unter dem Konsulat des Porcius und Marcius (118 v. Chr.) Narbo Martius deduziert. *Velleius Paterculus 2,7,7f.*

Während Iunonia aufgehoben wurde, blieb Narbo bestehen. Wie und mit welchen Argumenten das durchgesetzt wurde, wissen wir nicht. Aber man kann vermuten, daß in dem gerade eroberten Gallien, zumal an der wichtigen *Via Domitia,* ein militärischer Stützpunkt eine unabweisbare Notwendigkeit war, so daß strategische Überlegungen gegenüber bloßer Demagogie den Ausschlag gegeben haben dürften. Schon der Beiname *Martius* (von Mars, dem Kriegsgott, abgeleitet) deutet ihre Funktion als »Beobachtungsposten und Bollwerk des römischen Volkes« gegen die Einheimischen an: *specula populi Romani ac propugnaculum istis ipsis nationibus oppositum et obiectum* (Cicero, *Pro Fonteio* 13). Wie viele Kolonisten nach Narbo geschickt wurden, ist nicht bekannt; Schätzungen bewegen sich zwischen 2000 und 6000 Mann.

## *Die politischen Folgen der marianischen Rekrutierungsreform*

Die Gracchen hatten also ihre im Ansatz vernünftigen Reformen nicht durchsetzen können. In der Konsequenz blieb Gaius Marius nach der Katastrophe von Arausio nichts anderes übrig, als massenhaft Freiwillige in die

▶ *siehe S. 96*

Legionen aufzunehmen, Söhne von Kleinbauern und Pächtern, die keinen Hof besaßen *(proletarii)*. So war man schon früher in Krisensituationen verfahren, aber in der veränderten politischen Landschaft der späten Republik führte diese Notmaßnahme, aus der eine ständige Einrichtung wurde, zu unabsehbaren Konsequenzen. Die allgemeine Wehrpflicht wurde zwar nicht abgeschafft – sie bestand noch in der Kaiserzeit –, aber faktisch wurde das römische Heer zur Berufsarmee. Die Identität von Bürger und Soldat geriet ins Schwinden. Durchgehende, weit von der Heimat absolvierte Dienstzeiten von zehn und mehr Jahren wurden die Regel. Mit der Entlassung aus dem Militär standen die Veteranen vor dem Nichts, es sei denn, ihr Feldherr setzte sich erfolgreich für ihre Versorgung ein und verschaffte ihnen einen Bauernhof. Eine andere Möglichkeit der sozialen Absicherung gab es nicht. In dieser neuen Form lebte die Agrarfrage nach Marius fort und erhielt dadurch eine ganz andere Dynamik. Denn im Gegensatz zu den verarmten Kleinbauern, die sich nicht selbst zu Wort meldeten, verfügten die Veteranen über Machtmittel, um ihre Forderungen durchzusetzen.

Dadurch erhielt auch die Beziehung Feldherr-Soldaten, die immer schon ein Vertrauensverhältnis gewesen war (lat. *fides*), eine neue Qualität. Verhängnisvoll für den Bestand der republikanischen Verfassung war, daß gleichzeitig mit der Rekrutierungsreform der Zusammenhalt innerhalb der regierenden Aristokratie verlorenging und einzelne Generäle skrupellos genug waren, ihre Soldaten gegen die Verfassung für ihre eigenen Interessen einzusetzen. Die politischen Folgen zeigten sich zum ersten Mal, als Lucius Cornelius Sulla im Jahre 88 v. Chr. mit seinem Heer Rom eroberte. Der Einbruch des Militärs in die Innenpolitik – was in Jahrhunderten republikanischer Geschichte nicht vorgekommen war – war das Signal zu einer Serie von Bürgerkriegen. Wenn man *einen* Faktor für den Untergang der Republik benennen will, ist es dieses Zusammenwirken von machthungrigen Aristokraten wie Sulla, Caesar oder Octavian und der Bereitschaft ihrer Soldaten, ihnen bedingungslos zu folgen.

### *Caesars außeritalische Kolonisation*

Caesar stand nach seinem Sieg im Bürgerkrieg vor ungeheuren Problemen. Schon im Jahre 47, als das Heer für den Kampf gegen seine Gegner in Afrika zusammengestellt werden sollte, war eine Meuterei ausgebrochen. Die Soldaten marschierten nach Rom und forderten tumultuarisch ihre Entlassung und die Aushändigung der versprochenen Belohnungen. Der Aufruhr brach allerdings sofort zusammen, als ihr abgöttisch verehrter Feldherr ihnen zu verstehen gab, daß ihre Forderung bereits erfüllt sei. Er redete sie nicht mehr als Soldaten *(milites)*, sondern als Bürger *(Quirites)* an.[16]

Aber nach Caesars Sieg in Afrika und seiner Rückkehr nach Rom im Sommer 46 gab es keinen Aufschub mehr. Die Legionen, die seit 58 den ganzen gallischen Krieg hindurch und ab 49 im Bürgerkrieg im Einsatz gewesen waren, mußten entlassen und versorgt werden. Caesar, der in seinem Konsulat für die Veteranen des Pompeius eine Ansiedlung auf Staatsland in Kampanien *(ager Campanus)* durchgesetzt hatte, wußte selbst am besten, daß für eine so große Anzahl von Kolonisten in Italien kein Land mehr zu beschaffen war. Die VII. und VIII. Legion schickte er zwar nach Kampanien, für andere verfügte er jedoch die Ansiedlung in der Provinz Gallia Transalpina. Er packte also endlich das heiße Eisen an, Kolonien außerhalb Italiens anzulegen. Die VI. und die X. Legion, die im Frühjahr 45 an der Schlacht von Munda in Spanien teilnahmen, wurden vielleicht gleich auf dem Rückmarsch in ihre neue Heimat dirigiert. Caesar betraute Tiberius Claudius Nero, den Vater des späteren Kaisers Tiberius, mit der Durchführung der Deduktion (Gründung). Für Arelate konnte man Teile des konfiszierten Territoriums von Massilia nutzen, Narbo hatte möglicherweise eine Verstärkung durch Römer nötig, da Caesar mehrfach dort Aushebungen vorgenommen hatte. Falls der Diktator schon Pläne für die Gründung weiterer Kolonien in Gallien hatte, sind sie durch seinen Tod und den darauf folgenden Bürgerkrieg nicht mehr zur Durchführung gekommen. Aber die Kolonien Lugdunum (Lyon) und Raurica (Kaiseraugst bei Basel), die 44 oder 43 v. Chr. von Lucius Munatius Plancus angelegt wurden, gehen wahrscheinlich auf die *acta Caesaris* zurück. Denn sonst wüßte man nicht, von welcher Seite dazu mitten im Bürgerkrieg die Initiative gekommen sein sollte.[17]

### *Die Triumvirn und die Veteranenversorgung*

Nach Caesars Ermordung, als der Feldherr tot war, den die Soldaten respektiert hatten, und als Politiker aller Couleur mit Geld und Landversprechen um die Gunst der Soldaten warben, ist die Politik unter deren Diktat zeitweilig zusammengebrochen. Bei Abschluß des Triumvirats im November 43 v. Chr. standen 43 Legionen unter Waffen, die Forderungen nach Geld und Land stellten, und 18 von ihnen hatten ausgedient. Die Triumvirn beschlossen, in 18 blühenden Städten Italiens die Bewohner zu enteignen, damit die Veteranen zu ihren Landgütern kamen. Durchzuführen hatte diesen

Beschluß Octavian, dem nach der Schlacht von Philippi die Verwaltung Italiens zufiel. Die Spannungen zwischen den enteigneten Alteigentümern und den immer noch unzufriedenen Veteranen wurden von den Verwandten des Antonius, der sich im Osten des Reiches aufhielt, geschürt und entluden sich im Perusinischen Krieg, einer besonders blutigen Phase in der Reihe der Bürgerkriege (41/40 v. Chr.).

### Die Siedlungspolitik des Augustus

Vor den gleichen, wenn nicht größeren Problemen stand Octavian/Augustus, als er nach der Schlacht von Actium Alleinherrscher war. Die Bürgerkriege waren zu Ende; in Italien und im ganzen Reich sollte fortan Friede herrschen. Aber die Legionen, seine eigenen wie die, die von Antonius zu ihm übergegangen waren, forderten ihre Belohnungen. Die Demilitarisierung der Bürgerkriegstruppen durchgeführt und das römische Militär auf etwa 25 Legionen reduziert zu haben, gehört zu den ganz großen Ruhmestaten des ersten Prinzeps. Mehrfach kommt er in seinem Tatenbericht auf dieses Thema zu sprechen: Ungefähr 500 000 römische Bürger seien als Soldaten auf ihn vereidigt gewesen. Von diesen habe er mehr als 300 000, die ihre Dienstzeit abgeleistet hatten, in Kolonien angesiedelt oder in ihre Heimatgemeinden entlassen. Allen habe er Äcker zugewiesen oder Geld gezahlt. Besonders stolz war Augustus darauf, daß er seit 30 v. Chr. für die enteigneten Grundstücke eine Entschädigung gewährt hatte. Dafür hatte er in Italien insgesamt 600 Millionen und in den Provinzen 260 Millionen Sesterzen aufgewandt (*Res Gestae Divi Augusti* 3 und 16). Später stellte er das System überhaupt um und zahlte den Soldaten statt eines Landguts eine Entschädigung in Geld. Dafür wurde eine neue Steuer und eine neue staatliche Kasse, das *aerarium militare,* eingeführt.

In der Narbonensis legte Octavian in den dreißiger Jahren die Kolonien Béziers und Orange an, nach der Schlacht von Actium kam noch Fréjus hinzu.

### Die soziale und politische Bedeutung der Militärkolonien

Veteranenkolonien in der Narbonensis blieben also Episode. Die Entwicklung war über dieses Mittel der Herrschaftssicherung hinweggegangen. Um ein Gegenbeispiel zu nennen: Als 25/24 v. Chr. das Königreich Galatia in Zentralanatolien an Rom fiel, legte Augustus dort 12 oder mehr Kolonien an. Im rauhen Pisidien mochte das der richtige Weg zur Domestizierung räuberischer Gebirgsstämme sein, in der Narbonensis, die längst auf dem Weg der Romanisierung war, wäre es kontraproduktiv gewesen. Wozu noch massive Eingriffe in die Eigentumsverhältnisse, wie eine Kolonisation sie notwendig voraussetzte, wenn gallische Aristokraten sich als Römer fühlten und gewillt waren, ihre eigenen Städte wie römische Städte auszubauen? Die Militärkolonien mochten stolz auf ihren Rang und ihren kaiserlichen Patron sein, für die Urbanisierung und Romanisierung der Narbonensis waren sie zweitrangig. Was bedeuteten fünf Römerstädte gegenüber den zahlreichen einheimischen Städten, den *oppida Latina*; was zählten vielleicht 5000, höchstens 10 000 römische Bürger, die als Veteranen ins Land kamen, verglichen mit den Galliern, die schon in der späten Republik zum Bürgerrecht gelangten?[18]

Auch die soziale und wirtschaftliche Stellung der einzelnen Kolonisten und ihrer Abkömmlinge war offensichtlich zweitrangig: Von den 64 bekannten ritterlichen Offizieren, die der Provinz entstammten, kamen 21, also fast ein Drittel, aus Vienne, 12 aus Nîmes und nur einer aus Orange. Während kein Bürger aus Orange in den Senatorenstand erhoben wurde, erreichten 6 Männer aus Nîmes und 8 aus Vienne diesen Rang. Diese beiden Civitates rangierten an der Spitze der Sozialhierarchie, weil es in ihren ausgedehnten Territorien Großgrundbesitz gab, mit dem verglichen die Landlose der Veteranen offenkundig eine *quantité négligeable* waren.

▶ *siehe auch S. 322*

Für die heutige Forschung allerdings hat die Kolonie mit dem »Kataster von Orange« ein Dokument aufzuweisen, das im ganzen Römischen Reich nicht seinesgleichen hat.

## Der Kataster von Orange

1949 stieß man im Stadtzentrum von Orange, beim Bau des Tresorraums für eine Kreditbank, auf eine 1,50 m dicke Schicht aus Fragmenten von Statuen und Marmorplatten mit Inschriften. Der erste Eindruck muß entmutigend gewesen sein. Bei näherem Hinsehen entdeckte man aber, daß die Fragmente gerade Linien, Ziffern und die Buchstaben K und D, die gängige Abkürzung für *cardines* und *decumani*, enthielten. Damit war für Spezialisten klar, daß sie die Reste eines Katasters vor sich hatten. Weil kaum vorstellbar ist, wie sich aus einem fragmentarischen Puzzle von über hundert Marmorbröseln eine Flurkarte rekonstruieren läßt, scheint es mir sinnvoll, zunächst über das Vorgehen bei einer Koloniegründung und die römische Methode der Landvermessung allgemein zu sprechen.

### *Die Gründung einer Kolonie*

Kolonien galten als ein Abbild des römischen Staates *(populi Romani ... effigies parvaque simulacra,* Gellius 16,13,9). Nicht nur ihr Recht und ihre Verfassung erhielten sie aus Rom, es war auch genau vorgeschrieben, wie sie angelegt werden mußten. Die Gründung *(deductio)* war ein hoheitlicher Akt, den nur ein hoher Beamter *(magistratus cum imperio)* vornehmen konnte. Er führte die Kolonisten in geschlossenen Einheiten unter ihren Offizieren und Zenturionen heran, holte die Auspizien ein, um den Beistand der Götter zu gewährleisten, und zog dann mit einem Pflug, vor den ein Stier und eine Kuh gespannt waren, eine rituelle Furche *(pomerium),* welche die neue Stadt gegen Unheil von außen schützen sollte. Nach der besten Methode *(ratio pulcherrima)* sollte der Platz für die zukünftigen Stadttore durch Anheben des Pfluges markiert und das gesamte Gebiet so vermessen werden, daß – wie bei den Feldlagern – durch die vier Tore die Hauptstraßen hinausführten und das Territorium in vier Teile teilten, damit für die Ackerbau betreibenden Kolonisten der Weg zur Stadt von überall her gleich weit war.[19] Die zentrale Siedlung wurde dann mit einer Mauer umgeben, deren Lage durch das Pomerium vorgezeichnet war. Das Innere wurde in regelmäßige Vierecke *(insulae)* aufgeteilt, die den großen kommunalen Anlagen, Forum und Tempeln, und dem privaten Wohnungsbau zugewiesen wurden. Ebenso wurde die Feldflur in regelmäßige Stücke vermessen und an die Siedler verteilt.

Für diese ideale Koloniegründung mußte, schon bevor die Kolonisten anrückten, das Land rekognosziert und vermessen sein. Das war die Aufgabe der Feldmesser, der *agrimensores* oder *gromatici* (abgeleitet von ihrem Visierinstrument, der *groma*). Nach ihrer Theorie, die uns in den Schriften der *auctores gromatici* überliefert ist, orientierten sie sich an den Meridianen und am Verlauf der Sonne und konstituierten zunächst ein Achsenkreuz: In der Blickrichtung Ost-West zogen sie eine Linie, den *decumanus maximus,* die von einer Nord-Süd-Linie, dem *cardo maximus,* rechtwinklig geschnitten wurde. Parallel dazu zogen sie dann weitere Linien (*limites* = Wege), bis das ganze Territorium der zukünftigen Kolonie erfaßt war. Der *decumanus maximus* war 40 Fuß (11,83 m), der *cardo maximus* 20 Fuß breit. Jeder 5. *limes* wurde als öffentliche Straße ausgebaut, die anderen waren Feldwege, die von den Anrainern gehackt werden mußten und nicht überackert werden durften. Der Verlauf der *limites* wurde durch Grenzsteine markiert. Der Normalabstand zwischen den *limites* betrug 20 *actus* (710,40 m). Dieses System nannte man *limitatio* oder *centuriatio,* da die Quadrate, die von den *limites* gebildet wurden, *centuriae* hießen.[20]

*Das Grundschema einer centuriatio. Man schreibt cardines, kürzt aber mit dem Buchstaben K ab. Land im Norden des Decumanus liegt rechts (dextra decumanum), Land im Süden links (sinistra decumanum). Osten ist vor dem Cardo (citra cardinem), Westen hinter dem Cardo (ultra cardinem) – immer in der Blickrichtung Ost-West. Die Buchstaben DMCM bezeichnen die Kreuzung von Decumanus und Cardo Maximus. DD III UK II heißt die Zenturie, die die 3. rechts (nördlich) des Decumanus und die 2. jenseits (westlich) des Cardo ist, SD XV CK I die Zenturie, die die 15. links (südlich) des Decumanus und 1. diesseits (östlich) des Cardo ist.*

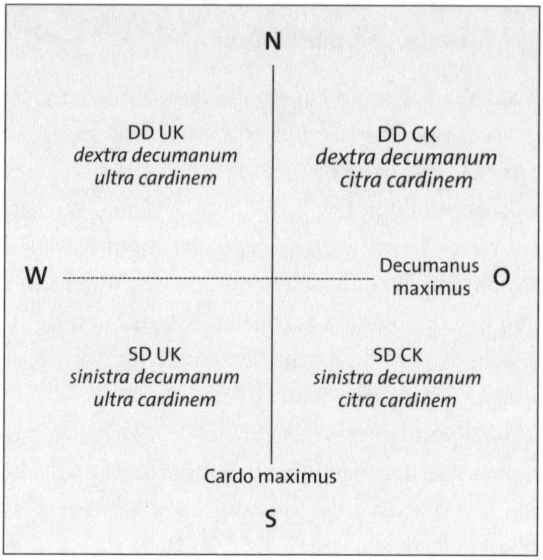


Der Vorteil dieser Vorgehensweise ist leicht zu sehen. Mit wenigen Buchstaben und Ziffern konnte man sich über ein beliebig großes Territorium verständigen. Von jeder *limitatio* wurde eine Flurkarte *(forma)* angefertigt, und zwar in doppelter Ausführung. Ein Exemplar blieb in Rom, das andere wurde in der Kolonie deponiert. Die Verteilung der Landlose konnte schon in Rom vorgenommen werden. Es wurden Gruppen von Veteranen gebildet, denen jeweils eine Zenturie zugelost wurde. Die Größe der Landlose kann nur geschätzt werden. Sie richtete sich nach der jeweiligen Bodenbeschaffenheit und nach dem Dienstgrad, den ein Soldat oder Zenturio erreicht hatte. In den Provinzen waren sie sicher größer als in Italien. Die Annahmen für die späte Republik bewegen sich zwischen 5 und 50 Hektar.[21]

Unsere Kenntnis dieser Verhältnisse resultiert zum einen aus den Schriften der Feldmesser, zum anderen aus Beobachtungen am Boden und der wissenschaftlich aufbereiteten Erkundung aus der Luft. Die antiken Grenzlinien sind teilweise im Gelände heute noch sichtbar. In der Narbonensis haben sich die Spuren von über 30 Katastern erhalten. Sie scheinen sich weniger nach den Himmelsmeridianen als nach den spezifischen Bedingungen, die das Terrain bot, gerichtet zu haben. Für den Rhônegraben versteht es sich von selbst, daß man grundsätzlich einer Nord-Süd-Orientierung zu folgen hatte. Im Languedoc lehnen sich einige Kataster an die *Via Domitia* an, bei anderen fällt auf, wie hervorragend sie mit ihrem Wegesystem die durch Höhenzüge markierte Geländeformation und den Wasserabfluß berücksichtigen.[22]

### Die Masse

Das römische System, das in der Vervielfältigung eines zugrundeliegenden Moduls besteht, wirkt äußerst schematisch. Das Modul selbst jedoch ist nicht willkürlich, sondern basiert auf einem sozusagen natürlichen Maß, dem *actus* von 120 Fuß (120 × 29,58 cm). Ein *actus* entsprach dem, was ein mit einem Paar Ochsen bespannter Pflug in einem Zug schaffen konnte, also der Furchenlänge (Plinius, nat. hist. 18,8 f.). Eine Zenturie hatte eine Seitenlänge von 20 *actus* und einen Flächeninhalt von 200 *iugera* (Morgen). Die in Südgallien festgestellten Seitenlängen der Zenturien variieren zwischen 704 und 710 m.

## *Die Stadt Orange*

Wie weit die Kolonie Orange den Vorschriften der Landvermesser, von denen wir ausgegangen sind, entsprach, ist heute schwer feststellbar, da von der antiken Stadt oberirdisch wenig erhalten ist. Selbstverständlich gab es ein rechtwinkliges Straßensystem, in dem der Stadtbogen und das Theater aufeinander bezogen waren. Das Theater nahm mit seiner Breite von 103 Metern eine *insula* ein. Seine Ränge mit den Sitzstufen lehnten sich an den Hügel St-Eutrop an.

▶ *siehe die Abbildung S. 22 ff.*

## *Der Kataster*

Genau gesagt, wurden die Reste von drei Katastern gefunden, die im Altertum an den Wänden eines Gebäudes oder einer Säulenhalle angebracht und öffentlich zugänglich waren. Am besten erhalten ist »*Orange B*«, dem 144 Fragmente zugeordnet werden konnten. Die Marmortafel dürfte 7,56 m breit und 5,90 m hoch gewesen sein.

Auf den Platten sind außer Buchstaben und Ziffern auch Geländemarkierungen angegeben, nämlich Flüsse und Straßen. Diese boten schon dem Ersteditor Piganiol die Möglichkeit, den Kataster in der heutigen Landschaft zu lokalisieren (Piganiol 24 ff. 139 f.).

*Der Stadtbogen (Südseite), durch den die Via Agrippa das Stadtgebiet verließ. Wie eine aus den Dübellöchern, in die die Bronzebuchstaben eingelassen waren, rekonstruierte Inschrift besagt, wurde der in der Zeit des Augustus begonnene Bogen 26/27 n. Chr. Kaiser Tiberius gewidmet. An dem Bau sind mehrfach Veränderungen vorgenommen worden, die ihm ein etwas unorganisches Aussehen geben. Seine Maße übertreffen mit 19,57 m × 8,40 m × 19,21 m die der anderen Bögen der Provinz. Im 13. Jh. wurde er teilweise zerstört, als ihn die Herren von Les Baux in ihre Befestigung einbezogen.*

*Waffenrelief über dem rechten Durchgang an der Südseite. Die Stirnbögen über den drei Durchgängen sind mit Früchten, Blumen und Eichenzweigen verziert. Der gesamte übrige Schmuck ist militärischer Natur: Ansammlungen von Waffen, Kriegsschiffen und Schlachtdarstellungen.*

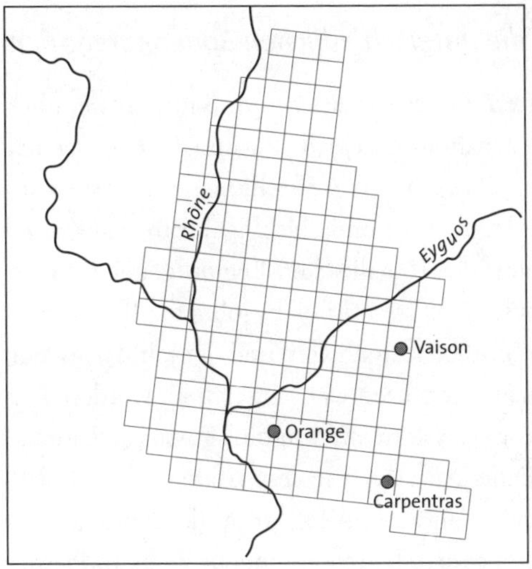


*Lokalisierung des Katasters B. Er erstreckte sich in N-S Richtung über 70 Zenturien (44 km), von Montélimar bis Carpentras, in W-O-Richtung reichte er über 30 Zenturien fast bis nach Vaison und griff im Westen über die Rhône aus. Von der idealen N-S-Ausrichtung weicht er um 5 Grad nach Osten ab. Die Seitenlänge der Zenturien beträgt 708 m.*

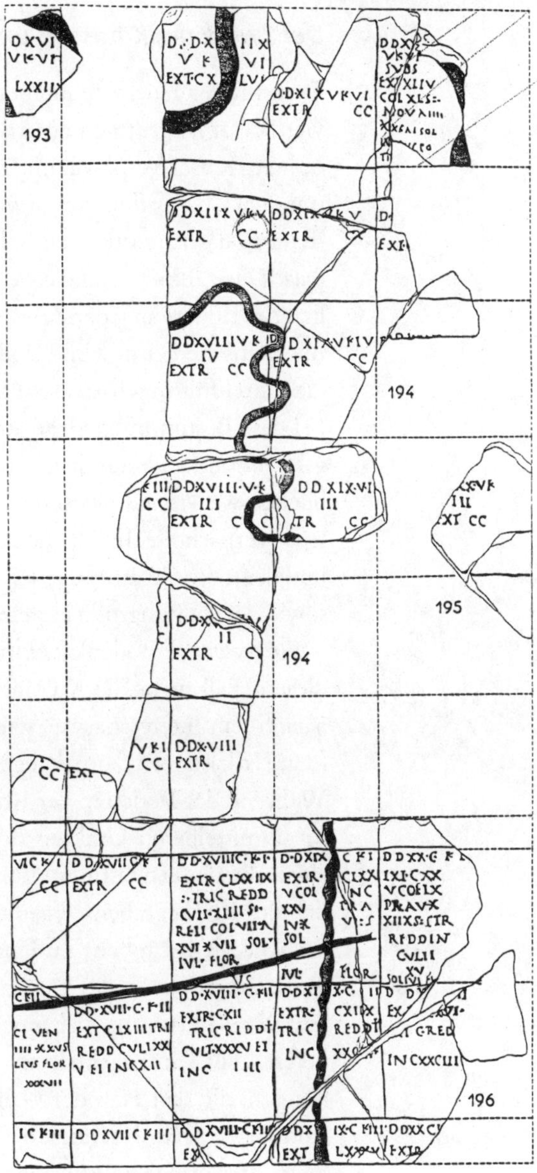


*Die Platte III J ist in der Rhôneebene zwischen Pierrelatte und Donzère zu lokalisieren (s. die Karte S. 287). In ihrem unteren Drittel sehen wir die doppelte Linie des von links nach rechts (von Süden nach Norden) verlaufenden cardo maximus und mehr oder weniger parallel dazu die Via Agrippa. Außerdem erkennt man einen gewundenen Fluß, der in O-W-Richtung, das heißt von unten nach oben, fließt. Den Fluß identifizierte Piganiol mit der Berre, die beim Logis de Berre von der Via Agrippa überquert wurde und weiter westlich in die Rhône mündet, von der einige Windungen ebenfalls abgebildet sind (Piganiol 229ff.). Von La-Garde-Adhémar hat man einen guten Überblick über die Rhôneebene im Bereich der Platte III J. Die D 518 verläuft ungefähr auf der Trasse der Via Agrippa.*

### *Der Zweck des Katasters und die unterschiedlichen Bodenkategorien*

Den mit der Flurkarte intendierten Zweck erklärt eine monumentale, über vier Meter lange, fragmentarisch erhaltene Inschrift (Piganiol 77 ff.). Danach ordnete Kaiser Vespasian im Jahre 77 n. Chr. die Aufstellung des Katasters an, um den Übergriffen von Privatleuten auf öffentliches Eigentum *(publica)* zu steuern, das Augustus den Soldaten der II. gallischen Legion gegeben hatte *(quae Divus Augustus militibus legionis II Gallicae dederat)*. Es sollte die Rechtsqualität des Bodens in jeder Zenturie amtlich festgehalten und der Jahreszins, der für städtischen Grund und Boden zu entrichten war, verzeichnet werden. Für die Durchführung hatte der Prokonsul Valerius Ummidius Bassus zu sorgen.

Diese Bestimmung zielte auf Land, das zwar vermessen, aber nicht als Privateigentum an Veteranen vergeben, sondern im Eigentum der Kolonie verblieben war *(reliqua coloniae)*. Diese bewirtschaftete es, indem sie es an Privatleute verpachtete. In den Tafeln wird jeweils der Zins pro Morgen angegeben und dann die Gesamtsumme, die an die Stadtkasse der Kolonie zu zahlen ist, sowie der Zahlungspflichtige notiert (Piganiol 57 ff.).

Eine weitere Bodenkategorie, an der die öffentliche Hand – und zwar in diesem Fall nicht die Kolonie, sondern die Staatskasse *(aerarium populi Romani)* – ein Interesse hatte, wird mit den Worten *Tricastinis redditi* bezeichnet (den Trikastinern zurückgegeben; zu ergänzen ist: *agri* = Felder, Äcker). Während der Boden in der Rhôneebene an Veteranen verteilt war, das Land im unmittelbaren Umkreis des Zentrums großenteils der Kolonie gehörte, lagen die den Trikastinern zurückgegebenen Parzellen im Hügelgebiet östlich des Rhônegrabens. Als mögliche Erklärung könnte man sich folgenden Sachverhalt vorstellen: Zu einem uns nicht bekannten Zeitpunkt muß den Trikastinern, die in der Gegend der späteren Kolonie Orange siedelten, ein Teil ihres Territoriums abgenommen worden sein. Das ist zwar nicht überliefert, aber Cicero spricht in seiner Rede *Pro Fonteio* mehrfach von Enteignungen, die den Haß der Gallier hervorgerufen hätten. Auf diesem Staatsland *(ager publicus)* deduzierte Octavian 36 oder 35 v. Chr. seine Kolonie. Land, das vermessen war, aber nicht für die Veteranen benötigt wurde, überließ man den Trikastinern, die fortan als *incolae* (Einwohner ohne Bürgerrecht) im Territorium der Kolonie wohnten. An dieser Bodenkategorie bestand ein öffentliches Interesse, weil die Trikastiner, wie alle Provinzialen, die Grundsteuer *(tributum)* entrichten mußten.[23]

▶ *siehe S. 99*

Der Boden der Veteranen hingegen war grundsteuerfrei und daher »aus dem steuerpflichtigen Boden herausgenommen« (EXTRIB, aufzulösen: *ex tributario solo exemptum*). Da an dieser Bodenkategorie kein fiskalisches Interesse bestand, war es nicht erforderlich, die Größe und Inhaber der einzelnen Grundstücke anzugeben.

**PIGANIOL NR. 196, S. 232 UND 234**

| | | |
|---|---|---|
| DD XVII | D(extra) D(ecumanum) XVII | Die 17. Zenturie rechts des Decumanus, |
| CK I | C(itra) C(ardinem) I | die 1. Zenturie diesseits des Cardo: |
| EXTR CC | EXTR(ibutario solo) CC (iugera) | aus dem tributpflichtigen Boden herausgenommen: 200 (Morgen) |

Die ganze Zenturie war also an Veteranen vergeben (assigniert).

| | | |
|---|---|---|
| DD XVIII | D(extra) D(ecumanum) XVIII | Die 18. Zenturie rechts des Decumanus, die 2. Zenturie links des Cardo: |
| CK II | C(itra) C(ardinem) II | |
| EXTR CXII | EXTR(ibutario) CXII | 112 Morgen waren assigniert, 88 den |
| TRIC REDDITI | TRIC(astinis) REDDITI | Trikastinern zurückgegeben, davon |
| CULT XXXV ET | CULT(i) XXXV ET | 35 Morgen anbaufähiges und |
| INC LIII | INC(ulti) LIII | 53 Morgen unbebautes Land. |

Diese Zenturie lag auf der Grenze zwischen dem Rhônegraben und dem Hügelland, das weniger für den Getreideanbau als für Weidewirtschaft und Baumkulturen nutzbar war. Alle Zenturien, die sich nach Osten anschlossen, gehörten in die Kategorie *Tricastinis redditi*.

## *Die Behandlung der Vorbewohner bei einer Koloniegründung*

Die weitergehende Frage, was generell bei einer Koloniegründung mit den Einheimischen geschah, läßt sich nicht schlüssig beantworten, weil die Quellen fehlen und weil die Vorgehensweise der Römer unterschiedlich war. Im schlimmsten Fall wurde die einheimische Bevölkerung vertrieben, und die Veteranen nahmen ihre Häuser und Felder in Beschlag, wie Tacitus, *Annales* 14,31,3 es für das 49 oder 51 n. Chr. in Britannien gegründete Camulodunum (Colchester) berichtet. Der Gründung der Kolonie Augusta Praetoria (Aosta) im Jahr 25 v. Chr. ging ein blutiger Krieg vorauf, der mit der Tötung oder Versklavung von 36000 Salassern endete. Die Überlebenden wurden als *incolae* (Einwohner) in die Kolonie aufgenommen (ILS 6753). Als nach

49 v. Chr. das Territorium von Marseille konfisziert wurde, bestand keine Veranlassung, die ehemals von der griechischen Stadt abhängigen Salluvier zu bestrafen. Wahrscheinlich wurden die Aristokraten als Vollbürger *(coloni)* in die Kolonie Arles aufgenommen. Einer von ihnen ist sicher der Vorfahr des Kaiserpriesters Lucius Donnius Flavos, der in der Zeit des Augustus die Brücke bei St-Chamas errichtete. Für die abhängigen Bauern wird sich nichts geändert haben. Sie blieben als Pächter der römischen oder gallischen Grundbesitzer auf ihrem Land und gehörten als *incolae* zur Gruppe der minderberechtigten Ansässigen ohne das lokale und römische Bürgerrecht.

▶ *siehe S. 316*

Der Kataster ist an verschiedenen Stellen im modernen Wegesystem konserviert; z. B. ist der 32. Decumanus in der Gegend von Carpentras/Mazan über mehr als 11 Zenturien erhalten. Verschiedene *limites* sind bei Ausgrabungen auch archäologisch festgestellt worden: beispielsweise der 8. Decumanus in St-Paul-Trois-Châteaux; s. V. Bel/J. Benoit, Les *limites* du cadastre B d'Orange, RAN 19, 1986, 79–99.

*Wegekreuz zwischen Coulombre und Espondeilhan. Ein sicherer Tip für jemanden, der die »fossilierten« Grenzlinien eines Katasters im Gelände entdecken möchte: In christlicher Zeit sind auf dem 2., 3. und 4. Kardo des Katasters »Béziers B« Wegekreuze aufgestellt worden, somit die Linien gut nachvollziehbar.*[24]

Fassen wir zusammen: Mit erheblichem Aufwand wurden Flurkarten angefertigt, in Marmor eingraviert und in Orange öffentlich ausgestellt. Diese Praxis der Publizierung erinnert an die Tafeln mit den spanischen Stadtrechten. Auch Flurkarten waren von einem allgemeinen und andauernden öffentlichen und privaten Interesse. Man faßt hier einen wesentlichen römischen Grundsatz: Die Grundlagen der Verwaltungstätigkeit sollten öffentlich zugänglich und nachvollziehbar sein. Die rechtliche Geltung dessen, was einmal festgesetzt war, sollte auf Dauer gewährleistet sein. Das ist die Basis jeglicher Rechtssicherheit.

## Die *civitates foederatae* (verbündete Civitates)

Kehren wir nach diesem Exkurs zu der Provinzbeschreibung des Plinius zurück. Neben *oppida Latina* und *coloniae civium Romanorum* führt er als dritte Kategorie »Verbündete« an, nämlich Massilia und die Vokontier. Die griechische Kolonie hatte sich ihren privilegierten Rang in den Zeiten der Republik erworben und ihn trotz ihrer Niederlage gegen Caesar behalten. Das Bündnis mit den Vokontiern könnte im ersten Drittel des 1. Jhs. v. Chr. zustande gekommen sein, es ist aber nichts darüber bekannt.

Behaupteten die *coloniae civium Romanorum* den höchsten Rang unter den nach römischem Modell organisierten Civitates, so stellte der Status einer *civitas foederata* die beste Rechtsstellung dar, die eine peregrine Stadt erringen konnte. Sie gehörte im rechtlichen Sinne nicht zur Provinz, sondern hatte Anspruch darauf, wie eine verbündete auswärtige Macht behandelt zu werden.

Nach dem üblichen Formular war ein Bündnisvertrag *(foedus)* unkündbar, verpflichtete die Parteien zu gemeinsamer Kriegsführung im Verteidigungsfall und berechtigte sie zum gemeinsamen Genuß der Beute. Das war sinnvoll, solange beide Vertragsparteien aufeinander angewiesen waren. Das Kräftegleichgewicht hatte sich aber bei allen römischen Verträgen völlig einseitig zugunsten der Römer verschoben. Signifikant für den beharrenden Charakter ihrer Politik ist, daß solche Bündnisse, auch wenn sie ihre ursprüngliche Bedeutung längst verloren hatten, trotzdem fortbestanden. Rechtsverhältnisse, die den Partnern wert und teuer waren, wurden eben beibehalten und mit größtmöglicher Akribie gepflegt. Alles andere wäre als Minderung der einmal erlangten Rechtsstellung begriffen worden. In welchem Maße es sich allerdings nur noch um eine Formsache ohne reale politische Bedeutung handelte, sieht man daran, daß die andere Form der Statuserhöhung sich durchaus mit dem Privileg der »verbündeten Vokontier« vertrug. Denn ihnen war das Latinische Recht verliehen worden. Das widerspricht zwar der Logik, denn in einem fremden, souveränen Staat kann ein anderer Staat keine Privilegien vergeben, ist aber kein Einzelfall. Die Helvetier in Aventicum (Avenches) waren zugleich *civitas foederata* und *colonia civium Romanorum.*

### *Die Civitas der Vokontier*

Die Verfassung der Vokontier weicht von den Verfassungen der anderen Civitates der Narbonensis in verschiedenen Punkten ab. Im Gegensatz zu den Allobrogern, die in den Inschriften spurlos hinter der Titulierung »Viennenser« verschwanden, blieb bei den Vokontiern der Stamm in seiner Gesamtheit das politische Subjekt. Ihr Stadtrat führte den Titel *senatus Vocontiorum,* und die obersten Beamten hießen Prätoren, nicht *Quattuorviri.* Eine weitere Besonderheit ist, daß die polyzentrische Struktur der vorrömischen Zeit er-

**CIL XII 1375. Text nach ILGN 208**

| | |
|---|---|
| [–]IUS T(iti) F(ilius) | (–)ius, Sohn des Titus, |
| [VOLT(inia tribu)] RUFUS | aus der Tribus Voltinia, Rufus, |
| [PRAEF(ectus)] FABR(um) PRAEF(ectus) | Präfekt der Pioniere, Präfekt |
| [VA]SIENS(ium) II AED(ilis) VOC(ontiorum) | der Vasienser zweimal, Ädil der Vokontier, |
| [P]ROSCAENIUM MARMORIBUS | ließ die Bühne mit Marmorplatten |
| ORNARI TESTAMENTO IUSSIT | verzieren durch testamentarische Verfügung. |
| VETUSTATE CONSUMPT(um) R(es) P(ublica) | Nachdem sie durch lange Dauer (der Nutzung) baufällig geworden war, stellte die |
| REST(ituit) | Gemeinde sie wieder her. |

Der großzügige Stifter durchlief eine dreistufige Karriere. Nachdem er zweimal der Lokalverwaltung der Stadt Vaison vorgestanden hatte, wurde er Ädil des Gesamtstaates. Dann führte ihn sein Ehrgeiz über die eigene Civitas hinaus und er erhielt den Posten eines Präfekten der Pioniere im Stabe eines Beamten *cum imperio,* der oft mit der Aufnahme in den Ritterstand verbunden war.

halten blieb, denn wie Plinius schreibt, gab es *zwei* Hauptorte *(capita)*: Vasio (Vaison) und Lucus Augusti (Luc-en-Diois), das anscheinend im 2. Jh. von Dea Augusta (Die) an Bedeutung überflügelt wurde. In den Inschriften sind außerdem *pagi* bezeugt, die von Ädilen und Präfekten verwaltet wurden (CIL XII 1529 *praefectus pagi Epoti,* XII 1711 *aedilis pagi Aletani*). Auch Vasio und Dea Augusta hatten eine eigene Lokalverwaltung mit Ädilen und Präfekten. In den Beschlüssen, die die Einwohner von Vaison faßten, nannten sie sich *Vasienses Voc.* (aufzulösen als *Vocontiorum* oder *Vocontii)* und brachten so zum Ausdruck, daß sie Teil einer größeren Einheit waren.

▶ *siehe auch CIL XII 5842, zitiert S. 169*

Erst in der Spätantike wurden die beiden *capita* selbständige Civitates, wie auch die *civitas Vappencensium* (Gap) und die *civitas Segestericorum* (Sisteron) aus der Civitas der Vokontier herausgelöst wurden.[25]

## Die Bedeutung der unterschiedlichen Rechtskategorien

Alle Städte in den westlichen Provinzen hatten ähnliche soziale und politische Strukturen: Sie wurden von Aristokraten gelenkt, die auf Lebenszeit einen Sitz im Stadtrat übernahmen und im Wechsel die Ämter besetzten. Alle Angehörigen der Oberschicht waren römische Bürger; in den Bürgerkolonien verstand sich das von selbst, in den latinischen Städten erwarb man das Bürgerrecht durch die Bekleidung eines Amtes. Für den politische Binnenraum war der Rechtsstatus einer Stadt also unerheblich, relevant wurde er, wenn es um die Beziehungen zum Statthalter und zum Kaiser ging.

Der jüngere Plinius, der etwa 110 n. Chr. von Kaiser Traian mit der Verwaltung der Provinz Pontus-Bithynia betraut wurde, hatte den Auftrag *(mandatum),* politisch verdächtige Vereinigungen *(hetaeriae)* zu verbieten. Die Behörden der »freien und verbündeten« Stadt Amisos, in der es einen Wohltätigkeitsverein *(éranos)* gab, überreichten dem Statthalter eine diesbezügliche Denkschrift *(libellus)* zur Weiterleitung an den Kaiser. Traian legte fest, wenn den Amisenern in ihren Gesetzen, nach denen sie dank dem *foedus* lebten, ein solcher Verein gestattet sei, könne man nicht verhindern, daß er weiter bestehen bleibe, zumal der Vereinszweck nicht auf Aufruhr und unerlaubte Versammlungen gerichtet sei. In den übrigen Städten, die römischem Recht unterstünden *(quae nostro iure obstrictae sunt),* seien derartige Einrichtungen zu unterbinden (Plin. epist. 10,92 f.).

Die Hauptaufgabe des Plinius war, das Finanzwesen der Städte in Ordnung zu bringen. Überall inspizierte er die Rechnungsbücher, wurde aber von den Behörden der Kolonie Apamea darauf hingewiesen, sie seien zwar bereit, ihm Einblick zu gewähren, doch sei dies von den früheren Statthaltern nicht verlangt worden, denn sie genössen seit alters her das Privileg, ihre Stadt nach eigenem Urteil zu verwalten. Plinius fügte seiner Eingabe an den Kaiser einen *libellus* der Apameer bei. Traian zeigte sich damit zufrieden, daß die Apameer Plinius persönlich die Einsichtnahme nicht verwehren wollten. Dieser Anstand müsse belohnt werden: Die Apameer sollten wissen, daß Plinius seine Inspektion auf ausdrücklichen Wunsch des Kaisers vornehmen werde – unbeschadet ihrer Privilegien (Plin. epist. 10, 47 f.).

Diese Briefe sind in mehrfacher Hinsicht typisch. Der Kaiser und die Städte verkehrten auf diplomatischem Wege miteinander. Die Reichsregierung wurde in den seltensten Fällen von sich aus tätig. Die Regel waren Reaktionen auf Anstöße von unten. Jede Civitas, aber auch Dorfgemeinschaften, Vereine, ja sogar Privatleute, die sich ungerecht behandelt fühlten oder überhaupt ihre Lage verbessern wollten, konnten sich an den Herrscher wenden. Sie machten Eingaben, die, wie hier, über den Statthalter geleitet oder durch Gesandtschaften persönlich überreicht wurden. Jeder Reichsbewohner hatte Anspruch auf Gehör – so schwierig es im Einzelfall sein mochte, einen Audienztermin zu erlangen. In den angeführten Beispielen sieht man, wie wichtig die Angelegenheit genommen wurde: Es gingen Boten von Pontus-Bithynia nach Rom und zurück. Bis die Antwort eintraf, was mindestens vier Wochen, wenn nicht länger, gedauert haben muß, wurde die Sache aufgeschoben. Der Kaiser unterhielt für den Schriftverkehr verschiedene Kanzleien, denen ritterliche Prokuratoren vorstanden, seine Antworten sind aber so stilisiert, als habe er sie selbst verfaßt. Man erwartete vom Herrscher, daß er rastlos tätig war und sich der Nöte aller Reichsbewohner annahm.[26]

▶ *siehe auch S. 313*

Die Antworten Traians auf die Eingaben *(rescripta),* die rechtsverbindlich waren, zeigen den Respekt der Reichsregierung vor den städtischen Sonderrechten. Der Kaiser anerkennt, wenn auch ungern, die durch das *foedus* garantierte Autonomie. Seine Apamea betreffende Antwort ist vielleicht noch signifikanter. Auf keinen Fall darf man sie ironisch werten, als wenn der Kaiser hätte sagen wollen: Die Privilegien sind ja gut und schön, aber wir machen, was wir wollen. Jeder politisch kundige Stadtbürger wußte natürlich, daß er unter römischer Herrschaft stand, daß die Autonomie nur so weit reichte, wie sie von Rom respektiert wurde, und daß angemessene Demarchen erforderlich waren, um die Verhältnisse trotzdem im gewünschten Sinne zu gestalten. Das war hier offensichtlich gelungen: Der Kaiser sprach genau den Punkt an, der den Bürgern der Stadt am Herzen lag: ihre Privilegien.

## *Der Wettlauf um Privilegien*

Nicht das Römische Reich, noch weniger die Provinz, sondern seine Stadt war die politische Heimat des antiken Menschen. Aus ihrem Glanz, den prächtigen Bauten, großzügigen Spielen und eben der Rechtsstellung, zog er seinen Stolz. Deshalb wäre die Vorstellung, die rechtlichen Unterschiede zwischen den Civitates seien mit der Zeit unerheblich geworden, ganz verkehrt. Das Gegenteil ist richtig. Aus allen Teilen des Römischen Reiches besitzen wir Zeugnisse dafür, daß die Städte keine Mühe scheuten, um beim Kaiser eine Verbesserung ihres Status zu erreichen: Dörfer baten darum, zur Stadt erhoben zu werden. Wer latinische Stadt war, wollte römische Stadt werden, wer *municipium* war, wollte *colonia* werden, wer *einen* Kaisertempel hatte, versuchte zwei zu bekommen, wer den Titel *metropolis* führte, versuchte *erste metropolis* zu werden und so weiter. Eine kaiserliche Wohltat *(beneficium)* zog unweigerlich Bemühungen der Nachbarstädte um eine vergleichbare Beförderung nach sich. Man mag versucht sein, über diese Eitelkeit zu schmunzeln, aber die ernste Seite ist, daß der Wettlauf um Privilegien und Ehren an die Stelle der Kriege getreten war, die in vorrömischer Zeit den Rang einer Stadt oder eines Stammes bestimmt hatten, im *Imperium Romanum* aber nicht mehr erlaubt waren.[27]

Die Rivalitäten zwischen den Städten konnten auch in Gewalttätigkeiten kulminieren. Berühmt ist ein Gladiatorenkampf in Pompeji, der im Jahr 59 n. Chr. von Pöbeleien über Steinwürfe zu einem blutigen Gefecht zwischen den Bürgern von Nuceria und Pompeji eskalierte. Der Skandal führte zu einem Senatsbeschluß, der in Pompeji die Gladiatorenkämpfe für 10 Jahre aussetzte und die Urheber des Aufruhrs *(seditio)* mit Verbannung bestrafte (Tacitus, *Annales* 14,17). *Seditio* war das schlimmste Verbrechen, dessen sich die Reichsbewohner schuldig machen konnten. Man denke an den Aufruhr, den ein Silberschmied namens Demetrios in Ephesos verursachte und die beschwörenden Ermahnungen des Stadtoberhaupts, statt im Theater zu krakeelen, sollten die Bürger ihre Beschwerde vor Gericht oder in einer ordentlichen Volksversammlung vorbringen. Denn man stehe in der Gefahr, wegen *stásis (seditio)* verklagt zu werden. Gebe es doch keinen Entschuldigungsgrund für den Aufruhr.[28]

## *Lyon und Vienne im Bürgerkrieg*

Während unter dem Schutz der *Pax Romana* in normalen Zeiten solche Konflikte zwischen Nachbarn unter der Decke gehalten wurden, konnten sie zu schlimmen Exzessen führen, wenn der Friede gebrochen war und sich die Gelegenheit zum Austragen der Feindschaft bot. Im Vierkaiserjahr (68/69 n. Chr.) folgte dem Sturz des Kaisers Nero ein Bürgerkrieg, der weite Teile des Reiches ins Unglück stürzte. Gegen den von den Prätorianern und vom Senat anerkannten Kaiser Galba erhob die Rheinarmee den Legaten Aulus Vitellius zum Imperator. Als die Soldaten des Vitellius gegen Lyon vorrückten, um die auf der Seite Galbas stehende Stadt zu plündern, steigerte sich die seit je bestehende Rivalität *(aemulatio* und *invidia)* zwischen Lyon und Vienne zu blutigem Haß. Die Lugdunenser überredeten die Vitellianer, doch lieber die Viennenser zu vernichten. Von denen sei einst ihre Kolonie belagert worden und jetzt stünden sie auf der Gegenseite. Reichtum gebe es dort im Überfluß.

Als Rächer sollten sie dorthin ziehen und den Hort des gallischen Krieges vernichten. Dort sei alles ausländisch und feindlich. Sie selbst hingegen seien eine römische Kolonie, ein Teil des Heeres, Verbündete in Glück und Unglück. Wenn das Schicksal gegen sie entscheide, dann sollten sie (die Vitellianer) sie (die Lugdunensier) nicht dem Zorn ihrer Gegner ausliefern.[29]

*Tacitus, Historiae 1,65,2*

Lugdunum und Vienna waren dem Recht nach gleich, beide waren Bürgerkolonien. Mit größerem Recht als Lyon hätte Vienne sich als »Teil des römischen Heeres« bezeichnen können, denn von 270 Soldaten, deren Herkunft aus der Narbonensis bekannt ist, stellte es mit 76 mehr als ein Viertel, während nur 29 Soldaten aus Lyon stammten, die obendrein größtenteils in der Lyoner Stadtkohorte ein gut bezahltes und gefahrloses Leben weitab von jeder Front führten.[30] Aber diese sozialen und politischen Realitäten schlugen sich nicht in der Mentalität der Lugdunenser nieder. Für sie blieben die Bürger von Vienne, was sie vor über 100 Jahren gewesen waren: *gallische* Feinde.

Dieser Ausbruch wie das ganze Vierkaiserjahr blieb Episode, und der Aufruhr, so schlimm er war – viermal wurde Rom von römischen Truppen erobert und rückerobert – mündete in die Herrschaft Vespasians und seiner Söhne.

## Zusammenfassung

Die Römer schufen in der Narbonensis mit der Einrichtung von Stadtstaaten und der Rechtsform des Latinischen Rechts einen formalen Rahmen zur Integration der Unterworfenen. Ausfüllen sollten ihn die gallischen Aristokraten. Diese gingen auf das Angebot ein, weil es dem sozialen Gefälle entsprach und weil es dazu keine Alternative gab. Sie hörten auf, sich als Allobroger oder Arekomiker zu fühlen, sondern wurden Bürger von Vienne oder Nîmes. Davon zeugen die archäologischen Überreste, die heute noch zu sehen sind, und die Inschriften. Mit ihnen werden sich die folgenden Kapitel beschäftigen.

22 v. Chr. unterstellte Augustus die befriedete und urbanisierte Provinz der Verwaltung des Senats. In einer dem ersten bekannten Prokonsul, Gnaeus Pullius Pollio, gewidmeten Inschrift begegnet zum ersten Mal der Name *Provincia Narbonensis.* Aus den folgenden zweieinhalb Jahrhunderten sind nur 25 Statthalter bekannt, was anzeigt, daß über sie nicht viel zu berichten war. Der Posten des Prokonsuls der Narbonensis kann bei karrierebewußten Senatoren nicht sehr beliebt gewesen sein. Man hatte wenig Gelegenheit, sich auszuzeichnen und für größere Aufgaben zu empfehlen.[31]

KAPITEL V

# Inschriften, Epigraphik und Prosopographie

## Inschriften und Epigraphik

### *Unterschiedliche Arten von Inschriften*

Als Inschriften bezeichnet man alles, was auf dauerhaftem Material geschrieben ist. Der verbreitetste, weil billigste Träger war sicher Holz, das aber nur unter besonders günstigen Bodenverhältnissen erhalten ist. Inschriften auf Metall haben ebenfalls selten überlebt, weil sie eingeschmolzen wurden. Folglich ist Stein für uns der wichtigste Inschriftenträger.

Man kann Bau-, Ehren-, Weih- und Grabinschriften unterscheiden. Letztere machen die Hauptmasse der von Privatleuten gesetzten Inschriften aus und hatten im Altertum eine ähnliche Funktion wie heute (s. unten S. 159). Vom römischen Staat veranlaßte Inschriften haben wir bereits in den spanischen Stadtrechten und im Kataster von Orange kennengelernt. Sie waren nicht Ausweis städtischer Autonomie, sondern im Gegenteil von oben oktroyiert und entsprangen dem Zugriff des römischen Staates auf den Boden und die Menschen in den eroberten Gebieten. Die Meilensteine, die im Abstand von einer Meile an den großen Überlandstraßen aufgestellt waren, sind schon aufgrund ihrer Größe nicht mit unseren Kilometersteinen und Autobahnpfosten zu vergleichen. Sie setzten vielmehr demonstrativ die römische Herrschaft, das *imperium populi Romani,* ins Bild. Denn die Straßen samt den Randstreifen und den Meilensteinen waren Staatseigentum.

▶ *siehe S. 130, 138ff.*

▶ *siehe auch S. 94, 102*

Eine Gattung, die es bei uns fast nicht gibt, sind die sogenannten Ehreninschriften. Für das Funktionieren des städtischen Lebens war es unerläßlich, daß sich ständig Menschen fanden, die die öffentlichen Belange tatkräftig zu ihrer Sache machten, als Beamte und Wohltäter ihr Geld und ihre Zeit für die Gemeinschaft einsetzten. Dafür gebührte ihnen Dank und Ehre. An den Plätzen und Straßen einer antiken Stadt standen dicht an dicht Statuen, die

▶ *siehe auch S. 263ff., 271f.*

auf öffentlichen Beschluß zu Ehren von verdienten Bürgern oder auswärtigen Honoratioren aufgestellt worden waren. Auch Vereine, Dorfgemeinschaften und einzelne Personen konnten solche Ehrungen vornehmen, wenn ihnen der Stadtrat eine Genehmigung erteilte und einen Ort anwies. Auf der zugehörigen Basis wurde eine Inschrift angebracht, die regelmäßig im Nominativ den Namen der Person oder des Gremiums, auf dessen Initiative die Ehrung zurückging, im Dativ den Namen des oder der Geehrten nannte. Außerdem wurde meist der Grund für die Ehrung angegeben. Der eingeführte Ausdruck Ehreninschrift ist also eine Verkürzung des Sachverhalts.

In den meisten Fällen sind nur die Basen erhalten, nicht aber die zugehörigen Statuen aus Kalkstein, Marmor, Bronze oder gar Edelmetall. Wenn in späterer Zeit die ursprünglich angebrachten Inschriften nicht mehr interessierten, ließen sich die regelmäßig behauenen Sockel hervorragend als Baumaterial verwenden; von einer Statue aus Stein war für diesen Zweck nur der Torso brauchbar; Arme und Beine wurden zerschlagen und wanderten oft in die Öfen der Kalkbrenner. Noch seltener sind Bronze- oder Silberstatuen erhalten. Wenn sie nicht ganz früh unter die Erde kamen, sind sie regelmäßig in nachantiker Zeit eingeschmolzen worden.

## *Die Epigraphik*

Die Gesamtzahl der lateinischen Inschriften, die aus dem Römischen Reich erhalten ist, wird auf 400000 geschätzt. Doch ist das nur ein geringer Bruchteil dessen, was einmal vorhanden war.

Antike Bücher sind nicht in der Form auf uns gekommen, wie sie vom Autor oder Herausgeber veröffentlicht wurden, sondern sind viele Male abgeschrieben worden. Von Ausnahmen abgesehen, haben wir es nicht einmal mit antiken Kopien, sondern mit mittelalterlichen Codices oder Erstdrucken aus der frühen Neuzeit zu tun. Im Gegensatz dazu sind Inschriften authentische Überreste aus dem Altertum. Dieser Satz gilt allerdings nur mit Einschränkung, denn nicht wenige Inschriften sind, seit sie in der Neuzeit entdeckt wurden, verloren gegangen und daher heute nur in Form von Abschriften bekannt. Viele sind auch durch nachantiken Gebrauch des Inschriftenträgers als Baumaterial, Grabstein, Brunneneinfassung oder anderes beschädigt. Die erste Aufgabe der Epigraphik (von gr. *epigráphein* = darauf schreiben) ist deshalb die Feststellung des überlieferten Wortlautes und die Edition des Textes.

Eine Inschrift für sich allein hat in den meisten Fällen einen nur begrenzten Aussagewert. Erst wenn sie mit anderen aus dem gleichen Ort, der gleichen Zeit oder dem gleichen Sachgebiet zusammengestellt wird, gewinnt sie für den Historiker Bedeutung. Grundlegend für die Edition von Inschriften ist deshalb »das Corpus«. Schon aus dem Mittelalter sind Zusammenstellungen christlicher Inschriften erhalten. Als im Humanismus ein neues Interesse am Altertum erwachte, wurde auch das Bedürfnis nach einem zusammenfassenden Inschriften-Corpus empfunden. 1602 erschienen in Heidelberg die *Inscriptiones antiquae totius orbis Romani,* herausgegeben von Jan Gruter, Joseph Justus Scaliger und Marcus Welser. Auf eine neue wissenschaftliche Basis wurde die Epigraphik durch Theodor Mommsen gestellt. Er formulierte die bis heute als verbindlich anerkannten Grundsätze der Vollständigkeit und Autopsie. Das heißt, daß der Editor die Inschrift selbst gesehen oder, falls sie verloren ist, sämtliche älteren Abschriften miteinander verglichen haben muß, um den besten Text herzustellen. Mommsens Ruhmestitel ist das

▶ *siehe S. 458 Anm. 30*

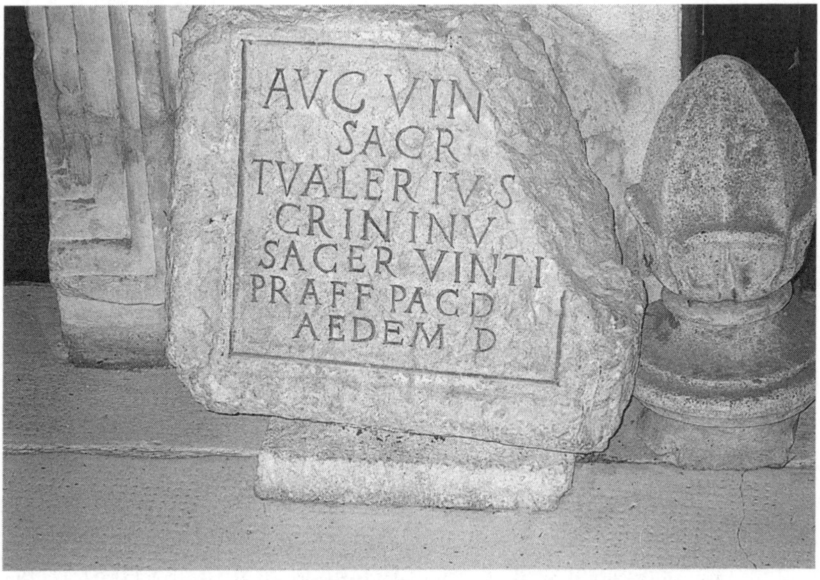


*Eine Weihung für Augustus Vintius im Museum von Rumilly (s. u. S. 223).*
*Nicht einmal wenn man eine Inschrift selbst gesehen hat, kann man auf die anerkannten Editionen verzichten. In diesem Fall liest man CRININUS, es muß aber heißen: CRISPINUS, wie ein Fachmann unter der nicht sachgerecht ausgeführten Übermalung erkennen kann. Schlimmer ist, wenn ein stolzer Eigentümer die Verbesserung mit Hammer und Meißel vornehmen ließ wie – noch 1959 ! – in RICG 11.*

*Corpus Inscriptionum Latinarum* (CIL), das er bei der Königlich Preußischen Akademie der Wissenschaften begründete. 1863 erschien der Band I mit den republikanischen Inschriften. Die Bände II bis XV erschließen in geographischer Ordnung das gesamte Imperium Romanum. Band XVI ist den Militärdiplomen, Band XVII den Meilensteinen gewidmet. Es liegen im ganzen mehr als 70 Teilbände in Folioformat vor. Das CIL mit seinen Kommentaren in lateinischer Sprache ist bis heute das international anerkannte Referenzwerk. Da sich jedoch seit seinem Erscheinen die Zahl der bekannten Inschriften mehr als verdreifacht hat und auch die Ansprüche an die bildliche Reproduktion und die Kommentierung gewachsen sind, haben sich seit einigen Jahren internationale Forschergruppen an die Neuedition des CIL gemacht.

*Studien im Museum von Arles. Es geht um HMHNS (s.u.).*

Uns betreffen die Bände XII für die *Narbonensis* von Otto Hirschfeld (1888) und XIII für die *Tres Galliae* von Hirschfeld und anderen (1899–1916). Die Neubearbeitung von Band XII liegt in den Händen französischer Epigraphiker und erscheint seit 1985 unter dem Titel *Inscriptiones Latinae Narbonensis* (ILN). Bislang liegen vier Bände vor, die allen heutigen Ansprüchen für die Präsentation entsprechen und mit einer Übersetzung sowie vorzüglichen Kommentaren in französischer Sprache ausgestattet sind. Der von B. Rémy herausgegebene Band ILN V, die Inschriften von Vienne, erschien während der Drucklegung. Bis Januar 2005 war in Göttingen nur der 1. Teilband verfügbar und wurde, soweit möglich, in die Umbruchkorrektur eingearbeitet.

Während in der ersten kritischen Edition Form und Größe des Inschriftenträgers, des Inschriftfeldes und der Buchstaben beschrieben (heute auch photographiert) und der überlieferte

Textbestand nach einem internationalen System (Leidener Klammersystem) minutiös angegeben wird, können sich spätere Sammlungen auf diese einmal getane Arbeit berufen und zu handlicheren Formaten übergehen. Die wichtigste ist die von Hermann Dessau angelegte Sammlung *Inscriptiones Latinae Selectae* (ILS) in 3 Bänden (1892–1916). Für andere Editionen und Übersetzungen sei auf das Abkürzungsverzeichnis verwiesen. Neue Funde und neue Lesungsvorschläge werden regelmäßig in der Année épigraphique (AE) bekannt gemacht.

Ich möchte dem Leser dieses Buches Mut machen, sich die Inschriften in den Museen anzusehen, denn für das Studium der antiken Sozialgeschichte sind sie unsere wichtigste Quelle. Wenn man das Hauptproblem, das sich dem Verständnis entgegenstellt, die Abkürzungen, überwunden hat, ist in den meisten Fällen der Sinn leicht zugänglich. Es handelt sich nämlich im wesentlichen um Namen. Wer aus der Schulgrammatik Nominativ, Genetiv und Dativ noch rekapitulieren kann, sollte sich ans Werk machen. Ich drucke die Inschriften so ab, wie sie auf dem Stein zu lesen sind, also mit großen Buchstaben und ohne Interpunktion und Worttrennungszeichen am Zeilenende. Lediglich den Buchstaben V habe ich nach deutscher Phonetik teils als V, teils als U geschrieben. Zur Erleichterung füge ich jeweils in runden Klammern die Auflösung der Abkürzungen sowie eine wörtliche Übersetzung bei, die nach Möglichkeit die Anordnung des lateinischen Textes beibehält. Eckige Klammern bezeichnen Ergänzungen von Fehlstellen des überlieferten Textes.

Nîmes und Vienne weisen mit Abstand die meisten erhaltenen Inschriften auf. Das *Musée archéologique St-Pierre* in Vienne ist in der ehemaligen Kirche untergebracht. Der Raum ist dunkel, vollgestopft mit Steinen, die wenig übersichtlich, jedenfalls nach keiner erkennbaren Logik angeordnet sind. Auch erhält der Betrachter keine Hilfestellung. Ähnlich verwirrend ist die Fülle in Nîmes. In den zwei Etagen des Haupthauses und den Kolonnaden, die den großen Hof des ehemaligen Jesuitenkollegs umgeben, stößt man ständig auf interessante Inschriften, es ist aber schwierig, etwas Bestimmtes zu finden, wenn man nicht weiß, wo es untergebracht ist.

Wesentlich besser steht es in den modernen Museen von Lyon und Arles, die für eine strikte Auswahl und thematisch orientierte Aufstellung gesorgt haben. Trotzdem wird man auch dort leicht von der Masse des Materials erschlagen.

Vergnügen bereitet es vielleicht, wenn man auf eine einzelne Inschrift stößt, ▶

sei es in einem kleinen Provinzmuseum, sei es in einer Kirche oder beim Spaziergang durch eine Stadt. Ich werde, wo es sich anbietet, auf solche Gelegenheiten aufmerksam machen. Die in diesem Kapitel angeführten Grabinschriften aus Vienne sind fast alle im dortigen *Musée archéologique St-Pierre* ausgestellt. Für die Weihinschriften in diesem und im folgenden Kapitel hingegen gebe ich, wenn ich ihn feststellen konnte, den Fundort an, da es darauf ankommt, die Entwicklung sowohl im Hauptort einer Civitas als auch auf dem flachen Land zu dokumentieren.

Ich beschränke mich in diesem Kapitel überwiegend auf Grab- und Weihinschriften von Privatleuten. Beispiele für die Angehörigen der Munizipal- und Reichsaristokratie werden im sachlichen Zusammenhang an anderer Stelle angeführt. Erläuterungen zur Sklaverei finden sich in Kapitel VIII, dem Kaiserkult ist das Kapitel VI gewidmet. Es geht zunächst vornehmlich darum, das Phänomen »Inschriften« zur Anschauung zu bringen.

*siehe S. 319 ff., 328*

## Grabinschriften

Die Begräbnisstätten lagen im Altertum aus sakralrechtlichen Gründen außerhalb der Siedlungen, meist entlang der Ausfallstraßen. Grundbesitzer ließen sich oft auf ihren Gütern bestatten. In der frühen Kaiserzeit wurde der Körper des Toten gewöhnlich verbrannt, gegen Ende des 1. Jhs. n. Chr. wurde die Erdbestattung üblich. Im 2. Jh. bestanden beide Formen nebeneinander, schließlich setzte sich die Erdbestattung durch.[1]

Die Form der Grabsteine veränderte sich im Lauf der Kaiserzeit. Wurden zunächst rechteckige Tafeln und Stelen (aufrecht gestellte rechteckige Platten, oft mit einem runden oder dreieckigen Giebel) verwandt, kamen gegen Ende des 1. Jhs. Grabaltäre und im 2. Jh. Sarkophage auf. Arme Leute konnten sich gar keinen Grabstein leisten, vielleicht nur eine Platte aus Holz, das vergangen ist. Reiche Magnaten hingegen bauten sich stattliche, mehrstöckige Grabanlagen. Die bekannteste ist das Monument der Iulier in Glanum.[2]

*siehe Abbildung S. 291*

Die Grabinschriften hatten die Funktion, das Andenken an den Verstorbenen lebendig zu halten und zu signalisieren, daß diese Grabstelle ihm gehörte, nicht zerstört und nicht von Unbefugten belegt werden durfte. Ein Grab war nach römischem Recht *res religiosa* und damit für alle Zeit

*Grabinschrift, die Cassius Theomnestus für sich und Cassius Ariston, Sohn des V., anfertigen ließ. Das Grab sollte nicht an die Erben übergehen.*

aus dem profanen Rechtsbereich ausgeschlossen.[3] Vielfach hielten Menschen es für besser, sich nicht auf ihre Erben zu verlassen, und sorgten noch zu Lebzeiten für einen Grabplatz und den Grabstein. Durch den Zusatz H M H N S *(hoc monumentum heredem non sequetur)* konnte man festlegen, daß Grab und Grabstein nicht an den Erben übergehen sollten.

Für die Grabinschriften benutzte man mehr oder weniger stereotype Formen, die auch in Gallien stadtrömischen Vorbildern folgten und sich mit der Zeit wandelten. Dadurch liefern sie einen Hinweis auf die Zeitstellung der in aller Regel undatierten Grabinschriften.[4] Die frühesten Formulare, die während der iulisch-claudischen Dynastie, also bis etwa 70 n. Chr., verwendet wurden, waren sehr kurz und schlicht. In diese Phase gehören drei Inschriften, die nur den Namen des Verstorbenen mitteilen, einmal im Nominativ, zweimal im Dativ.

**CIL XII 1976. ILN V 170 (Vienne)**

| | |
|---|---|
| A(ulus) LUCILIUS | Aulus Lucilius |
| CANTABER[5] | Cantaber |
| VIVUS SIBI | zu Lebzeiten für sich selbst |

**CIL XII 2016. ILN V 211 (Vienne)**

| | |
|---|---|
| D(ecimus) VALER(ius) | Decimus Valerius |
| GEMINUS | Geminus |
| HIC CUIESC(it) | ruht hier |

für: *quiescit*

**ILGN 275. ILN 147 (Vienne)**

| | |
|---|---|
| D(ECIMO) DANNIO | Dem Decimus Dannius |
| VOL(TINIA TRIBU) | aus der Tribus Voltinia |
| CAPITONI | Capito |

Im letzten Drittel des 1. Jhs. n. Chr. kam der Gebrauch von DIS MANIBUS, später meist abgekürzt zu *D M,* in Mode. Diesem Dativ folgte in der Regel der Name des Verstorbenen im Genetiv, oder man dachte sich hinter *D M* einen Punkt und fuhr im Dativ fort. In der römischen Religion wurden seit jeher göttliche Wesen verehrt, die ohne besondere Namen als unbestimmte Vielzahl angesprochen wurden: neben den Penaten und Laren auch die *di manes* oder *di inferi,* was man gewöhnlich mit »Totengeister, Totengötter« übersetzt. Mit dem Vollzug der Bestattungsriten wurde ein Verstorbener unter die *di manes* aufgenommen. Die Weihung *DIS MANIBUS* behält den Plural bei, gilt aber der Seele des einzelnen Verstorbenen. Die Angehörigen besuchten aus privaten Anlässen oder an allgemeinen Totengedenktagen wie den *Parentalia* oder den *Rosalia* das Grab und brachten am Altar den Manen ein Opfer dar.[6]

### CIL XII 2032. ILN V 224 (Vienne)

| | |
|---|---|
| DIS MANIBUS | Den Manen |
| A(ulus) VINNIUS GALLUS | Aulus Vinnius Gallus |
| VIVOS SIBI | zu Lebzeiten für sich selbst |

*Vivos* steht archaisierend für *vivus*

### CIL XII 1952. ILN V 146 (Vienne)

| | |
|---|---|
| D(is) M(anibus) | Den Manen |
| T(iti) COUXOLLI(i) | des Titus Couxollius |
| VITALIS | Vitalis |
| HEREDES | haben die Erben |
| FACIUNDUM | (dies Grab) errichten |
| CURARUNT | lassen |

*curarunt = curaverunt*

Außer der Weihung an die Manen tritt auch die Widmung »dem Angedenken« *(memoriae)* oder »der Ruhe, dem Frieden« *(quieti)* auf. Im 2. Jh. werden die Inschriften wortreicher: Häufig wird das Alter der Verstorben angegeben, und sie werden als treueste und liebste Gatten, geliebte Söhne und Töchter oder treueste Freigelassene und verdiente Patrone gepriesen.[7] Als Faustregel kann gelten: Je ausführlicher eine Inschrift, desto jünger ist sie.

Immer ist es tragisch, wenn Eltern ihre Kinder begraben müssen. Deshalb können wir noch nach Jahrhunderten ihren Schmerz mitempfinden. Marcus Octavius hatte ein besonders trauriges Schicksal, wie die Eltern berichten. Der Sarkophag, in dem sie ihn bestatteten, steht (nach ILN) heute am Eingang der romanischen Kapelle von St-Césaire-sur-Siagne, das im Altertum an der Grenze zwischen Antibes und Fréjus lag.

**CIL XII 221. Text nach ILN II 94 (Antibes). WI 112a (St-Césaire-sur-Siagne)**

| | |
|---|---|
| M(arco) OCTAVIO NEPOTI (cum)<br>OB VOTU(m) IUVENTUTIS [CON]<br>IUGE(m) FORO DUCERET IPSA DIE<br>VITA(m) PERDI<br>DIT VIXIT AN(nos) XVIII<br>M(arcus) OCTAVIUS VALERIA<br>NUS ET IULIA SEMPRONIA INFELICISSIMI<br>PARENTES IN DOLORIS SUI SOLATIUM FIL<br>IO DULCISSIMO ET SUIS VIVI MEMORIAM<br>FECERUNT | Dem Marcus Octavius Nepos.<br>Als er zur Erfüllung eines Versprechens, das er als junger Mann gegeben hatte, in Forum (Iulii, Fréjus) seine Frau heimführte, verlor er noch am selben Tage sein Leben.<br>Er lebte 18 Jahre. Marcus Octavius Valerianus und Iulia Sempronia, seine unglücklichsten Eltern, haben als Trost für ihren Schmerz zu ihren Lebzeiten ihrem liebsten Sohn und ihren Angehörigen dies Grabmal errichtet.[8] |

Inschriften wie diese, die in die Mitte des 3. Jhs. zu datieren ist, sind für Altphilologen und Romanisten interessant, denn entgegen den Regeln des klassischen Latein fehlt dreimal die Akkusativendung *-m* und statt *solacium* ist *solatium* geschrieben. Gesprochen hat man offensichtlich *solazium* und nicht *solakium*.

## Personennamen und Prosopographie

Inschriften beleuchten immer einen Einzelfall. Einmal betrauern Eltern ihr verstorbenes Kind, ein anderes Mal hat eine Frau eine Weihung vorgenommen. In seltenen Fällen ist eine einzelne Inschrift für den Historiker interessant, zum Beispiel die in Lyon ausgestellte Kopie der Rede, die Kaiser Claudius 48 n. Chr. vor dem Senat hielt und in der er dafür plädierte, gallische Aristokraten in den römischen Senat aufzunehmen. Im Normalfall gewinnen Inschriften erst dann ihre Bedeutung, wenn man sie zu Serien zusammenstellt: zum Beispiel alle Personen in den gallischen Provinzen, die ausweislich der Inschriften einen Ortswechsel vornahmen; alle Beamten und

▶ *siehe auch S. 324ff.*

Militärs, die in der Narbonensis bezeugt sind; alle römischen Senatoren, die aus Gallien stammen; alle Ratsherren, die in Gallien bezeugt sind.[9] Ausgangspunkt sind immer die Namen von (meist) inschriftlich bezeugten Personen. Die Spezialdisziplin der Altertumswissenschaft, die sich diesen Fragen widmet, ist die *Prosopographie* (Personenkunde, von gr. *prósopon* = lat. *persona*). Sie suchte zunächst die Verhältnisse der einzelnen Personen zu erhellen,[10] hat sich aber in den letzten 50 Jahren verstärkt um die Zusammensetzung der führenden Kader der Reichsverwaltung und des Militärs bemüht. Unsere Kenntnis der Verwaltungs- und Sozialgeschichte des Imperium Romanum beruht wesentlich auf der prosopographischen Forschung. Beispielsweise kann die Struktur und Zusammensetzung des Senatorenstandes nur ermittelt werden, wenn man die bekannten Senatoren zusammenstellt, ihre Laufbahnen vergleicht und so die Beförderungskriterien erschließt.[11] Denn ein antikes »Handbuch des Verwaltungswesens« gibt es nicht, und Historiker wie Tacitus setzen derlei politisches Allgemeinwissen bei ihren Lesern als bekannt voraus.

## Das römische Namensystem

Auf einem frühkaiserzeitlichen Grabstein aus Vienne, den ein Ungenannter für seinen Bruder gesetzt hat, lesen wir:

**CIL XII 2029. ILN V 221 (VIENNE)**

| | |
|---|---|
| C VIBIO L F VOL | Dem Gaius Vibius, Sohn des Lucius, aus der Tribus Voltinia, |
| TITULLO | Titullus, |
| FRATRI | dem Bruder |

Das römische Namensystem ist kompliziert. Im Gegensatz zu anderen Völkern, bei denen man nur einen Namen trug und zur genaueren Bezeichnung und Unterscheidung von anderen den Namen des Vaters hinzusetzen konnte (z.B. Thukydides, Sohn des Melesias; Johnson, Levison oder Ekkaios Eskingomarios), sind für die Römer die *tria nomina* (drei Namen) typisch.[12] ▶ *siehe S. 76* Der Satz ist in dieser Form zu pauschal, denn die Entwicklung ging von einem Namen aus und endete in der Spätantike wieder bei einem Namen.

In unserem Beispiel steht C für den Vornamen *(praenomen)* Gaius.[13] Die Römer gebrauchten in über 90% aller bekannten Fälle nur 17 Vornamen, die fast immer in abgekürzter Form angegeben wurden. Die geläufigsten sind:

C = Gaius, Cn = Gnaeus, L = Lucius, M = Marcus, P = Publius, T = Titus, Ti = Tiberius, Q = Quintus, Sex = Sextus, D = Decimus. Die letzten drei lassen eine äußerst nüchterne Einstellung erkennen, denn es sind einfach Ordnungszahlen. Das *praenomen* ist nur eingeschränkt als Individualname zu bezeichnen, denn in den Familien waren bestimmte Namen erblich; oft erhielten alle Söhne den Vornamen des Vaters.

Vibius ist der Geschlechtsname (*nomen gentile* oder Gentiliz), der vom Vater auf die Kinder vererbt wurde. In ihm manifestierte sich die Bürgerqualität. Peregrinen (Fremden, d.h. Nichtbürgern) war das Tragen römischer Gentilnamen untersagt (Sueton, Claudius 25,3).

Titullus ist der Beiname *(cognomen)*. Dieser dritte Name tritt von der späten Republik an in offiziellen Dokumenten auf, wird aber erst zu Beginn der Kaiserzeit allgemein Usus. Vorher findet man ihn an den beiden entgegengesetzten Enden des sozialen Spektrums: bei den großen patrizischen Geschlechtern und den Freigelassenen.[14] Die Entwicklung blieb nicht bei den *tria nomina* stehen. Es wurde in »besseren Kreisen« Mode, sich eine ganze Reihe von Namen zuzulegen, in die man auch die Namen von Verwandten mütterlicherseits integrierte. Einen extremen Fall stellt ein aus Nîmes stammender Senator dar, der nicht weniger als 14 Namen kombinierte: Titus Iulius Maximus Manlianus Brocchus Servilianus Aulus Quadronius Verus(?) Lucius Servilius Vatia Cassius Cam(ars?).[15]

Mädchen führten den Geschlechtsnamen, aber keinen Vornamen; ihr Beiname wurde für die älteste Tochter oft aus dem Namen der Mutter abgeleitet, für die zweite aus dem des Vaters.

Für den offiziellen Gebrauch fügte man zwischen Gentilnomen und Cognomen die Filiation ein, d.h. man gab an, wessen Sohn oder Tochter *(F* oder *FIL = filius/filia)* oder Freigelassene(r) *(LIB = libertus/liberta)* man war. Im erstgenannten Fall war damit zugleich ausgedrückt, daß man freier Geburt war, im zweiten, daß man rechtmäßig freigelassen war.

Sollte die Zugehörigkeit zum Kreis der römischen Bürger sozusagen amtlich nachweisbar sein, mußte zusätzlich die *tribus* angegeben werden. In republikanischer Zeit waren die Tribus Distrikte des römischen Staatsgebiets und zugleich Untergliederungen des römischen Gesamtvolkes. Jeder Bürger war in eine Tribus eingeschrieben. Da seit 241 v. Chr. keine neuen Tribus, die die Basis für die Bürgerlisten, Aushebungen und Abstimmungen in der Volksversammlung bildeten, mehr angelegt wurden, mußten Neubürger und Bürger einer auf Provinzialboden gegründeten Kolonie in eine der 35 schon bestehenden Tribus eingegliedert werden. In der Narbonensis war dies für alle Angehörigen latinischer Städte, die zum Bürgerrecht gelangten, die *tribus Voltinia (VOL oder VOLT)*. Die Bürgerkolonien Arles und Fréjus hingegen gehörten zur *tribus Teretina (TER)* resp. *Aniensis (ANI)*. Während in der Kaiserzeit bei den Kornverteilungen an die stadtrömische Bevölkerung die Tribus weiterhin eine wichtige Rolle spielten, verloren sie für die in einer Provinz wohnenden Römer ihre politische Bedeutung. In den Inschriften wurden sie – wohlgemerkt nur von Männern – angeführt, weil sie den Bürgerstatus signalisierten.[16]

Die vollständige Namengebung mit *tria nomina,* Filiation und Tribus ist typisch für die frühe Prinzipatszeit. Während Senatoren bis ins 4. Jh. die *tria nomina* anführen, verzichten viele Privatpersonen ab der zweiten Hälfte des 2. Jhs. n. Chr. auf die Angabe des Praenomens, und im Lauf des späteren 3. Jhs. verschwindet auch das Gentilnomen aus den meisten Inschriften. So bleibt in der Spätantike das Cognomen als einziger Name übrig.

## Kelten oder italische Einwanderer?

Die Einwohner der Narbonenis waren Kelten, sprachen ursprünglich keltisch und hatten selbstverständlich keltische Namen. Die keltische Sprache wird sich, besonders im familiären Kontext und bei einfachen Leuten, noch lange gehalten haben.[17] Die Oberschicht jedoch ging anscheinend schon seit der Mitte des 1. Jhs. v. Chr. zum Lateinischen über, denn von da an hören die gallo-griechischen Inschriften auf, und die lateinischen treten an ihre Stelle. Auch die Namen änderten sich. Man ist natürlich neugierig und möchte hinter die Fassade schauen. Sind römische Namen ein Firnis, der die keltische Herkunft nur verdeckt, oder sind sie der Ausweis, daß wir es mit italischen Immigranten zu tun haben?

Eine sichere Antwort ist in vielen Fällen nicht möglich, aber es gibt Faustregeln. Sehen wir uns folgenden Grabstein an:

**CIL XII 1924. ILN V 127. WI 182 (Vienne)**

| | |
|---|---|
| D(is) M(anibus) | Den Manen |
| POMPEIAE COC | der Pompeia Coc- |
| CAE ANDEBRO | ca, (Tochter) des Andebro- |
| CIRIGIS (filiae) SE | cirix, Se- |
| QUANAE | quanerin |

Der Stein ist zwar in Vienne gefunden worden, aber die Bestattete stammte aus der Civitas der Sequaner (Besançon), die in der weniger romanisierten Provinz *Germania Superior* lag. Ihr Vater führte nur *einen* Namen, der obendrein mit seiner Endung *-rix* (wie Vercingetorix oder Asterix) auch für den Nichteingeweihten typisch keltisch klingt.

Ein eindeutiger Fall ist auch der folgende Grabstein aus Avignon, der zeigt, wie die Einwohner der latinischen Kolonien verfahren konnten, wenn sie das Bürgerrecht erlangten. Hier wird das römische Formular benutzt, aber die keltischen Wurzeln sind unschwer zu erkennen.

### ILGN 150 (Avignon)

| | |
|---|---|
| TOUTONI MELI F(ilio) | Dem Tuto, Sohn des Melus, |
| MALICCONI MULI F(iliae) | der Malicco, Tochter des Mulus, |
| Q(uintus) MELIUS VOL | Quintus Melius, aus der |
| (tinia tribu) FLAVOS | Tribus Voltinia, Flavos |
| PARENTIBUS | seinen Eltern |

Alle Personen haben keltische Namen. Während Großvater und Vater keine Änderung der einheimischen Tradition vornahmen, hat sich der Sohn, der den Grabstein für seine Eltern gesetzt hat, aus dem Namen seines Großvaters väterlicherseits, Melus, ein lateinisch klingendes Gentilnomen, Melius, zugelegt (sog. Pseudogentiliz). Das Cognomen Flavos (gelb, blond), mit dem er die *tria nomina* komplettierte, klingt sowohl lateinisch als auch keltisch, und ist in der Schreibung auf *-os* häufig in Gallien. Auf dem in Arles erhaltenen Grabstein, den dieser Mann für sich und seine Frau Accepta aufstellte, nannte er sich *Q. Melius Toutonis F(ilius) Vol. Flavos* (CIL XII 852. WI 143).

Für die Bürger der latinischen Städte *(cives Latini)* scheint es keine Vorschriften gegeben zu haben. Viele führten im 1. Jh. weiterhin ihren ererbten keltischen Namen, z. B. die Söhne des Silvanus und des Atepo.[18]

▶ *siehe auch S. 174, 224*

Ein keltisches Cognomen, Pseudogentiliz und ein Vater mit nur einem Namen sind starke Hinweise auf eine keltische Abkunft. Aber diese Fälle machen nur weniger als ein Drittel des in der Narbonensis überlieferten Materials aus.

Bei eindeutig römischen Namen, die wir in Inschriften der Narbonensis finden, überwiegen die von berühmten republikanischen Geschlechtern. Die Auswertung der Inschriftencorpora hat 748 *Iulii*, 417 *Valerii*, 234 *Cornelii*, 232 *Pompeii*, 102 *Licinii*, 99 *Aemilii*, 77 *Domitii*, 66 *Cassii*, 63 *Caecilii*, 50 *Iunii* und 49 *Marii* ergeben. In den einzelnen Städten ist es nicht anders: In Vienne

B. Rémy hat das gesamte während der Hohen Kaiserzeit in der Civitas Vienna überlieferte Material einer umfassenden Prüfung unterzogen. Von 1246 bekannten männlichen und weiblichen Personen sind 1047 Bürger, 37 *peregrini* (Nichtbürger), 32 (?) Sklaven und 130 *incerti*. Die Gentilnamen der Bürger sind zu 64,5% lateinisch, die Cognomina zu 53,9%. Einheimische Gentil- und Beinamen haben einen Anteil von 26,1%, der sich erhöht, wenn man zu dieser Gruppe noch Namen mit einer eindeutig lokalen Färbung hinzurechnet (*noms d'apparence latine*: 9,4% der *gentilicia*, 19,1% der *cognomina*). Das können ins Lateinische übersetzte oder an ein lateinisches Wort anklingende Namen sein. Mehr als 40% der italischen Gentilicia sind andernorts kaum oder nicht bekannt. In den Familien wurde die Namensgebung anscheinend flexibel gehandhabt; in einer Generation gab man dem Sohn ein lateinisches Cognomen, in der nächsten ein keltisches oder umgekehrt. Im ganzen zeigt das Namensmaterial eine Mischung aus einheimischen Traditionen und lateinischer Übernahme. Letztere und damit der Wunsch, seine Zugehörigkeit zur römischen Welt zur Schau zu stellen, überwiegt: Mehr als zwei von drei Viennensern hießen wie ein Römer.[19]

sind 332 Namen bekannt, 127 von ihnen sind die von bekannten römischen Geschlechtern. In Nîmes gibt es 136 *Iulii*, 59 *Valerii*, 55 *Pompeii* und 40 *Aemilii*.[20]

Um dieses Phänomen zu erklären, sind verschiedene Möglichkeiten zu erwägen. Es kann sich wirklich um einen Angehörigen der jeweiligen römischen Familie handeln. Aber das ist die Ausnahme. In Rom erhielten Sklaven bei ordnungsgemäßer Freilassung das Bürgerrecht und nahmen den Namen ihres früheren Herrn an. Als der Diktator Lucius Cornelius Sulla Ende der achtziger Jahre des 1. Jhs. v. Chr. die ehemaligen Sklaven seiner proskribierten Gegner freiließ, erhielten diese Sullas Gentilnomen, und es gab auf einen Schlag 80 000 zusätzliche Cornelier in Italien. Diese hatten mit dem größten patrizischen Geschlecht der Republik nur den Namen gemein. Wenn nun einer von diesen Corneliern als Veteran oder Kaufmann nach Gallien gekommen sein sollte, hätte er den Namen natürlich mitgebracht und an seine eigenen Freigelassenen, soweit vorhanden, weitergegeben.

Anders ist es bei Personen, die nach ihrer Zugehörigkeit zum Stadtrat offensichtlich einen hohen sozialen Status hatten. Hier liegt der Schluß nahe, daß es sich um Gallier handelt, die selbst oder deren Vorfahren das Bürgerrecht von einem römischen Feldherrn erhalten haben. Es war nämlich römische Praxis, auf diese Weise Männer zu belohnen, die sich für die römischen Interessen nachdrücklich eingesetzt hatten. Diese Neubürger nahmen meist den Namen desjenigen an, dem sie das Bürgerrecht verdankten, in der Republik den eines Feldherrn wie Gaius Marius oder Gnaeus Pompeius, in der Kaiserzeit in der Regel den des Kaisers. Als 212 n. Chr. alle Reichsbewohner von Caracalla das Bürgerrecht erhalten hatten, war die Welt voll von *Marci Aurelii,* nach dem offiziellen Namen des Kaisers.

Einige Fälle solcher frühen Bürgerrechtsverleihungen sind durch die literarische Überlieferung bezeugt. Caesar bediente sich im ersten Jahr des gallischen Krieges des Helviers Gaius Valerius Troucillus oder Procillus als Dolmetscher. Er bezeichnet ihn als »Fürsten der gallischen Provinz, seinen Vertrauten, zu dem er in allen Angelegenheiten höchstes Vertrauen hatte« (*principem Galliae provinciae, familiarem suum, cui summam omnium rerum fidem habebat;* Caes. Gall. 1,19,3). Dieser Mann war schon Römer in der zweiten Generation. Sein Vater hieß nämlich Gaius Valerius Caburus und hatte von Gaius Valerius Flaccus das römische Bürgerrecht erhalten (Caes. Gall. 1,47,4). Auch wenn wir dies nicht ausdrücklich von Caesar erführen, würden wir es erschließen, denn das Gentilnomen ist das eines vornehmen Römers, das Cognomen hingegen keltisch. Ein anderer Sohn des Caburus, Gaius Valerius Domnotaurus, findet ebenfalls ehrenvolle Erwähnung: Er fiel im Kampf, als er Caesar gegen die Anhänger des Vercingetorix unterstützte (Caes. Gall. 7,65,2).

Vergleichbar ist der Fall des bereits mehrfach erwähnten Historikers Pompeius Trogus. Er war vokontischer Herkunft und berichtet selbst, sein Großvater habe während des Sertorius-Krieges von Pompeius das Bürgerrecht erhalten. Sein Onkel kommandierte im Mithridates-Krieg die Reiterschwadronen des Pompeius. Sein Vater schloß sich Caesar an und avancierte zu dessen Kanzleichef und Siegelbewahrer (Iustin 43,5,11 f.). Auch die Familie des Afranius Burrus wird man hier einordnen können. Sein Geschlechtsname *Afranius* legt den Schluß nahe, daß ein Vorfahr das römische Bürgerrecht durch die Vermittlung des Legatus Lucius Afranius von dessen Vorgesetztem Pompeius erhielt.

▶ *siehe S. 21*

Die Abkömmlinge solcher Römerfreunde der ersten Stunde können wir unter den Angehörigen der Stadtaristokratien in der frühen Kaiserzeit vermuten.

## CIL XII 5842 (Vaison)

| | |
|---|---|
| VASIENS(es) VOC(ontii oder -ontiorum) | Die Einwohner von Vasio aus der Civitas der Vokontier |
| PATRONO | ihrem Patron |
| SEX(to) AFRANIO SEX(ti) F(ilio) | Sextus Afranius, Sohn des Sextus, |
| VOLT(inia tribu) BURRO | aus der Tribus Voltinia, Burrus, |
| TRIB(uno) MIL(itum) PROC(uratori) AUGUS | Militärtribun, Prokurator der Augusta, |
| TAE PROC(uratori) TI(berii) CAESAR(is) | Prokurator des Kaisers Tiberius, |
| PROC(uratori) DIVI CLAUDI(i) | Prokurator des Divus Claudius, |
| PRAEF(ecto) PRA[E]TORI(o) ORNA | Präfekt der Prätorianer, |
| M[ENT]IS CONSULAR(ibus) | mit den Abzeichen der Konsulwürde (ausgezeichnet) |

Der in Vaison als Patron Geehrte ist auch durch die literarische Überlieferung bekannt. Als Verwalter im Dienst verschiedener Angehöriger des Kaiserhauses durchlief er die ritterliche Laufbahn und wurde 51 n. Chr. mit dem Spitzenposten des Prätorianerpräfekten betraut. Bis zu seinem Tod im Jahre 62 leitete er, gemeinsam mit dem Philosophen Seneca, die Reichsgeschäfte in den ersten fünf glücklichen Regierungsjahren des Kaisers Nero.[21]
Die Ehrung in Vaison und seine Zugehörigkeit zur *tribus Voltinia* erlauben den Schluß, daß Burrus von dort stammte (Pflaum, Fastes 198 f.).

Natürlich ist die Freude groß, wenn eine Inschrift mit dem Namen einer berühmten Persönlichkeit entdeckt wird. Aber Vorsicht! Es gibt auch Fälschungen. Im CIL sind die *falsae* mit Nummer und Sternchen den als echt anerkannten vorangestellt.

## CIL XII 215*. CAG 30/3 Nr.334,20* (Uzès, Territorium von Nîmes)

| | |
|---|---|
| D(is) M(anibus) | Den Manen |
| MARCI PORCII CATONIS | des Marcus Porcius Cato, |
| VIRI CONSULARIS | eines Mannes im Konsulrang |

Das Fälschen von Inschriften scheint nach CIL XII 214* und 216*–223* in Uzès eine beliebte Tätigkeit gewesen zu sein. Die Einwohner des antiken *Ucetia (Ucetienses)* galten im 17. Jh. als Abkömmlinge des Cato Uticensis *(Uticenses),* was die wohl lokalpatriotische Fälschung erklärt. Ob man in der Antike auch schon so dachte? Jedenfalls gibt es in Uzès einen L. Porcius Karus (CIL XII 2929) und einen Caesius Catto (CIL XII 2936).

### CIL XII 522. ILN III 29 (Aix-en-Provence)

| | |
|---|---|
| SEX(to) IULIO SE[X(ti) F(ilio)] | Dem Sextus Iulius, Sohn des Sextus, |
| VOL(tinia tribu) VERINO [FLA] | aus der Tribus Voltinia, Verinus, |
| MINI, AEDILI M[U] | Flamen, Ädil, der Gladiatorenkämpfe |
| NERARIO PAT[RI] | veranstaltete, Vater von |
| TRIUM DECUR[IO] | drei Dekurionen. |
| NUM CUM FIL[I(i)S] | Gemeinsam mit den Söhnen |
| VIV(u)S SIBI FECI[T] | hat er zu Lebzeiten für sich |
| | (dies Grab) errichtet |

Die Inschrift gehört nach dem Formular in die frühe Kaiserzeit. Sextus Iulius Verinus ist römischer Bürger und zwar schon vom Vater her. Er ist als Priester, Ädil und freigebiger Spieleveranstalter in seiner Heimat hervorgetreten. Voll Stolz bekundet er, daß seine drei Söhne, wohl gleichzeitig mit ihm, dem Stadtrat angehören, was auf einen erheblichen Wohlstand schließen läßt. Da das Cognomen Verinus in Gallien und Germanien häufig, im übrigen Reich aber selten ist, wird er wohl zu Recht für einen einheimischen Magnaten gehalten, dessen Familie unter Caesar oder Augustus das Bürgerrecht erhalten hat.

Um einen Mann, der mit allergrößter Wahrscheinlichkeit italischer Abstammung war, handelt es sich hingegen bei Titus Pompeius Albinus. Er war Duumvir (Bürgermeister) in der Colonia Vienna und müßte, wenn Vienne die ursprüngliche Heimat seiner Familie gewesen wäre, zur Tribus Voltinia gehört haben. Seine Tribus Tromentina, zu der in Italien zum Beispiel Perusia und Veii gehören, findet sich sonst nicht in Gallien. Er oder ein Vorfahr dürfte also aus Italien nach Gallien eingewandert sein.

### CIL XII 2327. Text nach AE 1991,1199. WI 1 und 192 (Montmélian, Territorium von Vienne)

| | |
|---|---|
| [T(ito) POMPEIO T(iti) F(ilio) | Dem Titus Pompeius, Sohn des Titus, |
| TROM(entina tribu) | aus der Tribus Tromentina, |
| ALBINO | Albinus, |
| TRIBUNO MIL(itum) LEG(ionis) VI | Militärtribun der VI. Legion, |
| VICTRIC(is) SUBPROC(uratori) | der Siegreichen, Subprokurator |
| PROVINC(iae)] LUSITANIAE [II V(iro) | der Provinz Lusitania, Duumvir |
| I(ure) D(icundo) | für die Rechtsprechung der |
| COL(oniae) IU]L(iae) AUG(ustae) | Colonia Iulia Augusta |
| FLOR(entiae) [V(iennae) | Florentia Vienna |
| POMPEIA T(iti) F]IL(ia) SEXTINA | Pompeia, Tochter des Titus, Sextina |

Die Inschrift ist ein gutes Beispiel für das Schicksal von epigraphischen Funden. Sie war im 16. Jahrhundert im Schloß von Montmélian entdeckt und auch publiziert worden, galt aber, als Hirschfeld das CIL edierte, als verloren. Erst vor kurzem wurde ein Fragment mit jeweils 9 bis 10 Buchstaben der unteren drei Zeilen wiederentdeckt. Die Ergänzungen, die auf den ersten Blick völlig willkürlich wirken, sind durch den Grabstein des Titus Albinus gesichert, der in der *Colonia Emerita Augusta* in *Hispania Lusitania* gefunden wurde. Dort hielt man es für erforderlich, mit den Worten *domo Vienna* ausdrücklich auf den fernen Herkunftsort des Bestatteten hinzuweisen, was sich auf dem bei Montmélian gesetzten Stein erübrigte. Umgekehrt führt nur letzterer sämtliche ehrenvollen Beinamen der Colonia Vienna auf, die in Emerita nicht wichtig erschienen.

Man muß annehmen, daß Titus Pompeius in der Gegend von Montmélian, die zum Territorium von Vienne gehörte, erheblichen Grundbesitz hatte, der ihm eine Munizipalkarriere ermöglichte. Im Anschluß an das Duumvirat in Vienne stieg er im ritterlichen kaiserlichen Dienst auf und verstarb in Spanien. Seine Tochter errichtete ihm eine Gedenkstätte auf seinem Gut.[22]

Bei römischen Gentilnamen, die weder zu einem berühmten republikanischen Geschlecht noch zu einem in Südgallien tätigen römischen General gehören, kann man eine italische Herkunft erwägen. Einen solchen Fall stellen die *Veratii* dar.[23]

### CIL XII 1956. ILN V 151 (Vienne)

| | |
|---|---|
| D(is) M(anibus) | Den Manen |
| ECCIAE | der Eccia, |
| MARCELLI F(iliae) | Tochter des Marcellus, |
| MARCELLAE | Marcella, |
| DEF(unctae) ANN(orum) XXII | verstorben im Alter von 22 Jahren, |
| Q(uintus) VERATIUS | Quintus Veratius |
| DECIDIANUS | Decidianus |
| CONIUG(i) SANCTIS(simae) | seiner überaus keuschen Ehefrau |
| ET M(arcus) ECCIUS | und Marcus Eccius |
| MARCELLUS | Marcellus |
| SORORI KARISS(imae) | seiner liebsten Schwester |

Der Name Veratius ist in Italien geläufig, und auch in Gallien sind 37 *Veratii* bezeugt, am stärksten in Nîmes, Narbonne, Arles, Aix-en-Provence und

Lyon. Es lassen sich nach den Vornamen Familiengruppen von *Auli*, *Quinti* und *Sexti Veratii* differenzieren. Man könnte sich vorstellen, daß sich der erste Vertreter der Familie vielleicht in Narbonne angesiedelt hat, wo im 1. Jh. v. Chr. mehr italische Zuwanderer als an den anderen Orten bezeugt sind,[24] und daß sich die Nachkommen und Verwandten von dort aus, entlang den großen Handelsrouten, bis nach Lyon ausgebreitet haben. Anscheinend war es ihnen auch gelungen, Eingang in angesehene einheimische Familien zu finden. Quintus Veratius verrät nämlich durch sein Cognomen *Decidianus*, ein Adjektiv, das vom Gentilnomen *Decidius* abgeleitet ist, Beziehungen zu einer in der Narbonensis bekannten Familie, aus der Ritter und Senatoren hervorgingen. Seine Frau Eccia Marcella ist ihrem Gentilnamen nach gallischer Abstammung.

Man sollte die Zahl von italischen Einwanderern aber nicht überschätzen. Die Veteranen der fünf Militärkolonien kamen aus Legionen, die jahrelang im Felde gestanden hatten, und Privatleute, die aus ökonomischen Motiven einwanderten, können das Bevölkerungsspektrum nicht grundlegend verändert haben. Denn das Bodeneigentum scheint nur in Ausnahmefällen in die Hände von Italikern übergegangen zu sein, und in agrarischen Gesellschaften, wie denen des Altertums, kann eine durch Handel bewirkte Mobilität immer nur ein randständiges Phänomen sein.

*Grabstein des Iulius Victor; im Hof vor dem Musée archéologique St-Pierre in Vienne.*

## Die römische Familie

Noch in einer weiteren Hinsicht verlangt der Grabstein der Eccia Marcella eine Erläuterung. Es fällt auf, daß sie nicht denselben Familiennamen trägt wie ihr Mann, sondern den ihres Vaters und Bruders. Wenn man von Verhältnissen ausgeht, wie sie bei uns noch vor einer Generation selbstverständlich waren, könnte man denken, daß sie gar nicht rechtmäßig verheiratet war. Man würde dann die Inschrift auf dem großen Grabaltar, die man im Hof des Museums liest, für den Normalfall halten.

### CIL XII 1966. ILN V 166 (Vienne)

| | |
|---|---|
| D(is) M(anibus) | Den Manen |
| L(ucii) IULI(i) | des Lucius Iulius |
| VICTORIS | Victor |
| IUL(ia) THALLUSA | Iulia Thallusa |
| CONIUGI | ihrem Mann |

Die römische Familie *(familia)* basierte nicht auf Verwandtschaft, sondern auf der väterlichen Gewalt *(patria potestas)*. Wie der Jurist Gaius bemerkt, war dies eine Besonderheit des römischen Rechts *(ius civile)*. Bei keinem anderen Volk hätten die Väter eine derartige Gewalt über ihre Kinder.[25] Unter der unumschränkten Gewalt des Familienoberhauptes *(pater familias)* standen seine Kinder, die Schwiegertöchter und die Kinder seiner Söhne, seine Sklaven, wie überhaupt das gesamte Vermögen der Familie. Die *patria potestas* endete erst mit dem Tod des *pater familias*. Für den Fall, daß dieser seine Kinder schon vorher aus seiner Gewalt entlassen wollte, mußte er ein Scheingeschäft tätigen, das die Juristen aus den strengen Regeln des *ius civile* entwickelt hatten: Er verkaufte sie an einen Bekannten, der sie dann freiließ. Bei Töchtern genügte einmaliger Verkauf, bei Söhnen erlosch erst nach dreimaligem Verkauf die *patria potestas* endgültig. Das ist der ursprüngliche Sinn des Wortes *emancipatio*.

Diese Eigentümlichkeiten des römischen Rechts *(ius civile)* wurden mit dem *ius Latii* in den Städten der Provinz eingeführt. § 21 der *lex Irnitana* bestimmte unter der Überschrift: »Wie man in diesem *Municipium* das (römische) Bürgerrecht erlangt«, daß die Beamten es nach ihrer Amtszeit erhielten, und zwar zusammen mit ihren Eltern, Ehefrauen, Kindern und Enkeln, soweit diese aus einer rechtmäßigen Ehe *(matrimonium iustum, nuptiae iustae)* stammten und unter ihrer *patria potestas* standen. Es galt also das Prinzip der agnatischen Verwandtschaft. Nur die Enkel, die Kinder von Söhnen waren, gehörten im Rechtssinne zur *familia*, die Kinder der Töchter hingegen jeweils in die *familia* ihres Vaters.

▶ *siehe S. 129*

Von da an galt in den Städten mit latinischem Recht, auch falls es vor der römischen Eroberung ganz anders gehandhabt worden sein sollte, *römisches* Familienrecht, wenn zum Beispiel zu klären war, ob ein Kind legitim und erbberechtigt war. Nur aus einer rechtmäßigen Ehe gingen Kinder hervor, die dem Stand des Vaters folgten und vollberechtigte Bürger waren. Verbindungen zwischen römischen Bürgern und Nichtbürgern waren, wenn der nichtbürgerliche Teil nicht ein besonderes Privileg *(conubium)* besaß, kein *matrimonium iustum* und brachten Nichtbürger *(peregrini, peregrinae)* hervor; Kinder aus Ehen von *cives Latini* waren Latiner.

Wie gesagt, war der *pater familias* auch alleiniger Eigentümer des Familienvermögens. Das bedeutete strenggenommen, daß ein Sohn, selbst wenn er es schon bis zum Konsul gebracht hatte, nicht über eigenes Geld verfügte. Gewöhnlich wies ihm aber der *pater familias* ein Sondervermögen *(peculium)* zu, mit dem er wirtschaften konnte, das aber Eigentum des Familienoberhauptes blieb. Auch dieses Spezifikum des römischen Rechts finden wir in der Provence.

### ILGN 227. ILN IV 59 (Vachères, Territorium von Apt)

| | |
|---|---|
| CALVENTIUS | Calventius |
| ET BIRRO PATRI | und Birro haben ihrem Vater |
| ET MATRI DE SUO | und ihrer Mutter aus ihrem |
| PECULIO | Sondervermögen |
| FECERUNT | (dies Grabmal) errichtet, |
| SILVANI FI(lii) | die Söhne des Silvanus |

Das dürfte noch zu Lebzeiten der Eltern geschehen sein, denn mit dem Tod des Vaters wurden sie selbst Eigentümer des gesamten Vermögens.

Mädchen standen also zunächst unter der *patria potestas.* Im Fall der Eheschließung gab es verschiedene Rechtsformen. In der älteren Zeit war es üblich, die Tochter aus der väterlichen Gewalt zu entlassen. Sie ging dann in die Gewalt *(manus)* des Ehemanns oder seines *pater familias* über und hatte in der neuen Familie die Rechtsstellung einer Tochter. Das konnte vertraglich vereinbart sein, oder der Ehemann erwarb die *manus,* wenn seine Frau ein Jahr lang ununterbrochen in seinem Hause lebte. Aber schon das XII-Tafel-Gesetz aus dem 5. Jh. v. Chr. sah als Ausnahmebestimmung die »gewaltfreie« Ehe vor: Wenn die Frau innerhalb eines Jahres für drei Nächte in das Haus ihres Vaters zurückkehrte, kam sie nicht in die *manus* ihres Mannes, sondern gehörte weiterhin zur väterlichen Familie. In keinem Fall nahm sie jedoch den Namen ihres Mannes an.

In der Kaiserzeit war die gewaltfreie Ehe die übliche Form. Die Frauen befanden sich nicht in der *manus* ihres Ehemanns. Wenn der Vater tot war oder sie emanzipiert hatte und sie somit gewaltfrei *(sui iuris)* waren, benötigten sie für die Tätigung verpflichtender Rechtsgeschäfte einen Vormund *(tutor).* Dieser trat aber in der Rechtspraxis immer mehr zurück, und Frauen verwalteten ihr Vermögen weitgehend selbständig. In anderen Belangen blieb ihre Rechtsstellung schlechter als die der Männer. Sie hatten nicht nur keine Möglichkeit, sich politisch zu betätigen, sondern, was uns heute noch schwerwiegender erscheint, kein Recht gegenüber ihren Kindern. Ehelich geborene Kinder folgten immer dem Vater und blieben bei einer Scheidung selbstverständlich bei ihm. Uneheliche Kinder erhielten das Bürgerrecht, wenn die Mutter bei der Niederkunft Bürgerin war, waren aber gesellschaftlich isoliert, denn sie hatten keine agnatischen Verwandten. Eine *»materna po-*

*testas«* gab es nicht. War die Mutter bei der Niederkunft Sklavin, so waren auch die Kinder Sklaven.[26]

Im vorliegenden Fall ist es also völlig normal, daß Eccia Marcella ihren Mädchennamen beibehielt. Erklärungsbedürftig ist vielmehr die Namensgleichheit von Iulia Thallusa und Iulius Victor, der ich unten nachgehe.

## Sklaven und Freigelassene

Auch Sklaven und Sklavinnen gehörten zur *familia.* Zumindest denen gegenüber, die mit ihnen in enger Gemeinschaft gelebt hatten, empfanden Eigentümer die Pflicht, für ihr Begräbnis zu sorgen. Aus Rom und Ostia, wo wegen der Enge der Großstadt der zur Verfügung stehende Raum knapp und teuer war, sind etliche Begräbnisstätten überliefert, die großzügige und fürsorgliche *domini* oder *dominae* für ihre Sklaven und Freigelassenen unterhielten.

▶ *siehe S. 294ff.*

Auch in der Narbonensis haben einige Herren ihren Sklaven ein Grab errichtet:

### AE 1990, 691. CAG 30/3 Nr. 155,3*[27] (Manduel, Territorium von Nîmes)

| | |
|---|---|
| D(is) M(anibus) | Den Manen |
| SECUNDINI | des Secundinus |
| M(arcus) MAESIUS MA | Marcus Maesius |
| XIMUS SERVO | Maximus seinem |
| BENE MERENTI | wohlverdienten Sklaven |

Ein Treueverhältnis *(fides),* das vielleicht über das übliche Maß hinausging, kommt in einem Grabstein aus Narbonne zum Ausdruck, den ein Herr seinem Sklaven Primigenius (der Erstgezeugte) setzte:

### CIL XII 5075 *et add. p.* 853 (Narbonne)

| | |
|---|---|
| *Theta nigra*[28] | Gestorben |
| PRIMIGENIO | Dem Primigenius, |
| SER(vo) DOMINI | dem seinem Herrn |
| AMANTISSIMO | überaus zugetanen und |
| ET FRUGA[L]I[SSIM]O | anspruchslosesten Sklaven |

Sklaven waren nicht in jedem Fall mittellos, denn auch ihnen wurde vielfach ein *peculium* überlassen, so daß sie untereinander für ihre Bestattung sorgen konnten.

**CIL XII 779 (Arles)**

| | |
|---|---|
| CEMELLO | Dem Cemellus, |
| TI(berii) CLAUDI(i) POCI | (dem Sklaven) des Tiberius Claudius Pocus, |
| EUTYCHUS CONSERVO S(uo) BENE | hat Eutychus, seinem wohlverdienten Mitsklaven, |
| MERENTI POSUIT | (diesen Grabstein) aufgestellt |

Freundschaftliche Beziehungen, die sich in der Zeit der Sklaverei angesponnen hatten, hielten sich vielfach auch nach der Freilassung.

**CIL XII 413 (Marseille)**

| | |
|---|---|
| D(is) M(anibus) | Den Manen. |
| P(ublio) AELIO | Dem Publius Aelius |
| EYT[Y]CHE | Eutyches, |
| TI | |
| COLLIBERTO | seinem Mitfreigelassenen |
| SECUNDUS | Secundus |

Wenn wir uns die Namen der Sklaven ansehen, so ist die hier zufällig getroffene Auswahl typisch. Primigenius (der Erstgezeugte) hat einen lateinischen Namen, die anderen sind griechisch. Der Freigelassene Publius Aelius Eutyches führt die *tria nomina,* gebildet aus dem Vor- und Gentilnamen seines früheren Herrn und seinem alten Sklavennamen, der zum Cognomen geworden ist. Die Verbindung von lateinischem Gentilnomen und griechischem Cognomen ist sehr oft ein Hinweis auf die Zugehörigkeit einer Person zum Freigelassenenmilieu. Die Kombination des griechischen Adverbs *eu* (gut) und *tyche* (Glück) war besonders beliebt als Sklavenname.[29]

Es war üblich, unter den Sklaven eheähnliche Verhältnisse *(contubernium)* zuzulassen, die nach der Freilassung fortbestehen konnten. Wahrscheinlich müssen wir in dieser Richtung die Erklärung dafür suchen, daß *Iulia Thallusa* den gleichen Gentilnamen wie ihr Mann trägt. *Thallusa* ist ein griechisches Cognomen, und auch *Victor* ist ein gängiger Sklavenname. Wenn wir annehmen, daß beide Partner Freigelassene waren, könnten sie beide Sklaven eines

▶ *siehe S. 172*

Iulius gewesen sein. Es besteht auch die Möglichkeit, daß einer Sklave des anderen gewesen und von ihm freigelassen und geheiratet worden ist.

Diese Konstellation ist durchaus nicht selten. Das folgende Beispiel ist noch signifikanter, da es sich bei dem Gentilnamen Suallius eben nicht um einen Allerweltsnamen wie Iulius handelt, so daß die Möglichkeit, daß sich zwei Personen zusammengefunden hätten, die von Hause aus in keinerlei Beziehung zueinander standen, wohl auszuschließen ist.

### CIL XII 883 (Arles)

| | |
|---|---|
| D(is) M(anibus) | Den Manen |
| SUALLIAE | der Suallia |
| GRAECAE | Graeca |
| SUALLIUS | Suallius |
| NICEPHOR | Nicephor |
| CONIUGI | seiner treuesten |
| PIENTISSIMAE | Ehefrau |

Mit der Freilassung endeten die Beziehungen zwischen Herrn *(dominus/domina)* und Sklave *(servus/serva)* nicht, sondern gingen in das Verhältnis von Patron und Klient über. Der Patron war moralisch zu gewissen Schutzfunktionen verpflichtet. Umgekehrt mußten Freigelassene vertraglich festgesetzte Arbeitsleistungen *(operae)* für die ehemaligen Eigentümer erbringen und sie unter bestimmten Voraussetzungen als Erben einsetzen. Umgekehrt verstarben aber auch *domini* und *dominae* ohne Kinder und vermachten ihr Vermögen ihren Freigelassenen. Daraus erwuchs die Verpflichtung, für die Bestattung zu sorgen.[30]

### CIL XII 784 (Arles)

| | |
|---|---|
| D(is) M(anibus) (links und rechts neben dem Inschriftfeld) | Den Manen |
| Q(uinti) COMINI(i) HERMOPHILI | des Quintus Cominius Hermophilus |
| Q(uintus) COMINIUS SEVERINUS | hat Quintus Cominius Severinus, |
| PATRONUS LIBERTO PIENTIS | der Patron seinem treuesten |
| SIMO PONENDUM CURAVIT | Freigelassenen (dieses Grab) errichten lassen |
| ET SUB ASCIA DEDICAVIT | und unter der *ascia* geweiht |

Weihungen *sub ascia* begegnen ab dem 2. Jh. n. Chr. Außerhalb Galliens gibt es sie kaum, besonders häufig sind sie in Lyon. Die Ascia, die aussieht wie ein Handwerksgerät, ist oft auf dem Stein abgebildet. Sie hat wohl dem sakralen Schutz des Grabes dienen sollen. Näheres weiß man aber nicht.

### CIL XII 600 (Territorium von Arles)

| | |
|---|---|
| D(is) M(anibus) | Den Manen |
| POMPEIA | Pompeia |
| CALLISTE | Calliste |
| PATRONIS | hat den treuesten |
| PIENTISSIM | Patronen |
| IS P(osuit) | (diesen Grabstein) aufgestellt |

Alle denkbaren Beziehungen – zwischen Mann und Frau, Eltern und Sohn, Freigelassenen und Patron – enthüllt folgender Stein, den man (laut ILN) in der alten *Maison commune* in Le-Haut-de-Cagne sehen kann.

### CIL XII 217. ILN II (Antibes) 133

| | |
|---|---|
| D(is) M(anibus) | Den Manen |
| M(arcus) LIVIUS NICOSTRATUS | Marcus Livius Nicostratus |
| LIVIO ONESIMO PATRI ET | seinem Vater Livius Onesimus und |
| LIVIA NICE LIVIO ONESIMO | Livia Nice dem Livius Onesimus, |
| MARITO ET LIVIO HERMAE | ihrem Ehemann, und dem Livius Hermas, |
| PATRONO VIVI FECERUNT | ihrem Patron – (beide) haben |
| SIBI | zu Lebzeiten (auch) für sich |
| POSTERISQUE SUIS | und ihre Nachkommen |
| | (das Grab) errichtet |

Ein wahres Nest von *Livii*: Der Freilasser Hermas wird von seiner Freigelassenen Nice bestattet; außerdem ist das Grab für deren Ehemann Onesimus bestimmt, der ebenfalls Freigelassener des Hermes sein dürfte. Nur an der Bestattung des Onesimus mitgewirkt hat Nicostratus, der Sohn aus der Ehe von Onesimus und Nice. Er ist freigeboren und gibt dies zu erkennen, indem er sich nur an der Bestattung seines Vaters beteiligt. Anders als seine Mutter hat er nämlich keine Verpflichtungen gegenüber Hermas.

Wenn *domina* oder *dominus* mit ihren Sklaven in einem Haushalt lebten, sind offensichtlich auch zärtlichere Verbindungen als das bloße Eigentumsverhältnis entstanden.

### CIL XII 682A (Arles)

| | | |
|---|---|---|
| [–]ERO VIBUS SIBI POSUIT | (sic) | (H)ero hat zu seinen Lebzeiten |
| ET SILVANE PATRICIAE | (sic) | (diesen Sarkophag) für sich aufgestellt und für Silvana Patricia, |
| DOMINAE ET UXORI MU | | seine Herrin und Gattin, |
| LIAERI PIENTISSIMAE | (sic) | die allertreueste Frau, |
| QUIUS BENEFICIO VIX | (sic) | durch deren Wohltat |
| I POS MISIONE ANOS XXX | (sic) | ich nach der Freilassung 30 Jahre gelebt habe |
| SENE BILE | (sic) | – ohne Galle |

Die Inschrift stammt aus dem 3. Jh. und zeigt deutliche Züge des Vulgärlateins: Es müßte heißen: *vivus, Silvanae, mulieri, cuius, post missionem, annos, sine.* Vielleicht sollte man – parallel zu *posuit* – *vixi* zu *vixit* ergänzen.

### CIL XII 1973. ILN V 168 (Vienne, heute in St-romain-en-Gal)

| | |
|---|---|
| D(is) M(anibus) | Den Manen |
| LABENIAE NEME | Der Labenia Neme- |
| SIAE OPTIMAE ET | sia, der besten und |
| PIISSIMAE LIB(ertae) | treuesten Freigelassenen |
| ET CONIUGI | und Ehefrau, |
| P(ublius) LABENIUS TRO | Labenius Tro- |
| PHIMUS MERI | phimus, die durch ihre |
| TIS EIUS SIBI | Verdienste ihm |
| KAR(issimae) | sehr teuer war |

Die Grabsteine dokumentieren naturgemäß ein positives Verhältnis von Herren und Sklaven sowie Patronen und Freigelassenen, und man kann nicht erwarten, daß jemand angibt, seinen Sklaven zu Tode geprügelt zu haben. Nicht immer waren allerdings die Beziehungen zwischen Patron und Freigelassenem harmonisch.

### CIL XII 1128. Text nach ILN IV 131 (Roussillon, Territorium von Apt, heute im Musée lapidaire in Avignon)

Ascia rechts oberhalb der Inschrift

D(is) M(anibus)

| | |
|---|---|
| G(– – –) LUCILIA | G(– – –) Lucilia |
| G(– – –) SEVERIANO | hat dem G(– – –) Severianus, |
| FILIO PIENTES (sic) | ihrem treuesten |
| SIMO POSUIT | Sohn, (diesen Grabstein) aufgestellt, |
| QUEM LIBER | den sein eigener |
| TUS SUUS | Freigelassener |
| HOCCIDIT (sic) | erschlagen hat |

Es müßte heißen: *pientissimo* und *occidit.*

G(– – –) ist als Gentilnomen aufzufassen, das aber so sehr abgekürzt ist, daß man es nicht auflösen kann. Es wurde also nicht für wichtig gehalten. Das spricht, ebenso wie das Fehlen des Praenomens und die Orthographie, für eine Datierung der Inschrift ins 3. Jh. Daß Mutter und Sohn dasselbe Gentilnomen tragen, ist möglicherweise so zu erklären, daß der Sohn keiner legitimen Ehe entstammte und deshalb nicht den Gentilnamen des Vaters trug.

Zum Schluß möchte ich noch einmal auf die Familie der *Veratii* zurückkommen, um einen Fall zu dokumentieren, der vielleicht ganz gängig war, aber mein Gefühl in besonderer Weise rührt. Es spricht zu uns ein Vater, der um seinen früh verstorbenen Sohn trauert. Im Rechtssinne jedoch war dieser gar nicht sein Sohn.

### ILTG 260 (Lyon)

| | |
|---|---|
| C(aio) VERATIO VERECUNDI | Dem Gaius Veratius, Freigelassenen |
| LIB(erto) IANUARIO | des Verecundus, Ianuarius |
| C(aius) VERATIUS | hat Gaius Veratius, |
| VERATIAE L(ibertus) | Freigelassener der Veratia, |
| VERECUNDUS LIB(erto) | Verecundus seinem Freigelassenen |
| FILIOQUE NATURALI | und natürlichen, ihm treu ergebenen |
| PIISSIMO VIVUS FEC(it) | Sohn, zu seinen Lebzeiten |
| | (dieses Grab) errichtet. |

Zeugte ein Mann mit seiner Sklavin ein Kind, so gehörte dieses zwar zur *familia*, es war aber Sklave – wie hier Gaius Veratius Ianuarius – und vielleicht, wenn man den Namen im Wortsinne nehmen darf, Primigenius. Der Vater Gaius Veratius Verecundus, selbst Freigelassener einer Veratia, hatte den illegitimen Sohn freigelassen und ihm so ermöglicht, seinen Gentilnamen zu tragen. Sein Sohn im Rechtssinne wurde er damit freilich nicht. Auch eine Adoption hätte den Mangel der fehlenden Ingenuität nicht beheben können.

▶ *siehe S. 175*

## Weihinschriften

Weihinschriften folgen mit wenigen Ausnahmen einem stereotypen Formular, das in der späten Republik in Italien aufkam. Sie nennen die Gottheit im Dativ, die weihende Person im Nominativ und schließen mit *V(otum) S(olvit) L(ibens) M(erito)*: Er/sie hat (der Gottheit) das Gelübde gerne nach Verdienst erfüllt; genauer: so, wie es der Gott/die Göttin verdient. Wir müssen uns eine Art Vertragsverhältnis vorstellen: In einer besonderen Situation – Not, Krankheit, Gefahr, zum Beispiel auf einer Reise oder Schiffahrt – ruft ein Mensch eine Gottheit um Hilfe an und verspricht ihr eine Gabe als Gegenleistung. Dieses Versprechen wird durch die Weihung eingelöst. Geweiht werden kann ein kleiner oder großer Altar, eine Statue, ein ganzer Tempel, eine Säulenhalle – oder auch Geld und Naturalien. In manchen Heiligtümern von Heilgöttern deponierten dankbare Geheilte Abbildungen des menschlichen Körpers oder einzelner Gliedmaßen. So wurden in der Quelle der Seine etwa 300 hölzerne Votivgaben gefunden, am Puy-de-Dôme bei Chamalières sogar Tausende.[31] Dieser Zusammenhang von Bitte, Gelübde und Erfüllung ist keine Besonderheit der gallischen Religion, sondern allgemeine Praxis bei den antiken Völkern. Frömmigkeit manifestierte sich nicht im Glauben an Dogmen, sondern in Haltungen und in Handlungen.

Die Votivgabe bezeugte also einerseits die Macht der Gottheit und ihre Bereitschaft, zu helfen, andererseits die Dankbarkeit und Vertragstreue des Menschen. Auch winzige Altäre kosteten Geld, erst recht eine Statue oder die Anlage eines ganzen Heiligtums. Deshalb wird man gelegentlich den Wunsch, den eigenen Status zur Schau zu stellen, nicht ausschließen können. Die Votivgaben dokumentierten die Fälle, in denen die Kommunikation zwischen dem hilfsbedürftigen Menschen und der helfenden Gottheit zu einem positiven Resultat geführt hatte. Wieviele Fehlversuche nötig waren, um den richtigen Gott herauszufinden, läßt sich nicht einmal erahnen.

### *Das gallo-römische Pantheon nach den Weihinschriften*[32]

#### CIL XII 2971. CAG 30/2 Nr.085,8* (Collias, Territorium von Nîmes)

| | |
|---|---|
| ARAMONI | Dem Aramo |
| PORTICUM | eine Säulenhalle |
| LICINIA P(ublii) FIL(ia) | hat Licinia, die Tochter des Publius, |
| ACCEPTILLA | Acceptilla, |
| EX VOTO D(e) S(ua) P(ecunia) | auf Grund eines Gelübdes aus eigenem Geld |
| F(ecit) | erbaut |

#### ILN II (Riez) 12

| | |
|---|---|
| REIUNII[S] | Den *Reiuniae* (oder Reiunii) |
| M(arcus) IUL(ius) IUSTUS | hat Marcus Iulius Iustus |
| HASTATUS PRIM(us) | erster *hastatus* |
| LEG(ionis) IIII MACED(onicae) | der IV. Legion *Macedonica* |
| V(otum) S(olvit) L(ibens) M(erito) | sein Geblübde gerne nach Verdienst erfüllt |

#### CIL XII 1301 (Vaison)

| | |
|---|---|
| MARTI | Dem Mars |
| ET VASIONI | und Vasio |
| TACITUS | Tacitus |

#### CIL XII 1300 (Sablet, Territorium der Vokontier)

| | |
|---|---|
| MARTI | Dem Mars |
| ALBIORIGI | Albiorix |
| SEX(tus) CORNELIUS | hat Sextus Cornelius |
| SACRATUS | Sacratus |
| V(otum) S(olvit) L(ibens) M(erito) | sein Geblübde gerne nach Verdienst erfüllt |

#### CIL XII 1570 (Luc-en-Diois, Territorium der Vokontier)

| | |
|---|---|
| MERCURI(o) | Dem Merkur |
| NOVELLUS | hat Novellus, |
| IOVINCATI | Sohn des Iovincatus, |
| V(otum) S(olvit) L(ibens) M(erito) | sein Gelübde gerne nach Verdienst erfüllt |

### AE 1976,382. AE 1986,485 (Manosque). CAG 04 Nr.112,22*

| | |
|---|---|
| APOLLINI | Dem Apollo |
| PAMPHORUS | Pamphorus |
| FAUSTINAE N(ostrae) ACTOR | der Verwalter unserer Faustina |

### ILN III 205 (Cucuron, Territorium von Aix-en-Provence)

| | |
|---|---|
| SILVANO | Dem Silvanus |
| T(itus) CORN(elius) | Titus Cornelius |
| MATERNUS | Maternus |

### CIL XII 4069. Text nach CAG 30/3 Nr. 155,2*. (Manduel, Territorium von Nîmes)[33]

| | |
|---|---|
| LUNAE ET ISID(i) | Der Luna und Isis |
| AUG(ustae) SACR(um) | Augusta geweiht. |
| C(aii) OCTAVII | Des Gaius Octavius |
| PEDONIS LIB(ertus) | Pedo Freigelassener |
| TROPHIMIO SEVIR | Trophimio, Sevir |
| AUG(ustalis) V(otum) S(olvit) | Augustalis, hat sein Gelübde erfüllt |

### CIL XII 357. Text nach ILN II (Riez) 5 (Die Nebenseiten des Steins zeigen jeweils einen Stier- und einen Widderkopf)

| | |
|---|---|
| MATRI DEUM | Der Mutter der Götter, |
| MAGNAE IDAEAE | der großen vom Berge Ida, |
| L(ucius) DECIM(ius) PACATUS | Lucius Decimius Pacatus |
| ET COELIA SECUNDINA | und Coelia Secundina, |
| EIUS OB SACRUM | seine (Frau), anläßlich |
| TAUROPO[L]I(i) | eines Taurobolium (Stieropfer) |

Die angerufenen Götter lassen sich schon auf den ersten Blick verschiedenen Kulturkreisen zuordnen. Aramo, Vasio und die Reiunae sind lokale Schutzgötter, und noch heute bewahren die Ortsnamen Aramon, Vaison-la-Romaine und Riez (abgeleitet von den antiken Bewohnern, den *Reii*) die Erinnerung an sie. Apollo und Merkur scheinen römische Götter zu sein, Mars Albiorix ein römisch-keltisches Mischwesen, und Isis stammt aus Ägypten. Obendrein ist sie durch den Zusatz *Augusta* mit dem Kaiser verbunden.

### *Gallische Götter?*

Was wissen wir von gallischen Göttern – vor und nach der römischen Eroberung? Bleiben sie gleich, wandeln sie sich – und zwar in einer Weise, die Aussagen über Motive des Beharrens oder der Veränderung zuläßt?

Wenn es gallische, d.h. gesamtgallische Götter gegeben haben sollte, dann kennen wir sie nicht. Die Götter, die wir kennen, kennen wir aus der Zeit der römischen Herrschaft.

Der Dichter Lucan (39–65 n. Chr.) schildert in seinem Epos über den Bürgerkrieg, wie Caesar Ende des Jahres 50 v. Chr. die Soldaten abberuft, die in Gallien als Besatzung stehen. Der Dichter geht die gallischen Stämme durch, die froh sind über den Abzug der Römer, die Santonen, Suessonen, Arverner usw. Allgemein heißt es dann unter Anspielung auf die gallischen Menschenopfer:

Froh war, wer mit gräßlicher Schlachtung bei dem Unhold *Teutates* Gnade sucht, bei *Esus* mit seinem entsetzlichen Barbarenaltar und an der Opferstätte des *Taranis*, die nicht barmherziger ist als die der skythischen Diana.

*Lucan, Bellum civile 1,444–6. Übersetzung W. Ehlers*

Dies ist, drei Generationen nach der Unterwerfung Galliens, die früheste literarische Bezeugung gallischer Götternamen. Man sieht, wie hartnäckig sich die Vorstellung von den grausamen Ritualen der Gallier hielt. Woher mag Lucan sein Wissen gehabt haben? Daß die getroffene Auswahl repräsentativ ist, bleibt fraglich; zumindest für die Narbonensis bestätigen die in CIL XII gesammelten Inschriften ihn nicht.[34]

In einer berühmten Passage seines *Bellum Gallicum,* in der Caesar seine Leser über den Charakter der Gallier informieren will, kommt er auch auf deren Religion zu sprechen. Die Gallier seien sämtlich außerordentlich religiös, schreibt er. Das manifestiere sich in den Menschenopfern (Caes. Gall. 6,16).

Als Gott verehren sie besonders Merkur. Er hat die meisten Bildnisse, ihn halten sie für den Erfinder aller Künste, ihn für den Führer auf Wegen und Wanderungen, ihm sprechen sie den größten Einfluß auf Gelderwerb und Handel zu. Nach ihm verehren sie Apollo, Mars, Iupiter und Minerva. Von diesen haben sie ungefähr dieselben Vorstellungen wie die anderen Völker: Apollo soll Krankheiten vertreiben, Minerva die Anfangsgründe des Handwerks und der Künste lehren, Iupiter die Herrschaft über die Götter ausüben, Mars Krieg

führen. Ihm geloben sie, sooft sie einen Kampf beschlossen haben, meist die Kriegsbeute.
*Caes. Gall. 17,1*

Der Römer Caesar hält sich also an die Funktion der Götter und konstatiert auf dieser Basis die Kongruenz zwischen gallischen und römischen Gottheiten. Man nennt diese Vorgehensweise im allgemeinen *interpretatio Romana* (nach Tacitus, Germania 43,3). Auch die Griechen verfuhren nicht anders, wenn sie zum Beispiel den ägyptischen Amun (Ammon), den Alexander der Große in der Oase Siwa aufsuchte, mit Zeus identifizierten. Voraussetzung ist der antike Polytheismus, der keine »eifernden Götter« kannte.

Es kann aber auch so sein, daß in der Narbonensis, die, als Caesar schrieb, seit Jahrhunderten unter zunächst griechischem, dann römischem Einfluß stand, die Gallier selbst die ihnen vertrauten und wichtigen lokalen Götter mit griechischen und römischen verbunden hatten. Wie sollte ein Kelte, der mit griechischen oder römischen Kaufleuten zu tun hatte, nicht auf die Idee kommen, daß er auch bei deren Hermes oder Merkur für seine Geschäfte Hilfe finden könne, daß dieser mit dem Gott, den er von Hause aus kannte und verehrte, vergleichbar und kompatibel war? Dann hätten wir es mit einer *interpretatio Gallica* zu tun. Das eine muß das andere nicht ausschließen, aber das zuletzt genannte Modell leuchtet mehr ein, denn daß die Römer ein Interesse daran gehabt haben sollten, gesamtgallische Götter zu schaffen, ist schwer vorstellbar.

### *Das gallo-römische Pantheon*

Aus Gallien sind in römischer Zeit die Namen von über 400 Göttern bezeugt, aus der Narbonensis von über 100. Es wird sogar noch wesentlich mehr gegeben haben, denn drei Viertel der überlieferten Namen kommen

> In der Umgebung des *Etang-de-Berre,* einer rein ländlichen Gegend, wurden 17 Weihinschriften und Reliefs gefunden: vier für Silvanus, drei für die Parzen, eine für die »Mütter«, je eine für Iupiter, Minerva, Iuno, Apollo oder Bellinus, Acorus, Genius Aceolus, Vitiocelus. Die Liste zeigt die Bedeutung der einheimischen Kulte: Auch in den lateinischen Namen dürften sich, nach dem Muster der *interpretatio Gallica,* gallische Gottheiten verbergen (CAG 13/1 S. 146).

nur einmal vor. Viele dieser Götter, wie die oben genannten Aramo und Vasio, hatten eine rein lokale Bedeutung. Im ländlichen Territorium der *Colonia Iulia Apta* wurden außer Mars, Merkur und Silvanus verehrt: Bergonia (ILN IV 63), Virlontia (ILN IV 86), Vessaniae (ILN IV 111) und Uxovinus (ILN IV 124), die alle nur einmal bezeugt sind.

Ein Gott, der offensichtlich eine überregionale Bedeutung besaß, ist der in leicht differierenden Namensformen angesprochene Bormanus, Borbanus oder Borvo (so in den Thermen von Aix-les-Bains, im Territorium von Vienne, CIL XII 2444). Er wurde an Heilquellen verehrt und ist der Namenspatron mehrerer französischer Badeorte, z.B. Bourbon-Lancy (CIL XIII 2805/6) und Bourbonne-les-Bains, wo er an den Heilgott Apollo assimiliert und zugleich mit Damona verehrt wurde (CIL XIII 5911: *Deo Apollini Borvoni et Damonae).*

### ILGN 58. ILN III 1 (Aix-en-Provence)

| | |
|---|---|
| POMPEIA | Pompeia |
| ANTIOPA | Antiopa |
| BORBANO | hat dem Borbanus |
| V(otum) S(olvit) | ihr Gelübde erfüllt |

### CIL XII 1561 (Aix-en-Diois, Territorium der Vokontier)

| | |
|---|---|
| BORMANO | Dem Bormanus |
| ET BORMAN(ae) | und der Bormana |
| P(ublius) SAPRIN(ius) | hat Publius Saprinius |
| EUSEBES V(otum) S(olvit) | Eusebes sein Gelübde |
| L(ibens) M(erito) | gerne nach Verdienst erfüllt |

### *Merkur und Mars*

Die von Caesar erwähnten Götter Merkur und Mars sind auch nach den Inschriften die wichtigsten; beide werden in etwas über 100 Fällen genannt. Zu überregionalen gallo-römischen Göttern stiegen sie auf, weil sie – wie ihre Beinamen zeigen – mit einer Vielzahl von einheimischen Göttern verbunden wurden und dadurch ihre Kompetenz vervielfältigten. *Mercurius Viator* (von *via* = der Weg), *nundinator* (von *nundinae* = Markttag) zeigen Merkur in der von Caesar erwähnten Funktion, *Mercurius Victor Macniacus Veilaunus* (CIL XII 2373) hingegen begegnet nur einmal und ist ein Zeugnis für einen sonst unbekannten gallischen Gott (wenn nicht sogar zwei), der von seinen Anhängern mit Merkur identifiziert worden ist.[35]

In zahlreichen Abbildungen ist Mars in griechisch-römischer Manier als Kriegsgott mit Panzer und Helm dargestellt. Das mutet in dieser völlig befriedeten Provinz merkwürdig an. Beinamen wie *Mars Britovius* (CIL XII 3083, Nîmes), *Mars Bruatus* (ILN IV 62, Territorium von Apt), *Mars Budenicus* (CIL XII 2973, Collias, Territorium von Nîmes), die gemeinsame Verehrung mit Vasio (oben) oder Weihungen *Marti suo* (seinem Mars) kann man deshalb als Indiz dafür werten, daß der Kriegsgott zu einem persönlichem Schutzgott umgedeutet wurde, der generell Hilfe gegen die Nöte und Gefahren des Lebens bringen konnte.

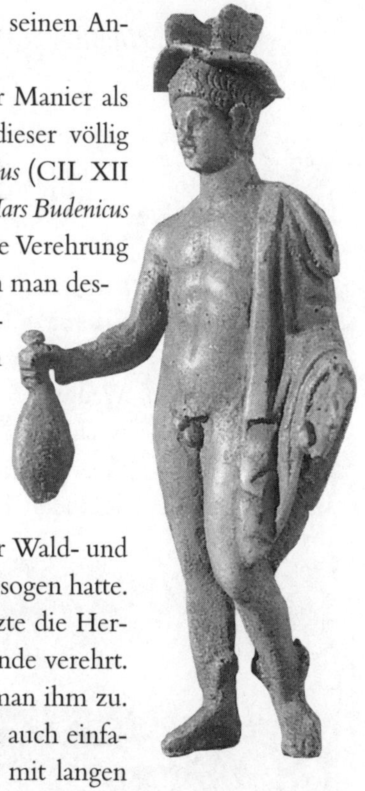

*Merkur mit Flügelhut und Geldbörse; Museum Millau*

### *Silvanus*

Den dritten Platz in der Wertschätzung der Menschen nahm der Wald- und Hirtengott Silvanus ein, der den gallischen Sucellus in sich aufgesogen hatte. Er herrschte außerhalb der Städte, brachte Fruchtbarkeit, schützte die Herden und wurde vor allem von einfachen Menschen auf dem Lande verehrt. Auch Zugang zu den Reichtümern im Innern der Erde traute man ihm zu. Seine Symbole waren Hammer und Topf. Vielfach wurden ihm auch einfache, kleine Altäre geweiht, auf denen lediglich zwei Hämmer mit langen Stielen, die wie Krücken aussehen, abgebildet sind.

#### CIL XII 4102. CAG 30/3, Nr. 276,5* (St-Laurent-d'Aigouze, in der Camargue, Territorium von Nîmes)

| | |
|---|---|
| SILVANO | Dem Silvanus |
| VOTUM PRO | Geblübde für |
| ARMENTO | das Großvieh |

#### ILGN 516. CAG 30/3, Nr. 276,2* (St-Laurent-d'Aigouze, in der Camargue bei Psalmodi, Territorium von Nîmes)

| | |
|---|---|
| IOVI ET | Dem Iupiter und |
| SILVANO | Silvanus |
| C(aius) OCTAVIUS PEDO | Gaius Octavius Pedo |

Auf dem Stein sind die Symbole beider Götter abgebildet: Hammer, Topf und Sichel für Silvanus, Blitz und Rad für Iupiter.

## *Iupiter*

Iupiter, der hier mit Silvanus gemeinsam verehrt wird, spielt in der Narbonensis eine weniger bedeutende Rolle. Auch bei ihm läßt sich die gleiche Mischung von römischen und gallischen Elementen feststellen. Wenn eine Weihung sich an die kapitolinische Trias *Iupiter Optimus Maximus, Iuno* und *Minerva* richtet wie in Glanum (CIL XII 996), wird der römische Gott gemeint sein. In Beinamen wie *Conservator* = Bewahrer (CIL XII 995) und *Depulsorius* = Abwehrer (ILN IV 79) hingegen sind die Anklänge an den römischen Staatskult nur schwach. Deutlich ist die gallische Identität in der Weihung *Iovi Baginati* (CIL XII 2383) oder auf Votiven, die, mit oder ohne Inschrift, ein Rad abbilden. Dieses Symbol wird als Anspielung auf den Wagen gedeutet, in dem nach gallischer Vorstellung der Wettergott Taranis (oder Taranos) über den Himmel fährt. Es spricht einiges dafür, daß dieser Gott, der in einer gallo-griechischen Inschrift aus Orgon genannt ist (s. S. 76), so innig mit Iupiter verschmolzen ist, daß sein Name in den Inschriften der Narbonensis nicht mehr vorkommt.

*Ein Rad stellt, auch wenn keine Inschrift beigegeben ist, eine Weihung an Iupiter dar; Archäologisches Museum in Dijon.*

Einen anderen Aspekt des Wettergottes bezeugen über 20 Inschriften mit dem Text *fulgur conditum* oder *divum, divom, Iovium fulgur conditum.* Nach römischem Sakralrecht wurde ein Ort, in den ein Blitz eingeschlagen hatte, mit Steinsetzungen umfriedet und so für alle Zeit dem profanen Verkehr entzogen. Diese Sitte wurde in der Provinz übernommen. Besonders aufschlußreich für den unbefangenen Umgang mit den religiösen Formen beider Kulturen ist ein Altar, in den sowohl das gallische Rad als auch der römische Text *(fulgur) conditum* eingemeißelt sind (CIL XII 3023. CAG 30/3 Nr. 181,7* aus Montmirat, Territorium von Nîmes).[36]

### CIL XII 3048 (Nîmes)

FULGUR
DIVOM
CONDITUM

Der göttliche Blitz ist (hier) geborgen.

*Blitzmal im Museum in Chambéry. IOVIUM/ FULGUR Der Blitz Iupiters (ist hier geborgen) AE 1957,155. ILHS 94.*

## *Die Mütter*

Als ein typisches Merkmal der gallischen Religion kann man die Verehrung weiblicher Gottheiten ansehen, die ohne individuellen Namen als Gruppe von meist drei Göttinnen dargestellt werden. Die Weihungen gelten einfach »den Müttern« (in verschiedenen Varianten: *Matris, Matribus, Matronis*), »den Nächsten« *(Proxumis)* oder »den Parzen« *(Parcis)*. Die Mütter garantierten im weitesten Sinne Heil, Wohlstand und Fruchtbarkeit.

### CIL XII 3085 (Nîmes)

| | |
|---|---|
| MATRIS | Den Müttern |
| L(ucius) CLASSIUS | hat Lucius Classius |
| V(otum) S(olvit) L(ibens) M(erito) | sein Gelübde gerne nach Verdienst erfüllt |

### CIL XII 2822 (Beaucaire, Territorium von Nîmes)

| | |
|---|---|
| PROXUM(is) | Den Nächsten |
| ANICIA | hat Anicia |
| NOTATA | Notata |
| V(otum) S(olvit) L(ibens) M(erito) | ihr Gelübde gerne nach Verdienst erfüllt |

### AE 1997,1066. CAG 30/2 Nr. 127,10* (Oppidum St-Vincent bei Gaujac, Territorium von Nîmes; in der Nähe eines Tempels gefunden)

| | |
|---|---|
| PARCIS | Den Parzen |
| V(otum) S(olvit) L(ibens) M(erito) | hat sein Gelübde gerne nach Verdienst erfüllt |
| SATURNINUS | Saturninus, |
| SOI(i) (filius) | Sohn des Soius |

### Eine Angehörige des Kaiserhauses in der Provence
### CIL XII 361. Text nach ILN II (Riez) 38

Im Namen des hübschen kleinen Thermalbads *Gréoux*-les-Bains hat sich der Name der *Nymphae Griselicae* erhalten. Der 128 cm hohe Altar mit der Weihung der Annia Faustina für die *Nymphae Griselicae* ist heute in der Eingangshalle der *Thermes Troglodytes Celtes Gallo-Romaines* aufgestellt (CAG 03 Nr. 094,4*).

| | |
|---|---|
| [Annia M(arci)---] | Annia, des Marcus--- |
| FIL(ia) FAUSTINA | Tochter, Faustina, |
| T(itii) VITRASI(i) POLL[i] | des Titus Vitrasius Pollio, |
| ONIS CO(n)S(ulis) II PRAET(oris) | Konsul zum zweiten Mal, Prätor, |
| [Q]UAEST(oris) IMP(eratoris) PONTIF(icis) | Quästor des Kaisers, Pontifex, |
| [PROC]O(n)S(ulis) ASIAE | Prokonsul von Asia, |
| UXOR | Gattin, |
| NYMPHIS | den Nymphen, |
| GRISELICIS | den griselischen |

Mit den auf dem Stein genannten Personen kommen wir in die höchsten Kreise der römischen Aristokratie. Annia Fundania Faustina war eine Nichte der Frau des aus Nîmes stammenden Kaisers Antoninus Pius, Faustina der Älteren, und damit auch Cousine Kaiser Mark Aurels und seiner Frau Faustina der Jüngeren. 192 wurde sie auf Befehl ihres Neffen zweiten Grades Commodus umgebracht (Historia Augusta, Commodus 7,7). Ihr Ehemann Vitrasius Pollio durchlief die senatorische Laufbahn und war 176 zum zweiten Mal Konsul, zusammen mit Mark Aurel. Im Jahr 184 ist er zuletzt erwähnt. Damit ergibt sich für die Inschrift eine Datierung zwischen 176 und 192. Annia Faustina hatte offensichtlich ein besonders enges Verhältnis zu den Nymphen, denn sie und ihr Gatte haben gemeinsam in Legio (heute León) in Galicien diesen Göttinnen eine Weihung dargebracht, als Pollio in den Jahren 164–167 die *Provincia Hispania Tarraconensis* verwaltete (CIL II 5679). Ob Annia Faustina sich zu einer Heilkur nach Gréoux begeben hat? Denkbar ist auch, daß sie Grundeigentum in der Gegend besaß, denn etwa 15 km von Gréoux entfernt wurde bei Manosque die oben angeführte Weihinschrift eines *Faustinae n(ostrae) actor* (Verwalter unserer Faustina) für Apollo gefunden.

Sicher ist jedenfalls: Diese vornehme Römerin erkannte in den lokalen gallischen Nymphen die ihr grundsätzlich bekannten. Sie waren die, welche überall verehrt wurden, und zugleich besondere. Wenn sie wirkmächtig waren, um so besser.

## Die Nymphen

Wenn die *Matres* an einer Quelle wohnten, konnte man sie auch als »die Wasser« ansprechen, wie in Brignon in der Weihung *Aquis B(riginnensibus)* (CIL XII 2913. CAG 30/2 Nr. 053). Häufiger wurden sie aber unter dem Namen Nymphen verehrt.

Im Badeort Les-Fumades-les-Bains tritt eine kalte schwefelhaltige Quelle an die Oberfläche. Bei Ausgrabungen Ende des 19. Jahrhunderts entdeckte man in einem Brunnen 24 Altäre, deren Höhe zwischen 17 und 63 cm variiert. Elf von ihnen trugen Inschriften für die Nymphen, eine für die *Nymphae Augustae* (CIL XII 2850). Neun Steine waren nicht beschriftet, zwei von ihnen aber mit einem Rad, dem Symbol Iupiters, verziert. Das Heiligtum erlebte seine Blüte in der frühen Kaiserzeit, wurde aber bis ins 4. Jh. n. Chr. besucht, wie über 1000 Münzen, die unter den Altären gefunden wurden, heute aber verloren sind, beweisen (CAG 30/2 Nr. 008).

## Weihungen im Quellheiligtum von Glanum

In der Kaiserzeit teilten sich die schon in vorrömischer Zeit verehrten *Mütter* das Heiligtum mit Glan oder Glanis. In enger Gemeinschaft zu ihnen stand Herkules, dessen Altäre ebenfalls im Bereich des Quellbezirks aufgestellt waren (CAG 13/2 Nr. 100, 42*–47*).

*Weihinschrift für Herkules, der vielleicht den Platz des männlichen Kultgefährten der Glaniken einnahm.*

*Das Quellheiligtum von Glanum, das im 2. Jh. v. Chr. monumental gefaßt wurde.*

*Weihinschrift für Glan/Glanis und die Glaniken.*

**AE 1954, 103**

| | |
|---|---|
| GLANI ET GLANICA | Dem Glan und den Glaniken |
| BUS ET FORTUNAE | und der zurückgeleitenden |
| REDUCI M(arcus) LICINIUS | Fortuna hat Marcus Licinius |
| CLAUD(ius) VERECUNDU[S] | Claudius Verecundus, |
| VET(eranus) LEG(ionis) XXI RAPACIS | Veteran der XXI. Legion, der siegreich Fortreißenden, |
| V(otum) S(olvit) L(ibens) M(erito) | sein Gelübde gerne nach Verdienst erfüllt |

## *Die Motive für eine Weihung*

Hier läßt sich mit einiger Sicherheit erschließen, warum dieser Veteran diese Gottheiten für seine Weihung verbunden hat: Er dürfte aus Glanum stammen, und nach Beendigung seines Dienstes in der Armee ist er den heimischen Schutzpatronen dankbar, nicht weniger der römischen Göttin, die, wie ihr Beiname angibt, für eine glückliche Heimkehr in besonderer Weise zuständig ist. Auch der Herdenbesitzer, der in der Camargue Silvanus um den Schutz seines Viehs bittet (s.o.), gibt sein spezifisches Interesse zu erkennen. In aller Regel aber lassen die Inschriften mit ihrer Standardformel keine Schlüsse auf das Motiv der Weihung zu. Es gibt allerdings einige bemerkenswerte Ausnahmen.

Besonders anrührend ist ein schlichter Stein mit einer unbeholfen angebrachten Inschrift: Dem Merkur/Lucius Coelius Surillio./Als Sklave hat er gelobt, als Freier erfüllt.

Ein Sonderfall ist dieses vierzeilige metrische Gedicht aus Uzès, das von den Interpreten gern mit der Quelle der Eure verbunden wird, deren Wasser über den Pont-du-Gard nach Nîmes geleitet wurde:

### CIL XII 2926. CE 863. CAG 30/3 Nr. 334,26*

| | |
|---|---|
| SEX(tus) POMPEIUS [D(ictus)] COGNOMINE PANDUS | Sextus Pompeius, mit Beinamen genannt Pandus, |
| QUOIUS ET HOC AB AVIS CONTIGIT ESSE SOLUM | dem auch dieses Grundstück von den Vorfahren her als Eigentum zugefallen ist, |
| AEDICULAM HANC NUMPHIS POSUIT QUIA SAEPIUS USSUS (sic) | erbaute diesen kleinen Tempel für die Nymphen, weil ich oftmals |
| HOC SUM FONTE SENEX TAN (sic) BENE QUAM IUENIS (sic) | von dieser Quelle Gebrauch gemacht habe, als alter Mann genauso wie als Jüngling |

Es müßte heißen: *nymphis, usus, tam, iuvenis.*

*MERCURIO*
*L(ucius) COE(lius)*
*SURILLIO*
*SER(vus) V(ovit)*
*LIBER S(olvit)*
*CIL XII 1081.*
*ILN IV 76.*
*Museum Apt.*

### CIL XII 2821. CAG 30/2 Nr. 032,74*
### (Beaucaire, Territorium von Nîmes)

| | |
|---|---|
| CASTORIB(us) | Den augusteischen |
| AUG(ustis) | Castoren |
| CANESTIN(us) | Canestinus |
| EX VISU | auf Grund eines Gesichts |

*Ex visu* (aufgrund einer Vision) oder *ex iussu, ex imperio* (auf Befehl) scheint eine aus gallischen Wurzeln kommende Vorstellung zu reflektieren, nach der die Gottheit mit ihren Anhängern direkt kommuniziert, vornehmlich wohl im Traum. Damit haben wir hier ein weiteres Beispiel des gallo-römischen Synkretismus, denn die Dioskuren Castor und Pollux kennen wir aus der griechisch-römischen Mythologie. Sie wurden besonders von Seeleuten als Schutzgötter angerufen. Die Zusammenfassung unter dem Namen *Castores* ist auch in Italien geläufig. Eine Kaiserpriesterin *(flaminica)* in Vienne errichtete Reiterstandbilder der beiden *Castores* sowie Statuen von Merkur und Herkules (CIL XII 1904). Außerdem scheint bei den Allobrogern ein einheimischer Gott (oder mehrere ?) in diese Hülle geschlüpft zu sein. Eine Weihung in Duingt wendet sich an *Castor Aug(ustus)* (ILGN 350. ILHS 59); eine Inschrift in Seyssel verbindet *Pollux* mit dem einheimischen *Vintius* (CIL XII 2562. ILHS 97, siehe folgende Seite).

## *Isis, Kybele, Mithras*

Ohne daß man über die Wege und Modalitäten Näheres angeben könnte, kamen mit Einwanderern, Kaufleuten und Soldaten auch die »orientalischen« Gottheiten nach Gallien. Man nennt sie orientalisch, hat dabei aber zu bedenken, daß sie längst in der griechisch-römischen Welt heimisch geworden waren und in Formen verehrt wurden, die in ihrer jeweiligen Heimat nicht gebräuchlich waren. Ihre Anhänger schlossen sich vielerorts zu privaten Kultvereinen zusammen und suchten durch die Einweihung in Mysterien eine enge Beziehung zu »ihrer« Gottheit. Kybele, die große Mutter vom Berge Ida in Nordwestkleinasien, wurde besonders im Norden der Narbonensis und in Lyon verehrt. In Die (Dea) ist sie vielleicht eine Verbindung mit der lokalen keltischen Andarta eingegangen.[37]

Die Bona Dea wurde in Rom in einer nächtlichen Kultfeier verehrt, an der nur Frauen teilnahmen. 62 v. Chr. fand das Fest im Hause des Pontifex maximus Gaius Iulius Caesar statt. Berühmt wurde es durch den Skandal, den Clodius Pulcher verursachte, als er sich im Trubel des Festes unbemerkt Caesars Frau zu nähern versuchte.

Der Altar der Loreia Pia wurde in einem kleinem Heiligtum gefunden, das mit umlaufenden Sitzbänken und einem Tisch für Weihgeschenke als Versammlungsraum einer Kultgemeinde eingerichtet war. Unmittelbar nebenan liegt das »Haus des Attis«, benannt nach mehreren Funden, die mit dem Kultgefährten der Kybele in Zusammenhang stehen. Daraus schließt man, daß in Glanum die Bona Dea mit der Großen Mutter verschmolzen war und gemeinsam mit Attis verehrt wurde (CAG 13/2 Nr. 100,73*).

*Dem Gott Vintius Pollux, Gnaeus Terentius Terentianus, Sohn des Billo. Der Stein wurde schon im 16. Jh. gefunden und ist heute in die Außenmauer der Kirche von Seyssel eingefügt.*

### *Mithras*

Mithras ist ein aus Persien stammender Gott, in dessen Mysterien sich vornehmlich Männer und unter ihnen besonders Soldaten einweihen ließen. Die meisten Mithräen sind in Rom, Ostia und in der Nähe der Legionslager der Grenzprovinzen ans Licht gekommen. Insofern ist man verwundert, auch in der befriedeten Narbonensis die Reste eines Mithras-Heiligtums zu finden. Bei Bourg-St-Andéol war in den anstehenden Fels ein 2 m breites und 2 m hohes Relief geschlagen, das Mithras in der Gestalt des stiertötenden Gottes zeigt, begleitet von den üblichen Attributen: Sonne und Mond, Hund, Schlange, Skorpion und Rabe. Aus den früher sichtbaren Pfostenlöchern wird geschlossen, daß das Relief mit einem Dach geschützt war und vielleicht die Rückwand eines Mithräums bildete.[38]

*Altar mit der Weihung der Loreia Pia, Ministra für die Ohren der Bona Dea in Glanum. Die Weihung an die Ohren der Göttin stellt eine besonders eindringliche Bitte um Gehör dar.*

## Heiligtümer und Kultplätze

Nur an wenigen Orten sind architektonische Überreste von Heiligtümern erhalten. In den meisten Fällen kann man lediglich aus den Einzelfunden, beispielsweise mehreren Weihungen für eine bestimmte Gottheit oder der Inschrift eines Priesters, den Schluß ziehen, daß sich dort ein Kultplatz befunden hat. Doch hat sich in den letzten Jahren durch gezielte Feldforschung oder erzwungene Notgrabungen auch auf diesem Gebiet die Erkenntnislage geändert.[39] Auf dem flachen Land sind Heiligtümer entdeckt worden, die nicht wie in Vienne oder Nîmes den römischen Podiumtempel zum Vorbild haben, sondern einen Bautyp repräsentieren, der in den ersten Jahrzehnten der römischen Herrschaft im zentralen und nördlichen Gallien entwickelt wurde. Das von den Archäologen so genannte *fanum* zeichnet sich durch einen meist rechteckigen oder quadratischen zentralen Raum *(cella)*

*Eine Weihung für Mars in Passy*

In Passy, wo der im Tal der Arve Heraufkommende zum ersten Mal den vollen Blick auf das Massiv des Montblanc genießt, sind in der Vorhalle der Kirche drei etwa 90 cm hohe Kalkplatten mit Votivinschriften für Mars eingemauert. Sie stammen von hohen Beamten der Kolonie Vienne, deren Territorium etwas weiter östlich endete. Man nimmt an, daß in einem mit Ziegel- und Keramikresten übersäten Gelände östlich des heutigen Dorfes ein Marstempel gestanden hat (CAG 74 Nr. 269,2*).

**CIL XII 2349. ILHS 79**

| | |
|---|---|
| MARTI | Dem Mars |
| A(ulus) ISUGIUS A(uli) F(ilius) | Aulus Isugius, Sohn des Aulus, |
| VOLT(inia tribu) VATURUS | aus der Tribus Voltinia, Vaturus, |
| FLAMEN AUG(usti) | Flamen des Augustus, |
| II VIR AERARI(i) | Duumvir der Stadtkasse, |
| EX VOTO | nach seinem Gelübde |

*Der korinthische Tempel auf dem Weingut von Château-Bas bei Vernègues (1. Jh. n. Chr.). Erhalten ist ein Teil des Unterbaus und der linken Seitenwand, die mit einem Antenpfeiler und einer 6,75 m hohen Säule abschließt. Der Tempel war 15,6 m × 7,55 m groß und von einer halbrunden, teilweise in den Fels geschlagenen Plattform umgeben, die das tiefergelegene Gelände um drei Meter überragte. In den Ruinen wurde im 18. Jh. ein Altar für Iupiter tonans (den donnernden Iupiter) gefunden (CIL XII 501. ILN III 259). Neben dem Tempel war in einer unterirdischen Galerie eine Karstquelle gefaßt, die mit mehreren Bassins und Thermen in Verbindung stand. In der Umgebung wurde durch Sondagen eine auf 10–15 ha ausgedehnte Wohnbebauung nachgewiesen. 1984 wurde bei der Vergrößerung des Weinkellers ein antiker Vorratsraum mit Dolia zerstört. Im Mittelalter wurde an die linke Tempelwand die Kapelle St-Césaire angebaut.*[41] ▶

aus, um den häufig ein Umgang gelegt ist.[40] Während Heiligtümer dieses Bautyps im Norden, von England bis in die Schweiz, nach Hunderten zählen, waren in der Narbonensis bis 1993 nur sechs Beispiele bekannt, darunter Châteauneuf und Nages. Gelegentlich wurden aber auch auf dem flachen Land Podiumtempel nach römischem Vorbild errichtet.

*siehe auch S. 197, 223 ff., 233*

*Die Rekonstruktion eines fanums im Archéodrome de Bourgogne.*

### *Zusammenfassung*

Das gallo-römische Pantheon ist ein verwirrendes synkretistisches Gebilde, in dem die Trennung von einheimischen und römischen Göttervorstellungen nur in seltenen Fällen möglich ist. Letztlich ist sie unwichtig, da sie von den Menschen augenscheinlich nicht empfunden wurde. Vorherrschendes Phänomen ist die Akkumulation von Gottheiten: Zu den ohnehin zahlreich verehrten gallischen traten die römischen, ohne sie zu verdrängen. Die einheimische Interpretation des römischen Pantheons folgte lokalen Zufällen und individuellen Vorlieben. Bei bestimmten Gottheiten kann man versuchsweise die Verehrer nach Geschlecht oder sozialer Stellung differenzieren. Da unser Material für eine statistische Evaluation nicht ausreicht, halte ich es für wichtiger, die Homogenität der generellen Entwicklung zu unterstreichen. Das Verharren im Überkommenen ging in den Städten wie auf dem flachen Land Hand in Hand mit einer allgemeinen Offenheit gegenüber dem Neuen. An eine Steuerung des Prozesses durch die Römer ist nicht zu denken. Von ihren Vorbehalten gegen die Druiden und die Menschenopfer ist in den Quellen mehrfach berichtet, aber daß sie ein Interesse daran gehabt hätten, den Galliern römische Götter und römische Votivformulare aufzuzwingen, wäre eine abwegige Vorstellung. Im Gegenteil: Die Weihinschriften zeugen in vollkommener Weise von der Selbstromanisierung der Gallier.

# Die Gegenwart des Kaisers – Kaiserkult und Kaiserverehrung

KAPITEL VI

### ILGN 88 (St-Pierre-de-Martigues, Territorium von Arles)

| | |
|---|---|
| TI(berio) AUG(USTO) | Dem Tiberius Augustus |
| SACRUM | geweiht. |
| SEX(tus) AELANIUS PISINUS | Sextus Aelanius Pisinus |
| D(e) S(ua) P(ecunia) D(edit) | hat (den Altar) aus eigenem Geld gegeben[1] |

### CIL XII 5894 (Nîmes)

| | |
|---|---|
| AUGUSTO SACR(um) | Dem Augustus geweiht. |
| VICUS ARCEVOTURU[M] | Der Vicus der Arcevoturer |

### CIL XIII 1189 (Civitas der Bituriges Cubi)

| | |
|---|---|
| CAESARI GER | Dem Caesar, dem Sohn des |
| MANICI AUG(usto) | Germanicus, Augustus, |
| P(atri) P(atriae) ET ETNOSO | Pater Patriae, und dem Etnosus |
| ANAVUS ATTICI LIB(ertus) | hat Anavus, Freigelassener des Atticus, |
| V(otum) S(olvit) L(ibens) M(erito) | sein Gelübde gerne nach Verdienst erfüllt |

### CIL XII 4172 (Massillargues, Civitas Nemausus)

| | |
|---|---|
| [IO]VI ET AUGUSTO | Dem Iupiter und Augustus |
| [LI?]CINIA VITOUSURIC[IS F(ilia)] | (Li?)cinia, Tochter des Vitousurix |

Die Ergänzung am Anfang der 1. Zeile ist gesichert, weil unter der Inschrift die obere Hälfte eines Rades eingemeißelt ist, wie es auf Iupiter gewidmeten Altären häufig der Fall ist. In der letzten Zeile ist der letzte Buchstabe vielleicht nur teilweise erhalten und daher als G zu lesen.

**CIL XII 2981 (St-Privat, Civitas Nemausus)**

| | |
|---|---|
| SANCTI | Der Heilig- |
| TATI | keit |
| IOVIS ET | Iupiters und |
| AUGUSTI | des Augustus |
| SACRUM | geweiht. |
| LUCILIUS | Lucilius |
| CESTI F(ilius) | Sohn des Cestius |

Zwischen den beiden Wörtern der letzten Zeile ist ein Rad mit sieben Speichen eingemeißelt (CAG 30/3 Nr. 346,19*).

**ILGN 346 (Aoste, Civitas Vienna)**

| | |
|---|---|
| VICTORIAE | Der Victoria |
| AUG(gustae) | Augusta |
| C(aius) VIRRIUS | hat Gaius Virrius |
| QUARTIO | Quartio |
| T(estamento) P(oni) I(ussit) | testamentarisch aufzustellen angeordnet |
| BASIS EX STIPE | die Basis aus den Spendengeldern |

Man könnte auch ergänzen: *Victoriae Augusti*

**CIL XIII 2462 (Briord)**

| | |
|---|---|
| IN HONOREM | Zur Ehre |
| DOMUS DIVINAE | des göttlichen (Kaiser)hauses |
| DEO MERCURIO | hat dem Gott Mercurius |
| PROSCAENIUM OM | eine Bühne |
| NI INPENDIO SUO | ganz aus ihren Aufwendungen |
| CAMULIA ATTICA | Camulia Attica |
| D(ono) D(edit) | als Geschenk gegeben |

## Die Verehrung eines göttlichen Menschen

Der moderne Mensch kann nicht anders als befremdet reagieren, wenn ein Mensch Empfänger einer Weihung ist und in dieser Weise mit den »richtigen« Göttern in einem Atem genannt wird. Das hängt mit unserem jüdisch-christlichen Gottesbegriff zusammen, nach dem Gott als Schöpfer und Bewahrer außerhalb und oberhalb der menschlichen Welt steht. Für die Antike ist die Gottheit weltimmanent. Sie äußert sich durch ihre Macht, die in einer Quelle, in einem Gewitter, in Wohltaten oder Strafen für die Menschen empfunden werden kann. Von daher ist der Schritt, auch in einem mächtigen Menschen göttliche Kraft zu vermuten, nicht weit. Die Grenzen zwischen Menschen und Göttern sind fließend.

### *Im hellenistischen Osten*

Der Zeussohn Herakles, der durch seine Taten die Unsterblichkeit erlangt hatte, bot sich den Menschen als Erklärungsmuster an, als sie erlebten, wie Alexander der Große (336–323 v. Chr.) mit seinen märchenhaften Siegen die Welt aus den Angeln zu heben schien. Spontan richteten von ihm befreite Griechenstädte in Kleinasien Kulte für ihn ein. Unter seinen Nachfolgern wurde das Siegescharisma institutionalisiert, und der Kult des regierenden Monarchen wurde im hellenistischen Osten gängige Praxis.[2]

Als die Römer ab 200 v. Chr. siegreich jenseits der Adria auftraten, wurden auch ihre Feldherren mit göttlichen Ehren bedacht. Darüber hinaus schufen die hellenistischen Staaten und Städte, in dem Bedürfnis, ein Gegenüber zu haben, das sie in den gewohnten Formen anreden konnten, die *Dea Roma*, »die Göttin Rom«, als personifizierten Inbegriff der römischen Macht.

### *In Rom*

Als sich in Rom nach Caesars Siegen im Bürgerkrieg die Monarchie ankündigte, beschloß der Senat für ihn gottgleiche Ehren, beispielsweise den Monat Juli nach ihm zu benennen und seine Statue zusammen mit den Götterbildern in feierlichen Prozessionen *(pompa circensis)* mitzuführen. Schließlich, im Jahr 44 v. Chr., erging der Beschluß, ihn mit dem Kultnamen *Divus Iulius* unter die Staatsgötter zu erheben.[3]

Es lag nahe, die eingespielten Rituale auch auf die Kaiser anzuwenden. Gegenüber Augustus, der den Menschen nach so vielen Kriegen den Frieden gebracht hatte, haben sicher viele Menschen spontane Dankbarkeit empfunden. Als der Kaiser, schon von der Krankheit gezeichnet, die kurz darauf zu seinem Tode führte, am Golf von Puteoli vorbeifuhr, eilten Seeleute und Passagiere eines gerade eingelaufenen alexandrinischen Schiffes ans Ufer. Sie legten weiße Kleider an, bekränzten sich, opferten Weihrauch und sangen: *Durch dich leben wir, durch dich betreiben wir unsere Schiffahrt, durch dich genießen wir Freiheit und Glück.*[4]

Im Osten waren damals längst offizielle Kulte für Augustus eingerichtet. Als 29 v. Chr. die Provinzialen mit entsprechenden Bitten an ihn herantraten, erlaubte der Kaiser, in Pergamon und Nikomedia jeweils ein zentrales Heiligtum zu errichten, wo die Provinzversammlungen von Asia und Bithynia ihn und die *Dea Roma* mit Festen und Prozessionen verehren konnten. Schließlich wurde er nach seinem Tode auf Senatsbeschluß als *Divus Augustus* zum Staatsgott erklärt.

Auch die Tradition der römischen Republik bot durchaus eine Handhabe, an die man anknüpfen konnte, um die neue Monarchie in religiösen Formen sinnfällig zu repräsentieren. Der Sieger, der Triumphator, der zum Tempel des *Iupiter Optimus Maximus* auf dem Kapitol hinaufzog, glich durch seinen Ornat dem Gott selbst (Livius 10,7,10). Triumphe wurden, von Ausnahmen abgesehen, in der Kaiserzeit nur noch vom Herrscher selbst gefeiert, und aus der *Victoria populi Romani* wurde die *Victoria Augusta* (oder *Augusti*). Auch Wertvorstellungen der Aristokratie, für die seit Ende des 4. Jhs. Tempel und Altäre errichtet worden waren, wurden zu augusteischen Gottheiten, zum Beispiel *Concordia Augusta* und *Spes Augusta*. Die Weihung der *Ara Pacis Augustae* im Jahre 9 v. Chr. proklamierte das Ende des Bürgerkriegszeitalters als gemeinsame Wohltat der Göttin Pax und des Augustus.

Mit einem besonderen sakralen Nimbus umgab sich Augustus, indem er Apollo, dem er die Siege von Philippi und Actium zuschrieb, zu seinem persönlichen Schutzgott erhob. Er weihte ihm am 9. Oktober 28 v. Chr. auf dem Palatin einen Tempel, der durch eine Rampe unmittelbar mit seinem eigenen Haus verbunden war. Es war, als wenn der Kaiser im Haus des Gottes wohnte oder umgekehrt.[5]

Ein anderer Aspekt ist die Verflechtung des Kaiserhauses mit der Staatsreligion, deren höchster Repräsentant Augustus war, seit er 12 v. Chr. *Pontifex maximus* geworden war. Nach dem Festkalender des Augustustempels von Cumae am Golf von Neapel wurde bei zwei Gelegenheiten Augustus selbst ein Opfer dargebracht: An seinem Geburtstag (23. September) wurde ein Stier geschlachtet, und am 16. Januar wurde mit Weihrauch und Wein zu ihm gebetet, weil er an diesem Tag zuerst Augustus genannt worden war. An den anderen 15 Festtagen, für die eine Notiz erhalten ist, richtete sich das Bittgebet, die *supplicatio*, an Vesta (viermal), die Götter und Penaten des römischen Volkes, Iupiter, *Spes et Iuventus, Felicitas Imperii* und *Victoria Augusta*.[6]

Die an die Götter gerichtete Fürbitte für den Herrscher blieb die ganze Kaiserzeit hindurch ein tragendes Element der Herrscherverehrung. An wichtigen Festtagen, wie dem Kaisergeburtstag oder dem Jubiläum seines

Regierungsantritts, versammelten sich die Menschen, um in festlicher Form, mit Spielen und Opfern, zu den Göttern des römischen Staates für sein Wohlergehen *(salus)* zu beten.[7] Nicht die Anbetung des regierenden Kaisers hatte die Zukunft für sich, sondern das *Gebet für ihn*. Die Fürbitte für den Herrscher konnte ohne Umstände von den christlichen Kaisern übernommen werden und wirkt im Grunde bis heute fort, wenn in unseren Kirchen für die gebetet wird, die in Staat und Gesellschaft Verantwortung tragen.

### *Divergierende Bewertungen in der Forschung*

Wie schon diese wenigen Beispiele zeigen, machte im sogenannten Kaiserkult die kultische Verehrung des Monarchen nur einen Bruchteil der möglichen Erscheinungsformen aus. Insofern ist der Terminus unglücklich gewählt und verdunkelt eher den Sachverhalt. Denn der Begriff Kaiserkult setzt, beim Wort genommen, voraus, daß der Herrscher als Gott Adressat kultischer Verehrung war. Dazu bedurfte es nach römischem Sakralrecht eines heiligen Bezirks *(templum)* und gewöhnlich eines Altars, an dem ein Kult mit Gebeten und Opfern vollzogen wurde. Ein Tempel konnte, mußte jedoch nicht hinzutreten. Auch in Heiligtümern anderer Gottheiten aufgestellte Votivgaben und Inschriften, die den Kaiser im Dativ mit dem Zusatz *sacrum* (geweiht, heilig) nennen, kann man als Zeugnisse eines »Kultes« ansehen. Davon zu unterscheiden sind aber die *supplicatio* und »göttliche« Ehren, die sowohl Menschen als auch Göttern zuteil werden konnten. Zu berücksichtigen wären außerdem Unterschiede zwischen der östlichen und der westlichen Reichshälfte, zwischen Rom und den Provinzen. Weiter müßte man differenzieren, ob eine offizielle Institution, beispielsweise ein Stadtrat oder eine Provinzialversammlung, kultische Ehren für den Herrscher beschloß oder ob Privatleute eine Weihung vollzogen, weil sie nach ihrer persönlichen Erfahrung den Herrschergott erfolgreich um Hilfe angegangen waren.

Wahrscheinlich sind es vornehmlich diese zwei Gründe: die Vorbehalte des jüdisch-christlich geprägten Abendländers und die Vielfalt der Erscheinungsformen, die dazu führen, daß die Forschung bislang nicht zu einer übereinstimmenden Bewertung des Phänomens Herrscherkult gelangt ist. Gegenüber Versuchen, den religiösen Gehalt einer Weihung an den Herrscher als Gott »herunterzuspielen«, hat neuerdings M. Clauss mit Nachdruck betont, daß das Gottsein selbstverständlicher Bestandteil des Herrschens war: »Der *princeps* war Gott.« Trotzdem behalten die Bedenken von M. Beard ihre Berechtigung: Auch wenn die völlige Vergottung des Herrschers letztlich in der Konsequenz der römischen Tradition gelegen habe, sei sie »völlig neu, seltsam, überraschend, vielleicht sogar etwas lächerlich« gewesen.[8]

Die gegensätzlichen Auffassungen können durchaus nebeneinander bestehen, denn sie treffen, jede für sich, etwas Richtiges. Betrachtet man das Phänomen der Kaiserverehrung als Ganzes, so ist das Entscheidende, daß der Monarch durch viele Symbole, die sich zu einem gemeinsamen Effekt kombinieren ließen, aus der Alltagswelt und über alle Menschen herausgehoben war. Es ging dabei weniger um seine Person als um die römische Weltmacht, die er verkörperte. Das gilt um so mehr, als die Weihinschriften den Namen »Augustus« als bloße Formel verwenden, auch wenn in Wirklichkeit die späteren Kaiser gemeint sind. Im Vollzug des Kaiserkults begriffen sich die Reichsangehörigen als Mitglieder eines großen Kosmos. Vieles war dabei einfach Gewohnheit, die Verwendung einer überkommenen Formensprache, die Ausführung anerkannter Rituale. Es geriet nicht in Vergessenheit, daß der Herrscher Mensch und sterblich war. Eben deshalb bedurfte er der Fürbitte und des Schutzes durch die Unsterblichen.

## Das Prinzipat: zugleich Republik und Monarchie[9]

Bevor wir zu den Formen von Kaiserverehrung kommen, die sich in der Narbonensis nachweisen lassen, muß etwas zu den institutionellen Voraussetzungen, welche die Prinzipatsverfassung bot, gesagt werden.

Das Prinzipat war eine Monarchie. Der Kaiser hatte die Kommandogewalt über alle Truppen, verfügte unkontrolliert über einen großen Teil der Reichsfinanzen, er stand an der Spitze der Sozialpyramide, ein Avancement in Heer oder Verwaltung war nur über ihn möglich – und er genoß ein gottgleiches Ansehen wie niemand sonst. Doch ist dies nur die eine Seite der Medaille. In Rom selbst trat der Kaiser als *civis* (Bürger) auf, und in Sonderheit gegenüber der Senatsaristokratie gab er sich als ihresgleichen und bezeichnete sich mit dem republikanischen Titel *princeps* allenfalls als den ranghöchsten der Senatoren. Deshalb gab es keinen eigentlichen Kaisertitel und vor allem keine Nachfolgeregelung. Der Senat behielt auch in der Kaiserzeit ein hohes Ansehen. Er stellte die Öffentlichkeit dar, an der der Kaiser gemessen wurde. Die guten Kaiser, d.h. diejenigen, die mit dem Senat gut ausgekommen waren, wurden nach ihrem Tode als *Divi* unter die Götter erhoben, die schlechten, die nach dem Urteil der Senatoren ein Terrorregime ausgeübt hatten, wie Nero oder Domitian, verfielen der sogenannten *damnatio memo-*

*riae.* Ihr Andenken wurde verdammt, ihre Statuen umgeworfen und ihre Namen in den Inschriften getilgt.

Für die Städte und die Bewohner der Provinzen, die nicht in der Erinnerung an die große Vergangenheit der römischen Republik lebten, waren diese Fragen nicht zentral. Sie bekamen den Kaiser selten zu Gesicht, und für sie war es wichtiger, daß er Frieden und Wohlstand garantierte als daß er sich wie ein *civis* aufführte. Trotzdem schlug die dem Prinzipat eigentümliche Problematik auch bei ihnen durch. Denn der Kaiser war allgegenwärtig, er repräsentierte die römische Herrschaft, und wenn man ihm Ehren erweisen und die Zustimmung zur römischen Herrschaft zum Ausdruck bringen wollte – und das wollte man offensichtlich –, war man auf die Formen verwiesen, die in Rom für zulässig und angemessen gehalten wurden.

Grundlegend für diesen komplexen Sachverhalt ist, was Augustus selbst am Ende seines Tatenberichts schreibt:

In meinem sechsten und siebten Konsulat (28 und 27 v. Chr.) habe ich, nachdem ich die Bürgerkriege ausgelöscht und mit Zustimmung aller die Alleinherrschaft errungen hatte, den Staat aus meiner Machtbefugnis wieder in die freie Entscheidungsmacht des Senats und des römischen Volkes übertragen.

*Res gestae divi Augusti 34*

Dies geschah in einem Staatsakt am 13. Januar 27 v. Chr. Er galt als die Wiederherstellung der Republik. In der modernen Forschung wird er als die Begründung des Prinzipats angesehen. Eigentlich müßte nämlich Augustus fortfahren: »Im Gegenzug wurde mir das *imperium proconsulare,* die Kommandogewalt in den wichtigsten Provinzen, übertragen. Damit unterstanden mir sämtliche Legionen«. Davon spricht er aber nicht. Ihm sind die Ehrungen wichtig, mit denen der Senat ihn über alle anderen Römer erhob:

Für dieses mein Verdienst wurde ich auf Senatsbeschluß *Augustus* genannt, die Türpfosten meines Hauses wurden von Staats wegen mit Lorbeerbäumen geschmückt, die *corona civica* (Bürgerkrone) über meiner Tür angebracht und ein goldener Schild in der Curia Iulia aufgestellt, den mir, nach dem Zeugnis der Inschrift, der Senat und das römische Volk wegen meiner *virtus, clementia, iustitia, pietas* (Tapferkeit, Milde, Gerechtigkeit und Pflichttreue) verliehen hatten. Nach diesem Zeitpunkt habe ich alle an *auctoritas* (Ansehen) überragt, an *potestas* (Amtsgewalt) hatte ich nicht mehr als diejenigen, die im jeweiligen Amt meine Kollegen waren. *Res gestae divi Augusti 34*

Für jemanden, der die Zeiten miterlebt hatte, ein starkes Stück! Der *pietas* gegenüber Caesar hatte sich Octavian als Legitimation für die Bürgerkriege bedient. Jetzt wurde sie zum Respekt gegenüber den Göttern und dem Vaterland umgedeutet. Augustus, der sich hier wegen seiner Milde preisen ließ, hatte als Triumvir für die Proskriptionen und andere Greuel mitverantwortlich gezeichnet. Die *corona civica,* einen Kranz aus Eichenlaub, erhielt normalerweise ein Soldat, der einen Kameraden unter Einsatz seines eigenen Lebens gerettet hatte. Mit ihrer Verleihung wurde proklamiert, daß der Bürgerkriegssieger das Leben aller gerettet hatte. Man brachte so die Einsicht zum Ausdruck, daß die Welt von Augustus abhing, was man auch als einen Appell für ein entsprechendes Verhalten in der Zukunft nehmen kann.

Über den konkreten Anlaß hinaus gewinnt der Tugendkatalog dadurch an Bedeutung, daß – schon im Moment der Institutionalisierung der Monarchie in Rom – in Anlehnung an die philosophische Lehre vom guten Herrscher der Prinzeps als Inkarnation der wichtigsten Herrschertugenden gepriesen wurde. Das wurde im 2. Jh. die offizielle Ideologie, als das Reich von Kaisern regiert wurde, die sich prononciert zu diesem Tugendkanon bekannten. Von Traian bis Mark Aurel wurde die Herrschaft als ein Dienst an den Untertanen begriffen, der den Kaiser nicht nur zu rastloser Tätigkeit, sondern zu Gerechtigkeit, Milde, Liebenswürdigkeit, Freigebigkeit und Selbstbeschränkung verpflichtete. Diese vollendete menschliche Qualität galt als Ausweis der gottgleichen Natur des Herrschers. Der jüngere Plinius verkündete 100 n. Chr. in seiner Preisrede auf Traian, dieser den Göttern im höchsten Maße ähnliche Prinzeps *(dis simillimus princeps)* sei von *Iupiter Optimus Maximus* zum Herrscher eingesetzt worden.[10]

Die Lorbeerbäume, die nach dem Senatsbeschluß vor dem Haus des Augustus aufgestellt werden sollen, führen in die religiöse Sphäre. Seit ältester Zeit standen solche Bäume vor den Amtssitzen der obersten Priester. Sie verliehen dem Haus des Augustus also eine sakrale Aura. Der Lorbeer erinnerte zudem an Apollo, den Augustus seit Actium als seinen persönlichen Schutzgott proklamierte. Ebenso erinnerten die Eichenblätter der Bürgerkrone an Iupiter. Schild, Eichenkranz und Lorbeerbäume waren vergleichweise bescheidene Ehren, die nicht den republikanischen Rahmen sprengten. Aber dadurch, daß sie mit dem Namen Augustus kombiniert und durch die Münzprägung im ganzen Reich bildlich verbreitet wurden, wurden sie zu Herrschersymbolen.[11]

Der neue Name *Augustus* wird nach seiner Bedeutung in den *Res Gestae* an erster Stelle genannt, obwohl er erst drei Tage später, am 16. Januar 27 v. Chr.,

a b c

*Goldmünzen (Aurei) aus der Zeit des Augustus.*
*a) Aureus aus Gallien 19/18 v. Chr. Rechts und links von dem durch Senat und Volk (SPQR) verliehenen Tugendschild (CL V = clipeus virtutis) steht je ein Lorbeerbäumchen; Legende: CAESAR AUGUSTUS.*
*b) Aureus aus Spanien 19/18 v. Chr. Der Schild mit der Aufschrift SPQR ist von einem Eichenkranz umgeben; oben und unten die Legende: OB CIVIS SERVATOS (wegen der Errettung der Bürger).*
*c) Aureus aus Ephesos 27 v. Chr. Iupiters Adler hält die Bürgerkrone mit der Beischrift S(enatus) C(onsulto) in seinen Fängen, hinter ihm sieht man die Spitzen der Lorbeerbäume; Legende: AUGUSTUS.*

verliehen wurde. Er ist Ausdruck eines längeren Suchens nach einem Beinamen, der, ohne für empfindliche Anhänger der alten Republik verletzend zu sein, den Geehrten über alle Menschen erhob und ein Signum der neuen Zeit sein konnte. Ursprünglich hatte der junge Mann, der nach Caesars Tod als 18jähriger in die Politik eingriff, *Gaius Octavius* geheißen. Da er von Caesar testamentarisch adoptiert war, nahm er dessen Namen *Gaius Iulius Caesar* an. Das ließ die Herzen der Soldaten höher schlagen. Als Caesar 42 v. Chr. mit dem Kultnamen *Divus Iulius* zum Gott erhoben war, konnte sich sein Adoptivsohn *Divi filius* (Sohn des Gottes) nennen. Später ersetzte er den Vornamen Gaius durch *Imperator*, was seine Qualität als alleiniger Truppenkommandant, die er, wie oben angedeutet, in den *Res gestae* diskret ausgelassen hat, nachdrücklich zum Ausdruck brachte. *Imperator* wurde besonders im Heer die gängige Anrede für den Kaiser. *Augustus* war die Krönung in diesen ganz offensichtlich gezielten Bemühungen, wenn es schon in der »wiederhergestellten Republik« keinen Kaiser*titel* geben konnte, mit dem Kaiser*namen* die Menschen zu beeindrucken. Das Wort *augustus*, das gemeinhin mit »der Erhabene« übersetzt wird, hängt mit *augere* = mehren und *augurium* zusammen und hatte eine eindeutig sakrale Konnotation. In der Verbindung *augurium augustum* erinnerte es an das glückverheißende Vogelzeichen, das einst Romulus im Moment der Stadtgründung zuteil geworden war. Mit dem neuen Beinamen *Augustus* wurde der Welt ein zweiter Gründer Roms präsentiert, der neue gesegnete Zeiten heraufführen würde.

## Arles, eine augusteische Stadt

Augustus rühmte sich, Rom als eine Stadt aus Lehm vorgefunden und es als Marmorstadt hinterlassen zu haben.[12] Seine Regierungszeit ist auch in der Narbonensis eine Phase hektischer Bautätigkeit, von der das Bild der Städte bis heute geprägt ist. Die Monumentalisierung der städtischen Zentren kann man als die geradezu notwendige Antwort auf die von Caesar oder dem Triumvirn Octavian verfügte Rechtsordnung ansehen. Denn sie beweist, daß die Bürger, römische Kolonisten so gut wie einheimische Gallier, bereit waren, den vorgegebenen Rechtsrahmen zu füllen und die Städte wirklich zu bewohnen. Nach dem Vorbild des Kaisers übernahmen die Honoratioren die Aufgabe, in ihrer Heimat Tempel, Theater und Aquädukte zu errichten. In einigen Orten ist sogar der Kaiser persönlich als Sponsor aufgetreten.[13]

▶ *siehe S. 127 ff.*

Arles muß man sich im letzten Drittel des 1. Jhs. v. Chr. als große Baustelle denken. Die Kolonie der VI. Legion war zwar noch in Caesars letztem Lebensjahr angelegt worden, aber die Veteranen haben sicher, wie die der anderen bereits angesiedelten Legionen, an den bald nach dessen Tod wieder ausgebrochenen Bürgerkriegen teilgenommen. So verwundert es nicht, daß die archäologisch faßbaren Baumaßnahmen erst in die Zeit nach dem Jahre 40 v. Chr. fallen, als Gallien zu Octavians Herrschaftsbereich gehörte. Damals wurde die Stadtmauer gebaut und das, soweit es das Terrain zuließ, rechtwinklige Straßennetz angelegt.

▶ *siehe S. 135 f.*

Drei repräsentative Bauten gaben der Stadt ein »augusteisches Aussehen«: das Theater, das Forum und ein nicht erhaltener monumentaler Bogen an der Rhône. Der Baudekor, Kapitelle und Friese, ist von hervorragender handwerklicher Qualität und nach den damals modernsten stadtrömischen Vorlagen gearbeitet. Einzelne besonders qualitätvolle Stücke, wie die unten beschriebenen Altäre, mögen sogar von italischen Werkleuten gefertigt sein. Allein schon der teure, weil importierte Marmor deutet auf den Stellenwert hin, der dem Ausbau der Kolonie zugemessen wurde.

Das eindrucksvollste Zeugnis dieser frühen Bautätigkeit ist für den heutigen Besucher zweifellos die Kryptoportikus: eine hufeisenförmige, unterirdische Pfeilerhalle von imponierenden Ausmaßen: Die tonnengewölbten zweischiffigen Gänge waren 85,56 m bzw. 58,85 m lang, 8,50 m breit und etwa 4 m

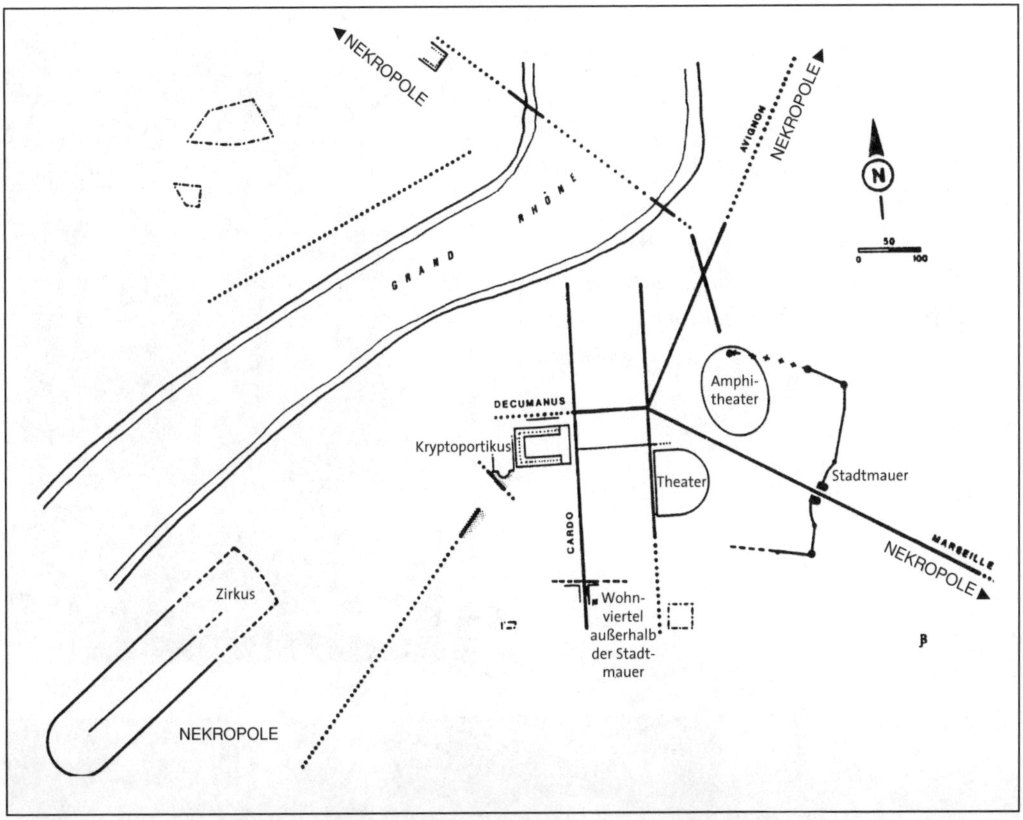


*Stadtplan von Arles. Die Ost-West-Achse (decumanus) verlief auf der heutigen Rue de la Calade, die Nord-Süd-Achse (cardo) ungefähr auf der heutigen Rue de l'Hôtel-de-Ville. Das südliche Ende des Cardo wurde zusammen mit einem extraurbanen Wohngebiet entdeckt, als seit 1975 große städtische Bauvorhaben Ausgrabungen südlich des Boulevard des Lices veranlaßten.*

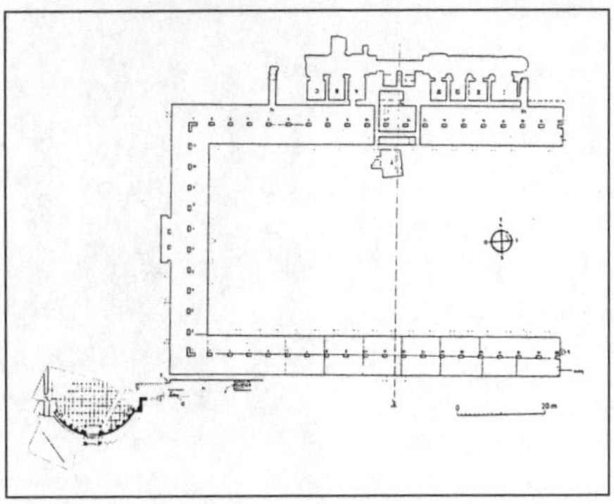

*Grundriß der Kryptoportikus.* ▶

hoch. Die Anlage hatte die Funktion, für das über ihr liegende Forum der Kolonie (3400 m²) eine über dem angrenzenden Niveau erhabene, ebene Fläche zu schaffen. Da es nur ganz schmale Zugänge gab, sind andere Nutzungsmöglichkeiten wie Geschäfte, Lager und Kornspeicher, an die man zeitweilig gedacht hat, wohl auszuschließen.

*Säulen und Giebel an der Place du Forum. Der Nordseite, wo die Kryptoportikus sich ebenerdig auf eine Platzanlage öffnete, wurde Ende des 1. oder Anfang des 2. Jhs. ein in seiner Funktion nicht geklärter Bau vorgelagert, zu dem die Granitsäulen auf der Place du Forum wahrscheinlich gehört haben.*

*Exedra im Hof des Musée Arlaten. Man blickt auf einen halbrunden Mauerzug, der an seiner Innenseite durch freistehende Säulen und Nischen gegliedert ist. Es handelt sich um das südliche Ende einer mit regelmäßigen Platten gedeckten Platzanlage, die mit dem Forum in Verbindung gestanden haben muß.*

## *Gab es auf dem Forum ein Heiligtum des Augustus (Augusteum)?*

In Arles wurde ein Jahr nachdem Senat und Volk Augustus den Tugendschild verliehen hatten, eine Marmorkopie des *clipeus virtutis* öffentlich ausgestellt (AE 1952, 165).

SENATUS
POPULUSQUE ROMANUS
IMP(eratori) CAESARI DIVI F(ilio) AUGUSTO
CO(n)S(uli) VIII DEDIT CLUPEUM
VIRTUTIS CLEMENTIAE
IUSTITIAE PIETATIS ERGA
DEOS PATRIAMQUE

Der Senat
und das römische Volk gab
dem Imperator Caesar, Sohn des Divus, Augustus,
zum 8. Mal Konsul, den Schild
der Tapferkeit, Milde,
Gerechtigkeit und Pflichttreue gegenüber
den Göttern und dem Vaterland.

*Marmorkopie des clipeus virtutis im Museum in Arles.*

Der Schild wurde in der Nordgalerie der Kryptoportikus gefunden. Er lag zusammen mit einem schönen Kopf des Augustusenkels Gaius Caesar im Bereich spätantiker Aufschüttungen. Das Portrait gleicht dem Octavians so sehr, daß manche Forscher ihn dem letzteren zuschreiben wollen. Man hat hier also nicht nur eine Familienähnlichkeit zu konstatieren, die zwischen Großvater und Enkel nicht ungewöhnlich ist, sondern auch eine Stilisierung des präsumtiven Nachfolgers nach dem Vorbild des jugendlichen Kaisers. Etwas weiter entfernt lag ein Portrait des Tiberius, das aus einem Kopf Caligulas herausgearbeitet worden war, nachdem dessen Bildnis durch seine *damnatio memoriae* inopportun geworden war. Aus der Lage der Fundstücke schließen manche Forscher, daß diese ursprünglich auf dem Forum ausgestellt waren, möglicherweise in einem Augustusheiligtum, das abgerissen wurde, als man in christlicher Zeit keine Verwendung mehr dafür hatte. Für ein Kaiserheiligtum wäre das Forum in der Tat der geeignete Platz. Problematisch ist allerdings, daß bei der gründlichen Untersuchung der Kryptoportikus keine Fundamente gefunden wurden, die zu einem Tempel gehört haben könnten. Es kann sich daher bei dem vermuteten Augustusheiligum allenfalls um eine leichte Konstruktion, etwa einen heiligen Bezirk mit einem Altar, den ein Baldachin überspannte, gehandelt haben. Das ist aber nicht mehr als eine Vermutung.[14]

Im ganzen Reich waren an allen öffentlichen Plätzen und in vielen privaten Räumen Statuen des Kaisers und seiner Familienangehörigen aufgestellt.[15] Dafür wurde auf allerhöchste Direktive ein Modell entwickelt, das zugleich portraithafte Züge, aber auch die Stilisierung in eine bestimmte gewünschte Richtung zeigte. Octavians Portrait aus der Triumviratszeit trug die Züge eines jugendlichen Helden im Stile Alexanders des Großen. Für den Augustus nach 27 v. Chr. wählte man ein klassisches Abbild, das die souveräne Überlegenheit des Herrschers ausstrahlte.[16] Kopien des in Rom geschaffenen Modells wurden dann in die Provinzen verschickt und dienten dort den lokalen Werkstätten als Muster für weitere rundplastische Bildnisse. Das autorisierte römische Portrait war auch Vorlage für die Münzprägung, so daß jeder Reichsbewohner ständig das Bild des Kaisers vor Augen hatte.

Die an zentralen Plätzen aufgestellten Statuen des Kaisers und seiner Angehörigen *konnten* eine kultische Funktion haben. Der jüngere Plinius schreibt, er habe für den Opfertest, dem er die Christen unterzog, eine *imago* (Statue oder Büste) des Kaisers und *simulacra numinum* (Bildnisse der Götter) herbeischaffen lassen – vermutlich aus den Heiligtümern, in denen sie aufgestellt waren (Plin. epist. 10,96,5; siehe S. 371). Aber nicht jede Kaiserstatue war eine Kultstatue. Deshalb ist der Schluß von den zwei gefundenen Portraits auf ein Augustusheiligtum *(Augusteum)* auf dem Forum nicht zwingend. Andererseits war ein Kult für den Herrscher eingerichtet und es amtierte in Arles ein *Flamen Romae et Augusti* (siehe S. 316).

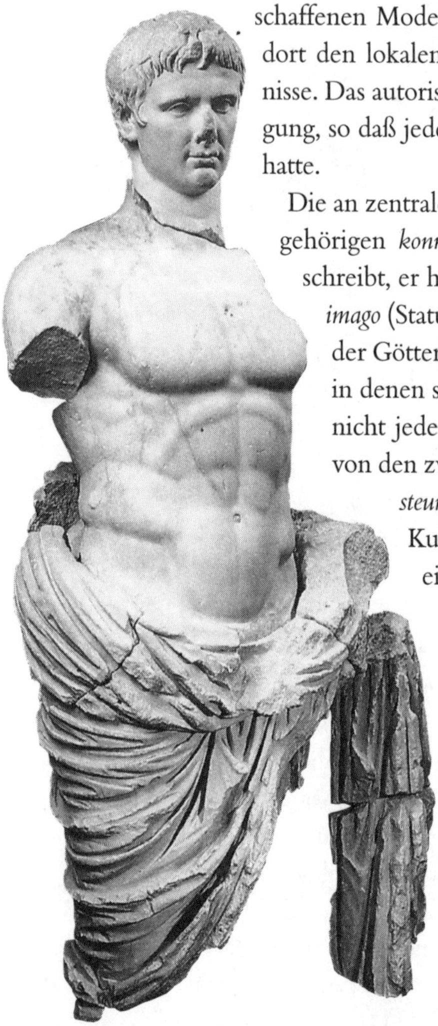

*Die Statue des Augustus aus dem Theater von Arles, die 1750 am Fuße der porta regia entdeckt wurde. Sie war der beherrschende Blickpunkt der Bühnenwand. Man hatte für diesen Zweck nicht eine Panzerstatue ausgewählt, die den Feldherrn darstellte, sondern einen Statuentyp, wie er für Götterbilder üblich war: Um den aus Marmor gebildeten nackten Körper ist ein Hüftmantel drapiert, der wahrscheinlich rot bemalt war.*

## *Das Theater*

Das Theater war bis ins 18. Jahrhundert vollständig unter mittelalterlichen Bauten verschwunden. Seine Konstruktion ist insofern eine Besonderheit, als der Zuschauerraum *(cavea)* nicht an einen Hügel angelehnt war, sondern ausschließlich auf Substruktionen ruhte. Die *tour de Roland* vermittelt einen Eindruck von der ursprünglichen Höhe.

Die Fundstücke aus dem Theater, die im *Musée de l'Arles antique* ausgestellt sind, demonstrieren bis in die Details die Verwendung der damals in Rom gepflegten ikonographischen Formensprache. Zwei Altäre waren Apollo geweiht, der, wie wir sahen, von Augustus als sein persönlicher Schutzgott verehrt wurde und wohl deshalb an die Stelle des normalerweise in einem Theater präsenten Dionysos gesetzt wurde. Auf dem Altar, der in der Mitte der Orchestra aufgestellt war, ist ein Schwan abgebildet, das heilige Tier des Gottes. Denn bei seiner Geburt flog ein Zug von Schwänen über die Insel Delos hinweg, um die eifersüchtige Hera abzulenken. Auf einem anderen Altar sitzt der Gott zwischen zwei Lorbeerbäumen. Zwei kleinere Altäre zeigen auf ihrer Vorderseite die *corona civica.*

*Das Theater von Arles. Von der Bühnenwand, die man sich so hoch wie die in Orange vorzustellen hat, sind aufrecht nur zwei Säulen und viele Werkstücke erhalten, die ringsum im Gras liegen. Im Hintergrund: St-Trophime.*

*Ein Altar aus dem Theater von Arles. Apollo sitzt auf einem Thron, den Arm auf die Lyra gestützt, neben sich einen Dreifuß. An den Seiten ist die grausame Bestrafung des Marsyas dargestellt, der sich gerühmt hatte, die Musik besser als Apollo zu beherrschen. Das in unserem Zusammenhang interessanteste Detail sind aber zwei Lorbeerbäume, welche die zwei pfeilerartigen Vorsprünge schmücken. Sie passen zu Apollo, aber zugleich huldigen sie Augustus, vor dessen Haus ja auf Senatsbeschluß zwei Lorbeerbäume aufgestellt waren.*

## Kaiserverehrung in Narbonne

Auch in Narbonne wurde die 27 v. Chr. geschaffene Formensprache aufgegriffen. Ein Titus Domitius Romulus stellte aus einem persönlichen Anlaß einen Altar für den augusteischen Frieden auf. Die Vorderseite trägt in der *corona civica* die Inschrift *PACI AUG(ustae)*. Die Nebenseiten sind mit jeweils einem Lorbeerzweig, die Rückseite mit Eichengirlanden geschmückt.[17] Diese private Weihung bringt die Verbindung von Friedensherrschaft, Kaisertum und Wohltätertum in vollendeter Weise zum Ausdruck.

### *Der Altar für das Numen Augusti in Narbonne*

Aber die Bürgerschaft hielt sich auch für offizielle Bekundungen ihrer Kaiserverehrung an stadtrömische Vorbilder. In Rom wurde am 17. Januar 9 n. Chr. ein Altar für das *Numen Augusti,* die im Kaiser inkarnierte göttliche Macht oder Wirkkraft, geweiht. Zwei Jahre später, 11 n. Chr., dedizierten auch die Bürger der Kolonie *Narbo Martius* dem *Numen Augusti* einen Altar. Das Stiftungsprotokoll und das Kultgesetz sind erhalten:

**CIL XII 4333 (Vorderseite). Übersetzung nach Freis Nr. 15.[18]**

Unter den Konsuln Titus Statilius Taurus und Lucius Cassius Longinus am 10. Tag vor den Kalenden des Oktober wurde von der *plebs* der Narbonensier für alle Ewigkeit ein Gelübde für das *numen Augusti* eingegangen.
»Dies möge gut, günstig und glückverheißend sein für den *Imperator Caesar Augustus,* Sohn des *Divus,* den Vater des Vaterlandes, den *Pontifex maximus,* zum 34. Mal im Besitz der *tribunicia potestas,* für seine Gattin und seine Kinder und sein Geschlecht, den Senat und das römische Volk und die Kolonisten und Einwohner der Kolonie *Iulia Paterna Narbo Martius,* die sich zur Verehrung seines *numen* auf alle Ewigkeit verpflichtet haben!«

▶ *siehe S. 410*

Der erste Absatz, das sog. Präskript, enthält die Datierung nach Konsuln, wie sie zur Bezeichnung des jeweiligen Jahres von der frühen Republik bis ans Ende der Antike üblich war. Die Tage gab man an, indem man von den Kalenden (Monatsanfang) oder Iden (Monatsmitte) rückwärts zählte. Das ergibt hier den 22. September, den Tag vor dem Geburtstag des Augustus.

Im zweiten Absatz ist uns der Name des Kaisers schon geläufig. Hinzugekommen ist das höchste römische Priesteramt des Pontifex maximus, das Augustus im Jahre 12 v. Chr. übernahm. Den Titel *pater patriae* verlieh ihm der Senat im Jahre 2 v. Chr. Die *tribunicia potestas,* die Amtsgewalt des Volkstribunen, übernahm Augustus zum ersten Mal im Jahre 23 v. Chr. Sie war politisch wichtig, weil sie ihm die Möglichkeit gab, auf legalem Wege ständig in der Innenpolitik präsent zu sein. Mit ihr konnte er den Senat einberufen und gegen mißliebige Amtshandlungen von Beamten sein Veto einlegen. Nach der *tribunicia potestas* datiert man die Regierungsjahre eines Kaisers.[19]

Interessant ist, daß nicht nur für den Kaiser selbst, sondern für seine gesamte engere Familie Segen erfleht wird, dazu für *senatus populusque Romanus* und die Kolonisten selbst. Im folgenden sprechen die Bürger von Narbonne auch von den Gründen für ihre Weihung: Sie sind glücklich, daß es den Kaiser gibt. Deshalb wollen sie seinen Geburtstag, den 23. September, den Tag, *an dem das Glück dieser Zeit ihn als Lenker dem Erdkreis gebar,* mit einem Stieropfer, das alle Bürger zum Mahl versammelt, festlich begehen. An drei weiteren Tagen zum Gedenken an wichtige Ereignisse im Leben des Augustus wollen sie ein Opfer mit Wein und Weihrauch vollziehen.[20]

Auf der rechten Nebenseite des Steins ist das »Altargesetz« eingemeißelt. Es mutet den heutigen Menschen fremd an und kann eine Ahnung davon vermitteln, wie wenig *»religio«* mit »Religion« zu tun hat. In der römischen Religion steht nicht der Glaube an Dogmen im Zentrum, noch viel weniger erstrebt der Mensch eine mystische Vereinigung mit der Gottheit. Es kommt vielmehr darauf an, in korrekten Formen den Kult zu vollziehen. Das Verhältnis von Mensch und Gott erinnert an eine Rechtsbeziehung. Eine Verpflichtung, die man eingegangen ist, muß eingehalten werden, und zwar in der abgemachten Form. Dazu gehört, daß alles, was einmal *res sacra* ist, es für alle Zeiten bleiben muß. Ohne entsprechende rituelle Vorkehrungen darf man nichts davon wieder einem profanen Gebrauch zuführen. Unter diesen Umständen wird verständlich, weshalb römische Priesterkollegien vor allem als Rechtsgutachter tätig gewesen sind.

### CIL XII 4333 (Rechte Nebenseite, ab Z. 6). Übersetzung nach Freis Nr. 15.

O göttliche Macht des Caesar Augustus, des Vaters des Vaterlandes! Da ich dir heute diesen Altar geben und weihen werde, werde ich ihn unter den Satzungen und in den Grenzen geben und weihen, die ich hier heute öffentlich ausspreche, und mit den Grenzen, wie sie das Fundament dieses Altars und der Inschriften darstellt.

Wenn jemand den Altar säubern, schmücken oder reparieren will und dies aus Dankbarkeit tut, soll es rechtens und erlaubt sein. Wenn jemand ein Tier opfert, ohne dabei die Eingeweide darzubringen, dann soll es in dieser Hinsicht trotzdem als richtig getan gelten.[21] Wenn jemand diesem Altar eine Gabe geben und sein Ansehen vergrößern will, soll es erlaubt sein, und dieselbe Satzung soll für die Weihgabe gelten wie für den Altar; und die übrigen Satzungen für diesen Altar und seine Inschriften sollen dieselben sein wie für den Altar der Diana auf dem Aventin.

Anschließend wird wiederholt, für welche Personen und Personengruppen die Weihung vorgenommen wird: für den Imperator Caesar Augustus ..., für seine Gattin, seine Kinder und sein Geschlecht, für den Senat und das römische Volk, für die Kolonisten und Einwohner der Kolonie Iulia Paterna Narbo Martius; und schließlich wird das *Numen Augusti* noch einmal direkt angesprochen: »Diesen Altar ... gebe und weihe ich dir, damit du wohlwollend und gnädig bist.«

Was dem modernen Interpreten so schwer verständlich ist, birgt für den antiken Menschen offensichtlich keine Probleme: Das Numen ist die göttliche Wirkkraft, die einen Gott zum Gott macht. Diese im Kaiser inkarnierte göttliche Macht soll dafür sorgen, daß es dem menschlichen Kaiser und seinen Angehörigen wohlergehen möge.

## Weitere Formen der Kaiserverehrung

### *Genius und Lares Augusti*

**CIL XII 3075 (aus Nîmes)**

| | |
|---|---|
| LARIBUS AUGUSTIS | Den augusteischen Laren |
| SACRUM | heilig. |
| NATALIS LUTTACI | Natalis, Sohn des Luttacius |

Der Kult für den *Genius* und die *Lares Augusti* folgte ebenfalls einem stadtrömischen Vorbild. Der *genius* war die individuelle männliche Schöpferkraft, die jedem Manne innewohnte. SDer *genius* des Hausherrn wurde von seiner *familia*, besonders den Sklaven verehrt. Anzuerkennen, daß der *Genius Augusti* ein besonderer *genius* war, war angesichts seiner überragenden Machtfülle nicht schwierig.

Der Genius des Kaisers wurde in Rom zusammen mit den Laren verehrt. Diese waren von Hause aus ländliche Gottheiten, die das Anwesen schützten. Mit der Verstädterung der Römer zogen sie in die Stadt und wurden in Kapellen an den Straßenkreuzungen *(compita)* verehrt. Als Rom in den Jahren 12 bis 7 v. Chr. eine neue Regioneneinteilung erhielt, wurden in den Kapellen zwischen zwei tanzenden Laren Statuen des *Genius Augusti* aufgestellt, welche die Gesichtszüge des Kaisers trugen. Damit wurden die Laren zu *Lares Augusti*.[22]

*Eine Weihung für die Lares Augusti aus Nîmes (CIL XII 3075).*

Im Unterschied zu den anderen Formen des Kaiserkults, die den einzelnen Bewohner des Römischen Reiches, soweit er nicht Soldat oder Angehöriger der regierenden Elite war, nicht zur Teilnahme verpflichteten, betraf der Genius des regierenden Kaisers wirklich alle, denn er wurde unter die Schwurgötter aufgenommen und seine Anrufung im privaten wie öffentlichen Bereich, zum Beispiel vor Gericht, somit zur Pflicht. Meineid galt deshalb als Majestätsverbrechen.

Auch in den Provinzen wurden Altäre für die *Lares Augusti* aufgestellt. Sie waren private Weihungen, durch die einzelne Bürger ihre Anhänglichkeit an den Kaiser bekundeten.

## *Flamines, flaminicae und Seviri Augustales*

Für die religiöse Verehrung des Kaisers war nicht nur durch den Bau eines Altars oder eines Tempels, sondern auch durch ein entsprechendes Kultpersonal Sorge zu tragen. In Rom war für den Kult der divinisierten Herrscher jeweils ein *flamen* zuständig. Man übersetzt das Wort gewöhnlich mit »Einzelpriester«, um den Unterschied zu den Kollegien der *Pontifices* und *Augures* zu verdeutlichen. Der erste »Kaiserpriester« begegnet in der Person des Marcus Antonius, der die Rolle des *flamen Divi Iulii* übernahm. Auch in vielen Städten der Narbonensis sind *flamines* bezeugt, sowie *flaminicae* für den Kult der Kaiserinnen.

Die *flamines* und *flaminicae* waren immer Angehörige der Stadtaristokratie, also entsprechend vermögend. In Vienne schmückte eine anonyme *flaminica* aus eigenen Mitteln ein Gebäude, wohl einen Tempel, mit vergoldeten Bronzeziegeln, Reiterstatuen von Castor und Pollux sowie Standbildern von Herkules und Merkur (CIL XII 1904. ILN V 88). Lucius Donnius Flavos, der in Arles als Kaiserpriester amtierte, baute eine Brücke, die noch heute bei St. Chamas zu bewundern ist.

▶ siehe S. 316

Es gab außerdem in allen Städten noch ein besonderes Kollegium von sechs Männern, deren Funktion der Kaiserkult war: die *Seviri Augustales.* Unter ihnen finden sich viele Freigelassene. Wie ihre Grabinschriften zeigen, hatten sie es häufig zu erheblichem Wohlstand gebracht, aber als ehemaligen Sklaven war ihnen der Zugang zu den städtischen Ämtern *(honores)* verwehrt. Im Vollzug des Kaiserkultes bot sich ihnen ein soziales Betätigungsfeld, in dem sie durch Veranstaltung von Banketten, Prozessionen und Spielen zu öffentlichem Ansehen gelangen konnten.

▶ *siehe auch S. 305 f.*

**CIL XII 702 (Arles)**

| | |
|---|---|
| D(is) M(anibus) | Den Manen. |
| P(ublio) PUBLICIO | Dem Publius Publicius |
| EUTYCHO | Eutychus, |
| IIIIII VIR(o) AUG(ustali) | Sevir Augustalis |
| C(olonia) I(iulia) P(aterna) AREL(ate) | in der Colonia Iulia Paterna Arelate |

Diese Grabinschrift, die in den Alyscamps gefunden wurde, ist heute im Museum von Arles so in eine Wand eingelassen, daß sie den Zugang zu den Räumen flankiert, die der römischen Kolonie gewidmet sind. Diese Anordnung ist vermutlich gewählt worden, weil im Titel des Sevir der volle Titel der Kolonie angegeben ist, was zeigt, daß die Seviri nicht einem privaten Kultverein angehörten, sondern einer offiziell anerkannten Organisation der Kolonie.

**CIL XII 1363 (Vaison, im *Musée lapidaire* in Avignon)**

| | |
|---|---|
| CATIAE T(iti) FIL(iae) SERVATAE FLAM(inicae) | Der Catia Servata, der Tocher des Titus, *flaminica* |
| IUL(iae) AUG(ustae) VAS(iensium) VOC(ontiorum) Q(uinto) SECUNDIO | der *Iulia Augusta* in Vasio der Vokontier, (und) dem Quintus Secundius |
| ZMARAGDO IIIIIIVIR(o) AUG(ustali) MARITO | Zmaragdus, *sevir Augustalis,* ihrem Ehemann, |
| EIUS T(itus) CATIUS SEVERUS | ließ Titus Catius Severus, |
| FRATER ET H(ERES) F(aciendum) C(uravit) | ihr Bruder und Erbe, (dies Grab) |
| EX TESTAMENTO | nach testamentarischer Verfügung errichten. |

▶

Entsprechend dem, was zum Statusunterschied zwischen einer Flaminica und einem Sevir ausgeführt wurde, haben wir es hier wohl mit einer Heirat zu tun, die Catia Servata unter ihrem sozialen Niveau eingegangen war. Denn das Cognomen ihres Gatten deutet ebenso wie seine Tätigkeit als Sevir darauf hin, daß er eher dem Freigelassenenmilieu als der Stadtaristokratie von Vasio angehörte.

Der Kult für Livia, die Witwe des Augustus, muß zwischen 14 n. Chr., als sie durch dessen Testament den Namen *Augusta* erhielt, und dem 17. Januar 42 eingerichtet worden sein, als sie auf Veranlassung von Kaiser Claudius zur *Diva Augusta* erhoben wurde.

## *Das Provinzialheiligtum in Narbonne*

Unter den flavischen Kaisern erhielt die Narbonensis nach dem Vorbild schon länger bestehender Kultstätten in anderen Provinzen ein zentrales Heiligtum für den Kaiserkult. Es wurde in Narbonne eingerichtet. In einem am Rande der Stadt gelegenen Kultbezirk mit Amphitheater, Tempel und Thermen wurde alljährlich mit Opfern und Spielen dem Kaiser gehuldigt. Die Wahl zum *flamen provinciae* war eine hohe Ehre, die erst auf die Bekleidung der städtischen Ämter folgte und oft an Männer vergeben wurde, die bereits dem Ritterstand angehörten.[23]

## *Die Taurobolien*

Eine weitere Form der Kaiserverehrung sind seit dem späteren 2. Jh. die Taurobolien (Stieropfer nach einem besonderen Ritual) zum Wohle der kaiserlichen Familie, die von vermögenden Bewohnern der Städte bestellt und bezahlt wurden. Der Ablauf wurde genau protokolliert. Der als Beispiel gewählte Altar, der im Museum in Lyon ausgestellt ist, trägt auf der Vorderseite den Text und ist an den Nebenseiten mit dem Kopf eines Stiers und eines Widders verziert.

Für das Heil des Kaisers Lucius Septimius Severus Pertinax Augustus und für Marcus Aurelius Antoninus, designierter Imperator, und für Iulia Augusta, Mutter der Heerlager, und für ihr ganzes göttliches Haus, und für den Wohlstand der Kolonie Copia Claudia Augusta in Lyon, haben Septicia Valeriana und Optatia Siora ein Stieropfer veranstaltet gemäß ihrem Gelübde. Den Vorsitz hatten der Priester Aelius Anthus und die Priesterin Aemilia Secundilla, der Flötenspieler war Flavius Restitutus, der Opfergehilfe Vireius Hermetio. Begonnen wurde das Opfer am 4. Mai, beendigt am 7. desselben Monats, unter dem Konsulat des Titus Sextius Lateranus und des Lucius Cuspius Rufinus (197 n. Chr.). Der Platz (für die Aufstellung des Altars) wurde vom Stadtrat bewilligt (CIL XIII 1754. Text und Übersetzung mit Abbildung: Walser Nr. 32).

Der politische Kontext ist, daß im Februar 197 Septimius Severus in einer blutigen Schlacht bei Lyon den Usurpator Clodius Albinus besiegte und anschließend die reiche Stadt seinen Soldaten zur Plünderung freigab. Das im Mai von den beiden vornehmen Damen veranstaltete Taurobolium könnte die Funktion gehabt haben, den Kaiser, der sich zum zweiten Mal der Stadt näherte, günstig zu stimmen.

### *Die augusteischen Götter und Göttinnen*

Schließlich sei auf eine Form hingewiesen, mit der man jede fromme Handlung zum Kaiserhaus in Beziehung setzen konnte. Man fügte das Adjektiv *augustus/augusta* dem Namen des Gottes oder der Göttin hinzu, für die man eine Weihung vornehmen wollte. Dadurch verschmolz die göttliche Person des Kaisers mit der des Gottes oder der Göttin. Mars, Merkur, Diana, die Nymphen, desgleichen die große Schar der gallischen Lokalgötter wie Nemausus, Vintius oder Vasio wurden so zu augusteischen Göttern. Im nördlichen Gebiet der Vokontier gab man sich besonders kaisertreu. Die Hauptorte Dea Augusta und Lucus Augusti (heute Die und Luc-en-Diois) führten beide den Kaiser im Namen, und die einheimische Andarta wurde zur *Andarta Augusta.*

**CIL XII 1556 (ähnlich 1557–60, Die, Civitas der Vokontier)**

| | |
|---|---|
| DEAE AUG(ustae) | Der augusteischen Göttin |
| ANDARTAE | Andarta |
| L(ucius) CARISIUS | hat Lucius Carisius |
| SERENUS | Serenus, |
| IIIIII VIR AUG(ustalis) | Sevir Augustalis, |
| [V](otum) S(olvit) L(ibens) M(erito) | sein Gelübde gerne nach Verdienst erfüllt |

## Kaiserverehrung in der Civitas Vienna

### *Der Tempel der Roma und des Augustus in Vienne*

Die Kolonie Vienna richtete im Sinne der von Augustus gewünschten Verbindung einen Kult für *Roma und Augustus* ein und erbaute auf dem Forum einen Tempel in korinthischer Ordnung. Die Weihinschrift, deren Bronzebuchstaben in der Mitte des Frieses eingelassen waren, ist zwar heute nicht mehr vorhanden, läßt sich aber aus den Dübellöchern erschließen:

ROMAE ET AUGUSTO    CAESARI DIVI F(ilio)
Der Romae und dem Augustus Caesar, dem Sohn des Divus

Zwischen Augusto und Caesari war ein Ornament angebracht, vielleicht ein Kranz. Diese Inschrift wird beim Bau des Tempels in den zwanziger Jahren des 1. Jhs. v. Chr., jedenfalls noch zu Lebzeiten des ersten Prinzeps, aufgesetzt sein, denn nach seiner Apotheose hatte man ihn *Divus Augustus* zu nennen.

Nachdem Livia Augusta 42 unter die Staatsgötter erhoben war, wurde am Tempel eine neue Inschrift angebracht, und zwar die 1. Zeile auf dem Fries, die 2. auf dem Architrav. Die neueste Rekonstruktion von B. Rémy lautet: --- ... *cto* vac *et divo augusto / et divae augustae.*[24] Dem heiligen (Gott...) und dem Divus Augustus und der Diva Augusta.

Rémy schlägt vor *-cto* zu *sancto* zu ergänzen und davor den Namen eines Gottes, mit dessen Kult der des divinisierten Kaiserpaares verbunden wurde. Er favorisiert *Apollini sancto* etc.

*Der Tempel des Augustus und der Livia in Vienne. Der 14,25 × 23,85 m große und 17,28 m hohe Tempel ist in Ost-West-Richtung orientiert und erhob sich auf einem 2,70 m hohen Podium. Der gute Erhaltungszustand erklärt sich dadurch, daß der Bau im Mittelalter als Kirche und in der Revolution als Tagungslokal des örtlichen Jakobinerclubs genutzt wurde. Im 19. Jahrhundert wurde er – nicht ganz fachgerecht – restauriert.*

### *Kaiserverehrung im ländlichen Territorium der Kolonie*

Die Kolonia Vienna steht mit über 900 erhaltenen Inschriften an dritter Stelle in der Narbonensis. Bei ihrem Studium ist man immer wieder überrascht, wie sehr der Schriftgebrauch nicht nur im Hauptort Vienne, sondern auch in kleinen Ortschaften im Hinterland verbreitet war. Die Allobroger scheinen sich bereitwillig auf den Pfad der Romanisierung begeben zu haben. Weihinschriften und Baustiftungen in Heiligtümern zeugen von ihrer Frömmigkeit wie auch von dem Willen, ihren Wohlstand im Dienste ihrer Mitbürger einzusetzen. Die Kaiserverehrung wird dabei in einer großen Bandbreite von Formen zum Ausdruck gebracht.[25]

In Albens stiftete ein Anonymus der Gemeinschaft der *vicani* ein nicht näher bekanntes Bauwerk *(? pro salute nostri Imperatoris) Traiani Parthici* (CIL XII 2492). Für das Wohl Mark Aurels bezahlte im Jahr 176 der Dekurio Sextus Vireius das Dach und die Säulenhalle eines Gebäudes in Aoste (CIL XII 2391). Ein Gaius Virrius Quartio ließ im selben Ort eine Basis für *Victoria Augusta* errichten (ILGN 346). Eine Vereinigung von Grundbesitzern in Aix-les-Bains stiftete in der zweiten Hälfte des 2. Jhs. oder Anfang des 3. Jhs. einen Hain mit einem Weinberg, damit aus den Einkünften die Bewohner des Vikus Spiele *pro salute Imp(eratoris) Aug(usti)* zelebrieren konnten. Zmertuccius Titianus, Patron des Vikus, weihte (und bezahlte) den zugehörigen Altar (AE 1934, 165). Den *numinibus Augustorum* wurde im 2. Jh. in Annecy-Le-Vieux eine Basilika mit Säulenhallen (CIL XII 2533. ILHS 35) und in Meythet (XII 2532. ILHS 76) ein nicht näher bekanntes Bauwerk geweiht. Zur Ehre des Kaiserhauses *(in honorem domus divinae)* schließlich bezahlte eine Camulia Attica in Briord aus eigenen Mitteln die Bühne eines Theaters *(proscaenium),* die sie dem Gott Merkur weihte (CIL XIII 2462).

► *zitiert S. 200*

► *zitiert S. 200*

### *Der Kaiser als Gott?*

**CIL XII 2373 (Hières-sur-Amby, Territorium von Vienne)**

| | |
|---|---|
| AUG(usto) SACR(um) DEO | Augustus geweiht. Dem Gott |
| MERCURIO | *Mercurius* |
| VICTORI MAC | *Victor Mac-* |
| NIACO VEILAUNO | *niacus Veilaunus* (hat) |
| C(aius) CAPITOIUS MACRI | Gaius Capitoius Macri- |
| NUS RESTITUIT | nus (einen Altar oder Tempel?) wiederhergestellt |

Man hat den Eindruck, als setze der Text mit *deo Mercurio* neu ein, als stehe *Augusto sacrum* isoliert und könnte von der Weihung an Merkur abgetrennt werden. *Augusto sacrum* scheint in vielen Fällen zu einer Formel verblaßt zu sein, die man stereotyp auf den Stein schreiben ließ, oft sogar optisch vom Haupttext deutlich getrennt. Gemeint ist nicht der Kaiser Augustus, sondern, ohne daß man ihn identifizieren könnte, der jeweils regierende Kaiser. Aber daß er als Gott ein Votiv erhält, steht außer Zweifel.[26]

**CIL XII 2558. ILHS 67 (Hauteville, Territorium von Vienne)**

| | |
|---|---|
| AUG(usto) VINT[IO] | Dem Augustus Vintius |
| SACR(um) | geweiht. |
| T(itus) VALERIUS | Titus Valerius |
| CRISPINUS | Crispinus, |
| SACER(dos) VINTI | Priester des Vintius, |
| PRAEF(ectus) PAG(i) DIA | Präfekt des *pagus Dia(nensis?)* |
| AEDEM D(edit) | stiftete den Tempel |

*siehe Abbildung S. 156*

Wem ist der von Valerius Crispinus gestiftete Tempel geweiht? Bei der Wortstellung *Vintio Augusto* würde man nicht zögern, *augustus* für ein Adjektiv zu halten, das dem Namen des gallischen Gottes hinzugefügt worden ist, so wie beispielsweise *Vintius Pollux* (CIL XII 2561. ILHS 96) oder die »Mütter« als augusteische Gottheiten apostrophiert werden (CIL XII 1823–1826). Im vorliegenden Fall könnte aber etwas anderes gemeint sein, nämlich daß die Weihung zwei Göttern gilt: Augustus und Vintius; genauso wie in dem Beispiel, das an den Anfang des Kapitels gestellt ist, die Götter (Gaius) Caesar (Caligula) und Etnosus verehrt werden.[27] Vergleichbar sind Weihungen, die zugleich den *Numina Augustorum* (der göttlichen Macht der Kaiser) und Apollo oder Diana dargebracht werden (CIL XII 2514. 2224).

*CIL XIII 1189, zitiert S. 199*

### *Das Heiligtum von Châteauneuf (Civitas Vienna)*[28]

1977 kamen beim Bau der Autobahn A 48 antike Überreste zutage, die in den Jahren 1978–86 Ausgrabungen zur Folge hatten. Dabei entdeckte man eine ländliche Wohnsiedlung, zu der ein kleines Theater (54 × 39/40 m) gehörte. Es wurde zu Anfang des 1. Jhs. n. Chr. erbaut und war bis ins 4. Jh. in Funktion. Außerdem wurden Thermen aus der Zeit um 100 n. Chr. aufgedeckt sowie ein kleines Heiligtum *(fanum)* des Gottes Limetus, das nur in den Fundamenten erhalten war. Was aus dem aufgehenden Mauerwerk gewor-

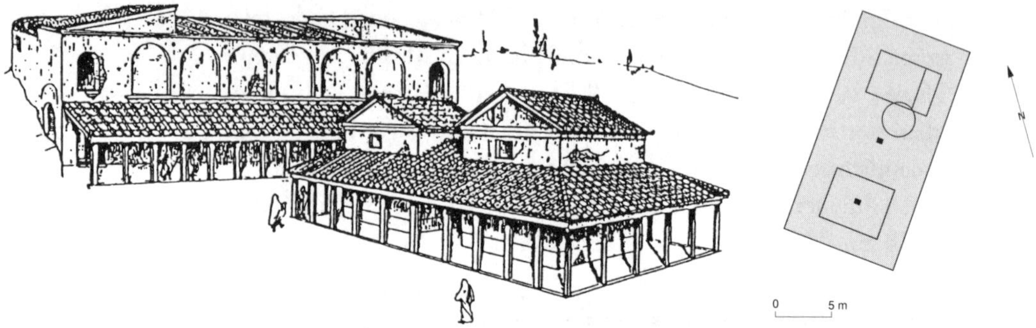


*Heiligtum von Châteauneuf, Grundriß und Rekonstruktion (nach Chr. Mermet)*

den ist, läßt sich aus einem Ofen für die Kalkbrennerei erschließen, der während des Mittelalters im heiligen Areal in Betrieb war.

In einem Rechteck von 20,40 × 10,20 m, das von einer Umfassungsmauer (Peribolos) umgeben war, fanden zwei kleine Tempel *(cellae)* von 4,30 × 3,40 m resp. 3,80 × 3,00 m Platz. Der Zugang lag im Osten, die Außenwände der Umfassungsmauer waren mit rotem Putz bedeckt. Genau in der Mitte des Heiligtums war die Stifterinschrift in den Boden eingelassen:

**AE 1993, 1111**

| | |
|---|---|
| [PR]IM[US ET] | Primus (?) und |
| QUARTIO ATEPON(is) | Quartio, die Söhne des Atepo, |
| [F]I(lii) LIMET[O] | haben dem Limetus, |
| U[T] V(overant) S(olverunt) | wie sie es gelobt hatten, (das Gelübde) |
| L(ibentes) [M(erito)] | gern und nach Verdienst erfüllt. |

Durch einen glücklichen Umstand ist die Anlage ziemlich genau in die letzten Regierungsjahre des Augustus oder die ersten des Tiberius zu datieren, denn in den Fundamenten der südlichen Cella war eine Weihung deponiert, zu der zwei Münzen gehörten; eine von ihnen ist eine fast prägefrische »Krokodil-Münze« aus Nîmes (10–14 n. Chr.). Das Heiligtum wurde gegen Ende des 1. Jhs. n. Chr. zerstört, möglicherweise durch eine Überschwemmung.

▶ *siehe S. 325*

Schon dieser Befund wäre erstaunlich. Im agrarischen Hinterland der Colonia Vienna würde man in so früher Zeit nicht mit einem einheimischen Stifterpaar rechnen, das nach mediterranem Vorbild ein Heiligtum erbaute. Einzigartig aber wird das Heiligtum durch 77 Graffiti mit Weihinschriften. 59 sind in den Putz, 18 in Ziegel eingeritzt, die in einem Depot an der Südwand des Peribolos gefunden wurden. Sie verwenden nicht eine kursive

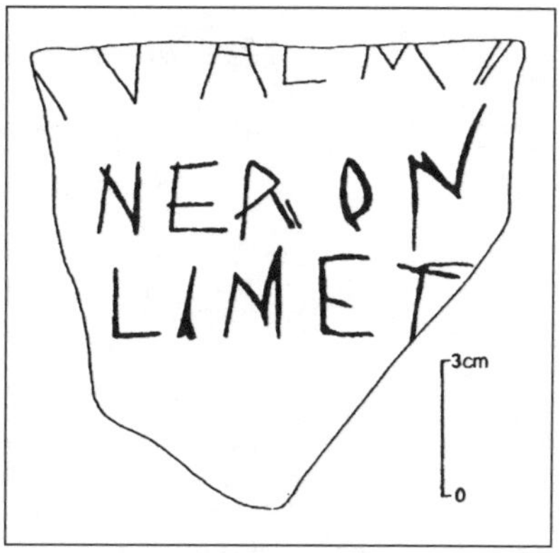


*Ritzzeichnung: eine Weihung für Nero und Limetus (AE 1993, 1152).*

Schrift, wie es praktisch wäre, sondern Großbuchstaben. Daraus ist zu schließen, daß die Verfertiger keine gründliche Schulbildung hatten und gerade imstande waren, nach Vorlagen oder Diktat zu schreiben oder zu kopieren. Aber diese unbeholfenen Einritzungen dokumentieren eine bei einfachen Bewohnern des flachen Landes vorher kaum für möglich gehaltene Anpassung an die lateinische Sprache sowie die Absicht und die Fähigkeit, religiöse Gefühle schriftlich auszudrücken.

In den Graffiti enthüllt sich ein gemischtes Pantheon, in dem ein einheimischer Kult für den sonst unbekannten lokalen Gott Limetus mit Merkur und dem Kaiser verbunden ist. Man übertreibt nicht, wenn man diese Zeugnisse als sensationell bezeichnet. Denn sie haben die geradezu dogmatische Auffassung der älteren Forschung, niemand habe sich mit einem persönlichen Anliegen an den Kaiser gewandt, wie an Asklepios oder Apollo,[29] eindeutig widerlegt. Die Weihungen haben nicht den Charakter von »Loyalitätsadressen«, sondern entspringen einer eindeutig religiös motivierten Privatinitiative, die eine Beziehung zwischen dem Gläubigen und seinem Gott dokumentiert und nichts anderes. Ein Druck seitens der römischen Regierung liegt so wenig vor wie ein Bestreben, seinen sozialen Status zu bekunden. In Akten spontaner Dankbarkeit wird den traditionellen Göttern und dem Kaiser gehuldigt.

Vier Inschriften nennen Limetus, der schnell mit Merkur, dem großen Schutzgott der Allobroger, identifiziert wird. Dieser wird siebenmal genannt, viermal er allein, zweimal zusammen mit seiner Mutter Maia (nicht mit Rosmerta, wie sonst in Gallien üblich), eine Inschrift apostrophiert ihn als *Mercurius Augustus*. Zwei Weihungen wenden sich allgemein an »die Götter«. Drei Weihungen sind für die *Dea Roma* bestimmt, zwölf für einen namentlich nicht genannten Kaiser, wobei unterschiedliche Bestandteile seiner offiziellen Titulatur benutzt werden: IMP(erator), IMP(erator) CAESAR, CAESAR (3), AUG(ustus) (5, mehrfach mit falschem Kasus). Einmal ist Limetus mit Nero kombiniert. Die Dedikanten bleiben vielfach anonym, so daß *S* nach *solvi* = »ich habe erfüllt« aufzulösen ist. Dargebracht werden den Gottheiten meist bescheidene Gaben in Naturalien oder Geldbeträge von 10 As bis 12 $^1/_2$ Denare.

## *Zusammenfassung*

Was wir beobachtet haben, ist die Vielfalt der verwendeten Formen: Daß in den Inschriften der regierende Kaiser ausdrücklich als Gott angesprochen wird, ist die Ausnahme. Weihungen an einen nicht näher bezeichneten Augustus als den Repräsentanten der römischen Weltmacht, Weihungen an Eigenschaften des Kaisers wie *sanctitati Augustae* oder Weihungen, die für das Heil des Kaisers (und seiner Familie) anderen Göttern dargebracht werden, überwiegen bei weitem.

Schlichte Bezeugungen von Privatleuten stehen neben Tempeln und Altären, die auf offiziellen Beschluß von Stadtverwaltungen errichtet wurden. Diese werden sich, da sie auf ein positives Echo hofften, an Formen gehalten haben, die sie für autorisiert und opportun hielten. An eine zentrale römische Steuerung ist jedoch nicht zu denken. Anders ist es beim Provinzialkult in Lyon, der auf Initiative des Augustus ins Leben gerufen wurde.

▶ *siehe S. 343 ff.*

Verpflichtet zur Teilnahme am Kult waren selbstverständlich die städtischen Beamten und ganz besonders die eigens hierfür bestallten Priester und Kollegien. Die anderen Bewohner der Civitates werden, da der Kult des Monarchen außer für Juden und Christen nichts religiös Anstößiges enthielt, gerne an den Festen teilgenommen haben, wenn es galt das Opferfleisch zu essen und im Theater und Amphitheater den Schauspielen beizuwohnen.

Für die architektonische Gestaltung von Kaiserheiligtümern gab es keine feststehenden Normen. Deshalb sollte man unbedingt daran festhalten, daß ein ausgegrabenes Bauwerk oder Areal nur dann für den Kaiserkult in Anspruch genommen werden darf, wenn die Quellen wirklich dazu berechtigen. Wenn hingegen dem Kaiser ein beliebiges Gebäude gewidmet wird, ist das allein kein Zeugnis für einen Kult. Auch einzelne Kaiserportraits sind nicht aussagekräftig. Besonders bei den lateinischen respektive griechischen Begriffen *Augusteum* oder *Sebasteion*, die leider in der Fachliteratur ziemlich beliebig verwendet werden, ist Zurückhaltung geboten.[30]

# Colonia Augusta Nemausus – die Stadt der Arekomiker

KAPITEL VII

Wer heute in der lebhaften Großstadt Nîmes die antiken Monumente aufsuchen will, stößt auf die *Maison Carrée,* die *Porte d'Auguste,* den »*Tempel der Diana*« im barocken *Jardin de la Fontaine* und schließlich auf die *Tour Magne* auf dem Gipfel des 110 m hohen Mont Cavalier. Alle diese Bauten stammen aus der Regierungszeit des Augustus. Hinzu kam am Ende des 1. Jhs. n. Chr. das Amphitheater.

## Das vorrömische Nîmes

Die Stadt Nemausus ist aber viel älter. Ihr Kern ist die das ganze Jahr über fließende Quelle, an der seit alters her der Quellgott Nemausus verehrt wurde, nach dem die Stadt benannt ist. Im ausgehenden 6. Jh. v. Chr. bildete sich an den südlichen Hängen des *Mont Cavalier* eine lockere dörfliche Siedlung aus leicht gebauten Hütten. Dieser folgte um 400 v. Chr. eine geplante Wohnbebauung mit rechteckigen, aus dauerhaftem Material errichteten Häusern, die an regelmäßig geführten Straßen aneinandergereiht waren. Das Wegenetz blieb bis in die römische Kaiserzeit konstant.

Da die vorrömische Siedlung unter der augusteischen Stadt liegt, kann sie nur punktuell erforscht werden, immer dann, wenn größere Bauvorhaben sozusagen ein Fenster in die tiefere Vergangenheit öffnen. Die wichtigste Entdeckung in jüngerer Zeit (1987) war ein etwa 10 m langer Abschnitt der protohistorischen Stadtmauer unter der *Place Jules Guedes.* Dieser Befund erlaubte die Schlußfolgerung, daß Nemausus die bei weitem größte Stadt im östlichen Languedoc war und daß sie spätestens ab dem 3. Jh., wenn nicht schon im 4. Jh., keine Höhensiedlung war, sondern sich weit in die Ebene erstreckte. Die Befestigung dürfte ein Gebiet von 30 ha umschlossen haben (CAG Nr. 211).[1]

In den ersten Jahrzehnten der römischen Herrschaft dehnte sich Nemausus weiter in die Ebene hinein aus und wuchs über die Befestigung hinweg, wie in der Gegend des späteren Forums entdeckte Reste von Wohnbebauung zeigen. Die Stadt profitierte wohl von ihrer Lage an der *Via Domitia,* die von Beaucaire schnurgerade herangeführt wurde, die Stadt durchquerte und dann weiter bis zu den Pyrenäen verlief. Andere Trassen stellten schon in vorrömischer Zeit die Verbindung nach Norden in Richtung Avignon, in die Garrigue und in das Tal des Gardon, nach Westen zum heutigen Sommières und nach Südosten in Richtung auf Espeyran (bei St. Gilles), den wichtigen Umschlagplatz des griechischen Handels, her.

Während für die ältere Siedlung kein öffentliches Gebäude nachweisbar ist, wurde um 100 v. Chr. im Bereich der heiligen Quelle eine 22,60 × 5,03 m große, rechteckige Halle erbaut, die sich durch sechs Pfeiler auf einen Platz oder eine Straße öffnete (unmittelbar südlich des »Tempels der Diana«). Die Anlage hatte nach den dort gemachten Funden wahrscheinlich eine sakrale Funktion. Zu diesen gehörten die Statue eines im Schneidersitz hockenden Kriegers, ein bemalter Türsturz mit ovalen Einlassungen für den Kopfkult und ein dorisches Kapitell mit einer gallo-griechischen Weihung für die »Mütter« (Matrebo Namausikabo) durch Nertomaros aus Anduze, das Gegenstück zur Weihung des [--]artaros, Sohn des Illanuios, das schon 1739 in der Nähe des »Dianatempels« gefunden wurde (Lejeune, RIG G-203). Der Bautyp und die Funde erinnern an die älteren Portiken von Roquepertuse und Entremont.[2]

▶ *siehe S. 65 und 79f.*

## *Die siedlungsgeschichtliche Entwicklung im Gebiet der Arekomiker*

Die *région nîmoise* ist schon seit den 50er Jahren des vorigen Jahrhunderts unter gleichgerichteten siedlungsarchäologischen Fragestellungen erforscht worden. Das Ziel waren nicht Einzelfunde, sondern die Ermittlung einer gesicherten Chronologie auf der Basis verläßlicher Stratigraphien, die eine Vergleichbarkeit der Befunde sichern. 1990 legte M. Py eine Synthese der Untersuchungen von 40 Siedlungen und 50 Gräbern vor. Sein Leitfossil ist die handgefertigte, nicht auf der Scheibe gedrehte Keramik, von der 436 505 Stücke, vom ganzen Gefäß bis zur kleinsten Scherbe, katalogisiert wurden. Hinzu kommen 7530 Objekte aus Metall, Knochen oder Glas und 95 165 Knochen der verzehrten Tiere.[3]

Das Bild, das Py von der Entwicklung vom 7. bis ins 1. Jh. v. Chr. entwirft, entspricht in den großen Linien dem, das oben schon für Südgallien global

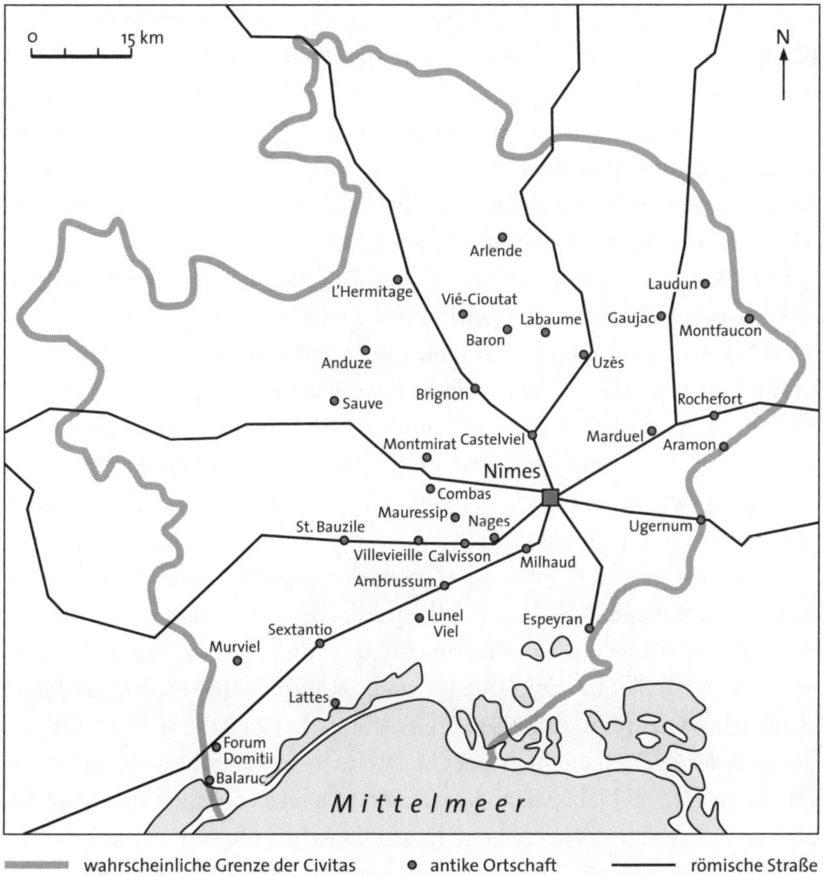


*Die Civitas Nemausus der Arekomiker.*

gezeichnet wurde. Vorherrschend ist der Eindruck einer kontinuierlichen Entwicklung ohne jegliche Brüche, die man auf massive ethnische Verschiebungen zurückführen müßte. Die Kontakte zum kontinentalen Europa, die in der Bronzezeit zu beobachten sind, schwächten sich in der Folgezeit, als die Region in den Radius des mediterranen Handels eintrat, eher ab. Die normale Siedlungsform ab dem späteren 6. Jh. v. Chr. waren Oppida auf den Hügelkappen oder an den Rändern der Plateaus. Siedlungen in den Ebenen, die es auch gegeben hat, sind generell weniger bekannt, da ihre Flächen später dauernd beackert wurden. Die meisten Oppida waren klein und nur vorübergehend besiedelt.

▶ *siehe S. 57 ff.*

Ab dem 5. Jh. wurden rechteckige Häuser in Stein gebaut, meist Einraum-Häuser von 15–25 m², die durch eine gemauerte Herdstelle, Bänke und Nischen verschiedenen Zwecken nutzbar gemacht wurden. Eine strikte Stadtplanung und aufwendige Befestigungsanlagen mit doppelten und vierfachen Mauern signalisieren eine zunehmende politische Strukturierung und ein Bestreben, die eigene Existenz nach außen sichtbar zu machen. Auf Prestige ausgerichtet waren namentlich weithin sichtbare Türme, die in mehreren Siedlungen an einem hervorragenden Punkt errichtet wurden. Auch die *Tour Magne* in Nîmes gehört zu diesen Höhentürmen.

Die Oppida dienten einer bäuerlichen Bevölkerung, die in den Ebenen Ackerbau betrieb und im Hügelland ihre Herden weidete, als Wohnort. In allen Häusern sind Vorratsgefäße für die Aufbewahrung von Getreide und Mühlsteine gefunden worden, jedoch so gut wie keine Zeugnisse für ein spezialisiertes Handwerk. Die nicht auf der Scheibe gedrehte Keramik konnte von jeder Familieneinheit selbst hergestellt werden. Ebenso zeugen die Webstuhlgewichte vom Fleiß der Frauen bei der Herstellung der häuslichen Textilien – das übliche Bild im Altertum.

Wie schon gesagt, überflügelte Nîmes die anderen Oppida. Selbst wenn man das tatsächlich besiedelte Areal auf nur 15–20 ha schätzt, war es noch doppelt so groß wie die benachbarten Oppida von Roque de Viou (7 ha), Nages 2 (5–6 ha), Ambrussum (5,5 ha) und Le Marduel (6–6,5 ha). Es deutet aber nichts darauf hin, daß Nîmes in vorrömischer Zeit die anderen Oppida politisch dominiert hätte. Statt einer hierarchischen Struktur muß man sich ein gleichberechtigtes Nebeneinander mehrerer Oppida vorstellen, die jeweils ihr eigenes Territorium beherrschten. Die literarischen Quellen nennen die Bewohner der Region ab dem späten 3. Jh. v. Chr.: *Volcae*, im frühen 1. Jh. v. Chr. wurden Münzen mir der Legende VOLCAREC *(Volcae Arecomici)* geprägt.

## *Das Oppidum von* Les Castels *bei Nages*[4]

Den besten Eindruck von einer protohistorischen Siedlung der Arekomiker kann man sich mit der Besichtigung des Oppidums von Nages verschaffen. Es war hervorragend befestigt und urbanisiert, ist nicht überbaut und gut erforscht – und nicht zuletzt: es bezaubert durch seine Lage. Die Ausgrabung liegt in der fruchtbaren Region Vaunage, 16 km westlich von Nîmes, auf einem 160 m hohen Kalkplateau, das nach drei Seiten 40 bis 50 m steil abfällt und nur im Nordwesten mit dem ebenfalls in protohistorischer Zeit besiedelten Hügel von Roque le Viou verbunden ist. Eine stetig fließende Quelle, die am Rande des heutigen Dorfes noch zu sehen ist, versorgte die Siedlung mit Wasser.

*Nages I,* das zu Beginn des 3. Jhs. v. Chr. angelegt wurde, nahm nur einen kleinen Teil des Plateaus ein. Von ihm ist so gut wie nichts erhalten, da es um 250 v. Chr. abgerissen und durch eine neue Siedlung ersetzt wurde. *Nages II a* (250 – 175 v. Chr.) hatte eine aus Trockensteinen gebaute starke Befestigung mit halbrunden, nach außen vorspringenden Türmen und ein regelmäßiges Straßensystem. An den parallel zur Neigung des Plateaus verlaufenden Straßen lagen regelmäßige, langgestreckte *insulae,* die mit kleinen rechteckigen Einraum-Häusern bebaut waren.

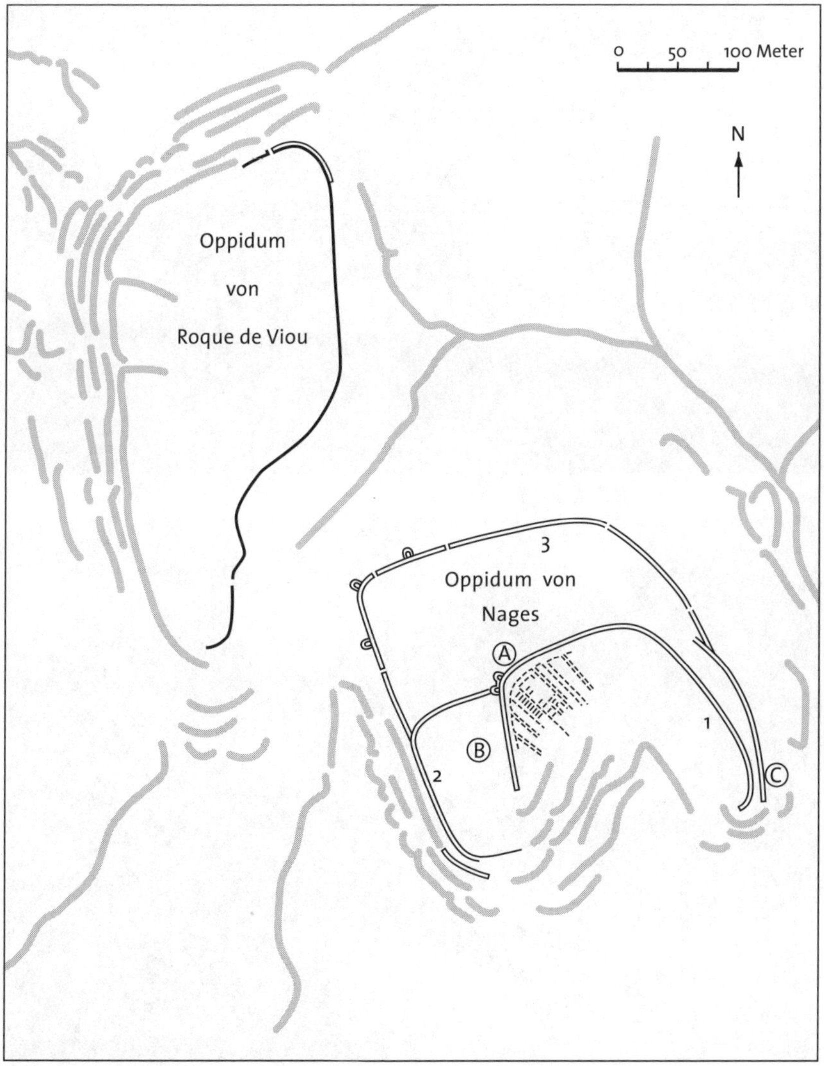


1 Befestigung von Nages II a
2 Befestigung von Nages II b
3 Befestigung von Nages III
A Höhenturm (tour sommitale)
B Wohnquartier (II b)
C Quelle

*Planskizze: Oppidum von Nages.*

*Nages II b* (175 – 100 v. Chr.) führte die Grundlinien der vorigen Periode weiter. Neu waren eine Ausdehnung der Befestigung und der Siedlung nach Westen und, im Innern des alten Straßensystems, eine Vergrößerung der Häuser zu Lasten der Straßenbreite. Nach einem einheitlichen Plan wurden die Straßen halbiert und das gewonnene Terrain den einzelnen Hausbesitzern zugeschlagen, die damit nach eigenem Belieben verfahren konnten.

*Der rekonstruierte weithin sichtbare Turm der ersten Befestigung (A).*

*Ein an die Mauer II a angelehntes Wohnquartier mit Ein-Raum-Häusern aus der Phase II b (B).*

*Nages III* (100 v. Chr. – 10 n. Chr.) brachte eine weitere Ausdehnung der Siedlung auf etwa 10 ha. Es war jetzt nicht nur das ganze Plateau besiedelt, auch den Südhang hinab zogen sich Terrassen, die bebaut waren. Etwa 70 v. Chr. wurde über abgerissenen Wohnhäusern ein Gebäude errichtet, das als Heiligtum *(fanum)* gedeutet wird. Es besteht aus einer rechteckigen *cella* und einem sie umfassenden Korridor, der an zwei Seiten von Mauern, an den zwei anderen von Pfeilern gebildet wird. Die Hypothese, daß es sich um ein Heiligtum handeln könnte, gründet sich negativ auf das Fehlen von Funden, die auf eine Nutzung als Wohnraum oder Werkstatt schließen lassen, und positiv auf die besonders sorgfältige Bearbeitung des Steins, die Verwendung eines Ziegeldaches, die in Nages vorher nicht bekannt war, und den Bauplan, der eine Ähnlichkeit mit den aus dem nördlichen Teil der keltischen Welt bekannten *fana* aufweist (Py, Région nîmoise 828f.).

▶ *siehe S. 197*

Die Siedlung wurde zu Beginn des 1. Jhs. n. Chr. aufgegeben, und ihre Bewohner siedelten sich am Fuß des Hügels und in der Ebene an. Unter politischen Umständen, die eine starke Verteidigungsanlage überflüssig machten, überwogen die Nachteile der Höhenlage. Erst im 3. Jh. n. Chr., als die politischen Verhältnisse unsicher wurden, zogen wieder Menschen auf den Hügel und befestigten ihn neu.

*Fanum*

Interessant ist auch *Lattara* (heute Lattes, bei Montpellier), eine Lagunensiedlung mit Zugang zum Meer, die seit dem letzten Drittel des 6. Jhs. v. Chr. nach einem kohärenten urbanistischen Konzept ausgebaut wurde. Die Differenzierung der Haustypen und die daraus zu erschließende wirtschaftliche Spezialisierung traten hier besonders früh auf. Lattes ist neben Martigues die einzige protohistorische Siedlung, in der aufgrund der Menge der gefundenen Traubenkerne der Anbau von Weinreben und die Produktion von Wein erschlossen werden kann. Auch der Gebrauch der Schrift ist durchgängig belegt: im 6. Jh. durch etruskische Graffiti, seit dem 5. Jh. durch griechische Scherben, seit dem 3. Jh. durch gallo-griechische Graffiti. Der antike Name ist durch eine Weihung, welche die *fabri et utriclarii Lattarenses* (Handwerker und Schlauchspediteure von Lattara) vornahmen, bezeugt (AE 1966, 247). Lohnenswert ist der Besuch des Museums, von dem aus man auch einen guten Überblick über die meist nicht zugängliche Ausgrabung hat. Die Siedlung prosperierte bis ins 2. Jh. n. Chr. (Bromwich 74–76).

### *Die Arekomiker unter römischer Herrschaft*

Die ersten Jahrzehnte des 1. Jhs. v. Chr. brachten keine tiefgreifenden Veränderungen. Die Höhensiedlungen bestanden nicht nur weiter, sondern vermehrten sich sogar beträchtlich. Denn zahlreiche, seit dem 4. Jh. verlassene Plätze wurden neu besiedelt und neu befestigt. Bis auf die für den Bau der *Via Domitia* erforderlichen Enteignungen scheint es keine römischen Eingriffe in die Bodenverteilung gegeben zu haben. Römische Kolonisten lassen sich jedenfalls nicht nachweisen. Erst um die Mitte des 1. Jhs. v. Chr. setzte eine Zentralisierung nach römischem Muster ein, die das Bild der Landschaft und die politischen Strukturen von Grund auf veränderte. Das Land, soweit es unterhalb der Höhenlinie von 200 m lag, wurde vermessen. Die Linien mehrerer Kataster sind noch im Gelände sichtbar. Obwohl ihre Chronologie und ihre Beziehung zueinander noch unklar sind, ist doch zu sehen, daß sie in den Ebenen die Grundlage für neue Siedlungsstrukturen bildeten. In das von ihnen gebildete Wegesystem fügten sich Bauernhöfe, dörfliche Siedlungen und marktorientierte große Agrarbetriebe nach italischem Vorbild.

▶ *siehe S. 102*

Zu einem nicht genau bekannten Zeitpunkt in der zweiten Hälfte des 1. Jhs. v. Chr. verfügten die Römer auch eine politische Neuorganisation des Stammesgebiets: Sie verliehen den Arekomikern das latinische Recht und erhoben Nîmes zur übergeordneten Hauptstadt, der 24 andere Oppida unterstellt wurden (lat.: attribuiert). Für die römische Administration hatte diese Zentralisierung den Vorteil, daß sie mit nur einem Verhandlungspartner das gesamte Stammesgebiet beherrschen konnte, für die Stadt Nîmes war es von Nutzen, weil die Wirtschaftskraft der kleineren Oppida ihr zugute kam. Denn wer durch die Übernahme eines Amts in den Genuß des römischen Bürgerrechtes kommen wollte, mußte, gleichgültig wo sein Grundbesitz lag, das Amt in Nîmes ausüben, wie die Quattuorvirn Sergius Respectus aus dem heutigen Vallabrègues und Frontonius Valerius aus dem heutigen Manduel. Von den attribuierten Oppida heißen Anduze, Brignon, Lattes und Uzès heute noch so ähnlich wie im Altertum; sicher haben auch Ambrussum und Beaucaire (Ugernum) zu ihnen gehört.

▶ *siehe S. 128*

## *Colonia Nemausus*

Nîmes führte in der Kaiserzeit den Titel *Colonia Augusta Nemausus.* Vorher, in der Triumviratszeit, hieß es ausweislich der damals geprägten »Krokodilmünzen« *Colonia Nemausus.* Auf der Vorderseite tragen diese das Bild Octavians und Agrippas, auf der Rückseite ein Krokodil und die Aufschrift *Colonia Nemausus.* Krokodile verweisen auf Ägypten, und man kann deshalb die Prägungen als eine Reverenz an die Sieger der Schlacht von Actium (31 v. Chr.) deuten. Otto Hirschfeld, als Herausgeber des Inschriftencorpus von großem wissenschaftlichen Renommee, ging aber weiter und schloß aus den Krokodilmünzen, Octavian habe in Nîmes griechische oder orientalische Flottensoldaten des Antonius angesiedelt. Diese Hypothese hat einen ungeahnten Siegeszug von der Rezeption durch die althistorische und archäologische Forschung bis zur Stadtverwaltung von Nîmes angetreten.

Sie ist aber nicht aufrechtzuerhalten. Weder das Krokodil noch die Legende *Colonia* fallen aus dem üblichen Rahmen. Auch in anderen Orten

*Eine »Krokodilmünze« aus Nîmes. Auf der Vorderseite: das Bild Octavians und Agrippas mit der Legende IMP(erator) D(ivi) F(ilius); auf der Rückseite: die Abbildung eines an eine Palme gefesselten Krokodils und die Legende COL(onia) NEM(ausus).*

*Ein moderner Brunnen im Stadtzentrum: Überall ist das Krokodil als Wappentier zu sehen.*

des Römischen Reiches wurden damals Münzen geprägt, die beispielsweise mit der Aufschrift *Aegypto capta* an den Sieg von Actium und das Ende von Antonius und Kleopatra erinnerten. Der Titel *Colonia* wurde an mehrere Städte der *Narbonensis* ehrenhalber vergeben und bedeutet nicht, daß dort eine Siedlungskolonie angelegt wurde (s. S. 132). Ein Argument, das Hirschfeld außer den Krokodilmünzen vorbrachte, kann inzwischen als widerlegt gelten. Er stellte in den Inschriften von Nîmes besonders viele griechische Namen fest. Solche Namen deuten jedoch in den wenigsten Fällen auf eine orientalische Herkunft des Trägers hin, sondern auf seinen Status als Freigelassener. Aus den vielen griechischen Namen kann man also den Schluß ziehen, daß Nîmes eine prosperierende Stadt war, in der viele Sklaven und Freigelassene in Handel und Handwerk tätig waren (s. S. 176 und 294). Die Munizipalaristokratie hingegen war ganz und gar nicht von Griechen geprägt. Im Gegenteil: Wenn man in einer Stadt in der Narbonensis von einer *gallischen* Elite sprechen kann, dann gerade in Nîmes. Einen massiven Import von auswärtigen Kolonisten, seien es Italiker, seien es Griechen, kann man daher ausschließen.

## Der Ausbau der Stadt in der Zeit des Augustus

### *Stadtmauer und Stadttor*

**CIL XII 3151. CAG Nr. 12**

| | |
|---|---|
| IMP(erator) CAESAR [D]IVI F(ilius) AUG[US]TUS [C]O(n)S(ul) X[I] TRIB(unicia) [PO]TEST(ate) VIII | Imperator Caesar, Sohn des Divus, Augustus, Konsul zum 11. Mal, zum 8. Mal im Besitz der *tribunicia potestas,* |
| PORTAS MUROSQ[ue] COL(oniae) DA[T] | gibt die Tore und die Mauern der Kolonie |

Die *Porte d'Auguste* war aus großen, ohne Mörtel versetzten Quadern gebaut und 39,40 m breit. Zwei breite, rundbogige Durchgänge und zwei schmale

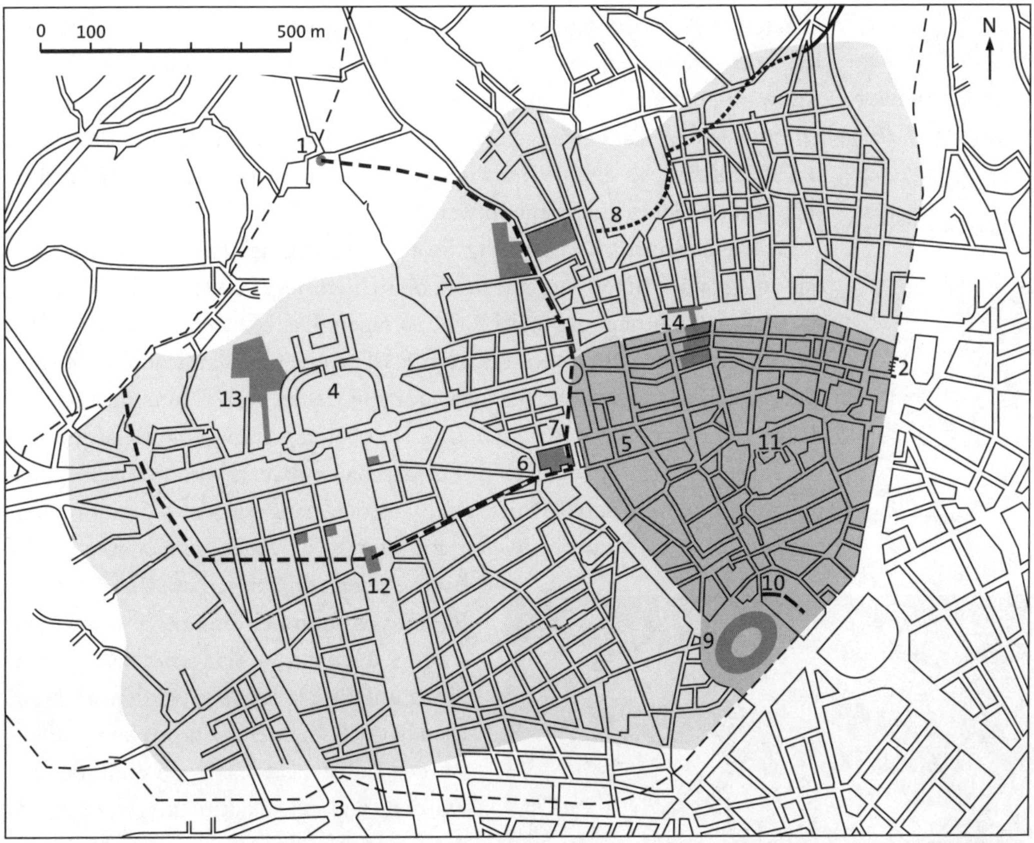


besiedelte Fläche innerhalb der augusteischen Mauer (Ende 1. Jh. n. Chr.) — mittelalterliche Stadt (écusson médiéval), in die sich die Bevölkerung im 5. u. 6. Jh. zurückzog — größere zusammenhängende Ausgrabungen der letzten Jahre — augusteische Mauer, z. T. hypothetisch — hypothetische Trasse der vorrömischen Mauer

1 Tour Magne 2 Porte d'Auguste 3 Porte du Cadereau 4 Jardin de la Fontaine 5 Forum mit Maison Carrée 6 Carrée d'Art 7 Place d'Assas 8 Castellum divisorium 9 Amphitheater 10 Spätantike Mauer 11 Kathedrale 12 Place Jules-Guesde 13 Villa Roma 14 Z.A.C. des Halles

*Stadtplan von Nîmes*

Seitenportale führten in einen Hof, der sich ins Stadtinnere öffnete. Das Tor, das Ende des 14. Jahrhunderts in die von König Karl VI. angeordnete Stadtbefestigung einbezogen worden war, wurde 1793 bei der Niederlegung der Stadtmauern wiederentdeckt und rücksichtslos zerstört. Damals standen die beiden flankierenden Türme noch aufrecht, deren Standorte heute im Straßenbelag markiert sind. Auch der Oberbau mit der Inschrift war noch intakt. Diese konnte nur aus den nach der Demolierung aufgesammelten Fragmenten rekonstruiert werden.

Zur Auflösung der Kaisertitulatur siehe S. 207 und 215

Aus den Amtsangaben ergibt sich als Datierung das Jahr 16/15 v. Chr. Die Inschrift war an der *Porte d'Auguste* angebracht, die den auf der *Via Domitia* Ankommenden empfing und das Stadtgebiet an der *Porte du Cadereau* verließ. Diese war ein exaktes Gegenstück zur *Porte d'Auguste* und wurde im 5. Jh. n. Chr. zerstört, so daß sie bei einer Notgrabung im Jahre 1989 nur noch in den Fundamenten zu erkennen war (CAG Nr. 35).

Ob die inschriftliche Jahresangabe 16/15 v. Chr. sich nur auf das Tor oder auf die gesamte Befestigung bezieht, ob sie den Beginn oder die Beendigung der Baumaßnahmen angibt, ist nicht zu sagen. Die Mauer war mit gut 6 km Länge, 9 m Höhe, 10 Toren und etwa 80 Türmen eine der größten und aufwendigsten in Gallien, vergleichbar nur mit denen von Vienne und Autun. Selbst wenn der Kaiser sich an den Kosten beteiligte, muß die Belastung für die Bürger enorm gewesen sein. Für das Bauvorhaben wurden nach Schätzungen 130 000 Tonnen Bruchsteine aus den nahegelegenen Steinbrüchen verbaut. Man trifft immer wieder auf die falsche Vorstellung, antike Großbauten seien von Sklaven errichtet worden. Es wäre ökonomisch sinnlos gewesen, derartige Mengen von Sklaven anzuschaffen, die ja auf Dauer ernährt werden mußten. Man hat sich vielmehr vorzustellen, daß die Bürger selbst Hand anlegen mußten. Sie wurden, wie den Stadtrechten zu entnehmen ist, regelmäßig zu *operae* (Tagewerken), deren Zahl festgesetzt war, herangezogen.[5] Während manche Forscher die Bauzeit auf ein Jahr schätzen, rechnen andere bei schwierigen Abschnitten mit wesentlich längeren Zeiträumen.

*Tour Magne. Der Hohlraum im Innern, der von der Tätigkeit eines Goldsuchers im 16. Jahrhundert herrührt, ist der negative Abdruck des protohistorischen Turms, der 18 m hoch war und ohne Bindemittel aus Trockenstein gebaut war. Der römische Turm war etwa doppelt so hoch (CAG Nr. 1).*

*Neben dem Amphitheater sind die Grundmauern eines etwa 70 m langen Mauerabschnitts mit zwei Türmen erhalten (CAG Nr. 23).*

Die Mauer folgte den Kämmen der Hügel, schloß die vorrömische Stadt, auch die protohistorische *Tour Magne* auf dem höchsten Punkt des Mont Cavalier, und weite Flächen in der Ebene ein, im ganzen ein außerordentlich großes Stadtgebiet von annähernd 200 ha.

Das Straßensystem folgte nicht dem römischen Schema von zwei sich kreuzenden Hauptstraßen, sondern den Straßenführungen des protohistorischen Oppidums, die sich ihrerseits dem unebenen Gelände angepaßt hatten (CAG S. 137 f. 154 f.). Das Stadtgebiet war anscheinend nicht überall dicht bebaut, denn als man in flavischer Zeit das Amphitheater errichtete, fand sich dafür ein Areal im Südosten der Stadt.

## Die Wasserversorgung

In den ersten Jahrzehnten der Kolonie wurde die Trinkwasserversorgung der Bevölkerung durch die Quelle des Nemausus und zahlreiche Brunnen gewährleistet. Es sind über 40 runde Brunnen mit einem Durchmesser von 0,80 – 3,00 m nachgewiesen. Zisternen wurden hingegen so gut wie keine gefunden.

## Der Aquädukt

Der berühmte Aquädukt, zu dem der *Pont du Gard* gehört, wurde erst zwischen 40 und 80 n. Chr. erbaut, gehört also nicht schon in die Gründungszeit der Kolonie, wie man noch bis vor kurzem annahm. Er faßte das Wasser der

*Pont du Gard, Blick vom rechten Ufer aus auf die Westseite. Die Brücke ist 49 m hoch und in der obersten Etage 275 m lang.*

*Nîmes, das Castellum divisorium*

Eure bei Uzès und führte es in einer etwa 50 km langen, gemauerten Leitung nach Nîmes. Diese hatte ein Gefälle von durchschnittlich 34 cm pro Kilometer und verlief über 35 Kilometer unterirdisch. Nach Möglichkeit wurde sie in weiten Bögen um die Taleinschnitte der Garrigues herumgeführt. An einigen Stellen wären die Umwege aber zu lang gewesen, so daß man zur Überwindung der Höhenunterschiede aufwendige Tunnel und Brücken errichten mußte. Die berühmteste ist der *Pont du Gard.*

Das 7,640 km lange Endstück des Aquädukts, das durch das Stadtgebiet verlief, endete – unmittelbar westlich des Fort Vauban aus dem 17. Jahrhundert – beim *castellum divisorium,* einem runden Becken von 6 m Durchmesser.

Das Wasser trat durch eine fast quadratische Öffnung ein und verteilte sich durch 10 runde Öffnungen, in die Bleirohre eingepaßt waren, in die verschiedenen Stadtviertel. Drei Löcher in der Bodenplatte ermöglichten die Säuberung und die Ableitung von Restwasser (CAG Nr. 53–74).

Es fällt auf, daß die Ausflüsse nicht hierarchisch angeordnet sind, wie in Pompeji, wo bei Wassermangel zuerst die Zuleitungen zu den Privathäusern, dann die zu den Thermen ausfielen, damit der Zulauf zu den öffentlichen Brunnen möglichst lange aufrechterhalten werden konnte. Anscheinend war in Nîmes immer genug Wasser vorhanden, so daß man nicht für Notsituationen Vorsorge treffen mußte.

Schätzungen, wieviel Wasser pro Tag nach Nîmes floß, sind schwierig. Man muß sicher mit jahreszeitlichen Schwankungen rechnen, auch mit Verlusten, die durch Schäden in der Leitung verursacht wurden. Die geschätzten Zahlen bewegen sich zwischen 20000 und 35000 l pro Tag. Noch weniger weiß man, wofür genau das Wasser verwendet wurde. Man denkt nach dem Vorbild anderer Städte an Thermen, Laufbrunnen und Zuleitungen in Privathäuser, nicht jedoch an eine wirtschaftliche Nutzung. Das mag erstaunen, aber nach heutigen Maßstäben herrschte in einer antiken Stadt eine Wasserverschwendung von unvorstellbarem Ausmaß. In Rom rechnet man pro Einwohner mit mehr als 1 $m^3$ pro Tag.[6]

*Pont du Gard: Die Kalkablagerungen im Wasserkanal.*
*An den Innenseiten der Leitung bildeten sich im Lauf der Jahre bis zu 50 cm dicke Travertinschichten. Übriggeblieben sind nur die ältesten und härtesten 12 cm, die weicheren Schichten wurden im Mittelalter abgeschlagen und in den umliegenden Ortschaften zum Bau von Kirchen verwendet. Durchschnittlich rechnet man mit Ablagerungen von 1,5 mm pro Jahr. Dadurch sind auch Aussagen darüber möglich, wann der Aquädukt in Funktion war und wann nicht. Im 3. Jh. war er zeitweilig unterbrochen, im 5./6. Jh. wurde er ganz aufgegeben.*

## Der Quellbezirk im Jardin de la Fontaine (CAG Nr. 125)

Die Quelle des Nemausus ist eine Karstquelle, die das Wasser der nördlich gelegenen Garrigues sammelt. Ihre Abflußmenge variiert zwischen 5 l/sek und 30000 l/sek (im Oktober 1988). Das Wasser tritt in einem trichterförmigen Becken aus, das im Norden und Westen vom anstehenden Fels und im Süden durch zwei halbkreisförmige Treppen begrenzt ist, die einen bequemen Zugang zum Wasserschöpfen boten.

> Die Trockenlegung des Quellbeckens im Jahre 1991 ermöglichte die dendrochronologische Untersuchung der Eichenpfosten, die die Fundamente der Treppen bilden. Vier von ihnen waren antik und stammten von Bäumen, die 286 n. Chr. geschlagen wurden. Also war die Anlage im späten 3. Jh. noch in Funktion.

**CIL XII 3148 UND 3149**

| | |
|---|---|
| IMP(eratori)CAESARI DIVI F(ilio) | Dem Imperator Caesar, Sohn des Divus, |
| AUGUSTO CO(n)S(uli) NONUM | Augustus, Konsul zum neunten Mal, |
| DESIGNATO DECIMUM | designiertem Konsul zum zehnten Mal, |
| IMP(eratori) OCTAVOM | Imperator zum achten Mal |

Diese identischen Inschriften waren ursprünglich auf zwei gewölbten Basen angebracht, welche die Rundung der Treppen nachzeichneten (CAG 125, Abb. 151 und 153). Nach der Angabe der Konsulate und der 8. Imperatorakklamation gehören sie ins Jahr 25 v. Chr. Damit ist die monumentale Ausgestaltung des Quellbeckens, das dem Kaiser gewidmet wurde, die früheste sicher datierte Baumaßnahme in der Stadt.

Die Freilegung der Quelle begann im Jahre 1738, als die aufstrebende Textilindustrie einen erhöhten Wasserbedarf anmeldete. Das Ziel, die alten Kanäle wieder funktionsfähig zu machen, wurde aber bald durch ein neues, weitergestecktes ersetzt. Unter lebhafter Beteiligung der Bevölkerung ging man an die Freilegung, das heißt Zertrümmerung, der gesamten antiken Anlage, und darüber errichtete der Festungsbaumeister des Languedoc J.-Ph. Maréchal ab 1745 einen öffentlichen Park *à la française,* in den er die feststell-

*Der Jardin de la Fontaine.*
*Im Vordergrund sieht man das Quellbecken, dahinter die Mauer, in die heute die Inschriften für Augustus eingelassen sind, im Hintergrund den sogenannten »Tempel der Diana«. Die Balustrade, die am linken Bildrand angeschnitten ist, steht über einer 16 × 20 m großen quadratischen Plattform, deren Funktion nicht geklärt ist. Die ältere Interpretation als Fundament eines Tempels oder Altars für Nemausus ist heute aufgegeben.*

*Teil der barocken Parkanlage.*
*Das Programm Maréchals rief nicht überall Begeisterung hervor. J. J. Winckelmann beklagte 1767 in einem Brief an Ch.-L. Clérisseau die Barbarei, mit der man die kostbaren antiken Reste, welche die Zeit respektiert hatte, durch Sprengungen zerstört hatte.*[7]

baren antiken Strukturen integrierte. Dazu gehörten auch die beiden im Quellbecken gefundenen Inschriften zu Ehren des Augustus. Sie wurden von Maréchal in die Mauer eingefügt, die die doppelte Freitreppe zur oberen Plattform trägt. In der Revolution wurden sie als königliche Symbole verdächtigt und zerschlagen. Was man heute sieht, sind also Kopien.

### *Das sogenannte Nymphäum (CAG Nr. 126)*

Das Wasser der Quelle verließ das Becken im Südosten und wurde unter einer dreibogigen Brücke und über ein Wehr in ein 35,50 × 30 m großes rechteckiges Becken geführt, das in den Boden eingetieft war und an drei Seiten von zweischiffigen dorischen Säulenhallen umfaßt wurde. In der Mitte erhob sich ein vom Wasser umspielter 20,20 × 16,38 m großer Sockel, um den sich ein Rankenfries zog. An seinen Ecken waren vier freistehende Säulen mit reich verzierten Basen und korinthischen Kapitellen aufgestellt. Die Bezeichnung »Nymphäum« kam im 19. Jahrhundert auf und ist anscheinend willkürlich, denn die CAG verzeichnet hier keine Weihungen für die Nymphen.[8]

Von diesem Becken aus wurde das Wasser durch fünf Kanäle in ein etwa 50 m langes und durchschnittlich 20 m breites, unregelmäßig geformtes Sammelbecken geführt, von dem aus es sich stadteinwärts weiter verteilte. Mindestens teilweise wurden die Kanäle unterirdisch geführt.

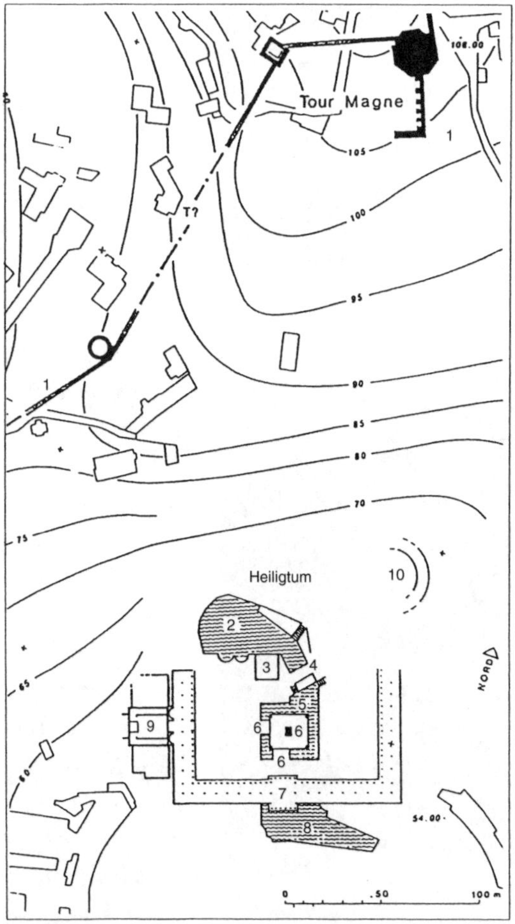


*Jardin de la fontaine: Plan der gesamten antiken Anlage.*
*1 Tour Magne mit Resten der Stadtmauer 2 Quellbecken mit den halbrunden Treppen 3 Quadratische Plattform 4 Wehr und Brücke 5 »Nymphäum« 6 Sockel mit Brücken 7 Portikus 8 Sammelbecken 9 »Tempel der Diana« 10 Theater.*

Eine durch den Bau einer Tiefgarage veranlaßte Notgrabung unter der *Place d'Assas* förderte 1986 den 150 m langen Abschnitt eines unterirdischen, monumentalen Kanals zu Tage. Er war 2,30 m breit, 1,50 – 1,60 m hoch und mit einem Tonnengewölbe gedeckt. Auch Zuleitungen für die Aufnahme der Abwässer und Einstiegsöffnungen für die Wartung konnten festgestellt werden (CAG Nr. 170).

## *Die westliche unterirdische Kanalisation (CAG Nr. 125)*

Forschungen zu Beginn der neunziger Jahre des 20. Jahrhunderts haben erbracht, daß es außer diesen Vorrichtungen für normale Wasserstände schon seit augusteischer Zeit aufwendige hydraulische Installationen gab, die auch dem Ansturm großer Wassermassen gewachsen waren. Südwestlich der Treppenstufen war ein weiterer Ausfluß angebracht, über den das Wasser zunächst in zwei Dekantierbecken und dann in ein Verteilerbecken gelangte. Ein Teil des Wassers wurde seitlich in das »Nymphäum« geführt, das übrige zum Sammelbecken. Der Kanal, der heute noch begehbar ist, war 1,17 m breit und 2,50 – 3,20 m hoch. Solche Abmessungen fallen für eine Wasserleitung aus dem Rahmen und waren offensichtlich für die schlimmsten Hochwasser berechnet.

## *Der »Tempel der Diana« oder Saalbau (CAG Nr. 127)*

Im Westen des Areals steht der Bau, der als »Tempel der Diana« bezeichnet wird – auch dies ohne jeden Anhalt. Hier befand sich seit 991 die Kirche eines Benediktinerinnenklosters, was der Erhaltung des Gebäudes zunächst förderlich war, aber in den Religionskriegen schwere Beschädigungen durch die Protestanten zur Folge hatte. Nach einem Brand im Jahre 1576 riß man die Südseite ab und benutzte die Reste als Baumaterial. Auch von den neben und hinter dem Saalbau liegenden Gebäuden, bei denen viele Inschriften gefunden wurden, konnten in verschiedenen Ausgrabungen nur Fundamente festgestellt werden. Erhalten ist ein rechteckiger, tonnengewölbter Saal von 14,14 × 9,46 m Größe mit zwei anliegenden Treppenhäusern. Die Wandgliederung aus vorgesetzten Säulen und Nischen, mit abwechselnd rechteckigen und runden Giebeln, hat im Westen des Reiches nur in Rom Parallelen.

Zur Zweckbestimmung des Saalbaus sind verschiedene Hypothesen vorgebracht worden, die alle im Bereich von unbeweisbaren Vermutungen bleiben: Tempel für nahezu alle Gottheiten des Pantheons, auch den Kaiser, Inkubationsraum für Heilschlaf, Bibliothek oder Vereinslokal der ortsansässigen Vereinigung der Bühnenkünstler.

### *Die Portikus (CAG Nr. 130 – 132)*

Wohl gegen Ende des 1. Jhs. n. Chr. wurde der Bezirk mit einer dreiflügeligen Säulenhalle ausgestattet. Im Süden war sie durch einen vorspringenden Bau unterbrochen, der auf Pfosten über dem Wasserkanal ruhte. Er wird unterschiedlich als Tempel, Basilika oder Propylon gedeutet.

### *Das Theater (CAG Nr. 128)*

Nordöstlich des Quellbeckens lag ein Theater, das in seiner Größe mit dem von Vaison-la-Romaine zu vergleichen ist. Seine Überreste wurden zwar im 18. und 19. Jahrhundert freigelegt, sind heute aber unter einer 5 m dicken Erdschicht und einer Grotte verborgen. Zwischen dem Quellbecken und dem Theater sind verschiedene Inschriften gefunden worden, die sich auf die hier veranstalteten Spiele beziehen. Auch für die Aufstellung von Ehrenstatuen verdienter Persönlichkeiten wurde das Areal bis ins 2. Jh. n. Chr. benutzt.

### *Weihungen im Quellheiligtum*

Im Quellbecken lagen große Mengen von Münzen, wohl Votivgaben von Nemausus-Verehrern, andere formulierten ihre Dankbarkeit schriftlich.

Eine kleine 16 cm breite und 9,5 cm hohe Basis aus weißem Marmor, auf der noch eiserne Vorrichtungen zur Fixierung einer Statuette zu erkennen sind, steht heute in einer Vitrine im 1. Stock des archäologischen Museums. Der Dedikant war Angehöriger der Stadtaristokratie und nach der Namensbildung (aus Crassus abgeleitetes Pseudogentiliz) gallischer Abkunft.

#### CIL XII 3094. CAG Nr. 127,4 (im »Tempel der Diana«)

| | |
|---|---|
| NEMAUSO | Dem Nemausus |
| Q(uintus) CRASSIUS | Quintus Crassius |
| SECUNDINUS | Secundinus |
| Q(uaestor) COL(oniae) | Quästor der Kolonie |

Man konnte, wenn man seine Hoffnung nicht allein auf Nemausus setzen wollte, in sein Gelübde auch andere Gottheiten und den Kaiser einbeziehen, wie es ein Dedikant tat, der sich an die *Lares Augusti,* Minerva, Nemausus, Urnia und Avicantus wandte (CIL XII 3077. CAG Nr. 136,5).

### CIL XII 3070. CAG Nr. 125,3 (aus dem Quellbecken)

| | |
|---|---|
| IOVI ET NEMAUS(o) | Dem Iupiter und Nemausus |
| T(itus) FLAVIUS HERM(es) | hat Titus Flavius Hermes, |
| EXACTOR OPER(is) | Ausführender der Marmor- |
| BASILICAE MAR | und Steinarbeiten |
| MORARI(i) ET LAPI | an der Basilica, |
| DARI(i) V(otum) S(olvit) | sein Gelübde erfüllt |

Bei diesem Dedikanten kann man den Grund vermuten, der ihn dem Gott zu Dankbarkeit verpflichtete. Er verdiente am Bau einer Basilika, vielleicht derjenigen, die Kaiser Hadrian zur Erinnerung an Plotina, die aus Nîmes stammende Gattin seines Vorgängers Traian, errichten ließ (Historia Augusta, Hadrian 12,2).

### CIL XII 3072. CAG Nr. 125,2 (aus dem Quellbecken)

| | |
|---|---|
| I(ovi) O(ptimo) M(aximo) HELIOPOLITAN(o) | Dem Iupiter Optimus Maximus Heliopolitanus |
| ET NEMAUSO | und Nemausus |
| C(aius) IULIUS, TIB(erii) F(ilius), FAB(ia tribu), | hat Gaius Iulius, Sohn des Tiberius, aus der Tribus Fabia, |
| TIBERINUS, P(rimi) P(ilaris), DOMO | Tiberinus, Primipilaris, aus Beirut stammend, |
| BERYTO VOTUM SOLVIT | sein Gelübde erfüllt |

Auf den Nebenseiten sind eine Iupiterstatue, die dem Bild des Gottes in seinem Tempel in Heliopolis (Baalbek) nachempfunden ist, sowie ein ovaler Schild und gallische Trompeten abgebildet. Hier haben wir also das Zeugnis eines Mannes, der weit herumgekommen ist. Genaueres sagt der Dedikant nicht. Entweder ist er während seiner Dienstzeit zufällig nach Nîmes gekommen, oder er hat sich nach Beendigung seines Militärdienstes – als ranghöchster Zenturio einer Legion – in der Stadt niedergelassen, so daß er sich den Schutzgöttern der alten und der neuen Heimat in gleicher Weise verbunden fühlte.

## *Welche Funktion erfüllte die Anlage und auf wen geht ihre Planung zurück?*

Primär war im Quellbezirk die Verehrung des Nemausus, die schon in vorrömischer Zeit bezeugt ist. Die ihm geweihten Gaben sind vornehmlich im Quellbecken und seiner unmittelbaren Umgebung gefunden worden. Aber auch für eine Reihe anderer Götter wurden Votive deponiert[9]. Die zweite Funktion war praktischer Natur: die Versorgung der Bevölkerung mit Trinkwasser und die Ableitung der Wassermassen nach großen Regenfällen.

Das Quellbecken, die Leitung durch das sogenannte Nymphäum bis zum Auffangbecken im Süden und der Saalbau stammen unzweifelhaft aus den letzten Jahrzehnten vor Christi Geburt. Der Baudekor ist an stadtrömischen Bauten orientiert, aber, gemessen am hauptstädtischen Standard, von minderer Qualität und wird deshalb einheimischen Werkleuten zugeschrieben. Für die hydraulischen Installationen hingegen wird man mit römischen Wasserbauingenieuren zu rechnen haben. Es ist kaum vorstellbar, daß zu einem so frühen Zeitpunkt derartige Spezialisten in Gallien zur Verfügung standen.

Bauinschriften, die eine Stiftertätigkeit einheimischer Aristokraten bezeugen, gibt es nicht, aber ein Fund aus dem Jahre 1740 in den Leitungen südlich des Auffangbeckens weist möglicherweise auf den Urheber des Bauprogramms hin. Es handelt sich um das Fragment eines nicht lokalisierbaren Architravbalkens, in den mit 20 cm großen Buchstaben der Name AGRIPP[A] eingemeißelt ist (CIL XII 3154. CAG Nr. 136, 20). Dieses Zeugnis wird allgemein als Bauinschrift interpretiert. Ein ähnliches Stück wurde in Zweitverwendung an der *Place de la Madeleine* gefunden: M(arcus) AGRIPPA L(uci) F(ilius) CO(n)[S]ul [III] (CIL XII 3153. CAG Nr. 217 Nr. 7). Agrippa bekleidete sein drittes Konsulat im Jahre 27 v. Chr., weshalb die Inschrift zwischen den Jahren 27 und 12 v. Chr., seinem Todesjahr, zu datieren ist.

Marcus Vipsanius Agrippa, etwa 63 v. Chr. geboren, war Altersgenosse Octavians. Beide kannten sich aus der Schulzeit, hielten sich bei Caesars Ermordung im März 44 v. Chr. in Apollonia auf dem Balkan auf, gingen zusammen nach Rom, und von da an war Agrippa, der nicht aus einer vornehmen Familie stammte und deshalb nicht selbst nach der Macht greifen konnte, der wichtigste und zuverlässigste Gehilfe Octavians, zuerst beim Kampf um die Macht und später bei der Verwaltung der Hauptstadt und des Reiches. Die Siege von Philippi, Naulochos und Actium gingen im wesentlichen auf sein Konto. Augustus konnte sich in jeder Situation auf seine bedingungslose Loyalität verlassen, verheiratete ihn 21 v. Chr. mit seiner Tochter

Iulia und machte ihn 18 v. Chr. durch die Übertragung der *tribunicia potestas* zum Mitregenten. Agrippa starb im Frühjahr des Jahres 12 v. Chr.

Obwohl er 37 v. Chr. Konsul gewesen war, übernahm er 33 v. Chr. das niedrigere Amt der Ädilität, um mit der Erneuerung der hauptstädtischen Wasserversorgung für Octavians Popularität zu sorgen. Damals baute er die *Aqua Iulia,* 19 v. Chr. die *Aqua Virgo,* die Roms erste Thermen speiste. Als die Bevölkerung sich einmal lauthals über den hohen Weinpreis beklagte, gab Augustus zur Antwort, sein Schwiegersohn Agrippa habe durch mehrere Wasserleitungen dafür gesorgt, daß niemand Durst zu leiden brauche (Sueton, Augustus 42,1). Sein technisches Interesse signalisieren auch der Ausbau des Avernersees am Golf von Neapel zum Hafen *(portus Iulius),* die Erneuerung des hauptstädtischen Abwassersystems und die Errichtung mehrerer Großbauten auf dem Marsfeld, zu denen das berühmte Pantheon gehört. Von seinen Arbeiten für die administrative Erfassung des Imperiums war schon die Rede. ▶ *siehe S. 121*

In den Jahren 20/19 verwaltete Agrippa den Westen des Reiches. Deshalb werden die beiden angeführten Inschriften und auch die Errichtung einer Kapelle für die Göttin Valetudo in Glanum gewöhnlich in diese Jahre datiert. ▶ *siehe S. 92* Das würde bedeuten, daß die Einfassung des Quellbeckens schon fertig war, bevor sich Agrippa des Projekts annehmen konnte. Mit etwas Phantasie, die dem Historiker durchaus erlaubt ist, soweit sie sich im Einklang mit den erhaltenen Quellen befindet, kann man sich ein plausibles Szenarium vorstellen: Agrippa hörte von den verheerenden Überschwemmungen, die der Quellgott zu bescheren pflegte. Er fühlte sich herausgefordert, denn zum römischen Selbstbewußtsein gehörte es, auch die Naturgewalten beherrschen zu können. Er befand, daß, bevor man an den monumentalen Ausbau der Stadt ging, dieses Problem bei der Wurzel gepackt werden müsse, und beorderte kompetente römische Wasserbauingenieure nach Nîmes. Deshalb würde ich die gesamten hydraulischen Installationen, vom Ausfluß des Quellbeckens bis zum südlichen Sammelbecken, seiner Initiative zuschreiben.

Ein Charakteristikum römischer Zweckbauten ist, daß sie zugleich schön und repräsentativ sein sollten. Man braucht nur an den *Pont du Gard* zu erinnern. So kann man das in den Boden eingetiefte, von Säulen umstandene Becken (»Nymphäum«) unter technischen Aspekten als groß dimensioniertes Überlaufbecken für Hochwasser ansehen, das aber nicht einfach, wie vielleicht in vorrömischer Zeit, eine Vertiefung im Boden, sondern architektonisch gefaßt sein sollte. Rätsel gibt hingegen der riesige Sockel auf, für den es kein erhaltenes Pendant in der zeitgenössischen Architektur gibt. Ob auch er eine wasserbautechnische Funktion hatte, vermag ich nicht zu sagen. Er könnte eine ältere Konstruktion oder natürliche Gegebenheiten – anstehenden Fels – berücksichtigt haben, was auch für die unregelmäßige Form des Quellbeckens und des unteren Sammelbeckens anzunehmen ist. Auf jeden Fall wird man sich vorzustellen haben, daß auf dem Sockel irgend etwas gestanden hat. Es ist deshalb möglich, daß der Quellbezirk noch eine weitere Funktion hatte. Aber welche? Dies ist wegen der gründlichen Zerstörung im 18. Jh. und des Fehlens antiker Parallelen heute nicht mehr feststellbar.

Nach P. Gros befand sich auf dem besagten Sockel ein Altar der *Dea Roma* und des Augustus, wie er in Lyon bezeugt ist (s. S. 342 ff.). Gros vergleicht die Anlage außerdem mit dem *Sebasteion* in Alexandria und bezeichnet den gesamten Bezirk als »Augusteum«, worin ihm die französisische Forschung weitgehend folgt. Über das Problem, Bauten, für die dies nicht bezeugt ist, beliebig mit der Bezeichnung *Augusteum* zu versehen, wurde am Ende des vorigen Kapitels schon das Nötige gesagt. Besonders mißlich ist, daß wir das zum Vergleich herangezogene *Sebasteion* nur durch die Beschreibung des jüdischen Philosophen Philo aus Alexandria kennen, die im übrigen mit der Anlage in Nîmes wenig Ähnlichkeit aufweist (Philo, *Legatio* 151). Für den Vergleich mit der *Ara Romae et Augusti* in Lyon ergibt sich das Problem, daß diese zweifelsfrei auf eine Direktive des Kaisers zurückging, was für einen rein munizipalen Komplex ohne entsprechende Quellen nicht anzunehmen ist. Außerdem ist der Altar in Lyon jünger als die Anlage in Nîmes, kann also nicht als deren Vorbild gedient haben.

Zusätzlich hat U.-W. Gans die Frage aufgeworfen, wie man den Altar überhaupt hätte erreichen können, um dort Opferhandlungen vorzunehmen. Es ist schwer vorstellbar, wie sich eine Prozession von Opferherr, Opferdienern und Opfertieren über die beiden schmalen Stege bewegt haben soll, die auf den Sockel führten. Gans schlug deshalb vor, auf diesem könne eine Statuengruppe aufgestellt gewesen sein, die den Sieger Augustus verherrlichte. Einen Anhalt biete der Fund eines vergoldeten Bronzefingers, von dem aus dem 18. Jahrhundert berichtet ist (CAG Nr. 126). Er müsse von einer an die 5 m großen bronzenen Kolossalstatue stammen. Der Finger könnte freilich auch zu einer liegenden Statue des Quellgottes gehört haben. Man fragt sich, ob Siegesdenkmäler wie das von La Turbie überhaupt noch in das politische Klima in dieser doch befriedeten und auf dem Weg der Romanisierung voranschreitenden Provinz paßten. Es bleibt für den Sockel also bei einem *non liquet*.[10]

## Die Maison Carrée und die Verehrung der domus Augusta[11]

### *Das Forum der Kolonie*

Etwa 500 Meter östlich des *Jardin de la Fontaine* legten die Bürger von Nîmes in den Jahren um Christi Geburt das Forum der Kolonie an. Dazu mußte ein Wohnviertel aus dem 1. Jh. v. Chr. abgerissen werden. Den südlichen Teil des etwa 80 m langen Platzes nimmt der heute *Maison Carrée* genannte Tempel ein. Ihm gegenüber, am nördlichen Ende des Forums, unter der heutigen *Rue d' Auguste,* stand ein 15 × 13,50 m großes Gebäude, das wegen seiner Lage und luxuriösen Ausstattung – Wände und Boden waren mit Platten aus verschiedenfarbigem Marmor bedeckt – als *curia* (Tagungslokal des Stadtrats) gedeutet wird (CAG Nr. 175). Tempel und Kuria waren aufeinander bezogen: Sie liegen in einer Achse, und ihre Eingangstüren waren exakt gleich breit. Auf der Ostseite des heutigen *Boulevard A. Daudet* wurden beim Bau des *Carré d'Art* ebenfalls Reste einer monumentalen Bebauung aus augusteischer Zeit festgestellt, darunter Fundamente und Architekturteile, die zu einem Gebäude gehört haben, das ein Gegenstück zur *Maison Carrée* darstellte (CAG Nr. 168). Alle diese Bauten sind schon im 5. Jh. bis auf die Grundmauern abgerissen worden, nachdem die Goten Nîmes erobert hatten. Erhalten blieb nur die *Maison Carrée,* deren nachantike Geschichte als dramatischer Kampf ums Überleben erzählt werden könnte, bis sie 1824 Museum wurde.

*Das Forum.*
*1 Maison Carrée*
*2 Kurie 3 Portikus*
*4 Voraugusteische Straße*

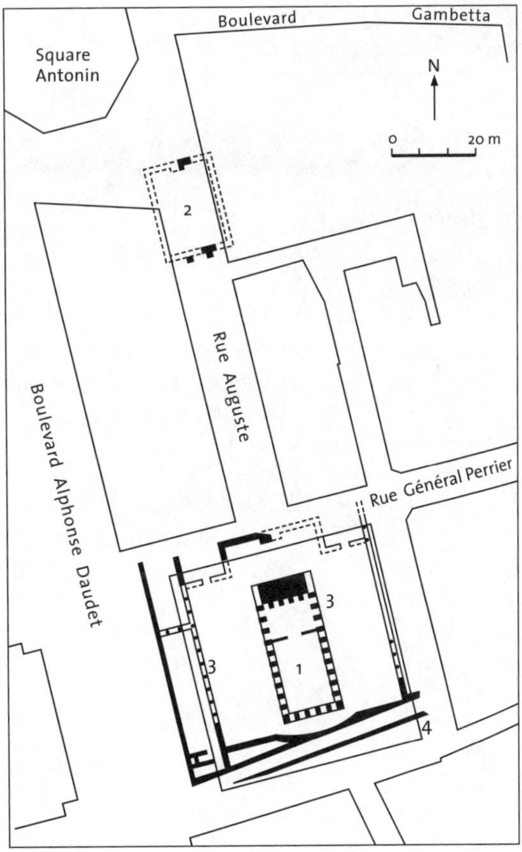


### *Die Maison Carrée (CAG Nr. 171–174)*

Der in korinthischer Ordnung gebaute Tempel steht stilistisch in enger Beziehung zum Tempel des *Mars Ultor,* der 2 v. Chr. auf dem Augustusforum in Rom geweiht wurde. Er besteht aus Cella und Vorraum und ist 26,42 × 13,54 m groß. Von seinen

*Die Maison Carrée;* *s. auch die Abbildung S. 35*

8,96 m hohen Säulen tragen sechs das Dach, vier markieren die Ecken der Cella, die übrigen sind in die Wände eingebunden, so daß ein Säulenumgang nur vorgetäuscht ist; daher die Bezeichnung Pseudoperipteros. Die Steine für das Fundament und die Cella stammen aus den Steinbrüchen der Umgebung, die für die Säulen und das Gebälk aus dem höherwertigen *Bois de Lens.*

Links und rechts war der Tempel im Abstand von 14,40 m von Säulenhallen flankiert, im Süden schloß ihn eine schräg verlaufende Mauer ab, die eine schon ältere Straße berücksichtigte. Das gesamte Areal, Tempel und Portiken, war auf einer Plattform erbaut, die das übrige Forum um 1,10 m überragte. Eine weitere Steigerung wurde dadurch erreicht, daß der Tempel selbst sich auf einem 2,65 m hohen Podium erhob.

## *Die Weihinschrift*

An der Nordfassade war in zwei Reihen die Weihinschrift angebracht, die obere Zeile auf dem Fries, die untere auf dem Architrav. Ihre bronzenen Buchstaben sind nicht erhalten, so daß der Text aus den Dübellöchern rekonstruiert werden mußte:

**CIL XII 3156.**

C(aio) CAESARI AUGUSTI F(ilio) CO(n)S(uli) L(ucio) CAESARI
AUGUSTI F(ilio) CO(n)S(uli) DESIGNATO

PRINCIPIBUS IUVENTUTIS

Dem Gaius Caesar, Sohn des Augustus, Konsul, dem Lucius Caesar,
Sohn des Augustus, designiertem Konsul,

den Fürsten der Jugend

Der Tempel war also den Enkeln und Adoptivsöhnen des Augustus geweiht. Für die Nachgeborenen ist die Weihinschrift ein Zeugnis für das tragische Scheitern von dessen Nachfolgepolitik.

### *Die Nachfolgepolitik des Augustus*

Von seinem Ursprung her war das Prinzipat eine Militärdiktatur. Diesen Charakter hat es, trotz seiner bis ins 3. Jh. im ganzen friedlichen Geschichte, nie ganz abgelegt. Denn nach dem Ableben der Kaiser Nero (68 n. Chr.) und Commodus (192 n. Chr.) wurde das ganze Reich in schreckliche Bürgerkriege gestürzt, bis sich ein neuer Kaiser durchgesetzt hatte. Augustus hatte es verstanden, vom Jahre 27 v. Chr. an seine Macht für die Zeitgenossen erträglich zu machen, indem er sie in rechtliche Formen kleidete, die der Republik entliehen waren. Er herrschte nicht als Bürgerkriegssieger, sondern als Inhaber legaler Rechtstitel, die der Senat ihm verliehen hatte. Als Quintessenz seiner eigenen revolutionären politischen Anfänge galt seine Sorge über die ganze Spanne seiner 41 jährigen Regierungszeit dem Moment seines Ablebens. Es sollte eine Person so klar als sein Nachfolger designiert sein, daß der Machtwechsel gleitend, gewissermaßen automatisch erfolgen mußte. Dafür war es unumgänglich, den ausersehenen Nachfolger durch die Verleihung des *imperium proconsulare* und der *tribunicia potestas* schon zu Lebzeiten des Augustus als Mitregenten an der Herrschaft zu beteiligen. Denn soweit das Prinzipat wiederhergestellte Republik war, konnte es keine dynastische Nachfolgeregelung geben. Eine Vererbung des Prinzipats wäre systemwidrig gewesen.

▶ *siehe S. 204 ff.*

Trotz dieser klaren Sachlage und obwohl er, wie die meisten seiner Nachfolger, keinen leiblichen Sohn hatte, ist Augustus zu keinem Zeitpunkt von dem Bestreben abgegangen, das Prinzipat an einen Mann seines Blutes weiterzugeben. Mit der denkbar größten Rücksichtslosigkeit verfügte er über die Mitglieder seiner Familie und zwang sie zu Eheschließungen oder Scheidungen, wie es in sein Konzept paßte.[12]

Der erste, den er als Erben ausersah, war sein Neffe Marcellus, der aber schon 23 v. Chr. starb. Augustus griff nun auf einen Mann seiner eigenen Generation zurück, seinen besten Feldherrn und zuverlässigsten Freund Marcus Vipsanius Agrippa. Er machte ihn durch Verleihung der *tribunicia potestas* zum Mitregenten und verheiratete ihn mit seiner Tochter Iulia. Aus dieser Ehe gingen zwei Söhne hervor: Gaius, 20 v. Chr., und Lucius, 17 v. Chr. geboren. Augustus adoptierte die beiden Enkel, die jetzt Gaius Caesar und Lucius

Caesar hießen. So früh es ging, wurden die beiden Jungen mit Ehren überschüttet und in der Öffentlichkeit als präsumtive Nachfolger herausgestellt. 5 bzw. 2 v. Chr. wurden sie vom Ritterstand zu *principes iuventutis* ernannt und sollten die jährliche Parade der Ritter anführen. Ebenfalls im Jahre 2 v. Chr. wurden sie, lange vor dem gesetzlich vorgeschriebenen Mindestalter, zu Konsuln designiert. Gaius, der ältere, führte sein Konsulat 1 n. Chr., Lucius kam nicht mehr dazu, denn er starb im Jahr 2 n. Chr. in Marseille. Gaius starb 4 n. Chr. im kleinasiatischen Limyra.

In dieser verzweifelten Situation besann sich Augustus auf seinen Stiefsohn Tiberius, den Sohn der Livia, die Octavian 38 v. Chr. unter skandalösen Umständen geheiratet hatte. Tiberius hatte schon nach dem Tod des Agrippa (12 v. Chr.) einspringen und die Lücke füllen müssen, bis die Enkel erwachsen wären. Was für Agrippa, den leiblichen Vater der Kinder, als tragbar angesehen werden konnte, war für den Abkömmling der patrizischen Claudier und hervorragenden Reichsfeldherrn eine Zumutung. Tiberius hatte sich ihr schließlich entzogen, indem er nach Rhodos ins Exil ging. 4 n. Chr. wurde er zurückgerufen, adoptiert und durch Verleihung der *tribunicia potestas* und des *imperium proconsulare* zum Mitregenten gemacht. Der Regierungsübergang im Jahre 14 n. Chr. verlief dann auch ziemlich reibungslos, aber daß Tiberius durch die fortgesetzten Kränkungen Schaden genommen hatte, kann kaum verwundern. Obendrein unterließ Augustus es nicht, in seinem Testament daran zu erinnern, daß er sich eigentlich einen anderen Nachfolger gewünscht hatte. Er verpflichtete Tiberius, obwohl dieser einen eigenen Sohn hatte, seinen Neffen Germanicus zu adoptieren, der als Enkel des Kaisers iulisches Blut in seinen Adern hatte. Die Schreckenskaiser Caligula und Nero, deren einzige Vorzüge darin bestanden, daß sie Abkömmlinge des Augustus waren, und die Greuel, die in der iulisch-claudischen Familie an der Tagesordnung waren, sind ein spätes Erbe der verfehlten Nachfolgepolitik des Augustus.

### *Gaius Caesar in Nîmes*

Die große Politik hatte auf der lokalpolitischen Bühne in Nîmes früh ein Echo gefunden. Gaius wurde Patron der Kolonie und stiftete ihr in dieser Funktion eine Halle für sportliche Übungen, wie aus einer Inschrift mit schönen, 76 cm großen Buchstaben hervorgeht. Ihre Reste wurden 1810 im Amphitheater gefunden. Dorthin kam sie wahrscheinlich erst in der Spätantike, als man die Arena zu einer Festung ausbaute (CIL XII 3155. CAG Nr. 311,65).

## *Die Divinisierung der principes iuventutis*

Nach dem Tod der beiden jungen Männer wurde durch eine Münzserie mit der Aufschrift *principes iuventutis* ihr Andenken wachgehalten, und der Titel bekam durch die Annäherung an die Dioskuren eine sakrale Weihe. Aus dem ganzen Reich kamen Beileidsbekundungen. Zum Beispiel beschlossen der Stadtrat und die Bürger von Pisa, Trauerkleidung anzulegen, den Todestag des Gaius Caesar als Trauertag in den Kalender einzutragen, alljährlich an diesem Tag seinen Manen, wie schon denen des Lucius, ein Opfer darzubringen und auf dem meistbesuchten Platz der Stadt einen Ehrenbogen zu errichten. Auf ihm sollte die Statue des Gaius im Triumphalgewand aufgestellt werden, flankiert von zwei vergoldeten Reiterstatuen der beiden Brüder (ILS 140. Übersetzung: Freis Nr. 17).

Den reichsweiten Trauerbekundungen schlossen sich auch die Bürger von Nîmes an und weihten den Söhnen des Kaisers den Tempel auf ihrem Forum.

Leider weiß man nicht, wie es zu diesem Beschluß kam. War der Tempel ursprünglich für die lebenden *Caesares* gedacht oder von vornherein für die verstorbenen? Wenn ersteres der Fall war, ist die Zeit zwischen 1 v. Chr., dem Konsulat des Caius, als die beiden und damit die Hoffnungen des Kaisers in höchster Blüte standen, und 2 n. Chr., dem Tod des Lucius, außerordentlich kurz, um den Beschluß, überhaupt einen Tempel zu bauen, die Erstellung des Bauplans nach modernsten stadtrömischen Vorbildern und schließlich die Ausführung bis mindestens zum Fries darin unterzubringen. Eine Weihung zwischen 2 und 4 n. Chr. scheint ausgeschlossen, denn es wäre ein schlechtes Omen gewesen, ein Bauwerk zugleich einem Lebenden und einem Toten zu weihen. Das Jahr 4 n. Chr. dürfte andererseits der spätestmögliche Termin sein, denn von diesem Datum an wäre es bei aller Zuneigung zu dem ehemaligen Patron nicht mehr opportun gewesen, sich so prononciert zu ihm zu bekennen. Tiberius war jetzt der Mann der Stunde, und die Bürger von Nîmes hatten sich ohnehin kompromittiert, indem sie dessen Statuen umgestürzt hatten, als sein Stern am tiefsten gesunken und er im Exil auf Rhodos war (Sueton, Tiberius 13,1). Es scheint daher die Annahme plausibel, daß der Tempel, als man mit dem Bau begann, ursprünglich nicht für die *Caesares* bestimmt war, sondern für *Roma* und Augustus, und daß erst im Moment der Katastrophe, also 4 n. Chr., beim Kaiser um die Erlaubnis nachgesucht wurde, an seinem Schmerz teilhaben und zum Trost seinen Söhnen diesen Tempel weihen zu dürfen.

## Die Stadtverwaltung[13]

Die Civitates (Städte) bildeten das Fundament der Reichsverwaltung. Um ihrer Aufgabe gerecht werden zu können, bedurften sie der Autonomie und einer stabilen Ordnung, die den Zufällen tagespolitischer Konstellationen entzogen war. Wie alle von den Römern in ihren Provinzen gegründeten römischen und latinischen Städte müssen auch die Civitates der Narbonensis Verfassungen gehabt haben. Diese sind in keinem Fall überliefert, lassen sich aber wenigstens zum Teil aus der inschriftlichen Dokumentation erschließen, die in Nîmes so reichhaltig ist wie in keiner anderen Stadt der Provinz. Auch wenn nicht sicher ist, daß in der Narbonensis die gleichen Regelungen galten, ziehe ich außerdem zur Veranschaulichung die spanischen Stadtrechte aus der Zeit der flavischen Kaiser heran, in denen mit größter Präzision und Umständlichkeit des Juristenlateins die Normen vorgegeben waren, an die man sich zu halten hatte.

▶ *siehe S. 130, 173*

Die Verwaltung der *Colonia Nemausus* war nach römischem Vorbild organisiert und basierte auf den drei Säulen Magistratur, Stadtrat und – wahrscheinlich – Volksversammlung.

### *Die Beamten*

Die unteren Ämter waren die Quästur und die Ädilität. Die Spitze bildeten Kollegien von vier Männern *(Quattuorviri* oder *IV-Viri),* deren Spezialkompetenz im Titel angegeben werden konnte: *IV-Vir iure dicundo* (für die Rechtsprechung) oder *IV-Vir ad aerarium* (für das Rechnungswesen; Stadtkämmerer). Dazwischen schob sich ein Amt, das es nur in Nîmes gab und dessen genaue Kompetenzen nicht bekannt sind: die *praefectura vigilum et armorum* (Präfektur der Wachmannschaften und Waffen).

Alle Ämter wurden für ein Jahr vergeben und waren kollegial besetzt, das heißt: Ein Beamter war entweder zusammen mit dem Kollegen oder auch allein handlungsfähig, aber im Konfliktfall konnte einer gegen Amtshandlungen des gleichrangigen Kollegen ein Veto einlegen. Auch war Appellation der unteren Beamten an die *IV-Viri* möglich.

### *Die Wahlqualifikation*

Generelle Voraussetzung für die Bekleidung von Ämtern war freie Geburt, das lokale Bürgerrecht oder das römische Bürgerrecht, ein Mindestalter von 25 Jahren und ein bestimmtes Mindestvermögen, dessen Höhe wir nicht kennen und das je nach Größe und Bedeutung der Städte unterschiedlich war. Das Vermögen durfte nicht auf unehrenhafte Weise, z.B. durch Ausübung von Zuhälterei oder die Schauspielkunst, erworben sein. In der Regel kamen die Beamten aus dem Kreis der Grundbesitzer. Dem gleichen sozialen Milieu entstammten die Priester, deren Titel ebenfalls römische Einrichtungen nachahmten: die *pontifices* und die *flamines Augusti*. Ein Kandidat mußte schon deshalb vermögend sein, weil er bei Amtsantritt ein Einstandsgeld *(summa honoraria)* zu zahlen hatte und Bürgschaften für den Fall stellen mußte, daß er mit öffentlichen Geldern nicht pflichtgemäß umging.

Eine spezielle Ausbildung, welche die Honoratioren auf ihre Tätigkeit vorbereitete, hielt man nicht für erforderlich. Wer die allgemeine höhere Bildung erworben hatte, in Rhetorik und im Studium der klassischen Schriftsteller geschult war, galt als ausreichend qualifiziert. Vielleicht hatte ein junger Mann, der von vornherein wußte, daß er, wie seine Vorfahren, die städtischen Ämter übernehmen mußte, sich noch einige Kenntnisse in Jurisprudenz angeeignet. Ein Quästor begann seine Tätigkeit also als Laie und reiner Amateur. Allenfalls entwickelte er sich in seiner langen Zugehörigkeit zum Stadtrat zum Verwaltungsfachmann.

▶ *siehe S. 335 ff.*

### *Das Wahlverfahren*

Die Beamten wurden durch Volkswahl bestellt. Das Verfahren war in Irni bis in die letzten Einzelheiten vorgeschrieben. Die Bürgerschaft war in Abteilungen *(curiae)* eingeteilt. Durch eine erste Abstimmung mußte festgestellt werden, welcher Kandidat innerhalb der jeweiligen Kurie die meisten Stimmen auf sich vereinigte, im zweiten Schritt, wer die meisten Kurien gewonnen hatte. Das entsprach dem in Rom üblichen Verfahren. Erstaunlich ist nur, daß es in den Städten der Provinzen eingeführt wurde, als es für die stadtrömischen Bürger zum Erliegen kam. Abgestimmt wurde schriftlich mit Stimmtäfelchen, und an jeder Urne waren drei Kontrolleure postiert, die nicht zur Kurie gehörten. Jeder Kandidat hatte darüber hinaus das Recht, sich durch eigene Vertrauensleute vom regulären Ablauf zu überzeugen.

In den Inschriften werden Beamte geehrt, die korrekt und freigebig ihre Pflicht erfüllt hatten. Durch Graffiti in Pompeji wissen wir, daß es dort heftige Wahlkämpfe gab. In Arles sind am Podium des Amphitheaters zwei riesige gleichlautende Inschriften angebracht, in denen ein Gaius Iunius Priscus verkündet, als Kandidat für das Duumvirat habe er das Podium erbauen und silberne Statuen aufstellen lassen, außerdem 200000 Sesterzen für Spiele und Bankette ausgegeben (CIL XII 697. AE 1965,270).

Wie war aber zu verfahren, wenn sich niemand zur Kandidatur bereitfand? Es wäre ja denkbar, daß der gallische Adel auf das Angebot der Römer, sich in der städtischen Selbstverwaltung zu betätigen, nicht eingegangen wäre. Auch für diesen Fall trafen die römischen Juristen Vorsorge: Wenn bis zu dem Tag, an dem die Meldung erfolgen mußte, gar keine oder, in Ansehung der zu vergebenden Stellen, nicht genügend Kandidaten gemeldet waren, sollte der wahlleitende Beamte so viele Namen, wie erforderlich waren, anschreiben, und zwar so, daß man sie vom ebenen Boden aus lesen konnte. Die so Nominierten hatten das Recht, je eine weitere Person zu benennen, diese dann eine dritte. Alle diese Namen sollte der Wahlleiter anschreiben, wiederum so, daß man sie vom ebenen Boden aus lesen konnte, und über sie dann abstimmen lassen. Daraus folgt: Wenn sich kein Kandidat präsentiert hatte, wurde eben ein »geeigneter«, der die Wahlqualifikation erfüllte und keine Begründung für eine Freistellung vorbringen konnte, nominiert. Damit niemand leichtfertig an seiner Stelle einen anderen vorschlug, war festgelegt, daß er mit seinem Vermögen haftete, falls der von ihm Nominierte sich Unregelmäßigkeiten zuschulden kommen ließ.

Wie lange dieses Verfahren der Volkswahl in den Provinzen aufrechterhalten blieb, ob es überhaupt in Nîmes und den anderen Städten der Narbonensis praktiziert wurde, ist nicht bekannt. Auch weiß man nicht, ob das »Volk« (das heißt: die Volksversammlung) außer dem Wahlrecht weitere Rechte hatte. Denn in den Inschriften ist von ihm nicht die Rede. Allerdings gibt es einige seltene Fälle, in denen eine Ehrung »auf Forderung des Volkes« beschlossen wurde. Die so Geehrten hatten anscheinend außerordentlich großzügige Spiele veranstaltet, und in diesem Rahmen, also nicht in einer regulären Volksversammlung, scheint sich die Forderung, sie in besonderer Weise zu ehren, erhoben zu haben (CIL XII 3185 und 1585).

### *Die Amtsinhaber*

Wie oben erläutert, hatte das latinische Recht die Funktion, die gallischen Aristokraten zur Übernahme der Ämter zu motivieren. Daß die Beamten wirklich Einheimische waren und nicht zugewanderte Römer, gilt für Nîmes in besonders hohem Maße. Unter den Honoratioren lassen sich viele mit keltischen Namen nachweisen. Andere haben Namen, die auf Bürgerrechtsverleihungen schon in republikanischer Zeit schließen lassen. In den Siedlungskolonien Narbonne, Arles und Béziers liegen die Verhältnisse naturgemäß anders, und ein großer Teil der überlieferten Namen deutet dort eher auf eingewanderte Italiker.[14]

▶ *siehe auch S. 129*

Der *cursus honorum* war anscheinend zweigeteilt. Die unteren Beamten bekleideten entweder die Quästur oder die Ädilität und danach kein weiteres Amt. Anscheinend gaben sie sich mit dem Einstiegsamt, das ihnen das römische Bürgerrecht bescherte, zufrieden. Möglicherweise mußten sie sich damit zufriedengeben, weil eine kleine Gruppe von Honoratioren die oberen Ämter und die Priestertümer in ihrer Hand hielt. Über den Umkreis der Vaterstadt hinaus führten ritterliche Offiziersposten und die Wahl zum Provinzialpriester *(Flamen Augusti)* in Narbonne (CIL XII 3275, zitiert S. 273).

▶ *siehe S. 319 ff.*

Die aufgeführten Inschriften sind Grabinschriften. Für die Erklärung der Formulare und der Namen verweise ich auf Kapitel V.

**CIL XII 4104**

| | |
|---|---|
| D(is) M(anibus) | Den Manen |
| SEX(ti) BUCCULI(i) | des Sextus Bucculius |
| SERVANDI Q(uaestoris) COL(oniae) | Servandus, Quästor der Kolonie, |
| BUCCULIAE C(aii) F(iliae) | (und) der Bucculia, Tochter des Gaius, |
| GRAECINAE | Graecina, |
| UXORI | seiner Frau |

Die Familie hatte Grundbesitz in der Gegend von St. Gilles, wo der Grabstein 1852 entdeckt wurde (CAG 30/3 Nr. 258,4*). ▶

**CIL XII 3217**

| | |
|---|---|
| DIS MANIB(us) | Den Manen |
| HELVI(i) ECIMARII | des Helvius Ecimarius, |
| VOLT(inia tribu) VITALIS AED(ilis) COL(oniae) | aus der Tribus Voltinia, Vitalis, Ädil der Kolonie, |
| ET UXORIS | und seiner Frau |
| TOGIACIAE | Togiacia |
| ERUCINAE | Erucina |

Dem Formular nach gehört diese Grabinschrift in die Zeit ab etwa 70 n. Chr. Der unrömische Gentilname des Mannes wie auch die Namen seiner Frau deuten auf die Zugehörigkeit der Bestatteten zu einheimischen Familien.

**CIL XII 3215**

| | |
|---|---|
| L(ucio) DOMITIO L(ucii) F(ilio) VOL(tinia tribu) | Dem Lucius Domitius, Sohn des Lucius, aus der Tribus Voltinia, |
| AXIOUNO PR(aetori) IIII VIR(o) BIS | Axiounus, Prätor Quattuorvir zweimal |

Dies ist ausweislich des Formulars eine Inschrift aus augusteischer Zeit. Der Bestattete trägt das Gentilnomen eines römischen Feldherrn der ersten Stunde, das in Nîmes wie in der gesamten Provinz häufig ist. Man kann eine frühe Bürgerrechtsverleihung an einen Vorfahren dieses Lucius Domitius erschließen. Für einen einheimischen Hintergrund des Domitius Axiounus spricht auch sein keltisches Cognomen. Die Titulatur ist ungewöhnlich und kommt später nicht mehr vor.

**CIL XII 3252**

| | |
|---|---|
| POMPEIA TOUTODIVICIS F(ilia) | Pompeia, Tochter des Toutodivix, |
| C(aio) MARIO C(aii) F(ilio) VOL(tinia tribu) CELSO IIII VIR(o) | dem Gaius Marius, Sohn des Gaius, aus der Tribus Voltinia, Celsus, Quattuorvir. |
| POMPEIA TOUTODIVICIS F(ilia) SIBI ET VIRO SUO | Pompeia, die Tochter des Toutodivix, sich und ihrem Mann. |

Nach dem einfachen Formular, das nur die Inhaber des Grabes im Dativ und die Stifterin im Nominativ nennt, ist dies ein Grabstein aus der frühen Kaiserzeit. Interessant sind ▶

die sozialen Beziehungen, die durch die Namen hindurchscheinen. Pompeia, die Gattin eines *IV-Virn,* trägt zwar einen lateinischen Namen, ihr Vater Toutodivix aber hat nicht nur nicht die *tria nomina,* sondern einen eindeutig keltischen Namen. Ihr Mann hingegen hat das Bürgerrecht von seinem Vater geerbt, und der Name deutet darauf hin, daß seine Familie es schon seit der Zeit um 100 v. Chr. besaß, als Gaius Marius in Gallien gegen die Teutonen Krieg führte. Man kann sowohl die Tochter des Toutodivix als auch ihren Gatten für Angehörige der gallischen, grundbesitzenden Aristokratie halten.

### CIL XII 3247. ILGN 405

| | |
|---|---|
| [D(is) M(anibus) | (Den Manen |
| L(ucii) LUCRETI(i)] | des Lucius Lucretius) |
| HONORATI IIII VIR(i) IURIS | Honoratus, Quattuorvir für die |
| DICUNDI PONTIFIC(is) | Rechtsprechung, Pontifex, |
| PRAEF(ecti) VIGIL(um) ET ARMOR(um) | Präfekt der Wachmannschaften und Waffen, |
| Q(uintus) LUCRETIUS HONORAT(us) | Quintus Lucretius Honoratus |
| PATRI OPTIMO PIETATIS | seinem besten Vater |
| [C(ausa) FEC(it)] | aus Pietät |

Das Gentilnomen des Bestatteten kann man nach dem Namen des Sohnes ergänzen. Vater und Sohn sind außerdem dadurch bezeugt, daß sie ihrer Frau bzw. Mutter Iulia Titullina, die Flaminica Augusta in Cavaillon gewesen war, einen Grabstein setzten (CIL XII 3242). Die Inschrift führt die Ämter des *cursus honorum,* die der Verstorbene bekleidet hat, in absteigender Reihenfolge an. Man muß sie also von unten lesen: Auf die *praefectura vigilum et armorum* folgten das Pontifikat und das Quattuorvirat.

## *Die Kompetenzen der Beamten*

Die Quästoren waren für die Verwaltung der städtischen Finanzen zuständig, die Ädilen hatten die Aufsicht über Tempel und Heiligtümer, Straßen, Kloaken und Bäder, den Markt, Gewichte und Maße sowie die Polizei. In Nîmes könnten aber auch die Präfekten der Wachmannschaften diese Funktion gehabt haben. Die Quattuorvirn hatten weitgestreute Aufgaben: die Bestellung eines Vormundes und die Freilassung von Sklaven, die Abhaltung der Wahlen und vor allem die Rechtsprechung. Bis zu einer festgesetzten Streitsumme konnten Klagen bei ihnen anhängig gemacht werden; dieser

Rahmen konnte in Privatklagen überschritten werden, wenn die Parteien sich einig waren. Für Strafrechtssachen, bes. solche politischer Natur, war hingegen der Statthalter zuständig.[15]

Bei vielen Angelegenheiten waren die Quattuorvirn zur Zusammenarbeit mit dem Stadtrat verpflichtet.

### *Der Stadtrat (ordo decurionum)*

Der Stadtrat war das wichtigste Organ in den Städten, die nach römischem Vorbild organisiert waren. Denn im Gegensatz zu den jährlich wechselnden Beamten blieben die Dekurionen auf Lebenszeit in ihrer Funktion, so daß sich in diesem Gremium Erfahrung und Routine versammelten. Die Zahl der Dekurionen war gesetzlich festgesetzt und richtete sich nach der Größe der jeweiligen Stadt. Für Nîmes kann man in Analogie zu Como oder Ostia mit 100 bis 110 Ratsherren rechnen. Nach dem Vorbild der römischen Ordnung wurde auch in den Städten verschiedener Provinzen die Ergänzung des Rats alle fünf Jahre von Zensoren oder *Duoviri Quinquennales* vorgenommen. Da solche Beamten in Nîmes aber nicht erwähnt sind, kann man annehmen, daß hier die durch Tod oder Ausscheiden aus Altersgründen entstandenen Lücken Jahr für Jahr aufgefüllt wurden. Die Quattuorvirn schlugen dem Rat die Kandidaten vor, der sie dann kooptierte. Dabei griff man auf die früheren Beamten zurück, soweit diese noch nicht im Rat saßen, aber auch Söhne von Dekurionen, die noch kein Amt innegehabt hatten, konnten berücksichtigt werden, wenn ihre Väter bereit waren, das vorgeschriebene Einstandsgeld zu entrichten.

### *Die Geschäftsordnung*

Auch für die Geschäftsordnung des Ordo gingen die Regelungen der Stadtgesetze bis in die Einzelheiten. Einberufung, Leitung der Sitzungen und die Vorlage von Anträgen oblagen den Quattuorvirn. Vielfach war für wichtige Materien ein Quorum vorgeschrieben. Beispielsweise konnten Beschlüsse nur rückgängig gemacht werden, wenn zwei Drittel der Dekurionen anwesend waren und drei Viertel der Anwesenden für die Aufhebung stimmten. Auch die Verausgabung von öffentlichen Geldern war strikt geregelt: Zuwendungen an die Dekurionen und Bürger waren überhaupt verboten; bei Beschlüssen über erlaubte Ausgaben mußten drei Viertel der Ratsherren anwesend sein, die Abstimmung erfolgte schriftlich, und vorher hatte jeder bei

Iupiter, dem Divus Augustus, den anderen vergöttlichten Kaisern, beim Genius des regierenden Kaisers und den Penaten zu schwören, daß er bei seinem Votum in größtmöglicher Weise für die öffentlichen Finanzen der Gemeinde Sorge tragen werde.

Die Protokollierung eines Ratsbeschlusses erfolgte nach einem festen Formular. Einziges Zeugnis aus der Narbonensis ist das Fragment einer Bronzetafel, die 1956 auf dem Territorium der latinischen Kolonie Digne gefunden wurde. Leider ist die Inschrift so sehr verstümmelt, daß sie mehr Fragen aufwirft als beantwortet. Außer den einleitenden Formalien, der Datierung nach den Konsuln, der Liste der Protokollanten und dem Namen des vorsitzenden Duumvirn kann man ihr kaum etwas entnehmen[16].

Die Beamten und der Ordo Decurionum hatten die Verantwortung für die Einkünfte aus den städtischen Liegenschaften, setzten die öffentlichen Spiele und die dafür zu verausgabenden Gelder fest und bestimmten, welche Arbeitsleistungen *(operae)* die einzelnen Bürger zu erbringen hatten. Der Rat beschloß Ehrungen verdienter Persönlichkeiten und vergab den Grund und Boden zur Aufstellung von Ehrenstatuen. Für die Rechtsprechung wurde aus den Dekurionen und anderen vermögenden Personen eine Richterliste *(album)* erstellt, aus der dann die Parteien einen Richter wählen konnten.

## *Honor und munus (Ehre und Bürde)*

Die Beamten und Priester bezogen nicht nur kein Gehalt, sondern hatten die Kosten ihrer Amtsführung großenteils selbst zu tragen. Obendrein erwartete man freigebige Sonderzulagen verschiedener Art von ihnen. Von einem Dekurio verlangte man, daß er jahrelang mit seiner Zeit und seinem Vermögen für die Belange der Stadt in jeder Weise eintrat. Die Ratsherren mußten beispielsweise Gesandtschaftsreisen zum Kaiser, zum Statthalter oder den Patronen übernehmen. Diese waren notwendig, um zwischen den beiden Ebenen der Verwaltung, der städtischen und der staatlichen, den Kontakt zu halten. Auch konnte man hoffen, bei solchen Begegnungen für die Stadt eine Vergünstigung herauszuschlagen. Aber eine längere Abwesenheit aus der Heimat wurde offenbar als lästig empfunden. Um die Strapazen wenigstens angemessen zu verteilen, sollten in Irni die Duumvirn die Dekurionen in drei Abteilungen einteilen, aus denen im Wechsel die Gesandten ausgewählt wurden. Zur Deckung der Unkosten stand ein Zuschuß aus der Stadtkasse zur Verfügung; ihn anzunehmen wäre freilich kleinlich gewesen.

Für das Verständnis dieser Einrichtungen muß man von modernen Verhältnissen völlig absehen. Heute ist es selbstverständlich, daß der Staat und die Städte von ihren Bürgern Steuern einziehen und daß die öffentliche Hand für den Straßenbau, die Polizei, die Schwimmbäder, die Besoldung der Beamten usw. aufkommt. Die Bewohner der römischen Provinzen zahlten Steuern an den römischen Staat, denn sie waren seine Untertanen. Grund und Boden außerhalb Italiens galt rechtlich als Eigentum des römischen Volkes *(dominium populi Romani)*. In den Städten hingegen herrschte ein grundlegend anderes System: Nicht indem er einen bestimmten Anteil seines Vermögens oder seiner Einkünfte abführte, sondern indem er selbst sich mit seiner Person und seinem Vermögen zur Verfügung stellte, beteiligte sich der Bürger an den öffentlichen Aufgaben. Als die Athener 510 v. Chr. ihren Tyrannen vertrieben hatten, vertrugen sich direkte Steuern nicht mit der neugewonnenen Freiheit. An ihre Stelle traten die Liturgien: Da die Athener die Aufführung von Tragödien, die vorher der Tyrann organisiert hatte, nicht missen wollten, bürdeten sie einzelnen wohlhabenden Bürgern die Choregie auf, das heißt die Pflicht, die Kosten für die Aufführung zu übernehmen. Ähnlich verfuhr man mit der Flotte, die für den Krieg gegen die Perser benötigt wurde. Der Staat ließ die Schiffe bauen, die Ausrüstung und Instandhaltung mußten wiederum reiche Bürger übernehmen (Trierarchie). In diesem System lag ein großes Moment von Freiheit, denn bis zu einem gewissen Grade überließ die Stadt dem einzelnen die Entscheidung, wofür er sich einsetzen wollte. Die Liturgie gut durchgeführt zu haben, brachte Ehre ein.

Andererseits war es keine Frage, daß jeder Einwohner nach Maßgabe seiner wirtschaftlichen Kräfte und körperlichen Fähigkeiten öffentliche Lasten *(munera)* übernehmen *mußte.*[17] Dies ist das Grundprinzip des antiken städtischen Lebens schlechthin. Nicht die öffentliche Hand heizte die Thermen oder hielt die Wasserleitungen instand, sondern einzelnen wurde diese Aufgabe als *munus* auferlegt. Die Anlieger waren für den Unterhalt der Straßen, die Durchführung von Transporten und die Aufnahme von durchreisendem staatlichen Personal und sogar Truppen zuständig *(hospitium)*, alle Bürger hatten für öffentliche Bauten Tagewerke *(operae)* zu erbringen, und die Vermögenden mußten eben turnusmäßig die Aufgaben der Stadtverwaltung übernehmen. Belohnt wurden sie mit öffentlicher Anerkennung *(honor* und *dignitas)*. Wie ihre Kollegen in Rom hatten auch in den Provinzstädten die Dekurionen einen Anspruch auf Ehrensitze im Theater, und die Beamten wurden, wenn sie öffentlich auftraten, von Liktoren mit *fasces*, sowie Herolden und anderen Amtsdienern begleitet. Für eine uneigennützige oder gar großzügige Amtsführung wurden sie vom Stadtrat mit einer Statue und einem Dekret geehrt, das ihre Verdienste verewigte.

Trotz der Belastungen gab es Bewerber, die sich nichts sehnlicher wünschten als die Aufnahme in den Stadtrat. In Vienne stifteten die Zwillingsbrüder *Sexti Coelii Canus* und *Niger,* die zwar die Quästur bekleidet, aber trotz ihres fortgeschrittenen Alters von 77 Jahren nicht den Sprung in den Stadtrat geschafft hatten, eine silberne Statue der Göttin Vienna, um endlich Dekurionen zu werden. Dafür gaben sie 200 000 Sesterzen aus, die höchste Summe, die in der gesamten römischen Welt für eine Statue belegt ist. (CIL XII 5864. ILN V 72).

## Die Ehrung einer Priesterin

Auch die Frauen waren Teil dieses Systems. Politische Ämter waren ihnen zwar nicht zugänglich, aber sie konnten Priesterin der Kaiserin werden. Indelvia Varilla – ihr Gentilnomen ist nur in diesem einen Fall bezeugt – hatte bei ihrer Bewerbung um das Flaminat anstelle der *summa honoraria* eine versilberte Statue versprochen und dies Versprechen auch eingehalten. Dafür wollte sie der Ordo auf Kosten der Stadt mit einer Statue ehren. Sie bewies erneut ihre Großzügigkeit, indem sie ihre Ehrung aus eigenen Mitteln bezahlte.

Die Inschrift wurde zusammen mit mehreren anderen 1975/76 bei der Erweiterung des Justizpalastes gefunden. Dieser steht über einer spätantiken 5 m dicken Mauer, in die Grabsteine, Architekturteile älterer Gebäude und die Sockel von Statuen verbaut sind. Die Mauer diente als zusätzlicher Schutz für die befestigte Wohnstadt, die sich im Amphitheater eingenistet hatte.[18]

▶ *siehe den Stadtplan S. 237*

### AE 1982,682

| | |
|---|---|
| INDELVIAE T(iti) FIL(iae) | Der Indelvia, Tochter des Titus, |
| VALERILLAE | Valerilla, |
| FLAMINICAE | Flaminica |
| PERPETUAE | auf Lebenszeit, |
| QUAE PRO EO HONORE | die für diese Ehrenstellung |
| STATUAM ARGENTEAM CUM | eine silberne Statue mit |
| BASI EX HS L M(ilibus) N(ummum) | ihrer Basis im Gewicht von 50 000 Sesterzen |

| | |
|---|---|
| IN BASILICA POSUIT | in der Basilika aufstellte. |
| OB QUAM MUNIFICENTIAM | Wegen dieser Freigebigkeit |
| ORDO SANCTISSIMUS | hat der heiligste Ordo |
| STATUAM EI PONENDAM | die Aufstellung einer Statue |
| DE PUBLICO DECREVIT | aus öffentlichen Mitteln für sie beschlossen. |
| QUAE HONORE CONTENTA | Sie hat, mit der Ehrung zufrieden, |
| IMPENDIUM REMISIT | die Aufwendung (für die Statue) erlassen |

HS ist die Abkürzung für *sestertium*, der Querstrich bedeutet 1000, die Statue kostete also 50 000 Sesterzen.

### *Ehrendekurionen*

Auch Personen, die nicht zum Dekurionat verpflichtet waren, erstrebten die Aufnahme. Auch die Ratsherren selbst hatten angesichts der vielen Verpflichtungen das größte Interesse daran, daß der Stadtrat gut besetzt war. Zusätzlich zu den gesetzlichen Mitgliedern konnte der Ordo Dekurionen *honoris causa* ernennen und ihnen die Abzeichen der Würde *(ornamenta decurionatus)* durch Beschluß zuerkennen. Auch in diesem Fall wurde mindestens die *summa honoraria* fällig. Solche Ehrenstadträte rekrutierten sich aus zwei grundverschiedenen gesellschaftlichen Strata.

**CIL XII 3200. WI Nr. 218**

| | |
|---|---|
| MEMORIAE | Zum Andenken |
| M(arci) ATTI(i) M(arci) FIL(ii) | des Marcus Attius, Sohn des Marcus, |
| VOLT(inia tribu) | aus der Tribus Voltinia, |
| PATERNI EQUO PUBLIC(o) | Paternus, mit dem Ritterpferd |
| HONORATO ITEM DECU | ausgezeichnet, desgleichen Stadtrat |
| RIONI COL(onia) APOLLINARE | in der Colonia Apollinaris |
| REIORUM DECURIONI | Reiorum, Ehrenstadtrat in der |
| ORNAMENTARIO COL(onia) AUG(usta) | Colonia Augusta |
| NEMAUSI AN(num) XXV AGENTI | Nemausus, der im 25. Lebensjahr stand, |
| COELIA SEX(ti) FILIA | Coelia, die Tochter des Sextus, |
| PATERNA | Paterna |
| FILIO PIISSIMO | ihrem liebsten Sohn |

Der junge Mann muß einem begüterten Hause in Riez entsprossen sein, denn er konnte sich die Zugehörigkeit zum Stadtrat gleich in zwei Orten leisten, und er erlangte die Ehren zum frühestmöglichen Zeitpunkt. Vom Kaiser wurde er in den Ritterstand erhoben. Man kann vermuten, daß seine Familie Liegenschaften in Riez und bei Clarensac im Territorium von Nîmes besaß, wo der aufwendig verzierte Grabstein gefunden wurde (CAG 30,2 Nr. 082,3*).

**CIL XII 3203. WI Nr. 220**

| | |
|---|---|
| C(aius) AURELIUS | Gaius Aurelius |
| PARTHENIUS | Parthenius, |
| ORNAMENTIS DEC(urionalibus) | mit den Insignien eines Ratsherrn |
| HONORATUS COL(onia) AUG(usta) | geehrt in der Colonia Augusta |
| NEMAUSI IIIIII VIR AUG(ustalis) | Nemausus, Sevir Augustalis |
| COL(onia) COPIA CLAUD(ia) | in der Colonia Copia Claudia |
| AUG(usta) LUGUD(uno) | Augusta Lugudunum, |
| ITEM NARBONE MARTIO | ebenso in Narbo Martius und |
| ET FIR(ma) IUL(ia) SECUND(anorum) | Firma Iulia Secundanorum |
| ARAUSIONE | Arausio |
| ET FORO IULII PACATO | und in Forum Iulii Pacatum. |
| UBIQUE GRATUITIS HONORIBUS | Überall mit unentgeltlichen Ehren |

Nach seinem griechischen Beinamen und der Funktion des Sevir Augustalis zu schließen, war der Geehrte Freigelassener, sehr auf sein Renommee bedacht und offensichtlich steinreich. Denn um ohne die Zahlung der *summa honoraria* zum Sevir ernannt zu werden, mußte man selbstverständlich ganz besonders großzügig sein. Die Erwähnung von Lyon und Narbonne läßt an Aktivitäten im Handel denken. In dieselbe Kategorie gehören in Nîmes mindestens 10 weitere Ehren-Dekurionen, von denen die meisten zugleich Seviri Augustales waren.

## Die Schauspiele

Der größte Posten im städtischen Etat waren die Spiele. Davon gab es drei Arten, die jeweils an einen bestimmten Bautypus gebunden waren. Die *munera gladiatoria* fanden im Amphitheater statt, die Wagenrennen im Zirkus. Während in Nîmes bislang keine Spuren eines Zirkus gefunden wurden, sind in Arles außer dem 1676 im Stadtzentrum aufgestellten Obelisken die Substruktionen für die Zuschauertribünen teilweise erhalten und vor dem

▶ *siehe auch S. 357ff.*

neuen Museum zu sehen. In Vienne wird die Existenz eines Zirkus durch die »Pyramide« bezeugt, die Namenspatronin des einst berühmten Restaurants von Fernand Point.

Das Theater war der Ort der Bühnenschauspiele *(ludi scaenici)*. Diese waren wie in Rom Teil des städtischen Kultes und ihre Durchführung deshalb obligatorisch. Die Verfassung der caesarischen Kolonie Urso (in Spanien) ordnete eine Mischfinanzierung an: Die Duumvirn sollten der Stadtkasse 2000 Sesterzen entnehmen und aus eigenen Mitteln dieselbe Summe hinzulegen, um für die kapitolinische Trias und die übrigen Götter und Göttinnen viertägige Spiele zu veranstalten (ILS 6087,70). Ein ähnliches Verfahren könnte auch für Nîmes gegolten haben, allerdings wohl mit wesentlich höheren Summen. Zusätzlich zu den gesetzlich festgesetzten konnten Schauspiele von freigebigen Beamten und privaten Wohltätern veranstaltet werden.

*Der Obelisk vor dem Hôtel de Ville in Arles. Er stammt von der spina des Zirkus, der steinernen Mittelachse, welche die Rennbahnen voneinander trennte.*

Die antiken Theater hatten keinen kontinuierlichen Spielplan und kein festes Ensemble. Der Veranstalter mußte sich selbst darum kümmern, aus den überregional organisierten Schauspielervereinigungen das benötigte Personal zu engagieren. Oft unterhielten reiche Privatleute zur Bereicherung ihrer häuslichen Feste auch eigene Schauspieltruppen, auf die man zurückgreifen konnte.[19]

Auf den Bühnen der kaiserzeitlichen Städte wurden nicht mehr Komödien und Tragödien im alten Stil aufgeführt, sondern zwei jüngere Gattungen, die sich großer Beliebtheit erfreuten: Mimus und Pantomimus. Der Pantomimus stammte aus dem hellenistischen Osten und war in der Zeit des Augustus auch in Rom in Mode gekommen. Er griff auf die bekannten Stoffe des Mythos und der Tragödie zurück, doch war die Handlung in einzelne Szenen zerlegt, die von einem Solotänzer (ebenfalls Pantomimus genannt) dargestellt wurden, indem er beispielsweise für das »Urteil des Paris« die Dialoge der Göttinnen mit dem trojanischen Prinzen durch Gesten und Gebärden veranschaulichte. Die Wirkung steigerten prunkvolle Kostüme und die musikalische Untermalung durch Chorsänger und Musikvirtuosen.[20]

Die Schauspieler waren in aller Regel Sklaven und Freigelassene. Ein Freier hätte kaum die Mühen der jahrelangen Ausbildung auf sich genommen, zumal der Beruf nicht angesehen war. Trotzdem stiegen einige Pantomimen zu Reichtum und weltweitem Ruhm auf. Sie trugen Künstlernamen, die immer wieder auf berühmte Vorgänger zurückgriffen, zum Beispiel sind sieben Schauspieler mit dem Namen Pylades bekannt. Auch der Knabe Septentrio (Polarstern) hieß nach einem älteren berühmten Pantomimus, einem Freigelassenen des Kaisers Mark Aurel und seiner Frau Faustina.

**CIL XII 188. ILN II (Antibes) 23**

| | |
|---|---|
| D(is) M(anibus) | Den Manen |
| PUERI SEPTENTRI | des Knaben Septentrio, |
| ONIS ANNOR(um) XII QUI | 12 Jahre alt, |
| ANTIPOLI IN THEATRO | der in Antipolis im Theater |
| BIDUO SALTAVIT ET PLA | an zwei Tagen tanzte und |
| CUIT | gefiel |

*Puer* kann hier in seinen beiden Bedeutungen, als Knabe wie als Sklave, verstanden werden. Die schon im 16. Jahrhundert bekanntgewordene Inschrift hat durch ihre Kürze und lapidare Sprache die Interpreten gerührt, die im Schicksal dieses Sklavenkindes die Härte des Lebens in der römischen Welt zu spüren meinten. Ein anderer Zug, der Interesse hervorgerufen hat, sind die Worte »er tanzte und gefiel«, die wohl dem Milieu des Theaters angehören und sich gleichlautend in den Evangelien finden, wenn vom Tanz der Salome vor Herodes berichtet wird (Markus 6,22. Matthäus 14,6).

## *Griechische Spiele (Agone) in Nîmes und Vienne*

Der Grabstein des Sergius Respectus, der 1968 bei den Erdarbeiten für das Stauwerk von Vallabrègues, nördlich von Beaucaire, gefunden wurde, weist ein in den lateinischen Inschriften ungewöhnliches Amt aus. Der Bestattete war *agonothétes* (von gr. *agón*: Veranstalter von Theaterwettkämpfen).[21] Die Stadt Nîmes leistete sich nämlich den Luxus, außer den Spielen nach römischer Tradition auch musische Agone (Theaterwettkämpfe) zu veranstalten, wie sie im hellenistischen Osten üblich waren. Mehrere fragmentarisch erhaltene Inschriften, die in der Nähe des Theaters im *Jardin de la Fontaine* gefunden wurden, gehören in diesen Kontext. Angehörige einer in Neapel ansässigen Schauspielervereinigung (der heiligen Synode der Synagonisten des Dionysos) setzten zu Ehren des Quattuorvirn Titus Iulius Dolabella ein längeres Ehrendekret in griechischer Sprache auf (CIL XII 3232 und IGR 17). Weitere griechische Dekrete stammen von dem in Nîmes ansässigen lokalen Ableger der heiligen, weltweiten »Künstlervereinigung der Techniten des Dionysos und des Kaisers Traian«, die ihren Hauptsitz in Rom hatte (IGR 18. 19). Ein Fragment erwähnt die Mitwirkung kleinasiatischer Künstler: eines Komödienschauspielers aus Tarsos und eines Flötenspielers aus Tralleis (IGR 21).

In Vienne gab es zeitweilig einen gymnischen Agon. Einem Brief des jüngeren Plinius ist zu entnehmen, daß er von einem der Duumvirn aufgehoben wurde, was zu einer – wahrscheinlich von dessen innerstädtischen Gegnern erhobenen – Beschwerde beim Kaiser und einer Verhandlung im *consilium* Traians führte. Es wurde beschlossen, den Agon aufzuheben, der die Sitten der Viennenser verseucht hatte (*placuit agona tolli qui mores Viennensium infecerat*; Plin. epist. 4,22,1 und 7).

## Außerordentliche Ehrungen – ein Krisenzeichen

Zwei Inschriften aus der zweiten Hälfte des 2. Jhs. werfen ein Licht auf die finanziellen Nöte der Spieleveranstalter. Die Stadtaristokratie sah sich zu außerordentlichen Ehrungen von Personen genötigt, die sie nicht gern in ihren Reihen duldete, von deren Großzügigkeit sie aber abhängig war.

In der ersten Inschrift ehrte ein Freigelassener seine Patronin Attia Patercla, Tochter des Lucius, die der allerheiligste Stadtrat *(sanctissimus ordo)* zur *flaminica perpetua* (auf Lebenszeit) ernannt hatte. In Ansehung der Verdienste ihres Vaters war ihr die *summa honoraria* erlassen worden. Lucius Attius hatte nämlich außer anderen Aufwendungen der öffentlichen Kasse der *Seviri Augustales* ein Legat von 300 000 Sesterzen vermacht. Das Geld sollte in einer Stiftung angelegt werden, um aus den Erträgen die Spiele der *Seviri* für alle Zukunft zu finanzieren *(ad ludos sevirales in perpetuum celebrandos)*. Bei einer Rendite von 5% standen 15 000 Sesterzen pro Jahr zur Verfügung, was eine Vorstellung von den Erwartungen erlaubt, mit denen die Spielgeber konfrontiert waren. Daß in Nîmes auch die Sevirn Spiele veranstalteten, wurde erst durch diese Inschrift bekannt. Der reiche und verdienstvolle Vater der

Patercla war vermutlich Freigelassener und vielleicht Sevir, dem auf Grund seines Status der Zugang zu einer glanzvollen städtischen Laufbahn verwehrt war (AE 1982,680). In demselben sozialen Umfeld bewegt sich die Ehrung des Quintus Avilius Sennius Cominianus. Wiederum geht es eigentlich um den Vater, der für die großzügige Ausstattung der Spiele gesorgt und den Beamten Darlehen gewährt hatte (AE 1982, 681).

### AE 1982, 681

| | |
|---|---|
| ORDO SANCTISSIM(us) | Der allerheiligste Stadtrat |
| Q(uinto) AVILIO Q(uinti) F(ilio) SENNIO | dem Quintus Avilius, Sohn des Quintus, Sennius, |
| PALATINA (tribu) COMINI | aus der Tribus Palatina, |
| ANO IN HONOREM PA | Cominianus, zur Ehre seines Vaters |
| TRIS EIUS Q(uinti) AVILI(i) HYACIN | Quintus Avilius Hyacinthus, |
| THI QUOD IS PRAETER LIBERA | weil dieser außer der Großzügigkeit |
| LITATES SPECTACULORUM QUAE | der Spiele, die er aus eigenem |
| SPONTE EDIDIT VEL POSTULATA | Antrieb veranstaltete oder, wenn sie gefordert wurden, |
| NON NEGAVIT VELIS NOVIS SUM | nicht ablehnte, wobei er neue Sonnensegel auf seine |
| PTU SUO IN THEATRO POSITIS CUM | Kosten im Theater anbringen ließ, mitsamt |
| SUIS ARMAMENTIS SAEPE PECUNIA | ihrer Takelage, und (auch) häufig Darlehen, |
| MUTUA QUAE A MAGISTRATIBUS | die von den Beamten |
| PETEBATUR DATA ACTUM PUBLICUM | erbeten wurden, auslieh, zur Unterstützung |
| IUVERIT | des öffentlichen Lebens beigetragen hat. |

Quintus Avilius, Vater und Sohn, gehören zur *tribus Palatina,* einer der vier stadtrömischen Tribus, in die seit dem Ende des 4. Jhs. v. Chr. die freigelassenen Neubürger eingeschrieben wurden. Für den Vater würde man auch aus seinem griechischen Cognomen Hyacinthus auf den Freigelassenenstatus schließen. Da der Sohn zwei Gentilnamen führt, könnte einer von ihnen vom Namen der Mutter abgeleitet sein. Wenn diese Sennia geheißen hat, ein Name mit keltischer Wurzel, würde das die Hypothese erlauben, daß der reiche Freigelassene Avilius Hyacinthus in eine einheimische Familie eingeheiratet hätte. Beruflich könnte er mit dem Großhandel oder dem Bankwesen zu tun gehabt haben. Auffällig ist allerdings, daß er zu keiner Korporation Beziehungen unterhalten zu haben scheint. Ein Grund für die großzügigen Geschenke an die Bürger wird jedenfalls nicht angegeben.

In beiden Inschriften kommt zum Ausdruck, wie sehr die Honoratioren infolge der Notwendigkeit, Unsummen für den Unterhalt des Theaters und die Spiele auszugeben, gegen ihr traditionelles Selbstverständnis handeln mußten. Die Beamten verschuldeten sich bei einem reichen Aufsteiger, sie mußten noch froh sein, wenn er ihrer Bitte, ihnen Geld vorzuschießen, entgegenkam. Immerhin wirkten denkbare Vorbehalte gegen unfreie Geburt insoweit noch nach, als nicht die Emporkömmlinge, sondern erst ihre Kinder geehrt wurden. Die eine wurde ohne Zahlung der *summa honoraria* zur Flaminica erhoben, der andere war wohl noch zu jung, um ein öffentliches Amt zu bekleiden.

### *Die Curatores rei publicae*

Man kann den Eindruck, den die Inschriften erwecken, verallgemeinern, denn es gibt im 2. Jh. auch andere Anzeichen für finanzielle Krisen. Vielerorts gerieten die städtischen Haushalte in Unordnung, weil die zur Verfügung stehenden Mittel mit den Aufwendungen nicht Schritt hielten. Kaiser Traian sah sich daher zu verschiedenen Eingriffen in die Autonomie der Städte genötigt. So entsandte er den jüngeren Plinius, einen ausgewiesenen Finanzfachmann, in die unruhige Provinz Pontus-Bithynien. Dessen Eingaben an den Kaiser enthüllen geradezu alarmierende Zustände: Die Rechnungsbücher wurden nicht ordentlich geführt, Außenstände nicht eingetrieben und allenthalben Ausgaben getätigt, für die keine Deckung vorhanden war. Die Ursache waren die Rivalitäten der städtischen Honoratioren und der Wetteifer der Städte, die mit prächtigen Spielen und repräsentativen Bauten die Nachbarn zu übertreffen suchten. Plinius hatte den Auftrag, überall die Rechnungsbücher zu prüfen und bei Unregelmäßigkeiten die Schuldigen zur Rechenschaft zu ziehen.[22] Städtische Bauprojekte bedurften zukünftig grundsätzlich einer ausdrücklichen kaiserlichen Genehmigung.

Ein anderes Mittel, die Aufsicht über die Städte zu intensivieren, war die Entsendung von *Curatores rei publicae,* die den städtischen Organen bei der Regulierung ihres Haushalts auf die Finger sehen sollten.[23] Die Staatskommissare waren angesehene Persönlichkeiten, wie der römische Ritter und Bürger aus Nîmes Quintus Soillius Valerianus, dessen Statue in der Ostporticus des *Jardin de la Fontaine* aufgestellt wurde (CAG Nr. 130,1).

**CIL XII 3275 *ET ADD. P.* 837.**

| | |
|---|---|
| Q(uinto) SOILLIO T(iti) FIL(io) | Dem Quintus Soillius, Sohn des Titus, |
| VOL(tinia tribu) VALERIANO | aus der Tribus Voltinia, Valerianus, |
| EQUUM P(ublicum) HABENTI | der das Ritterpferd besitzt, |
| OMNIB(us) HONORIB(us) | alle Ämter |
| DOMI ET PROVINC(iae) | in seiner Vaterstadt und das provinziale |
| FLAMON(io) FUNCTO | Flaminat verwaltet hat, |
| CURATORI CABELL(ionensium) | Kurator der Bürger von Cavaillon, |
| AVENNIENS(ium) FORO | Avignon und Fréjus – |
| IULIENS(ium) APTENSES | die Bürger von Apt |
| PATRONO | ihrem Patron |

Wie die früher konzipierte Inschrift CIL XII 3274 angibt, hatte Soillius Valerianus in Nîmes als *praefectus vigilum et armorum,* Pontifex und *IV-Vir ab aerario* den *cursus honorum* durchlaufen. Danach wurde er zum Provinzialpriester gewählt und vom Kaiser als *Curator rei publicae* in die Städte Cavaillon, Avignon und Fréjus entsandt. Worin seine Verdienste gegenüber den Bürgern von Apt bestanden, die ihn zum Patron ernannten, bleibt unbekannt (Pflaum, Fastes 99).

Im ausgehenden 2. Jh. mehrten sich die Eingriffe in die städtische Autonomie. Die *curatores,* anfangs nur sporadisch eingesetzt, wurden zur stehenden Einrichtung. Die Juristen der Severerzeit verwandten viel Mühe darauf, zwischen *honores* und *munera* zu unterscheiden und akribisch die unterschiedlichen *munera* festzulegen. Doch blieben die Grundsätze der städtischen Autonomie und des Honoratiorenregiments bis in die 2. Hälfte des 3. Jhs. erhalten.

## Das Schicksal von Nîmes in der Spätantike

Das von der Mauer umgebene Stadtgebiet war so großzügig bemessen, daß es von Anfang an nicht überall gleichmäßig besiedelt war. Ausgrabungen, die in den letzten 30 Jahren im Zusammenhang mit größeren Neubauprojekten durchgeführt werden konnten, haben gezeigt, daß schon im Lauf des 2. Jhs. einzelne Wohnquartiere aufgegeben wurden, und zwar sowohl in der Ebene (unter der *Villa Roma* unmittelbar neben dem *Jardin de la Fontaine*) als auch an den südlichen und südöstlichen Hängen des Mont Cavalier. Während im 2. Jh. verschiedene Wohnhäuser mit Wandmalereien und Mosaiken luxuriöser ausgestattet wurden, stellen die Archäologen für das 3. und 4. Jh. in den untersuchten Privathäusern eine gewisse Verarmung fest. Neue öffentliche Gebäude wurden nicht mehr errichtet, aber man sorgte für die Erhaltung der Bausubstanz, wie auch die Abwässerkanäle weiter instandgehalten wurden. Der Aquädukt war schon im 3. Jh. zeitweilig unterbrochen, wurde aber im 4. Jh. wieder in Funktion gesetzt.

Tiefgreifende Veränderungen der urbanen Topographie sind im 4. und 5. Jh. zu beobachten. Viele Wohnquartiere wurden aufgegeben. Am besten untersucht ist das Areal der *ZAC des Halles* (südlich des *Boulevard Gambetta*),

*Das in eine Festungsstadt verwandelte Amphitheater von Arles; nach einer Abbildung in Antiquité des Gaules von Roger de Gaignières (1666).*
*Auch in Nîmes wurde aus dem Amphitheater eine Festung, und zusätzlich wurde die oben erwähnte Verteidigungsmauer gebaut. Als 673 der Gotenkönig Wamba in Nîmes einen untreuen Vasallen belagerte, war die Arena mit Häusern und einer Kirche bebaut. Seit König Franz I. 1533 die Stadt besucht hatte, wurde immer wieder erwogen, das Amphitheater freizulegen, aber noch 1785 lebten dort 720 Personen in 139 Häusern. Erst 1811/12 wurden alle nachantiken Einbauten entfernt, aber auch damals noch die großen Blöcke der Sitzstufen, nicht etwa für die Restaurierung, sondern anderweitig als Baumaterial verwandt (CAG Nr. 311 und 314).*

wo die Wohnhäuser bis ins 5. Jh. kontinuierlich bewohnt waren. Im 5. Jh. wurden die *Porte du Cadereau* und die repräsentativen Bauten neben der *Maison Carrée* völlig zerstört. Die Bevölkerung zog sich in die Festung des Amphitheaters und den »*écusson médiéval*« (»mittelalterlicher Schild«) zurück, der im 12. Jh. befestigt wurde und heute von den großen Boulevards umgeben ist. Der erste Bischof ist erst durch ein Konzil bezeugt, das 394 oder 396 in Nîmes stattfand. Die erste Bischofskirche wird in der Nähe der heutigen Kathedrale vermutet, ist aber erst in karolingischen Texten erwähnt. Die ersten Kirchen in den außerhalb der antiken Stadt gelegenen Nekropolen wurden über den Gräbern der Märtyrer Perpetua und Baudilus errichtet.

▶ *siehe den Stadtplan S. 237*

Die Verarmung, deren Kennzeichen auch das Aufhören der Epigraphik ist, wird man mit den Germanen in Zusammenhang bringen dürfen. 407 wurde Nîmes von den Vandalen geplündert, 412 erschienen die Westgoten in Südgallien, 471 kam die Stadt unter ihre Herrschaft. Nach der Schlacht von Vouillé 507 wurde Nîmes von den Franken unter König Chlodwig eingenommen, ein Jahr später von den Goten zurückerobert, die sich jahrelang hartnäckig gegen die Franken verteidigten. Ucetia (Uzès) hingegen, das im 4. Jh. als *Castrum Ucetiense* aus der Civitas Nemausus herausgelöst und selbständig worden war, gehörte nach 507 zum Frankenreich. Man kann sich unschwer vorstellen, welche Verheerungen mit den verschiedenen Herrschaftswechseln für die Menschen in Stadt und Umland verbunden waren. Damals wurde der Aqädukt, der durch das zwischen Franken und Goten umstrittene Gebiet führte, zum Steinbruch.

# KAPITEL VIII Die gallo-römische Gesellschaft

## Die wirtschaftlichen Grundlagen

### *Allgemeine Überlegungen*

Wer sich mit der Wirtschaft eines zeitgenössischen Landes befaßt, würde wahrscheinlich mit statistischen Angaben beginnen: Größe der Gesamtbevölkerung, Bruttosozialprodukt, Konjunkturentwicklung, Handelsbilanz etc. Für die Antike fehlt es an Quellen für diese ökonomischen Grundtatbestände. Die römischen Zensoren erhoben die Daten, die erforderlich waren, um die Bürger in die Stimmkörper und militärischen Einheiten einzugruppieren, aber an einer weitergehenden statistischen Auswertung war niemand interessiert. Die antiken Staaten griffen mit wenigen Ausnahmen nicht in die ökonomischen Abläufe ein. Alles, was unsere Medien füllt, Börsenberichte, Insolvenzen, Arbeitslosenstatistik und Wachstumsraten, muß man sich wegdenken. Was übrigbleibt, sind allgemeine Räsonnements wie: Die gallischen Aristokraten waren sprichwörtlich reich. Sie müssen Grundbesitzer gewesen sein. Aber wo ihre Güter lagen, wie groß sie waren, wer sie bewirtschaftete, ob freie Pächter oder Sklaven – wir wissen es nicht. 80–90% der Bevölkerung lebte auf dem Land. Sie waren Bauern und Kleinbauern, die im wesentlichen Subsistenzwirtschaft betrieben und nur sehr eingeschränkt am Marktgeschehen teilnahmen. Mithin war die Wirtschaft nur zum geringeren Teil monetarisiert. In den Städten gab es zwar Handwerker, die für den Bedarf ihrer Mitbürger arbeiteten, aber der städtische Reichtum, von dem heute noch die prächtigen Bauten in den Städten zeugen, wurde auf dem Lande erwirtschaftet. Dies sind Annahmen, die sich letztlich nicht anhand von Quellen verifizieren lassen.[1]

### *Handwerk und Gewerbe*

In Gallien hat zweifellos die Romanisierung grundlegende Änderungen bewirkt. In den Oppida haben wir die Ein-Raum-Häuser kennengelernt, in denen sich die soziale Differenzierung nicht in Form von Wohnluxus widerspiegelte. Jeder Familienvater konnte sein Haus selbst bauen. In der Hohen Kaiserzeit wurden selbst einfache Bauernhäuser mit Ziegeln gedeckt, die in Werkstätten hergestellt und gekauft werden mußten. Schon seit der ausgehenden Republik lassen sich Anzeichen eines demonstrativen Konsums feststellen. Die Wohnhäuser begannen, sich in Plan und Ausstattung zu unterscheiden. Die Wohnräume der Wohlhabenden gruppierten sich nach mediterranem Vorbild um einen Innenhof mit Galerie. Wer es sich leisten konnte, legte mehrere Peristyle hintereinander an, baute nicht mehr mit Bruchsteinen, sondern behauenen Quadern, ließ von weither kostbares Material kommen und wollte auch auf den Luxus privater Thermen nicht verzichten. Der neue Bedarf muß eine Vielzahl neuer Berufe hervorgebracht haben: Steinmetze, Stukkateure, Mosaizisten, Freskomaler, Transportunternehmer usw.

Nicht geringer waren die Veränderungen in der alltäglichen Lebensführung. Während in den protohistorischen Häusern keinerlei Möbel gefunden wurden und das Leben sich auf dem Boden abspielte, tauchen seit dem frühen 1. Jh. v. Chr. in den Gräbern Öllampen und bronzene Kandelaber auf.

*Die Thermen im »Haus des Delphins« in Vaison-la-Romaine. Auch für den archäologischen Laien sind Thermen leicht zu identifizieren, wenn, wie hier, von den Vorrichtungen für die Fußbodenheizung (Hypokausten) die Ziegelpfeiler erhalten sind.*

*Eine Vitrine im Museum von Aoste. Der Vicus Augustus, eine Station an einer wichtigen Straßenkreuzung, wurde zum Töpferdorf, in dem einheimische Werkstätten die Importkeramik nachahmten.*

Bevor man sie den Toten mitgab, werden die Lebenden sie benutzt haben. Betten lassen sich an Beschlägen aus Metall oder Knochen nachweisen, ein Wandel der Bekleidung wird durch das weitgehende Verschwinden von Fibeln signalisiert, mit denen die weiten Gewänder der vorrömischen Zeit zusammengehalten wurden. In den Vitrinen der Museen sind zahlreiche aus Knochen geschnitzte kleine Objekte ausgestellt, ebenso Nägel, Schlösser und Schlüssel.[2]

Auch die Gebrauchskeramik und die Eßgewohnheiten änderten sich. Zerealien wurden nicht mehr nur als Brei verzehrt, sondern zu Brot gebacken. Man benötigte plötzlich Mörser. Olivenöl ersetzte das Schweineschmalz. Wein, Öl, Fischsauce *(garum)* wurden in Amphoren und Krügen aus Spanien, Italien und Griechenland importiert.

Es muß also in den Städten Handwerker und Werkstätten gegeben haben. Doch sind sie nur schwer nachzuweisen, denn mit Ausnahme der Keramikproduktion, der Eisengewinnung und Metallverarbeitung haben Handwerksbetriebe nur geringe Spuren hinterlassen. Die archäologischen Zeugnisse werden durch epigraphische ergänzt, wenn den Namen von Bestatteten eine Berufsangabe hinzugefügt ist. In Narbonne belegen Grabinschriften Betriebe für Metall-, Holz- und Steinverarbeitung, Keramik- und Textilproduktion.[3]

### *Der Aquädukt und die Mühle von Barbegal*

Wahrscheinlich in der ersten Hälfte des 1. Jhs. n. Chr. bauten die Arlesier einen Aquädukt, der das Wasser von den Nordhängen der Alpillen in der Gegend von Eygalière und St. Rémy sammelte. Er umrundete bei St. Gabriel die westlichen Ausläufer des Gebirges und traf südlich von Fontvieille in einem Sammelbecken *(bassin de convergence)* auf eine zweite, kürzere Leitung aus den südlichen Hängen der Alpillen. Von dort lief der Aquädukt 325 m, teils über einer Stützmauer, teils auf Pfeilern, durch eine Senke *(Vallon des Arcs)* und bog vor dem *Chaînon de la Pène,* dem letzten Kalkriegel vor der Ebene, nach Westen ab, um in das 17 km entfernte Arles zu gelangen.

In der ersten Hälfte des 2. Jhs. wurde das *bassin de convergence* so umgebaut, daß die südliche Leitung separat, parallel zur älteren, durch das *Vallon des Arcs* geführt und zum Antrieb einer wohl gleichzeitig auf dem Südhang des *Chaînon de la Pène* gebauten Mühlenanlage genutzt wurde. Dazu wurde der Kalkfelsen durchbrochen, um das Wasser in hölzernen Laufrinnen von oben auf 16 Mühlräder führen zu können. Sie waren in je acht übereinander liegenden Radkammern symmetrisch rechts und links von einer breiten Treppe angebracht. Die Mahlkammern befanden sich jeweils zwischen der Treppe und den Mühlrädern. Das gesamte Areal von 61 m × 20 m war mit einer Mauer eingefaßt.

Die Mühle war bis in das letzte Viertel des 3. Jhs. in Funktion, danach gab es vielleicht bis zum Ende des 4. Jhs. noch eine reduzierte Tätigkeit. Diese Daten beruhen auf neueren Forschungen in den neunziger Jahren und stützen sich auf Kalkablagerungen, Münzfunde und Tausende von Keramikscherben.[4]

Die ältere Forschung basierte auf der Grabungstätigkeit von Fernand Benoit in den Jahren 1937–39. Er hatte angenommen, die Mühle sei erst im späten 3. Jh. erbaut worden und habe im 4. Jh. für den Bedarf der städtischen Bevölkerung und der kaiserlichen *annona* Getreide gemahlen, das auf dem Land- und Wasserweg nach Arles transportiert und in den (hypothetischen) Getreidespeichern *(horrea)* der Kryptoportikus gelagert wurde. Der späte zeitliche Ansatz war Wasser auf die Mühlen einer – vorwiegend von Marxi-

▶ *siehe S. 208 f.*

*Der Aquädukt von Barbegal im Vallon des Arcs*

*Blick auf die Stelle, an der der eine Leitungsstrang nach rechts abbog, der andere durch den durchstochenen Fels geführt wurde.*

sten vertretenen – Forschungsrichtung, nach der die ständige Verfügbarkeit billiger menschlicher Arbeitskräfte im Altertum einen technischen Fortschritt verhindert habe. Die Nutzung der Wasserkraft sei die Antwort auf den Rückgang der Sklaverei in der Spätantike.

Zerealien, die als Brei oder Brot gegessen wurden, waren im Altertum das Hauptnahrungsmittel, möglichst effektives Schroten und Mahlen also eine Grundvoraussetzung für die Ernährung der Bevölkerung. Ganz im Gegensatz zu dogmatischen Vorurteilen wurde der Mahlvorgang zunehmend technisiert und verbessert. Den Anfang machten Mühlen, die aus einem feststehenden Unterstein bestanden, auf dem ein oberer Stein hin und hergeschoben wurde – vornehmlich von Frauen. Die Arbeit war mühselig und zeitraubend. Im 5. oder 4. Jh. v. Chr. entdeckte man, daß sich der Kraftaufwand durch die Hebelwirkung einer am oberen Stein angebrachten Stange erheblich verringern ließ. Wohl im 2. Jh. v. Chr. kamen Rotationsmühlen in Gebrauch, kleinere, tragbare für den Handbetrieb und größere, von Tieren bewegte in Bäckereien (eindrucksvoll beschrieben bei Apuleius, Metamorphosen 9,11 – 13).

Im 1. Jh. v. Chr. war die Nutzung der Wasserkraft für Schöpf- und Mühlenräder bekannt. Vitruv gibt eine präzise Beschreibung eines unterschlächtigen Rades, dessen Kraft durch ein Zahnradgetriebe auf einen Mühlstein übertragen wurde (*De architectura* 10,5,2).

Die Mühle von Barbegal ist zwar von den erhaltenen die größte und am besten bekannte, aber sie ist heute keine Sensation mehr, denn inzwischen haben sich die Indizien vermehrt, daß in der Nähe von Städten und großen Gütern solche Wassermühlen gebaut wurden, wo die Grundvoraussetzung, nämlich ständig in ausreichender Menge fließendes Wasser, erfüllt war. In Gallien setzen merowingische Quellen sie voraus.[5]

*Grabstein des Bäckers Marcus Careieus, Freigelassener des Marcus. Abgebildet sind ein Esel in der Tretmühle und ein Hund mit Glöckchen, der vor dem Hausaltar sitzt. (ILGN 583, Museum Narbonne).*

## Die Landwirtschaft

### *Die Verwandlung der Landschaft*

Wohl für keinen Sektor der archäologischen Forschung haben sich in den letzten 50 Jahren die Kenntnisse stärker vermehrt als für die Besiedlung des flachen Landes. Für die Vorgeschichte kannte man Oppida, für die gallo-römische Zeit einige größere Betriebe (Villen) und ging im übrigen davon aus, daß die Höfe der Kleinbauern spurlos vergangen waren. Von Dörfern war so gut wie gar nicht die Rede. Diese Vorstellungen sind durch die siedlungsarchäologischen Untersuchungen der letzten Zeit revolutioniert worden. Luftbildarchäologie, gezielte mikroregionale Forschungsprogramme und durch städtische Neubauprojekte und den Bau der Trasse des *TGV Méditerranée* veranlaßte Untersuchungen haben die Situation völlig verändert. Gruppen von Forschern oder lokale Vereinigungen engagierter Liebhaber des Altertums haben in Prospektionen alles an der Erdoberfläche liegende Material, Scherben von Keramikgefäßen und Dachziegeln, gesichtet, kartographiert und, soweit möglich, datiert. In einzelnen Fällen haben auch Ausgrabungen stattgefunden.

Vieles ist noch im Fluß, aber ein neues Gesamtbild zeichnet sich ab. Für die Vorgeschichte ist die vorherrschende Siedlungsform zwar das Oppidum, aber daneben hat es seit dem 6. Jh. v. Chr. Einzelgehöfte gegeben. Sie waren weitestgehend übersehen worden, da sie aus vergänglichem Material gebaut waren und deshalb nur schwer zu identifizieren sind. Ihre Zahl nahm gegen Ende des 3. Jhs. merklich zu und stieg seit der römischen Eroberung kontinuierlich, seit der Mitte des 1. Jhs. v. Chr. sogar sprunghaft an. Auch das Hinterland der Küste und der Lagunen wurde dräniert und unter den Pflug genommen. Die landwirtschaftlich genutzte Fläche dehnte sich auf einen Umfang aus, der später erst im Hochmittelalter wieder erreicht wurde, und das Land war übersät mit *»établissements ruraux«*, wie die französischen Archäologen diesen Typ generalisierend nennen, wobei offengelassen wird, ob man bei einer Konzentration der Funde auf wenigen hundert Quadratmetern einen von der Familie eines Kleinbauern bewirtschafteten Hof oder den Annex eines größeren Gutes vor sich hat. Wenn die Scherben ein Areal von 5000 $m^2$ oder mehr bedecken und/oder wenn auch Architekturteile wie ein Gesims aus Marmor oder Mosaiken gefunden werden, kann man einen größeren Gutshof (Villa) vermuten. Nur ein Beispiel: In der Landschaft Vaunage, in der das oben besprochene Oppidum von Nages liegt, sind auf einem Areal von 100 $km^2$ 13–15 Villen und 200 Einzelgehöfte, die sich im wesentlichen in drei Dörfern gruppieren, festgestellt worden (CAG 30,2 Nr. 062 mit den Karten Abb. 275–278).

▶ *siehe die Karte der Civitas Nemausus S. 229*

Das Schicksal dieser Einzelgehöfte war unterschiedlich. Vom Ende des 1. Jhs. bis zum 3. Jh. n. Chr. wurde in mehreren Schüben annähernd die Hälfte von ihnen aufgelassen, vornehmlich die kleineren. Ob es sich um eine Krisenerscheinung oder die Anpassung nach einer ökonomischen Aufschwungphase handelt, ist unklar. Das Land blieb weiterhin kultiviert, und die Bevölkerung war in festen Zentren angesiedelt. Mit Sicherheit fand ein Konzentrationsprozeß statt, denn die prosperierenden Gehöfte vergrößerten sich auf Kosten der kleineren, wurden zu auf Spezialproduktion ausgerichteten Betrieben und bestanden zum Teil noch im 4. Jh., manche sogar bis ins Mittelalter. Ab dem späten 3. Jh. überstieg die Zahl der Auflassungen die von Neugründungen. Eine katastrophische Erklärung ist angesichts der langen Dauer des Prozesses ebenso auszuschließen wie eine Abwanderung der Bevölkerung in die Städte, da dort ebenfalls Erscheinungen eines allmählichen Rückgangs zu beobachten sind.[6]

## *Die Villenwirtschaft*

Für die vorrömische Zeit fehlt es an archäologischen Zeichen für eine wirtschaftliche Differenzierung. Der Subsistenzbauer scheint der Normalfall gewesen zu sein. Er blieb dies auch nach der römischen Eroberung, aber seit dem 1. Jh. v. Chr. lassen sich die Anzeichen einer veränderten Wirtschaftsgesinnung feststellen. Wer Geld zum Investieren hatte, ging zur Villenwirtschaft über. Der Begriff Villa, ursprünglich aus die Bezeichnung für ein Bau-

*Villa du Grand verger in Gilly-sur-Isère (bei Albertville).*
*Bei dem Hinweisschild villa romaine empfiehlt sich eine gewisse Skepsis, denn meist ist nicht viel erhalten, was für den Laien sehenswert ist. Wie bei den anderen Villen in der Region hatte die Villa in Gilly bescheidene Ausmaße, und der für die Landwirtschaft bestimmte Teil, die pars rustica, ist völlig verschwunden, so daß keine Aussagen über die Größe des Betriebs und die erzeugten Produkte möglich sind. Plan und Ausführung des Wohntrakts folgten ganz und gar dem italischen Modell, das heißt: die um einen Hof gruppierten 23 Räume waren nicht heizbar, also denkbar schlecht dem lokalen Klima angepaßt. Man wollte eben wohnen wie ein Römer. Beheizt wurden nur die Thermen. Die letzten Fundmünzen gehören in die Zeit Galliens, was wohl impliziert, daß die Villa von durchziehenden Alamannen zerstört und danach aufgegeben wurde (CAG 73 Nr. 124,17* und S. 59f.).*

ernhaus – im Gegensatz zum Stadthaus oder zur einfachen Hütte –, läßt an luxuriöse Anwesen mit marmorverzierten Speisezimmern, Bibliothek, Thermen und Gärten denken, in die sich der vornehme Römer zur Pflege der Muße zurückzog. In Südgallien ist die bekannteste die Villa von Chiragan im Tal der Garonne, deren Statuenausstattung heute im *Musée Raymond* in Toulouse zu bewundern ist.[7] In der Provence lohnt die *Villa St. Pierre* bei Eyguières den Besuch. Im Bereich der Ökonomie bezeichnet der Begriff Villa einen auf die Erzeugung eines speziellen Produkts ausgerichteten agrarischen Betrieb. Die Arbeit wurde in der Regel von Sklaven unter der Aufsicht eines *vilicus* verrichtet, der ebenfalls Sklave oder Freigelassener war. Die römischen Agrarschriftsteller empfahlen in erster Linie, sich auf Wein oder Öl zu spezialisieren, Produkte, die man lagern und deshalb zu einem günstigen Zeitpunkt zu Markte bringen konnte. Voraussetzung war die Nähe einer größeren Stadt, des Meeres oder eines schiffbaren Flusses.

Aber auch mit Weidewirtschaft, die in der Ebene der Crau, östlich von Arles, in großem Stil aufgezogen wurde, konnte man offenbar Geld verdienen. In den neunziger Jahren des 20. Jahrhunderts haben südlich von St. Martinde-Crau archäologische Untersuchungen eine Bemerkung des älteren Plinius bestätigt, nach der die »steinigen Felder« dicht mit Thymian bewachsen waren, weshalb Tausende von Schafen herangetrieben würden (Plin. nat. hist. 21,57). Die etwa 150 bislang freigelegten Pferche *(bergeries)* waren 40–65 m lang und 8–10 m breit und liefen in Richtung Nordwesten in eine sich verjüngende Spitze aus, um die Gewalt des Mistrals zu brechen. Über den etwa 1 m hohen Wänden aus einem Lehm-Kiesel-Gemisch erhob sich ein Satteldach, das durch eine Reihe von Holzpfosten abgestützt wurde. Neben einem breiten Eingangstor lagen im Süden die Unterkünfte für die Hirten. Es waren meist mehrere Gebäude zu dörflichen Gruppen zusammengefaßt. Man schätzt den Tierbestand in den bislang untersuchten Pferchen, die je 500–800 Schafe aufnehmen konnten, auf ca. 100 000 Schafe. In den Sommermonaten wurden sie ins Gebirge getrieben, wie es auch in der Neuzeit noch üblich war.[8]

## Der Weinbau

Wein gehörte im Altertum zu den Grundnahrungsmitteln. Er war ein Alltagsgetränk für alle Schichten der Bevölkerung. Man trank ihn mit Wasser verdünnt. Der unmäßige Genuß unvermischten Weins, wie ihn die Kelten liebten, wurde als Zeichen des Barbarentums angesehen. Für Rom rechnet man mit einem durchschnittlichen Verbrauch von 0,8–1 l pro Tag. Unter Kaiser Aurelian (270–275) wurde die regelmäßige Ausgabe von Wein an die stadtrömische Bevölkerung in das Programm der seit Augustus bestehenden Kornverteilungen *(frumentationes)* aufgenommen. In der Medizin galt Wein geradezu als Allheilmittel gegen fast jede Krankheit: Bronchitis, Unterleibs- und Verdauungsbeschwerden, Impotenz und Unfruchtbarkeit. Es bestand also eine stetige große Nachfrage, und obwohl italischer Wein den besten Ruf genoß, sind in den Scherbenhaufen von Ostia und Rom ab dem 1. Jh. n. Chr. auch Importe aus Gallien nachzuweisen.

### *Weinbau in der Narbonensis*

▶ *siehe S. 82, 234*
▶ *siehe S. 101*

Abgesehen von den protohistorischen Oppida Lattes und Martigue gibt es erste archäologische Zeugnisse von Weinanpflanzungen erst seit Ende des 2. Jhs. v. Chr. Sie vermehren sich in der späten Republik und in augusteischer Zeit. Der Höhepunkt der Produktion ist das 2. Jh. Aber bis in die Spätantike halten sich die Zeugnisse, wenn auch in geringerem Umfang. Voraussetzung für den Einstieg in diesen Wirtschaftszweig waren Grundeigentum, Investitionskapital und das nötige technische Wissen sowohl für das Ziehen der Reben als auch für die Weinherstellung, die bekanntlich eine schwierige Kunst ist.

## *Die Zeugnisse in der Naturkunde des älteren Plinius*

Der Lernprozeß der südgallischen Winzer verlief offenbar schleppend. Jedenfalls beurteilt Plinius die Qualität des gallischen Weins wenig günstig, weil man ihn durch verschiedene, zum Teil sogar gesundheitsschädliche Zusätze verfälschte. Den besten Ruf zwischen den Alpen und den Pyrenäen genoß wie in der vorrömischen Zeit der Wein von Marseille; der von Béziers hatte innerhalb Galliens ein gewisses Renommee (nat. hist. 14,68). In seiner Zeit als Prokurator hatte Plinius beobachtet, daß im Rhônetal die Reben sich wie Kräuter am Boden ausbreiteten, weil man wegen des starken Windes die Weinstöcke nicht hoch aufwachsen ließ (nat. hist. 14,14). Offenbar ebenfalls aus eigener Anschauung berichtet er, vor sieben Jahren sei es in Alba gelungen, eine Rebe zu züchten, die das Stadium der Blüte in einem Tag hinter sich brachte und mithin wenig frostempfindlich war (nat. hist. 14,43). Die *allobrogica* reife sogar bei Frost (nat. hist. 14,26). Diese Rebe war berühmt und erzielte bei den Einheimischen einen hohen Preis, weil ihr Wein von Natur aus nach Pech *(pix)* schmeckte (nat. hist. 14,18). Sie habe allerdings eine solche Liebe zum heimischen Boden *(tantus locorum amor),* schreibt Plinius, daß sie anderswo diese Eigenart verliere (nat. hist. 14,25f.). Pech, das aus dem Harz verschiedener Bäume gewonnen wurde, war ein üblicher Geschmackszusatz, wurde auch rings um die Stöcke verteilt, um den Wein haltbar zu machen, und diente zur Auskleidung und Versiegelung der Transportgefäße.

## *Archäologische Zeugnisse*

Archäologisch ist der Weinbau in der Narbonensis durch etwa 50 Töpferwerkstätten nachgewiesen, in denen die für den Transport benötigten Amphoren hergestellt wurden. Außerdem wurden in Ausgrabungen Villen mit Vorrichtungen für das Keltern und Lagern von Wein entdeckt.

Die Villa *Les Prés-Bas* bei Loupian (nördlich des Étang-de-Tau), die von caesarischer Zeit bis in die Spätantike bewirtschaftet war, weist einen mit Mosaiken ausgeschmückten Wohntrakt *(pars urbana)* und einen 315 m² großen Raum auf, in dem in 90 großen Tongefäßen *(dolia)* der Wein gären und lagern konnte. Die Kelterräume müssen außerhalb gelegen haben und sind nicht nachgewiesen. Etwa einen Kilometer entfernt lag eine Töpferei für Transportamphoren, von denen man etwa 4000 benötigte, um die in den Dolia gelagerte Ernte von geschätzten 1500 hl zu versenden. Gegen Ende des 2. Jhs. endete die Amphorenproduktion, und gleichzeitig wurde das Weinlager umgebaut. Zwei Reihen von rechteckigen gemauerten Sockeln dienten wahrscheinlich als Unterlager für Fässer. Im 4. Jh. wurde ein neues Gebäude errichtet, das auf 267 $m^2$ Installationen für die Kelter und die Lagerung von 300–800 hl Wein in Fässern Raum bot.

In der Rhôneebene zwischen Montélimar und Pont-St-Esprit legten reiche Grundeigentümer große für den Export produzierende Weingüter an. Bei Molard, in der Nähe der antiken Siedlung von Donzère, die wahrscheinlich auch über einen Rhônehafen verfügte, wurde 1985 anläßlich eines Neubauvorhabens eine der größten Villen mit Vorrichtungen für die Kelter und die Lagerung von Wein ausgegraben. Der gesamte Komplex bedeckt ungefähr 10 000 $m^2$ und ist in der Mitte des 1. Jhs. n. Chr. nach einem schlüssigen Konzept, das die Arbeitsabläufe optimierte, erbaut worden. Der zentrale Keller ist 67,50 × 14,90 m groß, in zwei Schiffe geteilt, in denen jeweils in drei Reihen im ganzen 200 Dolia in den Boden eingelassen waren. Die Lagerkapazität wird auf 2500 hl geschätzt. An den beiden kurzen Seiten der Lagerhalle waren in doppelter, symmetrischer Ausführung Räume und Becken für das Austreten der Trauben und das Pressen der Maische untergebracht.

Etwas weiter südlich bei Lapalud wurde 1995 bei den Untersuchungen, die dem Bau der TGV-Strecke vorausgingen, ein etwa 200 ha großes Weingut entdeckt. Auf einer Länge von 2 km und einer Breite von 100 m reihten sich quadratische Pflanzlöcher mit einer Seitenlänge von 70 cm aneinander, die sich am Kataster von Orange orientierten. Archäobotanische Analysen bestätigten, daß hier im 1. und 2. Jh. Wein angebaut worden ist, während sich für die folgenden Jahrhunderte Obstbaumkulturen und Weidewirtschaft nachweisen lassen.

Gerade in dieser Region fehlt es an Zeugnissen für Transportamphoren, die normalerweise der Hauptindikator für ein in der Nähe gelegenes Weingut sind. Es bietet sich deshalb der Schluß an, daß der Wein in Fässern zum Abnehmer transportiert worden ist. Damit ist auch so gut wie erwiesen, welchen Exportmarkt die Unternehmer im Auge hatten. Denn von den etwa 200 Holzfässern, deren Reste sich aus dem Altertum erhalten haben, sind die meisten in den Militärlagern an der Rhein- und Donaugrenze gefunden worden; in Oberaden (bei Berg-Kamen) allein 38. Das größte Faß war 2,16 m hoch und stammt von der Saalburg. Der allobrogische Wein scheint generell in Fässer abgefüllt worden zu sein, da auf dem Territorium der Civitas Vienna keine Transportamphoren gefunden wurden. Das nahegelegene Lyon war nicht nur ein Zentrum der Fässerherstellung, sondern überhaupt die Drehscheibe des Weinhandels, weil hier die Fracht der rhôneaufwärts kommenden Schiffe umgeladen werden mußte, um zu den Grenzarmeen weitertransportiert zu werden.[9]

Ein weiteres Indiz für die Bedeutung dieses Wirtschaftszweiges ist auch der hohe gesellschaftliche Rang, den die Korporation der in Lyon ansässigen Weinhändler einnahm. Sie unterhielt enge Beziehungen nach Trier und zu den südlich gelegenen Produktionszentren. Einer ihrer Angehörigen wurde zum Beispiel in Alba mit der Ehre ausgezeichnet, bei den Spielen unter den Honoratioren zu sitzen, andere wurden zugleich in Lyon und in Nîmes geehrt.[10]

Ab dem 3. Jh. nahmen die Zahl und die Größe der Weingüter ab. Dieses Bild kann aber dadurch verfälscht sein, daß der Wein nicht mehr in Dolia, sondern in Fässern gelagert wurde, von denen keine Reste erhalten sind. Andererseits kann man die Überlegung anstellen, daß bei dem zunehmenden Konzentrationsprozeß, der durch die Auflassungen kleiner Gehöfte wahrscheinlich gemacht wird, eine spezialisierte Produktion sich nicht mehr rentierte. Weingüter erforderten das ganze Jahr hindurch große Sorgfalt und Pflege. Wenn ein Betrieb so groß wurde, daß er nicht mehr zentral bewirtschaftet und beaufsichtigt werden konnte, war es ökonomisch sinnvoller, ihn zu parzellieren und an Kleinbauern zu verpachten.

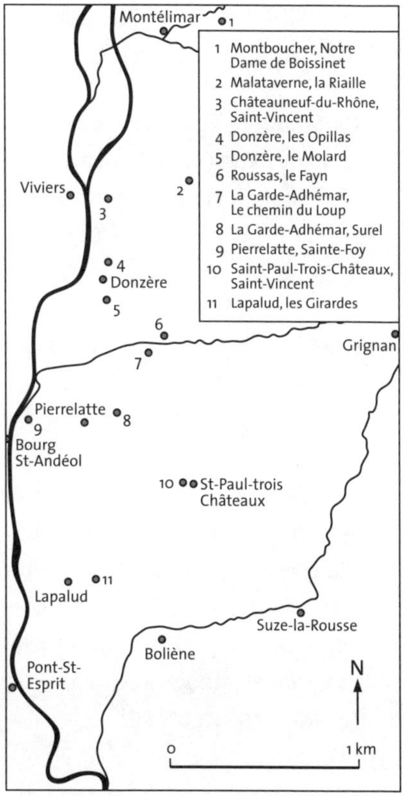


*Das mittlere Rhônetal*

Welche Bedeutung dem Weinbau innerhalb der agrarischen Gesamtproduktion zukam, ist unbekannt. Am meisten verbreitet wird nach wie vor die Subsistenzwirtschaft gewesen sein, in der jeder Bauer die von seiner Familie benötigten pflanzlichen und tierischen Grundnahrungsmittel erzeugte. Auch der städtische Markt mußte versorgt werden. Nur hinterläßt diese Tätigkeit eben viel geringere Spuren. Man würde sich in tausend Einzelheiten verlieren, wenn man ihnen nachgehen wollte.[11] Ebensowenig kennen wir den rechtlichen und sozialen Status der Kleinbauern, ob sie Eigentümer ihrer Felder oder Pächter eines Großgrundbesitzers waren.

## Das untere Tave-Tal

Als Standort, an dem man die geschilderten Forschungen wenigstens in der Phantasie nachvollziehen kann, möchte ich das Plateau von Lacau empfehlen mit dem Oppidum, das den schönen Namen *Camp de César* trägt. Den zugehörigen Côte-du-Rhône kann man in der *Cave cooperative* von Laudun kaufen. Vorher sollte man das kleine Museum in der Mairie besuchen.

Das Plateau von Lacau beherrschte den Zusammenfluß von Tave, Cèze und Rhône sowie eine wichtige Straßenverbindung von der Rhône in die Cevennen. Am westlichen Rand des Plateaus lag das Oppidum von St. Pierre-de-Castres (in der Gemeinde Tresque, CAG 30,3 Nr. 331,1*), am östlichen das Oppidum Camp de César (in der Gemeinde Laudun, CAG 30,3 Nr. 141,1*–3*), südlich der Tave, etwa 15 km nach Westen, das Oppidum St. Vincent (in der Gemeinde Gaujac, CAG 30,2 Nr. 127,1*–5*).
Alle drei Oppida waren seit dem 6. oder 5. Jh. besiedelt, dann aber verlassen worden. Ab dem 1. Jh. v. Chr. wurden die beiden letztgenannten wieder besetzt und neu befestigt. Das Oppidum von Gaujac erhielt in augusteischer Zeit eine neue Stadtmauer mit zwei den Zugang flankierenden Türmen, einen Podiumtempel und im Lauf des 1. Jhs. n. Chr. Thermen (CAG 30,2 Nr. 141,6*–13*).

*Das Plateau von Lacau (von Süden)*

*Camp de César (Laudun): Das Forum mit den Resten der Basilika*

*Camp de César (Laudun): Wohn- und Handwerkerviertel*

Am besten untersucht ist das Oppidum *Camp de César*. Dort sind seit 1990 Ausgrabungen im Gange, die ebenfalls städtische Strukturen ans Licht gebracht haben, wie man sie vorher außerhalb des Hauptortes einer Civitas nicht vermutete: eine aus Bruchsteinen im Mörtelverbund erbaute Stadtmauer mit zwei Türmen aus augusteischer Zeit, einen Komplex von Forum, Porticus und Basilika aus dem 1. Jh. n. Chr. sowie ein Wohn- und Handwerkerviertel (CAG 30,2 Nr. 141,4*–7*). Auf Grund dieser Zeugnisse, die für eine weitgehende lokale Autonomie sprechen, wird man beide Orte am ehesten für *oppida Latina* halten, die Nîmes attribuiert waren (s. o. S. 234 f.). ▶

Aus Laudun stammte der *Sevir Augustalis* Gaius Viredius Severus (CIL XII 2775).

Das weitläufige Plateau (18 ha), das bis ins 6. Jh. n. Chr. besiedelt war, bietet einen weiten Blick auf das Rhônetal und die Weinberge im Tal der Tave. Ich stelle mir vor, daß auch im Altertum die Landschaft ähnlich ausgesehen hat. In der Region sind fünf Töpferwerkstätten identifiziert worden, eine davon in der Gemeinde Tresque, wo im 19. Jahrhundert fünf mit Weinranken verzierte Grabsteine einer Familie von *Secundii* entdeckt wurden. Sie befinden sich heute im *Musée lapidaire* in Avignon und haben schon Hirschfeld ermöglicht, den Stammbaum der Familie über vier Generationen, in der Zeit von Traian bis zu den Severern, aufzustellen.[12] Ob man sie für Weinbauern halten darf?

Auf dem Boden der Gemeinden, die südlich des Plateaus von Lacau liegen, haben die Prospektionen eine große Zahl von Gehöften und Villen wahrscheinlich gemacht. Bei zweien von ihnen haben Ausgrabungen stattgefunden. Die Villa von *La Ramière* bei Roquemaure wurde 1995 teilweise freigelegt, nachdem auf der projektierten Trasse des TGV ein ausgedehntes Areal mit Pflanzgruben nachgewiesen worden war. Man fand zwei Weinkeller mit Dolia, einen Töpferofen und einen ausgedehnten Wohntrakt mit Thermenanlage aus der Hohen Kaiserzeit. Nach dem 3. Jh. läßt sich zwar keine Weinproduktion mehr nachweisen, aber das Gelände war bis ins 7. Jh. bewohnt. Es gab sogar eine Schmiede (CAG 30,3 Nr. 221,3*).

Bei der romanischen Kapelle von *Mayran* in der Gemeinde St-Victor-la-Coste ließen bereits die auf einer Fläche von 4 ha gesammelten Scherben auf eine große Villa schließen. 1995–1997 wurden in einer Notgrabung Pflanzgruben, Becken für die Kelter und ein Aquädukt gesichert. Die Weinproduktion scheint hier bis ins 5. Jh. angedauert zu haben (CAG 30,3 Nr. 302,8*). In der Kapelle ist ein Grabstein verbaut. Auch wenn man ihn nur hypothetisch dem Eigentümer der Villa zuordnen kann, so bewahrt er doch ohne jeden Zweifel die Erinnerung an einen hohen Beamten der Civitas Nemausus, der am Ende seines Lebens auf seine Güter zurückkehrte, um dort bestattet zu werden.

### CIL XII 2794. Text nach M. Christol, CAG 30/3 Nr. 302,9*

| | |
|---|---|
| D(is) M(anibus) | Den Manen |
| M(arci) TULLI(i) PAULLINI | des Marcus Tullius Paullinus |
| IIII VIR(i) AB AER(ario) | Quattuorvir *ab aerario* (Stadtkämmerer), |
| PONTIF(icis) | Pontifex. |
| M(arcus) TULLIUS AMMIAN(us) | M. Tullius Ammianus |
| PATRI PIISSIMO | seinem besten Vater |

## Die Munizipalaristokratie

### *Das Grabmonument der Domitii aus Aix-en-Provence*

Auf dem Weingut Barbebelle bei Rognes (am Nordhang der Chaîne de la Tréverasse, etwa 15 km nordwestlich von Aix-en-Provence) wurden 1961 bei der Anlage eines Weinbergs die Reste eines mehrstöckigen Mausoleums gefunden. Der Grabbezirk war von einer aus regelmäßigen Quadern errichteten Mauer eingefaßt, die an ihrer Nordseite 14,96 m lang war. Das eigentliche

*Das Iuliermonument in Glanum. Der Grabbau ist eine verkleinerte Imitation des berühmtesten aller antiken Mausoleen: des Grabmals von König Maussollos in Halikarnassos (heute Bodrum). Über einem 4,33 m breiten, quadratischen Sockel mit großen, sehr bewegten Schlachtenreliefs erhebt sich ein ebenfalls quadratisches, mit vier Bögen nach außen geöffnetes Mittelgeschoß (Quadrifrons). Die dritte Etage bildet eine von 10 Säulen umstandene Rotunde, die mit einem kegelförmigen Schuppendach gedeckt ist. Der gesamte Bau ist 18 m hoch und war wohl kein wirkliches Grab, sondern ein Kenotaph, errichtet zum Gedenken an zwei Personen, denen zwei Togastatuen in der Rotunde zuzuordnen sind. Der Bau wird nach stilistischen Kriterien in die Jahre 30–20 v. Chr. datiert.*
*Der über dem Quadrifrons liegende Fries ist an drei Seiten mit Meeresungeheuern verziert, an der 4., der Nordseite, ist eine Inschrift angebracht: SEX(tus), L(ucius), M(arcus) IULIEI C(aii) F(iliei) PARENTIBUS SUEIS (CIL XII 1012). Leider sind die Köpfe der Togati nicht erhalten, so daß man nicht weiß, ob sie in unterschiedlichen Lebensaltern abgebildet waren. Das wäre wichtig für die Interpretation der Inschrift. Denn unter der Voraussetzung, daß man* parentibus sueis *nicht wie gewohnt mit »ihren Eltern«, sondern mit »ihren Vorfahren«, nämlich Großvater und Vater, übersetzen kann, daß weiter die Inschrift auf die beiden Togati zu beziehen ist, wurde der Kenotaph von drei Brüdern zu Ehren ihres Großvaters und Vaters erbaut. Nicht wie die Domitii auf ihrem Gut, sondern an der prominentesten Stelle ihrer Stadt, direkt neben dem Eingangstor, stellten diese Iulii den Reichtum und das Prestige ihrer früh zum römischen Bürgerrecht gelangten Familie zur Schau[13] (siehe die Abbildung S. 37).*

Grabmonument bestand aus einem wohl quadratischen Sockel von 4,40 m Seitenlänge. Zu seiner Bekrönung gehörten drei aneinander passende, profilierte Quader mit drei Inschriften, die beweisen, daß hier eine Familie von *Domitii* ihre Liegenschaften hatte. Von den unter dem Podium liegenden Resten der Brandbestattung ist nichts erhalten. Über dem Sockel standen in einer nach vorne offenen Cella eine weibliche und zwei männliche Statuen, über denen ein 1,65 m hoher Giebel aufragte. Wenn man annimmt, daß das Podium so hoch wie breit war, die Cella mit etwa einem halben Meter die 1,80 m großen Statuen überragte, so kommt man einschließlich des Giebels auf eine Gesamthöhe des Grabturms von mindestens 8,30 m.[14]

**ILN III 243–245**

D(ecimus) DOMITIUS L(ucii) F(ilius) VOL(tinia tribu) CELER
TR(ibunus) MIL(itum) PRAEF(ectus) FABR(um) VIVOS FECIT

Decimus Domitius, Sohn des Lucius, aus der Tribus Voltinia, Celer, Militärtribun, Präfekt der Pioniere, hat (diesen Grabstein) zu Lebzeiten aufgestellt

L(ucius) DOMITIUS L(ucii) F(ilius) VOL(tinia tribu) MAGU[--]
DOMITIA, SEX(ti) F(ilia) MATER

Lucius Domitius, Sohn des Lucius, aus der Tribus Voltinia Magu(--).
Domitia, die Tochter des Sextus, die Mutter

[–] DOMITIUS L(ucii) F(ilius) VOL(tinia tribu), MACER
TR(ibunus) MIL(itum) PONTI[FEX VIVOS FECIT ?]

(–) Domitius, Sohn des Lucius, aus der Tribus Voltinia, Macer, Militärtribun, Pontifex (hat diesen Grabstein zu Lebzeiten aufgestellt?)

▶ *siehe S. 160ff.*

Nach dem Formular gehören die Inschriften in die frühe Kaiserzeit. Die drei Söhne des Lucius Domitius sind höchstwahrscheinlich Brüder. Auch die Mutter ist eine Domitia, nach dem Vornamen ihres Vaters zu urteilen, aber aus einer anderen Linie. Lucius, der den Vornamen des Vaters trägt, also wohl der älteste der Brüder, ist anscheinend jung gestorben, denn er hat keine Karriere gemacht. Da aus diesem Grund die ihn betreffende Inschrift kürzer ist als die übrigen, konnte die Mutter noch auf demselben Quader erwähnt werden. Die beiden Brüder Decimus Celer und (...) Macer haben hingegen Offiziersposten, mit denen die Zugehörigkeit zum Ritterstand verbunden war, bekleidet. Macer hat nach dem Ausscheiden aus dem Militärdienst in seiner Heimatstadt eine Priesterstelle übernommen. Das Cognomen des Lucius: *Magu...*, gleichgültig wie man es ergänzt, ist keltisch und erlaubt somit den sicheren Schluß, daß wir es mit einer einheimischen Familie zu tun haben.

Die beiden Informationen, die wir aus den Inschriften erhalten, sind typisch: Einheimische Grundbesitzer haben ihren Reichtum unter der römischen Herrschaft bewahren – oder auch erst begründen – können. Ihr Gentilname deutet auf eine frühe Bürgerrechtsverleihung durch einen römischen Feldherrn dieses Namens. Einerseits agrarischer Reichtum, andererseits städtische Ämter, Priesterstellen und Militärdienst bestimmten ihren Status.

Diese Aristokraten überließen die Bewirtschaftung ihrer Güter einem Verwalter und nahmen ihren ständigen Wohnsitz in der Stadt. Die sogenannte Munizipalaristokratie bestand also aus Agrariern, die einen Teil ihres auf dem Lande erwirtschafteten Reichtums im Rahmen ihrer öffentlichen Tätigkeit ausgaben. Wie die im vorigen Kapitel besprochenen Inschriften aus Nîmes zeigen, bekleideten sie die städtischen Ämter, stifteten Bauten und veranstalteten Feste und Spiele. Die römische Administration hatte mit der Einrichtung der Civitates den Galliern das Angebot gemacht, ihre lokalen Angelegenheiten autonom zu gestalten und über die Ämter in den Kreis

Vergleichbar sind Männer, die nach dem Zeugnis ihrer Grabsteine in Vienne als Beamte oder Priester fungiert hatten, aber auf ihren heimischen Gütern bestattet wurden. In Fréterive in der Combe de Savoie (Tal der Isère) wurde 1805 die Grabstelle einer Familie von *Iulii* entdeckt, die sich über mehrere Generationen rekonstruieren läßt. Zwei ihrer Angehörigen haben das Amt des Duumvir für die Finanzverwaltung in Vienne bekleidet (CIL XII 2333–2335. CAG 73 Nr. 121,2*). Nicht weit entfernt lagen bei Montmélian die Güter des Titus Pompeius Albinus (CIL XII 2327, s. o. S. 170 f.). In Viviers-du-Lac, südlich des Lac du Bourget, wurde Marcus Iunius Vestinus Mallo(...)us Romanus bestattet, der in der Kolonie Vienna die gesamte Ämterlaufbahn absolviert hatte und anschließend in den römischen Senat aufgestiegen war (CIL XII 2452 und 2453. CAG 73 Nr. 328,2*). In Seyssel war Gaius Marius, Sohn des Decimus, zu Hause, der die höchsten Ämter in der Kolonie innegehabt hatte (ILGN 348. ILHS 98).

siehe S. 127 ff.

der römischen Bürger aufzusteigen. Diese Rechnung ging auf, weil es für einen vornehmen Mann, der den Rang seiner Familie behaupten wollte, keine Alternative gab. Mit Kriegen gegen benachbarte Stämme seinen persönlichen Einfluß zu steigern, war unter der *Pax Romana* nicht mehr möglich, und gesellschaftlich akzeptierte Berufe gab es für einen Aristokraten nicht (s.u.). Außerdem winkte den Dekurionen die Möglichkeit, in die Reichsaristokratie aufzusteigen.

## Sklaven und Freigelassene

Unterhalb des *ordo decurionum* ist die einzige Personengruppe, über die Aussagen gemacht werden können, die der Freigelassenen. In den größeren Städten, in denen eine rege Handels- und Gewerbetätigkeit herrschte, kann ihr Anteil an der Gesamtbevölkerung auf ein Viertel bis ein Drittel geschätzt werden. In Narbonne sind 29,6% der in den Grabsteinen genannten Personen sicher Freigelassene; wenn man auch die Personen, deren Freigelassenenstatus durch ein griechisch-orientalisches Cognomen nahegelegt wird, hinzurechnet, sogar 42,5%. Die Zeugnisse für Handwerker stammen zu fast 100% von Freigelassenen. In Béziers hingegen beträgt der Anteil ehemaliger Sklaven nur 13%.[15]

### *Die Sklaverei*

Mit dem latinischen Recht wurde in den Städten der Narbonensis auch das römische Personalrecht eingeführt. Dieses unterschied zwei Statusgruppen: Freie und Sklaven *(servi/servae)* und unterteilte die Freien noch einmal in Freigeborene *(ingenui)* und Freigelassene *(liberti)*. Sklaven galten nicht als Personen eigenen Rechts *(servi pro nullis habentur)*, sondern standen in der Gewalt *(potestas)* ihres Herren.[16] Der Eigentümer *(dominus)* konnte nach Belieben mit ihnen verfahren. Er konnte sie für sich arbeiten lassen, sexuell über sie verfügen, sie bestrafen oder ihnen Vergünstigungen gewähren, sie veräußern oder freilassen. Das Schlimmste war vielleicht, daß der Sklave eine völlig entwurzelte Existenz war. Er hatte keine Familie. Eine rechtliche Beziehung existierte weder zu seinen Eltern noch zu seiner Frau und seinen Kindern. Wenn Sklaven und Sklavinnen eheähnliche Verbindungen erlaubt wurden, so gehörten die daraus hervorgehenden Kinder dem Herrn. Sklavenfamilien mußten damit rechnen, durch Verkauf oder Vererbung auseinandergerissen zu werden.[17]

### CIL XII 3385 (Nîmes)

| | |
|---|---|
| D(is) M(anibus) | Den Manen |
| AEMILIAE EU | der Aemilia Eu- |
| PRAXIAE QUAE | praxia, die |
| VIX(it) ANN(os) XXX AE | 30 Jahre lebte, (hat) Ae- |
| MILIA ONESIME | milia Onesime, |
| MATER ET COLLIB(erta) | Mutter und Mitfreigelassene, |
| [D]E S(uo) V[iva] P(osuit)[18] | aus eigenen Mitteln zu Lebzeiten den Grabstein aufgestellt |

Im Sockel: *Ascia*

Mutter und Tochter waren Sklavinnen eines Aemilius oder einer Aemilia und wurden – vielleicht gemeinsam – freigelassen.

### AE 1988, 861 (Arles)

| | |
|---|---|
| D(is) M(anibus) | Den Manen |
| M(arci) MINICI(i) | des Marcus Minicius |
| AGATHONICI | Agathonicus. |
| T(itus) ICCIUS | Titus Iccius |
| AGATHON | Agathon hat |
| FRATRI | seinem Bruder |
| POSUIT | (dies Grabmal) errichtet |

Obwohl die beiden Männer Brüder sind, führen sie unterschiedliche Gentilnamen, was wohl damit zu erklären ist, daß sie verschiedenen Eigentümern gehört hatten.

Der oft polemisch gefärbte Begriff »Sklavenhaltergesellschaft« besagt nicht, daß die produktive Arbeit nur von Sklaven verrichtet wurde, als wenn es keine freien Bauern und Handwerker gegeben hätte, sondern daß die Freiheit und Abkömmlichkeit des *Bürgers*, insbesondere der politischen Elite, auf der Arbeit von Sklaven beruhte. Deren ständige Verfügbarkeit war für das antike Denken eine Selbstverständlichkeit. Auch wenn es gelegentlich Mahnungen gibt, die Sklaven menschlich zu behandeln, so haben doch weder Seneca noch der Apostel Paulus an die Abschaffung der Sklaverei als Institution gedacht.[19]

Die ganze Härte des »Rechts« kam an den Tag, wenn ein Herr im eigenen Hause ermordet worden war. In diesem Fall war es nach alter Gewohnheit *(vetere ex more)* zulässig, sämtliche Sklaven, die mit ihm unter einem Dach gewesen waren, hinzurichten. Im Jahre 61 n. Chr. waren nach der Ermordung des römischen Stadtpräfekten 400 Sklaven und Sklavinnen von diesem Gesetz betroffen. Nach einer Debatte im Senat, deren Scharfmacher Tacitus ausführlich zu Wort kommen läßt, wurde es durchgeführt, obwohl (oder gerade weil?) sich das Volk zur Unterstützung der unschuldigen Opfer zusammenrottete (Tacitus, *Annales* 14,42–45). Das Gesetz bestand noch in der Spätantike.

Im 2. Jh. griffen Kaiser und Juristen verschiedentlich in die unbeschränkte Gewalt des *pater familias* über Leben und Tod seiner Sklaven ein. Grausame Bestrafungen, soweit sie nicht durch ein Vergehen der Sklaven begründet waren, wurden von mehreren Kaisern verboten (Eck/Heinrichs Nr. 169–174). Man durfte sie nicht mehr ohne Gerichtsverfahren töten, nicht ohne Grund als Gladiatoren verkaufen oder zur Prostitution zwingen. Ulpian unterstrich ihren Anspruch, im erlernten Beruf beschäftigt zu werden. Ein Legat über das Nutzungsrecht an Sklaven werde mißbräuchlich wahrgenommen, wenn man einen Rechnungsführer aufs Land schicke und ihn Körbe schleppen lasse. Man müsse Sklaven gemäß ihrer Stellung und Würde *(secundum ordinem et dignitatem)* ernähren und kleiden (Digesten 7, 1, 15, 1–2. Eck/Heinrichs Nr. 70).

Um die Sklavenzahl aufrechtzuerhalten, war man immer auf Nachschub durch Kriege und den Sklavenhandel angewiesen. In den Rechtsquellen spielen aber auch Freigeborene eine erhebliche Rolle, die als Sklaven lebten, sei es daß sie sich selbst oder ihre Kinder verkauft hatten, sei es daß ein *pater familias* ein ausgesetztes Kind als Sklaven in seinen Familienverband aufgenommen hatte.[20] Viele kaiserzeitliche Sklaven dürften jedoch Kinder von hauseigenen Sklavinnen gewesen sein *(ex ancilla nati, vernae)*. Der Agrarschriftsteller Columella berichtet, er habe Sklavinnen, die drei Kinder aufgezogen hatten, von der Arbeit freigestellt und die Mütter von vier Kindern manchmal freigelassen (1, 8, 19). Die Aufzucht dieser Kinder konnte für den Eigentümer eine sinnvolle Investition darstellen, denn Sklaven, die als Lehrer, Künstler, Handwerker oder Verwalter ausgebildet waren, stellten einen beachtlichen Wert dar und konnten im Dienst ihres Herrn eingesetzt oder teuer verkauft werden.[21]

Die unfreien Arbeiter waren nämlich keineswegs eine homogene Masse wie in der amerikanischen Sklaverei der Neuzeit. In den Bergwerken und Steinbrüchen waren die Überlebenschancen zweifellos gering, nicht viel besser standen sich die Angehörigen der *familia rustica,* die auf den großen Gütern arbeiteten. Die Chancen wuchsen aber mit der Zugehörigkeit zur *familia urbana* eines reichen Herrn oder einer reichen Herrin. Man muß sich vorstellen, daß das gesamte nach Hunderten oder Tausenden zählende Personal in einem vornehmen Haushalt aus Sklaven bestand: die Amme so gut wie der Pädagoge, der das Schulkind betreute, das Zimmermädchen und die Diener so gut wie der vielleicht hochqualifizierte Koch. Die Beziehungen, die sich aus solcher Nähe ergaben, sind ein ständiges Thema in den Komödien. Auch Boten, Vorleser, Sekretäre, Bibliothekare, Lehrer, Schauspieler, Ärzte und Architekten gehörten zum Sklavenpersonal großer Magnaten. Die höchste Stellung erklommen die Finanzverwalter *(dispensatores)*. Das gesamte höhere Management, nach unseren Begriffen, lag in den Händen unfreier Vermögensverwalter. Der moderne Begriff Prokura erinnert noch an den *procurator*, der gewöhnlich ein Sklave oder Freigelassener war. Es ist signifikant, daß es im römischen Recht kein Pendant zu unserer »Stellvertretung« nach BGB gibt. Ein Römer ließ sich durch seinen Sklaven vertreten. Da dieser keine Person eigenen Rechts war, konnte er als Vertragspartner nur seinen Herrn verpflichten, nicht sich selbst. Eine besondere Position, mit der sogar Macht verbunden war, nahmen die *servi publici* ein, die in Rom wie in den Provinzstädten das subalterne Verwaltungspersonal stellten.[22] Die Spitze der Hierarchie aber bildeten die *servi Augusti*. Denn auch der Kaiser verwaltete sein immenses Vermögen, das zugleich öffentliches Eigentum war, nicht anders als ein reicher Privatmann.

### CIL XII 856 (Arles)

| | |
|---|---|
| PEREGRINO | Dem Peregrinus, |
| ANTISTIAE PIAE | *dispensator* |
| DISPENSATORI | der Antistia Pia (hat) |
| ANTISTIA PIAE LIBERTA | Antistia, die Freigelassene der Pia, |
| CYPARE CONTUBERNALI | Cypare, ihrem liebsten |
| PIENTISSIMO | Mann (das Grab errichtet) |

Peregrinus und Cypare, die Partner dieser Sklavenehe *(contubernium)*, waren ursprünglich Sklaven der Antistia Pia. Während die Frau freigelassen wurde, verblieb der Mann in der Sklaverei. Das ist typisch, denn die Rechnungsführer genossen einen großen Handlungsspielraum und konnten nach der Freilassung nicht für schuldhaftes Verhalten belangt werden, da sie als Sklaven nicht rechtsfähig gewesen waren. Die *domini* oder *dominae* zögerten deshalb die Freilassung hinaus, auch wenn ein *dispensator* über genug Vermögen verfügt haben dürfte, um sich freizukaufen. ▶

Ein Sklave des Kaisers Tiberius, der als Rechnungsführer bei der Steuerbehörde in Lyon beschäftigt war *(dispensator ad fiscum Gallicum provinciae Lugdunensis)*, ließ sich auf einer Reise nach Rom von 16 seiner Sklaven *(vicarii)* begleiten, die ihm dort einen Grabstein setzten (CIL VI 5197). Unter ihnen befanden sich je ein Spezialist für Finanzierung *(negotiator)* und Beschaffung *(sumptuarius)*, drei Sekretäre *(a manu)*, ein Arzt *(medicus)*, ein Kleiderwart *(ab veste)*, zwei Beauftragte für das Silbergeschirr *(ab argento)*, zwei Köche *(coci)*, zwei Bodyguards *(pedisequi)* und zwei Kammerdiener *(cubicularii)* und eine Sklavin namens Secunda, über deren Funktion nichts mitgeteilt wird (Schumacher 271).
Den Manen des kaiserlichen Sklaven Rufinus, *vilici XX her(editatium) stationis Vienn(ensis)* (Verwalter der fünfprozentigen Erbschaftssteuer des Büros in Vienne), setzte seine Frau Taminia Severina den Grabstein *(coniugi piissimo)* (CIL XII 1926). Apronianus, *verna* der Kaiser Septimius Severus, Caracalla und Geta, der in Arles mit der Einziehung der 2 ½ prozentigen Zollgebühren befaßt gewesen war, wurde von seiner Frau Baedia Politice bestattet (*coniugi pientissimo*. CIL XII 717). Beide Männer waren also verheiratet gewesen, und zwar mit freigeborenen Frauen.

*Wenn man in Vaison-la-Romaine am »Haus mit der Silberbüste« entlanggeht, sieht man eine Reihe kleiner Räume, die mit dem Inneren des Hauses keine Verbindung hatten, sondern zur Straße orientiert waren. Bei ihnen könnte es sich um Imbißbuden oder Barbierstuben gehandelt haben, die die Sklaven des Hausherrn in eigener Regie betrieben.*

Man sieht, wie unsinnig das Schema vom »Klassenkampf zwischen Sklavenhaltern und Sklaven« ist. Diesen hat es im Sinne der marxistischen Dogmatik nicht gegeben. Selbst in den Aufständen am Ende der römischen Republik ging es nie um die Abschaffung der Sklaverei, sondern darum, daß die beteiligten Sklaven für sich selbst die Freiheit erkämpfen wollten. Die *servi* empfanden untereinander keine Solidarität, sondern wollten ihre individuelle Situation möglichst günstig gestalten, was am besten gelang, indem sie sich mit *dominus* und *domina* gut stellten. Das lag auch im Interesse der Eigentümer. Für einen Reeder in Arles, der seine Sklaven bis Rom oder Beirut schickte, war es sinnvoll, sie am Gewinn zu beteiligen. Die *domini* überließen den *servi* und *servae* ein *peculium* (Sondervermögen), das diese durch kluges Wirtschaften vermehren konnten, um sich am Ende freizukaufen. Die Hoffnung auf die Freilassung wird überhaupt das wirksamste Mittel gewesen sein, die Sklaven zu loyalem Verhalten anzuhalten.

## *Die Freilassung*

*Weitere Grabinschriften von Sklaven und Freigelassenen siehe S. 175–181*

### CIL XII 5026. CE 1276 (Narbonne)

| | |
|---|---|
| C(aius) OF[ILLI]US C(aii) L(ibertus) | Gaius Ofillius, Freigelassener des Gaius, |
| PAL(atina tribu) A[RIMN]ESTUS | aus der Tribus Palatina, Arimnestus, |
| VIVOS [SIBI] ET | (hat) zu Lebzeiten sich und |
| MINDIAE M(arci) F(iliae) PRIMAE | Mindia, der Tochter des Marcus, Prima, |
| UXORI ET | seiner Frau, und |
| C(aio) OFILLIO C F PROCUL[O] | Gaius Ofillius, Sohn des Gaius, Proculus, |
| FILIO . ẸṬ | seinem Sohn und ... (dies Grab errichtet) ... |

Der vormalige Sklave mit dem griechischen Namen Arimnestus hat von seinem früheren Herrn Gaius Ofillius Vor- und Gentilnamen übernommen und führt die *tria nomina*. Die Worte »Freigelassener des Gaius« bezeugen die rechtsförmige Freilassung, die Angabe der Tribus seinen Status als römischer Bürger. Die *Palatina* ist eine der vier städtischen Tribus, in die seit alter Zeit Freigelassene eingeschrieben wurden. Seine Frau ist, wie die Angabe des Vaternamens zeigt, freigeboren *(ingenua)*, sein Sohn ist nach der Freilassung und in rechtmäßiger Ehe gezeugt, ist also *ingenuus* und *civis Romanus*. Der Vater drückt diesen Tatbestand doppelt aus: durch die Filiation und zusätzlich durch »seinem Sohn«.

Arimnestus läßt dem bis hierhin gängigen Formular ein in Distichen (Hexameter und Pentameter) abgefaßtes Gedicht folgen, das durch seinen prätentiösen rhetorischen Stil (Antithesen und Alliteration) auf eine gute Schulbildung des Auftraggebers und/oder Verfassers schließen läßt.

Barbara quem genuit tellus, [hu]nc tradidit usu[s]
servitio, [i]ngenium ut flec[t]eret, [i]nmerit[o].
Quaesitum ex pat[re], ut potuit, s[i]bi nomen adaux[it],
[e]t pretio [obtin]uit, quod prec[e] non valuit.
Officiis vicit [do]minum nec verbera sens[it],
[p]raemia non habuit, pignor[a] quae potuit...

Barbarenland brachte ihn hervor, Handelsverkehr überantwortete ihn / unverschuldeter Sklaverei, so daß er sein Wesen änderte. / Zu seinem vom Vater erworbenen Namen fügte er, sobald er konnte, einen (römischen Gentil-)Namen hinzu, / und für sein Geld erhielt er, was er durch seine Bitte nicht vermochte. / Durch Pflichterfüllung überwand er seinen Herrn und bekam keine Prügel zu spüren, / Belohnungen erhielt er keine, Kinder, soweit es ihm möglich war...

Text und Übersetzung Eck/Heinrichs Nr. 39

Das Gedicht enthüllt zwar mehr über das persönliche Schicksal des Arimnestus, als normalerweise bekannt ist, aber genaugenommen birgt es mehr Rätsel, als es löst. Wie kommt Arimnestus zu seinem griechischen Namen, da er doch ausdrücklich die Herkunft aus einem barbarischen Land angibt? Was geschah mit den Kindern, wenn *pignora* richtig übersetzt ist?

Ein *servus* erhielt nach römischem Recht bei der Freilassung den Rechtsstatus seines Herrn. Der Sklave eines römischen Bürgers wurde römischer Bürger,[23] der Sklave eines Mannes mit latinischem Bürgerrecht wurde Latiner. Für eine vollgültige Freilassung gab es drei verschiedene Rechtsformen. War sie jedoch nur informell »unter Freunden« oder brieflich ausgesprochen oder waren bestimmte gesetzliche Auflagen (Mindestalter, Höchstzahl der Freizulassenden) nicht erfüllt, so wurden die früheren *servi* zwar frei, genossen aber als *Latini Iuniani* nicht die volle Rechtsfähigkeit (Eck/Heinrichs Nr. 267–280).

Freigelassene waren privatrechtlich voll geschäftsfähig, gehörten aber weiterhin zum Familienverband ihres früheren Herrn und jetzigen Patrons. Das bedeutete einerseits Schutz, den *libertus* und *liberta*, da sie nicht auf den Beistand einer eigenen Familie zurückgreifen konnten, dringend benötigten, andererseits war damit eine gewisse Einschränkung des Handlungsspielraums verbunden, denn sie waren ihrem Patron gegenüber zu entgegenkommendem Respekt und Ehrerbietung *(obsequium, reverentia)* verpflichtet. Sie durften beispielsweise nicht vor Gericht gegen ihn auftreten und waren verpflichtet, ihm und seinen Familienangehörigen bei Bedarf Unterhalt zu gewähren. Geradezu perfide mutet die Praxis verschuldeter *domini* an, einen *servus* unter der Bedingung testamentarisch freizulassen, daß er das Erbe antrat, die Schulden übernahm und seinen Patron bestattete. Bis die Bedingung erfüllt war, blieb er Sklave *(statuliber),* und die Kinder, die eine *statulibera* in dieser Zeit gebar, waren Sklaven.

Bei der Freilassung wurden oft bestimmte Arbeitsleistungen *(operae)* vertraglich vereinbart, die der *libertus* in einer bestimmten Stückzahl oder auf eine festgelegte Zeit zu erbringen hatte. Der Anspruch auf diese *operae* konnte auch vererbt werden. Eine Friseuse oder eine Hebamme, ein Schauspieler oder ein Lehrer mußten ihre Fertigkeiten den früheren Eigentümern unentgeltlich zur Verfügung stellen. Wie die Rechtsquellen zeigen, kam es häufig zu Unstimmigkeiten über die Auslegung der Verträge. Die Juristen gestanden den Patronen einen Ausgleich für den erlittenen Vermögensverlust zu, schoben aber einer zu weit gehenden Ausbeutung einen Riegel vor. Ein Patron durfte beispielsweise weder einen Freigelassenen, der im gemeinsamen Handwerk sein Konkurrent geworden war, an der Ausübung seines Gewerbes hindern noch seine Freigelassene zur Ehe mit ihm zwingen, es sei denn, er hätte sie zu diesem speziellen Zweck freigelassen. Ging die Frau eine rechtmäßige Ehe mit einem römischen Bürger ein, büßte der Patron seine Ansprüche vollständig ein. Die Pflicht zur Übernahme von *operae* erlosch auch, sobald ein Freigelassener zwei Söhne oder Töchter hatte. Hinterließ er keine Kinder oder nur ein Kind, stand dem Patron in jedem Fall die Hälfte des Erbes zu, erst bei drei hinterlassenen Söhnen oder Töchtern ging er leer aus. Die unter diesen Umständen verständlichen Versuche der Patrone, ihre Freigelassenen an Eheschließungen zu hindern, ließen die Juristen nicht zu.[24]

## Freigelassene und Vereine

### CIL XII 700 (Arles)

| | |
|---|---|
| D(is) M(anibus) | Den Manen |
| G(aii) PAQUI(i) OPTATI | des Gaius Paquius, Freigelassener |
| LIB(erti) PARDALAE IIIIII (Viri) | des Optatus, Pardalas, Sevir |
| AUG(gustalis) COL(onia) IUL(ia) PAT(erna) AR(elate) | Augustalis in der Colonia Iulia Paterna Arelate. |
| PATRON(o) EIUSDEM | Dem Patron eben dieses Vereins, |
| CORPOR(is) ITEM PATRON(o) | ebenso Patron |
| FABROR(um) NAVAL(ium) UTRICLAR(iorum) | der Schiffszimmerer, der Schlauchspediteure |
| ET CENTONAR(iorum) C(aius) PAQUIUS | und der Hersteller von Feuerwehrrequisiten – Gaius Paquius |
| EPIGONUS CUM LIBERIS SUIS | Epigonus mit seinen Kindern |
| PATRONO OPTIME MERITO | seinem hervorragend verdienten Patron |

Wir haben es mit einem Grabstein aus dem 2. Jh. n. Chr. zu tun. Gesetzt hat ihn, um von hinten anzufangen, Gaius Paquius Epigonus für seinen ehemaligen Herrn. Aus der Tatsache, daß Epigonus seinen Patron bestattete, kann man schließen, daß dieser ihn zum Erben eingesetzt hatte. Pardalas hatte nämlich seiner im Alter von 41 Jahren verstorbenen Frau Eucarpia schon zu seinen Lebzeiten einen Grabstein gesetzt (CIL XII 747). Von Kindern als denkbaren Erben ist nirgends die Rede. Alle in der Inschrift genannten Personen haben griechische Cognomina.

Auch Gaius Paquius Pardalas war einmal Sklave gewesen, hatte es aber zu Wohlstand und Einfluß gebracht. Denn er war Patron von vier Vereinen. Eine Parallele bietet die Grabinschrift eines ähnlich erfolgreichen Mannes aus Ernaginum (St-Gabriel), das in der Antike zum Territorium von Arles gehörte: *Marcus Frontonius Euporus,* nach seinem griechischen Beinamen wahrscheinlich ebenfalls ein Freigelassener, war Sevir Augustalis in der Colonia Iulia Augusta Aquae Sextiae (Aix-en-Provence), Mitglied der Korporation der Hochsee-Reeder in Arles, Kurator ihrer Vereinigung, und Patron der Schiffer auf der Durance und der Vereinigung der *utriclarii* von Ernaginum (CIL XII 982).

### *Vereine*

Vereine waren – wie auch heute – eine vom Wechsel ihrer Mitglieder unabhängige Verbindung von Personen zur Verfolgung eines gemeinsamen Zweckes. Sie besaßen eine Satzung, eine gemeinsame Kasse, in die die Mitglieder regelmäßig ihre Beiträge entrichteten, ein Vereinslokal und quasi-Beamte. Die römischen Juristen gebrauchen keinen einheitlichen Begriff für Verein, die gängigsten sind *collegium* und *corpus*. Die Mitglieder können als *corporati* oder *collegiati* bezeichnet werden.

In der westlichen Reichshälfte sind mehr als 2000 Vereine bezeugt, knapp 2 Drittel in Italien, der Rest in den Provinzen. In der Stadt Pompeji, deren Einwohnerzahl bei der Zerstörung (79 n. Chr.) auf 15000 bis 20000 Einwohner geschätzt wird, gab es mindestens 45 Vereine. Diese Zusammenschlüsse boten den sogenannten kleinen Leuten ein gesellschaftliches Forum. Man traf sich mit Leuten, die man gut kannte, sei es mit Nachbarn, sei es mit Berufskollegen, und man fand in diesem Kreis die Möglichkeit für eine soziale Betätigung, die diesen Männern auf der politischen Ebene nicht zustand. In den Vereinen konnten sie sich genauso als kundige Verwalter oder als großzügige Spender profilieren wie die reicheren und vornehmeren Stadtbürger im Stadtrat und den Ämtern.

Der Vereinszweck war oft Geselligkeit. Man versammelte sich am Festtag eines bestimmten Gottes, am Geburtstag des Kaisers oder am Geburtstag eines reichen Stifters oder Patrons, um bei einem Bankett fröhlich zusammenzusein. Etwa ein Fünftel der bezeugten Vereine sorgte auch für das Begräbnis seiner Mitglieder. Manche besaßen einen gemeinsamen Grabplatz, was zumal in Großstädten einen erheblichen Vorteil bot. Manche unterhielten eine Sterbekasse, aus deren Mitteln die Errichtung des Grabes und des Grabsteins bestritten werden konnte (CIL XII 736: *e funeraticio*). Wer Wert darauf legte, nach seinem Tode nicht vergessen zu werden, konnte eine Stiftung einsetzen, aus deren Erträgen die Vereinskollegen sein Grab schmücken, das Totenopfer darbringen und bei einem Umtrunk seiner gedenken sollten (CIL XII 731).[25]

### *Verbotene und konzessionierte Vereine*

Derartige Zusammenschlüsse wurden vom Staat geduldet, solange die öffentliche Ordnung nicht in Frage gestellt wurde. Als es 59 n. Chr. in Pompeji bei einem Gladiatorenkampf zu Schlägereien und Tumulten gekommen war, ordnete der Senat die Auflösung von Vereinen an, die gegen die Gesetze gegründet – und bis dahin augenscheinlich nicht behelligt – worden waren (*collegiaque quae contra leges instituerant, dissoluta.* Tacitus, *Annales*, 14,17,2). Die Gesetze, auf die hier angespielt wird, gingen auf Caesar und Augustus zurück. In Reaktion auf die Straßenschlachten der späten Republik, bei denen ehrgeizige Politiker die Vereine für ihre Zwecke mobilisiert hatten, verboten sie die Kollegien mit Ausnahme der seit alter Zeit bestehenden (Sueton, Caesar 42,3. Augustus 32,1: *Collegia praeter antiqua et legitima dissolvit*). Mehrfach erließen auch spätere Kaiser weitere regulierende Gesetze. Verboten waren demnach politische Vereinigungen und Vereine von Soldaten im Lager; Kollegien, deren Tätigkeit im öffentlichen Interesse lag, konnten hingegen durch den Kaiser oder den Senat ausdrücklich genehmigt werden *(collegia licita)*. Zu ihnen gehörten beispielsweise Opferdiener und Flötenspieler, deren Mitwirkung bei den offiziellen Festen unerläßlich war, oder die Bäcker und Schweinehändler der Hauptstadt. Die Mitglieder der *collegia licita* wurden von verschiedenen Kaisern mit Privilegien ausgestattet, die sie von den üblichen *munera* der Stadtbürger befreiten.[26]

Ein Hauptbelang der staatlichen Administration war die Versorgung der Hauptstadt und der Armeen *(annona)*. Da der Staat keine eigene Handelsflotte unterhielt, vergab er seit Claudius Privilegien an Vereinigungen privater Transportunternehmer. Die Seereder *(navicularii marini)* von Narbonne, die Wein und Öl aus Spanien bis nach Italien transportierten, besaßen auf dem *Piazzale delle corporazioni* in Ostia eine Niederlassung.[27] Der Aktionsradius der *navicularii marini* in Arles, die in fünf *corpora* organisiert waren, reichte sogar bis Beirut. Sie standen in Kontakt zur Verwaltung der kaiserlichen *annona*, wie aus einer in Beirut gefundenen Inschrift aus den ersten Jahren des 3. Jhs. hervorgeht. Sie enthält die Abschrift eines Briefs des *praefectus annonae* Claudius Iulianus an die fünf *corpora* der *navicularii marini Arelatenses*. Der Schreiber nimmt Bezug auf ein Dekret, in dem die *navicularii marini* Beschwerde gegen unrechtmäßiges Handeln der Behörde geführt und mit der Einstellung der Zusammenarbeit gedroht hatten (ILS 6987). Eine Beziehung zur Verwaltung der *annona* wird auch durch eine Inschrift bezeugt, mit der die fünf *corpora* den *Procurator Augustorum ad annonam provinciae Narbonensis et Liguriae*, ihren allerbesten und in höchstem Maße uneigennützigen Patron, ehrten (CIL XII 672).[28]

Für den Transport innerhalb der Provinz waren die Flußschiffer auf der Durance und die *utriclarii* zuständig, welche in großen Schläuchen (*uter* = Schlauch) Wein und Öl über Land beförderten.[29] Rhôneaufwärts erlangten die in Lyon residierenden Schiffer auf Rhône und Saône eine große Bedeutung.

Eine andere wichtige Tätigkeit von öffentlichem Interesse war das Feuerlöschwesen. In vielen Städten sind Vereine bezeugt, die dem Namen nach Handwerkervereine waren, in Wirklichkeit aber als freiwillige Feuerwehr zu bezeichnen sind. Auch Personen, die keine Handwerker waren, suchten aus Prestigegründen den Zugang zu diesen *collegia licita*. Für diese begegnen verschiedene Bezeichnungen, z.B. *fabri* (Handwerker), *fabri tignuarii* (Zimmerleute. CIL XII 738) und *centonarii* (s.o. CIL XII 700). Was der letzte Begriff genau bedeutet, ist unklar. *Cento* ist eine aus Flicken zusammengesetzte Decke, die vielleicht, mit Wasser oder Essig getränkt, als Löschgerät diente.[30]

*Treidelverkehr auf einem Fluß (Relief aus Cabrières d'Aygues, im Musée lapidaire in Avignon).*

In Narbonne, wo 145 ein verheerender Brand gewütet hatte, durfte das *collegium fabrorum* sein Vereinslokal im Bereich des Haupttempels der Kolonie errichten. Danach nannten sich die Mitglieder *fabri subaediani Narbonenses* (von *aedes* = Tempel). Eine 1826 in der Nähe des alten Stadtzentrums gefundene Statuenbasis aus Marmor trägt auf der Vorderseite eine kurze Widmungsinschrift für Sextus Fadius Secundus Musa, den Patron der *fabri subaediani* – wegen seiner Verdienste. Der Geehrte verwaltete alle Ämter in der Kolonie und ist außerdem durch Amphorenscherben mit seinen Marken, die auf dem Monte Testaccio in Rom gefunden wurden, als Reeder ausgewiesen. Auf der rechten Nebenseite des Steins ist ein längerer Brief vom 1. 10. 149 eingemeißelt, in dem Fadius Musa dem Kollegium eine neue Wohltat ankündigt: die ansehnliche Summe von 16 000 Sesterzen, wie er schreibt, ein bescheidenes Präsent, aus dessen Zinsen die *collegiati* alljährlich zur Feier seines Geburtstags ein Festmahl einnehmen sollen.[31]

## *Die Augustales oder Seviri Augustales*

Das höchste Sozialprestige genossen die Seviri Augustales, die ihren Reichtum für die festliche Ausgestaltung des Kaiserkults einsetzten. Sie bildeten eine offizielle städtische Institution, zahlten wie die Beamten ein Einstandsgeld und traten bei Banketten, Spielen und Prozessionen mit ihren Amtsinsignien in Erscheinung *(ornamenta Augustalitatis)*. Die Angehörigen der Kollegien waren fast immer Freigelassene, die auf diese Weise trotz fehlender Ingenuität zu öffentlichen Ehren kommen wollten. Aber wie die folgende, im *Musée St-Pierre* in Vienne ausgestellte Grabinschrift zeigt, übernahmen im Zuge einer Familientradition auch Freigeborene diese Funktion.

**CIL XII 1880. ILN V 295 (Vienne)**

| | |
|---|---|
| D(is) M(anibus) | Den Manen |
| Q(uinto) CONNIO | Dem Quintus Connius |
| SAURIAE IIIIIIVIR(o) | Sauria VI-Vir |
| AUG(ustali) Q(uintus) CONNIUS | Augustalis – Quintus Connius |
| RHODOCHUS | Rhodochus |
| IIIIII VIR AUG(ustalis) | Sevir Augustalis |
| PATRI PIISSIMO | seinem frömmsten Vater (und) |
| Q(uintus) CONNIUS | Quintus Connius |
| APER AVO | Aper seinem Großvater |

## *Vereinspatronat*

Es erhöhte das Ansehen eines Vereins, wenn renommierte Männer die Funktion eines Patrons übernahmen. Von ihnen erwartete man generell die Förderung der Vereinsinteressen. Das konnte in finanzieller Unterstützung bestehen, aber auch indem der Patron in Kreisen, die ihm, nicht aber den Vereinsmitgliedern, zugänglich waren, für sie tätig wurde. Die Seereeder von Arles ehrten ihren Patron Gnaeus Cornelius Optatus, Duumvir, Pontifex und Flamen (CIL XII 692).

Man versteht jetzt, warum die Funktionen des Gaius Paquius Pardalas in seiner Grabinschrift nicht fehlen durften (CIL XII 700, s. S. 302). Trotz seiner Herkunft aus dem Sklavenmilieu hatte er es als Patron von vier Kollegien zu einer geachteten Stellung gebracht. Man kann sich vorstellen, wieviel Mühe und rastlose Tätigkeit er in die Pflege seiner sozialen Beziehungen gesteckt hatte. Daß er reich war, verstand sich dabei von selbst. Davon brauchte man nicht zu sprechen.

## Versuch einer Gesamtbetrachtung: Reichtum und Status

### *Die Honoratioren*

Die sogenannte Munizipalaristokratie bestand, wie wir gesehen haben, aus Agrariern, was, zumal in Handelsstädten, die Beteiligung am Geschäftsleben nicht ausschloß. Selbstverständlich mußte man reich sein, wenn man als Beamter und Wohltäter in Erscheinung treten wollte. Sicher mußte man auch dafür sorgen, seinen Reichtum zu erhalten und zu vermehren. Die Honoratioren konnten über ihre Freigelassenen in den Seehandel einsteigen und die Vermarktung ihres Weins selbst betreiben. Auch die Veredlung der auf ihren Gütern erzeugten Produkte bot sich an: Schweine konnten als gepökelte Schinken verkauft, die Wolle der Schafe von den eigenen Sklaven zu Tuchen verarbeitet werden. Wer über entsprechenden Ton verfügte, errichtete auf seinem Grundstück eine Ziegelei. Aber wenn sich die Angehörigen dieser Gruppe in Inschriften darstellen, kehren sie nicht die ökonomische Seite ihrer Existenz hervor, sondern die politische. Als Wohltäter stehen sie im Dienst ihrer Mitbürger. Das ist konstitutiv für ihr Selbstbewußtsein. Nicht der Reichtum bestimmt ihren sozialen Status, sondern der Zugang zu den Ämtern.

Hätte es für einen vornehmen Mann eine Alternative gegeben? In einer vielzitierten Passage seines Werkes »Über die Pflichten« geht Cicero die denkbaren Berufe und Erwerbsarten nach dem Kriterium ihrer gesellschaftlichen Akzeptanz durch. Ganz unten stehen Zöllner und Wucherer, gefolgt von Tagelöhnern, deren Stellung sich der von Sklaven annähert. Auch Handwerker sind generell verächtlich, denn in einer Werkstatt können sich keine Qualitäten entfalten, die eines Freigeborenen würdig sind. Wer dem Vergnügen dient, wie Salbenverkäufer, Tänzer und Schauspieler, verdient keine Billigung. Mit Berufen, die eine Ausbildung erfordern und für die Allgemeinheit nützlich sind, wie Medizin und Architektur, verbindet sich für Leute, deren Stand sie entsprechen, eine gewisse Reputation. Kleinhandel ist verächtlich, Großhandel weniger zu tadeln, weil er Waren von weither herbeischafft. »Von allen Erwerbsarten ist freilich nichts besser, nichts ertragreicher und angenehmer, nichts eines Mannes, nichts eines Freien würdiger als die Landwirtschaft« (Cicero, *De officiis* 1,150 f.).

Das sind aus der griechischen Philosophie übernommene Standards, die für den gelten, der sie sich leisten kann. Bis auf den Großhandel sind alle aufgezählten Arten, sich seinen Lebensunterhalt zu verdienen, Berufe für Sklaven und Freigelassene. Noch tiefer steht der freie Tagelöhner. Es ist für einen modernen Betrachter kaum nachzuvollziehen, mit welcher Hartnäckigkeit sich diese Mentalität über Jahrhunderte hielt, wieviel Potential an Talent und Begabung ungenutzt blieb. Ein Aristokrat wie Cicero hatte nach modernem wie antikem Verständnis keinen Beruf. Er war Gutsbesitzer und ein stadtbekannter Redner und Anwalt, aber sein Honorar bestand nicht in Geld, sondern in Gegenleistungen allgemeiner sozialer Natur. Für die gesamte Antike galt: Wer für den Erwerb arbeitete, wer überhaupt für eine Tätigkeit Geld nehmen mußte, war eo ipso gesellschaftlich disqualifiziert.[32]

Die gallischen Aristokraten hatten keine Schwierigkeiten, diese Grundsätze zu übernehmen, denn auch ein Dumnorix oder Diviciacus übte selbstverständlich keine berufliche Tätigkeit aus.

### *Die sogenannten Unter- und Mittelschichten*

Wenn man sich den städtischen Bewohnern zuwendet, die sozial unter den Dekurionen angesiedelt sind, stößt man auf große Probleme. Denn die Forschung ist bei ihrem Bemühen, die »Unterschichten« zu strukturieren und einen »Mittelstand« auszumachen, zu keinem schlüssigen Ergebnis gelangt.[33] Das hängt zum einen mit der Natur unserer Quellen zusammen: Die meisten Grabinschriften nennen nur Namen und geben über Berufe oder sonstige Unterscheidungsmerkmale der Bestatteten keine Auskunft. Zum anderen und in noch höherem Grade resultiert das Dilemma aus der Begriffsbildung. Der Klassenbegriff ist durch die marxistische Doktrin unbenutzbar geworden. Das Wort »Schichten« kann man im strengen Sinne nur für die heutigen egalitären Industriegesellschaften benutzen. In der Antike wird eine Abstufung nach Vermögen und Einkommen von Unterscheidungsmerkmalen ganz anderer Natur durchkreuzt: Freie und Sklaven, Bürger und Nichtbürger unterscheiden sich nach rechtlichen Kriterien. Den Makel der unfreien Geburt konnte noch so großer Reichtum nicht wettmachen.

Zwischen der Statusgruppe der Dekurionen und dem Rest der Bevölkerung bestand eine klare, wenn auch nicht unüberwindliche Scheidewand. Wie soll man aber diesen »Rest der Bevölkerung«, der natürlich die große Mehrheit ausmachte, gliedern? In Bauern, Kleinbauern und Pächter, in kleine und große Werkstattbesitzer oder Tagelöhner? Wo bringt man, wenn man nach ökonomischen Kriterien vorgeht, die Sklaven unter, die, um es zu wiederholen, eine rechtlich und nicht eine ökonomisch definierte Kategorie bildeten? Es bleibt nur die Möglichkeit, die »Unterschichten« negativ zu bestimmen: Ihre Angehörigen hatten keinen Zugang zu den Ämtern und zum Stadtrat. Trotz dieser minimalistischen Position darf man sie sich nicht als homogene Masse vorstellen, sondern nach Vermögen und Status differenziert. Unter ihnen herrschte die gleiche Rivalität um Ehre und Anerkennung wie in der Munizipalaristokratie. Zu Wort melden sich in diesem Sinne allerdings nur Freigelassene und deren Abkömmlinge, die mit einigem Stolz bekunden, daß sie es durch Fleiß und Tüchtigkeit zu einer geachteten Stellung gebracht haben.

In der Grabkunst der späten Republik entwickelte sich ein neuer Typ, zuerst in Italien, namentlich in Rom und Ostia, der bald in den Provinzen übernommen wurde. Handwerker und Kaufleute nennen auf ihren Grabsteinen ihren Beruf und lassen sich in ihrer Werkstatt oder in ihrem Laden darstellen[34]. Wie die beigegebenen Inschriften zeigen, sind die Verstorbenen zum größeren Teil Freigelassene. Das Gefühl, durch eigene Tüchtigkeit etwas erreicht zu haben, machte ihren Stolz aus. Aber das Prestige, das sie dadurch gewannen, galt eben unter ihresgleichen. Ihnen fehlte das Privileg der freien Geburt, so daß ihnen der Aufstieg in den Dekurionenstand verwehrt war.

*Grabmal der Haterier aus Rom.*
*Am linken Rand ist ein hoher von Sklaven in Betrieb gesetzter Baukran abgebildet, weshalb als Errichter des Grabes ein inschriftlich erwähnter freigelassener Bauunternehmer Quintus Haterius Tychicus gilt. Den größten Raum nimmt ein Grabtempel ein, in dessen Giebel die tote Frau des Haterius abgebildet ist; an der Seitenwand sind zwischen Pfeilern die Portraits von drei schon früher verstorbenen Kindern angebracht. Über dem Tempel ist dargestellt, was eigentlich in das Innere des Grabbaus gehört: die Tote auf einem üppigen Polster, vor ihr ein mächtiger Kandelaber, rechts daneben in einer Nische eine Abbildung der Venus, wahrscheinlich mit den Portraitzügen der Verstorbenen. Die Anklänge an ein aristokratisches Begräbnis und an die Göttin der Schönheit und Liebe mögen einem Aristokraten ebenso geschmacklos vorgekommen sein wie das Gastmahl des Trimalchio.*[35]

Das literarische Paradebeispiel für diese Personengruppe ist Trimalchio in den *Satyrica* des Petronius. Er hatte als Lustsklave sowohl seinen Herrn als seine Herrin zufriedengestellt, hatte rechnen gelernt, war *dispensator* geworden und wurde schließlich zum Erben seines Herrn eingesetzt. Im Seehandel und durch Finanzgeschäfte erwarb er ein unermeßliches Vermögen, das er in Land, die einzige sichere Kapitalanlage, investierte. »Auf diese Weise ist euer Freund, der früher ein Frosch war, jetzt ein König«, prahlt er vor den Gästen, die in einem seiner vier luxuriösen Speisezimmer versammelt sind (Petronius, *Satyrica* 77,6). Er weiß gar nicht, was ihm alles gehört; alles, was er benötigt, wird in den eigenen Betrieben erwirtschaftet. Natürlich wird er im Roman als ein neureicher, kulturloser Protzer charakterisiert, der mit Vorliebe Homer zitiert und die jedem Kind aus besseren Kreisen bekannten Mythen durcheinanderbringt.

Trimalchio legte schon zu Lebzeiten bis ins kleinste die Vorschriften für sein Grabmal fest. Er wollte mit fünf goldenen Ringen und in einer Toga mit Purpurbesatz dargestellt werden, wie er als Sevir auf einer Tribüne saß und Geld unter die Leute verteilte. Am Ende seiner Grabinschrift sollte stehen: »Er fing klein an und hinterließ 30 Millionen (Sesterzen), und niemals hat er einen Philosophen gehört.« (Petronius, *Satyrica*, 71,5 – 12).[36]

## Soziale Mobilität

Die Gesellschaft war also in klar abgegrenzte Strata gegliedert. Sie wurden nicht kaschiert, sondern für jedermann sichtbar durch Amtsinsignien und Titel zur Anschauung gebracht.[37] Ab dem 2. Jh. bildete sich die Rechtspraxis aus, hoch- und niedriggestellte Personen, *honestiores* und *humiliores*, im Strafprozeß unterschiedlich zu behandeln. Die *honestiores* genossen Schutz vor entehrenden Strafen, Folter und körperlicher Züchtigung, wurden, wenn überhaupt ein Todesurteil verhängt wurde, enthauptet, während die *humiliores* mit Strafarbeit in den Bergwerken, Kreuzigung, Feuertod oder der Verurteilung *ad bestias* zu rechnen hatten.[38]

Diese manifeste Ungleichheit wurde als selbstverständlich hingenommen. Für die Masse der armen Landbevölkerung und für die städtischen Tagelöhner gab es keine andere Perspektive, es sei denn, man schloß sich zu Räuberbanden zusammen, wie es im 3. und 5. Jh. die gallischen Bagauden taten. In der Hohen Kaiserzeit überwog aber entschieden die »Friedfertigkeit der Unterschichten«.[39] Wer unzufrieden mit seiner Stellung war, orientierte sich an denen, die über ihm standen, und nutzte die Chancen für einen sozialen

▶ *siehe auch S. 379*

Aufstieg. Sklaven konnten freigelassen werden und in den Vereinen zu Ansehen kommen. Wenn es ihnen gelang, Wohlstand anzusammeln und Söhne zu hinterlassen, konnten diese vielleicht in den Dekurionenstand wechseln. Zwischen den lokalen Eliten und der Reichsaristokratie gab es Übergänge.

In der Breitenwirkung übertraf nichts die Aufstiegsmöglichkeiten, die das Militär bot. Nichtbürger dienten in den Auxiliartruppen und wurden nach 25 Dienstjahren bei der ehrenvollen Entlassung *(honesta missio)* römische Bürger. Wer das Bürgerrecht schon besaß, trat in die Legionen ein. In der frühen Kaiserzeit stellten die Einwohner der Narbonensis unter den nicht aus Italien stammenden Rekruten den bei weitem größten Anteil, ein weiteres Indiz für den hohen Romanisierungsgrad der Provinz. Aus Vienne (24), Narbonne (18), Fréjus (13) und Luc-en-Diois (12) sind besonders viele Legionäre bezeugt, aus Riez zwei, aus Vaison einer. Die meisten von ihnen dienten in der Rheinarmee. Der Sold der Legionäre belief sich unter Augustus auf 225, ab Domitian auf 300 Denare; die Auxiliar- und die Flottensoldaten erhielten

Es gab pro Zenturie ein *signum* (Feldzeichen), das, wie die Legionsadler, im Gefecht eine wichtige taktische Bedeutung besaß und sakral verehrt wurde. Der »Feldzeichenträger« verwaltete außerdem die finanziellen Einlagen seiner Kameraden.
Die Inschrift wird in das ausgehende 1. Jh. n. Chr. datiert. Die X. Legion war von Augustus gebildet worden, die Beinamen *Pia* und *Fidelis* (fromm und treu) erhielt sie im Jahre 70 von Vespasian, sicher wegen ihres Verhaltens im Bürgerkrieg. Bis 103 lag sie in Nimwegen in der Provinz Germania Inferior in Garnison. Nach dem Ende seiner Dienstzeit erlangte Saturninus das höchste Amt in seiner Kolonie.

### CIL XII 367. Text nach ILN II (Riez) 43

| | |
|---|---|
| A(ulus) IUL(ius) SATURNINUS | Aulus Iulius Saturninus |
| SIGNIFER LEG(ionis) X GEM(inae) | *signifer* der *Legio X Gemina* |
| P(iae) F(idelis) IIII VIR C(oloniae) | *Pia Fidelis,* Quattuorvir der Colonia |
| I(uliae) A(ugustae) A(pollinaris) | Iulia Augusta Apollinaris |
| VI(v)US FECIT SIBI | hat (diesen Grabstein) zu Lebzeiten für sich |
| ET SUIS | und seine Angehörigen errichtet |

geringere, die Prätorianer und die Offiziere höhere Beträge. Bei der Entlassung wurde den Veteranen eine Abfindung ausgezahlt, die sich für einen Primipilus, den ranghöchsten Zenturio einer Legion, auf 600 000 Sesterzen, das Anderthalbfache des Ritterzensus, belief. Generell stellten die Soldaten unterhalb des Ritterstandes die einzige Bevölkerungsgruppe dar, die über ein geregeltes Einkommen verfügte. Es lag unter dem der Prokuratoren, aber weit über dem, worüber ein Bauer oder Ladenbesitzer verfügen konnte. Wer überlebte, seinen Sold und die bei besonderen Anlässen ausgezahlten Summen *(donativa)* sparte, kehrte nach 20 Dienstjahren geehrt und wohlhabend in die Heimat zurück, war von bestimmten steuerlichen und liturgischen Leistungen befreit und genoß das Privileg, zu den *honestiores* zu gehören.[40]

## *Wohltäter und Patrone*

Vielleicht in noch höherem Maße wurde der innere Friede durch den Grundsatz der antiken Sozialordnung gefördert, daß die Angehörigen der höheren gesellschaftlichen Ränge für das Wohl der ihnen Nahestehenden Verantwortung trugen (römisch: *fides*). Der Einzelne war in der antiken Gesellschaft nicht isoliert. Die Basiseinheit bildete die *familia*, die freien und unfreien Mitgliedern Schutz bot. Dann kam die Dorfgemeinschaft, der Verein, schließlich die Civitas. Dem Zusammenhalt dieser Gemeinschaften standen die Unterschiede von arm und reich, die rechtlichen und politischen Statusgrenzen nicht entgegen. Die Vernetzung der gesellschaftlichen Gruppen fand ganz selbstverständlich in der Weise statt, daß die, die oben standen und sozial mächtig waren, von den anderen um Gefälligkeiten angegangen wurden. Für die »kleinen Leute«, die anders nicht zu ihrem Recht kommen konnten, war es lebenswichtig, jemanden zu finden, der ihre Interessen vertrat. Umgekehrt erhöhte sich das Prestige des Mächtigeren, wenn er anderen beistand. Deshalb war er bereit, Zeit und Geld in die Pflege der sozialen Beziehungen zu investieren.

Die Bürger von Vaison ernannten ihren Mitbürger, den Prätorianerpräfekten Afranius Burrus, zum Patron. Die Seereeder in Arles wählten einen Duumvirn und einen Prokurator der kaiserlichen *annona* zu Patronen. Der Freigelassene Pardalas war der Patron von vier Kollegien. Auf jeder denkbaren Stufe begegnen diese Beziehungen zwischen Klienten und Patronen. Jeder fand immer eine Person, die einflußreicher war als er selbst. Nur der Kaiser stand – auch in dieser Hinsicht – über allen.

▶ *siehe S. 169*

▶ *siehe auch S. 350*

Was vom Patron erwartet wurde, zeigt geradezu exemplarisch eine höchst anschauliche Inschrift aus dem Territorium von Arles, in der die Bewohner eines Pagus ihrem Patron ihre Dankbarkeit bekundeten.

### CIL XII 594. AE 2000, 883 (St-Jean-de-Garguier)

Die *pagani* des *pagus Lucretius*, die im Gebiet der Arelatensier wohnen, im Ort Gargarius, zu Ehren des Qu(intus) Cor(nelius), Freigelassenen des Marcellus, Zosimus, *Sevir Augustalis* der *Colonia Iulia Paterna Arelate*, der das uns zugefügte Unrecht dem heiligsten Prinzeps aller Jahrhunderte, *Titus Aelius Antoninus Augustus Pius*, bekanntgemacht hat. Dreimal schickte er nach Rom und viele Jahre hindurch hat er bei den Statthaltern der Provinz die Wiedergutmachung des uns zugefügten Unrechts betrieben, und zwar auf eigene Kosten, indem er uns die Erstattung seiner Aufwendungen erlassen hat. Er hat bewirkt, daß die Wohltaten des heiligsten Prinzeps aller Jahrhunderte, *Imperator Caesar Antoninus Augustus Pius*, dauerten und Bestand hätten; Wohltaten, die wir genossen: freier Eintritt in die Thermen, dessen man die *pagani* beraubt hatte und dessen sie sich mehr als 40 Jahre erfreut hatten.[41]

▶ *Zum Begriff pagus siehe S. 128*

Der Text geht wahrscheinlich auf eine von dem Geehrten selbst gelieferte Vorlage zurück. Auch die Kosten für die Aufstellung des Steins wird er übernommen haben. Die Ehrung war der verdiente Lohn für jahrelange Mühewaltung.

Mehrfach habe ich hervorgehoben, daß die Römer mit der Einrichtung der Civitates einen rechtlichen Rahmen schufen, der Rechtssicherheit garantierte; daß jeder Reichsbewohner die Erwartung hegen konnte, mit seinen Anliegen beim Kaiser Gehör zu finden. Das Beispiel der *pagani* von Arles zeigt, wie schwierig es sein konnte, diesen »Anspruch« zu realisieren. Man mußte entweder selbst reich und sozial mächtig sein oder jemanden kennen, der über genug Beziehungen und Durchsetzungswillen verfügte, um eine Petition zu überreichen.

▶ *siehe S. 150*

## *Stiftungen*

Eine andere Form, den Dank seiner Mitbürger zu verdienen, bestand in materiellen Zuwendungen. *Gaius Sappius Flavus,* nach einer glänzenden ritterlichen Karriere, die ihn als *praefectus ripae fluminis Euphratis* bis an die Ostgrenze des Reiches geführt hatte, in seine Heimat Vaison zurückgekehrt, setzte seinen Mitbürgern eine Stiftung von 1,2 Millionen Sesterzen aus, die durch die Zinsen auf 4 Millionen anwachsen sollten. Er muß außerordentliches Vertrauen in die Zuverlässigkeit der städtischen Finanzverwaltung gehabt haben, denn wenn das Geld in Land angelegt wurde und eine Rente von 6% erbrachte, durfte das Kapital 21 Jahre lang nicht angetastet werden. Es handelt sich um das höchste Legat, das in der römischen Welt bekannt ist. Außerdem vermachte Sappius Flavus der Stadtkasse 50000 Sesterzen, mit denen die Säulenhallen der Thermen mit Marmor ausgestattet werden sollten.[42]

### *Infrastrukturmaßnahmen*

Besonders schätzten die Wohltäter große Infrastrukturmaßnahmen, Straßen und Wasserleitungen, die ihren Nachruhm auf Dauer garantierten. Dazu war natürlich die inschriftliche Dokumentierung, am besten gleich mehr-

#### CIL XII 2493/4. ILHS 69/70 (Marigny-St-Marcel, Civitas Vienna)

Die Tafeln mit den Inschriften wurden schon im 18. Jahrhundert gefunden und sind heute in die Außenmauern der Kirche eingefügt. Der Mittelteil von Nr. 70 ist verloren, die erhaltene rechte Hälfte erlaubt aber die sichere Ergänzung von Nr. 69. Ich ziehe daher beide Inschriften zusammen und gebe den Text ohne eckige Klammern wieder.

*Inschrift des Gaius Sennius Sabinus in Marigny-St-Marcel.*

C(aius) SENNIUS C(aii) F(ilius) VOL(tinia tribu) SABINUS PRAEF(ectus) FABR(um)
BALINEUM CAMPUM PORTICUS AQUAS IUSQUE
EARUM AQUARUM TUBO DUCENDARUM ITA UT RECTE
PERFLUERE POSSINT VICANIS ALBINNENSIBUS D(e) S(uo) D(edit)

Gaius Sennius, Sohn des Gaius, aus der Tribus Voltinia, Sabinus, Präfekt der Pioniere, hat das Bad, den Sportplatz, die Säulenhallen, die Wasserleitung, verbunden mit dem Recht, das Wasser in einer Leitung (über sein Grundstück?) zu führen, so daß es in gerader Linie fließen kann, den Bewohnern des Dorfes Albens aus seinem Vermögen geschenkt ▶

Die Straße zwischen Annecy und Dingy-St-Clair verläuft auf einer Trasse, die Tincius Paculus über dem rechten Ufer des Fier in den Fels schlagen ließ (CIL XII 2555. ILHS 55). Der Gleichklang zwischen dem Namen des heutigen Dorfes und dem Stifter deutet darauf hin, daß die sicher einheimische Familie der *Tincii* hier ihre Liegenschaften hatte. Zu vergleichen ist die ähnliche Maßnahme des Dardanus aus dem 5. Jh. (s. u. S. 387).

## CIL XII 2522. ILHS 105

Die Tafel mit der Inschrift ist in Talloires am Lac d'Annecy in einem Annex der alten Priorei eingemauert.

| | |
|---|---|
| HOROLOG[IUM] CUM SUO AEDIFICIO E[T] | Diese Uhr mit ihrem Gebäude, |
| SIGNIS OMNIBUS ET CLATRIS | allen Figuren und dem Absperrgitter |
| C(aius) BLAESIUS C(aii) Fil(ius) | hat Gaius Blaesius, Sohn des Gaius, aus der |
| VOLTINIA (tribu) GRATUS EX HS N [X] | Tribus Voltinia, Gratus für einen Betrag |
| ET EO AMPLIUS AD ID HOROLOGIUM | von 10 000 Sesterzen und darüber hinaus |
| ADMIN[IS] | zur Wartung dieser Uhr einen Sklaven |
| TRANDUM SER(v)UM HS N IIII D(e) | im Wert von 4000 Sesterzen |
| S(ua) P(ecunia) D(edit) | aus seinem Vermögen gegeben |

Die Ziffern sind aufzulösen:
ex (sestertium) N(ummum) X (milibus)
(sestertium) N(ummum) IIII (milium)

*Straße im Tal des Fier.* ►

## CIL XII 647 Die Brücke über die Touloubre

L(ucius) DONNIUS C(aii) F(ilius) FLAVOS FLAMEN ROMAE ET AUGUSTI
TESTAMENTO FIEREI IUSSIT ARBITRATU
C(aii) DONNEI VENAE ET C(aii) ATTEI RUFEI

Lucius Donnius, Sohn des Gaius, Flavos, Flamen der *Roma* und des Augustus, hat testamentarisch den Bau (der Brücke) verfügt, (durchgeführt wurde er) nach den Vorstellungen des Gaius Donnius Vena und Gaius Attius Rufus

*Der Pont Flavien über die Touloubre bei St-Chamas (nördlich des Etang-de-Berre). Die Brücke ist 7,70 m breit und 6,60 m hoch. Ihre Enden markieren zwei Bögen (6,60 × 8,40 m), an deren Außenseiten zwei gleichlautende Inschriften angebracht sind. Noch im Zweiten Weltkrieg führte die Straße über die Brücke. Der östliche Bogen wurde damals durch einen amerikanischen Laster, der westliche durch einen deutschen beschädigt. Vom Original ist nach den notwendigen Rekonstruktionsmaßnahmen nur wenig erhalten.*[43]

Da die Brücke zu keiner der großen Überlandstraßen gehörte, wirkt sie eher überdimensioniert für die Überquerung des kleinen Flusses. Der Erbauer wollte offensichtlich an einer für ihn wichtigen Stelle mit seiner Großzügigkeit prunken. Wahrscheinlich lagen hier seine Güter und/oder ein Dorf, in dem er als Patron einen beherrschenden Einfluß ausübte. Bei dem nahegelegenen Dorf Coudoux wurde eine Weihinschrift gefunden, die Donnia Vera, wohl eine Freigelassene dieser Familie, für den sonst unbekannten Gott Vitiocelus gesetzt hat (AE 1992, 1180).

fach, notwendig. In Vienne machten in der frühen Kaiserzeit zwei Quattuorvirn ihren Mitbürgern die neue Wasserleitung zum Geschenk und ließen die Trasse über ihre Grundstücke führen. Sulpicia Censilla, die Tochter des einen der beiden Amtsinhaber, setzte in ihrem Testament 50 000 Sesterzen aus, damit diese Wohltat ihres Vaters und seines Kollegen in mindestens acht Inschriften auf ewig eingemeißelt wurde (CIL XII 1882–1889. ILN V 84,1–7).

Die Reihe der Wohltaten ließe sich fortsetzen. Auffällig ist, daß eine Form, die in Rom selbst und in den griechischen Poleis überaus häufig ist, praktisch nicht vorkommt: die Versorgung der städtischen Bevölkerung mit Lebensmitteln. Dies stellte anscheinend in der Narbonensis kein Problem dar.[44]

## Die Reichsaristokratie: *Ordo senatorius* und *ordo equester*

### *Der Senatorenstand* (ordo senatorius)

Der Senat war die Regierung der römischen Republik. Seine Mitglieder besetzten die Ämter und Priesterstellen, sie kommandierten die Legionen, verwalteten Rom und das Reich und waren für die Außenpolitik und den diplomatischen Verkehr zuständig. Wenn Augustus die im Bürgerkrieg errungene Militärdiktatur in rechtmäßig anerkannte Herrschaft überführen wollte, mußte er die Prärogativen des senatorischen Adels respektieren. Das heißt: Die Beamtenstellen mußten auch weiterhin mit Senatoren besetzt werden. Auch wenn jedem klar gewesen sein dürfte, daß in Zukunft das Kommando über die Legionen in Germanien oder Syrien nur erhalten konnte, wer das uneingeschränkte Vertrauen des Kaisers besaß, lag in dieser Vorgehensweise ein großes Risiko. Voll Sorge mußte man bei einem Regierungswechsel die Reaktion der Generäle einkalkulieren.

In der Zeit der Republik war der Zugang zum Senat prinzipiell nach unten offen. Wer die nötigen Mittel hatte, konnte um die Quästur, das unterste Amt, kandidieren und die Erwartung hegen, anschließend von den Zensoren in den Senat befördert zu werden. Augustus machte den *ordo senatorius* zu einem geschlossenen Stand. Die Zugehörigkeit war erblich und schloß die Frauen und Kinder der Senatoren ein. Voraussetzung war ein Mindestvermögen von 1 Million Sesterzen und die Bereitschaft, dem Staat über Jahrzehnte zu dienen. Die Ehegesetze des Augustus unterwarfen die private Lebensführung der männlichen und weiblichen Angehörigen des Standes strikten Regeln. Sie mußten Ehen eingehen, durften keine Freigelassenen oder Personen aus dem Milieu des Theaters heiraten und sollten Kinder zeugen. Mit drei Kindern genossen sie Privilegien bei der Beförderung *(ius trium liberorum)*. Ihre Standesabzeichen waren der *latus clavus* (der breite Streifen), der senkrecht in die Tunika eingewebt oder aufgenäht war, und hohe Stiefel, ihr Titel *clarissimus*. Die Zahl der senatorischen Familien wird auf etwa 500 geschätzt.

## *Der Ritterstand* (ordo equester)

Augustus führte auch die Entwicklung des Ritterstandes, die schon in der späteren Republik begonnen hatte, zum Abschluß. Voraussetzung waren freie Geburt seit drei Generationen, ein Mindestvermögen von 400000 Sesterzen und ein untadeliger Lebenswandel. Standesabzeichen waren der *angustus clavus* (der schmale Gewandstreifen) und ein Goldring *(ius anulorum)*. Am 15. Juli jeden Jahres fand eine festliche Parade *(transvectio)* statt, bei der die Ritter unter 35 Jahren gemustert wurden *(probatio equorum)*. Auch bei den Spielen traten die *equites* geschlossen in Erscheinung, denn schon durch ein Gesetz von 67 v. Chr. waren die ersten 14 Reihen im Theater als Ehrenplätze für sie reserviert worden. Auch im Theater von Orange waren drei Reihen für sie bestimmt (CIL XII 1241).

Obwohl die Zugehörigkeit zum Ritterstand rechtlich nicht erblich war, hatte der Sohn eines Ritters die besten Aussichten, den Rang seines Vaters zu erreichen. Außerdem rekrutierte sich der Nachwuchs aus Berufssoldaten und den Angehörigen der munizipalen Eliten. Die Gesamtzahl der *equites* ist nicht bekannt; für die Zeit des Augustus wird sie auf 20000, für das 2. Jh. auf 30000 oder auch 40000 geschätzt. Von den Rittern, deren Herkunft bekannt ist, stammten in der frühen Kaiserzeit, von Augustus bis Nero, 388 aus Italien und 159 aus den Provinzen. Das größte Kontingent der Provinzialen stellte mit 38 die schon weitgehend romanisierte Narbonensis. Seit Vespasian wuchs der Anteil der aus den Provinzen stammenden Ritter kontinuierlich.

## *Die ritterliche Laufbahn*

Der Vorbereitung einer ritterlichen Karriere diente häufig die *praefectura fabrum* (wörtlich: Kommando über die Pioniere), die man im Stabe eines Provinzstatthalters absolvierte. Den Posten erstrebte ein junger Mann wohl hauptsächlich, um sich bekanntzumachen und einen Patron zu gewinnen, der ihn für höhere Aufgaben empfehlen konnte.[45] Ritterliche Offiziere dienten entweder im Stabe einer Legion oder befehligten die Einheiten der Auxiliartruppen. Die Stationen der eigentlichen *militia equestris* waren: *praefectus cohortis* (Kommandant einer Infanterieabteilung von 500 Mann), *tribunus legionis* (einer von fünf ritterlichen Stabsoffizieren einer Legion) oder *tribunus cohortis* (Kommandant einer Infanterieeinheit von 1000 Mann) und *praefectus alae* (Kommandant einer Reitereinheit von 500 Mann). Es gab ungefähr 550 ritterliche Offiziersstellen.

Wer sich bewährt hatte und höheren Ehrgeiz besaß, konnte als Prokurator des Kaisers in der Zivil- und Finanzverwaltung eingesetzt werden. Den Prokuratoren oblag in den kaiserlichen Provinzen die Finanzverwaltung, in den senatorischen die Verwaltung des kaiserlichen Vermögens. Außerdem wurden die zentralen Kanzleien, die zu Beginn des Prinzipats Freigelassenen anvertraut waren, im Laufe des 1. und 2. Jhs. mit Rittern besetzt. Nach der Bedeutung ihres Postens bezogen die Prokuratoren ein Gehalt von 60 000, 100 000 oder 200 000 Sesterzen. Die ritterliche Laufbahn schloß mit den Spitzenposten *praefectus annonae, praefectus Aegypti* und *praefectus praetorio*.[46]

### *Ritter aus der Narbonensis*

Zu den frühesten in der Narbonensis bezeugten Rittern gehört *Gaius Passerius Afer,* der als Militärtribun einer in Ägypten stationierten Legion diente und anschließend, wahrscheinlich in der Zeit des Tiberius, in Vienne das höchste Amt und zwei Priestertümer innehatte (CIL XII 1872/73. ILN V 66/67). Damals war auch *Afranius Burrus* aus Vaison bereits Prokurator. Von Claudius wurde er zum Prätorianerpräfekten ernannt. Dieser erwähnt in seiner Rede vor dem Senat auch *Lucius Vestinus, procurator Augusti* und später *praefectus Aegypti. Titus Pompeius Albinus* diente unter Nero (CIL XII 2327).

▶ *CIL XII 5842, zitiert S. 169*
▶ *siehe S. 326*
▶ *siehe S. 170 f.*

**CIL XII 2606 UND 2607**

L(ucius) IUL(ius) P(ublii) F(ilius) VOL(tinia tribu) BROCCHUS VAL(erius)
BASSUS PRAEF(ectus) FABR(um) BIS TRIB(unus)
MIL(itum) LEG(ionis) VIII AUG(ustae)
II VIR IUR(e) D(icundo)
III VIR LOC(orum) P(ublicorum) P(ersequendorum) AUGUR PONTIF(ex) II VIR
ET FLAMEN IN COL(onia) EQUESTRE VIKANIS
GENAVENSIBUS LACUUS DAT

Lucius Iulius, Sohn des Publius, aus der Tribus Voltinia, Brocchus Valerius
Bassus, zweimal Präfekt der Pioniere, Militärtribun
der *Legio VIII Augusta*,
Duumvir für die Rechtsprechung,
Triumvir für die Domänenverwaltung, Augur, Pontifex,
Duumvir und Flamen in der Kolonie Equestris
spendet den Angehörigen des Vikus Genf die Wasserreservoire.

Die Inschrift stammt aus Genf, das schon von Caesar als *oppidum* der Allobroger erwähnt wird (Gall. 1,6,3. 1,7,1 f.) und in der Kaiserzeit zur Kolonie Vienne gehörte. Der Grundbesitz der Familie lag offenbar sowohl nördlich wie südlich des Genfer Sees, denn auch in der *Colonia Iulia Equestris Noviodunum* (Nyon), die zur Provinz *Germania superior* gehörte, hatte Iulius Brocchus das oberste Amt und ein Priestertum inne. In Vienne durchlief er den höheren *cursus honorum.* Das Amt des »Triumvirn für die Domänenverwaltung«[47] ist spezifisch für Vienne. Da es andernorts keine Parallelen gibt, kann man nur vermuten, daß es mit dem unverhältnismäßig großen Territorium der Kolonie zusammenhing. Die Amtsinhaber hatten vielleicht dafür zu sorgen, daß öffentliches Eigentum nicht von Privaten entfremdet wurde. Außer der *praefectura fabrum* bekleidete Iulius Brocchus das Militärtribunat. Daß seine Karriere der Nachwelt überliefert ist, verdankt sich dem Interesse, das dieser Ritter an der Verewigung einer Wohltat hatte, die er seinen Nachbarn erwies. Damit wird eine dritte Ebene deutlich, auf der ein vornehmer und – versteht sich – wohlhabender Mann präsent war. Seine eigentliche Heimat war der *vicus,* wo seine Güter lagen. Dort wollte er als großzügiger Mann beliebt sein, dann kam die Kolonie, dann die Reichsverwaltung. Die Inschrift wird von Pflaum mit Vorbehalt in die neronische Zeit datiert (Pflaum, Fastes 211 f.).

Die nächste Generation der Familie ist dadurch bekannt, daß Iulius Brocchus Bassus für seinen Sohn Decimus Iulius Ripanus Capito Bassianus in Nyon eine Statue aufstellte. Aus der zugehörigen Inschrift geht hervor, daß Iulius Ripanus, noch bevor er einen Posten der ritterlichen Laufbahn bekleidet hatte, vom Kaiser in den Ritterstand erhoben wurde *(honorato equo publico).* Die Formulierung ist eine Reminiszenz an die frühe Republik, als denjenigen, die Kriegsdienst als Reiter leisteten, auf öffentliche Kosten ein Pferd zur Verfügung gestellt wurde. Auch Marcus Attius Paternus und Quintus Soillius Valerianus in Nîmes drückten auf diese Weise ihren ritterlichen Status aus. Iulius Ripanus diente als *praefectus fabrum* und Militärtribun der *cohors I Gallica* in Spanien (CIL XIII 5007. Pflaum, Fastes 215 f.).

▶ *CIL XII 3200 zitiert S. 266*
▶ *CIL XII 3275 zitiert S. 273*

Grabstein des Adgennius und der Licinia Flavilla im Museum in Nîmes

In der dritten Generation ist die Familie durch Decimus Iulius Capito vertreten. Er absolvierte in Vienne den höheren *cursus honorum* mit Augurat, Duumvirat für die Finanzverwaltung, Flaminat des Mars, Triumvirat für die Domänenverwaltung und schließlich Flaminat der Jugend. Nach der *praefectura fabrum* diente er als Militärtribun der *legio II Adiutrix,* die zwischen 71 und 86 in Britannien stationiert war und dann auf den Balkan verlegt wurde. Nach diesem militärischen Posten wurde er Sub-Prokurator und Zensor in der föderierten Civitas der Remer (Reims). Mit dieser Prokuratur war ein Gehalt von 60000 Sesterzen verbunden. Den Höhepunkt seiner Karriere bildete die Tätigkeit als *procurator ducenarius* (mit einem Sold von 200000 Sesterzen) des *Imperator Nerva Traianus Caesar Augustus Germanicus Dacicus Optimus* in der Provinz Asturien und Galicien. Nach den Titeln des Kaisers ist die Prokuratur in die Zeit zwischen August 114 und Februar 116 zu datieren, da Traian *Optimus,* aber noch nicht *Parthicus* genannt wird.

Die Laufbahn des Iulius Capito wird durch drei Inschriften bezeugt: CIL XII 1855 geht auf einen Beschluß des *conventus Asturum* zurück, 1869 und 1870 auf einen öffentlichen Beschluß der Remer. Den Aufstellungsort bewilligte jeweils der Stadtrat von Vienne (Pflaum, Fastes, 225f.).

## Vom gallischen Aristokraten zum *eques Romanus*

In einer Galerie des Museumshof in Nîmes ist das aus flavischer Zeit stammende Grabrelief eines Ehepaares ausgestellt. Die Büsten sind in eine muschelförmige Nische gesetzt. Die Frau hatte als Flaminica der Kaiserin fungiert, was durch die Priesterbinden unterstrichen ist, die ihre sorgfältig gearbeitete Frisur verzieren. Der Mann trägt einen mit einem Orden geschmückten Panzer. ▶

**CIL XII 3175**

| | |
|---|---|
| D(is) | M(anibus) |
| LICINIAE L(ucii) F(iliae) | SEX(ti) ADGENNII |
| FLAVILLAE | MACRINI TRIB(uni) LEG(ionis) VI |
| FLAMINIC(ae) AUG(ustae) | VICT(ricis) IIII VIR(i) IUR(e) |
| | DIC(undo) |
| | PONTIF(icis) PRAEF(ecti) FABR(um) |

| | |
|---|---|
| Den | Manen |
| der Licinia Flavilla, | des Sextus Adgennius |
| Tochter des Lucius, | Macrinus, Tribun der VI. Legion, |
| Flaminica der Augusta | der Siegreichen, Quattuovir für |
| | die Rechtsprechung, |
| | Pontifex, Präfekt der Pioniere |

*Adgennius* ist ein keltischer Name, der schon auf einer gallo-griechischen Inschrift vorkommt (Lejeune G–147). Adgennius war Pontifex und *IV-Vir iure dicundo.* Nach der munizipalen Laufbahn stieg er weiter auf, wurde Militärtribun in der »siegreichen« VI. Legion, die in flavischer Zeit am Niederrhein stand.[48]

Zu diesem Stein gehört ein Sockel, nach dessen Inschrift die Kinder Sextus Adgennius Solutus und Adgennia Licinilla ihren Eltern das Grab errichtet haben (CIL XII 3368). Die Tochter trägt den Gentilnamen des Vaters, natürlich mit weiblicher Endung, und einen Beinamen, der als Verkleinerungsform aus dem Gentilnamen ihrer Mutter abgeleitet ist.

Von 64 Rittern, für die in der Zeit von Augustus bis Commodus die Herkunft aus der Narbonensis bezeugt ist, stammten 21 aus Vienne, 12 aus Nîmes, 6 aus Vaison, 5 aus Aix-en-Provence, 4 aus Béziers, zwei aus Fréjus und einer aus Orange.[49] Zwei Drittel von ihnen gehören in die Zeit von Augustus bis Traian; aus der Zeit der Severer sind nur noch fünf bekannt. Gewöhnlich wird dies als Anzeichen dafür gedeutet, daß der Militärdienst für gallische Aristokraten weniger attraktiv wurde. Auch fällt auf, daß die meisten Ritter nur einen Posten der *militia equestris* bekleideten. Das war anscheinend die Minimalanforderung, um den Rang der Familie aufrechtzuerhalten. Danach zog man sich auf seine Güter zurück.

## *Der senatorische* cursus honorum

Jedes Jahr begannen 20 junge Männer im Alter von 17/18 Jahren mit einem Posten des Vigintivirats (wörlich: 20 Männer) die senatorische Laufbahn. Es folgten Militärtribunat, Quästur, mit der der Eintritt in den Senat verbunden war, Ädilität oder Volkstribunat und – im Alter von 30 Jahren – die Prätur. Nach einer Reihe prätorischer Ämter, zum Beispiel einem Legionskommando oder dem Prokonsulat der Narbonensis, konnte man mit etwa 40 bis 43 Jahren Konsul werden. Dieses Amt war nach wie vor eine hohe Ehre und adelte den Inhaber und seine Familie. Um den Ehrgeiz der Aspiranten zu befriedigen, gab es 3–5 Konsulpaare pro Jahr: *consules ordinarii,* die das Amt am 1. Januar antraten, und *consules suffecti,* die im Lauf des Jahres nachrückten. Auf das Konsulat folgten ehrenvolle Ämter in Rom und Italien, Priesterstellen in den alten Kollegien oder die Verwaltung einer der großen kaiserlichen Militärprovinzen wie Ober- und Untergermanien (Titel: *legatus Augusti pro praetore*). Den Abschluß einer glanzvollen Karriere bildete das Prokonsulat von Asia oder Africa, gegebenenfalls die *praefectura urbis.*[50] Die Amtsinhaber wurden besoldet. Ein Statthalter von Asia erhielt ein Jahresgehalt von 1,2 Millionen Sesterzen.

Die Ämter erlangte man teils durch Senatswahl, teils durch den Kaiser. Das Avancement erfolgte routinemäßig nach ererbtem Rang, Begabung und Tüchtigkeit.

## *Die Ergänzung des* ordo senatorius

Die meisten der alten republikanischen Geschlechter starben in den Bürgerkriegen der späten Republik und den ersten Jahrzehnten des 1. Jhs. n. Chr. aus. Auch neue Familien überlebten vielfach nur eine oder zwei Generationen, sei es daß sie keine männlichen Erben hervorbrachten, sei es daß sie politischen Prozessen und dem Bürgerkrieg 68/69 zum Opfer fielen. Da aber auf den Schultern der Senatoren die Reichsverwaltung ruhte, mußte immer eine angemessene Zahl qualifizierter Bewerber garantiert sein. Das eröffnete Chancen für Aufsteiger *(homines novi)* aus dem Ritterstand, die in zunehmendem Maße nicht mehr aus Italien, sondern aus den Provinzen kamen. Der Kaiser konnte einen jungen Mann nichtsenatorischer Herkunft zum Vigintivirat zulassen oder einem schon bewährten Ritter durch *adlectio* (Zuwahl) zum *latus clavus* verhelfen. Z. B. wurde der Ritter Tiberius Iulius Celsus Polemaeanus von Vespasian und Titus zum Senator befördert und in die Rangklasse der gewesenen Prätoren eingruppiert. Er war der erste Konsul, der aus der Provinz Asia stammte, und ist durch sein pompöses Grabmal, die Celsusbibliothek in Ephesos, bekannt.

Dieser Prozeß der allmählichen Öffnung des Senatorenstandes für die Eliten des gesamten Reiches verlief nicht automatisch, sondern wurde von den Kaisern bewußt gesteuert und konnte zu Friktionen zwischen den Ansprüchen der Altadligen und den Notwendigkeiten der Reichsverwaltung führen.

## Les tables Claudiennes *aus Lyon*

▶ *siehe S. 344ff.*

Davon zeugt eine im Jahre 1529 in Lyon gefundene Bronzetafel mit einer der berühmtesten Inschriften aus Gallien. Sie enthält große Teile einer Rede, mit der Kaiser Claudius dem Senat seine Absicht erläuterte, in seiner Funktion als Zensor auch Aristokraten aus den von Caesar eroberten *Tres Galliae* in den Senat aufzunehmen. Die Bronzetafel war beim Altar der *Roma* und des Augustus, wo sich alljährlich die gallischen *principes* versammelten, aufgestellt.[51]

Der Text ist in zwei Kolumnen eingraviert, deren Anfang jeweils fehlt. Auch Tacitus bietet in seinen Annalen eine Version dieser Rede (11,24), so daß sich die seltene Gelegenheit bietet, ihm auf die Finger zu sehen. Antike Geschichtsschreiber genossen nämlich für Reden ihrer Protagonisten eine uns heute unverständliche, nur durch ästhetische Rücksichten eingeschränkte Freiheit. Reden in Geschichtswerken wird daher generell ein geringer Wert als historischer Quelle zugemessen. In diesem Fall kann man feststellen, daß Tacitus den Tenor der echten Rede zwar bewahrt, ihren Stil aber so geglättet hat, daß das Resultat nicht der höchst eigenwilligen, gelegentlich skurrilen Gedankenführung und Ausdrucksweise des Kaisers entspricht.

Tacitus beginnt den Bericht zum Jahr 48 n. Chr. mit der zensorischen Tätigkeit des Claudius. Mit der *lectio senatus* war immer eine gewisse Unruhe verbunden, denn Männer, die sich der Würde des hohen Hauses nicht würdig erwiesen hatten, wurden von der Liste gestrichen, andere, deren Ehrgeiz auf die Aufnahme in den höchsten Stand zielte, konnten durch *adlectio* befriedigt werden. Das Besondere im Jahr 48 war, daß die *principes* der *Tres Galliae* den Kaiser gebeten hatten, auch sie bei der Ergänzung des Senats zu berücksichtigen. Neuerungen waren in Rom immer verdächtig, besonders natürlich, wenn sie ältere Privilegien bedrohten. Tacitus referiert die vorgebrachten Bedenken: So schwach sei Italien nicht, daß es nicht seiner Hauptstadt *(urbs)* einen Senat liefern könne.

Vor Zeiten ergaben sich sogar die blutsverwandten Stämme darein, daß nur geborene Römer in den Senat berufen wurden. Und diese alte Verfassung hat niemanden gereut. Noch jetzt leben die wahren und ruhmvollen Taten in unserem Gedächtnis, die römische Landeskinder *(Romana indoles)* in der alten guten Zeit vollführt haben. Ist es nicht genug, daß sich die Veneter und Insubrer in die Kurie eingedrängt haben? Müssen die Ausländer *(alienigenae)* in ganzen Scharen kommen und uns geradezu zu Gefangenen machen? Welches Vorrecht bleibt noch dem Rest der alten Nobilität und den armen Senatoren latinischen Stammes? Alles wird in Beschlag genommen werden von diesen reichen Männern, deren Väter und Ahnen feindliche Stämme gegen uns führten, unsere Heere mit bewaffneter Hand niedermetzelten und den Divus Iulius in Alesia belagerten. Das sind Ereignisse der jüngsten Vergangenheit. Und wie ist es, wenn wir uns gar jener alten Gallier erinnern, die die gottgeweihten Schätze aus dem Kapitol, aus der römischen Stadtburg, zu rauben unternahmen? Wir wollen ihnen gern gönnen, daß sie römische Bürger heißen, die Insignien der Senatoren aber und die Abzeichen der hohen Staatsbeamten dürfen sie nicht erniedrigen.

*Tacitus, Annales 11,23,2–4. Übersetzung A. Horneffer*

Wenn diese Ausführungen nicht durch die Argumentation der authentischen Claudiusrede im Tenor bestätigt würden, könnte man sie für ironisch halten. Caesars gallischer Krieg ist so präsent, als hätte er vor zehn und nicht vor 100 Jahren stattgefunden. Selbst das uralte Gallierklischee wird wieder bemüht.

Es ist viel über Claudius gewitzelt worden. Als Kind wurde er in der Familie vernachlässigt, und Augustus machte sich die Mühe, in einem langen Brief an seine Frau Livia die Regeln festzulegen, nach denen ihr Enkel nach Möglichkeit an öffentlichen Auftritten gehindert werden sollte, damit er die *domus Augusta* nicht zum Gespött machte. In einem anderen Brief gab er allerdings seiner Verwunderung Ausdruck, daß Claudius, dessen Sprache sonst kaum verständlich war, vor ihm einen perfekten rhetorischen Vortrag gehalten hatte (Sueton, Claudius 4). Der junge Mann, im Gegensatz zu seinen Verwandten von einer politischen Laufbahn ferngehalten, hatte sich nämlich geistigen Beschäftigungen zugewandt, namentlich dem Studium der Geschichte. Das kam ihm für die Widerlegung der gegnerischen Argumente zugute.

Läßt Tacitus ihn mit seinem Vorfahren Attus Clausus einsetzen, der einst mit 5000 Klienten nach Rom übersiedelte und unter die Patrizier aufgenommen wurde, so greift der authentische Claudius, um zu beweisen, daß es in Rom schon immer Neuerungen und Reformen gegeben habe, auf die Königszeit zurück, und unterläßt es nicht einmal, auch die verschiedenen Varianten der Quellen mit anzugeben. Erst nachdem er die Geschichte der Könige, die zum Teil auch schon von auswärts kamen, Konsuln, Diktatoren, Dezemvirn, Konsulartribune, schließlich die Zulassung der Plebejer zu Ämtern und Priestertümern abgewickelt hat und gerade ansetzen will, auch noch die Ausweitung der römischen Macht bis jenseits des Ozeans auszubreiten, bricht er ab, um nicht anmaßend zu erscheinen. Denn die Eroberung Britanniens hatte unter seiner Regierung begonnen.

In der zweiten Kolumne ist er endlich beim Thema:

Sicherlich war es ein neuer Brauch, als der Divus Augustus, mein Großonkel, und mein Onkel Tiberius Caesar die gesamte Blüte der Kolonien und Munizipien von überall her, das heißt die besten und wohlhabendsten Männer, in dieser Kurie haben wollten ... Ich meine, nicht einmal Leute aus den Provinzen dürfen zurückgewiesen werden, wenn sie nur der Kurie Ansehen geben können.

Seht nur die prächtige und einflußreiche Kolonie der Viennenser! Wie lange schickt sie schon Senatoren in diese Kurie! Aus dieser Kolonie stammt Lucius Vestinus, eine Zierde des Ritterstandes wie ganz wenige, dem ich besonders freundschaftlich verbunden bin und den ich in meiner Vermögensverwaltung beschäftige. Ich wünsche, daß seine Kinder zuerst Priesterämter einnehmen und später, mit den Jahren, zu höheren Ehrenstellen aufsteigen können.

Den schlimmen Namen des Räubers will ich verschweigen, denn ich hasse jenes Ungeheuer der Ringschule *(palaestricum prodigium)*, welches für seine Familie das Konsulat erlangte, bevor seine Kolonie das volle Privileg des römischen Bürgerrechts erhielt.

▶ *zu diesem siehe S. 330 f.*

Claudius führt dann einige weniger stichhaltige Argumente an, merkt plötzlich selbst, wie unkoordiniert und weitschweifig seine Rede ist, und ruft sich zur Ordnung:

Aber schon längst ist es Zeit, Tiberius Caesar Germanicus, dem gesamten Senat zu enthüllen, worauf deine Rede abzielt. Denn du bist schon an die äußersten Grenzen der Gallia Narbonensis gekommen ...

Etwas zaghaft freilich, *patres conscripti*, habe ich die Euch gewohnten und vertrauten Grenzen der Provinzen überschritten, aber jetzt muß ich entschieden die Sache der *Gallia Comata* vertreten. Wenn jemand den Blick darauf richtet, daß ihre Bewohner zehn Jahre lang den *Divus Iulius* mit Krieg in Atem hielten, dann möge er ihre unwandelbare Treue und ihren Gehorsam dagegenhalten, die wir in hundert Jahren und in vielen Krisen mehr als erprobt haben. Als mein Vater Drusus Germanien unterwarf, verhielten sie sich ruhig und gewährleisteten ihm dadurch im Hinterland einen sicheren und gefahrlosen Frieden, und das in einem Augenblick, als er von der Durchführung des Census – für die Gallier damals eine neue und ungewohnte Maßnahme – zum Krieg abberufen worden war. Wie heikel dieses Geschäft (in Sonderheit die *lectio senatus*) ist, wird uns gerade durch die gegenwärtigen Schwierigkeiten (nämlich Eure Proteste) in höchstem Maße bewußt. Dabei geht es nur darum, daß unsere Ressourcen allgemein bekannt werden.

Claudius hat völlig recht mit seinem Rückgriff auf die Geschichte der römischen Integrationspolitik. Bei der Unterwerfung Italiens war den Angehörigen vieler besiegter Städte und Stämme das Bürgerrecht verliehen worden. Das implizierte für ihre führenden Persönlichkeiten das Recht, nach Rom überzusiedeln und sich dort um die Ämter zu bewerben. Die Fulvier stammten aus Kampanien, Cato Censorius aus Tusculum, Cicero aus Arpinum. Genau wie Claudius angibt, hatten seine Vorgänger Augustus und Tiberius diese Politik fortgesetzt, indem sie auch Männer aus den Provinzen mit dem *latus clavus* auszeichneten. Den Anfang machten Senatoren aus den romanisierten westlichen Provinzen, an der Spitze die Narbonensis und die spanische Provinz Baetica.

Claudius berief sich gern bei seinen Entscheidungen auf das Vorbild des ersten Prinzeps. Der Sache nach hätte er auch Caesar anführen können als einen, der entschlossen über den Rand Italiens hinausgeblickt und der beginnenden Romanisierung der Gallier Rechnung getragen hat. Man kann vermuten, weshalb er ihn nicht nennt. Nicht nur wurde es unter dem Prinzipat offenbar überhaupt als inopportun angesehen, eine Maßnahme Caesars als Präzedenzfall heranzuziehen, sondern ganz besonders die Mißachtung des Senats gehörte nach dem Urteil Suetons zu den Untaten des Tyrannen, die seine Tötung rechtfertigten. Caesar blähte den Senat durch zahlreiche neue Mitglieder auf, in den Augen der römischen Gesellschaft durch unwürdige Subjekte, die gerade erst das Bürgerrecht erhalten hatten, darunter sogar einige gallische Halbbarbaren (Sueton, Caesar 76,3: *quosdam e semibarbaris Gallorum recepit in curiam)*. Es kam zu öffentlichen Protesten. Gefälschte amtliche Bekanntmachungen forderten die Passanten auf, den neuen Senatoren nicht den Weg in die Kurie zu zeigen (Sueton, Caesar 80,2). Und öffentlich, vermutlich bei Caesars Triumph, wurden Verse skandiert wie diese:

*Gallos Caesar in triumphum ducit, idem in curiam;*
*Galli bracas deposuerunt, latum clavum sumpserunt.*

Im Triumph führt Caesar Gallier, auch ins Rathaus führt er sie.
Gallier legten ab die Hosen, taten an den Purpurstreif.

*Sueton, Caesar 80,3. Übersetzung M. Heinemann*

### *Senatoren aus der Narbonensis*

**CIL XII 3166 (Nîmes)**

| | |
|---|---|
| C(aio) FULVIO C(aii) FIL(io) VOL[T](inia tribu) | Dem Caius Fulvius, Sohn des Gaius, aus der Tribus Voltinia, |
| LUPO SERVILIAN[O] | Lupus Servilianus, |
| ADLECTO INTER PRAETOR[IOS] | unter die Prätorier (in den Senat) hinzugewählt |
| AB IMP(eratore) CAESARE AUG(usto) VESPAS[IANO] | vom Imperator Caesar Augustus Vespasianus, |
| PRAEFECTO ALAE LONGINIAN[AE] | Kommandant der Ala Longiniana, |
| IIII VIR(o) AD AERARIUM | Quattuorvir für die Finanzverwaltung, |
| PONTIFICI PRAEFECTO VIGI[LUM] | Pontifex, Kommandant der Wachtruppen, |
| IULIA D(ecimi) FIL(ia) CONCESS[A] | Iulia, Tochter des Decimus, Concessa |
| VIRO | ihrem Mann |

Daß jemand in einem Anlauf von einer Munizipalkarriere über den ritterlichen Offiziersdienst bis in den Senatorenstand aufstieg, war eine große Auszeichnung und muß auf besonders glückliche Umstände zurückgeführt werden. Die Inschrift ist so aufgebaut, daß die Laufbahn in absteigender Folge präsentiert wird. An erster Stelle steht der krönende Abschluß: die Aufnahme in den Senat, die wahrscheinlich 73/74 n. Chr. erfolgte, als Vespasian und Titus die Zensur ausübten. An zweiter Stelle ist ein ritterlicher Offiziersposten erwähnt, das Kommando über eine Reitereinheit, die bis in die neronische Zeit durch mehrere Grabsteine in Bonn bezeugt ist. Zuvor hatte Gaius Fulvius in seiner Vaterstadt die üblichen Stationen des höheren *cursus* durchlaufen (Pflaum, Fastes 207). Als Grund für die außergewöhnliche Beförderung kann man vermuten, daß seine Einheit im Heer des Vitellius nach Italien marschierte und daß Gaius Fulvius im Bürgerkrieg rechtzeitig auf die Seite Vespasians übergetreten ist.

Für die senatorische Laufbahn und ihre Absolventen sind Inschriften, die nach der prosopographischen Methode ausgewertet werden, die wichtigste Quelle. Am besten kennen wir die *consules ordinarii,* weil nach ihnen datiert wurde, und die Inhaber der Spitzenposten. Da in den sie betreffenden Inschriften oft ihr gesamter *cursus honorum* aufgeführt wird, sind auch die Quästoren, die es später bis zum Konsulat und darüber hinaus schafften, überliefert. Die Beamten hingegen, die nicht über die niederen Ränge hinausgelangten, sind viel weniger gut bezeugt, denn es bestand naturgemäß mehr Anlaß, einen Prokonsul von Asia zu ehren als seinen Quästor. Das Prokonsulat der Narbonensis war ein Posten für jemanden, der keine Protektion genoß und keine sonderliche Begabung erkennen ließ. Deshalb sind von über 200 Amtsinhabern nur 26 bekannt, von denen es 8 bis zum Konsulat schafften.[52] In die Provinz Galatia wurden im 1. Jh. n. Chr. militärisch bewährte Senatoren geschickt, von denen gut die Hälfte direkt zum Konsulat befördert wurde und daher bekannt ist. Auch in der literarischen Überlieferung spielen im Regelfall nur die in den höchsten Positionen agierenden Politiker und Militärs eine Rolle.

Für Gaius Fulvius ist seine Heimat Nîmes durch die zitierte Inschrift sicher erwiesen. Das gleiche gilt für Valerius Asiaticus aus Vienne und Iulius Agricola aus Fréjus. Normalerweise muß die Herkunft eines Senators aus Indizien erschlossen werden. Aus der spätantiken *Historia Augusta* erfährt man, daß die Familie des Kaisers Antoninus Pius aus Nîmes stammte (Hist. Aug. Pius 1,1–3). Sonst hätte man keinen Anhalt, um seinen Großvater Titus Aurelius Fulvus, *consul ordinarius* 85, dieser Stadt zuzuweisen (PIR$^2$ A 1510). Lucius Aemilius Arcanus durchlief in Narbonne eine munizipale Karriere (CIL XII 4354), Marcus Antonius Primus zog sich am Ende seines Lebens in seine Heimat Toulouse zurück (PIR$^2$ A 866), Marcus Iallius Bassus Fabius Valerianus wurde in Alba bestattet, das deshalb als seine Heimat angesehen wird (CIL XII 2718/2719, PIR$^2$ J 4). Lucius Duvius Avitus (Konsul 56) wird nur auf Grund von zwei verstümmelten Inschriften, die dort gefunden wurden, mit Vaison in Zusammenhang gebracht (CIL XII 1354 und 1378 et. add. p. 825). Gilt in diesen Fällen die Herkunft als gesichert, so bieten andere Indizien einen eher vagen Anhalt, und je nachdem, wie weit ein Forscher sie berücksichtigt, kommt er zu unterschiedlichen Schätzungen für die Gesamtzahl der Senatoren aus der Narbonensis. Die Annahmen reichen von 35 bis über 50.[53]

Wie bei den Rittern rangieren Vienne mit etwa 16 und Nîmes mit etwa 10 Senatoren einmal mehr an der Spitze. Aus der Bürgerkolonie und Handelsstadt Narbonne hingegen erhielt nur ein Mann den *latus clavus*. Reichtum allein genügte offenbar nicht für den Aufstieg, es mußte agrarischer Reichtum sein, und eine Gesinnung, die sich auf Ehren im öffentlichen Leben richtete, war die Grundvoraussetzung. Diese war am ehesten in den alten Familien vorhanden. So verwundert es nicht, daß sich unter den narbonensischen Senatoren mehrere *Domitii*, *Valerii*, *Pompeii* und *Iulii* finden, deren Namen auf einheimische Magnaten hindeuten, die schon von republikanischen Statthaltern das Bürgerrecht erhalten hatten. Daß sie Großgrundbesitzer waren, kann man auch daraus schließen, daß sie von Claudius die Vergünstigung erwirkten, ohne ausdrückliche kaiserliche Erlaubnis ihre Güter besuchen zu dürfen (Tacitus, *Annales* 12,23,1). Der Senator Annius Camars, der den Bürgern von Arles 200 000 Sesterzen für die Feier von athletischen und zirzensischen Spielen aussetzte, hatte anscheinend Liegenschaften in der Camargue, die seinen Namen bis heute bewahrt (CIL XII 670).[54]

Die ersten Senatoren müssen schon in der Spätzeit des Augustus oder in den frühen Jahren des Tiberius aufgenommen worden sein. Der erste römische Konsul, der aus Gallien stammte, war Decimus Valerius Asiaticus. Wahrscheinlich war er es, dem seine Vaterstadt Vienne die Beförderung von einer latinischen zur Bürgerkolonie verdankte. Er ist der »Räuber«, den Claudius nicht beim Namen nennen will, was schon darauf schließen läßt, daß es mit ihm ein schlimmes Ende nahm. Valerius Asiaticus erlangte sein erstes Konsulat (als *consul suffectus* 35 oder 36) unter Caligula und gehörte zu den »Freunden des Kaisers«. Dieser benahm sich allerdings so taktlos, in Anwesenheit einer Tafelgesellschaft »dem Freund« lauthals vorzuhalten, wie sich dessen Frau Lollia Paulina im Bett des Kaisers benommen hatte (Seneca, *De Constantia* 18,2). Der Düpierte wurde deshalb einer der Initiatoren der Verschwörung, die Caligula 41 das Leben kostete. Bei Claudius stand er offensichtlich in Ansehen, begleitete den Kaiser 43 nach Britannien und wurde 46 mit der außerordentlichen Ehre eines zweiten, diesmal ordentlichen Konsulats als Kollege des Kaisers, belohnt. Im Jahr darauf aber fiel er einer von Messalina, der Frau des Claudius, angezettelten Intrige zum Opfer, zu der nach der Behauptung des Tacitus sein Reichtum Anlaß gegeben hatte. Valerius Asiaticus hatte die berühmten Gärten des Lucullus erworben, besaß außer seinem Stadtpalais eine Luxusvilla in Baiae, sowie Grundbesitz in Italien, Ägypten und sicher auch in der Heimat. Erst damals wurde ihm die Ermordung Caligulas zum Vorwurf gemacht und daraus der Verdacht abgeleitet, er plane, gestützt auf seinen zahlreichen Anhang in Vienne, einen Putsch. Die notwendigen Denunzianten ließen sich offenbar leicht finden, aber ein Prozeß vor dem Senat schien zu riskant. Jedenfalls fand das Verfahren im Kaiserpalast statt. Als Gnade wurde Valerius Asiaticus die Wahl der Todesart freigestellt. Bevor er sich die Adern aufschnitt, speiste und badete er wie gewohnt, inspizierte den schon errichteten Scheiterhaufen und ordnete seine Verlegung an, damit die Bäume des Parks nicht beschädigt würden (Tacitus, Annales 11,1,1–3. 2,1. 3,1 f.).

Ein Altersgenosse des Valerius Asiaticus war Gnaeus Domitius Afer aus Nîmes, der 25 Präetor, 39 Suffektkonsul, 49 Verwalter der Wasserleitungen war und 59 starb. (PIR² D 126). Er war ein gefeierter Redner. Quintilian nennt ihn (zusammen mit Iulius Africanus) den bei weitem bedeutendsten aller Redner, die er kennengelernt habe (*Institutio* 10,1,118). Allerdings habe Afer, der vorher das Forum beherrscht habe, im Alter an Ansehen eingebüßt (12,11,3). Auch Tacitus hält Afer für bedeutend, läßt allerdings erkennen, daß er seine moralischen Qualitäten geringer einschätzt als seine Beredsamkeit (Tacitus, *Annales* 4,52,4). Denn Afer nutzte sein Talent, um Angehörige der Aristokratie ins Verderben zu stürzen.

Etwas jünger waren zwei Männer, die unter Claudius den hohen Rang eines kaiserlichen Statthalters erreichten: Aulus Pompeius Paulinus aus Arles war ca. 53 *consul suffectus,* anschließend *legatus Augusti pro praetore* des Heeres in Untergermanien (PIR² P 633). Ihm folgte Lucius Duvius Avitus aus Vaison (PIR² D 210). Eine der wichtigsten Militärprovinzen des Reiches befand sich also mehrere Jahre hintereinander in der Hand dieser Gallier. Wohl nicht zu Unrecht vermutet man den Prätorianerpräfekten Burrus hinter diesen spektakulären Beförderungen seiner Landsleute, aber auch zu dem anderen mächtigen Mann dieser Jahre läßt sich eine Verbindung nachweisen: Seneca war mit einer Verwandten, wohl der Schwester, des Statthalters, Pompeia Paulina, verheiratet. Der Philosoph widmete ihrem Vater, der damals *praefectus annonae* war, die Schrift *De brevitate vitae.* Als Seneca im Jahr 65, nach der Aufdeckung der pisonischen Verschwörung, von Nero zum Selbstmord verurteilt wurde, wollte sich auch Pompeia Paulina die Adern aufschneiden, wurde aber durch den Kaiser daran gehindert. Sie überlebte ihren Gatten um wenige Jahre *laudabili in maritum memoria* (Tacitus, Annales, 15,64,2: in rühmenswertem Gedenken an ihren Mann. PIR² P 678).

### *Gnaeus Iulius Agricola (PIR² J 126)*

Einer der wenigen Fälle, in denen ein vollständiger *cursus honorum* literarisch bezeugt ist, betrifft Iulius Agricola, dem sein Schwiegersohn Tacitus eine Biographie widmete. Agricola stammte aus der *Colonia civium Romanorum Forum Iulii* (Fréjus). Beide Großväter waren kaiserliche Prokuratoren gewesen. Sein Vater Lucius Iulius Graecinus durchlief die senatorische Laufbahn bis zur Prätur und wurde danach ein Opfer Caligulas. Er war rhetorisch und philosophisch gebildet und gilt als Verfasser einer zweibändigen Abhandlung über den Weinbau, die Columella und der ältere Plinius zitieren. Auch sein Bruder Marcus Graecinus besaß den *latus clavus.* Agricola genoß eine sorgfältige Erziehung, zunächst unter der Obhut seiner Mutter, danach in Marseille (Agricola, 4,1,2). Er heiratete Domitia Decidiana, die wie er aus der Narbonensis stammte und deren Vater *Domitius Decidius* schon unter Claudius in den Senat gelangt war (Agricola 6,1. PIR² D 143). Alle diese Elemente, Herkunft aus einer romanisierten Provinz, ritterliche Abstammung und die Verbindung mit einer Familie aus derselben Provinz sind typisch für einen Aufsteiger. Dasselbe gilt für Tacitus selbst, der von der Position seines Schwiegervaters profitierte und möglicherweise ebenfalls aus der Narbonensis stammte.

Seine Laufbahn begann Agricola unter Nero: Militärtribun in Britannien, Quästor als Attaché des Prokonsuls von Asia, Volkstribun und Prätor. Er schlug sich rechtzeitig auf die Seite Vespasians und wurde im Jahre 70 von diesem als Kommandant der *legio XX Valeria Victrix* nach Britannien beordert und im Jahr 73/74 vom Kaiser zum Patrizier erhoben. Nur zwei Jahre war er 74–76 *legatus Augusti pro praetore* in Aquitanien, um anschließend sofort zum *consul suffectus* für das Jahr 77 befördert zu werden (Agricola 9,1 und 5). Noch in demselben oder im darauffolgenden Jahr übernahm er als *legatus Augusti pro praetore* die Provinz Britannien, wo er in sieben Jahren die römische Herrschaft bis nach Schottland ausdehnte. Dafür wurde er mit den Triumphalinsignien und einer Statue, die ihm der Senat auf Empfehlung Domitians aufstellte, geehrt (Agricola 40,1). Danach übernahm er bis zu seinem Tod im Jahre 93 keine Ämter mehr. Agricola ist also ein Senator aus der Provence, der als erster seiner Familie das Konsulat errang und in den politisch schwierigen Zeiten von Nero bis Domitian hohe Ehren erlangte. Er war *der* Britannienspezialist des Reiches.

Die von Augustus begonnene Politik wurde von späteren Kaisern konsequent fortgesetzt. Ein Schlüsseljahr ist die Zensur von Vespasian und Titus (73), in der nach dem Vierkaiserjahr zahlreiche Ritter, auch solche aus dem

Osten des Reiches, den *latus clavus* erhielten. Der senatorische Adel wurde zum Reichsadel. Mitte des 2. Jhs. hielten sich Italiker und Provinziale ungefähr die Waage. Seit Traian kamen auch die Kaiser aus den Provinzen. Das Erstaunliche an diesem Prozeß ist die Homogenität des Standes und die Zähigkeit, mit der *homines novi* wie Tacitus an den alten Idealen der römischen Republik festhielten.

## Die Homogenität der oberen Stände und die antike Bildung

Tacitus beschloß seine Laufbahn als Prokonsul von Asia, der jüngere Plinius wurde von Traian in die Provinz Pontus-Bithynien entsandt. Umgekehrt wurde Iulius Cornutus Tertullus aus Perge (Südkleinasien) für geeignet gehalten, als Prokonsul die Narbonensis zu verwalten (etwa 78/79), und wurde im Jahre 100 als Kollege des jüngeren Plinius Konsul. Sein letztes Amt war das Prokonsulat von Afrika. Gaius Iulius Severus aus Ankara, Abkömmling der Könige von Pergamon und Galatien, war etwa 138 *consul suffectus* und kommandierte um 142–145 als Legatus Augusti die Legionen am Niederrhein.[55]

In den östlichen Provinzen war die römische Administration darauf eingestellt, daß die Bevölkerung griechisch sprach. Ein Statthalter, der die Städte visitierte und Gericht hielt, benötigte für seine Verhandlungen keinen Dolmetscher. Es erregte kein sonderliches Aufsehen, wenn ein Kaiser vor einer griechischen Versammlung eine Rede in griechischer Sprache hielt. Die römische Oberschicht war zweisprachig, seit die Römer ab 200 v. Chr. in den hellenistischen Osten eingegriffen und angefangen hatten, sich der griechischen Kultur zu öffnen. Der ältere Cato, bekannt für sein starres Festhalten an den traditionellen Werten, war einer der ersten, die den Nutzen der griechischen Rhetorik für ihre eigenen Reden erkannten. Aristokraten holten griechische Gelehrte und Philosophen in ihr Haus, damit ihre Kinder eine gediegene Bildung erhielten. Cornelia, die Mutter der Gracchen, zog sich nach dem Tod ihrer Söhne in ihre Villa am Golf von Neapel zurück und umgab sich mit einem Kreis gebildeter Griechen. Griechische Redner erregten bei ihrem Auftreten in Rom so viel Bewunderung, daß mehrfach ihre Ausweisung angeordnet wurde. Die Philosophen Panaitios und Poseidonios vermittelten die Ethik der Stoa, die der Maxime der Aristokratie, ihr ganzes Leben dem Staat zu widmen, in besonderer Weise entsprach. Ab dem frühen 1. Jh. v. Chr. begaben sich junge Römer in den Osten und studierten bei berühmten Lehrern in Athen und Rhodos. Cicero bekennt in einem Brief an seinen Bruder, damals Statthalter in Asia, alles, was er im Leben erreicht habe, verdanke er der griechischen Kultur (Cicero, *Ad Quintum fratrem* 1,1,28). Horaz brachte es schließlich auf die Formel: *Graecia capta ferum victorem cepit et artes / intulit agresti Latio* (Horaz, *epist.* 2,1,156: Das unterworfene Griechenland unterwarf den barbarischen Sieger und brachte dem bäurischen Latium die Kultur.).

In der griechischen Welt gab es keine vergleichbare Neigung, sich die römische Kultur anzueignen, aber wer aus Asia oder Galatia stammte und politischen Ehrgeiz besaß, mußte entweder römisches Recht studieren oder in die militärische Laufbahn eintreten. Beides war ohne Lateinkenntnisse nicht möglich.

### Die hellenistische Bildung

Als die Römer in Kontakt mit der hellenistischen Welt traten, siedelten Griechen von Unteritalien bis Indien. Ihren Zusammenhalt garantierte die Teilhabe an der griechischen Kultur, deren klassische Autoren in den Schulen nach einem festgelegten Zyklus traktiert wurden. Als Griechen betrachteten sich – im Gegensatz zu den Barbaren – »die vom Gymnasium«. In Ai-Khanum an der Nordgrenze Afghanistans entdeckten französische Archäologen im Gymnasium der Stadt eine Inschrift mit 140 moralischen Lebensregeln, die der Gründer der Stadt in Delphi hatte kopieren lassen. Bildung galt als das höchste Gut der Sterblichen, und sogar in den elysischen Gefilden wandelten die Seligen mit einer Buchrolle in der Hand.[56]

### Die Schule

Die Römer übernahmen die hellenistische Schule mit dem Resultat, daß ihre Kinder ein zweifaches Curriculum in beiden Sprachen durchliefen. Sobald Werke lateinischer Autoren vorlagen, die es mit den griechischen Vorbildern Homer, Euripides, Menander und Demosthenes aufnehmen konnten, wurden sie in den Kanon der Schulautoren aufgenommen: Vergil, Terenz, Sallust und Cicero.

Die Kinder der Aristokratie wuchsen genuin zweisprachig auf. Quintilian riet, sie mit dem Griechischen beginnen zu lassen, mahnte aber die Väter, sie auch rechtzeitig Latein lernen zu lassen (*Institutio,* 1,1,12 f.). Mit 6 oder 7 Jahren begann der Schulunterricht in Lesen, Schreiben und Rechnen. Es wurden die Buchstaben gepaukt, laut aufgesagt, vorwärts und rückwärts, dann zu Silben und Wörtern zusammengesetzt, schließlich leichte Übungstexte und Auszüge aus den Schulautoren gelesen und erklärt. In der Mittelstufe ging es beim *grammaticus* um ein vertieftes Verständnis der klassischen Werke. Zunächst war die korrekte Sprache zu erlernen, was ohne ein gründliches Studium der Grammatik nicht möglich war, da die gesprochene Sprache sich laufend veränderte und vielfach vom als kanonisch angesehenen Sprachgebrauch der alten Autoren abwich. Lautes Lesen und Deklamieren, die formale und inhaltliche Erläuterung der Texte und das Verfassen kleinerer Aufsätze wurden geübt. Auf der höchsten Stufe führte der Rhetor in die Redekunst ein. Auf das Erlernen des systematischen Regelwerks folgten Übungsreden *(declamationes),* welche die Adepten verfassen und öffentlich vortragen mußten. Die von Generation zu Generation tradierten Themen waren nicht dem täglichen Leben entnommen, sondern denkbar weltfremd und ohne Bezug auf die Lebenswirklichkeit der Studenten. Die Rhetorik hatte alle Wissensgebiete in ihren Unterricht integriert: Philosophie, Geschichte, Mathematik, Musik und Astronomie. Eine Ausnahme bildete die genuin römische Spezialdisziplin der Jurisprudenz, für die in der Kaiserzeit Hochschulen in Rom und Beirut errichtet wurden.[57]

## *Die gesellschaftliche Bedeutung*

Die Elementarschule war eine private Einrichtung. Sie kostete nicht viel, und auch für einen sparsamen Familienvater war ihr Nutzen leicht zu sehen, selbst wenn sein Sohn später nur ein Handwerk erlernen sollte. Es ist also – zumindest in den Städten – mit einer weiten Verbreitung der grundlegenden Kulturtechniken zu rechnen. Der Beruf des Elementarlehrers war verachtet, denn er verlangte keine besonderen Fertigkeiten, war schlecht bezahlt, und der Ausübende mußte bei den Familienvätern ständig an den ausgemachten Lohn erinnern. Die Methode war denkbar primitiv und kannte als wesentliches Hilfsmittel nur die körperliche Züchtigung. Noch im späteren Erwachsenenalter durchlebten berühmte Männer wie Augustin die Schrecken ihrer Schultage.

Die höheren Schulen, die auf dem Elementarunterricht aufbauten, wurden vielfach von den Städten unterhalten. Die Kaiser förderten das kommunale Schulwesen, indem sie ab Vespasian den Grammatikern und Rhetoren Befreiung von bestimmten *munera* erteilten. Vespasian richtete in Rom einen mit 100000 Sesterzen honorierten Lehrstuhl für Rhetorik ein, dessen erster

Inhaber Quintilian war. Die höheren Stufen waren den Kindern der Bessergestellten vorbehalten. Freie und unfreie Kinder, die einen Beruf erlernen sollten, sei es ein Handwerk, Medizin, Architektur oder die Schauspielkunst, mußten sich in die Lehre der entsprechenden Fachleute begeben. Die höhere Schule bestimmten nicht Nützlichkeitserwägungen, sondern die Überzeugung, daß die formale, ästhetische Erziehung den vollendet gebildeten Menschen hervorbringen könne. Durch die über Jahrhunderte unveränderte Auswahl des Unterrichtsstoffs wie die Anwendung derselben Methode war gewährleistet, daß die Angehörigen der sozialen und politischen Eliten in der gleichen Weise von Kindheit an geprägt wurden. Die Kenntnis der *litterae* bestimmte ihr Selbstbewußtsein als Angehörige einer hervorgehobenen Gattung der Menschheit. Bildung (gr. *paideía,* lat. *humanitas*) war das Kennzeichen und zugleich das Privileg des *freien Menschen.* Auch die Christen fanden an dieser Schule nichts zu verbessern und übernahmen sie trotz des heidnischen Götterkultes, den die Texte transportierten.

Einen Nutzen hatte diese Erziehung insofern, als sie ihren Zöglingen den Zugang zu den höchsten gesellschaftlichen Rängen sicherte. Ein Senator, der nicht korrekt beide Sprachen beherrschte, der nicht die Wortarten unterscheiden konnte, war ebenso wenig vorstellbar wie einer, der nicht die Qualität eines Hexameters beurteilen konnte. Jeder Angehörige der Oberschicht, ob im lokalen Stadtrat oder im römischen Senat, war imstande, ein Problem auf rationale Weise und in angemessener Form zu erörtern, und seine Zuhörer konnten ihn verstehen. Diese Bildung mag oberflächlich gewesen sein, die Geschichte war verdünnt zu Sammlungen von *exempla,* Taten und Worten berühmter Männer. Aber jeder kannte Perikles und Fabius Maximus, Themistokles und Camillus, jeder bezog die Normen für tapferes Verhalten von Achill und Hektor. Jeder hielt die Tyrannei für verabscheuenswürdig und die Freiheit für einen hohen Wert. Alle die Männer und Frauen, deren Gelassenheit im Angesicht des Todes Tacitus uns vorführt, hatten von Sokrates und Cato Uticensis gelernt, wie man die Todesfurcht überwindet. Die Teilhabe an diesen tradierten Normen machte die innere Einheit des *Orbis Romanus* aus. Sie ist der Kern dessen, was man Romanisierung oder Zivilisierung nennen kann. Eine andere Kultur als die durch die hellenistisch-römische Schule vermittelte gab es nicht.

## *Gallien als Teil der Ökumene, der zivilisierten Welt*

Jetzt hat jegliches Land die Bildung der Griechen und Römer.
Gallien, so redegewandt, es erzog für Britannien den Anwalt,
schon spricht Thule davon, für sich einen Rhetor zu dingen.

*Iuvenal, Satiren 15, 110–112. Übersetzung: E. C. J. v. Siebold/W. Krenkel*

Die Anfänge waren erzwungen. Eher beiläufige Äußerungen in den antiken Texten erlauben den Schluß, daß man die Kinder, welche die gallischen *principes* als Geiseln stellen mußten, in die Schule schickte und Latein lernen ließ.[58] Dann folgte der Militärdienst, der ebenfalls nicht freiwillig war, aber zum Bürgerrecht und in besonderen Fällen zum Ritterrang führen konnte. Man denke an die Söhne eines von Pompeius mit dem Bürgerrecht beschenkten Vokontiers und an seinen Enkel, den Historiker Pompeius Trogus, der Rom als seine *patria* und die römische Geschichte als »unsere« Geschichte ansah. Als etwa 40 v. Chr. das latinische Recht in den Civitates eingeführt wurde, muß die römische Administration der festen Überzeugung gewesen sein, daß es inzwischen überall genug Männer in den führenden Kreisen gab, die Latein beherrschten, römisches Recht anwenden konnten und die anderen Einwohner ihrer Civitas im römischen Sinn erziehen würden.

▶ *siehe S. 21*

Dazu gehörte, daß die Familienväter den Nutzen einer gediegenen Schulbildung ihrer Kinder erkannten. Überall müssen in den Städten wie in den Dörfern und auf den großen Gütern Schulen entstanden sein. Erinnert sei an die Graffiti im Heiligtum von Châteauneuf aus der frühen Kaiserzeit, die eine zumindest rudimentäre Schulbildung auch der ländlichen Bevölkerung dokumentieren. Ebenso läßt die Omnipräsenz von Theatern auf eine allgemeine Vertrautheit mit den literarischen Stoffen schließen. Wer hätte an der Kunst eines Pantomimus Gefallen finden können, wenn er die dargestellten Mythen nicht gekannt hätte?

Ohne eine breite Basis von Grund- und Mittelschulen wäre der Aufstieg der oben angeführten Ritter und Senatoren nicht vorstellbar, noch weniger, daß einige der berühmtesten römischen Redner des 1. Jhs. n. Chr. aus Gallien stammten. Von Domitius Afer, dem *princeps fori,* war schon die Rede. Tacitus läßt in seinem *Dialogus* drei Redner über den Verfall der zeitgenössischen Rhetorik diskutieren; zwei von ihnen sind Gallier: Marcus Aper, der berühmteste Redner in der Zeit Vespasians, erlangte den *latus clavus* (PIR$^2$ A 910). Curiatius Maternus, ebenfalls Senator, ist nur durch den *Dialogus* be-

*Christlicher Sarkophag aus den Alyscamps in Arles, um 400. In der antiken Sarkophagkunst wurden die Gefilde der Seligen häufig als Philosophenschule dargestellt. Die Christen übernahmen das Motiv und interpretierten Christus als Lehrer. Darüber ist ein anderes Motiv gelegt: Christus übergibt (in Form eines aufgerollten Papyrus) das Gesetz des Neuen Bundes an Petrus, der ein (abgebrochenes) Kreuz über der Schulter trägt. Am linken Bildrand: die Fußwaschung, am rechten: Jesus vor Pilatus.*

kannt. Er war nicht nur Redner, sondern auch Dichter und verfaßte unter anderem eine Tragödie über Cato Uticensis, die Symbolfigur für Widerstand gegen Tyrannei. Iulius Secundus, den Lehrer des Tacitus, rühmt Quintilian als einen Mann von erstaunlicher Redegabe *(mirae facundiae)*. Schon sein Onkel Iulius Florus war führend in der Beredsamkeit Galliens (*in eloquentia Galliarum ... princeps*. Quintilian, *Institutio* 10,3,13). Diese Männer müssen in ihrer Kindheit die übliche Schule durchlaufen und beide Sprachen perfekt beherrscht haben. Wie weit man diese Linie bis in den *ordo decurionum* ausziehen kann, ist fraglich. Aber die Angehörigen der höheren Ränge, die für ihre Kinder den Ritterrang erhofften, müssen entsprechend vorgesorgt haben. Man kann hier an Quintus Trebellius Rufus aus Toulouse denken, den ersten *flamen provinciae* in der Zeit Vespasians, der nach Athen übersiedelte und dort zum obersten Beamten gewählt wurde.[59]

Neben Marseille wurden Autun und Bordeaux zu berühmten Schulzentren in Gallien. Im 4. Jh. nahmen die Griechischkenntnisse – in Gallien wie allgemein im Westen des Reiches – offenbar ab, aber an der antiken Bildung hielten die Aristokraten eisern fest, auch und gerade als die römische Herrschaft in Gallien erloschen war. Bildung galt als der kostbarste Besitz des Menschen. Die christlichen Sarkophage im spätantiken Arles stellen Christus und seine Jünger nach dem Modell der Philosophenschule dar.

▶ *siehe S. 403 f.*

# Kaiserkult und Christenverfolgung in Lyon (Lugdunum)

KAPITEL IX

## Der Altar der *Roma* und des Augustus *(ara Romae et Augusti)* in Lyon und der gallische Landtag *(concilium Galliarum)*

Wir verlassen mit diesem Kapitel die Narbonensis und betreten in Lyon den Boden des von Caesar eroberten Gallien, der *Gallia Comata*[1] oder – seit der augusteischen Neuordnung – der *Tres Galliae.*

### *Die Organisation der Tres Galliae*

Als Caesar bei Alesia gesiegt hatte, lag Gallien am Boden, war verwüstet und in jeder Hinsicht zerrüttet. Aber der Sieger hatte keine Zeit, dem Land eine neue Ordnung zu geben, denn er wollte schnell nach Rom, um sich wieder in die Innenpolitik einzuschalten. Er hinterließ einen Militärbefehlshaber und setzte die Tribute auf 40 Millionen Denare fest. Sonst änderte sich zunächst nicht viel, die Stammesorganisation und die *oppida* blieben erhalten. Nicht einmal die Häduer und Arverner wurden für ihren Abfall bestraft; es genügte, wenn dafür gesorgt wurde, daß überall Romfreunde am Ruder waren. Während des Bürgerkrieges blieb es in Gallien ruhig, was wohl weniger auf die im Lande stationierten Truppen als darauf zurückzuführen ist, daß die jungen Aristokraten zum Dienst in Caesars Kavallerie ausgehoben wurden. Nicht nur konnten sie in dieser Zeit keine Aufstände anzetteln, sondern sie kamen, mit Ruhm und Reichtum beladen, als römische Bürger in ihre Heimat zurück. ▶ *siehe S. 112*

Ab 40 v. Chr. gehörte Gallien in den Herrschaftsbereich des Triumvirn Octavian, der ab 27 v. Chr. Augustus hieß. Auch nach dem Jahre 22 v. Chr., als die Narbonensis in die Verwaltung des Senats überstellt wurde, blieb die *Gallia Comata* mit ihrer offenen Grenze gegen die Germanen in kaiserlicher ▶ *siehe S. 118, 153*

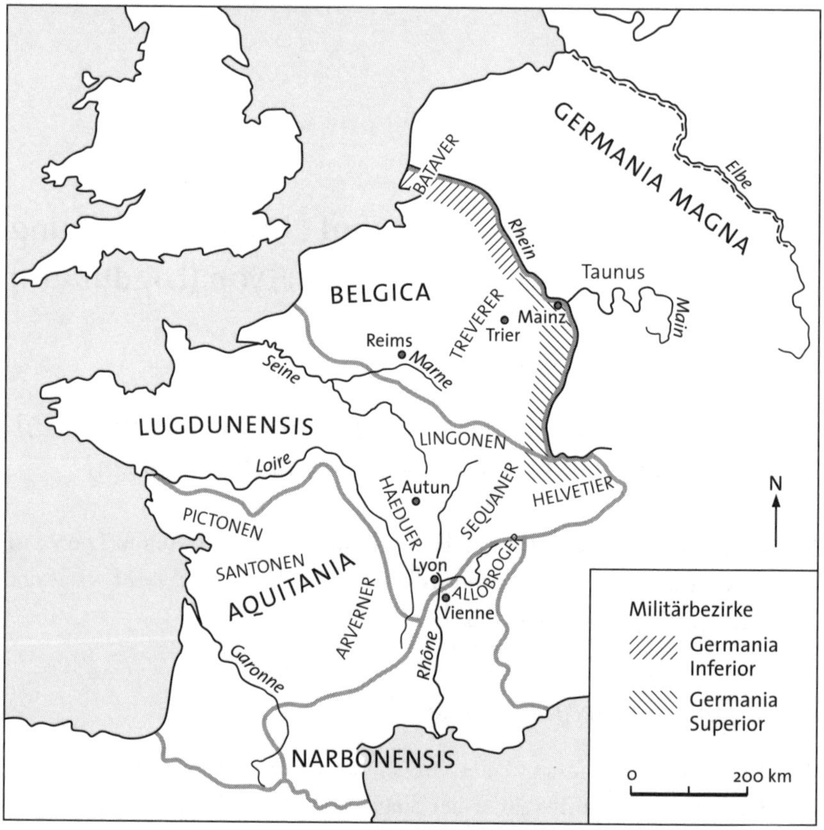


*Die gallischen Provinzen in der Zeit des Augustus*

Regie. Entweder 27 oder 16–13 v. Chr. wurden drei ungefähr gleich große Provinzen gebildet: *Gallia Lugdunensis, Aquitania* und *Belgica.* Von da an sprach man offiziell von den *Tres Galliae.* Sie waren die ganze Kaiserzeit hindurch kaiserliche Provinzen und wurden von *legati Augusti pro praetore* regiert.

Im Lauf des 1. Jhs. n. Chr. wurde das Kommando über die Rheinarmee von der Verwaltung Galliens abgetrennt und zwei kaiserlichen Legaten übertragen. Gegen Ende des Jahrhunderts wurden die beiden germanischen Militärbezirke in die Provinzen Ober- und Untergermanien umgewandelt. Für die Finanzverwaltung waren zwei ritterliche Prokuratoren zuständig, einer für Aquitania und Lugdunensis mit Sitz in Lyon, der andere für die beiden Germanien und Belgica mit Sitz in Trier. Ganz Gallien (die *Tres Galliae,* die Narbonensis, Rätien und die Alpenprovinzen) bildete einen einheitlichen Zollbezirk, an dessen Grenzen auf alle Waren ein $2^1/_2$prozentiger Zoll zu entrichten war.

## *Die Selbstverwaltung*

Basis der Selbstverwaltung waren 60 Civitates, im wesentlichen die vorrömischen Stämme. Wohl wegen des zivilisatorischen Rückstandes verzichtete Augustus auf die Einführung von Stadtstaaten nach mediterranem Modell. Im Gegensatz zur *Narbonensis* wurden die Stammesterritorien nicht einer Stadt unterstellt, sondern der Stamm blieb das politische Subjekt. Man kann den Unterschied gut am spätantiken Sprachgebrauch erkennen: Die Namen der Stämme blieben erhalten, während die antiken Namen der Städte aus dem historischen Bewußtsein verschwanden: zum Beispiel wurde *Lutetia Parisiorum* zu Paris, *Augusta Treverorum* zu Trier. Genau umgekehrt verhält es sich mit *Vienna Allobrogum* und Vienne sowie den anderen Städten der Narbonensis, die heute noch so heißen wie im Altertum.

▶ *siehe S. 127 ff.*

Während die meisten Civitates peregrine Gemeinden ohne besondere Privilegien waren, genossen nach der Provinzbeschreibung des älteren Plinius die Häduer, Carnuten und Remer (CIL XII 1869/70) den Status einer *civitas foederata,* die Arverner und Santonen den einer *civitas libera.*[2] Auch in den *Tres Galliae* entwickelte sich ausweislich der archäologischen und epigraphischen Überlieferung ein blühendes urbanes Leben. Viele Hauptstädte der Civitates schmückten sich mit einem rechtwinkligen Straßensystem, einem Forum mit Basilika, Thermen, Tempeln und Theatern im römischen Stil. Das meiste ist allerdings bis auf die Grundmauern abgetragen und liegt unter der nachantiken Bebauung. Alesia und Lugdunum Convenarum bei St-Bertrand-de-Comminge gehören zu den wenigen Orten, an denen man sich noch einen Eindruck vom antiken Bestand verschaffen kann. Außerdem wurden zahlreiche ländliche Heiligtümer vom Typ des sogenannten *fanum* errichtet. Eins der bekanntesten ist der sogenannte »Tempel des Janus« in Autun. Nur die *Tour de Vesonne* lag im Stadtinneren, und ihre zentrale Cella mit einem Durchmesser von 30 m kann heute noch in Périgueux besichtigt werden. Auch für die Schauspiele schuf man eine gallische Sonderform, die Theater und Amphitheater kombinierte.[3]

▶ *siehe S. 321*

▶ *siehe S. 195 ff.*

Die Verwaltung der Civitates war, soweit die spärliche epigraphische Überlieferung ein Urteil erlaubt, nach römischem Muster organisiert. Während in der Anfangszeit gelegentlich noch das gallische einstellige Amt eines *vergobretus* auftaucht (ILTG 149), regierten in der Hohen Kaiserzeit *II-Viri* und *ordo decurionum* die Civitates.

Aufsehen erregte im Juni 1968 ein Neufund, der in der spätantiken Stadtmauer von Rennes zu Tage kam. Die Civitas der Riedonen beschloß im Jahr 138 n. Chr. die Ehrung ihres verdienten Mitbürgers Flavius Postuminus, der Kaiserpriester und zweimal Duumvir gewesen war, alle Ämter innegehabt hatte und auf Lebenszeit zum Priester des Mars Mullo bestimmt worden war. Der Beschluß des *ordo decurionum* wurde in Auszügen in den Granitsockel der für ihn bestimmten Ehrenstatue eingemeißelt. Abgesehen von der verstümmelten Bonzetafel aus Digne ist dieser Fund aus Rennes das einzige, wenn auch verkürzte Protokoll eines Stadtratsbeschlusses, das wir aus Gallien besitzen (AE 1969/70, 405).

▶ *siehe S. 263*

## *Gallien in der Zeit des Augustus*

In augusteischer Zeit lag der Oberbefehl über Gallien und über die Rheinarmee noch in einer Hand. Da die starke Truppenmassierung – zeitweilig acht Legionen – ein großes Risiko für das erst kürzlich etablierte neue Regierungssystem bedeutete, war der Kaiser mehrfach persönlich in Gallien präsent (39/38, 27 und 16–13 v. Chr.); meist vertraten ihn andere Mitglieder der kaiserlichen Familie, sein Schwiegersohn Agrippa, die Stiefsöhne Drusus und Tiberius und zuletzt sein Enkel Germanicus.

Im Jahre 16 v. Chr. erlitt der Statthalter Marcus Lollius eine schwere Niederlage gegen die über den Rhein vorgedrungenen Germanen; sogar ein Legionsadler ging verloren. Als Reaktion beschloß Augustus, Germanien bis zur Elbe zu unterwerfen. Die in Gallien stationierten Legionen wurden abgezogen und an die Rheingrenze verlegt. Um so wichtiger war es, daß im Land Ruhe herrschte. Augustus demonstrierte Präsenz und führte persönlich den zweiten Zensus (Steuerschätzung) durch. In der dadurch bewirkten krisenhaften Situation berief Drusus die *principes* aller gallischen Stämme zu einem Landtag *(concilium)* nach Lyon ein. Proklamierter Zweck war die Einweihung des Altars der *Roma* und des Augustus. Dieser Akt wurde am 1. August des Jahres 12 v. Chr. vollzogen. Von da an versammelten sich jedes Jahr an diesem Tag die Abgesandten der 60 Stämme zu einem großen gesamtgallischen Fest. Als Cassius Dio 200 Jahre später seine römische Geschichte verfaßte, bemerkte er ausdrücklich, daß das Fest noch zu seiner Zeit begangen wurde.[4]

## *Die Colonia Copia Claudia Augusta Lugdunum*

Die Stadt Lyon, erbaut am Fuß eines Hügels am Zusammenfluß von Saône und Rhône, gehört den Römern. Von allen Städten ist sie es, die nach Narbo die größte Bevölkerung aufweist. Sie dient, in der Tat, als Handelsplatz *(empórion)*, und die römischen Gouverneure schlagen dort Gold- und Silbermünzen.

Das Heiligtum, das von der Gesamtheit der gallischen Stämme Caesar Augustus geweiht ist, erhebt sich vor der Stadt, direkt am Zusammenfluß der beiden Flüsse. Es besitzt einen bemerkenswerten Altar, verziert mit einer Inschrift, welche die 60 Stämme aufzählt, und Statuen jedes Stammes.

*Strabo 4,3,2*

Die Kolonie Lugdunum oder Lugudunum (Lyon) wurde 44 oder 43 v. Chr. von Lucius Munatius Plancus gegründet, gleichzeitig mit Raurica, einige Kilometer östlich des heutigen Basel. Außer diesen beiden gab es in den *Tres Galliae* nur noch eine Bürgerkolonie: die schon von Caesar angelegte *Colonia Iulia Equestris* (heute Nyon am Genfer See). Die *Colonia Copia Claudia Augusta Lugdunum*[5] nahm als Sitz des Statthalters der *Lugdunensis* in der Kaiserzeit einen mächtigen Aufschwung. Agrippa machte Lyon zum Knotenpunkt des gallischen Straßensystems. Von hier aus gelangte man am schnellsten an die

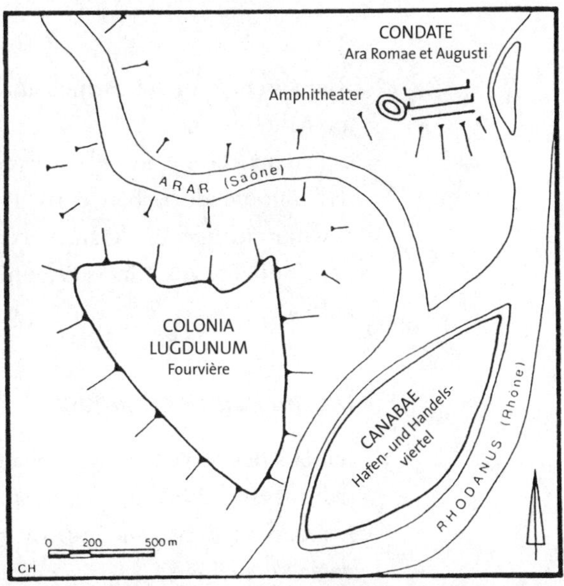


*Lyon und Condate.*
*Die Kolonie lag auf dem heutigen Hügel Fourvière (abgeleitet von forum vetus) und war mit einem rechtwinkligen Straßensystem und den üblichen öffentlichen Bauten ausgestattet: Forum und Basilika, Tempeln, Thermen, Theater, Odeum und mehreren Aquädukten. Auf der von Rhône und Saône gebildeten Insel (heute die Presqu'île) lag das Hafen- und Geschäftsviertel, die canabae, mit Hafenanlagen, Lagerhäusern, Vereinslokalen der verschiedenen Korporationen und reich ausgestatteten Privathäusern.*

*Das Theater der Kolonie.*
*Das Stadtzentrum ist durch die moderne Überbauung größtenteils zerstört, so daß nur das Theater und das Odeum oberirdisch sichtbar sind. Jenes wurde in der Zeit des Augustus erbaut und bot gut 10 000 Zuschauern Platz. Die Räume des rechts neben dem Theater erbauten Musée de la civilisation gallo-romaine folgen in einer abwärtsführenden Spirale der Neigung des Hanges. An einem großen Fenster hat man gleichzeitig den Blick auf das Theater und zwei Modelle, wenige Schritte weiter kann man sogar die Mechanik des Theatervorhangs bedienen.*

Rheingrenze, an den Ärmelkanal, nach Aquitanien und über die *via Agrippa* ans Mittelmeer.

Die im *Musée de la civilisation gallo-romaine* ausgestellten Inschriften spiegeln das pulsierende Leben einer Handelsmetropole. Namentlich war es der gewinnträchtige Weinhandel zwischen dem Rhônetal und dem Rheinland, der Kaufleute aus Nîmes, Vienne und Trier veranlaßte, sich in Lyon niederzulassen.

## Die ara Romae et Augusti

Jenseits der Saône, am Südabhang des heutigen Hügels *Croix Rousse,* erhob sich auf einer 296 × 69 m großen Terrasse ein monumentaler Altar. Dieser ist nicht erhalten. Nur die in Lyon geprägten »Altarmünzen« erlauben eine gewisse Vorstellung.

*Eine Altarmünze: ein Sestertius des Tiberius.*
*Ausweislich der Legende Rom(ae) et Aug(usto) bildet der rechteckige Block den Altar ab. An seinen Ecken stehen auf hohen Säulen vier geflügelte Siegesgöttinnen, jeweils mit einen Siegeskranz in der erhobenen rechten, einen Palmzweig in der linken Hand. Aus der Höhe der in der Kirche St-Martin in Ainay wiederverwandten Säulen wird geschlossen, daß diese zusammen mit den Viktorien ursprünglich etwa 14 m hoch waren. An der Vorderseite des Altars ist eine corona civica zwischen zwei Lorbeerbäumen angebracht. Die beiden flankierenden Figuren werden als tanzende Laren gedeutet (Zur Symbolik s. o. S. 205 ff.).*[6]

Westlich der Altar-Terrasse wurde unter Tiberius das heute teilweise wieder freigelegte Amphitheater erbaut. Nach der 1958 gefundenen Bauinschrift wurde es für das Heil *(pro salute)* des Kaisers Tiberius von dem *sacerdos Romae et Augusti* Gaius Iulius Rufus, aus der Civitas der Santonen (Saintes), bezahlt (ILTG 217). Es war zunächst sehr bescheiden, vielleicht ausreichend für 3000 Personen, aber im 2. Jh. n. Chr. wurde es erweitert, so daß es etwa 27000 Zuschauer aufnehmen konnte.

*Stadtbogen in Mediolanum Santonum (Saintes).*
*Wie reich Iulius Rufus war, kann man daran ermessen, daß er außer diesem Amphitheater in seiner Heimatstadt Saintes einen monumentalen Bogen zu Ehren des Kaisers Tiberius und seiner Söhne Germanicus und Drusus errichtete (18/19 n. Chr.). Seine in der Bauinschrift angeführte Ahnenreihe zeigt geradezu bilderbuchhaft den Aufstieg einer sich romanisierenden gallischen Familie: Auf den Urgroßvater Epotsorovidius folgt mit Gaius Iulius Agedomopas der erste römische Bürger, der Caesar sein Bürgerrecht und seinen römischen Namen verdankt. Dessen Sohn nannte sich Gaius Iulius Catuaneunus. In der vierten Generation ist mit Caius Iulius Rufus jeglicher Anklang an eine gallische Identität verschwunden (CIL XIII 1036. Inscriptions latines d'Aquitaine, ILA, Santons, 7).*

## *Der gallische Landtag*

Jede Civitas entsandte mehrere Delegierte zum *concilium Galliarum.* Ihre Zahl richtete sich nach der Größe der Civitas, was aus Inschriften geschlossen wird, die auf den Sitzstufen des Amphitheaters erhalten sind. Beispielsweise waren für die Vertreter der *Bituriges Cubi* (Bourges) sechs Sitzplätze reserviert. Die Delegierten wählten für das folgende Jahr den Oberpriester: den *sacerdos Romae et Augusti.* Ihm oblag die Durchführung des Kultes und damit seine Finanzierung. Dies ordnungsgemäß hinter sich gebracht zu haben wurde dem Amtsinhaber regelmäßig in Form einer Ehrenstatue mit Inschrift bescheinigt. Um weitschweifiger Lobhudelei von vornherein Einhalt zu gebieten, war der Text normiert: Außer dem Titel *sacerdos* durfte der Priester seinen Namen mit Filiation, die Civitas, aus der er stammte, und gegebenenfalls die Zugehörigkeit zum Ritterstand angeben. Daß er in der Heimat ehrenvoll seine Laufbahn absolviert hatte, drückte er in der Formel *omnibus honoribus functus* aus. In Lyon ergibt sich das Formular aus den Inschriften selbst, in Narbonne, wo in flavischer Zeit das Provinzialheiligtum der Nar-

Im Museum sind mehrere stattliche Statuenbasen mit Widmungsinschrift ausgestellt (Abbildungen bei Walser Nr. 41 und 42). Das erste Beispiel läßt eine Weiterentwicklung der Altaranlage und der Titulatur des Sacerdos erkennen, das zweite ein weiteres Amt im Zusammenhang mit dem *concilium Galliarum*.

**CIL XIII 1706**

| | |
|---|---|
| C(aio) [SE]RVILIO | Dem Gaius Servilius |
| M[AR]TIANO | Martianus, |
| ARVERNO | Arverner, |
| C(ai) SERVILII | Sohn des Gaius Servilius |
| DOMITI FILIO | Domitus, |
| SACERDOTI AD | Sacerdos beim |
| TEMPLUM ROMAE | Tempel der *Roma* |
| ET AUGUSTORUM | und der Augusti |
| TRES PROVINCIAE | die Drei Provinzen |
| GALLIAE | Galliens ▶ |

Der Kult am Altar ist, wahrscheinlich unter Hadrian, auf alle früheren vergöttlichten Kaiser *(Augusti)* ausgedehnt worden. Wenig später ist der Tempel errichtet und in die Titulatur des Oberpriesters aufgenommen worden.[8]

**CIL XIII 1697**

| | |
|---|---|
| L(ucio) LENTULIO | Dem Lucius Lentulius |
| CENSORINO | Censorinus, |
| PICTAVO | Pictaver, |
| OMNIBUS HO | der in seiner Heimat |
| NORIBUS APUD | alle Ehrenämter |
| SUOS FUNCTO | durchlaufen hat, |
| CURATORI BIT(urigum) | Kurator bei den *Bituriges* |
| VIVISCORUM | *Vivisci*, |
| INQUISITORI | *inquisitor*, |
| TRES PROVIN | die Drei Provin- |
| CIAE GALLIAE | zen Galliens |

Nach den Ämtern in seiner Civitas, dem heutigen Poitou, wurde Censorinus kaiserlicher Finanzkommissar in der benachbarten Civitas der Biturigen, deren Zentrum Burdigala (Bordeaux) war. Der Landtag besaß eine eigene Kasse *(arca)* für die Beitragszahlungen der 60 Stämme, der ein *iudex* vorstand. Der *inquisitor* war wohl ein zusätzlicher Kontrollbeamter.

bonensis eingerichtet wurde, ist sogar der diesbezügliche Abschnitt aus dem Altargesetz erhalten.[7] Die Delegierten, deren Namen bekannt sind, kamen aus etwa 20 der 60 Civitates, alle Oberpriester hatten das römische Bürgerrecht, einige gehörten zum Ritterstand. Der erste Sacerdos war der Häduer Gaius Iulius Vercondaridubnus (Liv. per. 139). siehe S. 219

Das römische Vorgehen ist in jeder Hinsicht erstaunlich. Während die Menschen im hellenistischen Osten – weil sie es so gewohnt waren – von sich aus an den Kaiser herantraten und darum baten, ihn göttlich verehren zu dürfen, wurde hier von oben etwas völlig Neues dekretiert. Wie die Gallier über die göttliche Natur des Herrschers dachten, weiß man nicht, aber Augustus siehe S. 202

erwartete offensichtlich ihre Zustimmung. Er muß sich seiner Sache ganz sicher gewesen sein, denn andernfalls wäre es außerordentlich riskant gewesen, diesem doch erst vor eineinhalb Generationen blutig unterworfenen Volk eine eigene Repräsentanz nicht nur zuzugestehen, sondern zu oktroyieren. Man kann selten so gut wie hier sehen, wie die römische Herrschaft funktionierte: Die ersten Priester, alle *Caii Iulii,* müssen Söhne und Enkel der Gallier gewesen sein, die schon unter Caesar im römischen Militär zu Ehren gekommen waren. Wer als römischer Bürger, vielleicht sogar Ritter, in seine Heimat zurückkehrte, fühlte sich als Römer und wollte teilhaben an allen Formen des Römertums. Und dazu gehörte eben auch der Kaiserkult. Wir haben es also mit einer von oben ins Leben gerufenen Integrationsveranstaltung zu tun, die genau dem Integrationswillen von unten entsprach.

Für den Kult sind keine Einzelheiten überliefert. In Analogie zu anderen Provinzen des Reiches wird man sich quer durch den Kalender die Feier von Festtagen des Kaiserhauses vorstellen dürfen, an denen mit Weihrauch, Trank- und Tieropfern die *vota* (Gelübde) für das Wohl des Kaisers dargebracht wurden. Höhepunkt des Jahres war der 1. August. »Ganz Gallien« wird herbeigeströmt sein, um an den festlichen Prozessionen und Gladiatorenspielen im Amphitheater teilzunehmen.[9]

## Die Ehrung des Titus Sennius Solemnis[10]

Mit Rücksicht auf die Überlieferungslage ziehe ich eine Inschrift heran, die man nicht in Lyon, sondern in der Normandie sehen kann. Sie ist eine der interessantesten Inschriften, die überhaupt in Gallien gefunden wurden, und gibt uns die Möglichkeit, über den Landtag und die Gladiatorenkämpfe, die im Amphitheater stattfanden, zu sprechen. Darüber hinaus erfahren wir etwas über die politischen Strukturen: »wie man etwas wurde«, über das System der Patronage, das die Gesellschaft des Römischen Reiches zusammenhielt. Ich folge dem meisterlichen Kommentar von H. G. Pflaum.

Die Inschrift kam im 16. Jahrhundert in der Nähe von Caen ans Licht, im Dorf Vieux, in dessen Namen noch das lateinische *Civitas Viducassium* erkennbar ist. Der Stein, die Basis für eine nicht erhaltene Statue, ist aus Marmor, 139 cm hoch, 69 cm breit, 59 cm tief und an drei Seiten beschriftet. Bei der Bombardierung von Saint-Lô am 6. Juni 1944 wurde er schwer beschädigt; die obersten Zeilen sind abgesplittert, so daß der Anfang nicht völlig gesichert ist.

Die Inschrift dokumentiert die Ehrung des Titus Sennius Solemnis, Sohn des Solemninus, Oberpriester *(Sacerdos ad templum Romae et Augustorum)* und Verwalter der Kasse der Eisenminen[11] durch den gallischen Landtag *(tres provinciae Galliae)*. Das Monument wurde am 16. 12. 238 errichtet, das Gelände für seine Aufstellung vom *ordo* der freien Civitas der Viducassier zur Verfügung gestellt.

Das Besondere ist, daß diese Ehrung nicht in Lyon verewigt wurde, sondern in der Heimat des Geehrten. Es wird sogar ausdrücklich angegeben, daß dies – für einen *iudex* der Eisenminen – eine Neuheit ist. Als Ratio kann man vermuten, daß das vorgegebene Formular in Lyon nur eine Standardehrung erlaubt hätte. Offensichtlich war aber etwas ganz Außerordentliches beabsichtigt: die Vereinigung alles dessen, was man überhaupt Ruhmvolles anführen konnte.

Die Mitte des Steins nimmt eine Inschrift ein, die zunächst dem üblichen Schema folgt. Sennius Solemnis hatte in seiner Heimat, der *civitas Viducassium,* viermal das Oberamt (Duumvirat) inne. Ausdrücklich wird hervorgehoben, daß er jeweils die Wahl glatt gewonnen hatte und nicht auf den bei Stimmengleichheit vorgesehenen Losentscheid angewiesen war. Außerdem war er Augur gewesen und hatte überhaupt alle Ehrenämter innegehabt *(omnibus honoribus functus)*. Er vollendete den Bau von Thermen, die schon sein Vater begonnen hatte, und überwies der Stadt Einkünfte zu ihrer Unterhaltung.

In derselben Zeit war Solemnis auch Oberpriester in Lyon und veranstaltete in dieser Funktion alle Arten von Schauspielen. Besonders wird die großzügige Ausrichtung von Gladiatorenkämpfen *(certamina gladiatorum)* hervorgehoben: An vier Tagen ließ er 32 Paare kämpfen, und zwar bis zur Entscheidung *(sine missione),* was anscheinend nicht selbstverständlich, sondern besonders aufwendig war. Für diese Veranstaltung gab Solemnis 332 000 Sesterzen aus.

## *Die Beziehungen des Sennius Solemnis zu Angehörigen der Reichsaristokratie*

Was konnte man noch anführen? Solemnis war sicher von Hause aus steinreich und hatte die höchste Stufe einer Provinzialkarriere erklommen: Nach Absolvierung der munizipalen Ehrenämter war er Sacerdos an der *ara Augustorum* geworden. Wenn er danach einen ritterlichen Offiziersposten bekleidet hätte oder in den römischen Senat aufgenommen worden wäre, müßte das an dieser Stelle im Inschriftenformular folgen. Über dergleichen verfügte man aber offenbar nicht. Man behalf sich mit der Mitteilung, der Geehrte stehe bei hochrangigen Persönlichkeiten in Ansehen, und, um dies unter Beweis zu stellen, setzte man deren Briefe auf die Schmalseiten des Steins.

So erfahren wir: Solemnis war der Freund und Klient des Tiberius Claudius Paulinus, der im Jahr 219 n. Chr. Statthalter der Provinz Lugdunensis war. Im folgenden Jahr wurde Paulinus Legatus Augusti der Provinz *Britannia Inferior* und nahm Solemnis als »Assessor« der VI. Legion in seinen Stab auf. Er übersandte ihm den Sold eines *tribunus semestris,* 25 000 Sesterzen in Gold, und Geschenke, die noch wertvoller waren, konnte aber die eigentliche Ernennung nur in Aussicht stellen. In dem an der linken Seite angebrachten Brief bat Paulinus den Adressaten: Obwohl er eigentlich viel mehr verdiene, möge Solemnis das Wenige, da es ihm ehrenhalber *(honoris causa)* angetragen werde, vorläufig annehmen; eine würdigere Anerkennung seiner verdienstvollen Anhänglichkeit *(pro meritis adfectionis)* werde er durch die heilige Majestät des Kaisers erlangen.

Diese umständlich anmutende Vorgehensweise wird von Pflaum damit erklärt, daß der Legat dem gallischen Aristokraten eine Gunst erweisen wollte, aber anscheinend gerade nicht über eine freie Offiziersstelle verfügte, so daß Solemnis sich mit der Versicherung der guten Absicht und dem Entgelt, das ihm als Militärtribun zugestanden hätte, begnügen mußte.

Weiter war Solemnis der ausgezeichnete Klient *(cliens probatissimus)* des Aedinius Iulianus, zunächst Legat der Lugdunensis, dann Prätorianerpräfekt, dessen Empfehlungsschreiben die rechte, die Ehrenseite des Steins einnimmt. Ähnlich wie die eben referierte, an Cicero erinnernde einwandfreie Periode im Brief des Paulinus ist nach dem Urteil Pflaums das Schreiben des Präfekten in seiner Kürze und Klarheit ein bemerkenswertes Zeugnis des späten Kanzleistils. Im Aufbau folgt der Brief dem Schema, das sich durch Ciceros Vorbild für derartige Zwecke empfahl. Bei der Edition von dessen Briefen an die politischen Freunde *(Ad familiares)* war nämlich das ganze Buch XIII der für das gesellschaftliche Leben so außerordentlich wichtigen Gattung der Empfehlungsschreiben gewidmet worden. Zunächst legt Iulianus dar, woher die Beziehung stammt, dann, worin das besondere Verdienst des Empfohlenen besteht, dem folgen die eigentliche Empfehlung, der Dank etc.

Zu einem nicht genannten Zeitpunkt hatte Solemnis den Prätorianerpräfekten in Rom aufgesucht – vielleicht, um ihm zu seiner Beförderung zu gratulieren – und um eine Empfehlung an Badius Comnianus, der damals die Lugdunensis regierte, gebeten. Die Herren hatten sich bereits früher kennen- und schätzen gelernt, nämlich im Jahr 220 n. Chr. Damals war Aedinius Iulianus der Nachfolger des Claudius Paulinus als Legatus Augusti der Lugdunensis, Solemnis fungierte gleichzeitig als Sacerdos und führte sich untadelig auf. Es ist interessant, in diesem Zusammenhang zu erfahren, daß der Landtag keineswegs ausschließlich mit dem Kaiserkult befaßt war, sondern daß die gallischen *principes*, wenn sie schon einmal versammelt waren, sich auch das Recht zu politischen Aktionen nahmen. In Sonderheit konnten sie gegen einen mißliebigen Statthalter Anklage erheben. Das führte dann zu einem Prozeß in Rom, vor dem Kaiser oder dem Senat.[12]

Ein solches Verfahren wollten die gallischen Delegierten gegen Claudius Paulinus anstrengen, aber es kam nicht so weit, und zwar wegen der Demarche des Solemnis. Er berief sich auf das imperative Mandat und behauptete, von seiner Civitas nicht zur Anklageerhebung bevollmächtigt zu sein. Das erklärt hinreichend die gute Meinung, welche die beiden ehemaligen Statthalter der Lugdunensis von ihm hatten, und ihre Bereitschaft, sich für ihn stark zu machen.

Vom Patronat zu sprechen war schon mehrfach Gelegenheit, aber so anschaulich wie hier wird es einem selten vor Augen geführt. Jeder, der ein Anliegen hatte, mußte jemanden kennen, der höher stand, der ihm helfen konnte, der eventuell jemanden kannte, der noch höher stand. Alle richteten sich nach oben aus. Und wer selbst eine Position von Macht und Einfluß einnahm, erhöhte sein Prestige, indem er andere förderte. Sollte man meinen, das sei genauso wie heute, muß dem widersprochen werden. Man würde seine guten Beziehungen eben nicht in der FAZ und in der NZZ gleichzeitig veröffentlichen und das noch für einen Ehrentitel halten. Dieses System der Patronage war ein ganz wesentlicher Teil des Kitts, der das Römische Reich zusammenhielt. Es gehörte zu den selbstverständlichen zivilen Herrschaftsmitteln, die gewaltsamen Revolten vorbeugten. ▶ *siehe S. 312 f.*

Der Aufbau der Inschrift, die Zusammenstellung von Ehrung durch den Landtag und Empfehlungsbriefen, weicht von allen im lateinischen Westen bekannten Formularen ab. Parallelen gibt es nur in Dura Europos am Euphrat, wo es darum ging, Karawanenscheichs zu ehren, die aus naheliegenden Gründen keine Reichskarriere absolviert hatten und deshalb nicht über die üblichen Verdienste verfügten. Auch das Grabmal des Opramoas in Lykien, an dem eine ganze Serie ihn betreffender Kaiserbriefe und Beschlüsse des lykischen Bundes angebracht ist, könnte man zum Vergleich anführen.[13] Aber, wie gesagt, im Westen ist die Inschrift ein Unikum. Vermutlich hatte man Sennius Solemnis aufgefordert, aus seinem Privatarchiv die geeigneten Unterlagen zur Verfügung zu stellen.

### *Überlegungen zum politischen Hintergrund: die Krise des 3. Jhs.*

Fragt man sich, wieso der eher untergeordnete Posten des *iudex* der Eisenminen eine derart aufwendige und aus dem Rahmen fallende Ehrung veranlaßt haben könnte, wird man wie so oft von der Epigraphik und Prosopographie enttäuscht. Die Inschrift beleuchtet schlaglichtartig einen Angehörigen des gallischen Adels und seine Beziehungen zu hervorragenden Vertretern der Reichsaristokratie, aber das Umfeld bleibt dunkel. Pflaum hat versucht, das Motiv für die Errichtung des Denkmals aus der allgemeinen politischen Situation herzuleiten. Zwischen 220, dem Amtsjahr des Solemnis als Sacerdos, und dem Jahr 238, in dem seine Ehrenstatue aufgestellt wurde, hatten sich einschneidende und für das ganze Reich verhängnisvolle Ereignisse abgespielt. 235 war mit Alexander Severus der letzte Kaiser aus der Dynastie der Severer ermordet worden. Auf die kurze Regierung des Maximinus Thrax folgte das Sechskaiserjahr 238. Drei Kaiser waren ermordet worden, einer hatte Selbstmord begangen, einer war auf dem Schlachtfeld gefallen, als der erst 13jährige Gordian III. von den Prätorianern zum Augustus erhoben wurde. Pflaum nahm an, in dieser Krisensituation könnten die gallischen Notabeln die Notwendigkeit empfunden haben, sich auf positive Weise in Erinnerung zu bringen und gegenüber der neuen Reichsspitze ihre Loyalität zu bekunden. Er ging davon aus, daß Aedinius Iulianus eben im Jahr 238 *praefectus praetorio* war und folgerte, die *Tres Galliae* hätten mit ihrer Ehrung weniger auf die Person des Geehrten als auf die seines Protektors gezielt. Das wäre plausibel, wenn die Voraussetzung richtig wäre. Die neuere Forschung hat aber wahrscheinlich gemacht, daß Aedinius Paulinus schon 223 Präfekt wurde. Es ist nicht einmal sicher, daß er 238 noch am Leben war.[14]

Somit bleibt nichts anderes übrig, als den Befund so zu nehmen, wie er sich darstellt. Solemnis sollte und wollte in seiner Heimat, bei seinen Mitbürgern und ihren Nachkommen als außerordentliche Persönlichkeit geehrt werden. Dafür scheute man keine Mühen und Kosten.

## Die Gladiatorenkämpfe *(munera gladiatoria)*

Sein Verdienst gegenüber dem *concilium Galliarum* bestand, wie wir der Inschrift entnehmen, in der besonders großzügigen Veranstaltung von Gladiatorenkämpfen.

Die Gladiatur ist vielleicht das Phänomen der antiken Kultur, das den modernen Menschen am meisten abstößt; vielleicht auch deshalb, weil er davon zu wenig weiß und sich gemeinhin mit Vorurteilen zufriedengibt. Natürlich hinkt jeder Vergleich unserer Sportveranstaltungen mit den Gladiatorenkämpfen. Der »schöne Tod« steht heute nicht im Zentrum der Veranstaltung, sondern in der tristen Abgeschiedenheit eines Hotelzimmers erliegt ein Athlet den Spätfolgen jahrelanger Strapazen. Das Zuschauerinteresse an bestimmten modernen Sportarten läßt sich nur erklären, wenn man es für normal hält, daß diejenigen, die sie professionell ausüben, ihr Leben aufs Spiel setzen, zumindest schwere gesundheitliche Risiken eingehen. Vielleicht ist der Abstand zur Antike gar nicht so groß.

Im Gegensatz zu dem, was viele sich vorstellen und was auch durch Hollywood-Filme regelmäßig in Szene gesetzt wird, ging es bei den Gladiatorenkämpfen nicht um das sinnlose Abschlachten möglichst großer Massen von Sklaven und Kriegsgefangenen, sondern um strikt geregelte Gefechte zwischen ausgebildeten und bewaffneten professionellen Kämpfern. Mit Disziplin, Tapferkeit und Todesverachtung demonstrierten sie Werte, in deren Hochschätzung die antike Welt sich einig wußte.

Der Ursprung der Gladiatorenkämpfe liegt in Etrurien oder Kampanien. In Rom wurden sie zum ersten Mal im Jahre 264 v. Chr. in Zusammenhang mit einem aristokratischen Begräbnis veranstaltet. Damals kämpften drei Paare gegeneinander. Die ganze Republik hindurch blieben Gladiatorenkämpfe *(munera)* – im Gegensatz zu den im offiziellen Festkalender vorgesehenen Spielen *(ludi)* – private Veranstaltungen, die von den rivalisierenden aristokratischen Politikern als willkommenes Mittel der Selbstdarstellung mit immer größerem Aufwand ausgestattet wurden. Der Ädil Caesar ließ im Jahre 65 v. Chr. 320 Paare antreten.

Private *munera* gab es bis Tiberius; Augustus gestattete den Prätoren, in ihrem Amtsjahr ein *munus* mit 60 Kämpfern zu veranstalten. Was darüber hinausging, war Monopol des Kaisers. Augustus strich in seinem Tatenbericht heraus, dreimal *munera* im eigenen Namen und fünfmal im Namen seiner Söhne und Enkel veranstaltet zu haben, bei denen etwa 10000 Gladiatoren zum Einsatz kamen *(Res gestae* 22*)*. Traian ließ für seinen dakischen Triumph in den Jahren 107–109 bei verschiedenen Veranstaltungen 10000 Gladiatoren kämpfen.

### *Was nicht zur Gladiatur gehört*

Tierhetzen *(venationes)* waren schon in der Zeit der Republik populär geworden und wurden von Augustus in die *munera* integriert. Man ließ die Tiere, möglichst exotische, entweder gegeneinander kämpfen oder von speziell ausgebildeten Kämpfern *(bestiarii)* umbringen. Cicero, der von einem Standesgenossen um die Übersendung wilder Tiere angegangen worden war, mußte ihn enttäuschen: In Kilikien gebe es kaum noch Panther; aus Verdruß darüber, daß in seiner friedlichen Provinz nur ihnen nachgestellt werde, seien sie nach Karien abgewandert (Cic. *Fam.* 2,11,2). Bei der Einweihung des Kolosseums im Jahre 80 wurden in einer künstlichen Landschaft 9000 Tiere umgebracht, darunter ein Rhinozeros. Das Spektakel dauerte mehr als 3 Monate.

Massenveranstaltungen waren überhaupt ungemein beliebt. Tausende von Kämpfern mußten historische Schlachten und Seegefechte (Naumachien) nachstellen. Kaiser Claudius, der sich auch sonst bei der Veranstaltung von *munera* sehr großzügig und phantasievoll gab, inszenierte vor der Trockenlegung des *lacus Fucinus* eine Seeschlacht zwischen einem rhodischen und einem sizilischen Geschwader mit jeweils 12 Großschiffen (Triremen). Dabei kamen als Ruderer und Kämpfer 19000 Verurteilte zum Einsatz. Sie begrüßten den Kaiser mit dem bis heute sprichwörtlichen *Have Imperator, morituri te salutant* (Heil Imperator, die Todgeweihten grüßen dich. Sueton, Claudius 21,6). Gekämpft wurde, wenn auch unter Verbrechern *(sontes),* mit dem Mut tapferer Männer, und nach vielen Verwundungen wurden sie von der Hinrichtung befreit (Tacitus, *Annales* 12,56,3).

### *Der Einsatz von verurteilten Verbrechern*

Derartige Massenveranstaltungen mußten hier erwähnt werden, obwohl sie mit der eigentlichen Gladiatur nichts zu tun haben. Die Verbindung liegt im Einsatz von Verurteilten. Das römische Strafrecht sah als eine mögliche Strafe Zwangsarbeit vor; die schlimmste Form war die Verschickung in die Bergwerke *(ad metalla),* eine mildere der Einsatz bei den Festspielen *(ad ludum)*: milder, weil bei tapferer Bewährung die Begnadigung durch den Kaiser in Aussicht gestellt war.

Während die *ad ludum* Verurteilten also nicht völlig aussichtslos in den Kampf gingen, hatten zum Tode Verurteilte keine Überlebenschance. Die normale Form der Hinrichtung war die Enthauptung durch das Schwert. Als verschärfte Form konnte der Tod in der Arena vollstreckt werden. Sklaven und Freigelassene sollten den Tieren vorgeworfen, Freie, ohne die Möglichkeit, sich verteidigen zu können, von Gladiatoren getötet werden. Diese »Volksfesthinrichtungen« wurden den Zuschauern im Rahmen der *munera* als besondere Einlagen während der Mittagspause geboten. Auch in christlicher Zeit blieben sie bis zu Kaiser Iustinian bestehen.[15]

## *Die Gladiatoren*

Gladiatoren konnten sowohl Freie als auch Sklaven werden. Sie (für die Sklaven ihr *dominus*) schlossen mit einem Unternehmer *(lanista* oder *auctorator)* einen Vertrag ab, der diesem alle Rechte über die Person des zukünftigen Gladiators übertrug. Dieser leistete einen Eid, »sich brennen, in Ketten fesseln und mit dem Schwert töten zu lassen« (Seneca, *epist.* 37,1). Der *lanista* sorgte für ihre Ausbildung und vermietete sie dann an die jeweiligen Spielgeber. Verdiente Gladiatoren wurden aus dem Vertrag entlassen oder konnten sich freikaufen *(liberati)*. Als Würdezeichen erhielten sie ein Holzschwert *(rudis)* und wurden danach *rudiarii* genannt. Oft kämpften sie als Freiwillige *(auctorati, liberati)* weiter oder blieben als Trainer *(doctor)* bei der Truppe *(familia)*. Die Kasernen oder »Schulen« *(ludi)*, in denen die Gladiatoren trainierten und lebten, unterhielten auch technisches und medizinisches Personal; so gehörte der bekannte Arzt Galen zeitweilig zu einer Gladiatorenschule in Pergamon.

Auch Kriegsgefangene und zum Kampf in der Arena *(ad ludum)* verurteilte Verbrecher hatten die gleichen Chancen. Sie erhielten die übliche Ausbildung und konnten, allerdings nur durch den Kaiser, freigelassen werden. Die zahlenmäßige Relation zwischen Verbrechern, Sklaven und Freien, die sich aus eigenem Antrieb verdingten, ist nicht bekannt.

Die Kaiser hatten für das Gladiatorenwesen eine eigene Verwaltung unter einem hohen ritterlichen Prokurator eingerichtet. Allein in Rom gab es vier kaiserliche *ludi*. In den Provinzen sind ebenfalls kaiserliche Prokuratoren für das Gladiatorenwesen bezeugt. Für die Veranstaltungen der Munizipalbeamten und Provinzpriester wurden die Kämpfer von privaten Unternehmern ausgebildet und vermietet; oft übernahm der Spielgeber die Truppe von seinem Vorgänger.

### Die Waffengattungen

Nach einer einführenden Trainingsphase spezialisierten sich die Gladiatoren auf eine bestimmte Waffengattung und Kampfesweise. Aus den Schriftquellen und dem überlieferten Bildmaterial lassen sich 20 Waffengattungen eruieren. Grob gesprochen unterscheidet man drei Gruppen: den Schwerbewaffneten *(murmillo, secutor)* mit einem großen ovalen Schild *(scutum)* und einem kurzen, geraden Schwert *(gladius)*; den mittelschwer Bewaffneten (*Thraex* = Thraker) mit kleinem, rechteckigen Schild *(parma)*, hohen Beinschienen und gekrümmtem Schwert *(sica, falx)* und schließlich den Leichtbewaffneten *(retiarius)*, der zur Verteidigung allein auf seine Schnelligkeit und Gewandtheit angewiesen war. Nur sein linker Arm war durch eine wattierte Bandage mit einem über der Schulter aufragenden Metallschirm geschützt. Als Angriffswaffen führte er ein Netz *(rete)*, das er über den Gegner zu schleudern suchte, einen Dreizack und ein kurzes Schwert oder Dolch. Außerdem gab es noch den Bogenschützen *(sagittarius)*, den Reiter *(eques)* und den Wagenkämpfer (*essedarius*, abgeleitet von dem keltischen Wort *essedum* = Wagen).

Es traten immer Paare zum Kampf an, die nach bestimmten Regeln zusammengestellt wurden. Entweder kämpften gleiche Waffengattungen gegeneinander oder unterschiedliche, die so kombiniert waren, daß sich die jeweiligen Stärken zu einem spannenden Schauspiel ergänzten. Besonders beliebt war die Zusammenstellung von Secutor und Retiarius.

Die Gladiatoren waren nur mit Lendenschurz und Gürtel bekleidet. Die lebenswichtigen Körperpartien Brust und Rücken waren ungeschützt. Bis auf den Retiarius trugen alle unterschiedlich gestaltete Helme mit Visier. Außer dem Kopf waren noch der Schwertarm und beim Thraex das nicht durch den Schild gedeckte rechte Bein geschützt. Alle diese Vorkehrungen lassen erkennen, worauf es ankam: nicht auf ein sinnloses Gemetzel, sondern auf einen technisch perfekten Kampf, in dem beide Gegner ihre Chance hatten.

Unter den Gladiatoren gab es große Unterschiede, wie auch heute zwischen einem internationalen Star und einem Provinzkicker Welten liegen. Im Ludus avancierte man nach einer ausgeprägte Rangordnung: vom Anfänger *(tiro)* bis zum Primus Palus (nach dem *palus* = Pfahl, an dem der Einzelkampf trainiert wurde). Wie für die antike Gesellschaft grundsätzlich gilt auch hier, daß wir am besten die kennen, die arriviert waren: diejenigen, die ihre ersten Gefechte überlebt hatten, die in vielen Kämpfen ein Renommee und durch Preisgelder ein gewisses Vermögen erlangt hatten, die freigelassen waren, die einen Freund oder eine Frau hatten, die für ihr Begräbnis sorgten.

### Das Amphitheater

Austragungsort für Tierhetzen und Gladiatorenkämpfe waren die Amphitheater, die mit ihrer ovalen Form einer großen Zuschauermenge eine gute Sicht auf das Spektakel boten. Das älteste Amphitheater ist das von Pompeji, das etwa 80 v. Chr. erbaut wurde. In Rom selbst gab es zunächst nur mobile Einrichtungen aus Holz, zusätzlich ein kleines Amphitheater auf dem Marsfeld, aber der vornehmste Schauplatz blieb bis zur Einweihung des *Amphitheatrum novum (Colosseum)* durch Kaiser Titus das Forum Romanum. Der neue Bau wurde das Vorbild für zahlreiche derartige Anlagen. Nach Italien ist Gallien mit 39 Amphitheatern die am besten ausgestattete Region im Westen des Reiches. Im Osten benutzte man die Theater und Stadien, die, um die Zuschauer vor den wilden Tieren zu schützen, entsprechend umgebaut wurden.

*Das Kolosseum in Rom, benannt nach einer vorher in der Nähe aufgestellten Kolossalstatue Neros. Der Bau war politisches Programm: An die Stelle von Neros überdimensioniertem privaten Palast sollte nach dem Willen der flavischen Dynastie etwas treten, das dem ganzen Volke diente. Finanziert wurde es, laut Bauinschrift, aus der Beute des (Jüdischen) Krieges (CIL VI 8, 2, 40454 a).*

### *Der Ablauf eines munus*

Eine reguläre Veranstaltung *(munus iustum)* begann am Morgen mit Tierkämpfen *(venatio)*, nach der Mittagseinlage, zum Beispiel mit der Darstellung historischer Szenen durch Verurteilte, gegebenenfalls mit Hinrichtung, brachte dann erst der Nachmittag den Höhepunkt: die eigentlichen Gladiatorenkämpfe. Die Veranstaltungen liefen nach einem festgesetzten Ritual ab, das an den spanischen Stierkampf erinnert. Vorauf ging ihnen ein Bankett für die Kämpfer, das auch für das Publikum geöffnet war, damit es die Tagesform der Kämpfer taxieren konnte. Der Einzug in die Arena erfolgte in feierlicher Prozession: An der Spitze ging der Spielgeber mit seinen Amtsdienern, es folgten die Gladiatoren, denen Tafeln mit ihren früher errungenen Siegen vorangetragen wurden. Den Schluß bildeten die Schiedsrichter und zahlreiches Hilfspersonal. Wenn der Veranstalter großzügig war, wurden über den Zuschauerrängen das Sonnensegel *(velum)* aufgezogen und wohlriechende Essenzen *(sparsiones)* versprüht. Unerläßlich war Musikbegleitung auf verschiedenen Blasinstrumenten und – nach Möglichkeit – einer Wasserorgel.

*Ein Ton-Medaillon im Museum von Nîmes. Im Vordergrund ist ein kämpfendes Paar abgebildet. Links oben und rechts unten tragen zwei Gehilfen auf der Schulter große Tafeln mit den nötigen Informationen: Retiarius Xantus, Sklave des Kaisers, 15 Kämpfe, und Secutor Eros, Sklave des Kaisers, 16 Kämpfe. In der Mitte steht der Oberschiedsrichter (summa rudis) mit seinem langen Stab, rechts signalisiert der zweite Schiedsrichter mit angelegtem Daumen die missio. Am oberen Rand stehen die beiden Kämpfer auf einem Podest; daneben die Inschrift: stantes missi.*

Nach einem Vorspiel *(prolusio)*, einem Geplänkel mit stumpfen Waffen, wurden die richtigen Waffen hereingetragen und auf ihre Schärfe überprüft. Dann gab der Spielgeber das Zeichen zum Beginn. Der Zuschauerraum *(cavea)* verwandelte sich in einen Hexenkessel. Der dramatischste Moment nahte, wenn ein Gladiator kampfunfähig am Boden lag oder zum Zeichen der Aufgabe den Zeigefinger hochstreckte. Bis hierhin könnte man Parallelen zu modernen Sportarten ziehen. Was jetzt kommt, unterscheidet die Gladiatur von allem, was wir kennen. Das eigentliche Todesrisiko kam erst nach dem Kampf. Man verlangte vom Unterlegenen, daß er willig seine Hinrichtung erduldete. Der Veranstalter konnte die Entscheidung dem Publikum überlassen. Von den Rängen schallte es entweder: *iugula* (stich ihn ab) oder *mitte* (laß ihn frei)! Das Abschlachten wurde noch in der Arena vom siegreichen Gegner besorgt. Für einen spektakulären Sieg wurde ein Kranz *(corona)* verliehen.

Es gab noch eine dritte Möglichkeit: Wenn beide Fechter tapfer gekämpft und das Publikum zufriedengestellt hatten, konnten beide entlassen werden *(stantes missi),* was als besonders ehrenvoll galt.

### *Das Todesrisiko und certamina sine missione*

Darüber, wie hoch die Todesrate tatsächlich war, sind in der Forschung verschiedene Überlegungen und Berechnungen angestellt worden. Die Quellen scheinen darauf hinzudeuten, daß im 1. Jh. n. Chr. die Überlebenschancen relativ groß waren, sich aber später verschlechterten. Eine Inschrift aus Italien verzeichnet bei 11 Kämpfen tatsächlich 11 Opfer (ILS 5062). Auch spätantike Mosaiken zeigen häufig Paare, von denen ein Fechter tot ist. Aber das muß nicht die Norm gewesen sein. Für den einzelnen Gladiator verbesserten sich die Aussichten, je mehr Kämpfe er bestritten hatte. Nicht nur gewann er an Stärke und Erfahrung; wer berühmt war, konnte außerdem bei einem Mißgeschick eher auf die Sympathie des Publikums hoffen. Man wird wohl mit Unterschieden zwischen Rom und einem Provinzstädtchen rechnen müssen. Mit Sicherheit kam es auch darauf an, wie kundig das Publikum war, wie gut es die technischen Feinheiten und Finten beurteilen konnte, genau wie heute die Qualität eines Stierkampfes nicht unwesentlich von der Qualität der *aficionados* abhängt. Vermuten kann man außerdem einen gewissen Korpsgeist. Die Gladiatoren, die ja über Jahre hin in der engen Gemeinschaft des gleichen Ludus lebten, mögen dazu geneigt haben, es nicht zum Äußersten kommen zu lassen. Auch der Spielveranstalter, bei dem die Entscheidung lag, wird froh gewesen sein, wenn er ohne allzu große Verluste, für die er dem *lanista* Schadenersatz leisten mußte, aus der Sache herauskam.

Deshalb ist es ein Zeichen von außerordentlicher Großzügigkeit, wenn Sennius Solemnis Gefechte *sine missione* ankündigte. Damit *mußte* bis zur Entscheidung gekämpft werden, und der Spielgeber hatte keine andere Möglichkeit, als den Besiegten zu opfern – jedenfalls, soweit es auf ihn ankam. Wenn hingegen die Zuschauer nach einem hervorragenden Kampf die *missio* forderten und er ihrem Wunsch entsprach, wird das den Ruhm seiner Freigebigkeit nicht geschmälert haben. Ohne die Möglichkeit der ehrenvollen *missio* wäre der Gladiatur ein wesentlicher Teil ihres eigentlichen Sinns entzogen worden: der Demonstration von Tapferkeit *(virtus),* die Anspruch auf Respekt und Anerkennung hatte. Wohl deshalb hatte Augustus in einem gegebenen Fall Kämpfe *sine missione* verboten (Sueton, Augustus 45,3; Nero 4).

## *Gladiatorenkämpfe in der Narbonensis*

In der Narbonensis gab es 10 Amphitheater. Am besten erhalten sind die in Nîmes und Arles, die nach dem Vorbild des Kolosseums in spätflavischer Zeit gebaut wurden.

Das Amphitheater von Nîmes ist mit 133 × 101 m etwas kleiner als das von Arles, das 136 × 107 m mißt. Der Bau ist 21 m hoch. Die zweistöckige Fassade ist durch Pilaster und Halbsäulen in 60 Rundbögen gegliedert. Von dem darüberliegenden Attica-Geschoß ist kaum etwas erhalten. Der Haupteingang an der zur Stadt liegenden kleinen Achse ist durch eine verbreiterte Bogenstellung und einen dreieckigen Giebel markiert. In den 120 vorragenden Konsolen wurden die Masten für das Sonnensegel *(velum)* verankert.

*Das Amphitheater (les arènes) in Nîmes*

Die Stufen des Zuschauerraums *(cavea)* ruhten auf strahlenförmig verlaufenden Mauern und Gewölben, unter denen Drainagevorrichtungen für die Abführung des Regenwassers sorgten. Ein elaboriertes System von fünf umlaufenden Korridoren sowie Treppen und Zugängen zu den Rängen *(vomitoria)* garantierte, daß die Zuschauer ohne Umwege zu ihren Plätzen gelangen und das Amphitheater schnell wieder verlassen konnten. Die 34 Stufenreihen der 3 Ränge boten Platz für etwa 24 000 Zuschauer.

Der innere Kampfplatz, die Arena, mißt 69 × 38 m. Etwa 3,40 m unter dem antiken Niveau haben Ausgrabungen mehrere unterirdische Korridore und Räume freigelegt, die über eine Rampe zu erreichen waren. Auch Gewichte, die wohl zu einem Flaschenzug gehört haben, sind gefunden worden.

Für Personengruppen, die sich öffentlicher Wertschätzung erfreuten, waren durch Beschluß des Stadtrats feste Sitzplätze reserviert, wie Inschriften bezeugen, die auf der gewölbten Bekrönung des Podiums angebracht waren. Den Schiffern auf der Ardèche und Ouvèze standen 25 Plätze, den Schiffern auf der Rhône und Saône 40 Plätze zu (CIL XII 3316. CAG 30/1 Nr. 311,12 und 13).

*Ein provençalischer Stierkampf in Nîmes*

## *Grabsteine*

Aus mehreren Städten der Narbonensis sind Grabsteine von Gladiatoren auf uns gekommen. Mit 14 Zeugnissen ist die inschriftliche Dokumentation in Nîmes besonders dicht. Zwei Grabsteine wurden bei Ausgrabungen in der Arena gefunden, mindestens vier lagen dicht beieinander in einem Gräberfeld südlich des Amphitheaters[17]. Drei von den 14 Gladiatoren stammten aus Gallien, je einer aus Spanien, Griechenland, Alexandria und Arabien. Sie erreichten ein mittleres Alter von 20–30 Jahren. Einige haben die *tria nomina,* andere nur einen Namen. Aber im Gegensatz zur gewöhnlichen prosopographischen Methode kann man bei Gladiatoren aus den Namen nur bedingt Schlüsse auf freie oder unfreie Herkunft ziehen, denn sie legten sich gern Künstlernamen zu, die entweder auf die Heroen des Mythos verwiesen oder auf die besondere Kampfkraft des Trägers wie Ursinus (Bär) und Fulgur (Blitz). Columbus hatte anscheinend den Namen eines berühmten Vorgängers aus der Zeit Caligulas angenommen, während Beryllus sich nach einem beliebten meerfarbenen Edelstein nannte.

### CIL XII 3323 = WI 230

| | |
|---|---|
| BERYLLUS ESSE(darius) | Beryllus, Wagenkämpfer, |
| LIB(eratus) (pugnarum) XX NAT(ione) | (aus dem Vertrag) Entlassener, 20 Kämpfe, von Herkunft |
| GRAECUS ANN(orum) XXV | Grieche, 25 Jahre alt. |
| NOMAS CONIUNX | Nomas, seine Ehefrau, |
| VIR(o) B(ene) MER(enti) | ihrem gütigen Mann |

**CIL XII 3325 *ET ADD.* WI 232**

| | |
|---|---|
| MUR(millo) | Der Murmillo |
| COLUMBUS | Columbus, |
| SERENIANUS (pugnarum) XXV | aus der *familia* des Serenus, 25 Kämpfe, |
| NAT(ione) AEDU(u)S | von Herkunft Häduer, |
| HIC ADQUIESCIT | ruht hier. |
| SPERATA CONIUX | Sperata, seine Ehefrau |

**CIL XII 3332. WI 235**

| | |
|---|---|
| T(h)R(aeci) | Dem Thraker |
| Q(uinto) VETTIO GRACI | Quintus Vettius Graci- |
| LI COR(ronarum) TRIUM | lis, drei Siegeskränze, |
| ANNORUM XXV | 25 Jahre alt, |
| NATIONE HISPAN(o) | von Herkunft Spanier, |
| DONAVIT L(ucius) SESTIUS | hat (diesen Stein) gegeben Lucius Sestius |
| LATINUS | Latinus, |
| D(octor ?) | Trainer (?) |

## *Der Senatsbeschluß zur Begrenzung der Aufwendungen für Gladiatorenkämpfe (wahrscheinlich 177 n. Chr.)*

Außerhalb Roms waren die städtischen und provinzialen Kaiserpriester für die Durchführung und Finanzierung der Gladiatorenkämpfe zuständig. Die Pflicht, die *munera* zu übernehmen und im Wettlauf um Gunst und Ehre immer aufwendiger zu gestalten, wurde von den Honoratioren als schwere Bürde empfunden. Mark Aurel und sein Mitregent Commodus kamen ihnen zu Hilfe und begrenzten den Aufwand. Davon zeugt ein Senatsbeschluß, von dem Fragmente in Spanien und Kleinasien ans Licht gekommen sind; genauer gesagt: Fragmente des Protokolls der Senatssitzung, was ungewöhnlich ist. Denn da ein Senatsbeschluß dem Antrag des Prinzeps zu entsprechen pflegte, wurde normalerweise nur dessen Rede publiziert, die *oratio principis.* In diesem besonderen Fall wurde aber ausnahmsweise auch die Rede des ersten Sprechers aus den Reihen des Senats *(sententia prima)* veröffentlicht. Sie enthielt eine Präzisierung der Vorschläge und brachte den außerordentlichen Rang der kaiserlichen Wohltat und natürlich den gebührenden Dank viel besser zum Ausdruck, als wenn der Kaiser selbst gesprochen hätte.[18] Der namentlich nicht bekannte Senator pries die Principes, weil sie die tiefeingewurzelte Pest gründlich kuriert und sowohl die Städte als auch das Vermögen der führenden Männer, die schon dem Ruin zutrieben, mit ihrer Medizin gerettet hätten.

Der Sprecher hatte offenkundig intensive Beziehungen nach Gallien. Er berichtet, schon vor dem offiziellen Senatsbeschluß sei die Nachricht, die Profite der *lanistae* würden beschnitten und der Fiskus verzichte auf seine Einkünfte, nach Gallien gedrungen.

Da versammelten sich sofort die Priester eurer treuen gallischen Provinzen; sie waren hocherfreut und besprachen sich angeregt. Unter ihnen war einer, der nach der Wahl zum Sacerdos den Ruin seines Vermögens beklagt und einen Ausschuß eingerichtet hatte, der ihm Rechtshilfe bei seiner Appellation an die Kaiser leisten sollte.[19] In dieser Versammlung rief er aus eigenem Antrieb und auf den Rat seiner Freunde: »Was habe ich jetzt noch mit dem Einspruch zu schaffen? Die ganze Last, die auf meinem Vermögen lag, haben die besten Principes von mir genommen. Schon brenne ich darauf, Sacerdos zu werden und die Veranstaltung des *munus*, die wir früher verabscheuten, zu übernehmen.«

Der Sprecher fährt fort, die Lage habe sich also völlig verändert. In Zukunft würden keine Eingaben mehr gemacht, um dem Amt zu entgehen, sondern diejenigen würden sich beschweren, die *nicht* zu Priestern gewählt würden.

Der Senatsbeschluß teilte die *munera* nach dem erforderlichen Aufwand in fünf Kategorien ein, von 30000 bis 200000 Sesterzen und darüber. Weiter wurden Höchstpreise festgesetzt – von 5000 bis 15000 Sesterzen –, zu denen die Unternehmer ihre Leute abgeben mußten. Ihnen wurde vorgeschrieben, daß für alle Spiele und für jeden einzelnen Tag jeweils zur Hälfte *gregarii* (von *grex* = die Herde), d.h. nicht besonders qualifizierte Gladiatoren, zur Verfügung gestellt werden mußten. Diese sollten 1000 oder 2000 Sesterzen kosten.

Nach diesen Maßgaben hat Pflaum die in der Ehreninschrift des Solemnis genannten 332000 Sesterzen folgendermaßen aufgeschlüsselt: ▶ *siehe S. 349*

| | | | |
|---|---|---|---|
| 32 *gregarii* | zu | 1500 Sesterzen | 48000 Sesterzen |
| 8 *meliores* | zu | 6000 Sesterzen | 48000 Sesterzen |
| 8 *meliores* | zu | 7000 Sesterzen | 56000 Sesterzen |
| 8 *meliores* | zu | 9000 Sesterzen | 72000 Sesterzen |
| 8 *meliores* | zu | 13500 Sesterzen | 108000 Sesterzen |
| 64 *gladiatores* | | | 332000 Sesterzen |

Das war die Summe, die an den *lanista* zu zahlen war. Hinzu kamen noch Preisgelder für die einzelnen Gladiatoren (bei Freien ein Viertel, bei Sklaven ein Fünftel des Betrages, den der *lanista* erhielt) und die Kosten für besondere Einlagen. Solemnis hat also bei diesem einen Anlaß weit mehr ausgegeben, als der Ritterzensus (400 000 Sesterzen) betrug.

Der Senatsbeschluß enthielt für die gallischen Priester noch eine besondere Vergünstigung, indem er festsetzte, daß die kaiserlichen Prokuratoren in Zukunft zum Tod durch das Schwert Verurteilte für sechs Goldstücke *(aurei)* an die *lanistae* abgeben sollten. Diese durften von den Spielgebern nicht mehr als 2000 Sesterzen kassieren, was einer Gewinnspanne von 230% entsprach. Die *ad gladium* Verurteilten, die bei den Galliern *trinci* (oder *trinqui*) hießen, sollten nach »altem Brauch und heiligem Ritus« in der Arena kämpfen. Der Philosophenkaiser Mark Aurel scheint in seiner Rede gewisse Skrupel geäußert zu haben; zu Recht, denn damit waren die einst von Tiberius und Claudius verbotenen rituellen Menschenopfer offiziell genehmigt.[20]

## *Die Popularität der Gladiatorenkämpfe*

Es ist schwer, eine Vorstellung davon zu vermitteln, wie beliebt die Gladiatorenkämpfe waren. Die Söhne vornehmer Familien, an der Spitze kaiserliche Prinzen, ließen sich als Gladiatoren ausbilden. Mehrfach mußte der Gesetzgeber einschreiten, um sie wenigstens daran zu hindern, in der Arena für Geld aufzutreten.[21]

Die Suggestion, die das Amphitheater ausübte, ist wohl nirgends eindringlicher geschildert als in den *Confessiones* Augustins. Sein Schüler Alypius ließ sich von Freunden verleiten, mit ihnen Gladiatorenkämpfe zu besuchen. Er hielt sich für unanfechtbar, schloß aber vorsichtshalber die Augen. »Hätte er sich doch auch die Ohren verstopft!« Als das wilde Geschrei der ganzen Menge auf ihn einbrauste, schaute er doch hin und konnte nicht genug bekommen.

Kaum sah er das Blut, trank er auch schon wilde Grausamkeit in sich hinein, und er sah nicht weg, sondern fest dahin und trank die wilde Wut und wußte es nicht und entzückte sich an der Untat dieses Kampfes und berauschte sich in blutrünstiger Wollust. Nein, er war nicht mehr derselbe, der gekommen war, sondern einer aus dem Haufen, in den er sich gemischt hatte… Er schaute, schrie und flammte, er nahm von dort den Wahnsinn mit, der ihn anstachelte, immer wieder zu kommen, nicht nur mit denen, die ihn vordem mitgezogen hatten, sondern ihnen voran und andere mit sich ziehend.

*Augustin, Confessiones 6,8,13. Übersetzung J. Bernhart*

Nicht nur strömten die Zuschauer zu den Veranstaltungen und nahmen begeistert an den Kämpfen Anteil, auch zu Hause wollte man sie ständig vor Augen haben. Vornehme Leute ließen ihre Fußböden mit Mosaiken belegen, die Gladiatorenkämpfe, Tierhetzen und Hinrichtungen abbildeten. In allen Museen sind mit Kämpfern verzierte Öllämpchen ausgestellt. Am beliebtesten war der Moment, in dem einer der Gegner zusammengebrochen war und den Todesstoß erwartete, oder das Abschlachten selbst. Es gab auch Serien von Glasgefäßen mit Abbildungen und Namen der Stars. Allein in Gallien sind über 100 Becher oder Scherben von solchen erhalten (sogenannte »Zirkusbecher«). Sie sind wahrscheinlich aus Italien importiert und stellen römische Spielszenen dar. 71% sind den Wagenrennen im *Circus maximus* in Rom gewidmet, 23% den Gladiatoren. Die Fundorte sind in Burgund und Aquitanien konzentriert. In der Narbonensis wurde nur ein Exemplar gefunden: in Montagnole, das im Territorium der Civitas Vienna lag.[22]

Trotz der Christianisierung des Reiches lebten die Spiele fort. Erst 399 wurde der kaiserliche *ludus* geschlossen. 404 verbot Honorius die Gladiatorenkämpfe, während die Wagenrennen im Zirkus bis ins 6. Jh. stattfanden.

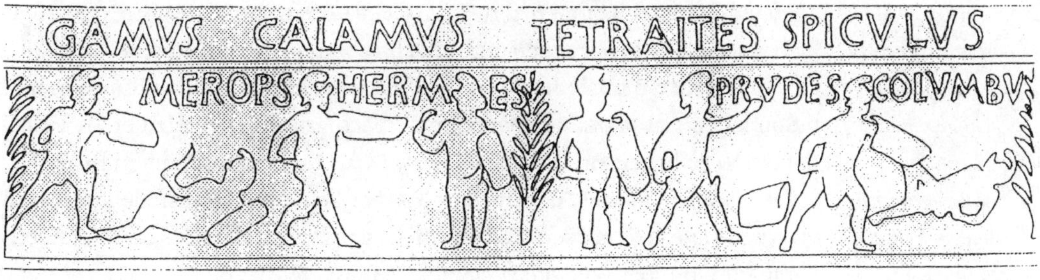


*Ein Zirkusbecher aus Montagnole.*
*Abgebildet sind acht Kämpfer, die durch senkrecht angeordnete Palmzweige in zwei Vierergruppen unterteilt sind. Am oberen Rand sind die Namen der Sieger angegeben: Gamus, Calamus, Tetraites und Spiculus. Die Namen der Besiegten sind in das Bildfeld integriert. Merops und Columbus liegen am Boden, Prude(n)s hat seinen Schild eingebüßt und erhebt die Hand (und den Zeigefinger?) zum Zeichen der Aufgabe. Die rechte Hand des Hermes würde ich ebenso deuten, obwohl der Zeigefinger so lang geraten ist, daß er eher wie ein gebogenes Schwert aussieht.*

## *Die moralische und politische Bedeutung*

Es ist signifikant, daß es aus dem nichtchristlichen Altertum so gut wie keine vorbehaltlos kritischen Stimmen gibt. Auch und gerade nicht in der griechischen Welt. Daß die Begeisterung dort nicht geringer war, bezeugen zahlreiche Inschriften und Grabmonumente von Kämpfern. Gefechte ohne Begnadigung veranstaltet zu haben, verhalf auch in Ephesos oder Side zum höchsten Ruhm der Ehrliebe und Freigebigkeit.[23]

*Grabstein eines Gladiators aus Ephesos. Auf dem 90 cm hohen Stein, der auf der »Marmorstraße« vor dem Theater gefunden wurde, sind ein Sekutor und eine (Sieges-) Palme abgebildet. Auf dem oberen Profil ist die Inschrift zu lesen: »Kyrilla dem Asbolas zum Gedenken aus ihren eigenen Mitteln«.*

Der einzelne Gladiator war *infamis* und entbehrte der bürgerlichen Ehrenrechte, aber nicht die Gladiatur als solche. In einem vielzitierten Brief macht der Philosoph Seneca seinem Freund und Schüler Lucilius Vorwürfe, weil er sich überhaupt zu den Spielen begeben und durch den grausamen Tumult bei den Mittagseinlagen von dem gerade begonnenen Weg nach Innen, von der Selbstbesinnung auf das, was im Leben wichtig ist, hat ablenken lassen. Aber was ist das Ziel der moralischen Schulung? Die Freiheit, die darin besteht, daß man keine Angst mehr vor Folter, Schmerz und Tod hat. Das ist Senecas Dauerthema. Und wen kann man sich zum Vorbild nehmen? Sokrates oder Cato Uticensis oder die Gebärende im Kindbett – oder eben den Gladiator, der beweist, wie man ohne Zittern und Zagen in den Tod gehen kann.[24] Disziplin und der Sieg über die Unbill des Schicksals waren Werte, welche die römische Gesellschaft vorbehaltlos bejahte. In der Kaiserzeit, als die Römer längst aufgehört hatten, ein Soldatenvolk zu sein, praktizierten die Gladiatoren, also Menschen, die außerhalb der Gesellschaft standen und verachtet waren, die altrömische *virtus*. Moralisten wurden deshalb nicht müde, zwar das Theater, den Pantomimus und besonders die athletischen Wettkämpfe nach griechischer Manier als Verfall der Sitten zu beklagen, aber die Gladiatur stand auf einem anderen Blatt.

Der jüngere Plinius, der im Jahr 100 im Senat eine Preisrede auf Traian vortrug, lobte den Kaiser, weil er im Gegensatz zu den dekadenten Wettkämpfen Domitians die *richtigen* Spiele veranstaltet hatte:

> Zu sehen bekam man ein Schauspiel *(spectaculum),* kein unmännliches und schlaffes, keins, das den Mut der Männer aufweicht und bricht, sondern eins, das zu schönen Wunden und zur Verachtung des Todes entflammt, wenn man sogar im Körper von Sklaven und Verbrechern die Liebe zum Ruhm und das Verlangen nach Sieg beobachtet. *Plinius, Panegyricus 33*

Wenn man Iuvenals »Brot und Spiele« zitiert, will man der Auffassung Ausdruck geben, die *plebs urbana* sei eine heruntergekommene Masse von Lumpenproletariern gewesen, die vom Kaiser gefüttert und mit blutrünstigen Unterhaltungen korrumpiert wurde.[25] Nichts wäre verkehrter. Das Volk von Rom war nicht entpolitisiert, sondern im Gegenteil sich seiner privilegierten Rolle als Widerpart des Monarchen voll bewußt. Darum ging es sowohl bei den Kornzuteilungen *(frumentationes)* als auch bei den Schauspielen. Für die Zuschauer mögen die Veranstaltungen Unterhaltung gewesen sein. Für den Monarchen war die Teilnahme eiserne Pflicht. Wenn Augustus nicht persönlich erscheinen konnte, entschuldigte er sich und benannte Vertreter. Nie beschäftigte er sich während der Darbietungen mit anderen Dingen, um nicht wie Caesar, der nebenbei seine Regierungsgeschäfte erledigt hatte, den Unwillen des Volkes zu erregen (Sueton, Augustus 44f.).

Das Zuschauerrund des Kolosseums war die Kulisse für die Selbstinszenierung der römischen Gesellschaft: Der Kaiser und seine Familie in der Loge, Senatoren und Ritter in den ersten Reihen, dahinter in weißer Toga die Bürger, die Knaben als geschlossene Gruppe in der *toga praetexta,* schließlich in den oberen Reihen Leute, die nicht die Toga trugen: Fremde, Sklaven und Frauen. In der Emotion der blutigen Kampfspiele erlebten sie sich als die Herren der Welt.[26]

Die Städte der Provinzen waren auch in dieser Hinsicht ein vollendetes Abbild der Hauptstadt des Reiches. Wenn man sich vorstellt, daß sich am Kaisergeburtstag in jedem Heerlager, in jeder größeren Stadt, in jeder Provinz die römischen Schauspiele wiederholten, daß die Bevölkerung des ganzen Reiches der Munifizenz der Lokalgrößen applaudierte, den Mut der Gladiatoren bewunderte und für das Wohl des Kaisers betete, dann begreift man die Suggestion. In den Spielen nahm die Einheit und Eintracht des Imperiums und der Glaube an sein ewiges Fortbestehen sichtbare Gestalt an. Und man begreift die unerbittliche Verfolgung von Außenseitern.

## Die Christenverfolgung in Lyon und Vienne im Jahre 177

Eusebios (260–339 n. Chr.) beginnt das 5. Buch seiner Kirchengeschichte mit einem Bericht über Martyrien, die Christen in Lyon und Vienne erlitten. Das geschah im 17. Regierungsjahr des Kaisers Mark Aurel. Der Historiker teilt in Auszügen einen Augenzeugenbericht mit, den Überlebende des Massakers an Glaubensbrüder in Asia und Phrygia gesandt hatten. Darin sind glaubwürdig der Ablauf, das aggressive Vorgehen der Heiden und die Haltung, mit der die Christen ihre Leiden ertrugen geschildert. Sie begriffen die Verfolgung als ein Vorspiel der apokalyptischen Endzeit: Indem sie dem Satan widerstanden und mutig ihren Glauben bekannten, zeigten sie, *daß die Leiden unserer Gegenwart nichts bedeuten im Vergleich zu der zukünftigen Herrlichkeit, die an uns geoffenbart werden wird* (nach Paulus, Römerbrief 8,18).

## *Die Anfänge des Christentums in Gallien*

Christengemeinden in Gallien treten mit diesem Ereignis plötzlich ins Licht der Geschichte. Was davor liegt – die drei Marien, Martha, Lazarus und Trophimus – ist Legende, die dem Wunsch der Gläubigen entsprang, ihre Gemeinde möglichst von Heiligen gegründet zu wissen, die Jesus selbst oder doch wenigstens die Apostel gekannt hatten. Wie die Botschaft nach Vienne und Lyon gelangte, wissen wir nicht, wie überhaupt über die Mission in Gallien fast nichts bekannt ist.

Die ältere Forschung nahm eine Ausbreitung über Marseille und das untere Rhônetal an und postulierte, dort müsse es schon Gemeinden gegeben haben, bevor Missionare die flußaufwärts gelegenen Orte erreichten. Da sich trotz der reichen epigraphischen Überlieferung im Süden keine Spuren einer frühen Christianisierung nachweisen lassen, ist es plausibler, an Personen zu denken, die direkt aus Italien kamen. Denn beide großen Straßen, die von der Poebene aus die Alpen überquerten, endeten in Vienne. Man erreichte das Rhônetal entweder von Turin aus über den Mont Genèvre, Briançon und Grenoble oder von Aosta über den Kleinen Sankt Bernhard und Chambéry (CAG 38/1 S. 38f.). Von dieser Route zweigte bei Bourgoin eine Straße ab, die direkt nach Lyon führte. Sonst nahm man ab Vienne die *Via Agrippa.* Schon Hirschfeld bemerkte, daß in dem Schreiben an die Brüder in Asien und Phrygien Vienne vor der Bischofsstadt Lyon genannt wird, also vielleicht die ältere Gemeinde war. Es mögen Kaufleute aus dem Osten und Italien, Angehörige der kaiserlichen Münzstätte und Finanzverwaltung, vielleicht auch Soldaten gewesen sein, die als Christen nach Vienne und Lyon einwanderten. Die Anwesenheit gnostischer Häretiker, die unten zu besprechen ist, läßt auch an Menschen denken, die aus Kleinasien nach Gallien reisten, um dort ihre Religion zu verbreiten. Die Sprache der beiden christlichen Gemeinden war anscheinend das Griechische.[27]

### *Grabinschrift des Iulianos Euteknios*

Nicht nur das Schreiben der überlebenden Christen läßt Beziehungen zwischen Lyon und dem griechischen Osten erkennen, auch Grabinschriften bezeugen die Präsenz orientalischer Kaufleute in Lyon. Die interessanteste in unserem Zusammenhang ist ein 147 × 74 × 55 cm großer Block, der in den Fundamenten einer Seitenkapelle von St-Just verbaut war und 1974 gefunden wurde. Auf ihm ist in zwei Kolumnen die griechische Grabinschrift des Iulianos Euteknios eingemeißelt. Nach der Schrift wird das Gedicht in die zweite Hälfte des 2. Jhs. oder den Anfang des 3. Jhs. datiert.

Erhalten sind 13 Hexameter der linken Kolumne und in der rechten Kolumne die Anfangszeilen von 11 weiteren. Sprachlich folgt der Text einerseits dem üblichen Duktus von Grabgedichten, allerdings angereichert mit Homerreminiszenzen, andererseits enthält er so viele Anklänge an die christliche Diktion seiner Zeit, daß die Fachleute, auch wenn dies im Text nicht ausdrücklich gesagt wird, für den christlichen Charakter des Gedichts plädieren. Der Bestattete stammte aus Syrien, war mehrfach zwischen Orient und Okzident hin- und hergefahren und hatte den Kelten die Segnungen des Ostens gebracht. Ob man dabei an Handelswaren und/oder geistige Hervorbringungen zu denken hat, ist nicht klar. Wenn letzteres der Fall ist, könnte man an griechische Grammatik oder Philosophie denken, Iulianos Euteknios könnte aber auch ein christlicher Kaufmann gewesen sein, der die frohe Botschaft unter seinen gallischen Mitmenschen verbreitete.

Wenn du wissen willst, welcher Sterbliche hier liegt, nichts wird diese Inschrift verbergen, alles wird sie sagen: Euteknios ist sein Beiname, Iulianos sein Name, Laodikeia seine Heimat, die weitum berühmte Zierde Syriens; vornehm von väterlicher Seite her – die Mutter hatte gleiches Ansehen –, freundlich und gerecht, ein von allen geliebter Mann. Wenn er zu den Kelten sprach, floß Überzeugungskraft von seiner Zunge. Vielfältige Völkerschaften hat er durchwandert, viele Gemeinden *(dêmoi)* kennengelernt und die Tugend der Seele hat er bei ihnen geübt. Den Wellen und dem Meer hat er sich unablässig ausgeliefert, den Kelten und der westlichen Erde alle Gaben bringend, welche Gott dem alleserzeugenden Boden des Ostens hervorzubringen befahl; deshalb liebte er (Gott) ihn, den Sterblichen ... *Übersetzung H. Heinen*[28]

## *Der Bericht des Eusebios über die Christenverfolgung*[29]

Für das Verständnis des Berichts ist grundlegend, daß sich die Bedeutung bestimmter Begriffe vom Sprachgebrauch der klassischen Autoren unterscheidet. So heißt es mehrfach: »*Sie wurden geopfert*«. Das griechische Verb *thýein* bedeutet »opfern, schlachten«, erinnert aber im christlichen Zusammenhang an den Opfertod Christi (1. Korintherbrief 5,7) und die Leiden in seiner Nachfolge. Im selben Sinne sprechen die Christen davon, daß die hingerichteten Bekenner »*in die Schar der Märtyrer aufgenommen*« sind. Entsprechend der Tradition, welche die frühe Kirche vom hellenistischen Judentum übernommen hatte, spielt außerdem die Terminologie der griechischen Athletik eine große Rolle, wenn der Text den heldenhaften Kampf der Märtyrer nach dem Vorbild des siegreichen Wettkämpfers schildert.

Es begann, wie so oft in der Geschichte von Verfolgungen: *Man versperrte uns nicht nur die Wohnungen, die Bäder und den Markt; ja, es durfte sich überhaupt keiner mehr von uns vor ihnen irgendwo blicken lassen*. Die Christen ertrugen heldenmütig die tätlichen Angriffe der aufgehetzten Masse, Beschimpfungen, Schläge, Beraubungen und Steinwürfe. Als sie vor den Militärtribun und die städtischen Beamten geschleppt und öffentlich auf dem Markt verhört wurden, bekannten sie ihren Glauben und wurden bis zur Ankunft des Statthalters in Haft genommen.

Als dieser eingetroffen war und die Verhöre mit großer Härte durchführte, forderte Vettius Epagathus, *der ganz erfüllt war von der Liebe zu Gott und zum Nächsten,* den Satz verteidigen zu dürfen: »*Bei uns gibt es nichts Gottloses und nichts Frevelhaftes*«. Die Leute, die das Tribunal umstanden, schrieen ihn aber nieder, und der Statthalter fragte nur: »*Bist du Christ?*« Auf das Bekenntnis hin wurde *Epagathus in die auserwählte Schar der Märtyrer aufgenommen.*

Danach spalteten sich die Angefochtenen in zwei Gruppen. Während die einen bekannten und hingerichtet wurden, schworen zum Kummer der Standhaften zehn Christen dem Glauben ab. Täglich erfolgten neue Verhaftungen, so daß von beiden Kirchen alle führenden Gemeindemitglieder festgenommen wurden. Auch das heidnische Dienstpersonal christlicher Familien wurde festgesetzt, *da der Statthalter durch Edikt angeordnet hatte, man solle nach uns allen fahnden*. Diese Dienstboten beschuldigten ihre Herrschaften schrecklicher Greueltaten: Kannibalismus, Kindsmord und Inzest *(thyesteischer Mahlzeiten und ödipodeischen Geschlechtsverkehrs).*

## *Die Rechtslage*

Hier müssen wir einen Moment einhalten, um die Rechtslage zu klären. Was warf der Staat den Christen vor? Was ist die Rechtsgrundlage der Christenprozesse? Um das Ergebnis vorweg zu sagen: Über wenige Fragen der Alten Geschichte ist mehr geschrieben worden, ohne daß letztlich Klarheit zu erzielen wäre. Es fehlt an Quellen.

Die früheste nichtchristliche Quelle für Christus und die Christen stammt aus der Regierungszeit des Kaisers Traian (98–117). Der jüngere Plinius, der etwa 112 die Provinz Pontus-Bithynia verwaltete, fragte beim Kaiser an, wie er mit denen zu verfahren habe, die bei ihm als Christen angezeigt worden waren. Obwohl er, wie er schreibt, in seiner früheren Karriere nicht mit Christenverfahren befaßt gewesen war, wußte er grundsätzlich, was er zu tun hatte: Wer sich als Christ bekannte, wurde hingerichtet. Römische Bürger wurden für die Überstellung nach Rom vorgemerkt. Wer bestritt, Christ zu sein oder jemals gewesen zu sein, und dies durch die Anrufung der Götter unter Beweis stellte, wurde freigelassen. Schwierigkeiten bereitete eine dritte Gruppe. Auf diese bezieht sich die Anfrage des Statthalters. Er ersuchte um eine rechtsverbindliche Auskunft, wie er mit denen verfahren sollte, die zwar nach eigenem Geständnis Christen gewesen waren, zum Zeitpunkt des Prozesses aber glaubhaft machen konnten, es nicht mehr zu sein. Plinius war mit dem »Vorwissen« in die Prozesse hineingegangen, daß Christen eo ipso Verbrechen (*flagitia*, wie Ritualmord oder Inzest) begingen. Diese mußten auch dann untersucht und geahndet werden, wenn der potentielle Täter aufgehört hatte, Christ zu sein.

Von seinem Vorurteil war Plinius jedoch abgekommen und plädierte deshalb nachdrücklich dafür, die Apostaten wieder in die Gesellschaft einzugliedern. Als Argument führt er an, was er in eingehenden Verhören über die Christen herausbekommen hat: Sie sind offenbar keine kriminelle Vereinigung, sondern eine Religionsgemeinschaft. Sie treffen sich vor Tagesanbruch, um dem Stifter wie einem Gott *(Christo quasi deo)* Hymnen zu singen. Später kommen sie noch einmal zusammen, um ein gemeinschaftliches Mahl einzunehmen, ein harmloses und gewöhnliches, also, wird man hinzudenken dürfen, keine Menschenopfer. Die Christen zitierten anscheinend vor dem Richter ihren Katechismus, nach dem sie zu sittlich einwandfreiem Verhalten gegen ihre Mitmenschen, keineswegs aber zu gesetzwidrigen Handlungen angehalten waren. Sie verpflichteten sich eidlich, schreibt Plinius, keinen Diebstahl, Raub, Ehebruch und keine Unterschlagung zu begehen.[30]

Der Bescheid des Kaisers (Reskript) bestätigte in wesentlichen Punkten die Auffassung des Plinius. Wenn Christen angeklagt und überführt würden, müßten sie (mit dem Tode) bestraft werden. Wer hingegen glaubhaft mache, kein Christ zu sein, solle freigelassen werden. Dies gilt ausdrücklich auch für die vom Glauben Abgefallenen, denen Verzeihung für ihr vormaliges Fehlverhalten gewährt wird. Traian ordnet an, von seiten der Behörden solle nicht nach den Christen gefahndet werden *(conquirendi non sunt)*. In jedem Fall sei ein rechtsförmiges Verfahren erforderlich, das durch eine persönlich eingereichte Anzeige in Gang kommen müsse. Anonyme Anzeigen dürften nicht berücksichtigt werden, denn das entspreche nicht dem Rechtsempfinden der Zeit (Plinius, epist. 10,97).

Damit steht fest: Spätestens ab dem frühen 2. Jahrhundert galt das Bekenntnis zum Christentum als todeswürdiges Verbrechen. Allerdings gab der Kaiser auf die zentrale Frage, ob das Christsein als solches *(nomen ipsum)* oder die damit verbundenen Verbrechen *(flagitia)* zu untersuchen und zu ahnden seien, keine Antwort: Man könne hinsichtlich der Christen nichts Generelles festsetzen. Hierin liegt die Kalamität der modernen Forschung begründet. Die grundsätzliche Kriminalisierung des Christentums ist wahrscheinlich zu einer Zeit eingetreten, als der Staat noch kaum Kenntnisse von ihnen hatte. Sie wurden als neue jüdische Sekte und als Aufrührer wahrgenommen, die sich offen als Anhänger eines hingerichteten Verbrechers deklarierten.[31]

Schon der 1. Petrusbrief, der meist in die Zeit Domitians (81–96) datiert wird, setzt Situationen voraus, in denen Christen als Angeklagte vor einem heidnischen Richter stehen:

Freut euch, daß ihr *mit Christus leidet*. Selig seid ihr, wenn ihr geschmäht werdet um des *Namens Christi* willen. Niemand unter euch leide als ein Mörder oder Dieb oder Übeltäter. *Leidet er aber als Christ, so schäme er sich nicht, sondern ehre Gott mit diesem Namen* (1. Petrusbrief 4,13–16).

Damals wurde *Christianus* zur Selbstbezeichnung der Christen, und der Begriff Märtyrer (von gr. *mártys* = Zeuge) erhielt seine prägnante Bedeutung: Er wurde der Ehrentitel für diejenigen, die ihr Bekenntnis *Christianus sum* mit dem Tode bezahlt hatten.

Das Traiansreskript wurde von späteren Herrschern im Tenor bekräftigt. Bis in die Mitte des 3. Jhs. gab es keine reichsweiten, von oben angeordneten »Christenverfolgungen«, sondern nur lokale Vorkommnisse, die auf Grund spezieller örtlicher Gegebenheiten zu Prozessen führten. Man sollte also den von den antiken Christen geprägten Begriff »Verfolgung« nur mit Vorsicht benutzen. Es handelte sich um eine strafrechtliche »Verfolgung«, die durch eine Anzeige, für die der Denunziant persönlich haftete, in Gang kommen sollte. Die eigentliche Gefahr ging deshalb nicht vom römischen Staat aus, sondern von der christenfeindlichen Volksmeinung. Wie das häufiger in der Geschichte geschieht, kursierten gegen die neue Sekte, von der man wenig wußte, alle möglichen gehässigen Vorurteile. Aus den falsch verstandenen Einsetzungsworten des Abendmahls konnte sich die Vorstellung von Kannibalismus entwickeln und die Anrede »Bruder« und »Schwester« zum Vorwurf des Inzests führen. Bei Tacitus wird das kurzerhand unter *odium humani generis* subsumiert (Haß auf das Menschengeschlecht. *Annales* 15,44,4).

Die besonderen Ursachen, die in Lyon und Vienne die Volksmenge gegen die Christen aufgebracht hatten, kennen wir nicht. Manche Forscher haben daran gedacht, daß die Christen angesichts der kritischen Situation des Reiches als Sündenböcke herhalten sollten. In der Regierungszeit Mark Aurels wurden die Grenzen unsicher; im Osten mußte gegen die Parther, an der Donau gegen die Markomannen gekämpft werden. Außerdem wurde eine Seuche eingeschleppt, die jahrelang in weiten Teilen des Reiches wütete. Warum aber gerade in Lyon und Vienne dieser Haß ausbrach, ist damit nicht erklärt. Die Gemeinde war offensichtlich klein – im ganzen werden 48 Martyrien verzeichnet[32] –, und man fragt sich, wie sie auf sich aufmerksam gemacht haben soll. Man hat daran gedacht, daß die Nähe des Amphitheaters eine allgemeine Verrohung zur Folge hatte, die sich mit dem Wunsch paarte, durch die Jagd auf Außenseiter die vollständige Anpassung an römische Normen zum Ausdruck zu bringen. Die Christen waren wahrscheinlich die ersten *trinqui*, die auf Grund des oben besprochenen Senatsbeschlusses in der Arena den Tieren vorgeworfen wurden.

Klar ist jedenfalls, daß nicht individuelle Anzeigen, sondern ein Pogrom die Verfolgung in Gang brachte. Der Statthalter hätte dem Einhalt gebieten und die Ordnung wiederherstellen müssen. Legt man das Traiansreskript zugrunde, verhielt er sich geradezu regelwidrig, indem er nach Christen fahnden und sowohl die Bekenner als auch die Abgefallenen sadistisch foltern ließ. Ob das aus Übereifer, seinem persönlichen Haß gegen die Christen oder im Gegenteil aus Unkenntnis geschah, ist schwer zu sagen. Er könnte Verordnungen Mark Aurels, nach denen die Statthalter Religionsfrevler *(sacrilegi)* aufspüren sollten,[33] auf die Christen bezogen haben. Es kann auch sein, daß ihm nicht klar war, wie er hätte verfahren müssen, denn in den nordwestlichen Provinzen gab es damals so wenige Christen, daß er möglicherweise mit ihnen noch nie befaßt gewesen war. Er kann also der Meinung gewesen sein, richtig zu handeln. Sobald er nämlich in den Verhören auf römische Bürger stieß, bemühte er sich durchaus um ein rechtsförmiges Verfahren und bat, ähnlich wie Plinius, in Rom um Instruktionen.

## *Fortsetzung des Augenzeugenberichts bei Eusebios*

Die Wut des Volkes, des Statthalters und der Soldaten richtete sich vor allem gegen Sanktus, den Diakon von Vienne, gegen Maturus, der eben erst die Taufe empfangen hatte, sich aber als mutiger Kämpfer erwies, gegen Attalus aus Pergamon und gegen die Sklavin Blandina, *durch die Christus zeigte, daß das, was den Menschen wertlos, gering und verächtlich erscheint, von Gott mit großer Herrlichkeit ausgezeichnet wird, weil sich die Liebe zu Gott in Tatkraft offenbart und sich nicht mit Äußerlichkeiten brüstet.* Trotz ihres zarten Körpers ertrug sie alle Martern, bis ihre Folterer aufgaben. Sie sagte nur: *Ich bin eine Christin, und bei uns geschieht nichts Böses.* Auch Sanktus ertrug alle Qualen und antwortete auf alle Fragen in lateinischer Sprache: *Christianus sum.*
Als wunderbare Stärkung erlebten die Märtyrer, daß Biblis, die zuerst den Glauben verleugnet hatte und eigentlich hätte freigelassen werden müssen, unter der Folter, mit der man sie zu verbrecherischen Aussagen gegen die anderen bringen wollte, zum Glauben zurückfand und sich als Christin bekannte. Tapfer bewährte sich auch der über 90 Jahre alte Bischof Pothinus. Als ihn die Soldaten unter dem Geleit der städtischen Behörden und der Volksmenge vor das Tribunal geschleppt hatten, antwortete er auf die Frage, wer der Gott der Christen sei: »*Wenn du würdig bist, so wirst du ihn erkennen.*« Grausam mißhandelt, starb er nach zwei Tagen im Gefängnis.
Danach nun starben die Erwählten auf jede denkbare Art ihren Bekennertod und empfingen für ihre *herrlichen Siege den großen Siegeskranz der Unsterblichkeit.* Maturus, Sanktus, Blandina und Attalus wurden vor aller Augen den wilden Tieren vorgeworfen. *Unseretwegen wurde nämlich ein außerordentlicher Tierkampf angesetzt.* Maturus und Sanktus mußten im *Amphitheater* wieder alle möglichen Leiden erdulden. *Schließlich wurden sie geopfert, nachdem sie an jenem Tag anstelle der bunten Reihenfolge der Gladiatorenkämpfe selbst zum Schauspiel für die Welt geworden waren.*[34]

Der Schlußakt wurde mit dem Eintreffen des kaiserlichen Schreibens eingeleitet, dessen Tenor dem entsprach, was zwei Generationen vorher Traian festgelegt hatte.

Da der Kaiser in seinem *Reskript* anordnete, die einen hinzurichten, die anderen, welche den Glauben verleugneten, freizugeben, ließ der Statthalter *zu Beginn des hiesigen großen Festes, zu welchem große Scharen von Menschen aus allen Landesteilen zusammenströmen, die Heiligen zu Ehren der Masse in theatralischem Pomp vor seinen Richterstuhl führen.* Nach einem abermaligen Verhör ließ er die, welche sich als römische Bürger erwiesen, enthaupten, die übrigen aber den wilden Tieren vorwerfen.
Zuerst wurden Alexander, ein Arzt aus Phrygien, und Attalos *geopfert.* Während Alexander die Qualen stumm ertrug, rief Attalos, als er auf den eisernen Stuhl gesetzt wurde und ringsum brannte und von seinem Körper der Bratengeruch aufstieg, der Menge in lateinischer Sprache zu: *Seht, das ist Menschenfresserei, was ihr da tut. Wir aber fressen keinen Menschen und tun auch sonst nichts Böses.*
Am letzten Tage der Gladiatorenspiele wurde Blandina noch einmal vorgeführt, zusammen mit Pontikus, einem jungen Menschen von 15 Jahren. Man wollte sie nun zwingen, bei den Götzen zu schwören. Aber Pontikus, von der *Schwester* im Kampf angespornt, gab im standhaften Ertragen aller Pein seinen Geist auf. Schließlich kam das Ende auch für Blandina. *Froh und jubelnd über das Ende, folgte sie den anderen, als wäre sie zu einem Hochzeitsmahle geladen und nicht den Tieren vorgeworfen worden. Nach den Peitschenhieben, nach dem Kampf mit den Tieren, nach dem Rösten, wurde sie zuletzt in ein Netz gesteckt und einem Stier vorgeworfen. Als sie von dem Tier wiederholt emporgeschleudert worden war, wofür sie infolge ihrer Hoffnung und ihres Festhaltens am Glauben und wegen ihrer Zwiesprache mit Christus gar kein Empfinden mehr hatte, wurde auch sie geopfert. Selbst die Heiden mußten zugeben, daß bei ihnen noch nie eine Frau so schwere und so viele Qualen erduldet hatte.*

Aber die Wut und Grausamkeit der Heiden richtete sich auch noch gegen die Toten.

Nachdem die Leiber der Märtyrer auf alle mögliche Weise zum abschreckenden Beispiel gedient und sechs Tage unter freiem Himmel gelegen hatten, wurden sie von den Frevlern völlig verbrannt und ihre Asche in die nahe Rhône gestreut, damit auch kein Restchen mehr auf der Erde davon übrig bliebe. Dies taten sie in dem Wahn, Herr über Gott zu werden und die Auferstehung der Toten zu verhindern. Diese sollten, wie sie sagten, »keine Hoffnung auf Auferstehung haben; weil sie auf die Auferstehung vertrauen, führen sie eine fremde neue Religion bei uns ein, verachten die Qualen und gehen bereitwillig und freudig in den Tod. Nun wollen wir sehen, ob sie auferstehen und ob ihr Gott ihnen helfen und sie aus unserer Hand erretten kann!«

## *Irenaeus und sein Kampf gegen gnostische Häretiker*

Der zum Nachfolger des Bischofs Pothinus gewählte Irenaeus gehört zu den großen Kirchenlehrern seiner Zeit. Er stammte aus Kleinasien und hatte, bevor er in jungen Jahren aus uns unbekannten Gründen nach Gallien übersiedelte, in Smyrna den Bischof und Märtyrer Polykarp gehört und von ihm die Lehre der Apostel erfahren. Diese Überlieferung, das Fundament der Kirche, wollte er unverfälscht festhalten und gegen die Konkurrenz der gnostischen Religion behaupten. Diese hielt er für gefährlicher als Judentum und Heidentum, weil sie außer unterschiedlichen religiösen und philosophischen Strömungen auch die christliche Überlieferung in ihre Spekulationen integrierte. Irenaeus bekämpfte sie in seinen fünf Büchern zur »Entlarvung und Widerlegung der fälschlich so genannten Gnosis«.

Im 1. Buch stellt er verschiedene Gnostiker vor und kommt im Kapitel 13 auch auf den Magier Markos zu sprechen: Dieser und seine Anhänger verschaffen sich, als Christen getarnt, Zugang zu schon bestehenden christlichen Gemeinden in Kleinasien und beginnen dort, ihre Sonderriten zu praktizieren. Durch die ihnen zuteil gewordene Offenbarung über die normalen Christen erhoben, feiern sie Initiationszeremonien, die die Eingeweihten schon im irdischen Leben mit ihrem himmlischen Engel vereinen, und schließlich soll ein besonderes Sterbesakrament sie gegen die Gefahren des Jenseits gefeit machen.

Ob es der Topos von der leichten Verführbarkeit des weiblichen Geschlechts ist oder auf Tatsachen beruht, jedenfalls sind es nach Irenaeus die Frauen, besonders die schönen und reichen, die Markos mit Zaubertricks betört und in ekstatischen Erlebnissen zur Prophetie befähigt. Es entstehen gnostische Konventikel, zunächst innerhalb der Gemeinden, dann von diesen losgelöst. Wenn die armen Opfer zur Einsicht gelangen, stehen ihnen harte Prüfungen bevor: Entweder finden sie den Weg in die Kirche zurück, oder sie vegetieren ohne Hoffnung auf Erlösung dahin. Alles dies spielt sich nun nicht nur im fernen Kleinasien ab, wo Markos selbst offenbar gewirkt hat, sondern auch »bei uns« in Gallien.[35]

Mit solchen Reden und Praktiken haben sie auch hierzulande bei uns im Rhônegebiet viele Frauen getäuscht. Mit gebrandmarktem Gewissen (vgl. 1. Timotheus 4,2) tun die einen öffentlich Buße, die anderen schämen sich deshalb, ziehen sich still zurück und haben die Hoffnung auf das Leben bei Gott (vgl. Epheser 4,18) aufgegeben; manche sind nun ganz abgefallen, andere aber schwanken noch und haben erlebt, was das Sprichwort sagt, daß sie nämlich weder draußen noch drinnen sind. Das bleibt ihnen als Ertrag des Samens der Kinder der Erkenntnis (Gnosis).

*Irenaeus, Gegen die Häresien 1,13,7. Übersetzung nach N. Brox und N. Förster.*

In der an einen nicht namentlich genannten Adressaten gerichteten Vorrede bittet Irenaeus, seinen schlechten Stil und die fehlende rhetorische Eleganz zu entschuldigen: »Ich lebe unter den Kelten und mühe mich die meiste Zeit mit der barbarischen Sprache ab« (*Praefatio* 1). In Lyon benötigte er wohl keine keltischen Sprachkenntnisse, aber er hat über seine Bischofsstadt hinausgegriffen und neue Gemeinden gegründet. Wo diese lagen, sagt er nicht, aber man könnte an Autun, Trier oder Köln denken. Schließlich führten viele Verbindungen von Lyon ins Rheinland. Irenaeus spricht nur allgemein von diesen Gemeinden, wenn er die Wahrheit der christlichen Überlieferung damit beweisen will, daß die »Kirchen« *(ekklesíai)* überall in der Welt, die in Germanien, Iberien und bei den Kelten *(en Keltoîs)* trotz der unterschiedlichen Sprachen ebenso wie die im Orient, in Ägypten und in der Mitte der Welt dasselbe glauben und überliefern (*Gegen die Häresien* 1,10,2). Ohne Tinte und Papier gelangten die Barbaren zum rechten Glauben (3,4,2).

Irenaeus hat sein Werk gegen 185 verfaßt und dürfte etwa 200 gestorben sein. Danach bleibt der Prozeß der Christianisierung Galliens im dunkeln. Im Jahr 254 muß es bereits mehrere Bistümer gegeben haben. Denn der karthagische Bischof Cyprian beruft sich in einer innerkirchlichen Kontroverse gegen Bischof Martianus von Arles auf die Stellungnahme des Faustinus, des 5. Bischofs von Lyon, und »unserer übrigen Bischöfe in derselben Provinz« (epist. 68). Am Konzil, das von Kaiser Konstantin 314 nach Arles einberufen wurde, nahmen Vertreter von 16 gallischen Kirchen teil, darunter die Bischöfe aus Arles, Vienne, Lyon, Vaison, Marseille, Bordeaux, Eauze, Autun, Reims, Rouen, Trier und Köln; aus Orange, Nizza und Javols war jeweils ein Diakon angereist, aus Apt ein Presbyter. Repräsentanten aus anderen Städten, in denen es damals ebenfalls schon Bischöfe gab, z.B. Narbonne, Toulouse, Paris, Metz, Sens und Auxerre, fehlten.[36]

Zu Beginn des 4. Jhs. hatte sich also das Prinzip, daß jede Civitas ein Bistum bildete, schon durchgesetzt. Das Christentum war zunächst ein vorwiegend städtisches Phänomen. Das flache Land blieb bis ins 5. Jh. weitgehend heidnisch, was das französische Wort *payen* (Heide) verdeutlicht, das von *paganus* (Landbewohner) abgeleitet ist.

## Das Ende der *Pax Romana*

siehe S. 352

Die langjährigen Kriege, die Mark Aurel gegen die Markomannen und Parther zu führen hatte, sowie die innenpolitischen Wirren des Jahres 238 waren nur ein Vorspiel dessen, was kommen sollte.

### *Neue Feinde an den Grenzen*

224 begründete Ardaschir im Partherreich die Dynastie der Sassaniden, die mit einer bis dahin nicht gekannten Intensität die östliche Reichsgrenze unter Druck setzten. An der unteren Donau werden in den dreißiger Jahren des 3. Jhs. zum ersten Mal die Goten erwähnt. Ihre Einfälle nach Makedonien, Griechenland und Kleinasien setzten die Menschen bis ins entfernte Kappadokien in Angst und Schrecken. Jenseits der Rheingrenze, wo über 100 Jahre lang das Grenzsystem des Limes für einen kontrollierten Verkehr mit den Germanen gesorgt hatte, bildeten sich größere Stammesverbände, für die im späteren 3. Jh. die Namen Franken und Alamannen in den Quellen auftauchen. In der Mitte des 3. Jhs. durchbrachen sie die römischen Verteidigungslinien, durchzogen ganz Gallien bis Spanien und gelangten über die Alpenpässe sogar in das bis dahin für unangreifbar gehaltene Italien.

### *Die Soldatenkaiser*

siehe S. 204 ff., 253 ff.

Die Kriege an den Grenzen verbanden sich mit einer Staatskrise, die aus der Struktur des Prinzipats resultierte. Dieses verfügte nach seinem ursprünglichen Charakter als angeblich wiederhergestellte Republik über keine Nachfolgeordnung. Zwischen Augustus und den Severern war es trotzdem regelmäßig gelungen, die gefährliche Kluft zwischen dem Tod des regierenden Kaisers und der Installierung seines Nachfolgers ohne Bürgerkriege zu überwinden. Ausnahmen waren die Vierkaiserjahre 68/69 und 193, die auf die Ermordung von Nero und Commodus folgten. Im 3. Jh. wurden Usurpationen und, ihnen folgend, Bürgerkriege die Regel, denn die von den Grenzarmeen proklamierten Kaiser wandten sich alsbald gegen ihre Rivalen, andere »Soldatenkaiser« oder Favoriten der Prätorianer, um die Anerkennung durch den Senat zu erlangen. In den 50 Jahren von 235 bis 285 gab es, wenn man legitime Kaiser und Usurpatoren zusammenzählt, 70 Kaiser, die meist nur Monate oder wenige Jahre überlebten.[37]

Gallien nahm während mehrerer Jahre eine Sonderentwicklung. 259 usurpierte Postumus, der Statthalter der Belgica, die Herrschaft und organisierte die Verteidigung des Landes auf eigene Faust. Er wollte kein »gallisches Reich« gründen, sondern wie seine Münzlegenden *Roma aeterna, Pax Augusta, Restitutor Galliarum* zeigen, das Römische Reich in Gallien verteidigen. Zusätzlich zu den Germanen setzten sozialrevolutionäre Scharen von Bauern und Sklaven, die Bagauden, das Land in Angst und Schrecken.

Grenz- und Bürgerkriege waren verheerend für die Bevölkerung der betroffenen Regionen. In Gallien, wo die meisten Städte keine Mauern hatten, wurden vielerorts in Eile Verteidigungsanlagen gebaut. Hier leistete man sich nicht den Luxus, ein schönes Ziegelmauerwerk wie für die Aurelianische Mauer in Rom zu errichten, sondern benutzte kurzerhand Grabsteine und Statuensockel als Baumaterial. Vorstädtische Wohnbezirke, die nicht zu schützen waren, wurden in den siebziger Jahren aufgegeben, zum Beispiel St-Romain-en-Gal, auf dem westlichen Rhôneufer gegenüber von Vienne, oder in Arles Quartiere südlich der augusteischen Mauer und in Trinquetaille jenseits der Rhône. Auch in der Mühlenanlage von Barbegal endete die Produktion im großen Stil in diesen Jahren.[38]

▶ *siehe Abb. S. 34*

▶ *siehe den Stadtplan S. 209*

▶ *siehe S. 278 ff.*

Immer schon mußten die Anwohner der Heerstraßen die durchziehenden Truppen versorgen, jetzt griffen diese kurzerhand zum Mittel der Requisition. Ihr Sold war zwar mehrfach erhöht worden, aber das Geld hatte seinen Wert verloren. Denn auch das über Jahrhunderte im wesentlichen stabil gehaltene Währungssystem brach in den Wirren des 3. Jhs. zusammen.

### *Münzhorte*

In zahlreichen Münzhorten spiegeln sich ungebrochen die Ängste der Menschen. Wohlhabende, die über Edelmetalle, sei es Tafelsilber, sei es Bargeld, verfügten, vergruben ihre »Schätze« in der Erde. Man kann zwar nicht in jedem Einzelfall nachweisen, daß dies aus Furcht vor Invasoren geschah – es könnte jemand sein Geld auch vor den Steuereintreibern oder habgierigen Verwandten verborgen haben –, sicher ist aber, daß die Eigentümer nicht mehr dazukamen, den Schatz wieder zu heben. Die Funde häufen sich an den Marschrouten der Barbaren. Einen Anhaltspunkt für die Datierung liefern jeweils die jüngsten Münzen, die den *terminus post quem* angeben.

*Der Schatz von Fontanil-Cornillon. Der Schatz wurde im Mai 1979 gefunden. In einem Keramikgefäß, das mit einem umgekehrten Bronzeteller zugedeckt war, befanden sich mehr als 1000 Antoniniani, einer von Gordian III., einige von Claudius II., die meisten von Tetricus (268–273), dem letzten der »gallischen« Kaiser. Der sog. Antoninianus war eine seit Caracalla ausgegebene Silbermünze, deren Feingehalt innerhalb weniger Jahrzehnte von 40% auf ca. 2% sank. Musée de Grenoble. Loriot/Rémy S. 37–39.*

Im Département Isère stehen 3 Hortfunden mit Münzen aus der Hohen Kaiserzeit 21 Funde aus dem 3. Jh., das sind 55,26% des gesamten römischen Materials, gegenüber. Ihre Schlußmünzen deuten darauf hin, daß sie bei den Alamanneneinfällen von 259/60 und 269/70 vergraben wurden. Besonders zahlreich sind sie im Tal der Isère, durch das man, je nach Marschrichtung, nach Italien oder in das Tal der Rhône gelangte. Die jüngeren Funde könnte man auch in Zusammenhang mit einer römischen Armee bringen, die in dieser Zeit durch CIL XII 2228 in Grenoble bezeugt ist. Denn vor den Requisitionen durch das eigene Militär hatten die Bewohner der Krisenregionen nicht weniger Angst als vor den Barbaren.

Im Départment Haute Savoie, dem nördlichsten Teil der Narbonensis, ist die Verteilung der Funde etwas anders: Hier enthielten 13 Horte Münzen aus dem 3. Jh., 12 dagegen Münzen aus der Hohen Kaiserzeit, wobei freilich immer die Möglichkeit besteht, daß die Besitzer das ältere wertvollere Geld gehortet hatten und erst im Moment der Gefahr vergruben. Der Fundhorizont 259/60 markiert den Weg der Alamannen nach Italien.

Die Ansiedlung der Burgunder im 5. Jh. ist durch zahlreiche isolierte Funde von Goldmünzen dokumentiert.[39]

## *Ein Silberschatz aus Vienne*

Tafelsilber erfreute sich bei den Reichen großer Beliebtheit als Gebrauchsgegenstand und Repräsentationssymbol. Von Pompeius Paulinus, 54/56 Legatus Augusti in Germania inferior, berichtet der ältere Plinius, dieser sei der Sohn eines römischen Ritters aus Arles und habe sich wie seine Ahnen in Pelze gekleidet *(paterna gente pellitum)* – offenbar eine barbarische Sitte. Auch beim Heer, das den wildesten Stämmen gegenüberstand, habe er silbernes Tafelgeschirr im Gewicht von 12 000 Pfund mit sich geführt, das nach Barren berechnet einen Wert von über 4 Millionen Sesterzen hatte.[40] Eine besonders schöne Kollektion von Silbergeschirr ist in Vienne ausgestellt. 1984/85 wurden bei einer Notgrabung drei *insulae* eines südlich der Stadtmauer gelegenen Wohn- und Handwerkerviertels untersucht, das seit der frühen Kaiserzeit dicht besiedelt war und am Ende des 3. oder zu Beginn des 4. Jhs. aufgelassen wurde. Unweit der Stelle, an der schon 1874 die dem Gaius Iulius Pacatianus zugeschriebene Bronzestatue gefunden worden war, wurden ein *fanum* und ein Wohnhaus aufgedeckt, dessen Ausstattung mit Mosaikfußböden auf einen gewissen Wohlstand schließen läßt. Wahrscheinlich war es der letzte Eigentümer, der hier sein opulentes Tafelsilber vergrub und später nicht mehr dazu kam, es wieder an sich zu nehmen.

▶ *siehe S. 331*

Der in ein Tuch gewickelte Schatz lag in einer 60 cm tiefen Grube. In einem kunstvoll gearbeiteten silbernen Gefäß mit zwei Henkeln (1405 gr.), auf das als Deckel eine Silberplatte mit Jagd- und Hirtenszenen (900 gr.) gelegt war, befanden sich 4 weitere große Platten, ein Spiegel und mehrere Becher. Daneben lagen in einem Säckchen verschiedene kleinere Teile, Löffel, ein Sieb, Zahnstocher oder Ohrkratzer.[41] Dem Eigentümer gelang es nicht mehr, die kostbaren Gegenstände wieder auszugraben.

KAPITEL X

# Epilog und Ausblick: Das christliche Gallien zwischen den Germanenreichen und der *Roma aeterna*

Im 725. Jahr nach Gründung der Stadt, als der Imperator Caesar Augustus selbst (zum 5. Mal) und Lucius Apuleius Konsuln waren (29 v. Chr.), kehrte Caesar (Augustus) als Sieger aus dem Osten zurück und zog am 8. Tag vor den Iden des Januar (am 8. Januar) im dreifachen Triumph in die Stadt ein. Damals hat er, nachdem alle Bürgerkriege zur Ruhe gebracht und beendet waren, zum ersten Mal die Tore des Ianus geschlossen ... Daß dies, der 8. Januar, nun eben der Tag ist, an dem wir die Epiphanie, das ist die Erscheinung und Manifestation des göttlichen Mysteriums, feiern, wissen alle Gläubigen und Ungläubigen ...
Also zu der Zeit, das heißt in dem Jahr, in dem Caesar (Augustus) nach dem Willen Gottes den festesten und sichersten Frieden herstellte, wurde Christus geboren, dessen Ankunft eben dieser Friede diente, bei dessen Geburt die Menschen hörten, wie die Engel jubelnd sangen: *Gloria in excelsis Deo, et in terra pax hominibus bonae voluntatis.*

*Orosius, Historiae adversum paganos 6,20,1–3 und 6,22,5*[1]

Der Gotenkönig Athaulf soll im Jahre 414 nach dem Bericht eines Ohrenzeugen gesagt haben: Ursprünglich habe er den römischen Namen auslöschen und aus der *Romania* eine *Gothia* machen wollen. Aber in der Einsicht, daß die Goten wegen ihrer barbarischen Zügellosigkeit außerstande seien, Gesetzen zu gehorchen, ohne die ein Staat *(res publica)* kein Staat sei, sei er nunmehr entschlossen, mit der gotischen Militärmacht den römischen Namen völlig wiederherzustellen und zu mehren, und wolle als Urheber römischer Erneuerung *(Romanae restitutionis auctor)* in die Geschichte eingehen.

*Orosius, Historiae adversum paganos 7,43,4–6.*
*Teils Übersetzung, teils freie Paraphrase*

Orosius, der auf Anregung Augustins mit seiner *»Historia gegen die Heiden«* dem Vorwurf entgegen wirken wollte, die Abkehr von den alten Göttern habe die Plünderung Roms durch Alarich verschuldet, war nur einer von zahlreichen christlichen Autoren, die nach der konstantinischen Wende die Verheißung des göttlichen Friedens im Römischen Weltreich erfüllt sahen. Die Germanen wollten nicht das Reich zerstören, sondern in seinem Rahmen ihren Platz finden, wie zuletzt noch Chlodwig. Trotzdem erlosch in den zwei Jahrhunderten, die der Tolerierung des Christentums durch Konstantin folgten, die römische Herrschaft im Westen des Reiches, und es bildete sich in einem großenteils unmerklichen Transformationsprozeß die mittelalterliche Welt aus, die Antike, Christentum und Germanentum vereinte.[2]

Im Verlauf des 5. Jhs. verlor die in Ravenna residierende Reichszentrale schrittweise den Kontakt zu den westlichen Provinzen. Im Norden Galliens erweiterten die Franken ihr Herrschaftsgebiet. 486 besiegte Chlodwig bei Soisson den letzten römischen Feldherrn Syagrius, der, allerdings ohne Kontakt zur Regierung, den Franken Widerstand geleistet hatte. Im Südwesten bestand seit 418 das Königreich der Westgoten, im Südosten seit den vierziger Jahren des 5. Jhs. das der Burgunder. Trotzdem behauptete sich die antike Kultur, getragen von der Kirche und vom senatorischen Adel, der die Bischöfe und Äbte stellte. Ihr Erbe trat das Merowingerreich der Franken an.

## Die Reform des Reiches durch Diokletian und Konstantin (284–337)

Als am 20.11.284 der Kommandant der kaiserlichen Leibgarde zum Kaiser ausgerufen wurde, konnte man meinen, einen weiteren kurzlebigen Soldatenkaiser vor sich zu haben. Doch Diokletian regierte bis zu seinem Rücktritt im Jahre 305 und leitete grundlegende Reformen ein, die das Jahr 284 zu einem Epochenjahr machen, mit dem die Wissenschaft die Spätantike beginnen läßt.

Aus den Usurpationen der vergangenen 50 Jahre zog Diokletian die Lehre, daß das Reich mehr als einen Kaiser benötigte, um mit den militärischen Problemen fertig zu werden. Obwohl sein ausgeklügeltes System, die sogenannte »Tetrarchie«, scheiterte und in neuen Bürgerkriegen endete, blieb das Prinzip des Regierungspluralismus bestehen. Nach dem Tod Konstantins (337) regierten mit Ausnahme weniger Jahre immer mehrere Kaiser das Reich. Theodosius wurde 394 noch einmal Alleinherrscher, aber nach seinem Tode

(395) wurde die Herrschaft auf seine Söhne Honorius und Arcadius geteilt. Zwar entfremdeten sich die Reichsteile zunehmend voneinander, doch sollte man nicht von einer Reichsteilung sprechen. Es gab nur *ein* Römisches Reich. 455 erlosch im Westen die Dynastie des Theodosius. Als nach acht kurzlebigen Kaisern, die zum Teil aus Gallien stammten, mit Romulus Augustulus der letzte weströmische Kaiser abgesetzt worden war, schickten die Senatoren eine Delegation nach Konstantinopel, um zu erklären, sie seien mit der Regierung Kaiser Zenos zufrieden und benötigten keinen Kaiser im Westen. Man war daran gewöhnt, daß die Herrscher nicht mehr als Marionetten in den Händen ihrer Heeresmeister waren und mit dem Wechsel der Koalitionen so schnell verschwanden, wie sie gekommen waren.

### *Die Verwaltungsreformen*

Eine Reihe grundlegender Reformen, bei denen oft nicht zu klären ist, ob sie von Diokletian oder von Konstantin auf den Weg gebracht wurden, reorganisierte Staat und Gesellschaft. Die Effizienz des Heeres wurde dadurch erhöht, daß neben die an den Grenzen stationierten Truppen *(limitanei)* Eliteeinheiten traten, die mit dem Kaiser ins Feld zogen *(comitatenses)*. Die über lange Jahrhunderte geübte römische Praxis, militärische und zivile Aufgaben in einer Hand zu vereinen, wurde aufgegeben. Das Militär unterstand den *magistri militum,* die entsprechend der Struktur der spätantiken Armee sehr häufig Germanen waren.

Für die Zivilverwaltung wurde das Reich in vier Sprengel geteilt, denen die Prätorianerpräfekten vorstanden. Ihnen nachgeordnet waren die Vikare der neugeschaffenen Diözesen und die Statthalter der erheblich vermehrten und zugleich verkleinerten Provinzen. Zur *praefectura Galliarum* gehörten außer Spanien und Britannien die Diözesen *Galliae,* die der Präfekt von Trier aus verwaltete, und *Septem Provinciae* (Sieben Provinzen): Alpes Maritimae, Viennensis (vom Genfer See bis zum Mittelmeer, Hauptstadt Vienne), Narbonensis Prima (Hauptstadt Narbonne) und Narbonensis Secunda (Hauptstadt Aix-en-Provence), Novempopulania und Aquitania I und II. Dieser Diözese stand ein Vikar mit Sitz in Vienne vor. Mit der Vermehrung der Amtsträger ging eine entsprechende Vermehrung des subalternen Personals Hand in Hand.

Diokletian zog die Konsequenz aus dem Verfall der Währung und führte zur Versorgung der Armeen eine Naturalsteuer ein. Nach einem einheitlichen Ermittlungsverfahren wurden der landwirtschaftlich genutzte Boden und die ländliche Bevölkerung sowie der Viehbestand in fiktive Maßeinheiten *(iuga und capita)* eingeteilt. Der fiskalische Wert eines Gutes bemaß sich nach der Bodenqualität und der Nutzungsart. Entsprechend dem vom Prätorianerpräfekten festgestellten Bedarf wurde die Steuerlast nach einem festen Schlüssel auf die *iuga* und *capita* umgelegt. Die Eintreibung oblag den Civitates. Eine Folge dieses Verfahrens war die Bindung der bäuerlichen Bevölkerung an den Boden (Kolonat). Im Sinne der Steuergerechtigkeit fand alle fünf, ab 314 alle 15 Jahre eine Überprüfung und Revision stand *(indictio)*. Diese Steuer blieb auch in den Germanenreichen bestehen.[3]

Die Bemühungen um eine neue stabile Währung, in deren Umkreis auch ein in vielen inschriftlichen Zeugnissen überliefertes Höchstpreisedikt gehört, wurde erst von Konstantin zu Ende geführt. Er schuf mit dem *solidus* eine Goldmünze, die jahrhundertelang in Gebrauch blieb.

## Die spätantike Stadt

Die untere Verwaltungsebene bildeten nach wie vor die Städte, die ohne Berücksichtigung der vormaligen rechtlichen Unterschiede und Privilegien in den Rechtstexten unterschiedslos *civitates* genannt werden. Zu den *munera* der Dekurionen oder Kurialen gehörten die Einziehung und Weiterleitung der Steuern, der Straßenbau, die Staatspost sowie Einquartierung und Versorgung von Soldaten und Beamten. Sie unterstanden einer intensiven staatlichen Aufsicht, denn die *Curatores rei publicae* wurden eine stehende Einrichtung und hatten nicht nur die Kontrolle über die städtischen Finanzen, sondern generell über die Amtsführung der Beamten, die Aufrechterhaltung der Ordnung und die Durchführung der kaiserlichen Entscheidungen.[4]

▶ *siehe S. 272*

Während unser Wissen über die Stadt der Hohen Kaiserzeit vornehmlich auf den Inschriften beruht, sind die Hauptquelle für das Städtewesen der Spätantike die Rechtsquellen. Die wichtigsten sind der *Codex Theodosianus*, der am 1. Januar 439 in Kraft trat, und die in den 30er Jahren des 6. Jhs. auf Befehl Iustinians kompilierten Digesten. Sowohl der Titel XII 1 des *Codex Theodosianus* mit 192 Kaisergesetzen *de decurionibus* als auch der *Titel L* (fünfzig) der Digesten sind auf einen eindeutigen Tenor gestimmt: Die Stadt und der Stadtrat *(curia)*, wie die spätantike Welt überhaupt, erscheinen als »Zwangsanstalt«.[5] Fortgesetzt ist von den *munera* die Rede und dem Drang der *curiales*, wie die Dekurionen jetzt meist genannt werden, der Kurie zu entfliehen, und folglich den Anstrengungen der Kaiser, dies zu unterbinden.

Bei der Interpretation hat man jedoch zu bedenken, daß letztlich Inschriften und Gesetzestexte als historische Quellen inkompatibel sind. Während die Inschriften ein positives Verhalten loben, wollen die Juristen Vorsorge im Falle des Nichtfunktionierens treffen. Auch in der Hohen Kaiserzeit war, wie

▶ *siehe S. 258*

oben besprochen, durch entsprechende gesetzliche Regelungen dafür gesorgt, daß notfalls ein Kandidat für das städtische Oberamt zwangsverpflichtet werden konnte. Auch damals mögen sich Dekurionen ihrer Verpflichtung durch Ortswechsel entzogen haben, auch wenn die Inschriften begreiflicherweise davon nicht berichten. Noch weniger weiß man, warum jemand den Stadtrat verließ. Von den Gesetzen, die von Kurialenflucht handeln, sprechen nur acht von einer Flucht nach unten, während 65 den unerlaubten Aufstieg von Kurialen in die oberen gesellschaftlichen Ränge, den Senatorenstand und die kaiserliche Verwaltung *(militia)*, betreffen. Das spricht nicht für eine generelle Verarmung, sondern eher dafür, daß es immer noch Ratsherren mit erheblichen wirtschaftlichen Ressourcen gab, die ihnen einen gesellschaftlichen Aufstieg ermöglichten.[6]

Von den wenigen Gesetzen, die den *praefectus praetorio Galliarum* zum Adressaten haben oder Gallien ausdrücklich als Anwendungsbereich nennen, ist das folgende das bekannteste:

Dieselben Kaiser (nämlich Honorius und Theodosius) an Dardanus, den *praefectus praetorio Galliarum*.
Wir befinden für gut, daß die *principales* in den gallischen Provinzen nicht aus der Kurie ausscheiden, bevor sie 15 Jahre in der Verwaltung ihres Stadtrates erfüllt haben, und daß sie durch die so regulierte Laufbahn der Jahre ihrer Vaterstadt Dank erweisen. Und obwohl alle zurückgerufen werden sollen, die innerhalb einer kurzen Zeitspanne entwichen zu sein scheinen, so befinden wir doch, daß hierin Mäßigung angestrebt werden muß, so daß wir jetzt anordnen: Nur diejenigen sollen zu den Zwangsverpflichtungen, denen sie entgehen wollten, zurückkehren, die innerhalb der letzten sechs Jahre entwichen sind und jetzt entdeckt werden. Niemand aber darf die vernünftig festgesetzten Dienstzeiten ablehnen, da ja, wenn sie alle erfüllt sind, ihm die Abzeichen von Glanz und Ehre zukommen.
1. Da die Größe (der Aufgaben) es erfordert, daß die Position von *principales* und die Regierung der Städte erprobte Männer versehen, so bestimmen wir – ohne dem Rat vorzugreifen und vorbehaltlich seiner Zustimmung –, daß dafür Männer gewählt werden, die unter Berücksichtigung aller ihrer Handlungen den in sie gesetzten Erwartungen entsprechen können.

2. Derjenige *principalis* aber, der bis zum 2. Rang aufgestiegen ist und seine Verwaltungspflichten entweder aus Altersgründen oder aus Schwäche nicht hat ausfüllen können, soll eine Bestätigung seiner Verdienste und ein Zeugnis seines (im aktiven Dienst) verbrachten Lebens erhalten, so als wenn er als Erster *principalis* für die vorgeschriebene Zeit den Rat geführt hätte.
Erlassen in Ravenna am 7. Tag vor den Iden des Dezember im 8. Konsulat des Kaisers Honorius und im 3. Konsulat des Kaisers Theodosius (7. 12. 409 respektive 412). *Codex Theodosianus XII 1,171*

Die *pricipales* sind die Gruppe der führenden Ratsherren, die seit dem späten 2. Jh. in den Quellen auftreten. Ihre konkreten Aufgaben sind nicht bekannt. Man wird bei der »Regierung der Städte« an die Leitung der Geschäfte allgemein, an die Verteilung der *munera* und Steuern, sowie an eine Aufsicht über die anderen Kurialen und die einfachen Bürger denken können. Damit hatten sie eine erhebliche Machtposition innerhalb der Städte.

Die Kaiser weisen ausdrücklich auf die städtische Autonomie hin und handeln fürsorglich im Interesse der Stadträte. Damit diese ihre Aufgaben erfüllen können, müssen die Lasten gleichmäßig auf viele Schultern verteilt werden. Wer seine Pflicht getan hat oder in letzter Instanz durch Alter und Krankheit daran gehindert worden ist, soll eine Ehrung durch die Stadt empfangen. Das erinnert an die Hohe Kaiserzeit.

*Pierre écrite mit der Inschrift des Dardanus, östlich von Sisteron. Man vergleiche die Inschrift von Dingy (S. 315).*

Der Adressat des Gesetzes, Claudius Postumus Dardanus, ist auch anderweitig bekannt. Er besaß offenbar ausgedehnte Liegenschaften östlich von Sisteron. Für die dort angesiedelten Bewohner von *Theopolis* errichtete er gemeinsam mit seiner Frau Nevia Galla und seinem Bruder Claudius Lepidus eine Befestigung mit Türmen und Toren und ließ eine Straße durch das Engtal des Jabron schlagen, wie er in einer Felsinschrift bekundete, an der heute die D 3 vorbeiführt. Der Name des Ortes, Theopolis (Gottesstadt), ist wohl eine Anspielung auf die *Civitas Dei* des Augustin, mit dem Dardanus in brieflichem Kontakt stand (CIL XII 1524. CAG 04 Nr. 179,1*. Bromwich 288 f.).

## Die Christianisierung

### *Das Bündnis Konstantins mit dem Christentum*

Im Jahre 311 beendete das Toleranzedikt des Kaisers Galerius den 303 von Diokletian eröffneten Kampf gegen das Christentum. Der Kaiser gestand das Scheitern der grausamen Verfolgungen ein und erlaubte den Christen die freie Ausübung ihrer Religion. Konstantin ging einen Schritt weiter und begründete das Bündnis zwischen dem römischen Staat und der christlichen Kirche: Er verfügte die Rückgabe des Kircheneigentums und gewährte den Klerikern dieselben Vorteile, die auch heidnische Priester genossen. Die Frage, wie er innerlich zum Christentum stand, ist bis heute in der Forschung umstritten. Als Grablege bestimmte er die Apostelkirche in der von ihm gegründeten Stadt Konstantinopel (heute Istanbul), die nach ihm zur Hauptstadt des christlichen Römischen Reiches wurde.

Das Bündnis, das er zur Stärkung des Staates mit den Christen schließen wollte, stellte ihn vor ein unerwartetes Problem, dem er ebenso wenig Verständnis entgegenbrachte wie ein theologisch nicht gebildeter, heutiger Mensch. Die Kirche durchtobte damals seit längerem der sogenannte Arianische Streit. Vereinfacht ging es darum, wie der Glaube an *einen* Gott mit der Göttlichkeit Christi zu vereinbaren war. War er Gott wie der Vater oder diesem klar untergeordnet? Das Konzil von Nikaia, das 325 unter dem Vorsitz des Kaisers tagte, verdammte die Lehre des Aríus, nach der Christus nur Geschöpf Gottvaters war. Der Streit ging aber bis 381 weiter. In polemischer Vereinfachung wurden die Gegner der in Nikaia oktroyierten Kompromißformel, Gottvater und Christus seien wesenseins *(homoúsios),* Arianer genannt. Zu diesen gehörten, obwohl er keineswegs dasselbe lehrte wie Arius, auch der Gotenbischof Wulfila und, weil sich bei ihnen die Mission auf Wulfilas gotische Bibelübersetzung stützte, auch die meisten der Germanenreiche.

### *Die Christianisierung Galliens und der heilige Martin*

Zur Zeit Konstantins war Gallien noch weitestgehend heidnisch. Christen zählten hier nach Tausenden, allenfalls Zehntausenden. Die Landbevölkerung und die Angehörigen der Aristokratie blieben noch lange heidnisch. Der Prozeß der Christianisierung erhielt dadurch seine spezifische Färbung, daß er in eine Zeit fiel, in der das aus dem Osten kommende Mönchtum als paradigmatische christliche Lebensform weitgehende Zustimmung genoß. Die Einführung des Mönchtums in Gallien verbindet sich mit der Person des heiligen Martin.

Martin, 316/17 als Sohn eines Offiziers in Sabaria auf dem Balkan geboren, trat zunächst ebenfalls ins Militär ein, zeigte aber schon als Soldat die christlichen Tugenden der Demut und Nächstenliebe. In diese Zeit müßte die heute noch vielen Kindern bekannte Mantelteilung am Stadttor von Amiens gehören. Nach seiner Taufe und der Entlassung aus dem Militärdienst wurde er Mönch. Auch nach seiner Wahl zum Bischof von Tours (371) lebte Martin in strenger Askese in dem von ihm gegründeten Kloster Marmoutier nördlich der Loire. Er predigte und missionierte besonders unter der Landbevölkerung, zerstörte heidnische Heiligtümer und baute an ihrer Stelle Kirchen und Klöster. In weiten Teilen Galliens war er als Wundertäter und Exorzist geschätzt. Er starb etwa 397.[7]

## *Die* Vita Martini *des Sulpicius Severus*

Was wir über ihn wissen, verdanken wir der *Vita Martini,* dem Vorbild aller späteren lateinischen Heiligenviten. Ihr Autor, Sulpicius Severus, etwa 360 geboren, stammte aus einer aristokratischen aquitanischen Familie und war hochgebildet. Etwa 389 vollzog er die *conversio* (Bekehrung) zum asketischen Leben. Er gab seine Tätigkeit als Gerichtsredner auf, verkaufte seinen Besitz und richtete auf seinem Gut Primuliacum, zwischen Toulouse und Narbonne, ein Kloster ein, in dem er bis zu seinem Tod, im 1. Drittel des 5. Jhs., zusammen mit anderen Martinsverehrern lebte.

In der Einleitung seiner *Vita Martini* liefert Sulpicius Severus die literarische und theologische Begründung für eine neue christliche Literatur. Er entschuldigt sich für seine schlichte Sprache und fordert die Kritiker auf, eher auf den Inhalt, die *virtutes* (Wundertaten) eines großen Mannes, als die Worte zu achten. Denn die Gottesherrschaft besteht nicht in der Redekunst, sondern im Glauben. Die Kritiker sollen bedenken, daß das Heil der Welt nicht von Rednern, sondern von Fischern gepredigt worden ist. Die überlieferten literarischen Gattungen Epik und Philosophie – wie Hektor kämpft und Sokrates philosophiert – verschaffen einem Autor Ruhm unter den Menschen, es kommt aber dem Menschen zu, durch ein frommes, heiliges und religiöses Leben das ewige Leben zu suchen.

Das ist der Widerhall einer leidenschaftlich geführten Debatte. Gegen die Gebildeten, welche die Evangelien wegen ihres Stils ungenießbar fanden, führte schon Origenes (etwa 185–254) ins Feld, die Wahrheit der christlichen Botschaft werde gerade dadurch bewiesen, daß sie ihren Siegeszug ohne rhetorische Schminke angetreten habe. Welche Anfechtung die Liebe zu den großen heidnischen Autoren bedeutete, zeigt jedoch der »Traum des Hieronymus«, dem Gott vorhielt, er sei ein *Ciceronianus* und kein *Christianus*.[8]

## *Lerinum*

Martins Einfluß war zunächst auf Südwest-Gallien begrenzt. Erst im 6. Jh., als er der »merowingische Reichsheilige« und zum Symbol der neuen fränkischen Reichskirche wurde, erfaßte die Martinsverehrung ganz Gallien. Die Kirchen und Klöster des Rhônetals beherrschte das andere Zentrum des gallischen Mönchtums: das Anfang des 5. Jhs. gegründete Kloster Lerinum (Lérins, auf der Insel St-Honorat vor der Küste von Cannes). Sein Gründer Honoratus und viele Mönche der ersten Generation waren Abkömmlinge hochadliger Familien aus Nordgallien, die wegen der Germanen ihre Heimat verlassen hatten. Sie hatten in ihrer Jugend die Stufen der allgemeinen höheren Bildung durchlaufen und empfingen nun in der strengen Askese von Lerinum ihre christliche Prägung. Auf Grund dieser Konstellation brachte Lerinum – im Gegensatz zu den Martinsklöstern – ein reiches christliches Schrifttum hervor, und seine Mönche besetzten die Bischofsstühle in vielen Städten, zum Beispiel Honoratus, Hiliarius und Caesarius in Arles, Faustus in Riez, Eucherius in Lyon und Lupus in Troyes, um nur die bedeutendsten zu nennen. Prinz bezeichnet daher Lerinum als »das Flüchtlingskloster des gallischen Adels« und als »Pflanzstätte für den Klerus Südostgalliens«.[9]

## *Die christliche Stadt*

Die Stadt blieb auch für die Kirche die grundlegende soziale Einheit. Hier residierte der Bischof, dessen Sprengel mit den Grenzen der Civitas zusammenfiel. Außer der Wahrnehmung der seelsorgerlichen Pflichten im engeren Sinne, Predigt und Spendung der Sakramente, sprachen die Bischöfe Recht, errichteten Kirchenbauten und leisteten den Armen Hilfe. Das ist etwas völlig Neues auf dem Hintergrund antiken Sozialverhaltens. Wohltäter hatte es zahlreiche gegeben, an der Spitze den Kaiser, aber die Wohltaten kamen immer den *Bürgern* zugute, nie ausdrücklich den Armen. Das Christentum übernahm vom Judentum den Grundsatz, daß sich die Liebe zu Gott in der Liebe zum Nächsten niederschlägt, daß also das Almosengeben eine gottgefällige Tat ist.[10]

Auch das Aussehen der Städte wandelte sich. Die frühesten christlichen Bauten waren Kapellen *(memoriae),* die in den Nekropolen über den Gräbern der Märtyrer errichtet wurden. Aus ihnen wurden im 4. und 5. Jh. prächtige Friedhofsbasiliken, und die Bestattung in ihrer Nähe wurde ein begehrtes Privileg. Während es vor Konstantin im Stadtinneren keine ins Auge fallenden Kirchen gegeben haben kann, waren die folgenden Jahrhunderte eine Zeit intensiver Bautätigkeit. Häufig wurden die ersten Bischofskirchen unmittelbar an der Stadtmauer errichtet und bestanden aus einer Gruppe von zwei Kirchen und Baptisterium *(groupe épiscopal).* Die Schriftquellen rühmen ihre prächtige Ausstattung. Es wurde üblich, die Kirchen unter das Patronat eines Heiligen zu stellen, entweder eines lokalen Märtyrers oder Bischofs, wie Saturninus in Toulouse oder Martin in Tours, oder, wenn es gelang, Reliquien von ihm zu beschaffen, eines Heiligen wie Stephanus, der in der ganzen Christenheit verehrt wurde.

Das Schicksal der Städte war unterschiedlich. Eine späte Blüte erlebte Arles, wo im 4. Jh. eine Münzprägestätte eingerichtet wurde, nach 400 der Prätorianerpräfekt residierte und ab 418 regelmäßig die Versammlung der Sieben Provinzen tagte. Die großen Thermen, deren Ruinen heute noch an der Rhône zu sehen sind, wurden im 4. Jh. erbaut. Im Theater und im Zirkus fanden noch im 6. Jh. Veranstaltungen statt. Am Zirkus entstand sogar um 500 ein neues Wohnviertel, dessen Häuser in die Bögen eingebaut wurden, auf denen die Zuschauertribünen ruhten. Die erste Bischofskirche mit anliegendem Baptisterium wurde in der Südostecke der Stadtmauer errichtet. Im 6. Jh. gründete dort Caesarius ein Nonnenkloster, in dem er sich 542 auch bestatten ließ, das früheste sicher datierte Beispiel einer Bestattung im Stadtinneren *(intra muros).* Die neue Kathedrale, unter dem Patronat des heiligen Stephanus, stand damals schon in der Nähe des Forums an der Stelle der heutigen Kirche St-Trophime. Außerhalb der Stadt wurde in den Alyscamps die Basilika der heiligen Genesius und Honoratus erbaut, in der zahlreiche Bischöfe bestattet wurden (z. B. Hilarius im Jahr 449, CIL XII 949). Die Arleser Bischöfe rivalisierten jahrzehntelang mit dem Bischof von Vienne um den gallischen Primat. 476 fiel die Stadt unter die ▶

Herrschaft der Westgoten, 508 der Ostgoten und schließlich 536 unter die der Franken.
Wesentlich stärker als Arles scheint Lyon von den kriegerischen Ereignissen betroffen worden zu sein. Denn die Kolonie auf der Höhe von Fourvière wurde aufgegeben, und die Bevölkerung siedelte sich am rechten Saôneufer bei der Kathedrale an. Wahrscheinlich konnte die Wasserversorgung der Oberstadt nicht aufrechterhalten werden. In Vienne hingegen ist noch um 500 ein Aufseher über die Wasserleitung bezeugt, der einer Belagerungsarmee durch den Aquädukt zum Eindringen in die Stadt verhelfen konnte.[11]

Schon immer war die Stadt zugleich politische und kultische Gemeinschaft, die sich in Bittgebeten *(supplicationes)* und vor allem den Spielen manifestierte. Den Mentalitätswandel unter christlichem Einfluß illustriert nichts so plastisch wie die *rogationes*, die Bischof Mamertus um 470 in Vienne einführte. Voraufgegangen waren mehrere Erdbeben und Feuersbrünste, sogar Hirsche waren im Stadtinneren aufgetaucht, und wie ein Schatten lag über allem die Bedrohung durch die Germanen. Man erwartete das Ende der Welt. Nach einem neuerlichen Brand, der in der Osternacht ein öffentliches Gebäude auf dem höchsten Punkt der Stadt verwüstete, war die allgemeine Angst so groß, daß der Bischof eine neue Form öffentlicher Bittgänge durchsetzen konnte. Fasttage sollten nicht mehr von Gastmählern unterbrochen werden, sondern die drei Tage vor Christi Himmelfahrt mit fortgesetztem »Fasten, Psalmensingen und Weinen« verbracht werden, wie Sidonius Apollinaris schreibt, der 473 die *rogationes* für das von den Goten bedrängte Clermont übernahm. Einen Freund lud er zu diesem »Fest der zur Erde gebeugten Nacken« und zur Teilnahme an der »seufzenden Gemeinschaft zu Boden gestreckter Bürger« ein.[12] Die Welt der fröhlichen Feste, als man gemeinsam das Opferfleisch aß und den Schauspielern applaudierte, war vergangen.

Auch über die Grenzen ihres Bistums hinaus wirkten die Bischöfe, die ständig miteinander in brieflichem Kontakt standen und sich auf Synoden trafen. Patiens von Lyon organisierte 470 eine großangelegte Rettungsaktion, um in vielen Städten außerhalb seiner Diözese die vom Gotenkrieg betroffenen Menschen mit Getreide zu versorgen (Sid. *epist.* 6,12). Mit dem Rückzug der Reichsregierung aus Gallien übernahmen die Bischöfe auch die Verteidigung ihrer Stadt gegen die Germanen, führten die Friedensverhandlungen und setzten das Kirchenvermögen für den Freikauf von Gefangenen ein. Das gilt auch für andere Regionen der westlichen Reichshälfte, das Besondere in Gallien ist aber, daß die Bischöfe großenteils dem senatorischen Adel entstammten. Im Dienst der Kirche fanden sie ein Tätigkeitsfeld, das ihrem aristokratischen Ethos entsprach und Ersatz für die nicht mehr mögliche Reichspolitik bot.

An der gesellschaftlichen Hierarchie änderte sich nichts, zumal nicht unter kirchlichem Einfluß. Unten standen die Sklaven und sonstigen Unfreien, oben die reichen Grundbesitzer. Wenn man erwarten sollte, daß das christliche Liebesgebot die rechtliche Stellung der Sklaven verbessert hätte, sieht man sich getäuscht. Im Gegenteil: Die aus dem Hochadel stammenden Bischöfe und die Kirche als Institution waren die größten Grundbesitzer und damit auch die größten Sklavenbesitzer. Da das Kirchenvermögen als Vermögen der Armen deklariert wurde, wäre es Sünde gewesen, es zu beeinträchtigen. Die Möglichkeiten der Sklavenfreilassung wurden daher durch verschiedene Konzilsbeschlüsse für die Angehörigen der *familia ecclesiae* sogar eingeschränkt. Auch die Gehorsamspflicht zum Erdulden aller Ungerechtigkeiten seitens der nun christlichen Herren und Herrinnen wurde mehrfach eingeschärft. In den Heiligenviten werden zwar auch Sklaven als selbständige religiöse Subjekte angesprochen, aber nur einem einzigen Heiligen kommt es in den Sinn, bei seinen Bemühungen um den Freikauf von versklavten ehemals Freien, also seinesgleichen, eine Parallele zu den Sklaven auf seinen eigenen Gütern zu ziehen. Das sind keine Einwände gegen den spätgallischen Adel, auch nicht gegen das Christentum, das seit der ersten Generation seinen Frieden mit der Sklaverei gemacht hatte.[13]

## *Salvian von Marseille, De gubernatione Dei*

Salvian (etwa 400–480) stammte aus Köln oder Trier und trat um 420 in das Kloster Lerinum ein. Sein Werk über die »Herrschaft Gottes« ist die düsterste Beschreibung, die wir über die Zustände in Gallien besitzen: Sittenlosigkeit, Unzucht, Ungerechtigkeit, Ausbeutung der Armen beherrschen die Welt. Die Kurialen sind Tyrannen und die Bischöfe ebenso verworfen wie die weltlichen Regierungen. Jeder, der soziale Macht hat, nutzt sie, um seinen Reichtum zu mehren und die verschuldeten Bauern zur Verzweiflung zu treiben. Es bleibt nur eine Zuflucht: Die Armen, Witwen und Waisen fliehen zu den Germanen und suchen bei den Barbaren die römische Menschlichkeit, weil sie bei den Römern die barbarische Unmenschlichkeit nicht ertragen können (5,5). Denn die Germanen sind zwar Häretiker, aber moralisch vergleichsweise intakt.

Salvian ist ein Prophet von alttestamentarischem Zuschnitt. Die Schilderung der moralischen Greuel ist für ihn nicht Selbstzweck, sondern dient ihm als Beweis dafür, daß Gott die Welt lenkt. Er ist der ewige und allmächtige Richter, der den Menschen zuteilt, was sie verdienen. Die Weltgeschichte ist die Manifestation des göttlichen Gerichts. Im Alten Testament hat Gott den Menschen das Gesetz offenbart, Christus ist in die Welt gekommen, um es noch einmal zu verdeutlichen und zu bekräftigen. Von Kreuz und Erlösung ist bei Salvian nicht die Rede. Man kann ihn schwerlich als Bußprediger bezeichnen, denn er scheint keine Hoffnung auf eine Änderung der Menschen zu haben. Das Unglück treibt sie nicht zur Buße, sondern nur zu noch größeren Verbrechen. So ernten sie, was sie gesät haben. Das Gericht ist schon im Gange, und das Ende der Welt steht bevor.[14]

## Die Germanen und das Römische Reich

### *Das 4. Jahrhundert, eine Atempause für Gallien*

Der reorganisierte Staat konnte das 4. Jh. hindurch die Rheingrenze behaupten. 357 erkämpfte Kaiser Iulian (der Abtrünnige) bei Straßburg einen großen Sieg gegen die Alamannen. Gallien erholte sich von den Verwüstungen, und am Kaiserhof in Trier brillierten gallische Redner und Aristokraten.[15] Die wichtigste Persönlichkeit war der aus Bordeaux stammende Dichter und Rhetor Ausonius, der 365 die Erziehung des Prinzen Gratian übernahm und unter dessen Herrschaft nicht nur selbst *praefectus praetorio* und Konsul (379) wurde, sondern auch seine Verwandten in die höchsten Staatsämter befördern konnte. Aber 388 verließ Kaiser Valentinian II. Trier und zog nach Vienne, schließlich wurde Mailand und danach Ravenna Kaiserresidenz. Kurz vor oder nach 400 wurde auch die Präfektur nach Arles verlegt. Damit kündigte sich das Ende der römischen Herrschaft in Gallien an. 406/407 durchbrachen Vandalen, Sueben und Alanen in großer Zahl die Grenzbefestigungen am Rhein und machten jahrelang Gallien unsicher, bevor sie nach Spanien weiterzogen. Ihnen folgten 412 die Goten unter Athaulf, die, nachdem sie 410 Rom erobert hatten, in Italien die Möglichkeiten zum Plündern als erschöpft ansahen.

### Die autonomen Germanenreiche auf Reichsboden

Die Germanen wieder aus Gallien zu vertreiben war ein Ding der Unmöglichkeit; was übrigblieb, war der Versuch, in ein geregeltes Rechtsverhältnis mit ihnen zu treten, damit die willkürlichen Plünderungen aufhörten, die Zivilbevölkerung zur Ruhe kommen, andererseits das militärische Potential der Goten der Reichsverteidigung zugute kommen konnte. Dafür gab es damals seit genau 30 Jahren ein Modell.

### Die Schlacht von Adrianopel und das Gotenfoedus von 382

Im Jahr 375 baten Goten, die dem Druck der Hunnen nicht standhalten konnten, vom nördlichen Donauufer aus um die Erlaubnis, sich im Römischen Reich ansiedeln zu dürfen. Kaiser Valens, der sich davon die dringend benötigte Verstärkung seines Heeres versprach, wies ihnen Teile Thrakiens zu. Unter normalen Umständen hätte dies die Entwaffnung der Goten und ihre Versorgung mit Lebensmitteln impliziert. Da die römische Verwaltung vor den organisatorischen Problemen versagte, unternahmen die Goten Plünderungszüge im ganzen Land. Valens stellte sich bei Adrianopel (heute Edirne) zur Schlacht, in der er selbst mit zahlreichen seiner Offiziere und zwei Dritteln seiner Armee den Untergang fand (9. 8. 378). Die Zeitgenossen verglichen die Katastrophe mit Cannae. Aber diesesmal gab es keinen Wiederaufstieg.

Theodosius schloß 382 mit den Goten einen Vertrag, der ihnen erlaubte, sich zwischen Donau und Balkangebirge anzusiedeln. Sie sollten aus dem Land versorgt werden und Kriegsdienst unter ihren eigenen Stammesführern, aber unter römischem Oberkommando leisten. Dafür erhielten sie Jahresgelder in unbekannter Höhe.[16]

### Die Föderatenstaaten in Gallien

Nach diesem Muster wurde mit den Goten 418 ein Vertrag geschlossen, der ihnen die Regionen um Toulouse und Bordeaux samt dem Küstenstrich von den Pyrenäen bis zur Loire überließ. In den vierziger Jahren wurde den Burgundern mit der *Sapaudia* ein Siedlungsgebiet angewiesen, das wahrscheinlich nördlich des Genfer Sees von Avenches, über Yverdon und Genf bis zum Rhôneknie, das die südlichen Ausläufer des Jura umrundet, reichte und die Jurapässe gegen die Alamannen abriegeln sollte. Damit überließ man den Germanen Provinzteile, in denen sie als geschlossene autonome Einheiten unter ihren eigenen Königen leben konnten. Die staatliche Souveränität wurde ihnen gegenüber zwar nie aufgegeben, aber die Reichszentrale verfügte über keinerlei Kontrollmöglichkeiten.[17]

Es wäre verkehrt, sich die politischen und militärischen Ereignisse der Folgezeit entlang einer zwischen Römern und Germanen verlaufenden Frontlinie vorzustellen. So einfach waren die Verhältnisse längst nicht mehr. Auf der römischen Seite standen sich immer wieder legale Machthaber und Usurpatoren gegenüber, und die Germanen hielten es mit den einen oder den anderen. Es war ein ständiges Hin und Her von Koalitionen, und die sogenannten römischen Streitkräfte unterschieden sich nicht von den sogenannten barbarischen. »Römische« Politik gab es nur noch im Zusammenwirken mit Germanen und Hunnen. Um nur ein Beispiel zu nennen: Den Sieg über die Hunnen auf den Katalaunischen Feldern (451) errang der römische Heeresmeister Aëtius dank einer Koalition mit Franken, Goten und Burgundern. Wenige Jahre vorher hatte er noch das Burgunderreich bei Worms im Verein mit den Hunnen vernichtet (der Kern der Nibelungensage). Für die Verteidigung der Auvergne gegen die Goten (470–474) verbanden sich die lokalen Kräfte mit den Burgundern.

Die Germanenkönige nutzten die Situation, um kontinuierlich ihre Herrschaftsgebiete zu erweitern. Die Burgunder griffen im Nordwesten bis Autun, Besançon und Langres aus, machten Lyon und Vienne neben Genf zu ihren Hauptstädten und eroberten im Süden alles Land bis zur Durance. Aber bis zuletzt fungierten sie mit dem Titel *magistri militum Galliarum* als höchste Repräsentanten der römischen Heeresorganisation. Noch König Sigismund (501/516–523) legte großen Wert auf die Anerkennung durch Kaiser Anastasius. Bischof Avitus von Vienne schrieb in seinem Namen: *Vester est populus meus* (Euer ist mein Volk). Seine Vorfahren seien mehr auf die römische Ehre als ihr ererbtes Königtum stolz gewesen. »Auch wenn wir über unser eigenes Volk zu regieren scheinen, halten wir uns doch für nichts anderes als Eure Soldaten«. Sigismund bat den Kaiser um die Ernennung zum *patricius* und zum *magister militum* (Avitus, epist. 93 und 94).

Der Gotenkönig Eurich hingegen brach 466 das bis dahin regelmäßig erneuerte *foedus* und eroberte alle Gebiete vom Atlantik bis zur Loire und zur Rhône. 475 wurde ihm im Friedensvertrag gewährt, daß er den Kaiser künftig *amicus* (Freund) nennen durfte – statt des eigentlich angebrachten *dominus* (Herr). Das war eine konziliatorische Formulierung seiner nunmehrigen staatlichen Unabhängigkeit.

## *Die ökonomischen Implikationen*

Wahrscheinlich wurden die Föderaten zunächst nach dem Prinzip der *hospitalitas* auf den Gütern der Römer einquartiert. Der Terminus bezeichnet eines der vielen *munera*. Der einquartierte Soldat, euphemistisch »Gast« *(hospes)* genannt, hatte Anspruch auf Unterhalt und ein Drittel des Hauses seines »Gastgebers«. Was darüber hinausging, das heißt, wie die Germanen längerfristig versorgt wurden, ist umstritten. Die ältere Forschung nahm an, daß der Boden und die Arbeitskräfte nach einem Schlüssel von 2:1 zwischen Germanen und Römern geteilt wurden, die jüngere hält die in den Quellen verwendeten Termini nicht für Zeugnisse einer realen Teilung, sondern rechnet nur mit der Zuweisung von Steueranteilen. Die Diskussion über diese Fragen ist nicht abgeschlossen.[18]

## *Die Romanisierung der Barbaren*

Die Herrschaft der Föderatenkönige basierte einerseits auf dem germanischen Heereskönigtum, andererseits auf der durch Schriftlichkeit und Gesetzlichkeit geprägten römischen Verwaltungstradition. Denn die Könige regierten über ihr eigenes Volk und Heer und die römischen Untertanen, die weiterhin römischem Recht unterstanden. Latein blieb Staatssprache. Hochrangige Römer stellten sich den Königen als Berater zur Verfügung, gotische und römische Eliten wuchsen allmählich zusammen. Nachdem sich durch die Eroberungen das Gebiet des Tolosanischen Reiches gegenüber den ursprünglichen Zuweisungen um mehr als das Sechsfache vergrößert hatte, erschien es Eurich (466–484) und Alarich II. (484–507) geboten, die Grundlage für ein geregeltes Zusammenleben auf der Basis der Rechtssicherheit zu schaffen. Das konnte nur durch Rückgriff auf die römische Tradition geschehen. Der *Codex Euricianus* stellte in lateinischer Sprache römisches Vulgarrecht und gotisches Recht für die gotischen Untertanen zusammen. Das *Breviarium Alarici* traf eine Auswahl aus den Gesetzen des *Codex Theodosianus,* die 506 für die römischen Untertanen in Kraft gesetzt wurde. Diese Gesetzbücher blieben auch nach dem Ende des Tolosanischen Reiches in Kraft und bildeten die Grundlage für die Kodifizierung der fränkischen *lex Salica* und der anderen germanischen Rechte in der Folgezeit.[19]

Nach Wegfall der überregionalen Strukturen waren die Civitates für die Selbstverwaltung und besonders die Steuereinziehung wichtiger denn je. Für ihre Überwachung war ein königlicher Beauftragter *(comes)* zuständig. Wolfram vergleicht die Bedeutung der Rechtskodifikation mit der von Wulfilas Bibelübersetzung und bezeichnet den *comes* als »die verfassungsgeschichtliche Brücke zwischen der Spätantike und dem Mittelalter«.[20]

Ebenfalls im Jahr 506 berief Alarich II. eine Synode nach Agde ein, welche die Einbindung des katholischen Klerus in die Strukturen seines Reiches einleiten sollte. Zu der für das folgende Jahr geplanten zweiten Synode kam es nicht mehr, da zwischenzeitlich der Sieg Chlodwigs und der Tod des Gotenkönigs in der Schlacht von Vouillé das Ende des Tolosanischen Reiches herbeiführte.

Im Burgunderreich scheint die Homogenität innerhalb der führenden Gruppen noch größer gewesen zu sein. Hier waren zum Beispiel auch Mischehen zwischen Römern und Germanen, die sonst verboten waren, ausdrücklich erlaubt, möglicherweise, weil die Zahl der Burgunder gering war. Auch hier gab es Rechtskodifikationen für beide Volksgruppen.[21] Die Wergeldkataloge dokumentieren eine ausgeprägte römisch-barbarische Parität. Auch die Kontrolle der Stadtregierungen geschah jeweils durch zwei *comites*, einen Römer und einen Burgunder.

Bei den Burgundern wurde schließlich sogar das Problem gelöst, das der Integration der beiden Bevölkerungsgruppen am meisten entgegenstand: König Sigismund sagte sich von der »arianischen Häresie« los und trat zum Katholizismus über. Schon sein Vater Gundobad (480–516) hatte diesen Schritt erwogen, aber schließlich unterlassen. Daß er sich aber weit über das Maß, das man einem Kriegsmann, zumal einem »barbarischen«, zutrauen würde, für religiöse und dogmatische Fragen interessierte, zeigen die an ihn gerichteten Briefe des Bischofs Avitus über die Göttlichkeit Christi, Buße und Rechtfertigung.[22] Der König formulierte seine Fragen auf Grund seiner Lektüre der Bibel und verschiedener Traktate. In der königlichen Familie gab es schon länger Katholikinnen, zum Beispiel Chrotechilde, die Frau des Frankenkönigs Chlodwig, die anscheinend wesentlichen Anteil an dessen Bekehrung hatte. Sigismund wurde in dem von ihm gegründeten Kloster St-Maurice im Wallis beigesetzt.

507 endete das Reich der Westgoten, 534 das der Burgunder. Trotz ihres relativ kurzen Bestehens hatten beide Reiche für den Erhalt und die Adaption staatlicher Strukturen an die neuen ethnischen Gegebenheiten Entscheidendes geleistet. Die Früchte ernteten die Merowinger. Der Name »Burgund« haftete an dem Nachfolgestaat des Karolingerreiches, der 1031 als drittes *regnum* an das römisch-deutsche Reich fiel. 1178 ließ sich Kaiser Friedrich Barbarossa in St-Trophime in Arles zum König von Burgund (oder

Arelate) krönen. Große Treue zur burgundischen Tradition bewies Kaiser Karl IV. (1346–1378). 1365 wurde er in Arles gekrönt. Außerdem ließ er Reliquien des heiligen Sigismund nach Prag bringen und benannte seinen Sohn, den späteren Kaiser, nach diesem Patron.

## Sidonius Apollinaris

Gaius Sollius Modestus Apollinaris Sidonius wurde an einem 5. November wohl 431 in Lyon geboren. Er stammte aus dem senatorischen Hochadel, sein Großvater und Vater waren Prätorianerpräfekte gewesen. Er selbst nutzte das Auftreten dreier kurzlebiger Kaiser, von denen einer sein Schwiegervater Avitus war, zum Eingreifen in die Reichspolitik und wurde mit den Titeln *comes, praefectus urbi* und *patricius* ausgezeichnet.

Zwischen 461 und 470 zog er sich auf sein Gut Avitacum (heute Aydat) in der Auvergne zurück, das seine Frau Papianilla mit in die Ehe gebracht hatte (liebevoll beschrieben in epist. 2,2). Aber der Horizont verdüsterte sich zunehmend. Wenn vom Staat keine Hilfe gegen die Goten zu erwarten war, blieb dem Adel nur die Wahl zwischen dem Exil oder dem Eintritt in den geistlichen Stand *(seu patriam dimittere seu capillos,* Sid. *epist.* 2,1,4). Sidonius entschied sich 470 für die zweite Möglichkeit und wurde 471 zum Bischof von Clermont gewählt. Als von 471 bis 474 die Stadt von den Goten belagert wurde, organisierte er zusammen mit seinem Schwager Ecdicius tatkräftig ihre Verteidigung (Sid. epist. 2,1,4. 3,3,3 f.). Aufs äußerste erbitterte ihn, daß der Kampf schließlich vergeblich war. Die Reichsregierung überließ die Auvergne den Goten, in der trügerischen Hoffnung, diese damit von den Gebieten östlich der Rhône fernhalten zu können. »Unsere Knechtschaft wurde zum Preis für die Sicherheit anderer gemacht« *(Facta est servitus nostra pretium securitatis alienae,* Sid. *epist.* 7,7,2). Wenigstens erfüllten sich die Befürchtungen vor der Rache Eurichs nicht, denn mit der Verwaltung der Auvergne wurde der Römer und Katholik Victorius betraut. Sidonius selbst mußte für zwei Jahre ins Exil gehen, erreichte aber durch Vermittlung seines Freundes Leo, des leitenden Ministers an Eurichs Hof, daß er in sein Bistum zurückkehren konnte. Er starb etwa 486.[23]

### *Senatorische Muße und Nostalgie*

Zusammen mit seinen Freunden und Briefpartnern repräsentiert Sidonius Apollinaris die letzte Blüte der lateinischen Literatur. Er hinterließ 24 Gedichte *(Carmina)* und neun Bücher Briefe.

Der folgende Brief, der einen Besuch bei Freunden im Tal des Gardon schildert, gehört in die sechziger Jahre.

(1) Sidonius grüßt seinen Freund Donidius (ebenfalls ein Auvergnat und Senator der höchsten Rangklasse, *vir spectabilis*).
Du fragst mich, warum ich, der ich doch längst nach Nîmes aufgebrochen bin, durch meine späte Ankunft Eure Sehnsucht so lange unerfüllt lasse. Ich will Rechenschaft über meine verzögerte Rückkehr geben und die Gründe für den Aufschub nicht aufschieben, weil, was für mich angenehm ist, es auch für Dich ist.
Auf den wunderschönen Gütern und bei den hochgebildeten Gastfreunden Ferreolus und Apollinaris habe ich die angenehmste Zeit verbracht. Ihre Güter stoßen aneinander, und ihre Wohnhäuser sind benachbart, gerade so weit voneinander entfernt, daß der Weg einen Fußgänger ermüdet, für einen Reiter aber nicht weit genug ist. Die Hügel, welche die Häuser überragen, sind mit Weinbergen und Olivenhainen bedeckt. Man könnte an Arakynth und Nysa, die berühmten Gipfel in den Gesängen der Dichter, denken. Das eine Anwesen blickt auf eine weite offene Ebene, das andere auf Wälder. Aber die ungleiche Lage erfreut doch in gleicher Weise.

(2) Der Briefschreiber schildert dann, wie ihm das Gutspersonal auf der öffentlichen Straße und auf den Pfaden der Hirten förmlich auflauerte, damit er ja nicht vorbeireiste. Er mußte versprechen, mindestens eine Woche zu bleiben. (3) Jeden Morgen setzte ein förmliches Tauziehen um den Gast ein: Welche Küche für ihn kochen durfte – die Inhaber des einen Gutes waren mit ihm enger verwandt, die anderen vornehmer. Apollinaris war sein Onkel, Ferreolus Enkel des *praefectus praetorio* und Konsuls von 381 Syagrius (Stroheker Nr. 21 und 149).

(4) Man vergnügte sich mit Ballspiel und Würfeln. Oder man begab sich in die Bibliothek:

Bücher waren zur Genüge vorhanden, man hätte geglaubt, vor den Regalen eines Philologen, vor den Stufen des Athenäums (einer Akademie) oder den hohen Schränken eines Buchhändlers zu stehen. Es war so eingerichtet, daß bei den Sesseln der Damen *(matronae)* sich eher die Codices mit religiöser Literatur *(stilus religiosus)* befanden, bei den Bänken der Herren *(patres familias)* Werke, die durch ihren vollendeten lateinischen Stil geadelt waren *(coturno Latiaris eloquii nobilitabantur),* wobei immerhin einige Werke einiger Autoren bei einem abweichenden (christlichen) Inhalt doch eine Verwandtschaft des Ausdrucks bewahrten. Autoren von vergleichbarer Meisterschaft – Augustinus sowohl als auch Varro, Horatius sowohl als auch Prudentius – wurden häufig gelesen. (5) Beispielsweise wurde die Übersetzung des »Adamantius« des Origenes durch Turranius Rufinus von Anhängern unseres Glaubens eifrig studiert und diskutiert. Man verglich sie mit den Übersetzungen des Platon durch Apuleius und des Demosthenes durch Cicero.

(6) Während alle sich nach ihrem Gusto unterhielten, erschien der Bote des Chefkochs und bat zu Tisch.

Wir aßen kurz, reichlich und nach senatorischer Art *(Prandebamus breviter copiose, senatorium ad morem),* was heißt, nach der verbreiteten Gewohnheit, viele Gerichte auf wenigen Platten anzurichten, wobei aber auf Abwechslung des Mahls geachtet wurde, indem verschiedene Fleischsorten teils gegrillt, teils im eigenen Saft geschmort waren …
(8) Auf den Gütern beider Gastgeber waren Bäder im Bau, in gebrauchsfähigem Zustand war allerdings keins. Man behalf sich damit, in der Nähe einer Quelle oder des Flusses einen Graben auszuheben, in den man glühendheiße Steine schichtete. So konnte man unter einem Dach aus bogenförmig geflochtenen Zweigen und Decken aus Ziegenhaar die Annehmlichkeiten eines Dampfbades genießen (9) und die Stunden mit geistreichen Gesprächen verbringen. Anschließend tauchte man zuerst in warmes, dann in das kalte Wasser einer Quelle oder des Flusses. Der Gardon fließt nämlich in gleicher Entfernung zu beiden Gütern. Außer wenn er durch die Schneeschmelze angeschwollen und trübe ist, hat er durch rötlichen Kies eine bräunliche Färbung und fließt transparent und ruhig in seinem Bett dahin, voll von Kieseln – und doch reich an köstlichen Fischen.

(10) Das Blatt ist voll, was der Redseligkeit ein Ende setzt. Aber da Sidonius gerade im Aufbruch ist und hofft, mit der Hilfe Christi den Freund bald zu sehen, kann er den Bericht über die üppigen Diners mündlich erstatten, wenn sie zusammen speisen, vorausgesetzt, was sein heißer Wunsch ist, daß die verblei-

benden Tage ihn wieder zu Appetit kommen lassen, denn Abstinenz ist das beste Mittel, um einen durch Prassen zerrütteten Magen wieder in Ordnung zu bringen.

*Sidonius Apollinaris, epist. 2,9, teils in Übersetzung, teils in Paraphrase*

Diese Aristokraten sitzen in dem schmalen Streifen des Rhônetals, wo zwischen Goten und Burgundern die römische Kultur überlebt, und pflegen mit ihren Standesgenossen die Freuden der Muße. Die Reichspolitik ist zwar in weite Ferne gerückt, aber sonst herrscht die gute alte Zeit. Die Nostalgie überbrückt spielend 730 Jahre. Denn die Bemerkung zum »senatorischen« Essen ist eine Anspielung auf einen Erlaß des Gaius Fabricius Luscinus, Zensor im Jahre 275 v. Chr.[24] Den Tag füllen angenehme Beschäftigungen: Essen, Baden, Spielen, Lektüre und philologische Diskussionen. Zumindest rudimentäre Kenntnisse des Griechischen müssen noch vorhanden gewesen sein, wenn die Herren die Qualität von Übersetzungen beurteilen wollten. Was zählt, auch bei den christlichen Autoren, ist der Stil.

Der letzte Autor, der in Gallien eine intime Kenntnis der platonischen Philosophie besaß, war Claudianus Mamertus, der Bruder des Bischofs Mamertus von Vienne. Entschieden trat er dafür ein, daß auch Christen die Klassiker lesen sollten. Auf Wunsch des Sidonius verfaßte er eine Abhandlung *De statu animae,* in der er gegen eine Schrift des Bischofs Faustus von Riez die Unkörperlichkeit der Seele verfocht. Sidonius schätzte den Freund als den gelehrtesten der christlichen Philosophen (Sid. *epist.* 4,3. 4,11. 5,2).

## *Römer und Barbaren*[25]

Das Zusammenleben mit den barbarischen »Gästen« brachte natürlich Unbequemlichkeiten mit sich. Bei einem Freund, der ihn um ein heiteres Gedicht auf Venus gebeten hat, beklagt sich Sidonius über die Horden von Langhaarigen, die ihre Haare mit ranziger Butter pomadisieren. Da vergeht einem die Lust am Dichten, wenn man barbarische Worte ertragen und die Hervorbringungen des burgundischen Vielfraß loben muß. Glücklich, wer keine Augen und Ohren, keine Nase hat, die vom frühen Morgen an durch den Zwiebel- und Knoblauchgestank belästigt wird (Sid. *Carmen* 12).

Aber Sidonius konnte sich auch differenzierter äußern. Sein Portrait des Theoderich (453–466), die älteste ausführliche Beschreibung eines Germanenfürsten, ist mit Recht berühmt. Der Gotenkönig erscheint als umgänglicher und pflichtbewußter König.[26] Nicht umsonst war er in jungen Jahren von dem späteren Kaiser Avitus in lateinischer Literatur und römischem Recht unterwiesen worden. Den Hof Eurichs, »der die Waffen mit Gesetzen zügelt, wie vorher die Völkerschaften mit Waffen« (Sid. *epist.* 8,3,3), zeichnete Sidonius in glänzenden Farben als Zentrum der Weltpolitik. Auch wenn man wohl davon ausgehen kann, daß das Gedicht die panegyrischen Züge dick aufträgt, weil es durch den Adressaten Leo dem König zur Kenntnis gebracht werden und die Entlassung des Autors aus dem Exil befördern sollte, bleibt es signifikant, denn es setzt voraus, daß der Gote es verstehen und würdigen konnte.[27]

Zahlreiche Standesgenossen hatten sich damals den Föderatenkönigen als Ratgeber zur Verfügung gestellt. Das mußte man hinnehmen, aber sein Unverständnis offenbart Sidonius gegenüber Syagrius. Wie kann ein gebildeter Mann, Urenkel eines *praefectus praetorio* und Konsuls, sich dazu bereitfinden, die germanische Sprache zu erlernen? Syagrius, der neue Solon der Burgunder, hat es so weit gebracht, daß die Burgunder in seiner Gegenwart befürchten müssen, in ihrer eigenen Sprache Barbarismen zu begehen (Sid. *epist.* 5,5,3).

## *Lateinische Sprache und antike Bildung*

Der einzige von über 140 Briefen, der an einen »Barbaren« gerichtet ist, macht deutlich, was Sidonius dem Barbarentum entgegensetzt. Arbogast, der als fränkischer Comes in Trier eine führende Stellung einnimmt, preist er als einen:

Der Du aus der Mosel trinkst und doch die Sprache des Tibers von Dir gibst, der Du, auch wenn Du unter Barbaren lebst, keine Barbarismen kennst und so durch Deine Zunge und Deinen Arm den alten Führern gleichst, deren Rechte nicht weniger den Schreibgriffel zu führen wußte als das Schwert. So hat die Pracht römischer Rede, wenn es sie noch irgendwo gibt, nachdem sie in den belgischen oder rheinischen Landen längst verschwunden ist, in Dir ihre Zuflucht gefunden, und solange Du lebst und die Rede pflegst, kommen, obwohl an der Grenze die lateinische Herrschaft gefallen ist, die lateinischen Worte nicht ins Wanken ... Es freut mich außerordentlich, daß in Deinem großen Herzen die Reste unserer schon verschwindenden Kultur lebendig geblieben sind. Wenn Du diese durch Deine Lektüre weiter pflegst, wirst Du jeden Tag erfahren, daß in dem Maße, wie die Menschen über den Tieren, so die Gebildeten über den Ungebildeten stehen *(quanto antecellunt beluis homines, tanto anteferri rusticis institutos).* *Sidonius Apollinaris, epist. 4,17,1–2*

Die politische Macht ist dahin, aber eine Welt ohne Rom und das Römische Reich kann man sich nicht vorstellen. Es lebt als geistige Macht weiter: als Heimat der Gesetze, Gymnasium der Literatur, Rathaus der Würden, Gipfel der Welt und Heimat der Freiheit (*domicilium legum, gymnasium litterarum, curia dignitatum, vertex mundi, patria libertatis*; Sid. epist. 1,6,2). Die Stufen der staatlichen Würdenstellungen *(gradus dignitatum)*, nach denen man früher die Höchsten von den Niedrigsten unterschied, gibt es nicht mehr. Deshalb wird in Zukunft das einzige Zeichen für Adel sein: ein gebildeter Mensch zu sein (*litteras nosse;* Sid. *epist.* 8,2,2).

Aber dieses Erbe ist bedroht. Immer wieder beklagt Sidonius den Niedergang der lateinischen Sprache und Kultur, ermahnt er junge Leute, an den ererbten Werten festzuhalten. Und er hat recht mit seinen Befürchtungen. Sidonius Apollinaris und seine gelehrten Freunde waren wohl die letzten Römer, die in Gallien über eine breite antike Bildung verfügten.

Das städtische Schulwesen und damit die Grundlage für die höhere rhetorische Bildung, das noch im 4. Jh. in Gallien geblüht hatte, kam im 5. Jh. zum Erliegen. Die Christen, die bis dahin kein eigenes Schulwesen begründet hatten, sondern ihre Kinder dem Gift der antiken Schule mit ihren heidnischen Göttern und Mythen ausgesetzt hatten, gingen jetzt dazu über, wenigstens für die Mönche und den Klerikernachwuchs Schulen einzurichten, in denen diese die für den Gottesdienst unabdingbare Lesefähigkeit erwerben konnten. Bischof Caesarius von Arles (502–542) ordinierte niemanden zum Diakon, der nicht das Alte und das Neue Testament viermal gelesen hatte, und in seiner Regel für das Nonnenkloster seiner Schwester schrieb er vor, die Mädchen sollten lesen lernen und sich mindestens zwei Stunden am Tag mit dem Kopieren von Handschriften beschäftigen.[28]

Die antike Schule und mit ihr die antike Bildung ging unter. Gregor von Tours, etwa 538 geboren, also ziemlich genau 100 Jahre jünger als Sidonius, führt zwar mit Stolz seine Abstammung auf ein altes senatorisches Geschlecht zurück, kann auch noch mit einigen Vergilzitaten aufwarten, muß aber seine mangelnde Vertrautheit mit der lateinischen Grammatik eingestehen. Er schreibt nach der Phonetik des Vulgärlateins, und die *genera* und *casus* des Substantivs geraten ihm häufig durcheinander. Die Pflege der literarischen Kultur sei in den Städten Galliens in Verfall geraten und im Untergang begriffen, beklagt er im ersten Satz seiner *Historiae.*

## Die epigraphische Überlieferung an der Grenze zwischen Altertum und Mittelalter

Aus Südgallien sind 700 christliche Inschriften überliefert: Die Kirchendiözese Vienne, die Nordhälfte der Provinz Viennensis, stellt mit 295 Inschriften den größten Anteil; aus der Südhälfte mit Arles und Marseille kommen etwa 150, aus der Narbonensis I mit Aix 85 und aus der Narbonensis II mit Narbonne und Nîmes nur 35 Inschriften. In dieser Stadt, die in der Hohen Kaiserzeit so viele epigraphische Zeugnisse liefert wie keine andere Stadt der Provinz, hat die Schriftlichkeit mit dem 5. Jh. praktisch aufgehört.[29]

### *Die Inschriften aus der Viennensis*

Obwohl die Kirchendiözese Vienne seit 470, wenn nicht teilweise schon seit den vierziger Jahren, den Burgundern unterstand, erhielt sich die Tradition der Schriftlichkeit in verblüffendem Maße. Von 245 Grabsteinen kommen 177 aus der Stadt Vienne, die übrigen aus den Städten Genf, Valence und Grenoble sowie den ländlichen Siedlungen. Sie reichen vom späten 4. Jh. bis zum Ende des 7. Jhs. Inschriftenträger ist in 186 Fällen Marmor, der augenscheinlich von den Monumenten der Hohen Kaiserzeit zur Verfügung stand. Die ästhetische Qualität ist sehr unterschiedlich und läßt keinen Schluß auf die Datierung zu. Manche frühe Inschriften sind technisch sehr wenig gelungen, umgekehrt finden sich sorgfältige Schrift und überlegtes Layout noch in sehr späten Beispielen. Oft sind dem Text Abbildungen hinzugefügt: ein Kreuz, das Christusmonogramm oder Vögel (Tauben oder Pfauen), die rechts und links von einem Kantharos stehen.

### *Die Sprache*

Bei der Lektüre wird einem bewußt, daß ein kleiner Römer den korrekten Gebrauch der anerkannten Schriftsprache mühsam in der Schule erlernen mußte. Fehlte diese Voraussetzung, waren Fehler unvermeidlich, da das sogenannte Vulgärlatein von der klassischen Phonetik in vielen Fällen abwich. In der gesprochenen Sprache *hörte* man die Unterschiede von <u>i</u> und <u>e</u>, <u>u</u> und <u>o</u>, <u>v</u> und <u>b</u> nicht und schrieb, wenn man keine gründlichen Schulkenntnisse hatte, auf gut Glück; zum Beispiel: *dilictus* statt *dilectus*, *meserecordiae* statt *misericordiae*, *vixet* statt *vixit*, *nuvilior* statt *nobilior*, *amure* statt *amore*, *anemus* statt *ani-*

*mos, anus* statt *annos, livertus* statt *libertos.* Die für das Vulgärlatein üblichen grammatikalischen Eigenheiten hingegen treten in den Inschriften erst verhältnismäßig spät und eher vereinzelt auf: wie *post consolato* für *post consulatum, occupat hoc tumulo* statt *hunc tumulum, requiescit in hunc tumulum* oder *in hunc tumulo* statt *in hoc tumulo* (RICG XV S. 141 ff.).

### *Die Elogien*

Während etwa 70% der Grabinschriften nur den Namen, das Alter und den Todestag der bestatteten Person nennen, war es bei Angehörigen eines gehobenen gesellschaftlichen Niveaus üblich, ihre sozialen und menschlichen Vorzüge nicht unerwähnt zu lassen. 25 Elogien sind in metrischer, 11 in halbmetrischer Form abgefaßt. Eine Gruppe für sich bilden Gedichte zu Ehren der Bischöfe Avitus, Domninus, Pantagathus, Hesychius und Namatius. Trotz ihrer Länge von 20 bis 30 Zeilen sind sie auf Grund ihrer rhetorisch aufgeladenen Formelsprache inhaltlich enttäuschend. Sie rühmen die vornehme Abkunft, (mit Ausnahme von Avitus) die vor der Bischofsweihe im Dienst der Burgunderkönige erlangten hohen Würdenstellungen und als die eigentlichen Bischofstugenden: Beredsamkeit, Gerechtigkeit, Rechtgläubigkeit, Armenpflege und den Einsatz für den Freikauf von Gefangenen.[30]

Außer den Bischöfen gehören 52 weitere Personen zu religiösen Statusgruppen, darunter fünf Priester, ein Abt, 14 Nonnen, eine Witwe und drei Büßer. Unter den 22 Laien ragen sieben Angehörige des Senatorenstandes hervor, darunter Silvia, die von Konsuln abstammt und Mutter eines Bischofs und eines *patricius* ist (RICG XV S. 187 ff.; Silvia RICG XV 101).

Ab 530 sind die Elogien meist in Prosa abgefaßt und zählen in langen Reihungen die Tugenden der Verstorbenen auf: zum Beispiel *fide pietateque potens* (stark in Glauben und Frömmigkeit), *caritate largissima* (voll freigebigster Liebe), *humanitate et bonitate clarus* (in Nächstenliebe und Güte hervorragend), *aptus, astutus, benignus, largus* (fähig, klug, wohltätig, freigebig).

### *Frauenlob*

**RICG XV 39. CIL XII 2115. CE 1445. ILC 2172**[31]

(Palme – Taube – Christusmonogramm – Taube – Palme)
FOEDULA QUAE MUNDUM DOMINO MISERANTE
RELIQUIT/HOC IACET IN TUMULO QUEM DEDIT ALMA
FIDES./ MARTINI QUONDAM PROCERIS SUB DEXTERA
TINTA/CRIMINA DEPOSUIT FONTE RE (sic)

NATA DEI./ AD NUNC MARTURIBUS SEDEM (sic)
TRIBUENTIBUS APTAM/CERBASIUM (sic)
PROCEREM PROTASIUMQ(ue) COLIT./ EMERI
TAM REQUIEM TITULO SORTITA FIDELE/ (sic)
CONF[ESSA ES]T [SANCTIS] Q[U]AE SOCIATA IACET (sic)

Es müßte heißen: *tincta, at, martyribus, Gervasium, fideliter, quibus*.

Foedula, die durch die Barmherzigkeit des Herrn die Welt verlassen hat, liegt in diesem Grab, das ihr heiliger Glaube ihr gegeben hat. Einst, als sie von der Hand des Großen Martin getauft worden war, legte sie ihre Sünden ab, wiedergeboren in der Quelle Gottes. Aber jetzt, da ihr die Märtyrer einen würdigen Platz zuweisen, ehrt sie die Großen Gervasius und Protasius. Im Grab hat sie die verdiente Ruhe erlangt, glaubenstreu hat sie für die Heiligen Zeugnis abgelegt, mit denen verbunden sie (hier) ruht.

Die Inschrift ist in Distichen aus einigermaßen korrekten Hexametern und Pentametern abgefaßt. Foedula muß einem gehobenen Milieu angehört haben, denn sie genoß das Privileg einer Bestattung bei den Heiligen *(tumulatio ad sanctos)*. In ihrem Leben verbinden sich zwei für das kirchliche Leben Viennes wichtige Ereignisse: der Besuch des heiligen Martin und die Überführung der Reliquien der Märtyrer Gervasius und Protasius, die Ambrosius 386 in Mailand entdeckt hatte, nach Gallien.

Die Tafel mit der Inschrift ist heute in der Wand des Kreuzgangs von St-André-le-Bas eingemauert.

**RICG XV 72. CIL XII 2143. CE 765. ILC 3579**

CASTITAS FIDES CARITAS
PIETAS OBSEQUIUM
ET QUAECUMQUE DEUS
FAEMINIS INESSE (sic)
PRAECEPIT HIS ORNATA
BONIS SOFRONI
OLA IN PACE QUIESCIT.
MARTINIANUS
IUGALIS EIUS TITULUM
EX MORE DICABIT. (sic)
OBIIT OCTAUM IDUS IUNIAS (sic)

Keuschheit, Glaube, Liebe, Frömmigkeit, Gehorsam und alles, was nach Gottes Befehl Frauen zu eigen sein soll, mit diesen Tugenden ausgezeichnet, ruht Sofroniola in Frieden. Martinianus, ihr Gatte, hat ihr, wie es Brauch ist, den Grabstein gewidmet. Sie starb am 6. Juni (am 8. Tag vor den Iden des Juni).

Es müßte heißen: *feminis*, *dicavit* und *octavum*.

Die Zeilen 3–10 zeigen das Bemühen, Hexameter zu bilden, was aber nur unvollkommen gelungen ist. Daß sich in den Grabinschriften der Urheber zu erkennen gibt, ist im Gegensatz zur früheren Zeit selten. Sonst ist eigentlich alles beim alten geblieben: Vielleicht klingen im Lob der Verstorbenen die Worte des Paulus im 1. Brief an Timotheus 2,9ff. an, aber *castitas, fides, pietas* und *obsequium* preisen auch heidnische Inschriften (XIII 2237. 2244). An einer christlichen Ehefrau wurden dieselben Tugenden geschätzt wie an einer römischen Matrone.

Neu war, daß diese Tugenden einer Frau, auch wenn oder gerade wenn sie nicht heiratete, einen anerkannten gesellschaftlichen Status verschafften. Die Gott geweihte Jungfrau Eufemia war mit jeglicher geistlichen Gnade ausgestattet: vornehmlich leuchtender Liebe, Jungfräulichkeit, Frömmigkeit, (RICG XV 112: *omni gracia spirituale (!) ornata, quae prima est caritas clara, virginitas, piaetas (!);* statt *gratia spirituali* und *pietas).* Die wichtigsten Aufgaben der Frömmigkeit nennt die folgende Inschrift:

**RICG XV 78. ILC 1678**

| | |
|---|---|
| IN HOC TUMULO REQUI<br>ESCIT BONAE MEMORIAE<br>ANANTHAILDA SANC<br>TIMONIALIS CUI D(omi)N(u)S<br>AETERNAM REQUIEM TRE (sic)<br>BUAT. SEMPER DEVOTA S(an)C(t)IS<br>PAUPERIBUS LARGA. OBIET (sic)<br>VIII [K](alendas) MAI(as) P(ost)<br>C(onsulatum) VENANTI. RE<br>SURRECTURA IN PACE | In diesem Grab ruht – seligen Angedenkens – die Nonne (gottgeweihte Jungfrau) Ananthailda, der der Herr die ewige Ruhe zuteilen möge. Immer war sie demütig gegenüber den Heiligen und freigebig gegenüber den Armen. Sie starb am 24. April 508/509 n. Chr. (am 8. Tag vor den Kalenden des Mai im Jahr nach dem Konsulat des Venantius). Sie wird in Frieden auferstehen. |

Es müßte heißen: *tribuat* und *obiit*.

Von einer Frau, deren Name wegen des Verlusts der ersten Zeilen nicht erhalten ist, heißt es: Sie war von hervorragender Frömmigkeit, allen lieb, gegenüber den Armen wohltätig, gegenüber den Sklaven gütig (RICG XV 41: *fede precepua (!), (? omn)ibus cara, pauperebus (!) pia, mancipiis benigna;* statt *fide praecipua* und *pauperibus).* ►

**RICG XV 82. CE 700. ILC 2440**

| | | |
|---|---|---|
| MERITIS PARITERQUE | | Durch ihre Verdienste in gleicher Weise wie durch ihren Namen erhaben, (hat) Celsa hier ihren Leib (gelassen). Denn ihren dem Himmel bestimmten Geist hat sie dem gütigen Himmel zurückgegeben. Die Welt verachtete sie, ihr Fleisch unterwarf sie dem Kreuz; sie mißtraute dem Glück, und immer lachte sie über das Unglück; so hatte sie alle ihre Gefährtinnen an sich gebunden und war allen eine geistliche Mutter (oder: Dienerin). Nicht unähnlich den zehn klugen Jungfrauen hatte sie ihre Öllampe angezündet und erwartete den Bräutigam Christus. Ihre Beisetzung erfolgte am 4. März 518 n. Chr. (am 4. Tag vor den Nonen des März im Jahr nach dem Konsulat des Agapitus). |
| ET NOMINE CELSA HIC | | |
| CORPUS CAELEBEM NAM | (sic) | |
| SPIRITUM CAELO REFUDIT | | |
| ALMO. MUNDANA SPRE | | |
| VIT CARNE SUBACTA CRU | | |
| CI MAETUENSQUE PROS | (sic) | |
| PERA SEMPER ADVERSA | | |
| RIDENS; SIC SODALES CUNC | | |
| TAS DIVINCTAS HABENS | (sic) | |
| SESEQUE PRAEBUIT OMNI | | |
| BUS ALUNNAM NON IN | (sic) | |
| PAR DECEM SAPIENTIBUS PU | | |
| ELLIS ACCENSO OLIVO SPON | (sic) | |
| SUM PRAESTOLATA CHR(istu)M. | | |
| CUIUS DEP(ositio) IIII NON(as) MART(ias) | | |
| P(ost) C(onsulatum) AG[A]PITI | | |

Es müßte heißen: *metuens, devinctas, alumnam* und *oleo.*
*Caelebs* (nach spätantiker Etymologie) = *caelo aptus.*

Ein Hang zur metrischen Stilisierung zeigt sich noch in verschiedenen rhythmisch strukturierten Wortgruppen, z. B. *meritís paritérque et nómine Célsa,* die sich jedoch nicht mehr zu vollständigen Hexametern zusammenfügen. Auch die Sprache ist poetisch und gewählt. Celsa war wohl die Oberin einer Gemeinschaft christlicher Frauen. Die Anspielung auf das Gleichnis von den zehn Jungfrauen (Matthäus 25,1–13) ist nicht ganz gelungen, denn nur fünf von ihnen waren klug. Der Grabstein, wie die beiden vorigen, befindet sich heute im *Musée archéologique* St-Pierre in Vienne.

### *Die Datierungen*

Die Inschrift der Sophroniola nennt den Todestag, die der Celsa Tag, Monat und Jahr der Bestattung. Das ist typisch für Vienne. Während die älteren Inschriften, zu denen auch die für Foedula gehört, keine Angaben zum Datum machen, setzt sich gegen 480 die Sitte durch, den Tag des Ablebens oder der Beisetzung anzugeben. Zwei Drittel der Grabinschriften enthalten einen chronologischen Hinweis, fast die Hälfte ist präzise datiert, 100 nach römischer Gewohnheit durch die Nennung der Konsuln oder eines Konsuls. »Das Jahr nach dem Konsulat des Agapitus« ist eine Verlegenheitslösung, die notwendig war, wenn der Name des Konsuls für das laufende Jahr nicht bekannt war. 534 amtierte der letzte Konsul im Westen, 541 im Osten des Reiches. Aber die gewohnte Datierung behielt man bei, auch als es längst keine Konsuln mehr gab. Man behalf sich, indem man die Postkonsulate zählte; zum Beispiel starb Agapius in Chavanoz am 1. Januar 608 n. Chr., das war im 68. Jahr nach dem Konsulat des Basilius, des letzten Konsuls im Orient (RICG XV 252). 26 Inschriften datieren nach diesem Muster.

Seit der Mitte des 4. Jhs. wurden die Steuerzyklen *(indictiones)* für Datierungen verwendet und im 6. Jh. von Iustinian verbindlich für alle offiziellen Urkunden vorgeschrieben. Sie rechneten ab dem 1. September 312. Man gab nur das Jahr im jeweiligen 15-Jahres-Zyklus an, was für Zeitgenossen verständlich war, aber für uns heute keine absolute Chronologie ergibt. In den Inschriften der Viennensis treten Datierungen nach Indiktionen ab 491 auf (RICG XV 257), meist zusätzlich zur Angabe eines Postkonsulats (insgesamt 40 Fälle).
Erst ab 629 n. Chr. wird in zehn Inschriften auch nach Regierungsjahren der Könige datiert, was bei den Goten und Franken längst üblich war. In neun Fällen wird zusätzlich das Jahr einer Indiktion genannt; RICG XV 246 aus dem Jahr 629/630 n. Chr. datiert nach dem Postkonsulat des Iustin, dem 2. Jahr der Indiktion und dem (...) Regierungsjahr König Dagoberts (RICG XV S. 45 ff.).

### *Die Namen*

Celsa ist ein römischer, Sophroniola ein griechischer und Ananthailda ein germanischer Name. Während in der Stadt Vienne 56,63% der Namen römisch, 14,80% griechisch und 22,45% germanisch sind, ist auf dem flachen Land fast die Hälfte der Namen germanisch, der Anteil der anderen entsprechend geringer. Die meisten germanischen Namen gehören in die Zeit zwischen 486 und 570; am häufigsten sind sie in der Nähe des Lac du Bourget und in der Gegend des Rhôneknies und dokumentieren wahrscheinlich die dort stattgefundene Ansiedlung von Burgundern. Gundefrida, die im Konsulat des Valerius (521 n. Chr.) in Yenne begraben wurde, gehört ebenso zu diesem Kreis wie Bertefrida, ein unschuldiges, ehrenwertes, hübsches, sanftes, gutes, zurückhaltendes Mädchen von acht Jahren, das am 1. September im 66. Jahr nach dem Konsulat des Basilius (606 n. Chr.) in Luzinay starb (RICG XV 285 und 245).

Nach 570 nehmen griechisch-lateinische Namen zu, und die Inschriften stammen großenteils von lokalen Aristokraten und Klerikern. Das sind die einzigen, die im 7. Jh. noch schreiben.

## *Die spätesten Zeugnisse*

Das heute eher triste Dorf Briord an der Rhône (Département Ain) übertrifft mit 18 Inschriften die einst berühmte Stadt Nîmes. Es lassen sich chronologisch und topographisch deutlich zwei Gruppen unterscheiden. Der einen gehören fünf Inschriften mit germanischen Namen aus den Jahren 487 bis 501 an, von denen zwei inhaltlich besonders interessant sind: Arenberga hat zur Rettung ihrer Seele den Sklaven Manno freigelassen *(levorto puero* statt *libertum puerum,* RICG XV 261). Beides, die Erwähnung guter Werke mit diesem Ziel wie einer Freilassung, ist in dieser Zeit höchst selten. Aber auch Maneleubus hat sechs Sklaven freigelassen (RICG XV 258). In einer östlich des Ortes gelegenen, ausgedehnten Nekropole wurden von 1956 bis 1980 eine kleine Kirche und an die 200 Gräber freigelegt, die von der Hohen Kaiserzeit bis in die Merowingerzeit reichen. Diesem Friedhof sind die Inschriften der jüngeren Serie zuzuordnen, die um 630 einsetzen und nach Regierungsjahren von Frankenkönigen datieren.[32]

Bis auf einige neu gefundene Fragmente waren die Inschriften beider Serien schon im 18. Jahrhundert bekannt und sind heute zum größten Teil verloren. Ihre Rekonstruktion beruht auf den Abschriften des Abbé de Veyle (gestorben 1723), den Hirschfeld als sorgfältigen und kundigen Autor bezeichnet. Geradezu anrührend in ihrem letztlich scheiternden Bemühen, die überlieferten Stilmittel zu bewahren, sind zwei Grabinschriften für die Priester Felix und Amatus, die anscheinend in dem etwa 15 km entfernten Vézeronce amtierten und in Briord gestorben und begraben sind. Das Grabgedicht für Amatus nimmt das von diesem für Felix verfaßte zum Vorbild: *Amatus studuit conscrivere karmin* (bemühte sich, ein Gedicht zu verfassen. RICG XV 264).

**RICG XV 265, CIL XIII 2478. ILC 1076**

(Kreuz) Hic tua, venerabilis Amate, requicunt membra
sepulcro, qui fuit insignis meritis Veseroncia prior
pr(es)b(yte)r, officio altarebus sacris prelictus adesit. Ver mag-
nus ac mente benignus, abstutus, passiins, dulcissemus, aptus,
non te novilior criscit ex mure parentum. Consili mag-
nas dum feneraris opis, rapuit inveda mors de corpo-
re vita. Hoc ergo frater, plenus amure, cum nimio tu-
mulavit dulure, cui sistint lacreme et cesint su[spiria].

Ich versuche eine Wiedergabe in klassischer Schreibweise und setze die Bruchstücke von traditionellen Versbausteinen kursiv.

Hic tua venerabilis Amate requiescunt *mémbra sepúlcro,*
Qui fuit *ínsignís meritís* Veseroncia prior
Presbyter, officio altaribus sacris praeelectus adhaesit.
Vir magnus ac *ménte benígnus,* abstutus, patiens, *dulcíssimus, áptus,*
*Nón te nóbiliór crescít ex móre paréntum.*
Consilii magnas dum feneraris opes,
Rapuit *ínvida mórs de córpore vítam.*
Hoc ergo frater plenus amore cúm nimió *tumulávit dolóre*
Cui sistent lacrimae et cessint *suspíria flétus.*

Vixit in pace an(nos) XXXXVIII; obiit XV k(alendas) [. . .],
ano V e rigno Dagoberti re(gis), (in)d(ictione) VII. (sic)

Hier ruhen, verehrter Amatus, Deine Glieder im Grabe, der, ausgezeichnet durch seine Verdienste, Archipresbyter in Vezeronce war und, von Jugend an für die heiligen Altäre ausgewählt, seinem Dienst anhing. Ein bedeutender Mann, gütig, klug, geduldig, überaus freundlich, fähig.
Niemand wächst vornehmer als Du nach der Sitte der Eltern.
Während Du große Schätze der Weisheit anhäuftest, raubte ein neidischer Tod das Leben aus Deinem Körper. So also hat Dich Dein Bruder, voll Liebe, unter größtem Schmerz begraben. Mögen seine Tränen trocknen und seine Seufzer und sein Weinen aufhören.
Er lebte 48 Jahre in Frieden, er starb am 15. Tag vor den Kalenden im 5. Jahr der Herrschaft König Dagoberts, im 7. Jahr der Indiktion (633 oder 634 n. Chr.).

Nicht nur nach der Zeitstellung, sondern auch nach der Qualität des Latein, über die sich jegliche Diskussion verbietet, haben wir mit dieser Inschrift die Grenze zwischen Antike und Mittelalter überschritten.[33] Doch sowohl in Vienne selbst als auch auf dem flachen Land bewahrte die Bevölkerung auch unter der Herrschaft der Burgunder und Franken die überkommenen Gewohnheiten. Das Bemühen um eine poetische Sprache und Rhythmisierung sowie die Datierung nach Postkonsulaten dokumentieren das Fortleben von Resten der römischen Kultur weit über das Ende des Römischen Reiches hinaus. Die eingewanderten Burgunder übernahmen die Sitte, Grabinschriften in lateinischer Sprache und mit römischer Datierung zu setzen. Sie sind die letzten, die in der ehemaligen Provinz Narbonensis der Anziehungskraft der römischen Kultur erlagen.

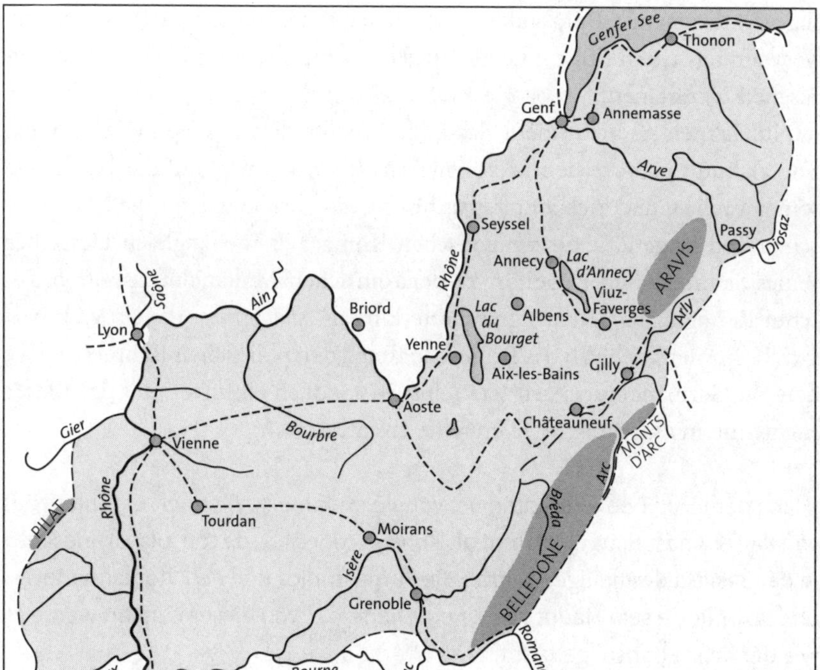


*Civitas Vienna*

## Ausblick: Chlodwig

Notwendigerweise war dieses Kapitel weitgehend auf den Ton von Abschied und Wandel gestimmt: Die römische Herrschaft in Gallien ist ebenso dahin wie die städtische Freiheit. Die Aristokraten, die sich in den Wirbeln des Untergangs an die antike Kultur klammern, leben in dem klaren Bewußtsein, daß sie die Letzten sind. Aber es entsteht auch Neues, das die Zukunft für sich hat: die Christianisierung der Stadtbilder, die Herrschaft der Bischöfe, die zugleich geistliche und weltliche Aufgaben erfüllen, und christliche Literaturgattungen, die das ganze Mittelalter hindurch stilbildend sind. Sulpicius Severus schafft die lateinische Heiligenvita, Caesarius von Arles die lateinische Volkspredigt und Avitus von Vienne das lateinische Bibelepos. Die Könige der Goten und Burgunder entwickeln aus der römischen Tradition eine Verwaltungsstruktur und eine Gesetzgebung für ihre römischen und germanischen Untertanen.

Nur kamen sie nicht mehr dazu, die Früchte dieser Adaption zu ernten. Die Zukunft gehörte den Merowingern. Als Chlodwig 482 die Nachfolge seines Vaters Childerich antrat, galt für ihn das gleiche wie für die burgundischen und lange Zeit für die gotischen Könige: Er war zugleich Herrscher seines Stammes und Angehöriger der römischen Militäradministration. Bischof Remigius von Reims gratulierte ihm als *administrator* der Provinz Belgica II. Immer noch gab das Römische Reich den politischen Rahmen vor, in den ein Germanenfürst sich wie selbstverständlich einfügte, und der Kaiser suchte ihn in die römische Hierarchie zu integrieren:

(Nach dem Sieg über die Goten bei Vouillé im Jahre 507) erhielt er (Chlodwig) von Kaiser Anastasius ein Patent als Konsul (codecillos de consolato) und legte in der Basilika des heiligen Martin die Purpurtunica und den Staatsmantel an und schmückte sein Haupt mit einem Diadem... Von diesem Tag an wurde er wie der Kaiser Konsul genannt.

*Gregor von Tours, Historiae 2, 36*[34]*. Übersetzung Bucher*

In die Zukunft wies hingegen das Bündnis des Königs mit der katholischen Kirche. Während die anderen germanischen Könige und ihre Völker Arianer waren, war Chlodwig noch Heide. Gregor von Tours schildert die Umkehr als dramatisches Bekehrungserlebnis nach dem Vorbild Konstantins des Großen. Als in einer Schlacht gegen die Alamannen die völlige Vernichtung

*Der Chor der Kathedrale von Vaison-la-Romaine. Man sieht, daß die Grundmauern aus wiederverwendeten Säulentrommeln bestehen. Das Mittelalter ruht auf den Spolien der Antike.*

des fränkischen Heeres drohte, rief Chlodwig Jesus Christus, den Sohn des lebendigen Gottes, an und versprach, an ihn zu glauben und sich taufen zu lassen, wenn Christus ihm den Sieg über die Feinde gewähre (*Historiae* 2,30). Seine Gemahlin, die burgundische Prinzessin Chrodichilde, die schon längere Zeit bemüht war, Chlodwig zum katholischen Glauben hinüberzuziehen, stellte den Kontakt zu Remigius, dem Bischof von Reims, her. Die Taufe wurde an einem Weihnachtstag (wohl 498) als öffentlicher Akt von großer Publizität vollzogen. Zusammen mit dem König ließen sich seine Schwester Abloflede und zahlreiche seiner Krieger taufen.

Er ging, ein neuer Konstantin, zum Taufbade hin, sich reinzuwaschen von dem alten Aussatz ... Als er aber zur Taufe hintrat, redete ihn der Heilige Gottes mit beredtem Munde also an: »Beuge demütig deinen Nacken, Sigambrer, bete an, was du verbranntest, verbrenne, was du verehrtest.« (Mitis depone colla, Sigamber; adora quod incendisti, incende quod adorasti)

*Gregor von Tours, Historiae 2,31. Übersetzung Bucher*

Es bedürfte nicht Gregors Versicherung, daß Remigius (438–533) ein gebildeter und in der Rhetorik bewanderter Mann war. Man hört es an der doppelten, kreuzweis gestellten Antithese *(commutatio)* und an der Anrede des Täuflings als Sugambrer, einer gelehrten Anleihe an Caesars *bellum Gallicum*.

Die Sugambrer waren seit Jahrhunderten nicht mehr als eine literarische Reminiszenz, geeignet, um einen Germanen als besonders stolz und unbeugsam zu kennzeichnen.[35] Beugten sie sich früher nur dem Kaiser, so unterwerfen sie sich jetzt der Kirche.

Für den um 100 Jahre jüngeren Bischof Gregor von Tours ist nichts so wichtig wie die Rechtgläubigkeit. Indem Chlodwig mit dem Heidentum und der arianischen Häresie Schluß gemacht hat, ist er zum Werkzeug Gottes geworden. Selbst das heimtückische Gemetzel unter den konkurrierenden fränkischen Königen kommentiert Gregor im alttestamentarischen Stil: »Gott aber warf Tag für Tag seine Feinde vor ihm zu Boden und vermehrte sein Reich, darum daß er rechten Herzens vor ihm wandelte und tat, was seinen Augen wohlgefällig war« (*Historiae* 2,30; Übersetzung Bucher).

Zweifellos war das Bündnis mit der Kirche ein entscheidender Schritt, um aus Franken und Römern ein fränkisches Volk entstehen zu lassen. Doch ist ein heutiger Historiker nicht verpflichtet, Gregor in seiner Theodizee zu folgen. Nur würde die Darlegung der Gründe, aus denen von den spätantiken Germanenstaaten allein das Frankenreich überlebte und zum Grundstein des mittelalterlichen Europa wurde, ein weiteres Buch erfordern.

# Zeittafel

## Griechen und Kelten/Gallier

| | |
|---|---|
| 8.–6. Jh. v. Chr. | Hallstatt-Kultur |
| ca. 600 | Gründung von Marseille (gr. Massalia, lat. Massilia), Kolonie der Phokaier |
| ca. 540 | Seeschlacht bei Alalia (Niederlage der Griechen gegen Etrusker und Karthager) |
| 5. Jh. | Erste Erwähnungen von Kelten bei griechischen Schriftstellern |
| 5.–1. Jh. | La Tène-Kultur. Keltische Expansion von Italien bis Anatolien |
| ab ca. 500 | Massaliotisches Handelsmonopol in Südgallien. Starke griechische Einflüsse auf die Entwicklung der einheimischen Gesellschaften; sog. Oppida-Zivilisation |
| ab ca. 300 | Entwicklung einer gallo-griechischen Schrift |

## Die Zeit der römischen Republik

| | |
|---|---|
| 387/386 v. Chr. | Schlacht an der Allia. Einnahme Roms durch die Gallier |
| 218–201 | Hannibalkrieg (oder Zweiter Punischer Krieg). Bündnis zwischen Rom und Marseille; erste sichere Informationen über die gallischen Stämme, durch deren Gebiet Hannibal zieht |
| 154 | Römische Militäraktion gegen ligurische Stämme, die massaliotische Kolonien bedrohen |

| | |
|---|---|
| 133 | Volkstribunat des Tiberius Sempronius Gracchus. Beginn der Krise der Republik |
| 125–121 | Ausgelöst durch ein massaliotisches Hilfsgesuch, Feldzüge römischer Feldherren gegen die Salluvier, Vokontier, Allobroger und Arverner |
| ab 121 | Dauernde Präsenz der Römer im südlichen Gallien: Bau der *Via Domitia,* Gründung der Kolonie *Narbo Martius.* Einrichtung der Provinz *Gallia Transalpina* oder *Gallia Narbonensis* |
| 105 | Katastrophale römische Niederlage gegen die Kimbern und Teutonen bei Arausio (Orange) |
| 102–101 | Siege des Gaius Marius über die Teutonen bei Aquae-Sextiae (Aix-en-Provence), über die Kimbern bei Vercellae |
| 82–81 | Diktatur Sullas |
| 77–72 | Feldzug des Pompeius gegen Sertorius in Spanien |
| 60/59 | Sogenanntes Erstes Triumvirat. Konsulat des Gaius Iulius Caesar |
| 58–52 | Eroberung ganz Galliens durch Caesar |
| 49 | Beginn des Bürgerkrieges zwischen Caesar und Pompeius, dem Feldherrn der legalen Regierung. Belagerung und Eroberung von Marseille |
| 15.3.44 | Ermordung Caesars |
| November 43 | Abschluß des (Zweiten) Triumvirats zwischen Marcus Antonius, Gaius Iulius Caesar (Octavianus, dem späteren Augustus) und Marcus Aemilius Lepidus. Gallien kommt in das Einflußgebiet Octavians |
| 2.9.31 | Schlacht von Actium. Sieg Octavians über Antonius und Kleopatra. Octavian ist Alleinherrscher |

## Die Hohe Kaiserzeit: Prinzipat und Pax Romana

| | |
|---|---|
| 13.–16.1.27 v. Chr. | Begründung des Prinzipats. Octavian gibt die im Bürgerkrieg gewonnene Macht an die legalen staatlichen Organe zurück und erhält das Kommando über die Truppen in den Provinzen (*imperium proconsulare*). Ausdruck seiner überragenden Stellung ist der neue Beiname Augustus |
| ab 27 | Neuordnung Galliens |
| 16–13 | Augustus in Gallien |

| | |
|---|---|
| 15–7 | Eroberung der Alpen und weiter Teile Germaniens durch Tiberius und Drusus, die Stiefsöhne des Augustus |
| 12 v. Chr. | Einweihung der *Ara Romae et Augusti* in Lyon |
| 19. 8. 14 n. Chr. | Tod des Augustus |
| 14–68 | Iulisch-Claudische Dynastie (Tiberius, Gaius Caligula, Claudius, Nero) |
| 68/69 | Vierkaiserjahr (Galba, Otho, Vitellius, Vespasian). Das Heer des Vitellius plündert Vienne |
| 69–96 | Flavische Dynastie (Vespasian, Titus, Domitian). Einrichtung zweier Militärprovinzen im Rheinland (*Germania superior* und *inferior*). Bau des Limes |
| 96–192 | Humanitäres oder Adoptiv-Kaisertum (Nerva, Traian, Hadrian, Antoninus Pius, Mark Aurel, Lucius Verus) |
| 167–175/ 178–180 | Kämpfe gegen Markomannen, Quaden und andere Stämme |
| 177 | Christenverfolgung in Lyon und Vienne |
| 192/193 | Bürgerkrieg nach dem Ende des Commodus |
| 193–235 | Severische Dynastie (Septimius Severus, Caracalla, Elagabal, Severus Alexander) |
| 197 | Blutiger Sieg des Septimius Severus über den Usurpator Clodius Albinus bei Lyon. Einnahme und Plünderung der Stadt durch die Truppen des Siegers |
| 212 | *Constitutio Antoniniana*: Alle freien Reichsbewohner erhalten das römische Bürgerrecht |
| 235–284 | Zeit der Soldatenkaiser. Ende der *Pax Romana* in Gallien |
| Mitte des 3. Jhs. | Einfälle von Alamannen und Franken nach Gallien. Aufgabe des Limes und des Dekumatenlandes |
| 260–274 | Gallisches Sonderreich. Bagaudenaufstände |

## Spätantike

| | |
|---|---|
| 284–337 | Neuorganisation des Reiches durch Diokletian und Konstantin. Einrichtung der *Praefectura Galliarum* mit Sitz in Trier |
| 311/313 | Toleranzedikt des Galerius/Edikt von Mailand |
| 314 | Konzil von Arles |
| 325 | Konzil von Nikaia |

| | |
|---|---|
| 355–59 | Sicherung der Rheingrenze durch Kaiser Iulian |
| 9. 8. 378 | Schlacht von Adrianopel (heute Edirne). Schwere römische Niederlage gegen die Goten |
| 382 | Ein Vertrag (*foedus*) erlaubt den Goten die Ansiedlung auf Reichsboden (Föderati) |
| 391 | Verbot der heidnischen Kulte durch Theodosius |
| 395 | Tod des Theodosius, des letzten Kaisers über das Gesamtreich. Honorius wird Herrscher im Westen, Arcadius Herrscher im Osten. Auseinanderdriften der beiden Reichsteile. Die westliche Reichshälfte gerät unter zunehmenden Druck der Germanen |
| Um 400 | Verlegung der Präfektur von Trier nach Arles |
| 407/408 | Germaneneneinbruch am Mittelrhein. Ende der römischen Herrschaft in Nord-und Mittelgallien. Bagaudenaufstände |
| 24. 8. 410 | Eroberung und Plünderung Roms durch die Westgoten unter Alarich |
| 418–507 | Tolosanisches Reich der Westgoten (507: Sieg Chlodwigs in der Schlacht von Vouillé) |
| 438 | Veröffentlichung des Codex Theodosianus |
| 443 (?)–534 | Burgunderreich an der oberen und mittleren Rhône (Sapaudia) |
| 451 | Schlacht auf den Katalaunischen Feldern: Sieg des Aëtius und der verbündeten Germanen über die Hunnen unter Attila |
| 2. Hälfte des 5. Jhs. | Die Reichszentrale verliert den Kontakt zu den gallischen Provinzen |
| 476 | Mit der Absetzung des Romulus Augustus durch Odoaker endet im Westen des Reiches das römische Kaisertum |
| 482–511 | Chlodwig König der Franken |
| 536 | Ganz Gallien unter fränkischer Herrschaft |

# Glossar althistorischer und archäologischer Fachbegriffe

*Agon*
Wettkampf. Alle Feste in der griechischen Welt wurden in Form von dramatischen, musischen oder sportlichen Agonen ausgetragen. Auch in Nîmes und Vienne sind Agone im griechischen Stil bezeugt.

*Amphore*
Zweihenkliges bauchiges Gefäß aus gebranntem Ton für den Transport und die Lagerung von Wein und Öl.

*Annuität*
Wichtigstes Prinzip des römischen Ämterrechtes. Kein Amt durfte länger als ein Jahr bekleidet werden, zwischen einem Amt und dem nächsten mußte in der Zeit der Republik ein Intervall liegen.

*Civitas*
s. Staat/Stadt/Stadtstaat

*Cursus honorum (Ämterlaufbahn)*
Der *cursus honorum* regelte die Folge, in der die Ämter bekleidet wurden: Quästur (Finanzen), Ädilität (Polizei, Aufsicht über Straßen und Märkte), Prätur, Konsulat, Zensur (Aufstellung der Bürger- und Senatsliste). Prätoren, Konsuln und Prokonsuln besaßen das *imperium*, die oberste umfassende Befehlsgewalt, mit der das militärische Kommando und die jurisdiktionelle Kompetenz verbunden waren. Unter dem Prinzipat gab es mehrere Konsuljahre pro Jahr, *consules ordinarii* und *suffecti*. Außerdem wurde der *cursus honorum* aufgestockt und schloß mit dem Kommando über die großen kaiserlichen Militärprovinzen (Titel: *Legatus Augusti pro praetore*) und dem Amt des *praefectus urbi*.

In Analogie zu den stadtrömischen Verhältnissen gab es in den Städten der Narbonensis Quästoren und Ädile. Die Spitze der Hierarchie bildeten in einer latinischen Stadt Kollegien von Quattuorvirn *(IV-Viri),* in einer Bürgerkolonie Duumvirn *(II-Viri).*

*Decurio*
s. *ordo decurionum*

*Dolium (pl. Dolia)*
Großes Gefäß aus gebranntem Ton zur Lagerung von Getreide sowie zur Gärung und Lagerung von Wein.

*Familia*
Die römische Familie *(familia)* beruhte nicht auf Verwandtschaft, sondern war ein Rechtsverband unter der *patria potestas* eines *pater familias,* dessen unbeschränkter Gewalt das Familienvermögen sowie die freien und unfreien Familienangehörigen unterstanden.

*Flamen*
s. Priester

*Geld*
Das Währungssystem der Kaiserzeit beruhte auf der Relation von drei Metallsorten, die trotz kontinuierlicher Gewichtsminderungen bzw. Verringerung des Feingehalts bis in den Beginn des 3. Jhs. stabil blieb. 1 Goldmünze *(aureus)* = 25 Silbermünzen *(denarii)* = 100 Messingmünzen *(sestertii).* Eine Umrechnung in moderne Währungen ist sinnlos, nicht nur weil der Maßstab fehlt, sondern weil die Wirtschaft nur z. T. monetarisiert war. Die meisten Menschen waren zwar arm und hatten kein Geld, aber als agrarische Selbstversorger waren sie für ihre elementaren Bedürfnisse nicht vom Markt abhängig. Die Unterschiede von arm und reich waren enorm (wie auch heute). Die höchsten überlieferten Vermögen von 400 Millionen Sesterzen gehörten einem Senator und einem kaiserlichen Freigelassenen. Über in der Narbonensis verausgabte Beträge informiert das Register s. v. Wohltäter.

*Kollegialität*
Alle Ämter in Rom und in den Provinzstädten waren mit mindestens zwei gleichrangigen Männern besetzt. Jeder Amtsinhaber war allein handlungs-

fähig; war das Einvernehmen gestört, konnte ein Kollege gegen den anderen sein Veto einlegen (interzedieren).

*Kolonie*

Griechische Kolonien waren neue selbständige Stadtstaaten, mit der Mutterstadt nur durch Bande der Pietät verbunden. Im Gegensatz dazu blieben römische Bürgerkolonien *(coloniae civium Romanorum)* Teil des Bürgerverbandes. In der Narbonensis wurden von Caesar und Octavian im ganzen fünf Bürgerkolonien zur Versorgung ausgedienter Soldaten (Veteranen) angelegt. Etwa 12 latinische Städte wurden ehrenhalber zu Titularkolonien erhoben.

*Kuria*

Tagungslokal des Stadtrats. In der Spätantike Bezeichnung für die Stadträte.

*Magister militum (Heeresmeister)*

In der Spätantike, als militärisches Kommando und Zivilverwaltung getrennt waren, Titel der obersten Heerführer. Die Inhaber waren häufig Germanen.

*Munus (pl. munera; gr. Liturgie)*

Lasten, zu deren Übernahme die Bürger entsprechend ihren finanziellen und körperlichen Möglichkeiten verpflichtet waren (z.B. Unterhaltung der Straßen, Heizen der Thermen). Nicht durch direkte Steuern, sondern durch Umlage der zu versehenden Aufgaben wurde das städtische Leben unterhalten. Auch die *honores* (Ämter, Ehrenämter) waren der Funktion nach nichts anderes und mußten reihum von den »Geeigneten« übernommen werden, nur brachten sie eben Ehre ein.

*Ordo decurionum*

In Analogie zum römischen Senat waren die Stadträte, denen die gewesenen Beamten auf Lebenszeit angehörten, auch in den Städten der Narbonensis das wichtigste Organ der Stadtverwaltung. Die Dekurionen bildeten die Stadt- oder Munizipalaristokratie.

*Ordo equester* und *ordo senatorius*

Die höchsten gesellschaftlichen Ränge (Stände) im Römischen Reich. Die Aufnahme in den Ritterstand erfolgte durch den Kaiser. Den Rittern waren die höheren Offiziersränge und die Prokuratorenstellen vorbehalten. Der Senat hatte in der Kaiserzeit 600 Mitglieder. Der Zugang erfolgte durch Bekleidung der Ämter oder *adlectio* (Hinzuwahl) durch den Kaiser.

*Ornamenta*
Ehrenzeichen, die jemand in der Öffentlichkeit führen durfte, ohne die eigentliche Würdenstellung zu besitzen (z.B. *o. triumphalia* als Ersatz für einen Triumph, *o. decurionatus* als Ersatz für einen Sitz im Stadtrat).

*Podium*
Im Amphitheater eine hohe Mauer, die Arena und Zuschauerraum trennte. *Podiumtempel*: Typische Form des römischen Tempels, der sich auf einer Plattform über dem umliegenden Niveau erhebt und an der Frontseite durch eine breite Treppe zugänglich ist.

*Priester*
Aus demselben gehobenen Milieu wie die Beamten und Dekurionen stammten die Priester, die in Analogie zu Rom die Titel *Pontifex* und *Flamen* führten. Letzterer war für den Herrscherkult zuständig, eine *Flaminica* besorgte den Kult der weiblichen Kaisergottheiten. Für den Kaiserkult gab es außerdem Kollegien von *Seviri Augustales (VI-Viri),* die häufig Freigelassene waren.

*Peristyl*
Ein von Säulen umstandener Innenhof oder Garten.

*Portikus (fem. porticus; gr. Stoa)*
Halle mit geschlossener Rückwand, die sich durch eine Säulenstellung auf einen Platz oder eine Straße öffnet. *Kryptoportikus*: eine unterirdische Portikus.

*Präfektus*
Militärischer Rang (z.B. *praefectus cohortis*). Titel der Spitzenämter der ritterlichen Laufbahn: *praefectus Aegypti, praefectus annonae* (kaiserlicher Beauftragter für die Versorgung der Hauptstadt und der Armeen), *praefectus praetorio* (Kommandant der Prätorianerkohorten in Rom). In der Spätantike war das Reich in vier Sprengel geteilt, in denen jeweils ein Prätorianerpräfekt der Zivilverwaltung (Steuereinziehung, Rechtsprechung) vorstand.

*Prokurator*
Geschäftsführer im Auftrag eines anderen; im Privathaushalt des *pater familias,* im Römischen Reich des Kaisers. Prokuratoren waren ritterliche, regelmäßig besoldete Beamte, die in der Finanzverwaltung und den zentralen Kanzleien tätig waren.

*Provinz*
Kompetenzbereich eines Magistrats, ab dem späten 3. Jh. v. Chr. außeritalische Untertanengebiete, die von einem Beamten *cum imperio* regiert wurden.

*Ritter*
s. *ordo equester*

*Senator*
s. *ordo senatorius*

*Staat/Stadt/Stadtstaat*
Staatliches Handeln fand im Römischen Reich auf zwei Ebenen statt. Terminologisch ist zu unterscheiden zwischen »Staat/staatlich«, das für Kaiser, Senat und die Statthalter reserviert ist, und »städtisch« für die autonomen Selbstverwaltungskörperschaften (gr. *pólis*, lat. *civitas*).

*Tribus*
Gliederungsprinzip der römischen Bürgerschaft nach Wohnbezirken. Da ab 241 v. Chr. die Zahl der Tribus konstant bei 35 blieb, mußten Neubürger in schon bestehende Tribus eingeschrieben werden, auch wenn sie nicht dort wohnten. Die römischen Bürger in den latinischen Städten der Narbonensis gehörten zur *Tribus Voltinia.* Die Nennung der Tribus war vorgeschrieben, wenn man im offiziellen Rahmen seinen Namen angeben wollte.

# Abkürzungs- und Literaturverzeichnis

## 1. Antike Autoren

Die Namen der geläufigen Autoren sind ausgeschrieben, die anderen sind nach DNP abgekürzt. Caesar, *Bellum Gallicum* ist mit Caes. Gall., Caesar, Bellum civile mit Caes. civ. angegeben; Plinius, *Naturalis historia* mit Plinius nat. hist.

## 2. Lateinische Inschriften

| | |
|---|---|
| AE | Année épigraphique |
| CIL XII | O. Hirschfeld (Hg.), Corpus inscriptionum Latinarum XII, Inscriptiones Galliae Narbonensis Latinae, 1888 |
| CIL XIII | O. Hirschfeld et C. O. Zangemeister (Hgg.), Corpus inscriptionum Latinarum XIII,1, 1899 |
| ILGN | E. Espérandieu (Hg.), Inscriptions latines de Gaule Narbonnaise, 1929 |
| ILN | Inscriptions Latines de Narbonnaise (ILN), Gallia, Supplementum 44 |
| ILN I | J. Gascou/M. Janon (Hgg.), Fréjus, 1985 |
| ILN II | A. Chastagnol (Hg.), Antibes, Riez, Digne, 1992 |
| ILN III | J. Gascou (Hg.), Aix-en-Provence, 1995 |
| ILN IV | J. Gascou/Ph. Leveau/J. Rimbert (Hgg.), Apta, 1997 |
| ILN V. 1 | B. Rémy (Hg.), Vienne, 2004 |
| ILS | H. Dessau (Hg.), Inscriptiones Latinae selectae |
| ILTG | P. Wuilleumier (Hg.), Inscriptions Latines des Trois Gaules, Gallia Suppl. XVII, 1963 |

| | |
|---|---|
| Freis | Historische Inschriften zur römischen Kaiserzeit, übersetzt und herausgegeben von H. Freis, 1984 |
| Schumacher | L. Schumacher, Römische Inschriften, Lateinisch-Deutsch, 1988 |
| Walser | G. Walser, Römische Inschrift-Kunst, 1988 – *Das Buch bringt jede Inschrift in dreifacher Form: in lateinischer und deutscher Sprache (nebst einem kurzen Kommentar) und auf der gegenüberliegenden Seite in einer Photographie. Mit diesem Buch ausgerüstet, kann man sich die Museen von Köln, Mainz und Lyon selbst erschließen.* |
| WI | L. Wierschowski, Fremde in Gallien – »Gallier in der Fremde«. Die epigraphisch bezeugte Mobilität in, von und nach Gallien vom 1. bis 3. Jh. n. Chr. Texte – Übersetzungen – Kommentare, 2001 – *Das Buch bietet den einfachsten Zugang zu den Inschriften aus Gallien, da im Rahmen des Themas zentrale sozial- und mentalitätsgeschichtliche Sachverhalte erfaßt sind.* |
| CE | F. Bücheler (Hg.), Carmina Latina epigraphica, 2 Bände, 1895–1897 |
| ILC | E. Diehl (Hg.), Inscriptiones Latinae Christianae veteres, 3 Bände, ³1970 |
| RICG | Recueil des inscriptions chrétiennes de la Gaule antérieurs à la Renaissance carolingienne |
| RICG XV | F. Descombes (Hg.), Viennoise du Nord, 1985 |


## 3. Carte archéologique


| | |
|---|---|
| CAG | Carte archéologique de la Gaule |
| CAG 01 | A. Buisson (Hg.), L'Ain, 1990 |
| CAG 04 | G. Bérard (Hg.), Les Alpes-de-Haute-Provence, 1997 |
| CAG 13/1 | F. Gateau (Hg.), L'Etang-de-Berre, 1996 |
| CAG 13/2 | F. Gateau/M. Gazenbeek (Hgg.), Les Alpilles et la Montagnette, 1999 |
| CAG 30/1 | J.-L. Fiches/A. Veyrac (Hgg.), Nîmes, 1996 |
| Cag 30/2 | M. Provost et alii (Hg.), Le Gard, 1999 und 30/3 |
| CAG 38/1 | A. Pelletier, F. Dory, W. Meyer, J.-Cl. Michel (Hgg.), L'Isère |
| CAG 73 | B. Rémy/F. Ballet/E. Ferber (Hgg.), La Savoie, 1996 |
| CAG 74 | F. Bertrandy, M. Chevrier, J. Serralongue (Hgg.), La Haute-Savoie, 1999 |

## 4. Sonstige in der Altertumswissenschaft gebräuchliche Abkürzungen

| | |
|---|---|
| ANRW | H. Temporini/W. Haase (Hg.), Aufstieg und Niedergang der römischen Welt |
| DNP | Der Neue Pauly I, 1996 ff. |
| Frg. | Fragment |
| HGIÜ | K. Brodersen/W. Günther/H. H. Schmitt (Hg.), Historische griechische Inschriften in Übersetzung, I–III, 1992–1999 |
| Lejeune | M. Lejeune, Recueil des inscriptions gauloises (R. I. G.) I, Textes gallo-grecs, und II 1, Textes gallo-étrusques. Textes gallolatins sur pierre, Gallia Suppl. 45, 1985 und 1988 |
| IK | Inschriften aus Kleinasien |
| PIR | Prosopographia Imperii Romani |
| RAN | Revue archéologique de Narbonnaise |
| s. v. | sub verbo (unter dem Stichwort) |
| Syll.$^3$ | G. Dittenberger (Hg.), Sylloge inscriptionum Graecarum, I–IV, $^3$1915–1924 |

Zeitschriften sind nach DNP abgekürzt.

## 4. Literatur

Hinweise auf die Fachliteratur sollen einerseits dokumentieren, auf welche Forschungen von Fachleuten ich jeweils rekurriere, andererseits dem Leser die eigene Weiterarbeit ermöglichen. Spezialuntersuchungen werden in den Anmerkungen mit vollem Titel und Erscheinungsjahr angegeben. Hier werden nur Standardwerke, die für größere Zusammenhänge grundlegend sind, sowie Bücher und Aufsätze, die in mehreren Kapitel benutzt sind, angeführt. Sie erscheinen in der Reihenfolge, wie sie der Text erfordert. In den Anmerkungen werden sie mit dem Namen des Autors und einem Stichwort zitiert.

### *Kapitel I Einleitung*

H.-J. Gehrke/H. Schneider, Geschichte der Antike, 2000 – *Wie der Untertitel »Ein Studienbuch« angibt, bietet das Buch allgemeinverständliche und zuverlässige Informationen auf dem Stand der Forschung*

J.-P. Jospin, Les Allobroges. Gaulois et Romains du Rhône aux Alpes, 2002 (Allobroges) – *Gut ausgestatteter Katalog, der eine 2002–2005 in Grenoble, Genf und St-Romain-en-Gal gezeigte Ausstellung begleitete. Der Band präsentiert alles was zur Zeit über die Romanisierung der Allobroger resp. der Civitas Vienne bekannt ist*

H.-I. Marrou, Geschichte der Erziehung im klassischen Altertum, 1957

Chr. Goudineau/P. A. Février/M. Fixot/V. Kruta, in: G. Duby (Hg.), Histoire de la France urbaine, I, La ville antique des origines au IX^e^ siècle, 1980 (France urbaine)

J. Bromwich, The Roman Remains of Southern France. A Guidebook, 1993 – *Vorzüglicher Führer: Die Routenbeschreibungen führen zuverlässig auch zu weniger bekannten oder abgelegenen antiken Stätten, Faustskizzen schaffen den nötigen Überblick*

### *Kapitel II Griechen und Kelten – Die Geschichte Südgalliens von der Gründung Massalias bis zur römischen Eroberung*

M. Bats, La Provence protohistorique, in: P.-A. Février u. a. (Hgg.), La Provence des origines à l'an mil, 1989 (Provence)

Bromwich (wie Kap. I)

H. Birkhan: Die Kelten, Versuch einer Gesamtdarstellung ihrer Kultur, $^{2}$1997

B. Maier, Die Kelten, ihre Geschichte von den Anfängen bis zur Gegenwart, 2000

S. Rieckhoff/J. Biel, Die Kelten in Deutschland, 2001

H.-U. Cain/S. Rieckhoff (Hgg.), Fromm, fremd, barbarisch. Die Religion der Kelten, 2002

J. Herrmann (Hg.): Griechische und lateinische Quellen zur Frühgeschichte Mitteleuropas bis zur Mitte des 1. Jahrtausends u. Z. I, 1988 – *Zweisprachige kommentierte Quellensammlung*

P.-M. Duval, La Gaule jusqu'au milieu du V^e^ siècle I, 1971 – *Kommentierte Quellensammlung*

M. Py, Les Gaulois du Midi de la fin de l'Age du Bronze à la conquête romaine, 1993 (Gaulois) – *Für ein breiteres Publikum verfaßte und anschaulich bebilderte Darstellung aus der Feder eines erstklassigen Kenners*

M. Labrousse, Toulouse antique, 1968

M. Gayraud, Narbonne antique, 1981

M. Py, Culture, Économie et société protohistorique dans la région nîmoise, 2 Bde., 1990 (Région nîmoise) – *Grundlegende Synthese auf der Basis intensiver archäologischer Einzeluntersuchungen*

A. Haffner (Hg.), Heiligtümer und Opferkulte der Kelten, 1995
Duby, France urbaine (wie Kap. I)
M. Bats (Hg.), Marseille grecque, 1992 (Marseille)
B. Freyberger, Südgallien im 1. Jahrhundert v. Christus, 1999
C. Jullian, Histoire de la Gaule I, 1908
G. Barruol, Les peuples préromains du sudest de la Gaule, 1969, ²1975 – *Synthese auf der Basis der literarischen Überlieferung, immer noch ein Standardwerk, wenn auch durch die archäologische Forschung zum Teil überholt*
F. Verdin, Du territoire salyen à la cité d'époque romaine, in: P. Gros (Hg.), Villes et campagnes en Gaule romaine, 1998, 89–103
D. Coutagne (Hg.), Archéologie d'Entremont au Musée Granet, 1993

### *Kapitel III Römischer Imperialismus in Gallien*

A. Heuß, Römische Geschichte, ⁶1998
E. Badian, Römischer Imperialismus, 1980
W. V. Harris, War and Imperialism in Republican Rome 327–70 B. C., 1979
Freyberger (wie Kap. II)
Chr. Goudineau, César et la Gaule, 1990
M. Py, Gaulois (wie Kap. II)
Verdin (wie Kap. II)
Bats, Marseille (wie Kap. II)
F. M. Ausbüttel, Die Verwaltung des römischen Kaiserreiches, 1998
B. Kremer, Das Bild der Kelten bis in die augusteische Zeit, 1994
H. Botermann, Die Soldaten und die römische Politik in der Zeit von Caesars Tod bis zur Begründung des Zweiten Triumvirats, 1968 (Soldaten)
H. Botermann, Gallia capta – perpetua pax, Die Eroberung Galliens und der gerechte Krieg, in: J. Spielvogel, Res publica reperta, FS Bleicken, 2002, 279–296 (Gallia capta)

### *Kapitel IV Die Verwaltungsstruktur der Provincia Narbonensis*

F. Jaques/J. Scheid, Rom und das Reich in der Hohen Kaiserzeit I, 1998 – *Die nach meinem Urteil beste zur Zeit verfügbare Darstellung*
Ausbüttel (wie Kap. III)
F. Vittinghoff (Hg.) Stadt und Herrschaft. HZ Beiheft 7, 1982 (mit Beiträgen von W. Dahlheim, H. Galsterer und F. Vittinghoff; Stadt und Herrschaft)
W. Eck (Hg.), Friedrich Vittinghoff, Civitas Romana (Aufsatzsammlung)

Chr. Goudineau, Les villes de la paix romaine, in: Duby, France urbaine (wie Kap. I), 237ff.

P. A. Février, La présence de Rome, in: Ders. u. a. (Hgg.), La provence des origines à l'an mil, 1989, 257ff., 289ff.

A. L. F. Rivet, Gallia Narbonensis. Southern France in Roman Times, 1988

H.-G. Pflaum, Les Fastes de la Province de Narbonnaise, Gallia Suppl. 30, 1978 (Fastes)

M. Th. Raepsaet-Charlier, Gallien und Germanien, in: Cl. Lepelley, Rom und das Reich in der Hohen Kaiserzeit II, 2001, 151ff.

F. Kolb, Die Stadt im Altertum, 1984

Freyberger (wie Kap. II)

Allobroges (wie Kap. I)

A. Chastagnol, La Gaule romaine et le droit latin, 1995 (Droit Latin)

J. Gascou, Magistratures et sacerdoces municipaux, in: M. Christol/O. Masson (Hg.), Actes du Xe Congrès d'épigraphie, Nîmes 1992, 1997 77–140 (Magistratures)

A. Chastagnol, Les cités de la Gaule narbonnaise, in: Actes 51–74 (wie voriger Titel; Cités)

K. Christ, Krise und Untergang der römischen Republik, [4]2000

A. Piganiol, Les documents cadastraux de la colonie romaine d'Orange, 1962

M. Feugère u. a. (Hgg.), Signes de la romanisation, RAN 31, 1998, 299–353

## *Kapitel V Inschriften, Epigraphik und Prosopographie*

K. P. Almar, Inscriptiones Latinae, 1990 – *mit zahlreichen Abbildungen*

K. Latte, Römische Religionsgeschichte, 1960

L. Wierschowski, Die regionale Mobilität in Gallien nach den Inschriften des 1. bis 3. Jahrhunderts, 1995 (Mobilität)

G. Rupprecht, Untersuchungen zum Dekurionenstand in den nordwestlichen Provinzen des Römischen Reiches, 1975

Pflaum, Fastes (wie Kap. IV)

Y. Burnand, Senatores Romani ex provinciis Galliarum orti, in: Epigrafia e ordine senatorio, Tituli 5, 1982, 387–437 (Senatores)

Allobroges (wie Kap. I)

Y. Burnand, Domitii Aquenses, 1975 (Domitii)

W. Spickermann, »Mulieres ex voto«, 1994

G. Sauron, Les cippes funéraires gallo-romaines à décor de rinceaux, Gallia 41, 1983, 59–110

### *Kapitel VI Die Gegenwart des Kaisers – Kaiserkult und Kaiserverehrung*

J. Bleicken, Augustus, 1998
K. Latte (wie Kap. V)
D. Fishwick, The Imperial Cult in the Latin West, I 1 1987, II 1 und 2, 1992
M. Clauss, *Deus praesens.* Der römische Kaiser als Gott, Klio 78, 1996, 400–433 (Deus praesens)
M. Clauss, Kaiser und Gott, 1999
Heuß (wie Kap. III)
P. Zanker, Augustus und die Macht der Bilder, 1987; $^{2}$1990
Gayraud, (wie Kap. II)
Musée de l'Arles antique, 1996 (Musée)
H. Hänlein-Schäfer, Veneratio Augusti, 1985

### *Kapitel VII Colonia Augusta Nemausus – die Stadt der Arekomiker*

Py, Région nîmoise (wie Kap. II)
Bromwich (wie Kap. I)
Heuß (wie Kap. III)
Bleicken (wie Kap. VI)
Jacques/Scheid (wie Kap. IV)
Gascou, Magistratures (wie Kap. IV)
Rupprecht (wie Kap. V)

### *Kapitel VIII Die gallo-römische Gesellschaft*

H. W. Pleket, Wirtschaft, in: F. Vittinghoff (Hg.), Europäische Wirtschafts- und Sozialgeschichte in der römischen Kaiserzeit, 1990, 25–160 (Wirtschaft)
F. Vittinghoff, Gesellschaft, I Hohe Kaiserzeit, ibid., 161–276 (Gesellschaft)
Vittinghoff, Civitas (wie Kap. IV)
Jacques/Scheid (wie Kap. IV)
Chr. Goudineau, Les villes de la paix romaines, in: Duby, France urbaine (wie Kap. I), 237 ff.
Feugère (wie Kapitel IV)
Allobroges (wie Kap. I)
Gayraud (wie Kap. II)

Chr. Goudinau/Y. Kisch, Vaison la Romaine, 1991
R. P. Duncan-Jones, The Wealth of Gaul, Chiron 11, 1981, 217 ff.
J.-L. Fiches (Hg.), Le III$^{e}$ siècle en Gaule Narbonnaise, 1996)
Sauron (wie Kap. V)
Burnand, Domitii (wie Kap. V)
W. Eck/J. Heinrichs, Sklaven und Freigelassene in der Gesellschaft der römischen Kaiserzeit, 1993 – *zweisprachige Textauswahl*
L. Schumacher, Sklaverei in der Antike. Alltag und Schicksal der Unfreien, 2001 – *mit vielen Beispielen aus Epigraphik und Archäologie*
G. Alföldy, Römische Sozialgeschichte 1975, $^{3}$1984 (Sozialgeschichte)
G. Alföldy, Die römische Gesellschaft. Ausgewählte Beiträge, 1986 (Gesellschaft)
Ausbüttel (wie Kap. III)
Pflaum, Fastes (wie Kap. IV)
Burnand, Senatores (wie Kap. V)
Marrou (wie Kap. I)

## *Kapitel IX Kaiserkult und Christenverfolgung in Lyon (Lugdunum)*

Fishwick (wie Kap. VI)
Hänlein-Schäfer (wie Kap. VI)
J.-Cl. Golvin/Chr. Landes, Amphithéâtres et Gladiateurs, 1990
M. Junkelmann, Das Spiel mit dem Tod, 2000 – *Das Buch informiert zuverlässig, ist hervorragend bebildert und basiert, was die technischen Fragen angeht, auf Erprobung durch den Autor und seine Mitkämpfer*
P. Guyot/R. Klein, Das frühe Christentum bis zum Ende der Verfolgungen, I, 1997
Fiches, III$^{e}$ siècle (wie VIII)

## *Kapitel X Epilog und Ausblick: Das christliche Gallien zwischen den Germanenreichen und der Roma aeterna*

Ausbüttel (wie Kap. III)
J. Martin, Spätantike und Völkerwanderung, 1987. $^{3}$1995
H. Wolfram, Das Reich und die Germanen, 1990 (Germanen)
K. F. Stroheker, Der senatorische Adel im spätantiken Gallien, 1970
W. Pohl, Die Völkerwanderung, 2002
Marrou (wie Kap. I)

# Anmerkungen

## *Kapitel I Einleitung*

1 Übersetzung und Kommentar nach J. Bernays, Über die Chronik des Sulpicius Severus, in: H. Usener (Hg.), J. Bernays, Gesammelte Abhandlungen II, 81–200, bes. 126ff.

2 Marrou 425: »Die geschichtliche Rolle Roms war nicht, eine neue Kultur zu schaffen, sondern in der Mittelmeerwelt jene hellenistische Kultur, von der es selbst erobert worden war, fest einzupflanzen und zu verwurzeln«. 427: Rom verdankte die griechische Kultur ihr »Wurzelschlagen in Zeit und Raum. Wäre sie auf ein paar griechische Städte beschränkt geblieben, wäre sie seit langem verschwunden.«

3 Aelius Aristeides, Romrede, hg. von R. Klein, 1983.

4 G. Woolf, DNP 10, 2001, 1122–1127 s.v. Romanisierung.

5 Xanthos: HGIÜ 117. Olympos: M. Wörrle, Leben und Sterben wie ein Fürst, Chiron 28, 1998, 77–83.

6 E. Bosch, Die Geschichte der Stadt Ankara im Altertum, Nr. 512 = OGIS 533. Bosch Nr. 100. Bosch Nr. 106 und 107.

7 Caesar, bell. Gall. 6,11,2–5. Vgl. auch die Verhältnisse bei den Häduern, wo die Brüder Dumnorix und Diviciacus sich einen erbitterten Kampf um die Herrschaft lieferten (1,17–20). Auch bei der Eroberung von Entremont fand sich ein Einheimischer, der mit den Römern kollaborierte.

8 Iustin 43,1,1. Vgl. R. Urban: ›Gallisches Bewußtsein‹ und ›Romkritik‹ bei Pompeius Trogus, ANRW II 30.2, 1982, 1424–1443, bes. 1433.

9 So definieren den Begriff französische Konversationslexika bis 1992: *Le Petit Robert*, 1992 s.v.: »Se dit de la râce, de la civilisation issue du mélange des Romains et des Gaulois après la conquête de la Gaule«; ebenso *Le grand Robert*, 2001²; *Le Nouveau Petit Robert* von 1993 s.v. hingegen: »Se dit de la population, de la civilisation, issue du contact des Romains, envahisseurs puis occupants et administrateurs, et des Gaulois après la conquête de la Gaule«. Als frühesten Beleg führt *Le Grand Robert* Chateaubriand, Mémoires d'outre-tombe, 1833 an. Falsch ist die Übersetzung mancher Reiseführer mit »gallo-romanisch«. *Gallo-roman* ist nach *Le Robert, Dictionnaire historique de la langue française* s.v. zuerst 1887 belegt und bedeutet: ›langue romane (latin populaire) parlée en Gaule avant le roman‹ en supposant – ce qui était la règle au XIX$^{e}$ s. – un fort substrat gaulois.

10 F. Prinz, Europäische Grundlagen deutscher Geschichte (4.–8. Jahrhundert), in: Gebhardt¹⁰, (2003), 595; Hervorhebung von mir.

11 ILA Auvergne, 1996. Es sind 23 Weih-, 5 Ehren- und 28 Grabinschriften erhalten. Aus zweieinhalb Jahrhunderten sind die Namen von 50 Personen überliefert, von 37 Männern und sieben Frauen, in sechs Fällen ist wegen der Abkürzungen nicht einmal das Geschlecht zu erkennen.
12 G. Woolf, Becoming Roman, 1998.
13 Th. Mommsen, Römische Geschichte, Bd. 5, 1885; Die gallischen Provinzen, 71 ff. M. Rostovtzeff, Wirtschaft und Gesellschaft im römischen Kaiserreich, o. J.
14 B. Borg/Chr. Witschel, Veränderungen im Repräsentationsverhalten der römischen Eliten während des 3. Jhs. n. Chr., in: G. Alföldy/S. Panciera (Hg.), Inschriftliche Denkmäler als Medien der Selbstdarstellung in der römischen Welt, 2001, 47–120.
15 Zu Glanum: A. Küpper-Böhm, Die römischen Bogenmonumente in der Gallia Narbonensis in ihrem urbanen Kontext, 1996, 77–85. Bromwich 201–221. CAG 13/2 Nr. 33*. Zu St-Romain-en-Gal: Bromwich 36–43. Zu Vaison-la-Romaine: Bromwich 221–237. Chr. Goudineau/Y. de Kisch, Vaison La Romaine, 1991.
16 Février/Duby, France urbaine, 58 ff. nannte 1980 Frankreich in dieser Hinsicht ein unterentwickeltes Land. Die wenigen Rettungen seien nur ein Alibi, um von den täglichen Massakern abzulenken. Aber in Deutschland war es nicht anders. In Rottweil war 1967 über die Hälfte des antiken *Arae Flaviae* unberührt. Davon sind heute 75% zerstört.
17 H.-P. Eydoux, Résurrection de la Gaule, 1961. Kapitel 3: A Nîmes et dans le Gard, de belles découvertes dues… au hasard et aux archéologues amateurs, 101–138. CAG 30/1 S. 72.
18 Einen Überblick über die Entwicklung gibt: A. Schnapp, La mémoire qui flanche, Extrait du débat Nr. 99. Zu Nîmes: M. Monteils (Hg.), Les fouilles de la Z. A. C. à Nîmes (Gard), 1993. CAG 30/1 Nr. 366. Zu Arles: Guides Archéologiques de la France: Arles antique 75 ff. M. Droste, Arles, 2003, 84–89. Der Band ist sehr schön ausgestattet, die Fundbeschreibungen sind meist kompetent, aber mit der Historie und noch mehr dem Latein scheint die Verfasserin auf Kriegsfuß zu stehen und auch niemanden zu kennen, der ihr wenigstens die schlimmsten Mißgriffe ausgeredet hätte.
19 Archéologie sur toute la ligne. Katalog einer von P. Soleil und C. Aufare gestalteten Ausstellung, 2001.
20 M. Schönfelder, La tombe à char de Verna, Allobroges 54–57. R. Royet, Un palais rural et son système domanial: St-Romain-de-Jalionas, Le Vernai (Isère) Allobroges 82–85.

## Kapitel II Griechen und Kelten – Die Geschichte Südgalliens von der Gründung Massalias bis zur römischen Eroberung

1 Bats 205–213. Bromwich 168–177. A. Trevor Hodge, Ancient Greek France, 1998, 62–93.
2 Strabon 4,1,5. Die Timouchen sind zum ersten Mal in einer Inschrift aus Lampsakos bezeugt (s. S. 85). Cicero, *De re publica* 1,43f. *Pro Flacco* 63. Das Urteil des Aristoteles: Politik V 1305 b. VII 1321 a.
3 Die griechischen Quellen sprechen von *Keltoí* oder *Keltaí* und der *Keltiké*, die lateinischen von Galloi. Daneben gibt es seit dem 4. Jh. den Begriff *Galátai*, der vornehmlich für die kleinasiatischen Kelten verwandt wird. Ich gebrauche die Worte syno-

nym, da die wissenschaftliche Diskussion über die Abgrenzung der Begriffe zu keinem schlüssigen Resultat geführt hat. Polybios z.B. schreibt »Kelten« oder »Gallier«, je nachdem, ob er griechischen oder lateinischen Quellen folgt. Birkhan 86: Man sei sich im Altertum bewußt gewesen, daß Kelten und Gallier eigentlich nur verschiedene Bezeichnungen des gleichen »Volkes« waren. Allgemein zu den Kelten außerdem: Maier und Rieckhoff/Biel.

4 Hekataios, Frg. 55,54,56 Jacoby. Herodot 2,33,3–34,1. 3,115,1 f.; 3,116,1 und 3. Herrmann Nr. 3 und 5. Duval Nr. 4 und 7. Zu Herodot: F. Fischer, Die Kelten bei Herodot, Madrider Mitteilungen 13, 1972, 109–124.

5 Birkhan 34: »Überall besteht das Problem der Zuordnung ethnischer (d.h. auch sprachlicher, religiöser, gesellschaftlicher...) Einheitlichkeit (eben der Kelten) zu archäologischen Fundprovinzen«.

6 Iustin 24,6–8. Diodor 22,9.

7 H.-U. Cain, Kelten als Schänder der Heiligtümer. F. Fless, Zur Konstruktion antiker Feindbilder. F. Pirson, Vom Kämpfen und Sterben der Kelten in der antiken Kunst, alle 3 Aufsätze in: Cain/Rieckhoff 48–81.

8 Cato, Frg. 34 Peter: *argute loqui.* H. Beck/U. Walter, Die frühen römischen Historiker (FRH) I, 2001, 177, Nr. 3,2,3. Zum Keltenklischee: Birkhan 22 ff.

9 Übersetzung: Beck/Walter, FRH 365, Nr. 10,27.

10 Py, Gaulois 7.

11 Jullian I 309 f. Labrousse 88 f. Gayraud 106 f.

12 Py, Région nîmoise, passim, bes. 142–148. 328 ff. Bats, Provence 169 ff.

13 H.-J. Häßler, Ur- und Frühgeschichte in Niedersachsen, 1991, 173 und 525. CAG 30/1 Nr. 687,3, Abb. 383.

14 CAG 73, S. 49 f.

15 J.-M. Treffort, L'habitat hallstattien de Bourbon 1, Crest (Drôme), in: Archéologie sur toute la ligne, 85–91. Wegen des Zeitdrucks beschränkte sich die Untersuchung auf ein Areal von 8000 $m^2$ mit vier Häusern. Die Gesamtausdehnung der Siedlung konnte nicht festgestellt werden. In der Spätantike lag an der wichtigen Ost-West-Straße ein Gebäude, das hypothetisch als *auberge* gedeutet wird (*Bourbon 3,* ibid. 99–103).

16 Rieckhoff/Biel 40 ff.

17 Das Rätsel der Kelten vom Glauberg, 2002 (Katalog zur Frankfurter Keltenausstellung von 2002), bes. die Beiträge von O.-H. Frey (47 ff. und 172 ff.) und A. Rapin (223 ff.) sowie im Katalogteil B. Lescure zu Nr. 140 und J.-C. Fontan zu Nr. 141. Frey 218: Wenn sich das »Schema des Sitzens« und die »verstärkten Rückenpartien der Panzer« der südfranzösischen Funde direkt mit dem hessischen Fund verbinden ließen, würde das den Schluß erlauben, »daß wir auch in dieser Zeit mit engeren Kontakten zwischen Kelten in Südfrankreich und solchen in Mitteleuropa ... rechnen müssen. Dahingestellt sei dabei, in welcher Richtung es in diesem Fall zur Kontakaufnahme kam.«

18 B. Lescure, Das kelto-ligurische »Heiligtum« von Roquepertuse, in: Haffner 75–84 (mit zahlreichen Abbildungen). CAG 13/1 Nr. 112,5*. Im ganzen sind bislang an die 20 Sitzstatuen dieses Typs bekannt. In Glanum wurden sie im Bereich der Terrassen des salluvischen Heiligtums gefunden, im Verbund mit Stelen und Pfeilern mit Einlassungen für Kopftrophäen (CAG 13/2 Nr. 100,40*, mit Abbildungen).

19 Die ausführlichsten Exzerpte bietet Diodor im 5. Buch seiner »Weltgeschichte« *(bibliothéke),* die durch Strabon und Athenaios ergänzt werden. Herrmann, Nr. 17 und

25. Viele Fragmente sind übersetzt und kommentiert bei J. Malitz, Die Historien des Poseidonios, 1983, 169ff. Heranzuziehen ist des weiteren Caesars ethnographischer Exkurs, Gall. 6,11ff. Zur Bedeutung der antiken Berichte für die Asterix-Autoren: R. van Royen/S. van der Vegt, Asterix – Die ganze Wahrheit, 1999.

20 Auch diese aßen im Sitzen. In der Odyssee werden die Fremden zum Gastmahl und Opfer eingeladen und erst anschließend gefragt, ob sie vielleicht Piraten seien (3,31–74). Ein längeres Gespräch vor dem Kampf, in dem die Helden sich einander vorstellen: Homer, Ilias, 6, 119ff. Der Streit um die Ehrengabe, der Zorn des Achill über die erlittene Kränkung, ist überhaupt das Thema der Ilias. Der Konflikt zwischen Aias und Odysseus um die Rüstung des Achill endet in einer Tragödie: Homer, Odyssee 11,543ff. und Ovid, Metamorphosen 13,1ff.

21 Zu den Menschenopfern s. auch Caes. Gall. 6,16. Zu den Ausgrabungen in den keltischen Heiligtümern von Gournay-sur-Aronde und Ribemont-sur-Ancre: J.-L. Brunaux, Die keltischen Heiligtümer Nordfrankreichs, in: Haffner, Heiligtümer 55ff. Zu den Funden in Acy-Romance: B. Lambot, Opfer-Priester-Götter, in: Cain/Rieckhoff 20–25 und Nr. 76–79 im Katalog.

22 F. Salviat, La sculpture d'Entremont, in: Coutagne, Entremont 199.

23 S. Radt, DNP 11, 2001, 1021–25 s. v. Strabon.

24 Strabon 4,1,5 und 4,1,9. Zu Théliné: Avienus, *Ora maritima* 689–691. Chr. Goudineau/P.-A. Février/M. Fixot, Le réseau urbain, in: Duby, France urbaine 71ff.

25 Bats, Provence 216–221. Bromwich 267–70. CAG 83/1 Nr. 069,2*.

26 Zur Verachtung des Händlers: Homer, Odyssee, 8,158–64; H. Botermann, König Apollonius und seine Vorbilder, Geschichte in Wissenschaft und Unterricht 11, 1999, 678–688, bes. 682f. Zum Gabentausch: Homer, Odyssee 15,99ff. Zu dem von Massalia angestoßenen Akkulturationsprozeß: M. Bats, Marseille, les colonies massaliètes et les relais indigènes dans le trafic le long du littoral méditerranéen gaulois (VI^e–I^er s. av. J.-C.) in: Bats, Marseille 263–78. Im selben Band: M. Dietler, Commerce du vin et contacts culturels en Gaule au premier Age du fer 401–410. P. Arcelin, Société indigène et propositions culturelles massaliotes en basse Provence occidentale 305–336.

27 Chr. Goudineau/V. Kruta, Les antécédents: y a-t-il une ville protohistorique?, in: Duby, France urbaine 139ff. Instruktiv die Karte und Tabelle mit 357 protohistorischen Fundorten bei Py, Gaulois 22–25. Man wird verstehen, daß im Text stark vereinfacht werden mußte, um eine Entwicklung, die sich in 6 Jahrhunderten vollzog, unter Absehung von den jeweiligen lokalen Besonderheiten wenigstens in großen Linien zu skizzieren. Eine gute Übersicht gibt Freyberger 38–60. Zu den Oppida in der Umgebung von Nîmes s. S. 227ff.

28 Strabon 4,1,5. Caes. Gall. 1,29,1 und 6,14,3.

29 J. Untermann, Quelle langue parlait-on dans l'Hérault pendant l'antiquité? RAN 25, 1992, 19–27. Allein in Ensérune wurden ca. 350 Dokumente gefunden.

30 P. Arcelin, L'habitat d'Entremont, in: Coutagne, Entremont 57–100. Zusammenfassend: Bats 225ff.

31 Eine interessante Parallele in diesem Problemfeld bietet die Diskussion über den angeblich demokratischen Charakter des sogenannten Typenhauses, wie ihn W. Hoepfner/E.-L. Schwandner, Haus und Stadt im klassischen Griechenland, 1986, ²1994 vertreten haben. Dagegen H. Botermann, Wer baute das neue Priene? Hermes 122, 1994, 162–187.

32 Strabon 4,6,3. Barruol 187ff. und 393f. Schon Jullian I 312 sprach von einer »vaste

confédération«. Dagegen m. E. richtig: Verdin 89 ff. Eine Aufzählung der salluvischen Stämme bietet Plinius, nat. hist. 3,34 f., zitiert S. 122. Zum gleichgelagerten Problemfeld im östlichen Languedoc s. S. 230.

33 Die Funde sind im Untergeschoß des *Musée Granet* in Aix-en-Provence sehr schön ausgestellt. F. Salviat, La sculpture d'Entremont, in: Coutagne, Entremont 165–239 (mit zahlreichen Abbildungen).

34 Bats 222 ff.; St-Blaise: CAG 13/1 Nr. 098,4* (mit zahlreichen Abbildungen); Martigue: CAG 13/1 Nr. 056,15* (mit zahlreichen Abbildungen).

## *Kapitel III Römischer Imperialismus in Gallien*

1 Der Begriff wird hier mangels eines besseren benutzt und darf nicht mit modernen Imperialismustheorien aufgeladen werden. Er bezeichnet nicht mehr als eine Politik, die zur Bildung eines Imperiums führte.

2 Syll$^3$. 2,591. HGIÜ 458.

3 Heuß 42 ff. Zum Zusammenhang von Sozialverfassung und Imperialismus: Harris 9 ff. E. Badian, Römischer Imperialismus, bes. 34 ff. »Das ökonomische Motiv«, gegen anachronistische moderne Vorstellungen.

4 Freyberger 74 ff.

5 Liv. per. 61. Appian, Celtica 12. Orosius 5,14.

6 Livius per. 61. Bei Caes. Gall. 1,33,2 nennen sich die Häduer Brüder und Blutsverwandte *(fratres consanguineosque)*.

7 C. Ebel, Transalpine Gaul, 1976, 75 ff. Freyberger 80 ff. Zum Begriff *provincia* s. S. 124.

8 Stephanus Byzantius s. v. *Kabelliōn und Avenión.*

9 Verdin 95 ff. CAG 13/1 Nr. 051,27*. Nr. 081,8*. Nr. 114,4*. Nr. 117,1* und Lejeune G–108. Nr. 118,2*,2. und Lejeune G–3 und G–4.

10 A. Roth Congès, Nouvelles fouilles à Glanum (1982–1990), JRA 5, 1992, 39–45. Dies., Le centre monumental de *Glanon* ou les derniers feux de la civilisation salyenne, in: Bats, Marseille 351–367. Begründete Vorbehalte: P. Gros, Rome ou Marseille?, ibid. 369–379, bes. 373 f. Zusammenfassend: CAG 13/2 Nr. 100, namentlich 48 f.* und 65*.

11 I. König, Die Meilensteine der Gallia Narbonensis. Ausbüttel 95 ff. A. Kolb, Transport und Nachrichtentransfer im Römischen Reich, 2000, 71 ff. und 123 ff.

12 Gayraud 69 ff. und 119 ff. Zur innenpolitischen Kontroverse über die Gründung von Bürgerkolonien außerhalb Italiens s. S. 133 f.

13 Labrousse 86 ff. und 121 ff. Zu den italischen Handelseinflüssen seit dem 2. Jh.: Freyberger 71 ff. und Py, Gaulois 160 ff.

14 Th. Mommsen, Römische Geschichte II, $^{10}$1908, 173 ff., die Zitate S. 177 und 179.

15 Strabon 4,1,13. Valerius Maximus 6,9,13. Gellius 3,9,7. Iustin 32,3,9–11. Orosius 5,15,25.

16 Plin. nat. hist. 3,18. 7,96.

17 Kremer 83 ff.

18 Cicero, *De divinatione* 1,90.

19 Zu einem römischen agrarischen Großbetrieb: Cicero, *Pro Quinctio* 12. Zu den frühen Katastern: Freyberger 104 f. Allgemein zur wirtschaftlichen und gesellschaftlichen Lage: Goudineau, César 55 ff., zum wirtschaftlichen Aufschwung im Languedoc: Py, Gaulois 167 ff., Freyberger 188 ff.

20 M. Monteil u.a., Culture de la vigne et traces de plantation des II$^{e}$–I$^{er}$ s. av. J.-C. dans la proche Campagne de Nîmes (Gard), RAN 32, 1999, 67–123.

21 S. Mauné/C. Sanchez, Une production de céramique à vernis noir dans la région de Béziers (Hérault) entre la fin du II$^{e}$ s. et le milieu du 1er s. av. J.-C.: emprunt indigène ou présence italienne précoce, RAN 32, 1999, 125–145. Die Ausgräber plädieren in diesem Fall für einen aus Italien eingewanderten Unternehmer, da die Diversifikation der Bewirtschaftungsmethoden – Einrichtung einer Töpferwerkstatt auf einem Gutsbetrieb – den in Italien üblichen Standards entspricht.

22 Zum Lob des früheren Statthalters Lucius Licinius Murena erklärt Cicero, dieser habe römischen Unternehmern in Gallien zu ihrem Geld verholfen, das sie eigentlich schon abgeschrieben hatten (Cicero, *Pro Murena* 42). 48% wurden in Salamis auf Zypern gefordert: Cicero, *Ad Atticum* 5,21,11. Zu den Allobrogern: Sallust, *Coniuratio Catilinae* 40f. Cassius Dio 37, 47f. 39,65,1f. Livius per. 103; Kremer 105ff.

23 Zu Aushebungen: Caes. Gall. 1,7,2. 1,7,6. 7,7,5. 7,65,1. Zu Ehrungen und Beförderungen: Caes. civ. 3,59,1f. Zur *Legio V Alaudae:* Sueton, Caesar 24. Botermann, Soldaten 181ff.

24 Sueton, Caesar 19,2.

25 Cicero, *Ad Atticum* 1,19,2. 1,20,5. 2,1,11. Caes. Gall. 1,35,2. 6,12,5. 1,35,4.

26 Der Klassiker: M. Rambaud, L'art de la déformation historique dans les commentaires de César, $^{2}$1966.

27 Caes. Gall. 4,12,4. 7,31,5.

28 Gegen die verbreitete Vorstellung, Caesar habe sich rechtfertigen müssen, weil er gegen die *bellum iustum-Doktrin* verstieß: Botermann, Gallia pacata, 284ff.

29 Zu den politischen Implikationen der Rede: Botermann, Gallia pacata 279ff.

30 Um eine Vorstellung zu geben: Nach A. Labisch, Frumentum commeatusque, 1975, 44 brauchte eine Legion etwa 5 t Weizen pro Tag. Getreidelieferungen: Caes. Gall. 1,16. 1,37,5. 2,5,5; Winterlager: Gall. 1,54,2. 2,35,3, 3,29,3. Gallische Kavallerieeinheiten: Gall. 1,18,10. 1,42,5. 4,6,5. Zur Überfahrt nach Britannien kam die Reiterei aus ganz Gallien zusammen, 40000 Mann, darunter die *principes* aus allen *civitates* (5,5,3); ein König von Caesars Gnaden: 5,25,1f.

31 M. Reddé/S. von Schnurbein u.a., Fouilles et recherches sur les travaux de César devant Alésia (1991–1994), Ber. der Röm-Germ. Kommission 76, 1995, 73–158. Chr. Goudineau u.a., Caesar und Vercingetorix, 2000, 47ff.

32 (Napoléon III.), Histoire de Jules César, Paris 1865/66, II 451: »Wenn Gallien geeint sein und eine Nation werden kann, kann es das Universum herausfordern.« und 459.

33 Caes. Gall. 2,32,1. Cicero, *De officiis* 1,35.

34 *Itaque vexatis ac perditis exteris nationibus, ad exemplum amissi imperii portari in triumpho Massiliam vidimus et ex ea urbe triumphari, sine qua numquam nostri imperatores ex transalpinis bellis triumpharunt. Multa praeterea commemorarem nefaria in socios, si hoc uno quicquam sol vidisset indignius.*

35 H. Strasburger, Ciceros philosophisches Spätwerk als Aufruf gegen die Herrschaft Caesars, in: Ders., Studien zur Alten Geschichte III, 1990, 407–490. H. Botermann, Die Generalabrechnung mit dem Tyrannen, Gymnasium, 99, 1992, 320–344.

## Kapitel IV Die Verwaltungsstruktur der Provincia Narbonensis

1 Bekanntes Gegenbeispiel sind die Juden, die eben nicht mit den üblichen Mitteln in die römische Herrschaft einzubeziehen waren; siehe S. 18 f.

2 K. G. Sallmann, in: DNP 9, 2000, 1135–41 s.v. Plinius. Eine Übersicht über die anderen, sämtlich verlorenen Werke und die beinahe unvorstellbare Lese- und Sammelwut seines Onkels gibt der jüngere Plinius in epist. 3,5.

3 J. Burian, in: DNP 9, 2000, 586 f. s.v. Periplus. Zu den Quellen des Plinius: K. G. Sallmann, Die Struktur der plinianischen Geographie, in: C. Plinius Secundus d. Ä., Bücher III/IV, herausgegeben und übersetzt von G. Winkler, 1988, 466–493. Auffällig ist, daß offenbar an den Verhältnissen im Umkreis von Massilia ein wesentlich größeres Interesse bestand und/oder detailliertere Kenntnisse darüber vorhanden waren. Während rechts der Rhône nur drei Stämme erwähnt werden, sind es links der Rhône 17. Die üblicherweise von den antiken Autoren verwandte Sammelbezeichnung »Salluvier« hingegen fehlt.

4 Pflaum, Fastes 112 ff. Eigene Beobachtungen teilt Pinius auch in nat. hist. 2,150 und 14,43 (s. S. 285) mit.

5 Die etymologische Ableitung ist unrichtig, allenfalls kann Rhoda von Rhodanus abgeleitet sein. Die Wurzel des Flußnamens ist keltisch.

6 Das Latinische Recht hat sich aus dem Recht der vor dem Jahr 338 v. Chr. von Rom und den Latinern gemeinsam gegründeten latinischen Kolonien entwickelt. In dem Sinne eines gegenüber dem vollen römischen Bürgerrecht zurückgesetzten Status ist es zum erstenmal 89 v. Chr. den Städten in der Transpadana verliehen worden. Zur Narbonensis: Chastagnol, Droit Latin.

7 M. Tarpin, Pagi et vici dans l'Occident romain, 2002. Ders. in: Allobroges 99–101.

8 Dies ist im Gegensatz zur Pliniusüberlieferung, die *Nemausum* bietet, die bei weitem geläufigere Namensform.

9 Die französische Forschung hat sich diesen nachgeordneten Zentren, »agglomérations secondaires«, in den letzten Jahren mit besonderem Nachdruck gewidmet: F.Laubenheimer/M.Tarpin, Un pagus à Sallèles d'Aude? Essai sur les pagi de Narbonnaise, RAN 26, 1993, 259–276. P.Leveau, Agglomérations secondaires et territoires en Gaule Narbonnaise, RAN 26, 1993, 277–299. Ders., Dynamiques territoriales et subdivisions des cités romaines, RAN 33, 2000, 39–46.

10 CIL II 1963. ILS 6088: *Lex municipii Salpensani* und CIL II 1964. ILS 6089: *Lex municipii Malacitani;* Übersetzung Freis Nr. 59 f. AE 1986,333: *Lex Irnitana.* J. Gonzáles, The Lex Irnitana: a New Copy of the Flavian Municipal Law, JRS 76, 1986, 147–243. H.Galsterer, Neues zu den römischen Stadtgesetzen, ZRG 114, 1997, 392–401. Zu den Stadtrechten s. auch S. 256 ff.

11 Gascou, Magistratures 100 ff.

12 M. Christol/M. Janon, Le statut de Glanum à l'époque romaine, RAN 33, 2000, 47–54.

13 M. Christol/M. Heijmans, Les colonies latines de Narbonnaise, Gallia 49, 1992, 37 ff. Die Debatte, ob alle Kolonien Titularkolonien oder wenigstens einige echte Siedlungskolonien waren, reißt nicht ab. M. E. haben die Versuche, die Ansiedlung von Römern nachzuweisen, nirgends zu einem schlüssigen Ergebnis geführt. In diesem Sinne zu Vienne: B. Rémy, in: H. Barthélémy u. a. (Hgg.), La Savoie gallo-romaine, 1997, 24 gegen Chr. Goudineau (Gallia 44, 1986, 171 f.) und Chastagnol (Droit Latin 114 f.); s. jetzt ILN V 1, S. 39. Zu Nîmes s. S. 235 f.

14 P.A. Brunt, Italian Manpower 225 B.C.-A.D. 14, 1971, 61 ff. und 121 ff. Christ 68 ff. und 117 ff.

15 Heuß 153 f.

16 Sueton, Caesar 70.

17 Sueton, Tiberius 4,1. Über die Deduktionen des Plancus informiert seine Grabinschrift CIL X 6087. Zum gesamten Komplex der Koloniegründungen: F. Vittinghoff, Römische Kolonisation und Bürgerrechtspolitik unter Caesar und Augustus, 1951. Botermann, Soldaten 165 f. 182 ff. L. Keppie, Colonisation and Veteran Settlement in Italy 47–14 B.C., 1983, 49 ff. H.Galsterer, in: DNP 3, 1997, 76–85 s.v. Coloniae (mit Karten).

18 Die Zahl der Angesiedelten darf man nicht zu hoch ansetzen. Die VI. und X. Legion hatten nach jahrelangen Einsätzen im gallischen und im Bürgerkrieg höchstens noch eine Stärke von 1000 Mann, eher weniger. *Bellum Alexandrinum* 69,1. *Bellum Hispaniense* 31,4.

19 Hygin. lim. grom. p. 144,13 (Th. = p. 180,5 L.).

20 G. Chouquer/F. Favory, Les Arpenteurs romains. Théorie et pratique, 1992 (vorzügliche und anschaulich bebilderte Einführung). H.-P. Kuhnen, DNP 7, 1999, 233–36 s.v. Limitation.

21 Jacques/Scheid, 261.

22 F. Favory, Propositions pour une modélisation des cadastres ruraux antiques, in: M. Clavel-Lévêque (Hg.), Cadastres et espace rural, 1983, 51–135. G.Chouquer, Répertoire topo-bibliographique des centuriations de Narbonnaise, RAN 26, 1993, 87–98 führt 33 Zenturiationen auf, die bis 1992 erfaßt waren; s. im gleichen Band die Beiträge von J.-L. Fiches 99–104 und J.-Cl. Meffre 131–138. Die Literatur war 1998 auf über 3000 Titel angewachsen: J.-L. Fiches, in: Feugère 306–311.

23 Aus der Provinzbeschreibung des Plinius und durch die Inschrift AE 1962,143 ist bekannt, daß es außer den Trikastinern, die auf dem Territorium der Kolonie Orange wohnten, eine *Colonia Flavia Tricastinorum* gab. Chastagnol, Cités 51–74, bes. 59 f. lokalisiert sie in der Gegend des heutigen Nyons, was vielleicht richtiger ist als die gemeinhin in der Forschung vertretene Identifizierung mit St-Paul-Trois-Châteaux, die implizieren würde, daß die Territorien von zwei Civitates ineinandergriffen.

24 M. Clavel-Lévêque/A. Vignot (Hgg.) Atlas historique des cadastres d'Europe, 1998, France, Dossier I 8.

25 H. Wolff, *Vocontiorum civitatis foederatae duo capita,* Acta Archaeologica Academiae Scientiarum Hungaricae 41, 1989, 189–195 gegen Chr. Goudineau, Les fouilles de la Maison au Dauphin, Gallia Suppl. 37, 1979, 249–302. Gascou, Magistratures 128 ff.

26 F. Millar, The Emperor in the Roman World, 1977, 375 ff.

27 In Volubilis (Marokko) und Gigthis (Tunesien) wurden verdiente Bürger geehrt, weil sie Gesandtschaften zum Kaiser unternommen und finanziert hatten, um erfolgreich Statuserhöhungen für ihre Städte zu erbitten (IAM 2,448, Übersetzung Freis Nr. 10 und CIL VIII 22737. Schumacher Nr. 160). In Kleinasien geht die Zahl der epigraphischen Zeugnisse ins Uferlose. Die politische Unruhe, die von der städtischen Rivalität ausging, verdeutlichen die Reden des Dion Chrysostomos »über die Eintracht« (orat. 38–41). Noch im 4. Jh. bat das Dorf Orkistos in Phrygien Kaiser Konstantin um die Beförderung zur Stadt (ILS 6091).

28 Apostelgeschichte, 19, 23–40, bes. 38 ff.

29 *Irent ultores, exscinderent sedem Gallici belli. cuncta illic externa et hostilia: se, coloniam Romanam et partem exercitus et prosperarum adversarumque rerum socios, si fortuna contra daret, iratis ne relinquerent.*

30 D. und F. Tassaux, Les soldats gaulois dans l'armée romaine, in: M. Reddé (Hg.), L'armée romaine en Gaule, 1996, 147–163.

31 CIL XI 7553. ILS 916. Pflaum, Fastes 3–57.

## *Kapitel V Inschriften, Epigraphik und Prosopographie*

1 Zur Organisation der Nekropolen in Nîmes: L. Vidal/Y. Manniez, Tombes et nécropoles, CAG 30/1, S. 162–174.

2 Eine Übersicht über die unterschiedlichen Formen der Grabsteine gibt M.Christol, L'épigraphie nîmoise, CAG 30/1, S. 89–100 (mit zahlreichen Abbildungen), Burnand, *Domitii* 94–127 (mit Karten) ein Verzeichnis der in Südfrankreich festgestellten Grabmonumente, die zum größten Teil heute nicht mehr existieren.

3 M. Kaser, Zum römischen Grabrecht, ZRG 95, 1978, 15–92.

4 Zu ihrer Datierung: Y. Burnand, La datation des épitaphes romaines de Lyon: Remarques complémentaires, in: Inscriptions latines de Gaule Lyonnaise, Actes de la Tableronde 1990, Lyon 1992, 21–27. Die älteren Aufsätze des Autors in: REA 61, 1959, 320 ff. und REA 63, 1961, 291 ff. M.Dondin-Payre/M.-Th. Raepsaet-Charlier, Critères de dation épigraphique pour les Gaules et les Germanies, in: Diess. (Hgg.), Cités, Municipes, Colonies, 1999, VII–XII; jetzt ILN V 1 (Vienne) S. 53 ff.

5 CIL XII 1892. ILN V (Vienne) 74 dokumentiert eine Ehrung für einen Quästor der Kolonie der Viennenser dieses Namens, entweder denselben Mann oder einen nahen Verwandten.

6 Latte 98 ff. F. Prescendi, DNP 7, 1999, 803 f. s. v. Manes, Di.

7 H.S. Nielsen, Interpreting Epithets in Roman Epitaphs, in: B. Rawson/P. Weaver (Hgg.), The Roman Family in Italy, 1997, 169–204.

8 In der Übersetzung bin ich dem Kommentar von Chastagnol gefolgt. Er erklärt *iuventus* als *collegium iuventutis,* eine halböffentliche Vereinigung von jungen Männern, wie es sie an vielen Orten gab und in die man mit 17 Jahren eintrat. Octavius könnte sich bei diesem Anlaß verlobt haben. Auch *suis* in der vorletzten Zeile ist ungewöhnlich. Normal wäre *sibi* oder *sibi et suis* (für sich und die Ihren).

9 Wierschowski, Mobilität. Pflaum, Fastes. Burnand, Senatores. Rupprecht, Dekurionenstand.

10 Diese Forschungen fanden ihren Niederschlag in den Personenartikeln der RE und in der Prosopographia Imperii Romani (PIR), die heute in der 2. Auflage benutzt wird. Erschienen sind bislang die Bände I–VI, für die Anfangsbuchstaben A–P.

11 W. Eck, Beförderungskriterien innerhalb der senatorischen Laufbahn, in: ANRW II 1, 1974, 158–228.

12 B. Salway, What's in a Name? A Survey of Roman Onomastic Practice from c. 700 B. C. to A. D. 700, JRS 84, 1994, 124–45. G. Alföldy, Die Personennamen in der römischen Provinz Dalmatica, Beiträge zur Namensforschung NF., Beiheft 4, 1969, bes. 27 ff. Almar 48 ff.

13 Die Abkürzungen C und CN waren schon gebräuchlich, bevor im 3. Jh. v. Chr. für den stimmhaften Verschlußlaut [g] der Buchstabe G in das lateinische Alphabet aufgenommen wurde. Almar 9 ff.

14 Grundlegend I. Kajanto, The Latin Cognomina, 1965, ND 1982.

15 CIL XII 3167 und CIL XVI 164. Pflaum, Fastes 317–19. Y.Burnand, La polyonymie dans la société gallo-romaine du Haut-Empire, Ktèma 21, 1996, 225–36, Nr. 26.

16 H. Galsterer, DNP 12/1, 2002, 799–806 s. v. Tribus.

17 Zur bekannten Bemerkung des Irenaeus s. u. S. 377.

18 G. Alföldy, Notes sur la relation entre le droit de cité et la nomenclature dans l'Empire romain, Latomus 25, 1966, 37–97. Anders A.Chastagnol, L'onomastique du type pérégrin dans les cités de la Gaule Narbonnaise, in: Ders., La Gaule romaine et le droit latin, 1995, 51–71. Zusammenfassend: J.Gascou, André Chastagnol et l'onomastique des citoyens des communautés de droit latin, Ktèma 26, 2001, 179–186.

19 B. Rémy, La dénomination des notables locaux et municipaux de la cité de Vienne, REA, 102, 2000, 413–457. Ders., La dénomination des Viennois à l'époque impériale, in: M. Dondin-Payre/M. Raepsaet (Hgg.), Identités culturelles et romanisation sous le haut Empire, 2001, 55–174. Zusammenfassung: Ders., Allobroges 118 f.

20 Burnand, Domitii 226 f. A. Pelletier, La société urbaine en Narbonnaise, in: Chr. Goudineau u. a. (Hgg.), Les villes augustéennes de la Gaule, 1991, 29 ff.

21 Tacitus, *Annales* 12,42,1. 13,2. 14,51 ff.

22 B. Rémy/E.Ferber, Une inscription de la cité de Vienne retrouvée, RAN 24, 1991, 267–270. AE 1935,5. 1991,1199. CAG 73 Nr. 171. Pflaum, Fastes 204–207. Hirschfeld hatte im Corpus als Tribusangabe *Voltinia* (?) ergänzt, was für Vienne das Normale wäre. Die Korrektur ermöglichte der spanische Stein; s. jetzt ILN V (Vienne) 515.

23 A. Villaret, Les Veratii de Narbonnaise, REA 95, 1993, 487–532, bes. 491 und 507; Abb. 9 zeigt den 220cm hohen Stein mit der sehr schön ausgeführten Inschrift.

24 Wierschowski, Mobilität 52 f.

25 Gaius, *Institutiones* 1,55.

26 M. Kaser, Das römische Privatrecht I, [2]1971, 50 ff. und 268 ff. D.Liebs, Römisches Recht, 1975, [4]1993, 119 ff.

27 M. Christol, Inscriptions antiques de la cité de Nîmes (IACN 1–21), 1992, 49–53 mit Kommentar und nützlichen Verweisen auf andere Fälle, in denen Sklaven und Sklavinnen von ihren *domini/dominae* bestattet wurden und eine Grabinschrift erhielten.

28 Viele Grabinschriften in Narbonne geben mit einem großen griechischen Theta (für *thanón* = lat. *defunctus, obitus*) an, daß die betreffende Person »tot, gestorben« ist. Almar, Inscriptiones 114 f.

29 H. Solin, Die stadtrömischen Sklavennamen, 3 Bde., 1996 verzeichnet für Primigenius 106 Bezeugungen, für Eutyches 115, für Eutychus 136, für Nicephor 121, für Thallusa 36, für Victor 50.

30 R. P. Saller/B. D. Shaw, Tombstones and Roman Family Relations in the Principate: Civilians, Soldiers and Slaves, JRS 74, 1984, 124–156; s. bes. die Tabelle S. 148.

31 Cl. Bourgeois, Divona I, 1991, S. 125 ff. und 176 ff.

32 Spickermann 81 ff. hat 556 Weihungen aufgelistet und prosopographisch untersucht. Die Einführung informiert kundig über den Aussagewert des Materials, den gallo-römischen Synkretismus, die Möglichkeiten der Datierung etc. Informativ auch: H. Lavagne, Les Dieux de la Gaule Narbonnaise, Journal des Savants 1979, 155–197.

33 Das Inschriftfeld ist von einer Rankengirlande eingefaßt, wie sie im Gebiet von Nîmes für Grabsteine gebräuchlich war. Sauron 78 mit Abb. 13.

34 M. Euskirchen, DNP 4, 1998, 157 f. s. v. Esus; DNP 12/1, 2002, 19 s. v. Taranis und ibid. 207 f. s. v. Teutates; in Bezug auf Taranis scheint sie mir zu skeptisch zu sein; s. anschließend im Text und Anm. 36.
35 B. Rémy, Le culte de Mercure dans la cité de Vienne au Haut-Empire, in: Mélanges offerts à B. Grossperrin, 1994, 179–204 hat 43 Inschriften für den Gott gezählt, davon 17 für *Mercurius Augustus*; außerdem 48 figürliche Abbildungen.
36 M. Grenier, La Triade Capitoline en Provence, in: Studi in onore di A. Calderini e R. Paribeni I, 1956, 139–142. Latte 81. B. Rémy/A. Buisson, Les inscriptions commémorant la chute de la foudre, RAN 25, 1992, 83–94; s. bes. die beiden Karten S. 86 f., mit deren Hilfe man die Altäre mit dem Rad und die Blitzmale übereinanderlegen kann.
37 Spickermann 98–121.
38 V. J. Walters, The Cult of Mithras in the Roman Provinces of Gaul, 1974, 70–73, Nr. 13. R. Turcan, Les religions orientales en Gaule Narbonnaise et dans la vallée du Rhône, in: ANRW II 18,1, 1986, 456–518, Tafel 18.
39 Eine Behandlung hätte das Heiligtum von Casuaria verdient, einem Straßendorf an der zum Kleinen Sankt Bernhard führenden Straße. Es nahm eine Fläche von 1000 m² ein und bestand aus mehreren kleinen Gebäuden, bei denen zahlreiche Votivgaben und Münzen gefunden wurden. Das Heiligtum wurde bis in das erste Viertel des 5. Jhs. besucht (CAG 74 Nr. 123, 23* Viuz-Faverge).
40 I. Fauduet (Hg.), Atlas des sanctuaires romano-celtiques de Gaule. Les fanums, 1993.
41 P. Fournier/M. Gazenbeek, Le sanctuaire et l'agglomération antiques de Château-Bas à Vernègues (Bouche-du-Rhône), RAN 32, 1999, 179–195.

## Kapitel VI Die Gegenwart des Kaisers – Kaiserkult und Kaiserverehrung

1 Der 1,12 × 0,60 × 0,42 m große Altar steht heute im Musée Ziem in Martigues. Die Weihinschrift ist auf der Vorder- und Rückseite angebracht. Nicht erhalten ist eine Inschrift zu Ehren des Kaisers Caligula aus dem Jahr 40 n. Chr., die Aelanius Pisinus als Sevir Augustalis anbringen ließ. Sie enthält keine religiöse Konnotation. CAG 13/1 Nr. 56,40* mit Abb. 135.
2 F. W. Walbank, Könige als Götter, Chiron 17, 1987, 365–382.
3 Cicero, *Ad Atticum* 13,44,1. Cicero, *Philippica* II 110. Cassius Dio 44,4–6. Sueton, Caesar 76.
4 Sueton, Augustus 98,2.
5 Bleicken 509–540.
6 CIL X 8375. Die Inschriftenfragmente stammen aus den Jahren 4 v. Chr. bis 14 n. Chr.
7 Plin. epist. 10,52 f. 10,100 f.
8 Latte 294 ff. wertete den Kaiserkult als »Loyalitätsreligion«, der das eigentlich religiöse Element gefehlt habe. Anders Clauss, Deus praesens 400 und 432. M. Beard, Römische Religion. Kaiserzeit, in: F. Graf (Hg.), Einleitung in die lateinische Philologie, 1997, 492–519, das Zitat 504.
9 Heuß 272 ff.
10 Plinius, *Panegyricus* 1,3.
11 Zanker 97 ff.

12 Sueton, Augustus 28,3. Die Aufzählung der Bauten in: *Res gestae divi Augusti* 19–21.

13 Der Kolonie Vienna schenkte Augustus Stadtmauer und Tore: CIL XII 1843. ILGN 263. ILN V 47; zwei IV-Viri finanzierten eine neue Wasserleitung und ließen sie über ihre Grundstücke führen: CIL XII 1882–1889. ILN V 84, 1–7; zu Nîmes s. S. 326ff.

14 M. Heijmans, Nouvelles recherches sur les cryptoportiques d'Arles et la topographie du centre de la colonie, RAN 24, 1991, 161–200. Anders: P. Gros, Un programme augustéen: le centre monumental de la colonie d'Arles, JdI 102, 1987, 339–363; bes. 345: »Il est admis…, qu'un temple du culte impérial s'élevait au centre du forum«. Abbildung der Portraits: Musée Nr. 26 und 27. C. Kleinwächter, Tiberius in Arles?, in: J. Bergemann (Hg.), Festschrift K. Fittschen, 2001, 145–166. Zu Gaius Caesar s. S. 252ff.

15 D. Boschung, Gens Augusta, 2002, 39–42 zu den Standbildern der kaiserlichen Familie auf dem Forum von Ruscino (heute Château-Roussillon) und 58–61 zu den Portraits aus Béziers, die im *Musée St-Raymond* in Toulouse ausgestellt sind.

16 Zanker 51, Abb. 33 und 105, Abb. 83.

17 CIL XII 4335. Gayraud 357, Abb. 55. Man könnte die Abkürzung auch mit *paci Augusti* (dem Frieden des Augustus) auflösen. Die Weihung kann gleich nach 27 v. Chr. erfolgt sein, man kann sie aber auch mit der *Ara Pacis*, die 9 v. Chr. in Rom geweiht wurde, in Verbindung bringen. Der Altar ist im Antikenmuseum von Narbonne so aufgestellt, daß der Blick des Besuchers gleich beim Eintritt in den ersten Raum auf ihn fällt.

18 Von dem Altar ist eine 1,11 m hohe, 0,66 m breite und 0,26 m dicke Marmorplatte erhalten, deren linke und rückwärtige Seiten nicht bearbeitet sind, also in den eigentlichen Altar eingebaut waren. Der Stein ist im Antikenmuseum von Narbonne ausgestellt. Gayraud 358ff. und Abb. 56.

19 D. Kienast, Römische Kaisertabelle, $^{2}$1996, 19ff.

20 An einem weiteren Tag wollen sie den Kaiser ehren, weil er einen lokalpolitischen Konflikt gelöst hat. Auf diese Thematik gehe ich nicht näher ein. Eigentlich müßte ich korrekterweise statt »Bürger« von Narbonne *plebs* sagen, was die Bürger ohne den Stadtrat bezeichnet. Zwischen Plebs und Stadtrat war es anscheinend zu Unzuträglichkeiten gekommen, in die der Kaiser zur Zufriedenheit der ersteren schlichtend eingegriffen hatte.

21 Der Sinn dieser Bestimmung erschließt sich dadurch, daß für den Altar der Diana, auf den anschließend im Text Bezug genommen wird, offenbar eine Sonderregelung galt, nach der, anders als beim normalen Opferritus, das *magmentum*, die gekochten Eingeweide und andere Fleischstücke des Opfertieres, nicht dargebracht werden mußte. Latte 389.

22 Latte 307f. H. Hänlein-Schäfer, Die Ikonographie des Genius Augusti im Kompital- und Hauskult der frühen Kaiserzeit, in: A. Small (Hg.), Subject and Ruler, JRA Suppl. 17, 1996, 73–98.

23 Gayraud 384ff. Das Altargesetz: CIL XII 6038. Gayraud Abb. 58. Die Liste der Provinzialpriester: Gayraud 397ff. Zu CIL XII 3274/75 für den *flamen provinciae Narbonensis* Quintus Soillius Valerianus aus Nîmes s. S. 273.

24 CIL XII 1845. Damit kann die ältere Rekonstruktion der zweiten Inschrift: *Divo Augusto optimo maximo* (AE 1925, 75), gegen die in der Fachliteratur mehrfach berechtigte Zweifel vorgebracht wurden, als erledigt gelten. Zur Architektur: Hänlein-Schäfer, 244–46.

25 B. Rémy, Un témoignage de la romanisation de la cité de Vienne au Haut-Empire: l'évergétisme, Ktèma 17, 1992, 201–221.
26 Clauss, Kaiser und Gott 286–89.
27 Auch Rémy, im Kommentar zur Stelle, neigt dazu, *augustus* nicht als Akjektiv, sondern als Name eines unbestimmten Kaisers anzusehen und spricht von einer »*véritable association du culte impérial au culte du dieu honoré sur l'inscription*«. Anders Latte 325 Anm. 3.
28 Châteauneuf liegt an der Isère, 2 km oberhalb der Einmündung des Arc. CAG 73 Nr. 79,6*–8*. Chr. Mermet, Le sanctuaire gallo-romain de Châteauneuf (Savoie), Gallia 50, 1993, 95–138. B. Rémy, Religion populaire et culte impérial dans le sanctuaire indigène de Châteauneuf, RAN 32, 1999, 31–38. Die Inschriften: AE 1993, 1111–1157.
29 Latte 308.
30 In diesem Sinne auch Chr. Witschel, Zum Problem der Identifizierung von munizipalen Kaiserkultstätten, Klio 84, 2002, 114–124.

## *Kapitel VII Colonia Augusta Nemausus – die Stadt der Arekomiker*

1 Soweit nicht anders angegeben, ist in diesem Kapitel bei Verweisen auf die CAG immer der Band 30/1 gemeint.
2 L. Sauvage, La ville arécomique, in: CAG S. 146–152. Zur Porticus: CAG Nr. 112.
3 Py, Région nîmoise 1990. B. Dedet, Le Gard protohistorique, in: CAG 30,2, S. 60–80.
4 M. Py, L'Oppidum des Castels à Nages (Gard), 1978. CAG 30,3 Nr. 186.
5 In der Lex Irnitana (Rubrik) 83 waren 5 Tagewerke vorgeschrieben.
6 G. Fabre u. a., Le Pont du Gard, 1992. Bromwich 110–120. Man sollte nicht versäumen, das 2003 eröffnete Museum zu besuchen, wo man über alle mit der Wasserversorgung zusammenhängenden Fragen informiert wird.
7 »Oh barbarie! On a détruit les restes précieux, on a renversé avec de la poudre ces masses anciennes que le temps avait respectées et pourquoi? pour les revêtir à la Française«. Das Datum nach W. Rehm, J. J. Winckelmann, Briefe III, 1956, Nr. 925, S. 344 ff., das Zitat S. 348; der Text in heutiger Orthographie nach CAG S. 249. Clérisseau, den Winckelmann in Rom kennengelernt hatte, legte 1778 seine »Antiquités de la France I, monuments de Nîmes« vor.
8 Der Begriff Nymphäum kann ein Heiligtum für die Nymphen und/oder eine Brunnenanlage, an der die Bevölkerung ihr Wasser schöpfte, bezeichnen. In vielen Städten des Imperiums standen die Nymphäen in Verbindung mit einem Aquädukt und waren prächtig ausgestattet.
9 Außer für Nemausus wurden verschiedene Weihinschriften gefunden: im Quellbecken eine für *Venus Augusta* (CIL XII 3133. CAG Nr. 125,7); im Bereich des Saalbaus eine für die Nymphen (CIL XII 3104. CAG Nr. 127,6), eine für die *Nymphae Augustae* (CIL XII 3109. CAG Nr. 127,30) und eine für die *Proxumae* (CIL XII 3112. CAG Nr. 127,7); im Bereich der Ostporticus eine für Minerva und vielleicht die Laren (CIL XII 3092. CAG 130,2). Nicht sicher zu lokalisieren sind eine Weihung für die *Lares Augusti* (CIL XII 3076. CAG Nr. 136,5), *Victoria Augusta* (CIL XII 3134. CAG Nr. 136,15), eine weitere für die *Nymphae Augustae* (CIL XII 3108. CAG Nr. 136,10), und eine weitere für die *Proxumae* (CIL XII 3117. CAG Nr. 136,12). CAG

Nr. 136 verweist auf nicht lokalisierbare Steine. Es ist generell nicht auszuschließen, daß Steine verschleppt sind oder infolge der gründlichen Zerstörungen im 18. Jh. nicht mehr vorhanden sind. Ich habe es für nötig gehalten, die Fundorte so präzise wie möglich anzugeben, damit man sich eine Schneise durch das Dickicht von ungenauen Zuschreibungen und vorschnellen Hypothesen schlagen kann. Sowohl der »Tempel der Diana« und das »Nymphäum« als auch das »Augusteum« sind moderne Bezeichnungen, deren pseudo-antike Nomenklatur auch in der Fachwissenschaft zu wenig beachtet wird.

10 P. Gros, L'Augusteum de Nîmes, RAN 17, 1984, 123–134. U.-W. Gans, Der Quellbezirk von Nîmes, Römische Mitteilungen 97, 1990, 93–125.

11 R. Amy/P. Gros, La Maison Carrée à Nîmes, 2 Bde., Gallia, Suppl. 38, 1979.

12 Heuß 312 ff. Bleicken 619 ff.

13 Jacques/Scheid 273 ff. Gascou, Magistratures 109 ff. Rupprecht 97 ff.

14 Rupprecht 68.

15 H. Galsterer, Statthalter und Stadt im Gerichtswesen der westlichen Provinzen, in: W. Eck (Hg.), Lokale Autonomie und römische Ordnungsmacht in den kaiserzeitlichen Provinzen vom 1. bis 3. Jahrhundert, 1999, 243–256.

16 ILN II (Digne), 3, mit ausführlichem Kommentar Chastagnols. CAG 03 Nr. 217, 2,3*

17 P. J. Rhodes, DNP 7, 1999, 358 f. s. v. Liturgien. M. Corbier, DNP 8,2000, 483–486 s. v. Munus, Munera. C. Decroll, Die Liturgien im römischen Kaiserreich des 3. und 4. Jhs., 1997.

18 G. Barruol/J. Gascou, Nouvelles inscriptions exhumées d'une enceinte du Bas-Empire à Nîmes, RAN 15, 1982, 273–309. CAG Nr. 314. AE 1982, 680–691. Zum gleichen Fundkomplex gehören die Inschriften für Attia Patercla und Quintus Avilius Cominianus (s. anschließend im Text).

19 In Vienne besaßen die Bühnenschauspieler des Asiaticus *(Scaenici Asiaticiani)* einen eigenen Grabplatz (CIL XII 1929. ILN V 117). Der Name deutet auf die Beziehung der Truppe zu einer prominenten Familie der Stadt hin, der Decimus Valerius Asiaticus (s. S. 330 f.) entstammte.

20 H. Leppin, Histrionen, 1992. L. Benz, DNP 9, 2000, 274–276 s. v. Pantomimos.

21 AE 1969–1970, 376. AE 1992,1216. CAG 30/2 Nr. 032,80*

22 Plin. epist. 10, 17 f.

23 Jacques/Scheid 289 ff.

## *Kapitel VIII Die gallo-römische Gesellschaft*

1 M. I. Finley, Die antike Wirtschaft, 1977. Pleket, Wirtschaft. Vittinghoff, Gesellschaft. Jacques/Scheid 317–433. Goudineau, La ville parasite économique?, in: France urbaine 365–381.

2 Beiträge mehrerer Autoren in: Feugère 328–349. D.Paunier, Allobroges 120–123.

3 Gayraud 479 ff.

4 P. Leveau, Les moulins de Barbegal (bilan de six ans de fouilles programmées), CRAI 1995, 115–144. P.Roos, For the Fiftieth Anniversary of the Excavation of the Water-Mill at Barbegal: A Correction of a Long-lived Mistake, Revue arch. 1986, 327–333 (nach Benoit hatte der Hang ein Gefälle von 30,5% (etwa 17 Grad), er schrieb statt dessen 30,5 Grad, was jahrzehntelang nicht bemerkt wurde und zu abenteuerlichen Schätzungen führte: 28 t statt vielleicht 2,5 t hätten pro Tag gemahlen werden können.

5 H. Schneider, Einführung in die antike Technikgeschichte, bes. 41f., 44–48 und 227–229, Abb. 1–5. D. Baatz, DNP 8, 2000, 430–435 s.v. Mühle (mit Abbildungen).

6 Von diesen Untersuchungen angemessen zu berichten, würde bedeuten, sich in Einzelheiten zu verzetteln. Besonders früh setzte die siedlungsarchäologische Forschung in der Region um den Etang-de-Berre ein; dazu CAG 13,1, S. 79ff. Zur Civitas von Nîmes: CAG 30,2, S. 84ff. S. Mauné, Occupation du sol, in: Feugère 301–305. Chr. Pellecuer: La villa gallo-romaine, in: Feugère 321–324. Ders., Villa et domaine, in: Fiches, IIIe siècle, 277–291.

7 M. Bergmann, Chiragan, Aphrodisias, Konstantinopel, 1999; geographische Lage und Plan: 26–28.

8 M. Droste, Arles, 2003, 65–70 mit Abb. 93–95.

9 J.-P. Brun/F.Laubenheimer (Hgg.), La viticulture en Gaule, Gallia 58, 2001, 1–260, mit Beiträgen verschiedener Verfasser, verschafft einen aktuellen Überblick über alle Bereiche des Themas; zu den Villen von *La Ramière* und *Mayran*: 93; zu *Les Prés-Bas:* 96ff.; zu Molard und Lapalud: 115ff. Zu Loupian: CAG 34,2, (2001) Nr. 143, 25, Abb. 279–301. Zu den Fässern: 181ff. Allgemein: K. Ruffing, DNP 12/2, 2002, 423–432 s.v. Wein und A. Gutsfeld, 434–436 s.v. Weinherstellung. Zur Ölproduktion, die ich aus Platzgründen vernachlässigt habe: J.-P. Brun, L'oléiculture et la viticulture antiques en Gaule: Instruments et installations de production, in: M.-C. Amouretti/J.-P. Brun (Hgg.), La production du vin et de l'huile en Méditerranée, BCH, Suppl. 26, 1993, 307–341.

10 CIL XIII 1954: M. Inthatius Vitalis. M.Christol, Nîmes et les marchands de vin de Lyon, Inscriptions latines de Gaule Lyonnaise, 1992, 125–131.

11 In CAG 13,1, S. 128ff. ist detailliert aufgelistet, mit wieviel Prozent die verschiedenen Tierarten oder die einzelnen Muschel- und Austernarten an der Nahrung beteiligt waren.

12 CIL XII 2760. 2761. 2763–2765. CAG 30,3 Nr. 331,17* mit Abb. 881 b–f. Sauron 101–105.

13 P. Gros, Le mausolée des Julii et le statut de Glanum, Rev. Arch. 1, 1986, 143–180. Die ältere Auffassung von H. Rolland, nach der das Iuliermonument den beiden Augustusenkeln Gaius und Lucius gewidmet war, wird, seit man die gallischen Aristokraten besser kennt, von ernstzunehmenden Autoren nicht mehr vertreten. Man wundert sich über Droste, Arles 52. Zusammenfassend CAG 13/2 Nr. 100,32*.

14 Burnand, Domitii 29ff. und 193ff.

15 Gayraud 473ff.

16 Gaius, *Institutiones* 1,9–11 und 1,52. Ulpian, Digesten 50,17,32. Eck/Heinrichs, Sklaven, Nr. 1 und 2. M. I. Finley, Die Sklaverei in der Antike, 1981. Vittinghoff, Gesellschaft, 182–187. E. Flaig, Historisches Wörterbuch der Philosophie 9, 1995, 976–985 s.v. Sklaverei. I. Weiler, Die Beendigung des Sklavenstatus im Altertum, 2003 (wertvoll durch den komparatistischen Ansatz).
Es darf nicht übersehen werden, daß es sowohl männliche als auch weibliche Sklavenhalter wie Sklaven gab, es wäre aber zu umständlich, durchgehend jedes Mal beide Geschlechter anzuführen.

17 Wer in der Versuchung steht, die Sklaverei zu verharmlosen, lese Toni Morrison, Menschenkind. Ich kenne nichts Eindrucksvolleres.

18 Andere vorgeschlagene Ergänzung: *et sibi* = und für sich selbst.

19 Seneca, epist. 47. Paulus, Brief an Philemon.

20 P. Veyne, Römisches Recht und Gesellschaft: freie Männer als Sklaven und die freiwillige Sklaverei, in: Ders. Die römische Gesellschaft, 237–269 (zuerst französisch: Historia 30, 1981, 472–497).

21 E. Herrmann-Otto, Ex ancilla natus, 1994. Zu Aufzucht und Ausbildung des Sklavenkindes: 288ff., zu den Berufschancen 340ff., zu den *dispensatores* 369ff.

22 A. Weiß, Sklave der Stadt, 2004. Zur Narbonensis: Katalog Nr. 184–196 und L69 und 70.

23 Diese Besonderheit des römischen Rechts wurde schon im 3. Jh. v. Chr. von König Philipp von Makedonien wahrgenommen und den Bürgern der thessalischen Stadt Larisa, die an Bevölkerungsmangel litt, als Beispiel hingestellt. Syll.$^3$ 543. HGIÜ 422.

24 W. Waldstein, Opera libertorum, 1986.

25 Der häufig gebrauchte Ausdruck *collegium funeraticium*, der suggeriert, es habe spezielle Begräbnisvereine gegeben, ist nicht antik, sondern geht auf Th. Mommsens lateinisch verfaßte Doktorarbeit von 1843 zurück. F. M. Ausbüttel, Untersuchungen zu den Vereinen im Westen des Römischen Reiches, 1982, 22f.

26 Vittinghoff, Gesellschaft 208–214. Ich habe die Begriffe »Vereinsfreiheit« und »generelles Vereinsverbot«, über die seit mehr als 100 Jahren Uneinigkeit in der Forschung besteht, vermieden und bin von der politischen Pragmatik ausgegangen. Der römische Staat war kein Polizeistaat, es gab keine omnipräsenten Kontrollmechanismen, so daß, was nicht verboten war, erlaubt war – und nicht umgekehrt wie in der Diktatur. Wenn die politische Situation es gebot, konnten allerdings sogar harmlose Wohltätigkeitsvereine verboten werden, wie unter Traian in Bithynien (Plin. epist. 10,93).

27 R. Meiggs, Roman Ostia, 1960, 283ff. Tafel XIV.

28 P. Kneissl, Die Berufsvereine im römischen Gallien, in: P. Kneissl/V. Losemann, Imperium Romanum, FS K. Christ, 1998, 431–449, bes. 436ff.

29 So P. Kneißl, Die utriclarii, Bonner Jahrbücher 181, 1981, 169–203 gegen die gängige Erklärung »Schlauchflößer«.

30 P. Kneissl, Die fabri, fabri tignuarii, fabri subaediani, centonarii und dolabrarii als Feuerwehren in den Städten Italiens und der westlichen Provinzen, in: R. Günther/St. Rebenich (Hgg.), E fontibus haurire, FS H. Chantraine, 1994, 133–146. Nach dem westlichen Vorbild schlug Plinius vor, in Nicomedia ein *collegium fabrorum* als Feuerwehr zu bilden, was von Traian unwirsch abgelehnt wurde. Plin., epist. 10, 33f.

31 CIL XII 4393. Gayraud 342, 492–96 und 532f. Abbildung 54 und 59.

32 H. Botermann, König Apollonius und seine Vorbilder, GWU 11, 1999, 678–688.

33 Alföldy, Sozialgeschichte 85–132, bes. 125, Abb. 1, die vielfach übernommen wurde und die Grundlage der weiteren Diskussion bildete. K. Christ, Grundfragen der römischen Sozialstruktur, in: W. Eck/H. Galsterer (Hgg.), FS Vittinghoff 1980, 197–228. Vittinghoff, Civitas 253ff. Ders., Gesellschaft 172ff. und 204–206. Alföldy, Gesellschaft 69–81. P.Veyne, La »plèbe moyenne« sous le Haut-Empire romain, Annales ESC 55, 2000, 1169–1197. Jacques/Scheid 334–337.

34 P. Zanker, Grabreliefs römischer Freigelassener, JDAI 90, 1975, 267–315. G. Zimmer, Römische Berufsdarstellungen, 1982; eine Übersicht über die in der Narbonensis vorhandenen Monumente: 231–239. Nr. 4–6 (Arles), 27 (Avignon), 28 (Bagnol), 119–128 (Narbonne), 131–133 (Nîmes). N. Kampen, Image and Status. Roman Working Women in Ostia, 1981.

35 F. Sinn/K. Freyberger, Museo Gregoriano profano ex Lateranense. Katalog der Skulpturen I 2, 1996, 51–59, Nr. 6.

36 P. Veyne, Das Leben des Trimalchio, in: Ders., Die römische Gesellschaft, 1995, 9–50 (zuerst französisch: Annales ESC 1961, 213ff.). H. Kloft, Trimalchio als Ökonom, in: R. Günther/St. Rebenich (Hgg.), E fontibus haurire, FS H. Chantraine, 1994, 117–131.

37 U. Walter, DNP 11, 2001, 937–39 s.v. Statussymbole.

38 J.-U. Krause, DNP 5, 1998, 707–709 s.v. Honestiores/Humiliores.

39 Vittinghoff, Gesellschaft 257ff.: »Die relative Friedfertigkeit der Unterschichten«; zur gesellschaftlichen Mobilität: 249ff.

40 Pflaum, Fastes 269–295. Y. Le Bohec, Die römische Armee 1993, 90f. und 239ff. S. Link, Konzepte der Privilegierung römischer Veteranen, 1989.

41 CIL XII 594 (*et add. p.* 815 = ILS 6988), verbesserte Lesung: J.Gascou, L'inscription de Saint-Jean-de-Garguier en l'honneur du sévir augustal Q. Cornelius Zosimus, MEFRA 112, 2000, 279–295. Die Inschrift existiert heute nur noch in der Form älterer Abschriften.

42 Die Inschrift CIL XII 1357 befindet sich heute im *Musée lapidaire* in Avignon. Pflaum, Fastes 213f. Y. de Kisch, Tarifs de donations en Gaule romaine d'après les inscriptions, Ktèma 4, 1979, 259–280. Chr. Goudineau/Y. de Kisch, Vaison-la-Romaine, 1991, 48f.

43 Möglicherweise hatte Donnius Flavos das Geld für die Brücke hinterlassen, aber nichts zur baulichen Ausgestaltung verfügt. CAG 13/1 Nr. 092,4*. A. Küpper-Böhm, Die römischen Bogenmonumente der Gallia Narbonensis in ihrem urbanen Kontext, 1996, 5–13.

44 S. Dardaine/H. Pavis d'Escurac, Ravitaillement des cités et évergétisme annonaire dans les provinces occidentales sous le Haut-Empire, Ktèma 11, 1986, 291–298 haben nur zwei einschlägige Inschriften ausfindig gemacht (CIL XII 4363 und 3179).

45 R. Sablayrolles, Les *praefecti fabrum* de Narbonnaise, RAN 17, 1984, 239–247.

46 A. Stein, Der römische Ritterstand, 1927. S. Démougin, L' ordre équestre sous les Julio-Claudiens, 1988. Dies., Prosopographie des chevaliers romains Julio-Claudiens, 1992.

47 Wörtlich: Triumvir zur »Verfolgung (Administration ?) der öffentlichen Liegenschaften«; ThLL X 1, 1688,65ff.

48 H. Devijver, Un des monuments romains les plus connus de France (CIL XII 3175 + 3368), in: Ders., The Equestrian Officers of the Roman Imperial Army II, 1992, 221–234.

49 Pflaum, Fastes 265. Eine Zusammenstellung mit differierenden Zahlen bietet Burnand, Domitii 55–59.

50 W. Eck, Beförderungskriterien innerhalb der senatorischen Laufbahn, in: ANRW II 1, 1974, 158–228. G. Alföldy, Konsulat und Senatorenstand unter den Antoninen, 1977.

51 CIL XIII 1668. Walser Nr. 3. Freis Nr. 34. F. Vittinghoff, Zur Rede des Kaisers Claudius über die Aufnahme von »Galliern« in den römischen Senat, Hermes 82, 1954, 348–371 = Civitas Romana 299–321.

52 Pflaum, Fastes, 3–57.

53 Burnand, Senatores. Kritisch gegenüber seiner zu engen Auswahl: R. Syme, More Narbonensian Senators, ZPE 65, 1986, 1–24 = Roman Papers 6, 209–231. W. Eck, Die Struktur der Städte in den nordwestlichen Provinzen, in: Ders., Die Verwaltung des römischen Reiches in der hohen Kaiserzeit II, 1997, 279–296, bes. 282ff.

54 S. Mratschek-Halfmann, Divites et praepotentes, 1993, 100f.

55 H. Halfmann, Die Senatoren aus dem östlichen Teil des Imperium Romanum bis zum Ende des 2. Jh. n. Chr., 1979. Zu Cornutus Tertullus: Nr. 22 und IK 54 Perge S. 108. Zu Iulius Severus: Halfmann Nr. 62. Die Beispiele sind gewählt, um zu zeigen, daß ein Senator, gleichgültig woher er stammte, im gesamten Reich eingesetzt werden konnte. Generell amtierten Senatoren aus den östlichen Provinzen vornehmlich in den griechischsprachigen Regionen.
56 Marrou 141 ff. Zu Ai-Khanum: F. K. Walbank, Die hellenistische Welt, 1983, 61 ff.
57 Marrou 389 ff.
58 Plutarch, Sertorius 14,3–4. Tacitus, Agricola 21,2. Sueton, Caligula 45,3,2.
59 Gayraud 397 f.

## *Kapitel IX Kaiserkult und Christenverfolgung in Lyon (Lugdunum)*

1 Wörtlich: das behaarte oder haarige Gallien, nach der Haartracht seiner Bewohner.
2 Plin. nat. hist. 4, 105–109.
3 J. F. Drinkwater, Roman Gaul, 1983, 93 ff. und 141 ff. H. Wolff, Die regionale Gliederung Galliens im Rahmen der römischen Reichspolitik, in: G. Gottlieb (Hg.), Raumordnung im Römischen Reich, 1989, 1–35. G. Woolf, Becoming Roman, 1998. T. Derks, Gods, Temples and Ritual Practices, 1998.
4 Liv. per. 139. Cassius Dio 54,32,1. Man hat nach gallischen Wurzeln gesucht, z. B. aus der irischen Mythologie ein Fest des Gottes Lug am 1. August erschlossen. Das bleibt aber Spekulation.
5 Den Beinamen *Claudia* verdankte die Kolonie Kaiser Claudius, der 10 v. Chr. in Lyon geboren wurde.
6 Fishwick I 1, 97–137. Hänlein-Schäfer 246–251.
7 CIL XII 6038. Fishwick I 2, 240–256.
8 Fishwick I 2, 308–316; zu den weiteren Veränderungen der Titulatur in severischer Zeit: 317–350.
9 J. Deininger, Die Provinziallandtage der römischen Kaiserzeit, 1965, 21 f. 99–107.
10 CIL XIII 3162. Übersetzung Freis Nr. 143. H.G. Pflaum, Le marbre de Thorigny, 1948.
11 Diese Funktion und die Eisenminen werden nur hier erwähnt; somit bleibt unklar, ob und wie sie mit der Kasse *(arca)* des Landtags zusammenhingen.
12 P. A. Brunt, Charges of Provincial Maladministration under the Early Principate, Historia, 10, 1961, 189–227 = Roman Imperial Themes, 1990, 53–96.
13 Chr. Kokkinia, Die Opramoas-Inschrift von Rhodiapolis, 2000.
14 PIR$^2$ A 113. W. Eck, DNP I, 1996, 142 s. v. Aedinius.
15 Codex Theodosianus 9,18,1. Th. Mommsen, Römisches Strafrecht, 1899, 925–28 und 953.
16 Golvin/Landes 218 ff.
17 V. M. Hope, Negotiating Identity and Status, in: R. Laurence/J. Berry (Hgg.), Cultural Identity in the Roman Empire, 1998, 179–195. CAG 30/1 Nr. 311,18 und 19 und Nr. 480,1–3.
18 ILS 5163, Bronzetafel aus Italica in der Provinz Baetica. ILS 9340, Marmorfragment aus Sardeis in der Provinz Asia. J. H. Oliver/R. E. A. Palmer, Minutes of an Act of the Roman Senate, Hesperia 24, 1955, 320–349, mit verbessertem Text. Übersetzung: Freis Nr. 109.

19 ThLL II 1630,65 s.v. *auxilium* und ThLL IV 516,61 s.v. *constituo*. Oliver/Palmer 340 übersetzen: »... had named a council to help him in an appeal addressed to the Emperors.«

20 Sueton, Claudius 25,5: *Druidarum religionem apud Gallos dirae immanitatis et tantum civibus sub Augusto interdictam penitus abolevit.* (Die Religion der Druiden bei den Galliern mit ihrer gräßlichen Unmenschlichkeit, die Augustus nur römischen Bürgern verboten hatte, beseitigte er vollständig). Nach Plinius, nat. hist. 30,13 war schon Tiberius ähnlich verfahren. Trotz der Verbote mögen die alten Rituale unter dem Deckmantel von Gladiatorenkämpfen weitergelebt haben.
Das Verständnis dieser Passage des Senatsbeschlusses ist schwierig, weil der Text nur fragmentarisch erhalten ist und weil das vermutlich keltische Wort *trinci* oder *trinqui* nur hier begegnet.

21 Zu einem Senatsbeschluß aus dem Jahr 19 n.Chr.: AE 1978, 145 und Sueton, Tiberius 35,2.

22 G. Sennequier u.a., Les verres romains à scènes de spectacle, trouvés en France, 1998, bes. 55f. und 133 (Nr. 78). CAG 73 Nr. 160.

23 L. Robert, Les gladiateurs dans l'orient grec, 1940 (ND 1971) hat schon 1948 über 300 Monumente aus dem Gebiet östlich der Adria gesammelt; inzwischen ist unendlich viel Material hinzugekommen; zu den Kämpfen *sine missione*: Robert 258ff. Asbolas: Nr. 215. Interessante Artikel und Abbildungen enthält: Österreichisches Archäol. Institut u.a. (Hgg.), Gladiatoren in Ephesos. Tod am Nachmittag. Ausstellungskatalog, 2002. Asbolas: S. 80f.

24 Seneca, epist. 7,3ff. zu den Mittagseinlagen. In seinen Beispielen ist die Gladiatur ständig präsent. In epist. 37,1 z.B. vergleicht er die Hinwendung zur Philosophie mit dem Gladiatoreneid; s. auch epist. 92,26 und 93,12. Die Verbindung von Philosophie und Gladiatur findet sich ähnlich schon bei Cicero, *Tusculanae disputationes* 2,41.

25 Iuvenal 10,81. Dies ist auch die Auffassung der älteren Forschung, namentlich die von L. Friedländer, Darstellungen aus der Sittengeschichte Roms II, [10]1922, dessen Darstellung aber wegen ihres Materialreichtums bis heute ihren Wert nicht eingebüßt hat.

26 E. Flaig, DNP 4, 1998, 1076–1078 s.v. Gladiator. U. Walter, »Schöne Wunde, verachteter Tod«. Zur Funktion der Gladiatorenkämpfe in der römischen Kaiserzeit, GWU 55, 2004, 513–520.

27 O. Hirschfeld, Zur Geschichte des Christentums in Lugudunum vor Constantin, in: Ders., Kleine Schriften, 1913, 154–185. A. v. Harnack, Die Mission und Ausbreitung des Christentums, [4]1924, 872ff. J. Rougé/R. Turcan (Hgg.), Les martyrs de Lyon, Colloques internationaux du CNRS, 1978, mit einer Reihe wichtiger Aufsätze. L. Wierschowski, Der Lyoner Märtyrer Vettius Epagathus, Historia 47, 1998, 426–453.

28 Griechischer Text und französische Übersetzung: AE 1975, 614. J. und L. Robert, Bull. ép.: Rev. Ét. gr. 89, 1976, 587f. Nr. 799. W. Wischmeyer, Die Aberkiosinschrift als Grabepigramm, JbAC 23, 1980, 22–47, bes. 36f. H. Heinen, Frühchristliches Trier, 1996, 16f.

29 Eusebios 5,1,1–63. Text, Übersetzung und Kommentar: Guyot/Klein 71ff. und 339ff. Ich folge dem Text des Eusebios, teils wörtlich, teils in Paraphrase, kürze ihn aber, besonders um die zahlreichen Bibelzitate und die grauenhaften Einzelheiten der Folterszenen. Die mir am wichtigsten erscheinenden Zitate gebe ich in Kursivdruck wieder. Eine ältere Übersetzung bietet: H. Kraft (Hg.), Eusebius von Caesarea. Kirchengeschichte, 1967.

30 Plin., epist. 10,96. R. Freudenberger, Das Verhalten der römischen Behörden gegen die Christen im 2. Jh., ²1969. J. Molthagen, »Cognitionibus de Christianis interfui numquam«, ZThG 9, 2004, 112–140.

31 F. Vittinghoff, »Christianus sum«, Historia 33, 1984, 331–357. H. Botermann, Das Judenedikt des Kaisers Claudius, 1996, 168ff.

32 Die Zahl ist möglicherweise zu hoch, da es sein könnte, daß aus Personen mit Gentil- und Cognomen zwei Personen geworden sind. Die Liste der Märtyrer bei Hischfeld 160ff.

33 Guyot/Klein 46ff. und 326f.

34 Diese Anspielung auf die Worte des Paulus im 1. Korintherbrief 4,9 stellt die christliche Perspektive der Leiden dar und sollte nicht wie ein Auszug aus dem offiziellen Veranstaltungsprogramm verstanden werden, gleichsam als ob die Behörden das Abschlachten von Christen als Ersatz für die erwarteten Gladiatorenkämpfe angeboten hätten.

35 Irenaeus von Lyon, Gegen die Häresien I, übersetzt und eingeleitet von N. Brox, in: Fontes Christiani Bd. 8/1, 1993. Ders., RAC 18, 1998, 820–54 s.v. Irenaeus. N. Förster, Marcus Magus, 1999. Ich danke dem Autor für den Hinweis auf diese Stelle.

36 Concilia Galliae, a. 314-a. 506, CC 148, Subscriptiones, S. 14–22. É. Demougeot, RAC 8, 1972, 822–927 s.v. Gallia I, hier: 899.

37 A. Demandt, Die Spätantike, 1989, 37.

38 O. Leblanc/H. Savay-Guerraz, Chronologie de l'abandon du site de Saint-Romain-en-Gal (Rhône), in: J.-L. Fiches (Hg.), Le III^e siècle en Gaule Narbonnaise, 1996, 103–119. M. Heijmans, L'abandon des quartiers périphériques d'Arles, ibid. 121–134. P. Leveau, Les Moulins de Barbegal et la crise, ibid. 293–298. Eine Villa, die um 270 durch Brand zerstört und danach aufgegeben wurde: CAG 74 Nr. 123 4* (Faverges an der Kreuzung zweier Alpenstraßen). Allgemein: Chr. Witschel: Krise – Rezession – Stagnation. Der Westen des römischen Reiches im 3. Jh. 1999.

39 H. Koethe, Zur Geschichte Galliens im 3. Viertel des 3. Jahrhunderts, 32. Bericht der Römisch-Germanischen Kommisssion 1942, 1950, 199–224 (mit 3 Karten). X. Loriot/B. Rémy, Corpus des Trésors monétaires antiques de la France V, 1988, S. 37ff. und 83ff. Karten: CAG 38/1, Abb. 8. CAG 73 Abb. 14.

40 Plin. nat. hist. 33,143. Duncan-Jones, Chiron 1981, 218 Anm 10.

41 F. Baratte u.a., Le trésor de la place Camille-Jouffray à Vienne (Isère), Gallia, Suppl. 50, 1990. Ders., Silbergeschirr in Gallien und den benachbarten Provinzen, in: H.-H. von Prittwitz und Gaffron/H. Mielsch, Das Haus lacht vor Silber, 1997, 59–70.

## *Kapitel X Epilog und Ausblick: Das christliche Gallien zwischen den Germanenreichen und der Roma aeterna*

1 Um den *adventus Christi* und *Augusti* synchronisieren zu können, verlegte Orosius den dreifachen Triumph, der in Wirklichkeit vom 13. bis 15. August 29 v. Chr. stattfand, in den Januar. Den Augustusnamen erhielt der Monarch erst am 16.1.27. E. Dinkler, RAC 8, 1972, 475–477 s.v. Friede.

2 F. Prinz, Von Konstantin zu Karl dem Großen. Entfaltung und Wandel Europas, 2000.

3 E. Pack, DNP 2, 1997, 970f. s.v. Capitatio-iugatio. F. Tinnefeld, DNP 5, 1998, 970 s.v. Indictio.

4 Cl. Lepelley, Vers la fin du »privilège de liberté«, in: A. Chastagnol u.a. (Hgg.), Splendissima civitas, Hist. anc. et méd. 40, 1996, 207–220.

5 Der Begriff ist heute ein Reizwort. In der neueren Forschung ist die von Th. Mommsen bis A. Heuß geradezu kanonische Auffassung des spätantiken Staates als »Zwangsstaat« aufgegeben. Zuletzt: M. Meier, Das späte römische Kaiserreich ein ›Zwangsstaat‹?, Electrum 9, 2003, 193–213.

6 F. Jacques, Le Privilège de liberté, 1984. Cl. Lepelley, Les cités de l'Afrique Romaine au Bas-Empire, I, 1979 und II, 1981. F. Vittinghoff, Zur Entwicklung der städtischen Selbstverwaltung, in: Stadt und Herrschaft 107ff. Die Darstellungen von Jacques/Scheid und Ausbüttel repräsentieren den aktuellen Stand der Forschung – gegenüber der alten Auffassung der Kurien als Zwangsanstalten.

7 Chr. Müller, Der untypische Bischof. Martin von Tours und die Funktion des Bischofs im spätantiken Gallien, Rottenburger Jahrbuch für Kirchengeschichte, 18, 1999, 141–165.

8 M. Reiser, Sprache und literarische Formen des Neuen Testaments, 2001, 29–33.

9 F. Prinz, Frühes Mönchtum im Frankenreich, ²1988, 19ff., 47ff. und 449ff.

10 Y. Duval/L. Pietri, Évergétisme et épigraphie dans l'occident chrétien (IV^e^–VI^e^ s.), in: Actes du X^e^ Congrès 371–396. Immer noch lesenswert ist die klassische Darstellung von H. Bolkestein, Wohltätigkeit und Armenpflege im vorchristlichen Altertum, 1939.

11 N. Gauthier/J.-Ch. Picard (Hgg.), Topographie chrétienne des cités de la Gaule des origines au milieu du VIII^e^ siècle, Bd. III Provinces ecclésiastiques de Vienne et d'Arles, 1986 und IV Province ecclésiastique de Lyon, 1986. J. Guyon/M. Heijmans, D'un monde à l'autre, 2001 (Ausstellungskatalog). Literarische Zeugnisse: Sid. epist. 2,10,2ff. zur Kirche des Bischofs Patiens in Lyon, deren Grundmauern neben der heutigen Kathedrale St-Jean ausgegraben sind; Gregor von Tours, *Historiae* 2,14 zur Martinskirche in Tours und 2,16 zur Kirche des Namatius in Clermont. Die Kathedralgruppe kann in Grenoble unter der heutigen Kathedrale besichtigt werden (CAG 38/1 Nr. 103) oder, näher bei uns, seit Ende 2003, in Trier unter dem Domfreihof. Zu Vienne: Gregor von Tours, *Historiae* 2,33: *artifex ille, cui de aquaeducto cura manebat.*

12 Sid. epist. 5,14,3. Zur Einführung in Vienne: Avitus, Homilie 6 und Sid. epist. 7,1,3–6.

13 H. Grieser, Sklaverei im spätantiken und frühmittelalterlichen Gallien (5.–7. Jh.), 1979, besonders 78ff. und 144ff.

14 J. Badewien, Geschichtstheologie und Sozialkritik im Werk Salvians von Marseille, 1980.

15 Stroheker 17ff.

16 Wolfram 144f.

17 Zum Tolosanischen Reich: Pohl 58–68, zum Burgunderreich: 158–165.

18 Die jüngere Auffassung, nach der die Germanen zwei Drittel des Steueraufkommens und nicht des Bodens erhielten, bei: Wolfram 173ff.; die ältere: bei A.H.M. Jones, The Later Roman Empire, 2 Bde., 1964, 251ff. und 1115ff., Anm. 31–37.

19 H. Nehlsen, RGA 5, 1984, 42–47 s.v. Codex Euricianus. D. Liebs, RGA 18, 2001, 323–326 s.v. Lex Romana Visigothorum. E. Ewig, Das Fortleben römischer Strukturen in Gallien und Germanien, in: Ders., Spätantikes und fränkisches Gallien I, 1976, 409–434, bes. 432.

20 Wolfram 226.

21 G. Kampers, RGA 18, 2001, 315–317 s.v. Lex Burgundionum.

22 D. Shanzer/I. Wood, Avitus of Vienne, 2002, 163–207 (in englischer Übersetzung). M. Burckhardt, Die Briefsammlung des Bischofs Avitus von Vienne, 1938, 53–76.

23 Außer den zweisprachigen französischen und englischen Ausgaben mit guten Einführungen ist nützlich: J. Harries, Sidonius Apollinaris and the Fall of Rome, AD 407–485, 1994.

24 Zum Vergleich sollte man sich die Speisenfolge beim Gastmahl des Trimalchio zu Gemüte führen; Petronius, Satyrica 26,7 ff.

25 Man kann den Begriff unbefangen gebrauchen, da die Burgunder ihn in ihrer eigenen Gesetzgebung alternativ zu *Burgundiones* verwenden.

26 Sid. epist. 1,2. Übersetzung bei Wolfram, Germanen 216 ff.

27 Sehr anschaulich erläutert in einer aktualisierenden Interpretation bei: Th. Mommsen, Rede zur Feier des Geburtstages des Kaisers, 19. März 1885, in: Ders., Reden und Aufsätze, 1905, 132–143.

28 Marrou 455 ff. und 481 ff.

29 J. Guyon, Les inscriptions chrétiennes de la Gaule méridionale, in: Actes du X$^{e}$ Congrès (wie Kap. 4), 141–160.

30 RICG XV 81, 87, 95, 97, 99. Die Inschriften sind nicht in ursprünglicher Form erhalten; vier bietet eine Handschrift aus dem 9. Jh., die Musterverse für den kirchlichen Gebrauch zusammenstellte, alle fünf enthält ein Katalog der Bischöfe von Vienne, der in einer Kopie aus dem 17. Jh. vorliegt. Hirschfeld hielt die Gedichte für Fälschungen (CIL XII 174*, ohne das für Avitus), aber durch den Vergleich mit zeitgenössischen Grabinschriften gilt heute ihre Echtheit als erwiesen. M. Heinzelmann, Bischofsherrschaft in Gallien, 1976, 220 ff.

31 Ich bin in allen Fällen den Lesungen in RICG XV und den meist hilfreichen Kommentaren gefolgt. Zum leichteren Verständnis habe ich den lateinischen Text mit Satzzeichen versehen.

32 RICG XV 258–262, 263–272 und S. 24 f. CAG 01 Nr. 185 mit Abb. 49 und 50. Aus Briord stammen CIL XIII 2460–70. Es gab dort in der Hohen Kaiserzeit sogar ein Theater (CIL XIII 2462, zitiert S. 200).

33 Der Text schwankt zwischen der 2. und der 3. Person. Zeile 6 bildet einen korrekten Pentameter und ist aus dem Gedicht für Felix (Nr. 264) übernommen. In der letzten Zeile könnte *cessint* statt *cessent* Konjunktiv von *cessare* sein. Könnte dann *sistent* Konjunktiv eines (nicht belegten) Verbums *sistare* sein? Vielleicht muß man in dieser Zeit mit einem mehr oder weniger analphabetischen Steinmetzen rechnen.

34 Übersetzung nach R. Buchner (Hg.), Gregor von Tours, Zehn Bücher Geschichten I, $^{7}$1990, unter Berücksichtigung der Konjektur *consul ut Augustus* statt des überlieferten *consul aut Augustus*. Pohl 179.

35 Die Sugambrer werden Caes. Gall. 4,16 als germanischer Stamm rechts des Niederrheins erwähnt; in der frühen Kaiserzeit wurde ein Teil westlich des Rheins angesiedelt, der Rest scheint in anderen Stämmen aufgegangen zu sein. Jedenfalls verschwindet der Name Sugambrer bis auf einige gesuchte Anspielungen. Horaz, Carmina 4,14,51 und 4,2,34 f. und Juvenal 4,147 betonen ihre Unbeugsamkeit. Zu Remigius: Stroheker Nr. 322. Sidonius epist. 9,7 rühmt ihn als Meister der Rhetorik.

# Autorenregister

Hier wird kein Verzeichnis aller benutzten Stellen geboten, aber um das allgemeine Register zu entlasten und dem Leser das Auffinden der wichtigsten Stellen zu erleichtern, sind hinter den Erläuterungen zu Leben und Werk der einzelnen Autoren die entsprechenden Seitenzahlen vermerkt. Die Anmerkungen werden ohne besonderen Hinweis bei der Seite berücksichtigt, auf die sie sich beziehen.

Aelius *Aristides* (2. Jh. n. Chr.)
Berühmter Redner aus Kleinasien. Von seinen 55 erhaltenen Reden ist der Preis des Römischen Weltreichs in der Rede »Auf Rom« die bekannteste.
S. 15 f.

Aurelius *Augustinus* (354–430 n. Chr.)
Bischof von Hippo Regius in Nordafrika. Bedeutendster der lateinischen Kirchenväter. Hauptwerke sind *De civitate dei* in 22 Büchern und seine Autobiographie unter dem Titel *Confessiones* (Bekenntnisse).
S. 364 f.

*Augustus* (62 v. Chr.–14 n. Chr.)
Von den literarischen Werken des ersten Prinzeps kennen wir nur den Tatenbericht *(Res gestae)*. Nach den in der Provinz Galatia erhaltenen Kopien spricht man auch vom *Monumentum Ancyranum* oder *Monumentum Antiochenum.*
S. 137, 205

Gaius Iulius *Caesar* (100–44 v. Chr.)
Konsul 59 v. Chr., machte sich zum Alleinherrscher und wurde deshalb von seinen Gegnern am 15. 3. 44 ermordet. Die Eroberung Galliens (58–52)

stellte er in den *Commentarii belli Gallici* (Caes. Gall.), den Bürgerkrieg (49–48) in den *Commentarii belli civilis* (Caes. civ.) dar.
Caes. Gall.: S. 20, 73 f., 90, 95, 104, 107–114, 168, 184 f.
Caes. civ.: S. 114 f.

Marcus Tullius *Cicero* (106–43 v. Chr.)
Als Konsul warf er 63 v. Chr. die Catilinarische Verschwörung nieder. Er war der bedeutendste Prosaschriftsteller in republikanischer Zeit, hinterließ philosophische und rhetorische Schriften sowie zahlreiche Reden und Briefe.
Att.: S. 334
Fam.: S. 350, 354
Font.: S. 98–101, 104
Off.: S. 116 f., 307 f.
Prov.: S. 110 f.
Rep.: S. 53

*Eusebios* (ca. 260–339)
Bischof von Caesarea in Palästina, Verfasser einer Kirchengeschichte in 10 Büchern.
S. 367–376

*Gregor von Tours* (um 540–594)
Er stammt aus einem alten gallischen Adelsgeschlecht, wurde 572 Bischof von Tours und repräsentiert das Entstehen einer neuen Elite aus romanisierten Galliern und Franken. Seine *Historia Francorum* ist von unschätzbarem Wert für die Geschichte Galliens im Übergang von der Antike zum Mittelalter.
S. 391 f., 404, 414 f.

*Herodot* (5. Jh. v. Chr.)
Nach Cicero »Vater der Geschichtsschreibung«; verfaßte 9 Bücher *Historiai*, die im 5. bis 9. Buch hauptsächlich die Perserkriege darstellen.
S. 49, 53

*Irenaeus* (ca. 140–200 n. Chr.)
Bischof von Lyon. Seine Hauptwerke sind die fünf Bücher *Adversus Haereses* (Gegen die Häresien) zur Entlarvung und Widerlegung der sogenannten Gnosis.
S. 376 f.

Decimus Junius *Iuvenalis* (etwa 60–140 n. Chr.)
In seinen 16 erhaltenen Satiren schildert er die Sittenverderbnis der Hauptstadt.
S. 337

Titus *Livius* (59 v. Chr.–17 n. Chr.)
Er schrieb 142 Bücher römische Geschichte *Ab urbe condita,* von der Gründung Roms bis 9 v. Chr. Erhalten sind die Bücher 1–10 und 21–45. Die späteren liegen nur in einer Inhaltsabgabe (*Periocha,* abgekürzt *per.*) und in Auszügen vor, die spätere Benutzer in ihre Werke aufgenommen haben; z. B. *Florus* (2. Jh. n. Chr.) in seinem »Abriß aller Kriege aus 700 Jahren«, von den Anfängen Roms bis zum Jahre 29 v. Chr.
S. 57, 59–62, 65, 87

Marcus Annaeus *Lucanus* (39–65)
Wie sein Onkel Seneca wurde er von Nero zur Selbsttötung gezwungen. Von seinen Werken ist nur das Epos *De bello civili* (über den Bürgerkrieg) erhalten.
S. 184

*Orosius* (5. Jh. n. Chr.)
Auf Anregung Augustins stellte er in seinen *Historiae adversum paganos* (Weltgeschichte gegen die Heiden) die römische Geschichte dar, wobei er unterstrich, daß schon vor der Eroberung Roms durch Alarich (410 n. Chr.), die Römer zahlreiche Rückschläge erlitten.
S. 382 f.

Petronius Arbiter (1. Jh. n. Chr.)
Hoher senatorischer Beamter unter Nero und Verfasser eines Romans *(Satyrica)*, dessen berühmteste Partie »das Gastmahl des Trimalchio« ist.
S. 310

*Plinius* der Ältere (23–79)
Kam als Flottenkommandant beim Ausbruch des Vesuvs ums Leben. Erhalten ist von seinen zahlreichen Werken nur die *Naturalis historia* (Naturkunde, Plin., nat. hist.).
S. 47, 98, 121–123, 132, 147, 285, 381

*Plinius* der Jüngere (62–112)
Er war der Neffe des Vorigen und starb als Statthalter der Provinz Pontus-Bithynien. Er hinterließ einen Panegyricus (Lobrede) auf Traian und 10 Bände Briefe, von denen der letzte den Briefwechsel mit Kaiser Traian enthält (Plin. epist.).
Epist.: S. 119 f., 149 f., 203 mit Anm. 7, 206, 270, 272, 371 ff.
Panegyricus: S. 206, 366

*Polybios* (etwa 200–120 v. Chr.)
Er wurde nach der Schlacht von Pydna (168 v. Chr.) zusammen mit zahlreichen anderen Angehörigen der griechischen Elite nach Rom deportiert. Mit seiner Weltgeschichte *(Historíai)* in 40 Büchern, die ab Buch 6 nur in Auszügen erhalten ist, verfolgte er das Anliegen, den Aufstieg Roms zur Weltmacht zu erklären. Auf Grund seiner nüchternen und sachlichen Darstellung ist Polybios der wichtigste Autor für die Geschichte des 2. Jhs. v. Chr.
S. 55, 83–86, 89

*Poseidonios* (etwa 135–50 v. Chr.)
Philosoph, Naturforscher und Historiker. Von seinem Geschichtswerk in 52 Büchern, in dem er auch eine ausführliche Beschreibung der Gallier gab, sind nur Auszüge erhalten: namentlich in der Universalgeschichte *(Bibliothéke)* des *Diodoros* aus Sizilien (1. Jh. v. Chr.) und im »Gelehrtengastmahl« *(Deipnosophistaí)* des *Athenaios* (3. Jh. n. Chr.).
S. 66–68, 72

*Rutilius Namatianus* (1. Hälfte 5. Jh. n. Chr.)
Hoher römischer Beamter aus Gallien. Er beschrieb in elegischen Distichen seine Reise von Rom nach Gallien *(De reditu suo)*.
S. 11 f.

*Salvianus* (5. Jh. n. Chr.)
Mönch in Lerinum, zuletzt Presbyter in Marseille. Sein Hauptwerk *De gubernatione dei* deutet die Leiden der Gegenwart als Antwort Gottes auf den moralischen Zustand der Gesellschaft.
S. 393 f.

Lucius Annaeus *Seneca* (etwa 4 v. Chr.–65 n. Chr.)
Konsul 56, Erzieher und Berater Neros. Auf Befehl Neros mußte er nach der Aufdeckung der pisonischen Verschwörung Selbstmord begehen. Er verfaßte

zahlreiche philosophische Schrifen, darunter die an seinen jüngeren Freund Lucilius gerichteten *Epistulae morales* (epist.).
Epist. S. 295, 331, 366

*Sidonius Apollinaris* (430–486)
Er stammte aus einer vornehmen gallischen Adelsfamilie und wurde 470 Bischof von Clermont-Ferrand. Erhalten sind eine Reihe von Gedichten *(Carmina)* und 9 Bücher Briefe *(epist.)*.
Epist: S. 392, 399–404

*Strabon* (etwa 63 v. Chr.–19 n. Chr.)
Er stammte aus Kleinasien, hielt sich aber lange in Rom auf. Sein Geschichtswerk ist bis auf wenige Fragmente verloren, aber die *Geographía* in 17 Büchern, die auf seinen eigenen ausgedehnten Reisen und älterer Literatur beruht, ist nahezu vollständig erhalten. Seine Behandlung Galliens im 4. Buch ist die vollständigste Darstellung aus dem Altertum.
S. 53, 58, 68 f., 74, 78 f., 98, 117 f., 127, 343

Gaius *Suetonius* Tranquillus (etwa 75–150)
Römischer Ritter, in der kaiserlichen Verwaltung tätig. Vollständig erhalten ist *De vita Caesarum,* Biographien von Caesar bis Domitian, von anderen Werken nur Fragmente.
Jul.: S. 106, 327 f.
Aug.: S. 201, 208, 249
Claud.: S. 364

*Sulpicius Severus* (etwa 360–430)
Er verfaßte eine Biographie des heiligen Martin, und mehrere demselben Thema gewidmete kleinere Schriften. In seinen *Chronica* gibt er einen Abriß der Weltgeschichte vom Alten Testament bis 400 n. Chr. Er gilt als einer der besten Stilisten seiner Zeit.
S. 12 f., 389

Cornelius *Tacitus* (etwa 55–116/120 n. Chr.)
Hoher römischer Beamter und bedeutendster Historiker der Prinzipatszeit. 98 veröffentlichte er *De vita Iulii Agricolae,* die Biographie seines Schwiegervaters, der Britannien erobert hatte, die *Germania* und den *Dialogus de Oratoribus.* Seine Hauptwerke sind die nur teilweise erhaltenen *Historiae* (69–96)

und die *Annales*, in denen die Zeit vom Tod des Augustus bis zu Nero behandelt ist.
S. 125 f., 332
Ann.: S. 151, 295 f., 324, 330 f.
Dial: S. 337
Hist. S. 152

Titus Pompeius *Trogus* (1. Jh. v. Chr.)
Enkel eines Vokontiers, der Pompeius das Bürgerrecht verdankte. Er verfaßte eine Universalgeschichte mit dem Titel *Historiae Philippicae* in 40 Büchern, die nur in einer Kurzfassung des weiter nicht bekannten *Iustinus* aus dem 2. oder 3. Jh. erhalten ist.
S. 21, 47, 48–51, 71, 126, 168

Gaius *Velleius* Paterculus (1. Jh. n. Chr.)
In seinen *Historiae Romanae* (von den Anfängen bis Tiberius) gibt er ein vorbehaltlos positives Bild des Kaisers Tiberius, unter dem er als Offizier gedient hatte.
S. 134

# Inschriftenregister

Aufgenommen sind die in Gallien gefundenen Inschriften, die wörtlich zitiert oder im Text ausführlich besprochen sind.

## AE



## CIL XII

# Sach- und Personenregister

Entsprechend der Struktur des Buches sind auch im Register viele Sachverhalte unter den wichtigen Civitates Arles, Nîmes und Vienne subsumiert. Zum Auffinden kleinerer Orte sind in eckigen Klammern Kürzel für das jeweilige Departement hinzugefügt: 04 – Alpes-de-Haute-Provence; 06 – Alpes-Maritimes; 13 – Bouche-du-Rhônes; 26 – Drôme; 34 – Hérault; 38 – Isère; 73 – Savoie; 74 – Haute-Savoie; 83 – Var; 84 – Vaucluse.

# Bildnachweis

*Der Verlag konnte trotz großer Bemühungen nicht alle Bildrechtinhaber ermitteln. Berechtigte Ansprüche richten Sie bitte an den Verlag.*

akg-images: S. 55 (Photo: Pirozzi), 63 (Photo: Erich Lessing), 65, 211 (Photo: Erich Lessing), 309 (Photo: Nimatallah), 338 (Photo: Erich Lessing), 357

Andreas Alföldi, Die zwei Lorbeerbäume des Augustus, Bonn 1973, Taf. III,3: S. 207 a

Archiv Schwedenspeicher-Museum, Stade: S. 59

BN, Cabinet des médailles: S. 235 l., 235 r.

C. Kleinwächter: S. 92

C. Kleinwächter / Th. Zwirner: S. 210 u., 316 l., 316 r.

D. Friedrich: S. 9, 157, 252, 360

E. Proust: S. 345 u.

H. Otto: S. 291

Helga Botermann: S. 22 o., 22 u., 23, 25, 34, 36 l., 36 r., 37 o., 37 u., 38, 40, 43, 45, 80, 94, 95, 105, 113, 140, 142 o., 142 u., 146, 156, 160, 172, 188, 189, 191, 192 l., 192 r., 193, 194, 195, 196, 197 o., 197 u., 210 o., 213 o., 213 u., 221, 232 o., 232 u., 233, 236, 238, 239, 240 o., 240 u., 241, 243 o., 243 u., 268, 280, 281, 283, 288, 289 o., 289 u., 298, 305, 314, 315, 321, 344, 361, 366, 380, 387, 414

K.-A. Meyer: S. 102

Landesamt für Denkmalpflege Baden-Württemberg, Esslingen am Neckar: S. 62

Landesamt für Denkmalpflege Hessen, U. Seitz-Gray: S. 64

MuM Auktion 43, 1970 Nr. 271 (Giard Nr. 1144): S. 207 b

MuM Auktion 43, 1970 Nr. 278 (Giard Nr. 1701): S. 345 o.

MuM Auktion 44, 1971 Nr. 26 (Giard Nr. 912): S. 207 c

Musée archéologique de Nîmes, [cliché] Dejan Stokic: S. 358

Musée d'Aoste (Isère) / Collection Musée Dauphinois / Cliché B. Roche: S. 278
Musée de l'Arles et de la Provence antiques / Cl. M. Lacanaud: S. 212
Photo R. Delon / Castelet: S. 187
R. Ambard: S. 67
Roger de Gaignières, Antiquité des Gaules (1666), aus: Alain Schnapp, La conquête du passé. Aux origines de l'archéologie, Paris 1993: S. 274
U. Bolender: S. 24, 217
U. Sinemus: S. 26, 35, 277, 279

Karte S. 14: Peter Scholz
Alle weiteren Karten und Planskizzen: Rudolf Hungreder, Leinfelden-Echterdingen

Umschlagphotos:
Helga Botermann; U. Bolender (Inschrift); Archiv Schwedenspeicher-Museum, Stade (Stader Wagen); © Musée Villa-Loupian, Hérault, France, Marc Lugand, Mosaïque aux gaines d'acanthes (Ve siècle)-détail

John V. Luce:

**Die Landschaften Homers**

Aus dem Englischen von Karin Schuler

294 Seiten, 57 s/w. und 71 farb. Abbildungen, 10 Karten, gebunden,
ISBN 3-608-94279-3

Höchst kenntnisreich und unterhaltsam folgt der Autor den Spuren Homers, nimmt den Leser mit auf die Reise zu den Schauplätzen der Ilias und Odyssee. Für Neulinge, alte Hasen und alle Besucher der östlichen Mittelmeerregionen.

Ronald Syme:

**Die Römische Revolution**

Machtkämpfe im antiken Rom

Grundlegend revidierte und erstmals vollständige Neuausgabe

777 Seiten, gebunden, 50 s/w-Abb., Lesebändchen, ISBN 3-608-94029-4

So nuanciert wie fesselnd beschreibt Ronald Syme den blutigen Kampf um die Macht, den der herrschende Adel in Rom führte. Am Ende stand der Untergang der Republik.

»Es gibt historische Bücher, die sind spannender als jeder Roman. Zum 100. Geburtstag des Historikers Ronald Syme ist sein Meisterwerk in einer Übersetzung erschienen, die seiner Formulierungskraft endlich Ausdruck verleiht. Syme hat ein flüssig lesbares, im besten Sinne unterhaltendes Opus nicht nur zur römischen Geschichte geschrieben, sondern zu Funktionsweisen von Dekadenz und Totalitarismus.«
*Wirtschaftswoche*

Pedro Barceló:

**Hannibal**

Stratege und Staatsmann

319 Seiten, 25 Abb. und 6 Karten, Register, gebunden, ISBN 3-608-94301-3

In dieser spannend geschriebenen Biographie verfolgt Pedro Barceló den Lebensweg einer der aufregendsten Gestalten der Weltgeschichte: Neben den militärischen Leistungen Hannibals schildert er die politischen Leistungen des Karthagers. Zugleich lenkt er dabei den Blick auch auf die weltpolitische Dimension seines Handelns.

Manfred Clauss:

**Alexandria**

Schicksale einer antiken Weltstadt

368 Seiten, 25 s/w Abb., Karten, gebunden, ISBN 3-608-94329-3

Souverän und fesselnd erzählt Manfred Clauss die wechselvolle Geschichte des antiken Alexandria und ihrer Bewohner aus allen Teilen der damaligen Welt. Diese einzigartige Darstellung einer Weltstadt des Altertums umspannt die Epoche Alexanders des Großen, die Zeit der Ptolemäer, die Römerherrschaft und den Beginn des Christentums bis zur Eroberung durch die Araber.

Friedrich Prinz:

**Deutschlands Frühgeschichte**

Kelten, Römer und Germanen

448 Seiten, 16 farb. Tafeln, gebunden, ISBN 3-608-94368-4

Es gehört zu den faszinierendsten Phänomenen europäischer Kultur, daß sie aus dem Chaos des Zusammenbruchs des weströmischen Reiches in einem Jahrhunderte währenden Prozeß entstanden ist. Gerade die Völker – Germanen und Slawen –, die zwischen dem 4. und 6. Jahrhundert das Römische Reich überrannten und in eine schwere Krise stürzten, wurden die Träger der mittelalterlichen christlichen Kultur. So erreichten durch Kirche und Mönchtum zentrale antike Kulturtechniken, Literatur und Kunst die sich ausformende Welt der germanischen und dann der slawischen Völker.

Pedro Barceló:

**Constantius II. und seine Zeit**

Die Anfänge des Staatskirchentums

276 Seiten, 25 Abb. und Karten, ISBN 3-608-94046-4

Erstmals wird die Biographie eines nahezu unbekannten römischen Kaisers vorgelegt, der eine Generation lang das Römische Reich regierte. Eindrucksvoll schildert der Autor das dramatische Ringen zwischen weltlichen und geistlichen Machtansprüchen, das auf die späteren Machtkämpfe in Mittelalter und Neuzeit verweist.

Klett-Cotta

# Die Provincia Narbonensis in der Hohen Kaiserzeit